Kreta

Chania
S. 62

Rethymnon
S. 124

Iraklion
S. 172

Lassithi
S. 230

Andrea Schulte-Peevers, Trent Holden, Kate Morgan, Kevin Raub

REISEPLANUNG

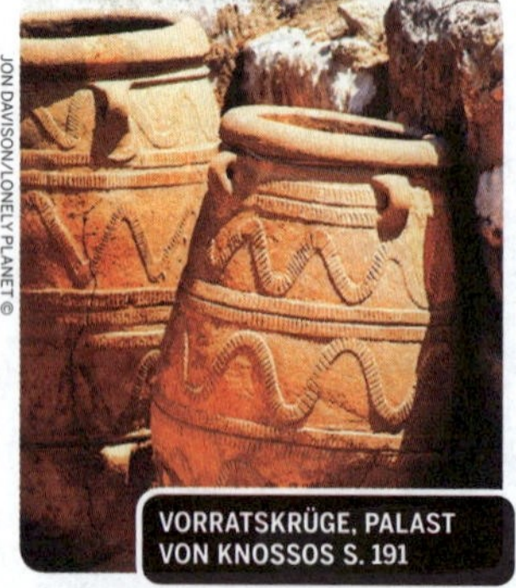

JON DAVISON/LONELY PLANET ©

VORRATSKRÜGE, PALAST VON KNOSSOS S. 191

Inhalt

DOLMADHES S. 51

CHARALAMBOS ANDRONOS/GETTY IMAGES ©

KRETA VERSTEHEN

PRAKTISCHE INFORMATIONEN

SPECIALS

Willkommen auf Kreta

Kreta ist ein Mosaik aus Traumstränden, historischen Schätzen und Landschaften, dessen quirlige Städte und verträumte Dörfer mit Gastfreundschaft, köstlicher Küche und urigen Traditionen beglücken.

Berauschende Landschaft

Kretas Landschaft wirkt wie von Künstlerhand geschaffen – von den Sonnenstränden des Nordens bis zu den schroffen Schluchten, die sich zur von Buchten gesäumten, felsigen Südküste öffnen. Stimmungsvolle Dörfer schmiegen sich in die Täler; sanfte Hügel gehen in schneegekrönte Berge über. Besucher können die Landschaft auf Autotouren „erfahren", durch die längste Schlucht Europas wandern, die Geburtshöhle des Zeus besuchen, Sandstrände entlangspazieren und im kristallklaren Meer baden.

Kaleidoskop der Geschichte

Ebenso wie Kretas herrliche Natur fasziniert seine bewegte Geschichte. Vor rund 4000 Jahren herrschten hier die Minoer, die erste Hochkultur auf europäischem Boden. Sie bauten u. a. den berühmten Palast von Knossos. Die Insel am Begegnungspunkt dreier Kontinente weckte die Begehrlichkeit vieler Invasoren. In den geschichtsträchtigen Altstädten von Chania und Rethymnon thronen mächtige Festungen über dem Gassengewirr; wunderbar restaurierte Renaissancevillen stehen neben Moscheen und türkischen Badehäusern. Freskengeschmückte Kapellen, Kirchen und Klöster zeugen vom byzantinischen Einfluss.

Gourmetparadies

Für Feinschmecker ist Kreta ein Paradies. Das Kochen mit regionalen Zutaten ist hier kein Trend, sondern normaler Alltag. Viele Tavernen servieren Fleisch, Käse, Olivenöl und Wein aus eigener Erzeugung und Fisch aus eigenem Fang. Auf einer Rundreise gibt es Kräuter und Wildgemüse bestimmter Hügelregionen, Käsesorten einzelner Dörfer oder Haushalte und Honig mit Bergkräuteraroma zu kosten. Dazu munden ausgezeichnete heimische Weine und zum Abschluss ein feuriger Raki.

Dorfkultur

Vom Massentourismus unberührte Dörfer bilden das Rückgrat der kretischen Kultur und Identität, besonders jene in den Bergen. Kretas temperamentvolle Bewohner halten beharrlich an ihren einzigartigen Bräuchen fest; tief verwurzelte Traditionen prägen noch immer den Alltag. Das ist besonders schön bei zwanglosen Jamsessions mit Instrumenten wie der *lyra* oder bei Hochzeiten mit kretischen Tänzen zu erleben. Begegnungen mit ganz normalen Einheimischen, die sich in *kafeneia* (Kaffeehäusern) zum Plausch treffen, das Ostermahl vorbereiten, ihre Schafe hüten oder die vielen Feste der Insel feiern, machen den Kretabesuch zu einem ganz besonderen Erlebnis.

Warum ich Kreta so liebe

Andrea Schulte-Peevers, Autorin

Mit seinen geheimnisvollen Geschichten um Zeus, die Minoer und rebellische Mönche hat Kreta mich schon als Kind gefesselt. Als ich die Insel dann zum ersten Mal betrat, eroberte sie sofort mein Herz. Ich verliebte mich in ihre herzensguten Menschen, die faszinierende Landschaft und die unglaublich köstliche Küche mit ihrer engen Verbundenheit zur Erde und zu den Jahreszeiten. Kreta wirkt groß und zugleich intim: Hier kann man entschleunigen, während einem gleichzeitig jeder Tag neue Energie verleiht. Meine Liebe zu Kreta wächst mit jedem meiner Besuche auf der Insel.

Mehr Infos über unsere Autoren gibt's auf S. 342

Oben: Seitan Limania (S. 85), Akrotiri-Halbinsel

Kreta

Altstadt von Chania
Durch den venezianischen Hafen schlendern (S. 64)
Altstadt von Rethymnon
Die Romantik einer Renaissancestadt erleben (S. 125)
KRETISCHES MEER
Moni Arkadiou
Über Schönheit und tragische Geschichte nachsinnen (S. 144)
Kap Spatha
Diktynna
Kap Vouxa
Halbinsel Rodopos
Bucht von Chania
Gramvousa-Inseln
Halbinsel Gramvousa
Bucht von Kissamos
Moni Gonias
Bucht von Kalathas
Stavros
Moni Iannou Eremiti
Moni Governotou
Moni Agias Triadas
Halbinsel Akrotiri
Bucht von Souda
Kissamos (Kastelli)
Kolymbari
Falasarna
Platanias
Chania
Souda
Kap Drapano
Platanos
Voukolies
Polyrrinia
Halbinsel Drapano
CHANIA
Panormos
Bali
Moni Chrysoskalitissas
Agia Irini
Omalos
National-park Samaria-Schlucht
Vryses
Georgioupolis
Bucht von Almyros
Rethymnon
Perama
Margarites
Axos
Kandanos
Lefka Ori (2453 m)
Kournas-See
Episkopi
Moni Arkadiou
Eleftherna
Elafonisi
Samaria-Schlucht
Argyroupoli
Sfendoni-Höhle
Anogia
RETHYMNON
Kap Trachili
Sougia
Paleochora
Agia Roumeli
Chora Sfakion
Imbros-Schlucht
Loutro
Spili
Psiloritis (Ida) (2456 m)
Idäische Grotte
Plakias
Frangokastello
Kedros (1777 m)
Moni Preveli
Agia Galini
Tymbaki
Mires
Golf von Messara
Agia Triada
Kalamaki
Festos
Kommos
Matala
Kap Lithino
Samaria-Schlucht
Zwischen aufragenden Felsen zum Meer wandern (S. 111)
Gavdopoula
Südkreta per Boot
Einsame Buchten und Strände entdecken (S. 95)
Dorftavernen
Frische, typisch kretische Leckereien probieren (S. 104)
Karabe
Gavdos
Moni Preveli & Strand
Am berühmten Strand beim Kloster entspannen (S. 160)
Elafonisi
Hier trifft türkisfarbenes Wasser auf rosa Sand (S. 105)
MITTELMEER
24° O

0
20 km
36° N
HÖHE
2000 m
1500 m
1000 m
500 m
0
Archäologisches Museum
Die Schätze der Antike bewundern (S. 173)
Weinregion Iraklions
An Kretas erlesensten Weinen nippen (S. 199)
Spinalonga
Eine ehemalige Leprakolonie besichtigen (S. 245)
Palast von Knossos
In den Fußstapfen der Minoer wandeln (S. 191)
Strand von Vai
Unter Palmen einen Gang herunterschalten (S. 261)
Kap Stavros
Dia
Bucht von Iraklion
Iraklion
Knossos
Archanes
Kastelli
IRAKLION
Zaros
Gortys
Pyrgos
Lentas
Chersonisos
Malia
Malia
Neapoli
Tzermiado
Dikti-Höhle
Lassithi-Hochebene
Dikti (2148 m)
Ano Viannos
Myrtos
Kap Agios Ioannis
Spinalonga
Halbinsel Spinalonga
Elounda
Lato
Kritsa
Agios Nikolaos
Golf von Mirabello
Gournia
Ierapetra
Mochlos
LASSITHI
Makrygialos
Kap Sideros
Moni Toplou
Vai
Sitia
Palekastro
Palast von Zakros
Zakros
Kato Zakros
Ziros
Xerokampos
35° N
Koufonisi
Gaidouronisi (Chrysi)

Agios Nikolaos
Durch die hübsche und mondäne Stadt bummeln (S. 231)
Lassithi-Hochebene
Die mythische Geburtsstätte des Zeus besuchen (S. 250)
LIBYSCHES MEER
25° O
26° O

Kretas Top 15

1

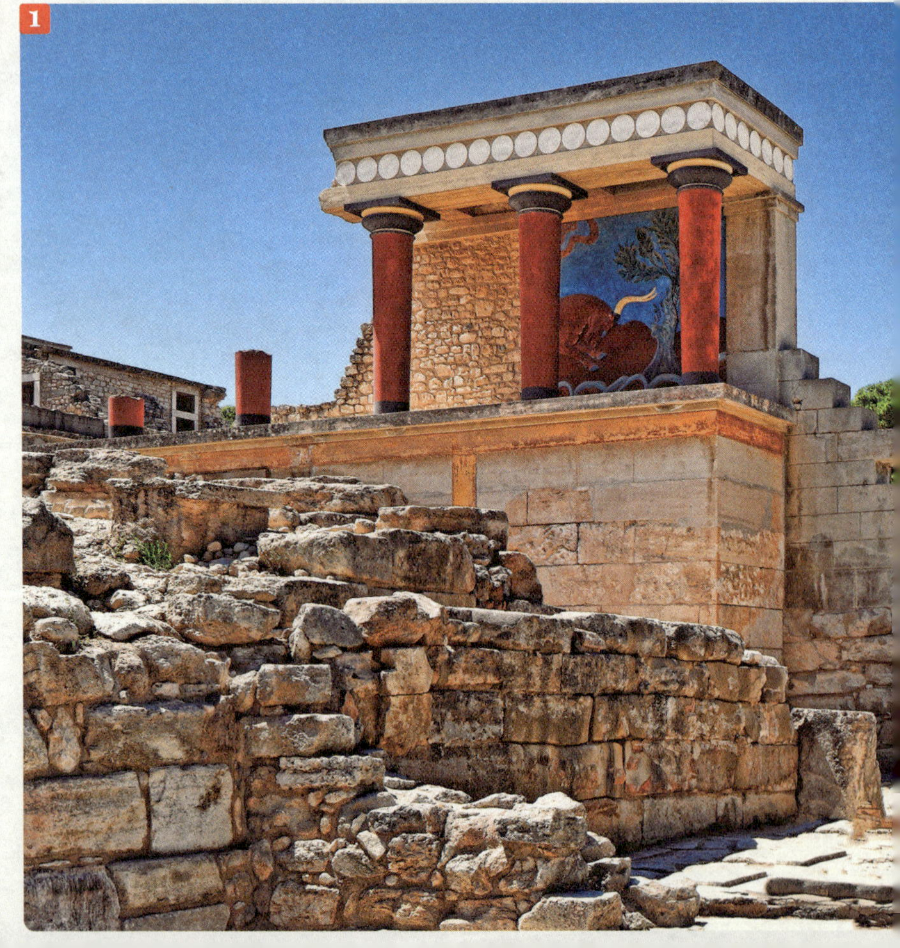

Palast von Knossos

1 Das bronzezeitliche Volk der Minoer besaß eine bemerkenswert hoch entwickelte Zivilisation und herrschte vor etwa 4000 Jahren von seiner Hauptstadt Knossos (S. 191) über weite Teile der Ägäis. Bis zur Freilegung der Stätte im frühen 20. Jh. schlummerte hier ein außergewöhnlicher Schatz an Fresken, Skulpturen, Schmuck, Siegeln und anderen Relikten unter der kretischen Erde. Trotz der umstrittenen Teilrekonstruktion bleibt Knossos eine der bedeutendsten archäologischen Stätten im Mittelmeerraum und Kretas meistbesuchte Touristenattraktion.

Altstadt von Rethymnon

2 Zu leisem Brummen verebbt der Verkehr in den labyrinthischen Gassen der Altstadt (S. 125) mit ihren venezianischen Renaissancebauten und exotischen Elementen aus osmanischer Zeit. Ein Bummel verspricht so manche Überraschung: einen romantischen Innenhof voller Blumen, einen idyllischen Platz, ein türkisches Badehaus oder eine venezianische Villa, die jetzt ein Boutiquehotel ist. Auch die wuchtige Festung ist unbedingt besuchenswert. Zum Abschluss mundet ein Abendessen in einem der vielen exzellenten Restaurants.

CONSTANTINOS ILIOPOULOS/ALAMY STOCK PHOTO ©

2

JAN WLODARCZYK/ALAMY STOCK PHOTO ©

Agios Nikolaos

3 Agios Nikolaos (S. 231) ist unbestritten einer der hübschesten Orte auf Kreta. Dazu trägt zum einen die Lage am Golf von Mirabello bei, der „schönen Aussicht" der Venezianer; den Rest übernimmt das reizvoll um einen kleinen Hafen und einen kreisrunden See arrangierte Häusergewirr. Tagsüber lässt es sich prima in einem der Cafés am Seeufer entspannen; abends trifft sich eine bunte Szene aus Besuchern der nahen Ferienanlagen und aufgestylten jungen Einheimischen in den Bars am Hafen.

Spinalonga

4 Ihren heutigen Ruhm verdankt die Insel, die früher eine Leprakolonie war, dem Bestseller *Insel der Vergessenen* von Victoria Hislop. Das Buch wurde als griechische Fernsehserie *(To Nisi)* verfilmt und heimste viel Kritikerlob für die gelungene wie stimmungsvolle Umsetzung der Inselgeschichte ein. Ganz für sich wird man Spinalonga (S. 245) bei einem Besuch nicht haben, aber der beeindruckenden Wirkung der venezianischen Festungsruinen und der rekonstruierten Gebäude aus der im Roman beschriebenen Epoche tut das keinen Abbruch.

3

4

5

PECOLD/SHUTTERSTOCK ©

6

7

IMAGEBROKER/ALAMY STOCK PHOTO ©

Die Weinregion Iraklions

5 Südlich des städtischen Ballungsraums von Iraklion erstrecken sich bewaldete Hügel mit Olivenhainen, Weinbergen und verstreuten Dörfern, die voller Stolz ihre lokale Weinkultur pflegen. Rund 70 % des ausgezeichneten kretischen Weins kommen aus der Weinregion Iraklions (S. 199). Im Herzen der ziemlich beschaulichen und altmodischen Weinregion liegen die Dörfer Archanes, auch Standort einiger minoischer Ruinen, und Dafnes mit insgesamt zwei Dutzend Weingütern. Besonders viel los ist hier natürlich zur Weinlese im Herbst.

Archäologisches Museum Heraklion

6 Das Museum (S. 173) voller Schätze aus mehreren Jahrtausenden bietet faszinierende Einblicke in die Welt der Antike. Neben der weltweit größten und besten minoischen Sammlung beherbergt das vor Kurzem renovierte Gebäude auch einen hervorragend präsentierten Augenschmaus unschätzbarer Funde aus anderen Epochen. Sein Besuch trägt viel dazu bei, Knossos und andere archäologische Stätten der Insel besser zu verstehen. Wer nur ein Museum auf Kreta besuchen will, sollte sich für dieses entscheiden.

Moni Preveli & Preveli-Strand

7 Berauschend ist der Ausblick von diesem Kloster (S. 160) aus dem 17. Jh. hoch über dem Libyschen Meer. Unten erstreckt sich der beliebte Preveli-Strand mit seinem exotischen Palmenhain. Zum Schwimmen ist es hier fantastisch, in der Hauptsaison ist man aber nicht gerade allein. Das Kloster selbst ist wiederholt in die Annalen der Geschichte eingegangen, zuletzt im Zweiten Weltkrieg, als sein Abt nach der Eroberung Kretas durch die Nazis die Evakuierung von 5000 Soldaten der Alliierten ermöglichte.

8

9

Elafonisi

8 Diesen Strand hat wohl jeder Kreta-Reisende auf dem Programm, doch weil er jenseits der Berge so weitab im wilden Südwesten der Insel liegt, schaffen es nicht alle hierher. Der lange Strand von Elafonisi (S. 105) ist für sein kristallklares Wasser und seinen rosig schimmernden Sand bekannt. Im Hochsommer wird es hier mächtig voll, aber im Herbst, wenn die meisten Touristen wieder weg sind, ist es einfach paradiesisch. Wer zur kleinen vorgelagerten Gezeiteninsel hinauswatet und den warmen Südwind auf der Haut spürt, fühlt sich wirklich wie im siebten Himmel.

Lassithi-Hochebene & Dikti-Höhle

9 Als wollten sie nie enden, schrauben sich die Hauptrouten zur Lassithi-Hochebene (S. 250) von der Küste immer steiler und kurvenreicher in die Höhe, bis sich plötzlich die weite grüne Ebene, umrahmt von hoch aufragenden Bergen, vor einem auftut. Ähnlich spektakulär präsentiert sich die berühmte Dikti-Höhle (S. 254), nach der griechischen Mythologie der Geburtsort des Zeus – ein kathedralengleicher Raum, in dem man den Geist des Olymp noch zu spüren meint.

NEIRFY/SHUTTERSTOCK ©

DZIEWUL/SHUTTERSTOCK ©

Altstadt von Chania

10 Chanias Altstadt (S. 65) ist einfach unwiderstehlich. Pastellfarbene Bauten säumen den Venezianischen Hafen. Auf der Uferpromenade treffen sich Touristen und Einheimische zum Flanieren, während sich das Meer zwischen der hübschen Moschee, dem alten Leuchtturm und dem imposanten Fort Firkas kräuselt. In den verschachtelten Seitensträßchen rund um den Hafen verstecken sich Minarette, Boutiquehotels und einige der besten Restaurants der Insel. Das Viertel Splantzia lockt mit schattigen Cafés und Läden voller origineller Handwerkskunst.

Samaria-Schlucht

11 Die grandiose Samaria-Schlucht (S. 111), die bei Omalos beginnt und sich durch ein urzeitliches Flussbett bis zum Libyschen Meer zieht, ist Kretas Wanderziel Nummer eins – und das aus gutem Grund. Eine bunte Tierwelt ist hier ebenso zu Hause wie zahlreiche Raubvögel, und im Frühjahr entfaltet ein Meer an Wildblumen seine Pracht. Wer den rund sechsstündigen Marsch bergab absolvieren will, muss früh aufstehen, aber die Landschaft ist es wert. Einsamer ist es in weniger bekannten Schluchten wie Agia Irini, Imbros und Aradena, die parallel zur Samaria verlaufen.

AN WLODARCZYK/ALAMY STOCK PHOTO ©

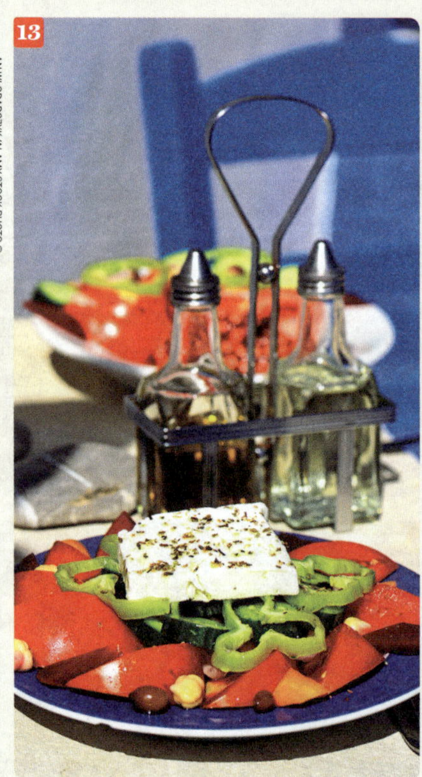

JAN NORBERT EISELE-HEIN/GETTY IMAGES ©

Strand von Vai

12 Südsee-Feeling auf Kreta – das verspricht dieser exotische, goldgelbe Sandstrand, den ein dichter Palmenhain säumt. Vai (S. 261) bedeutet im lokalen Dialekt „Palmwedel" und angeblich waren es von römischen Soldaten oder Piraten weggeworfene Dattelkerne, aus denen die Palmen sprossen. Vai ist natürlich ein beliebtes Ziel, aber im ruhigeren Früh- oder Spätsommer wirklich angenehm, und selbst während der Saison findet sich am einen oder anderen Ende oft noch ein etwas stilleres Plätzchen.

Dorftavernen

13 Ein absolutes Highlight jeder Kretareise ist die köstliche Inselküche mit ihren ganz eigenen Spezialitäten. Besucher sollten sich die Zeit nehmen, an Dorftavernen haltzumachen, die oft mit großem Stolz gesunde Schlemmerkost zu erstaunlich zivilen Preisen auftischen. Manche reichen zum Abschluss sogar ein Dessert und einen Raki auf Kosten des Hauses. Ein Top-Tipp für kretische Spitzenküche ist To Skolio (S. 104) in den Hügeln bei Paleochora. Das Lokal serviert kreative kleine Gerichte aus regionalen Zutaten zum Panoramablick aufs Libysche Meer.

Südkreta per Schiff

14 Ein Top-Tipp für Zivilisationsmüde, Strandliebhaber und Abenteurer! Da weite Teile der gebirgigen Südküste Kretas nur per Schiff (S. 40) zu erreichen sind, verkehren regelmäßig Fähren zu so herrlichen Fleckchen wie dem von einsamen Stränden umgebenen Loutro (s. Abb.) und Sougia mit seinen freundlichen Bewohnern und köstlichen Meeresfrüchten. Die Endpunkte der Fährroute bilden Paleochora und Chora Sfakion, zwei der typischsten (und erschwinglichsten) Orte Kretas, voller uriger Charaktere und kretischer Livemusik.

Moni Arkadiou

15 Das Moni Arkadiou (S. 144) beeindruckt mit seiner besonderen Kombination aus Schönheit und Tragik. Die von Mauern umschlossene Klosteranlage mit einer Kirche aus dem 16. Jh. auf einer Hochebene südlich von Rethymnon war Schauplatz einer der großen Tragödien Kretas. 1866 kesselten 2000 türkische Soldaten hier Hunderte kretischer Männer, Frauen und Kinder ein. Statt sich zu ergeben, setzten diese ein Pulverarsenal in Brand. Nur ein kleines Mädchen überlebte die Explosion. Heute wirkt das Kloster beschaulich und idyllisch, besonders im sanften Abendlicht.

LEOKS/SHUTTERSTOCK ©

Gut zu wissen

Mehr Infos unter Praktische Informationen (S. 312)

Währung
Euro (€)

Sprache
Griechisch

Einreise
EU-Bürger und Schweizer brauchen nur einen gültigen Personalausweis.

Geld
In Städten und größeren Dörfern gibt es Geldautomaten. Visa- und MasterCard werden in Städten und Touristenzentren akzeptiert, nicht aber in den Dörfern.

Handy
Mit europäischen Handys kann man problemlos telefonieren. Mit einer griechischen SIM-Karte sind Inlandsgespräche billiger.

Zeit
Osteuropäische Zeit (OEZ) – d. h. es ist 1 Std. später als bei uns.

Reisezeit

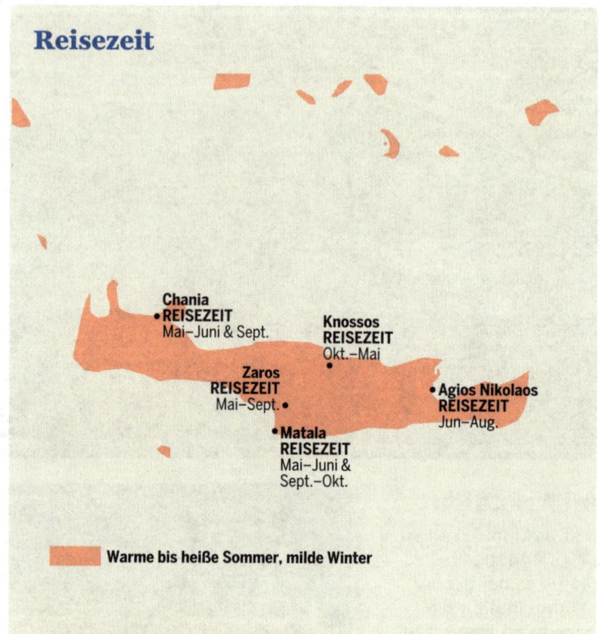

Hochsaison (Juli & Aug.)

- Großer Andrang, viel Verkehr, volle Strände
- Unterkunftspreise am höchsten
- Meltemi-Winde können den Aufenthalt an Sandstränden verleiden.
- Tagsüber heiß, abends mild; das Meer hat angenehme Badetemperatur.

Zwischensaison (April–Juni & Sept.–Okt.)

- Optimal für Wanderungen und Outdooraktivitäten
- Milde Temperaturen, weniger Andrang
- Wildblumen im Frühjahr, Weinlese im Herbst
- Niedrigere Preise und größere Auswahl bei den Unterkünften

Nebensaison (Nov.–März)

- Kürzere Öffnungszeiten bei Sehenswürdigkeiten und Restaurants; Strandhotels schließen.
- Kaum Touristen an den großen Sehenswürdigkeiten
- Die Einheimischen haben mehr Zeit für einen Plausch.
- Höchste Regenwahrscheinlichkeit

Websites

Cretan Beaches (www.cretanbeaches.com) Ausgezeichnete Website zu Stränden und mehr

Crete Region (www.crete.gov.gr) Offizielle Website der Regionalregierung

Explore Crete (www.explorecrete.com) Gute allgemeine Reiseinformationen

Interkriti (www.interkriti.org) Umfassender Online-Guide für die Insel

Lonely Planet (www.lonelyplanet.com/crete) Reiseinfos, Hotelbuchungen, Reiseforum und mehr

Visit Greece (www.visitgreece.gr) Griechenlands offizielles Tourismusportal

Wichtige Telefonnummern

Bis auf die Notrufnummern sind alle normalen Festnetz- und Handynummern in Griechenland zehnstellig; um sie anzurufen, muss immer die vollständige zehnstellige Nummer gewählt werden.

Landesvorwahl	☎30
Internationale Vorwahl	☎00
Krankenwagen	☎166
Polizei/ Touristenpolizei	☎100 / 171
Feuerwehr	☎199

Wechselkurs

Schweiz	1 SFr	0,91 €

Aktuelle Wechselkurse siehe www.xe.com.

Tagesbudget

Budget: unter 60 €

➡ Hostel, Camping oder einfaches Zimmer: 20–25 €

➡ Picknick oder Mahlzeit in einer einfachen Taverne: 10–15 €

➡ Eintritt zum Archäologischen Museum von Iraklion: 10 €

Mittelklasse: 60–150 €

➡ Apartment oder Doppelzimmer im Familienhotel: 35–70 €

➡ Mahlzeit mit Wein in einer besseren Taverne: 25–30 €

➡ Mietwagen: 35 € pro Tag

➡ Eintritt zum Palast von Knossos & Archäologischen Museum von Iraklion: 16 €

Spitzenklasse: über 150 €

➡ Doppelzimmer im Boutiquehotel oder Strandresort: ab 120 €

➡ Schicke Tavernen und Gourmetlokale in Toplage: 35–70 €

➡ Aktivitäten wie Tauchen und Bootsmiete: 80–150 €

Öffnungszeiten

Hier sind die Öffnungszeiten der Hauptsaison aufgeführt:

Banken Mo–Do 8–14.30, Fr 8–14 Uhr

Bars 20 Uhr–open end

Cafés 10–24 Uhr

Clubs 22 Uhr–open end

Geschäfte Mo–Sa 9–14 sowie Di, Do & Fr 17.30–20.30 bzw. 21 Uhr; im Sommer in den Touristenzentren ganztägig

Postfilialen Mo–Fr 8.30–15 Uhr (auf dem Land); Mo–Fr 7.30–20, Sa 7.30–14 Uhr (in der Stadt)

Restaurants 11–16 & 19–23 Uhr

Ankunft auf Kreta

Nikos Kazantzakis International Airport (Iraklion) Busse ins Zentrum, zum Hafen und zu den Busbahnhöfen 6–24 Uhr alle 10–15 Min. (1,20 €, im Bus 2 €). Taxis ins Zentrum kosten pauschal 15 € (sonst nach Taxameter).

Chania Airport Ioannis Daskalogiannis Busse ins Zentrum von Chania 5.30–23 Uhr (2,50 €, 30 Min.). Taxis kosten 25 €.

Sitia Airport Kein Flughafenbus; Taxi 6–8 €.

Fährhafen Iraklion 500 m östlich des alten Hafens. Busbahnhof gegenüber vom Haupteingang zum Hafen.

Fährhafen Chania Ins Zentrum geht's per Bus (2 €, im Bus 2,50 €) oder Taxi (10 €).

Fährhafen Kissamos Im Sommer wartet ein Bus (1,50 €) ins Stadtzentrum auf ankommende Fähren; ein Taxi kostet ca. 8 €.

Sicher reisen

Im Allgemeinen ist Kreta ein sicheres und freundliches Reiseziel. Doch wie überall gilt folgendes:

➡ An trubeligen Orten auf die Habseligkeiten achten.

➡ Auto und Hotelzimmer abschließen und Wertsachen im Zimmer- oder Hotelsafe lassen.

➡ Besonders in Partylocations Vorsicht vor Getränken aus billiger Schmuggelware und mit Drogen versetzten Drinks.

➡ Sich bei Problemen zuerst an die Touristenpolizei wenden, die in den Städten und an beliebten Touristenorten vertreten ist.

Infos zum Thema **Unterwegs vor Ort** s. S. 320

Kreta für Einsteiger

Mehr Infos unter Praktische Informationen (S. 312)

Checkliste

- Ist der Personalausweis/Reisepass noch gültig?
- Unterkünfte und Anreise buchen, besonders für die Hauptsaison
- Ggf. Gepäckbeschränkungen der Fluglinien checken, besonders bei Regionalflügen
- Reiseversicherung abschließen
- Ggf. das Handy fürs internationale Roaming freischalten lassen

Ins Gepäck gehören

- Kopfbedeckung, Sonnenbrille und Sonnenschutzmittel
- Wasserfester Geldgürtel
- Bank- und Kreditkarten
- Führerschein/Internationaler Führerschein
- Tauchschein
- Handy & Ladegerät
- Vorhängeschloss
- Mittel gegen Seekrankheit
- Mückenschutzmittel
- Leichte Regenjacke
- Badezeug und Schnorchelausrüstung

Top-Tipps

- Optimal für einen Besuch ist die Zwischensaison von Mitte Mai bis Juni sowie im September/Oktober mit mildem Wetter und weniger Touristen.
- Mit einem Mietwagen kann man eine Entdeckungstour durch abgelegene Dörfer unternehmen, wo die traditionelle Kultur noch ganz selbstverständlich gelebt wird, zum Mittagessen stoppen, durch die Läden stöbern und sein Griechisch ausprobieren.
- Mindestens ein urtypisches *kafenio* (Kaffeehaus), eine Fischtaverne am Wasser und ein traditionelles Lokal mit Livemusik besuchen. Hier erlebt man kretische Kultur von ihrer lebhaftesten Seite.

Richtig angezogen

Auf Kreta geht es zwanglos zu. Die Kreter kleiden sich schlicht, aber dezent. Schnell trocknende Oberteile und luftige Kleider mitbringen! In Bars und angesagten Restaurants ist etwas schickere Aufmachung gefragt, also keine T-Shirts und Shorts. Läden und Tavernen nicht im Badezeug betreten, sondern etwas drüberziehen. Die Kreter tummeln sich nicht hüllenlos am Strand. Manche Besucher tun das zwar, aber aus Respekt vor den Einheimischen sollte man es besser lassen.

Unterkünfte

Für die Hauptsaison muss man frühzeitig buchen, weil viele Hotels schnell ausgebucht sind. Im Winter schließen viele Unterkünfte.

- **Apartments und Ferienhäuser** Ideal für Leute mit Platzbedarf und Selbstversorger. Meist mit komplett ausgestatteter Küche.
- **Campingplätze** In den meisten Gegenden vorhanden, oft mit warmen Duschen, Gemeinschaftsküche, Restaurant und Pool.
- **Domatia** Das kretische Pendant zum Bed & Breakfast, aber ohne das Frühstück. Oft mit Kühlschrank und Wasserkocher.
- **Hotels** Von einfachen, familiengeführten Hotels mit nur ein paar Zimmern bis zu großen Ferienanlagen mit Pool, Wassersportangeboten und Restaurants.

Shoppen

➡ Kreta ist berühmt für seine Erzeugnisse wie Olivenöl und Thymianhonig. Die beste Qualität (und die besten Preise) bieten oft kleine Läden in den Dörfern, nicht die Andenkengeschäfte in den Städten. Am besten hält man Ausschau nach großen Flaschen ohne Etikett direkt vom Erzeuger statt nach schicken Verpackungen.

➡ Zwar werden Kreditkarten immer öfter akzeptiert, doch besonders auf dem Land ist Bargeld König. Man sollte also erst einmal davon ausgehen, überall bar bezahlen zu müssen. Am Wochenende gehen den Geldautomaten auf den Dörfern oft die Scheine aus.

➡ Oft können kleine Läden auf größere Scheine kein Wechselgeld herausgeben – genügend kleine Scheine und Münzen bereithalten!

Feilschen

Auf Märkten und Flohmärkten darf gehandelt werden; anderswo gilt der angegebene Festpreis.

Trinkgeld

➡ **Pagen** Hotelpagen oder Stewards auf Fähren erwarten ein kleines Trinkgeld von 1 bis 3 €.

➡ **Restaurants** Bei gutem Service ist ein kleines Trinkgeld üblich – Rechnungsbetrag aufrunden oder 10 % da lassen.

➡ **Taxis** Den Fahrpreis um ein, zwei Euro aufrunden. Der kleine Aufpreis für Gepäckstücke ist eine offizielle Gebühr, kein Trinkgeld.

SPRACHE

Der Tourismus ist für Kreta extrem wichtig und als gute Geschäftsleute haben viele Kreter Englisch gelernt – einige auch Deutsch. In Städten und beliebten Strandorten kann man fast ohne Griechisch zurechtkommen. In kleineren Dörfern und entlegenen Regionen sind ein paar Brocken Griechisch aber hilfreich. Überall nehmen die Kreter es sehr positiv auf, wenn man versucht, Griechisch zu sprechen.

Mehr zum Thema Sprache ab S. 324.

Etikette

➡ **Körpersprache** Eine seitliche Kopfbewegung bedeutet „Ja"; ein kurzes Heben des Kopfes oder der Augenbrauen heißt „Nein", oft von einem Zungenschnalzen („ts") begleitet.

➡ **Essen** Die Gerichte werden normalerweise in die Tischmitte gestellt und geteilt. Ein angebotenes Getränk sollte man als freundliche Geste immer annehmen (sofern es sich nicht um einen unerwünschten Anmachversuch handelt). Wer zum Essen im Restaurant eingeladen wird, sollte nicht darauf bestehen, selbst zu bezahlen; das ist unhöflich dem Einladenden gegenüber. Auf Kreta wird ausgiebig getafelt und es gehört sich nicht, die Bedienung zu hetzen.

➡ **Gotteshäuser** Wer Kirchen besuchen will, sollte ein Schultertuch oder lange Ärmel und einen langen Rock bzw. eine lange Hose tragen, um nicht zu viel nackte Haut zu zeigen.

➡ **Einladungen** Wer zu Griechen nach Hause eingeladen wird, sollte ein kleines Geschenk wie Blumen oder eine Schachtel Pralinen mitnehmen.

Essen

Wie viele Südeuropäer essen die Kreter spät zu Abend. Viele Restaurants öffnen erst um 19 Uhr zum Abendessen. Tischreservierungen sind nur bei den beliebtesten Restaurants notwendig und selbst dann reicht meist eine Reservierung am Vortag.

➡ **Estiatorio** Gehobenes Restaurant, das ähnliche Kost wie die Tavernen oder internationale Küche serviert

➡ **Mezedhopoleio** Serviert *mezedhes* (Häppchen, ähnlich wie Tapas); eine *ouzerie* serviert *mezedhes* zu jeder Runde Ouzo

➡ **Rakadiko** Die kretische Variante einer *ouzerie* serviert zu jeder Runde Raki immer raffiniertere *mezedhes*. Beliebt in Sitia, Ierapetra und Rethymnon.

➡ **Taverna** Zwangloses Lokal, häufig spezialisiert auf Fisch und Meeresfrüchte, Grillfleisch oder traditionelle Ofengerichte

Was gibt's Neues?

Auf dem traditionsverhafteten Kreta geht Wandel eher gemächlich vonstatten, doch mehr Tourismus, die Verbesserung der Infrastruktur und verschiedenste Nachhaltigkeitsinitiativen sorgen insgesamt für mehr Optimismus. Und globale Trends wie Craft-Bier und hippe Coffeeshops breiten sich aus, ohne Kretas einzigartigem Flair Abbruch zu tun.

Museum des antiken Eleftherna

Das kleine, aber ausgezeichnete Museum (S. 145) präsentiert in den letzten 30 Jahren an der nahen antiken Stätte ausgegrabene Funde. Anhand von Schmuck, Glas- und Tonwaren, Skulpturen und Figurinen sowie Ton- und Bronzevasen wird die gesamte Geschichte der Stätte von 3000 v. Chr. bis 1300 n. Chr. erzählt.

Kultur- & Konferenzzentrum

Mit der Eröffnung des Kultur- und Konferenzzentrums (S. 188) im Jahr 2019 verfügt die Kultur- und Kunstszene Iraklions nunmehr über ein schickes neues Herz. Der aus fünf Gebäuden bestehende Komplex präsentiert ein buntes Programm aus Theater, Musicals, Ballett, Konzerten mit klassischer und neuer Musik, Filmvorführungen und Vorträgen.

Craft-Bier

Im Zuge des globalen Trends hat auch Kreta nun eine eigene Craft-Bier-Szene. Interessante Biere sind z. B. das Psaki IPA, das Skotidi Imperial Stout und das Askianos Porter der Solo Brewery (S. 187) in Iraklion, das köstliche Charma Lager, Charma Dunkel und Charma Pale Ale von der Cretan Brewery (S. 108) in Chania und auch die Biere der winzigen Lafkas Brewery (S. 82) vor den Toren von Chania.

Unabhängige Hostels

Sehr zur Freude von Reisenden mit eher schmalem Geldbeutel haben in letzter Zeit einige unabhängige Hostels ihre Pforten geöffnet. Mit dem Cocoon City Hostel (S. 74) und dem Kumba Hostel (S. 74) hat Chania zwei neue Bleiben; in Iraklion ging 2018 das So Young Hostel (S. 184) an den Start und selbst Kissamos wartet mit einer

INSIDERWISSEN

WAS TUT SICH AUF KRETA?

Andrea Schulte-Peevers, Lonely Planet-Autorin

Es geht bergauf mit Kreta: Wie das restliche Griechenland taucht auch die Insel aus den Niederungen der Wirtschaftskrise der vergangenen Jahre auf.

Eine wichtige Rolle bei diesem Aufschwung spielt der Tourismus, doch die Kehrseite der Beliebtheit Kretas sind erste Anzeichen von Overtourism. Das gilt besonders für die Städte im Norden und berühmte Sehenswürdigkeiten wie Knossos.

Doch langsam machen sich die Bemühungen bezahlt, die Touristen durch die Erschließung neuer Ziele von den üblichen Sonne-und-Meer-Routen wegzulocken. Bauernhöfe gewähren mit Aktivitäten wie Käserei-Workshops und Kochunterricht einen Einblick in den Alltag. Weinfreunde zieht es vermehrt in die Weinregion von Iraklion, die durch neue Probierstuben und Führungen besucherfreundlicher geworden ist.

Und die zahlreichen neuen Coffeeshops und Craft-Bier-Brauereien und -Bars zeigen, dass Kreta erfolgreich neue kommerzielle Trends anzapfen kann.

kleinen Herberge auf, dem Hostel Stylianos (S. 116).

Weintourismus

Dank einer neuen Generation von Winzern und einer wachsenden Zahl von Weingütern, die Weinproben und Führungen anbieten, verzeichnet die kretische Weinwirtschaft weiter einen kräftigen Boom. Zu den Kellereien, die man im Auge behalten sollte, zählt z. B. die neue Digenakis Winery (S. 202). Nähere Infos bietet die Website Wines of Crete (www.winesofcrete.gr).

In Paleochora können Weinfans in der reizenden neuen Monika's Garden Wine Bar (S. 105) wunderbar in die Welt der kretischen Weine eintauchen.

Kaffeebars

Vom Cold Brew bis zum klassischen griechischen Mokka – Kreta hat die Freude an gutem Kaffee entdeckt, wovon auch die wachsende Zahl von Röstereien zeugt. Koffeinjunkies sollten das Brew Your Mind (S. 138) in Rethymnon, das Monogram (S. 80) in Chania und das Crop (S. 188) in Iraklion austesten.

Boutiquehotels

Die Auswahl an schicken Boutiquehotels auf Kreta ist mit dem Domus Renier (S. 76) und dem Monastery Estate (S. 76) in Chania, den Hamam Oriental Suites (S. 133) in Rethymnon und dem Sunshine Hotel (S. 225) in Malia jetzt noch größer.

Kunst im öffentlichen Raum

Ein Neuzugang bei den Kunstwerken im öffentlichen Raum in Agios Nikolaos ist ein herrliches Wandbild (S. 231) von Manolis Anastasakos: Eine Zickzacktreppe hat der Künstler mit einem Minotauros verziert.

Neue Gavdos-Fähre

Die Reederei Anendyk (www.anendyk.gr) hat probeweise den Fährbetrieb von Agia Galini zur Insel Gavdos aufgenommen. In den Sommermonaten verkehrt die Fähre viermal pro Woche; die Überfahrt dauert etwa zwei Stunden.

HÖREN & SEHEN

Tis Kritis Ta Politima (Verschiedene; 2009) Eine gute Einführung in die kretische Musik.

Dimotiki Anthologia (Nikos Xylouris; 1976) Mit diesem Album wurde der Sohn eines legendären Musikers zum Star.

Anastorimata (Psarantonis; 1982) Das wichtige Album kündet von Psarantonis' einzigartigem Stil.

Alexis Sorbas (1964) Der mit drei Oscars ausgezeichnete Film nach dem berühmten Roman von Nikos Kazantzakis ist noch immer der wichtigste je auf Kreta gedrehte Streifen.

Night Ambush (1957) Der Film erzählt die spannende Geschichte um die Entführung des Nazi-Generals Heinrich Kreipe durch die Briten 1944.

El Greco (2007) Griechische Filmbiografie über das Leben des auf Kreta geborenen Renaissancemalers.

AUF EINEN BLICK

Foodtrends Regional, bio, saisonal

Wichtigste Religion Griechisch-orthodox (95 %)

Blaue-Flagge-Strände 112

Einwohner 633 000

Unterkünfte

Weitere Hinweise auf Unterkünfte gibt's im Abschnitt Reiseziele auf Kreta (ab S. 61)

Unterkunftsarten

Agritourismus Der Landtourimus boomt auf Kreta. Die traditionellen Pensionen, Häuschen und Apartments in stillen Dörfer abseits vom Trubel an der Küste gehören oft zu Biohöfen.

All-inclusive-Anlagen Fast 80 % aller Griechenland-Urlauber sind Pauschaltouristen. Besonders östlich von Iraklion und westlich von Chania an der Nordküste gibt's zahlreiche große Ferienanlagen.

Campingplätze Sind fast überall vorhanden und verfügen meist über warme Duschen, Gemeinschaftsküchen, Restaurants und Pools.

Domatia Das kretische Pendant zum Bed & Breakfast, aber ohne das Frühstück. Oft mit Kühlschrank und Wasserkocher.

Hostels Auf Kreta gibt's keine offiziellen Herbergen, dafür aber unabhängige Hostels in Rethymnon, Plakias, Iraklion, Chania und Kissamos.

Hotels Von einfachen, familiengeführten Hotels mit nur ein paar Zimmern bis zu großen Ferienanlagen mit Pool, Wassersportangeboten und Restaurants.

Apartments & Ferienhäuser Ideal für Leute mit Platzbedarf und Selbstversorger. Sehr unterschiedlich ausgestattet, teils nur mit Mikrowelle, Kühlschrank und Wasserkocher, teils aber auch mit kompletter Küche mit Herd und Ofen.

PREISKATEGORIEN

Diese Preiskategorien beziehen sich auf ein Doppelzimmer mit eigenem Bad in der Hauptsaison (Juli und August).

€	bis 60 €
€€	60–150 €
€€€	über 150 €

Buchung

In den meisten Fällen muss man nur in der Hochsaison von Juni bis August vorbuchen, doch die beliebtesten Unterkünfte sind vielleicht auch in der Zwischensaison schnell ausgebucht. In der Hauptsaison gilt in einigen Ferienwohnungen und -häusern u. U. eine Mindestaufenthaltsdauer, von zwei Nächten bis zu einer Woche. Außerhalb der Städte schließen besonders an der Küste viele Unterkünfte von November bis Anfang Mai.

Airbnb (airbnb.com) Hat auf der Insel über 300 Unterkünfte im Angebot, zumeist in Westkreta und an der Nordküste. In der Hauptsaison kostet ein Apartment um die 100 €.

Bed & Breakfast Crete (www.bedandbreakfast.eu) Hunderte unabhängiger Unterkünfte (nicht nur B&Bs), von einfachen Doppelzimmern für 21 € bis zu Villen mit Privatpool für mehrere hundert Euro.

Crete Escapes (www.crete-escapes.com) Großes Angebot an größeren Ferienhäusern, viele mit Pool. Wöchentlicher Mietpreis ab 650 €.

Great Small Hotels (www.greatsmallhotels.com) Auf Boutiquehotels spezialisiertes Portal; ab 70 €.

I-escape (www.iescape.com) Betreutes Verzeichnis von Design- und Boutique-Retreats mit 24 Einträgen auf ganz Kreta; ab 75 €.

Lonely Planet (lonelyplanet.com/hotels) Unabhängige Bewertungen sowie Empfehlungen zu Unterkünften, die gleich online gebucht werden können.

Top-Tipps

Für Sparfüchse

Kreta lässt sich auch mit schmalerem Geldbeutel toll bereisen. Das beste Preis-Leistungs-Verhältnis bieten meist *domatia* (Privatzimmer), Studios und Apartments, die es auf der Insel in Hülle und Fülle gibt. Bei den meisten handelt es sich um moderne Unterkünfte mit Klimaanlage, kleiner Küche, Internet und Balkon. Dazu kommen besonders in den Städten immer mehr unabhängige Hostels. Außerhalb der Hauptreisezeit von Juni bis August fallen die Preise erheblich.

Die besten Budget-Unterkünfte:

Atelier Frosso Bora (S. 129), Rethymnon

Cocoon City Hostel (S. 74), Chania

Katerina Apartments (S. 265), Kato Zakros

Plakias Youth Hostel (S. 156), Plakias

Captain's House (S. 166), Panormos

Kleine Landfluchten

Auf dem Land, besonders in den Regionen Chania und Rethymnon, gibt's jede Menge traditionelle Pensionen und Ferienhäuser und -dörfer. Viele der modernisierten alten Steinhäuser verfügen über Holzbalkendecken und Kamine. Einige haben eine Solarheizung, bei jenen auf Biohöfen gibt's oft auch eine Taverne mit ländlicher Küche.

Tolle Unterkünfte auf dem Land:

Milia (S. 122), Innachorion

Enagron Ecotourism Village (S. 149), Axos

Eleonas Country Village (S. 206), Zaros

Thalori Retreat (S. 216), Kapetaniana

Stella's Traditional Apartments (S. 265), Kato Zakros

Für Strandfans

Kreta wartet mit zahllosen Unterkünften für Strandurlauber auf, die so nah wie möglich am Meer nächtigen möchten. Große Strandhotels tummeln sich in Bali, Chersonisos und Malia; neben Bars und Liegestühlen bieten sie auch Wassersportaktivitäten. Wer's lieber ruhiger mag, sollte die Dörfer an der Südküste anvisieren.

Thalori Retreat (S. 216)

Fabelhafte Bleiben am Meer:

Minos Beach Art Hotel (S. 239), Agios Nikolaos

Karavostassi Apartments (S. 254), Agios Nikolaos

Pavlos' Place (S. 161), Triopetra

Sunrise Apartments (S. 168), Bali

Pension Girogiali (S. 161), Triopetra

Boutiquehotels

Ein stilvollerer Urlaub als in griechischen Boutiquehotels ist kaum vorstellbar: Viele residieren in einfühlsam restaurierten venezianischen Villen des 17. Jhs., meist mit nackten Steinwänden, Stilmöbeln und Himmelbetten. Vor besonders stimmungsvollen Unterkünften strotzen die Altstädte von Chania und Rethymnon, doch auf dem Land ist hier und dort ein Juwel zu finden.

Die schönsten Boutiquehotels:

Hamam Oriental Suites (S. 133), Rethymnon

Serenissima (S. 76), Chania

Casa Delfino (S. 76), Chania

Kouriton House (S. 148), Margarites

Arcus Villas (S. 143), Argyroupoli

Unterwegs auf Kreta

Weitere Infos siehe Verkehrsmittel & -wege (S. 318)

Mit dem Auto unterwegs

Ein Mietwagen verleiht Kreta-Besuchern ein Höchstmaß an Flexibilität. Er ermöglicht Zugang zu einsamen Stränden, zu entlegenen Schluchten und zu unberührten Dörfern, die sonst nur umständlich oder gar nicht zu erreichen sind.

Fahren auf Kreta

Wer auf Kreta Auto fährt, sollte einige Besonderheiten beachten. Falls nicht anders beschildert, haben von rechts kommende Fahrzeuge Vorfahrt. Auch in Kreisverkehren müssen die Fahrzeuge im Kreisverkehr einfahrenden Fahrzeugen Vorrang gewähren. Wenn auf schmalen Straßen ein Fahrer hinter einem aufblinkt, möchte er überholen. Wo zum Überholen die Gegenfahrbahn benötigt wird, wird erwartet, dass man ein bisschen auf den Seitenstreifen ausweicht, um dem überholenden Fahrzeug mehr Platz zu verschaffen. Dabei aber auf geparkte Fahrzeuge achten! Gibt es keinen Seitenstreifen, fährt man weiter, bis man rechts ranfahren und den Verkehr hinter sich vorbeilassen kann.

Straßen

Alle wichtigeren Straßen sind geteert und gut in Schuss, doch in abgeschiedenen Gegenden gibt's noch immer Staubpisten. Manchmal können sich besonders nach schweren Regenfällen im Winter die Straßenverhältnisse abrupt ändern. Immer auf Schlaglöcher, Schotter, Steinschläge und andere Gefahren achten!

Leihwagen

Für die unabhängige Erkundung der Insel ist ein Leihwagen unerlässlich. In den Städten und Küsten-

INFORMATIONEN

Busfahrpläne Die Fahrpläne ändern sich je nach Jahreszeit. Die aktuellsten Infos gibt's auf http://e-ktel.com für Westkreta bzw. www.ktelherlas.gr für Zentral- und Ostkreta.

Karten Für den Fall, dass Navi und GPS einen im Stich lassen, z. B. in den Bergen und in entlegenen Ecken der Insel, sind altmodische gedruckte Straßenkarten wie die von Anavasi (www.anavasi.gr) praktisch.

Notfälle Bei einer Autopanne sollte man die Autovermietung anrufen. Bei einem Unfall fordert man unter ☎112 einen Krankenwagen oder die Polizei an; die Notrufzentrale ist mehrsprachig besetzt.

orten ist es kein Problem, ein Auto zu mieten; anders ist das auf dem Land. Die großen internationalen Autovermietungen sind an den Flughäfen und in den größeren Städten vertreten, billiger sind jedoch die einheimischen Anbieter. Die meisten Mietwagen haben ein Schaltgetriebe; Wagen mit Automatik sind teurer.

Tanken

Benzin ist fast überall erhältlich, doch außerhalb der größeren Städte und abseits der Autobahnen schließen die Tankstellen vielleicht um 19 Uhr und öffnen am Wochenende gar nicht. Wer aufs Land unterweg ist, sollte vorher immer tanken. Selbstbedienung ist an den Tankstellen nicht die Norm. Trinkgelder sind nicht erforderlich, werden aber gern angenommen. Nur wenige Tankstellen nehmen Kreditkarten.

Parken

In den Städten darf am Straßenrand geparkt werden, doch einen freien Parkplatz zu finden kann geradezu unmöglich sein. Nur wenige Hotels haben eigene Parkplätze, doch sie sollten einem den Weg zum nächsten öffentlichen Parkplatz weisen können. Viele Dörfer mit engen Straßen haben am Ortsrand einen oft kostenlosen Parkplatz – wenn möglich, sollte man diesen nutzen.

Kein Auto?

Bus

Kreta wartet mit einem ausgedehnten Netz an Busverbindungen auf, nicht nur zwischen den vier größeren Städten Chania, Rethymnon, Iraklion und Agios Nikolaos an der Nordküste, sondern auch, wenn auch etwas eingeschränkt, zu den Bergdörfern und zur Südküste. Viele Busse fahren nur werktags. Wegen der Berge bestehen zwischen den Zielen im Süden keine direkten Verbindungen: Man muss in den Zentren der Nordküste umsteigen.

Fahrrad

Kreta mit dem Fahrrad zu erkunden ist nichts für Hasenfüße. Die Straßen in den Städten und an der Nordküste sind einigermaßen flach, doch dank unberechenbarer Autofahrer ist dies kein entspanntes oder sicheres Radeln. Wer sich in die Berge des Südens aufmacht, braucht gute Beinmuskeln.

Organisierte Touren

Viele Veranstalter und Reisebüros bieten organisierte Bustouren zu den wichtigen Sehenswürdigkeiten, z. B. nach Knossos und zur Samaria-Schlucht.

Wandern

Wer fit ist und Zeit hat, kann Kreta auch erwandern. Über die Insel zieht sich der Europäische Fernwanderweg E4. Schutz bieten ein paar Berghütten.

EINIGE REGELN

- Alle Fahrzeuginsassen müssen angeschnallt sein.
- Am Steuer ein Handy zu benutzen ist verboten.
- Stets den Führerschein mitführen.
- Die Höchstgeschwindigkeit beträgt, falls nicht anders ausgeschildert, außerorts 90 km/h, innerorts 50 km/h.
- Die Promillegrenze liegt bei 0,5.

ENTFERNUNGEN (KM)

	Chania	Iraklion	Ierapetra	Agios Nikolaos
Iraklion	130			
Ierapetra	220	90		
Agios Nikolaos	205	60	30	
Plakias	95	95	155	185

Wie wär's mit ...

Traumstrände

Balos Der fotogene Sandstrand erinnert an tropische Lagunen. (S. 118)

Elafonisi Märchenhaft: rosiger Sand und warmes Wasser, durch das man zur vorgelagerten Insel waten kann. (S. 105)

Vai An dem Strand, der Europas größten natürlichen Palmenhain säumt, ist mit fallenden Datteln zu rechnen. (S. 261)

Preveli-Strand Palmenstrand an einer Flussmündung; die Küstenfelsen rundherum sind voller Höhlen. (S. 160)

Agios Pavlos In den Dünen des abgelegenen Südküstenstrands kann man sich fernab des Touristentrubels sonnen. (S. 161)

Xerokambos Einsamkeit und Schönheit an dem runden Dutzend Stränden, die sich in dieser entlegenen Region im Südosten über 4,5 km Länge erstrecken. (S. 267)

Chrysi In zahllosen Blau- und Grüntönen schimmert das Wasser um die Insel Chrysi (oder Gaidouronisi). (S. 270)

Gavdos Der südlichste Punkt Europas ist wohltuend einsam – nur nicht im August. (S. 107)

Falasarna Langer Sandstrand mit tollen Wellen und traumhaften Sonnenuntergängen. (S. 119)

Bezaubernde Dörfer

Kritsa Dorf im Dikti-Gebirge mit schönen Geschäften, stimmungsvollem Ortskern und einer Kirche mit herrlichen byzantinischen Fresken. (S. 248)

Chora Sfakion Uriger Südküstenhafen mit eigenwilligen Menschen und bewegter Historie. (S. 93)

Argyroupoli Das alte Bergdorf lädt zum Forellenschmaus zwischen angenehm kühlen Bergquellen. (S. 142)

Myrthios Von dem weiß getünchten Dorf hoch über dem Libyschen Meer geht der Blick fast bis nach Afrika. (S. 159)

Amari Dorf mit einer reizenden Mischung aus venezianischen Häusern und einem Platz voller Cafés und Blumenkübel im idyllischen Amari-Tal. (S. 146)

Theriso Ideal zum Ausspannen ist dieses geschichtsträchtige Bergdorf im tiefen Wald südlich von Chania. (S.110)

Essen & Trinken

Weinregion Iraklions Auf einer Verkostungstour durch Kretas größtes Weinbaugebiet gibt es viele leckere Tropfen zu entdecken. (S. 199)

Agreco Farm Der idyllisch gelegene Bauernhof ist ein Musterbeispiel traditioneller, ökologischer Landwirtschaft. (S. 140)

Maroulas Kretas Berghänge sind voller Salbei, Thymian und anderer Kräuter. Über ihre Heilkraft informiert der Kräuterladen in Maroulas. (S. 139)

Thalassino Ageri Serviert zum prachtvollen Sonnenuntergang die leckersten Fischspezialitäten Kretas. (S. 80)

Taverna Iliomanolis Solche Dorftavernen gehören zu den besonderen Freuden einer Kretareise. (S. 159)

Ergospasio Elegantes Lokal in einer alten Johannisbrotfabrik am Wasser mit langsam geschmortem Fleisch vom *antikristo*-Grill. (S. 244)

Antike Stätten

Knossos Den weltberühmten Minoerpalast kombiniert man am besten mit dem Archäologischen Museum Heraklion. (S. 173)

Festos Zweitwichtigste minoische Palaststadt nach Knossos, mit atemberaubender Aussicht auf die Messara-Ebene und den Psiloritis. (S. 208)

Malia Die Ausgrabungen an dieser spektakulären minoischen Palastanlage an der Nordküste laufen noch. (S. 223)

Antikes Lato Die Ruinen des dorischen Stadtstaats in

Oben: Falasarna (S. 119)

Unten: Kritsa (S. 248)

traumhafter Lage auf einem Hügel zählen zu den besterhaltenen nicht-minoischen Stätten. (S. 249)

Kato Zakros Durch die Zakros-Schlucht voller antiker Gräber zur Ruine des minoischen Palasts wandern. (S. 263)

Armeni Stimmungsvoller Eichenwald mit 231 Felsgräbern aus spätminoischer Zeit. (S. 153)

Polyrrinia Von der Akropolis der dorischen Stadt eröffnet sich ein spektakuläres Meer- und Gebirgspanorama. (S. 116)

Museen

Archäologisches Museum Heraklion Ein Muss für jeden Besucher der Insel: Kretas beste Sammlung minoischer und anderer antiker Funde. (S. 173)

Kretisches Schifffahrtsmuseum Seefahrtsgeschichte von der Bronzezeit bis heute, mit Schwerpunkt auf der venezianischen Zeit und dem Zweiten Weltkrieg. (S. 65)

Freilichtmuseum Lychnostatis Lädt zur Zeitreise in ein traditionelles kretisches Dorf. (S. 221)

Archäologisches Museum von Chania Minoische Sarkophage, eine Marmorstatue von Hadrian und Mini-Tonbullen vor der Kulisse einer wunderschönen venezianischen Kirche. (S. 65)

Nikos-Kazantzakis-Museum Verrät Besuchern, was der berühmte Verfasser von *Alexis Sorbas* noch alles trieb. (S. 204)

Ethnologisches Museum Kreta Einblicke in Jahrhunderte kretischen Alltagslebens. (S. 212)

Historisches Museum von Kreta Eine spannende Tour durch die oft turbulente Geschichte Kretas. (S. 177)

Monat für Monat

TOP-EVENTS

Orthodoxes Osterfest, März oder April

Karneval, Februar

Sommerfestival in Iraklion, Juli bis Mitte September

Unabhängigkeitstag, März

Mariä Himmelfahrt, August

Januar

Im Winter sind die Kreter mehr oder weniger unter sich auf der Insel. Die Ausblicke auf die schneebedeckten Gipfel sind grandios, aber das kalte, windige Wetter macht eher Lust auf Museen und Kirchen.

Neujahr (Fest des hl. Blasius)

Zum neuen Jahr gibt's Geschenke, es wird gesungen, getanzt, festlich gegessen und der *vasiloapita* (Neujahrskuchen) angeschnitten. Wer das Stück mit der eingebackenen Münze erwischt, kann sich auf ein glückliches Jahr freuen.

Februar

Auch der kretische Karneval wird groß gefeiert. Blühende Mandelbäume künden vom nahenden Frühling.

Karneval

Vor Beginn der Fastenzeit gibt es drei Wochen Tanz, Maskenbälle, Spiele und Schatzsuchen. Höhepunkt ist eine große Straßenparade am letzten Sonntag. Die größte Party steigt in Rethymnon.

März

Die Tage werden länger und die Sonne zeigt sich häufiger. Zum Schwimmen ist es noch zu früh, dafür kann man die Sehenswürdigkeiten einigermaßen ungestört besichtigen.

Unabhängigkeitstag

Am 25. März wird doppelt gefeiert: Militärparaden und Tänze erinnern an den Beginn des Unabhängigkeitskriegs 1821, gleichzeitig wird mit Mariä Verkündigung der Tag gefeiert, an dem Maria feststellte, dass sie schwanger war.

April

Ein bunter Teppich von Wildblumen überzieht die Insel und die Kreter rüsten sich fürs Osterfest.

Ostern

Das wichtigste religiöse Fest Griechenlands mit Gottesdiensten, Kerzenprozessionen am Karfreitag und mitternächtlichem Feuerwerk am Ostersamstag. Sonntags schmaust man Lammbraten. Der Termin weicht oft vom katholischen Osterfest ab.

Mai

Viel Sonne und angenehme Temperaturen machen den Mai zum idealen Monat für Wanderungen, Radtouren und andere Streifzüge über die Insel, begleitet vom Duft aromatischer Kräuter.

1. Mai

An diesem Tag setzt ein Massenexodus aufs Land ein. Beim Picknick werden Wildblumen gepflückt, um daraus dekorative Kränze fürs traute Heim zu winden. In den größeren Städten finden Kundgebungen statt, denn schließlich ist dies auch der internationale Tag der Arbeit.

Jahrestag der Schlacht um Kreta

Die letzte Maiwoche erinnert mit Zeremonien, nachgespielten Kampfhandlungen, Sportwettkämpfen und Volkstänzen an die historische Schlacht. Zentrale Veranstaltungsorte sind Chania und Rethymnon. (S. 74)

Juni

Startschuss für den Sommer: Schnell noch an die Strände, bevor es voll wird. Schlemmer genießen derweil die Fülle frischer einheimischer Produkte vom Markt.

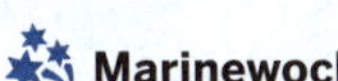

Marinewoche

Ende Juni feiert Kreta seine enge Verbundenheit mit dem Meer mit Musik, Tanz und Wassersportwettbewerben. Besonders hoch her geht es in Souda nahe Chania.

Juli

Die Hauptsaison beginnt. Ohne Reservierung geht an den Küsten gar nichts; ansonsten bleiben noch die traditionellen Dörfer in den kühleren Bergen. Häufig wehen kräftige Winde.

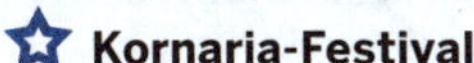

Kornaria-Festival

Von Anfang Juli bis Mitte August wird in Sitia in Ostkreta dieses Kulturfest mit Tanz, Musik, Theater und Sport gefeiert. (S. 258)

Renaissance-Festival Rethymnon

Internationale Künstler geben sich in Rethymnon zwei Wochen lang bei Theater, Tanz und Musik aus der Renaissance die Ehre. (S. 129)

Sommerfestival in Iraklion

Mit Starbesetzung aus dem In- und Ausland (vom Bolschoi-Ballett bis zur Wiener Staatsoper) geht dieses hochkarätige Tanz-, Musik-, Theater- und Kinofestival von Juli bis Mitte September an den Start.

August

Hitze ohne Ende! Die Haupt-Festivalsaison reicht vom Juli bis in den August hinein. Das Meer ist jetzt am wärmsten; reife Melonen, Feigen, Pfirsiche und Kirschen füllen die Marktstände. Windig ist es immer noch.

Mariä Himmelfahrt

Der 15. August ist ein Tag der Familientreffen. Alles und jeder ist unterwegs in die Dörfer; entsprechend mörderisch ist der Verkehr zum Feiertag.

September

Die Sonne steht hoch, brennt aber nicht mehr so sehr. Die Hauptsaison geht zu Ende, die Strände und Sehenswürdigkeiten werden leerer. Außerdem ist Feigensaison.

Oktober

Der Herbst bringt ideales Wetter und nur noch wenige Touristen. Die Winde lassen nach, die Weinlese läuft auf Hochtouren. Die Zeit ist optimal für Wanderungen in die Natur.

Ochi-Tag

Ein schlichtes „Nein" *(ochi)* war die berühmte Antwort von Premierminister Ioannis Metaxas, als Mussolini am 28. Oktober 1940 den freien Durchmarsch seiner Truppen durch Griechenland forderte. Der Feiertag wird mit Gedenkveranstaltungen, Paraden und anderen Feiern begangen.

November

In den Touristenorten werden Anfang November die Bürgersteige hochgeklappt. Das Wetter wird kühler und unbeständig. In den Bergen fällt der erste Schnee.

Moni-Arkadiou-Jahrestag

Patriotenherzen schlagen höher, wenn vom 7. bis 9. November der Explosion im Kloster mit einem der bedeutendsten Feste Kretas gedacht wird. (S. 144)

Dezember

Die kurzen Tage sind recht kühl – ein guter Monat für Aktivitäten drinnen.

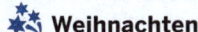

Weihnachten

Weihnachten ist hier weniger wichtig als Ostern, wird aber doch mit Gottesdiensten und Festessen gefeiert. Auch westeuropäische Bräuche wie Weihnachtsbäume, -deko und -geschenke haben sich inzwischen eingebürgert.

Reiseplanung

Reiserouten

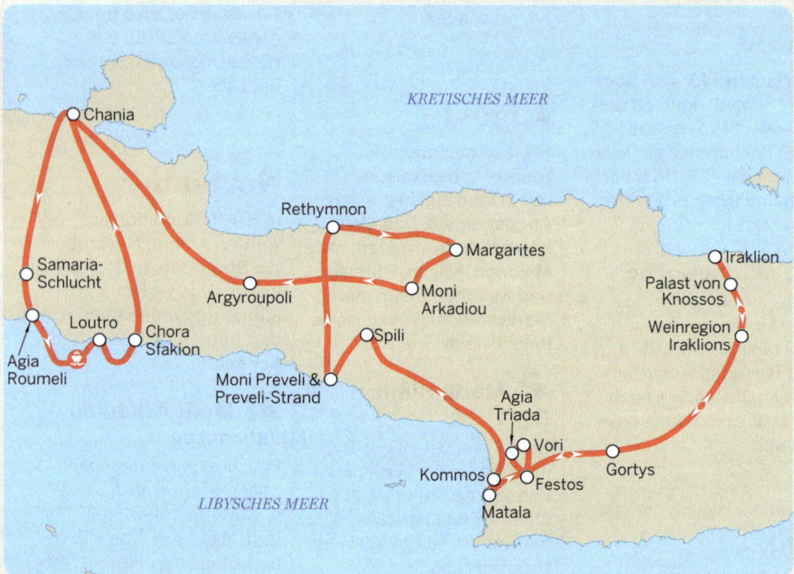

Kreta-Highlights

Die Route zwischen zwei der bedeutendsten Städte Kretas führt durch herrliche Natur, vom Gebirge bis zum Meer, und zu einigen der berühmtesten historischen Schätze der Insel. Unterwegs gibt's venezianische Baukunst zu bewundern und die Küche der Bergdörfer und Hafentavernen zu schmausen.

Den Auftakt bildet **Iraklion** mit seinen großartigen Museen. Nächste Station ist der **Palast von Knossos**, wo die mysteriösen Minoer vor rund 4000 Jahren herrschten. Ein Tag ist für die genussvolle Erkundung der **Weinregion Iraklions** einzuplanen, die 70 % des kretischen Weins erzeugt. **Matala** ist eine ideale Basis für Ausflüge zur einstigen römischen Hauptstadt **Gortys** und zu den Minoerpalästen von **Festos** und **Agia Triada**. Außerdem bietet die Gegend ein hervorragendes kretisches Volkskundemuseum in **Vori** und Badespaß an den breiten Sandstränden von **Kommos** und Matala.

Weiter westlich wartet ein leckeres Mittagessen im idyllischen Dorf **Spili**, dessen Tavernen ausgezeichnete Kretaküche auf-

GEORGIOS TSICHLIS/ALAMY STOCK PHOTO ©

Loutro (S. 95)

tischen. Dann geht's mit dem Auto zum **Moni Preveli**, einem noch aktiven Kloster hoch über dem Libyschen Meer, und zum bildhübschen **Preveli-Strand**. Anschließend führt die Reise nordwärts nach **Rethymnon** mit seinem reizenden Gewirr aus venezianischen Gässchen. Von hier geht's in die Umgebung, z. B. zum Töpferdorf **Margarites**, zum **Moni Arkadiou** oder zum Bergdorf **Argyroupoli**.

Dann lockt im Westen Kretas **Chania**, eine lebendige moderne Stadt rund um einen romantischen venezianischen Hafen mit malerischen, autofreien Altstadtvierteln. Wer sich an der historischen Architektur sattgesehen hat, nimmt frühmorgens den Bus zur berühmten **Samaria-Schlucht**, um sie bis zum kleinen Strandort **Agia Roumeli** zu durchwandern. Dort kann man übernachten oder die Fähre nach **Loutro** besteigen, das nur zu Fuß oder per Schiff zu erreichen ist. Nach einer Nacht hier geht's mit der Fähre weiter nach **Chora Sfakion** zum Mittagessen mit Meeresfrüchten und den käsegefüllten Pfannkuchen der Region, bevor man den Rückweg nach Chania antritt.

KRETISCHES MEER
Balos
Kissamos
Falasarna
Chania
Panormos
Bali
Rethymnon
Moni Arkadiou
Anogia
Iraklion
Palast von Knossos
Imbros-Schlucht
Argyroupoli
Chora Sfakion
Frangokastello
Plakias
Preveli-Strand
Elafonisi
Psiloritis (Ida) (2456 m)
LIBYSCHES MEER

Oben: Balos (S. 118)
Unten: Imbros-Schlucht (S. 113)

10 TAGE Zentral- und Westkreta

Eine Rundreise zu unvergesslichen Attraktionen wie der wildromantischen Südküste, verschachtelten Bergdörfchen, Kretas tollsten Stränden und den Kultur- und Küchenschätzen von Rethymnon und Chania, zwei der attraktivsten Städte Kretas.

Startpunkt ist **Iraklion** mit dem Archäologischen Museum und seiner imposanten Festung. Nach einem Abstecher zum **Palast von Knossos** wartet westlich das urige **Anogia** am Fuß des Psiloritis, eine Hochburg der kretischen Tradition und Musik. Über das Töpferdorf Margarites gelangt man zum **Moni Arkadiou**, Schauplatz eines blutigen Höhepunkts im Unabhängigkeitskampf gegen die Türken. Dann kann man in **Rethymnon** einen ganzen Tag durch den bezaubernden Mix aus osmanischer und venezianischer Architektur schlendern.

Nun nichts wie hinunter zur Südküste, wo sich das muntere **Plakias** als Basis anbietet, um die abgeschiedenen Strände der Umgebung zu erkunden wie den **Preveli-Strand** an der Öffnung einer wilden Schlucht. Auf dem Weg nach Westen lohnt ein Stopp bei der Küstenfestung **Frangokastello**. In **Chora Sfakion** kann man die Fähre besteigen, um die abgelegenen Dörfer dieses herrlichen Küstenabschnitts abzuklappern. Danach geht es nordwärts in die Lefka Ori (Weißen Berge), wo eine Wanderung durch die spektakuläre **Imbros-Schlucht** lockt. **Chania** an der Nordküste besticht mit seinem reizenden Hafen, einem wuchtigen Fort und der stimmungsvollen Altstadt; hier kann man gut ein, zwei Nächte verweilen.

Dann geht es auf eine Rundreise in den fernen Westen Kretas. Über Kolymbari und die Innachorion-Dörfer erreicht man am Westzipfel der Insel die rosigen Sandstrände von **Elafonisi**. Die Küstenstraße gen Norden führt bis zum weiten Sandstrand von **Falasarna** mit seinen langen Wellen. Sehr lohnend ist ein Abstecher auf die Halbinsel Gramvousa, zum lagunenähnlichen Strand von **Balos** – am besten per Bootsausflug von Kissamos zu erreichen.

Auf dem Rückweg über Chania nach Iraklion bietet sich ein kurzer Schwenk zu den Quellen von **Argyroupoli** an, bevor man östlich von Rethymnon die Küstenstraße durch das ruhige **Panormos** und das trubelige **Bali** nimmt.

1 WOCHE

Rund um Iraklion

Iraklion ist eine Großstadt mit viel Trubel, aber auch eine praktische Basis, um dank dem guten Busnetz der Provinz viele berühmte Attraktionen Kretas ohne eigenes Fahrzeug zu erreichen. Mit Auto und ausreichend gepolsterter Reisekasse kann man diese Tagesausflüge aber genauso gut von einem Quartier in Archanes in der nahen Weinregion von Iraklion unternehmen.

Iraklion, die größte Stadt Kretas, bietet erstklassige Museen, eine venezianische Festung, einen lebendigen Straßenmarkt, reges Nachtleben und exzellente Restaurants. Das Archäologische Museum ist die perfekte Vorbereitung auf den weltberühmten, teilrekonstruierten **Palast von Knossos**. Er liegt nur eine kurze Auto- oder Busfahrt entfernt und verspricht eine anschauliche Einführung in die minoische Kultur.

Das in Knossos Gelernte ist auch bei einem Tagesausflug zum **Palast von Malia** hilfreich, einer beliebten minoischen Stätte mit weitem Ausblick übers Meer. Von dort geht es auf eine kurvenreiche Erkundungstour durch die Bergdörfchen, vom winzigen Krasí nach **Kerá**, wo das Kloster Kerá Kardiotissas mit Fresken aus dem 14. Jh. und einer hoch verehrten Ikone aufwartet. In der Nähe liegt das weitgehend in einem Stausee versunkene Sfendili.

Mit Auto und abstinentem Fahrer kann man eine Tagestour durch die **Weinregion Iraklions** unternehmen, die von Weingütern mit Verkostungsräumen wimmelt. Interessante Zwischenstopps sind das Nikos-Kazantzakis-Museum in **Myrtia** und die minoischen Ruinen von **Archanes**, dessen ausgezeichnete Tavernen zur Mittagspause einladen. Eine Alternative ist Dafnes, das zweite Zentrum der Weinregion.

Herrliche Aussicht eröffnet die Fahrt zum urigen Bergdorf **Zaros** am Fuß des Psiloritis. Hier warten schöne Wanderwege, byzantinische Kirchen und köstlicher Forellenschmaus. Wer nicht wandern, sondern lieber am Strand faulenzen will, findet ein Stück weiter die schönen Sandstrände von **Kommos** und **Matala**. Und wenn genug Zeit für eine Übernachtung bleibt, kann man vor der Rückfahrt nach Norden auch noch malerische Dörfer wie Sivas, die minoischen Ruinen von **Festos** und die römischen von **Gortys** mitnehmen.

Oben: Festos (S. 208)
Unten: *Pithos* (Vorratsgefäß), Palast von Malia (S. 223)

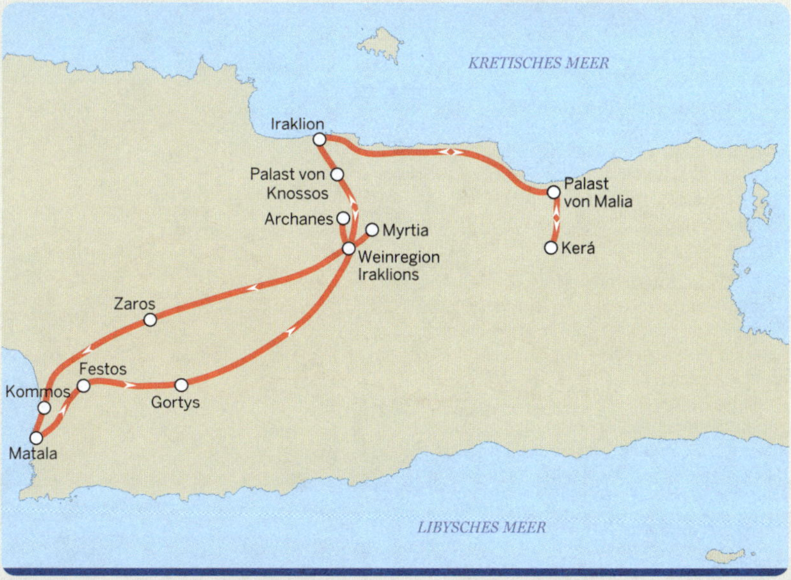

KRETISCHES MEER
Iraklion
Palast von Knossos
Archanes
Myrtia
Weinregion Iraklions
Palast von Malia
Kerá
Zaros
Festos
Kommos
Gortys
Matala
LIBYSCHES MEER

KRETISCHES MEER
Spinalonga
Lassithi-
Hochebene
Agios
Nikolaos
Mochlos
Sitia
Moni
Toplou
Vai
Kouremenos
Dikti-Höhle
Kritsa
Voulisma
Gournia
Zakros-
Schlucht
Xerokambos
Myrtos
Ierapetra
LIBYSCHES MEER

JOE DANIEL PRICE/GETTY IMAGES ©

HEMIS/ALAMY STOCK PHOTO ©

Oben: Ierapetra (S. 266)
Unten: Fresko, Panagia-Kera-Kirche in Kritsa (S. 248)

Ostkreta

Im Osten Kretas gibt es eine Unmenge zu entdecken, vom bunten Städtchen Agios Nikolaos bis zu einigen der schönsten Kirchen, faszinierendsten historischen Stätten und ursprünglichsten Strände der Insel. Mit ein bisschen Neugier vergeht die Woche wie im Flug und kein Tag ist wie der andere.

Als erstes Quartier empfiehlt sich **Agios Nikolaos** mit seinen quirligen Cafés an der Uferpromenade, am Hafen und am dunklen, geheimnisvollen Binnensee. Anschließend locken im Norden das glamouröse Elounda und die Fährfahrt zur ehemaligen Leprainsel **Spinalonga**.

Eine weitere Möglichkeit zu einem schönen Tagesausflug ab Agios Nikolaos führt Richtung Westen auf die **Lassithi-Hochebene** in den höheren Lagen des Dikti-Gebirges, wo sich einst die Flügel Tausender von Windmühlen drehten. Die Hauptattraktion hier ist die **Dikti-Höhle**, in der kein Geringerer als Zeus selbst geboren worden sein soll.

Kritsa südlich von Agios Nikolaos ist eins der entzückendsten Bergdörfer Kretas, mit einer kühlen Schlucht, alten Kirchenfresken und den Ruinen des antiken Stadtstaats Lato. Weitere Ruinen befinden sich in **Gournia** Richtung Osten an der Küste entlang; vielleicht legt man vorher am **Voulisma-Strand** noch einen Badestopp ein und speist in **Mochlos** zu Mittag.

Hier im Osten ist **Sitia** eine gute Basis für Ausflüge zum **Moni Toplou**, einem befestigten Kloster, und zum Palmenstrand von **Vai**. Weitere Strände locken bei Palekastro, z. B. der **Kouremenos-Strand**, Kretas Windsurfer-Mekka.

Auf dem Weg gen Süden nach Zakros werden die Berge immer höher und rauer. Zakros ist Ausgangspunkt für die Wanderung durch die **Zakros-Schlucht** zum Dorf Kato Zakros unten am Strand. Wunderbar weltabgeschieden ist **Xerokambos** mit seinen herrlichen Sandstränden, zu erreichen über eine abenteuerliche Serpentinenstraße Richtung Süden.

Von hier geht's Richtung Westen mit Stopp im quirligen **Ierapetra** oder im hübschen **Myrtos** mit seinem fröhlichen Strandleben. Die wunderbare Fahrt zurück nach Agios Nikolaos führt durch kahle Berge mit gezackten Felskämmen, die aus dem grünen Wald aufragen.

Reiseplanung

Outdoor-aktivitäten

Kretas Natur ist außergewöhnlich – ob man mythische Berge erklimmt, auf edelsteinfarbenem Wasser segelt, durch Schluchten wandert, in denen die Minoer ihre Toten bestatteten, oder auf Unterwasserexpeditionen mit Fischen auf Tuchfühlung geht. Zahlreiche Outdoorveranstalter bieten Touren zu den schönsten Fleckchen an.

Top-Outdoorabenteuer

Küstenwanderung

Die 13 km lange Wanderung von Paleochora nach Sougia (S. 103) wird zwischen den hellenistischen, römischen und byzantinischen Ruinen von Lissos zum Ausflug in die Vergangenheit.

Tauchrevier

Bei Malia liegt verkehrtherum das Wrack (S. 40) einer deutschen Messerschmitt aus dem Zweiten Weltkrieg; hier wimmelt es von Zackenbarschen und Muränen.

Vogelbeobachtung

In den Sümpfen, Flüssen und Seen bei Georgioupoli (S. 88) an der Nordküste tummeln sich zahlreiche Zugvögel, u. a. Eisvögel, Reiher, Enten und Zwergtaucher.

Offroad-Fahrradtour

Freiheit pur verspricht eine Tour über die Bergpfade zwischen der Lassithi- und der Katharo-Hochebene.

Schluchtenwanderung

Die Zakros-Schlucht (S. 264) in Ostkreta verspricht ein überwältigendes Wandererlebnis – und sie ist nicht so überlaufen wie die Samaria-Schlucht.

Reiseplanung

Die schroffen Landschaften dieser wundervollen Insel sind mit ihren majestätischen Bergen, atemberaubenden Schluchten und ungezähmten Küsten ein Paradies für Aktivurlauber, die abseits von Sonne und Strand Lust auf Abenteuer in der freien Natur haben. Und das Beste daran: Diese herrlich wilden Flecken sind relativ bequem zu erreichen und lassen kaum Outdoorwünsche offen.

Das Angebot an spannenden Aktivitäten auf der Insel wächst von Jahr zu Jahr. Diverse Spezialveranstalter haben auch anspruchsvollere Sportarten wie Klettern, Canyoning und Seekajakfahren im Programm – alles unter Anleitung erfahrener Guides.

Reisezeit

Frühjahr (April–Juni) und Herbst (Sept./Okt.) sind die besten Zeiten fürs Wandern und Radeln, während man Juli und August, wenn die Temperaturen bis auf rund 40 °C steigen, quasi vergessen kann. Für Wassersportfreunde ist das Mittelmeer ab Mitte Juni warm genug zum Baden und Windsurfen.

Wassersport

Kretas lange Nord- und Südküste sind rechts und links durch ein kleines Stückchen Ost- und Westküste verbunden. Daraus ergeben sich vielfältige Bedingungen für alle möglichen Wassersportarten.

Aktivitäten

An der Nordküste hat fast jedes Luxushotel eine eigene Wassersportbasis, die ihre Dienste auch Nichtgästen anbietet. An den großen Stränden gibt es die ganze Palette an „Fun"-Sportarten: Wasserski, Tretboote, Jetski und Schlauchfahrten.

Zu den spezielleren Wassersportarten auf Kreta gehören Tauchen, Schnorcheln, Windsurfen, Kajakfahren und Segeln. Zahlreiche Anbieter organisieren Ausflüge und vermieten Ausrüstung.

Tauchen & Schnorcheln

Kretas Küste ist über weite Strecken ein wahres Paradies für Schnorchler und Taucher. Hier paddelt man ganz entspannt durch Wasser, das so klar ist wie Luft und teils eine Sichtweite von über 30 m hat.

Um die vielen antiken Schätze zu schützen, die auf dem Grund des Mittelmeers liegen, darf nach griechischem Gesetz nur unter Aufsicht einer Tauchschule getaucht werden. Bis 2005 waren die Tauchspots stark eingeschränkt, jedoch sind viele inzwischen zugänglich und Tauchschulen sind wie Pilze aus dem Boden geschossen.

Kretas Unterwasserlandschaft begeistert mit einem Mix aus Felsen, Riffen, Höhlen, Steilküsten und weißem Sand. Eine Kulisse aus Meerespflanzen, roten und grünen Algen, Korallen, Seeanemonen und Schwämmen breitet sich über die Felsen und Riffe, während das vielfarbige Vulkangestein der Insel ein unterseeisches Kaleidoskop bildet. Es gibt eine Fülle von Meereslebewesen zu sichten: Kraken, Sepien, Kalmare, Seepferdchen, Hummer, Muränen, Skorpionfische, Schnapper, Brachsen und sogar Stachelrochen.

Die beliebteste Tauchregion ist die Nordküste, die die besseren Strandzugänge und Wasserbedingungen hat. Viele Anbieter operieren aber auch an der Südküste, wo das Taucherlebnis noch etwas echt Abenteuerliches hat.

Eins der interessantesten und einfachsten Schnorchelreviere ist das Gebiet um die versunkene Stadt Olous bei Elounda, das auch vom Ufer zugänglich ist. Beliebte Tauchorte sind Bali, Panormos, Ammoudara, Malia, Plakias und Paleochora.

Die meisten Tauchzentren bieten alles vom Anfängerkurs bis zum PADI-Zertifikat. In der Hochsaison sollte man Tauchgänge mindestens einen Tag im Voraus buchen.

TAUCHSPORTANBIETER

Auf Kreta gibt es viele seriöse Tauchsportanbieter. Die Professional Association of Diving Instructors (PADI; www.padi.com) hat eine Liste mit allen von dem Verband anerkannten Tauchzentren in Griechenland. Zu unseren Favoriten gehören:

Creta's Happy Divers (S. 235), Agios Nikolaos

Pelagos Dive Centre (S. 235), Agios Nikolaos

Blue Adventures Diving (S. 73), Chania

Paradise Diving Center (S. 128), Rethymnon

SICHER IST SICHER

Auch wenn das Meer friedlich an einen griechischen Strand plätschert, sind alle Wassersportarten potenziell gefährlich. Speziellere Sportarten wie Tauchen und Kajakfahren sind meist gut organisiert und die Kunden werden von ausgebildeten Lehrern begleitet. Es ist aber immer ratsam, die Qualifikationen des Anbieters zu prüfen. Bei Strandsportarten wie Parasailing darauf achten, dass der Betreiber die nötigen Lizenzen hat und hohe Sicherheitsstandards einhält. Schlauchfahrten sind etwas für junge, fitte Schwimmer! Wo es Jetski zu mieten gibt, sollten Eltern ein Auge auf ihre Teenager haben. Die Anbieter sind verpflichtet, auf Altersbeschränkungen zu achten und darauf, dass Jetskifahrer nicht unter Alkoholeinfluss stehen.

POSEIDONS GEHEIMNISSE: KRETAS BESTE TAUCHPLÄTZE

El-Greco-Höhle Die 30 m lange Unterwasserhöhle bei Agia Pelagia mit bis zu 40 m Tiefe beherbergt Hummer, Muränen, Zackenbarsche und Thunfische.

Messerschmitt-Wrack aus dem Zweiten Weltkrieg Das deutsche Flugzeug liegt, in mehrere Teile zerbrochen, in 24 m Tiefe – das Cockpit ist noch intakt. Hier lassen sich oft Zackenbarsche blicken. Bei Analipsi.

Mononaftis In der Mononaftis-Bucht bei Agia Pelagia tummeln sich Tintenfische, Barrakudas, Muränen, Skorpionfische, oft auch Delfine und Stachelrochen. Dazu gibt es ein Riff, Schluchten und Unterwassergrotten. Anfängertauglich.

Shrimps Cave Erfahrene Taucher können in dieser 40 m tiefen Höhle Tausende von Garnelen bestaunen. In der Nähe von Chersonisos.

Kalypso Walls Mit seinen bizarren Felsformationen und unzähligen Meereswesen von Seesternen bis zu Oktopussen verzückt dieser Küstentauchgang in der Kalypso-Bucht Anfänger wie Veteranen.

Seekajakfahren

An Kretas Südküste wird auch das Seekajakfahren immer beliebter – vor allem zwischen Paleochora und Chora Sfakion, wo die Küstenlandschaft dramatisch und faszinierend ist. Außerdem locken hier jede Menge einsame Strände und Buchten. Leider gibt es nur wenige Veranstalter auf der Insel und diese bieten hauptsächlich mehrtägige Gruppenausflüge mit Übernachtung an. Es lohnt sich aber trotzdem, nach Tagesausflügen zu fragen; wer entsprechende Erfahrung nachweisen kann, darf u. U. auch ein Kajak für einen Tag ausleihen. Es gibt auch kombinierte Wander- und Kajaktouren. Wir empfehlen folgende Anbieter:

Hania Alpine Travel (S. 73) bietet Kanuurlaube für Familien, Gruppen und Einzelreisende an.

Petros Watersports (S. 246) in Plaka bei Elounda vermietet Kajaks stunden- und tageweise.

UCPA Sports (S. 87) in Almyrida vermietet Kajaks stunden- und tageweise.

Skippers (S. 168) in Bali vermietet Kajaks stunden- und tageweise.

Windsurfen & Stehpaddeln (SUP)

Wind- und Kitesurfen sind spannende Wassersportarten. Der spektakuläre Freestyle und die Wellensprünge der Cracks sind das Ergebnis von sehr viel Übung und Können, aber selbst Anfänger können an den schönen Stränden Kretas schon früh erste Erfolgserlebnisse verbuchen.

Das beste Windsurfrevier der Insel ist der Strand von Kouremenos nördlich von Palekastro (Sitia). Der Platzhirsch unter den Anbietern hier ist Freak Surf Crete (S. 262). Am Kouremenos bläst (wie überall in der Ägäis) der *Meltemi*, der durch einen örtlichen Trichtereffekt noch verstärkt wird, sodass ideale Bedingungen für Windsurfer entstehen. Gute Bedingungen zum Windsurfen bieten außerdem Almyrida, Paleochora, Falasarna, Elounda und Chersonisos.

Windsurfbretter kann man fast überall für 15 bis 30 € leihen. Für Anfänger bieten die meisten Verleiher auch Unterricht.

Auch Stehpaddeln (SUP) wird immer beliebter, besonders auf der ruhigeren See im Norden bei Chania, Iraklion, Elounda und Chersonisos. In Chania bietet SUP in Crete (S. 73) SUP-Touren auf ganz Kreta, u. a. eine nach Elafonisi.

Segeln & Bootfahren

Ein Segeltörn um Kreta auf einer gut ausgestatteten Jacht ist ein grandioses Erlebnis. Wer aber kein erfahrener Seebär mit eigenem Boot ist, wird sich eins chartern müssen. Einige kretische Veranstalter bieten Tagestörns an; Infos zum Segeln gibt es bei den meisten kommerziellen Touristeninformationen.

In Elounda bietet Amazing Sailing in Crete (S. 242) Segeltörns zu versteckten Buchten und einem traditionellen Fischerdorf an. Sail Crete (S. 235) und Nostos Cruises (S. 235) veranstalten Segeltörns von Agios Nikolaos zur Insel Spinalonga. In Ierapetra befördert Nautilos Cruises

(S. 270) Touristen stilvoll zur Insel Chrysi; Notos Sailing (S. 73) steuert ab Chania versteckte Plätzchen an.

Wandern

Kreta bietet Wander- und Trekkingfans aller Fitness- und Erfahrungsstufen eine enorme Fülle von Routen zu abgelegenen Dörfern, über Hochebenen und durch Schluchten. Die beliebten Routen sind gut markiert und gut in Schuss, doch weniger bekannte Wege sind oft überwuchert und schlecht gekennzeichnet. Besonders nach schweren Regenfällen sollte man sich vor Ort nach den Bedingungen erkundigen.

Besonders abseits der ausgetretenen Pfade benötigt man eine gute Karte; die meisten Touristenkarten reichen nicht. Die besten Wanderkarten für Kreta geben die griechischen Verlage Anavasi (www.anavasi.gr) und Terrain (www.terrainmaps.gr) heraus. Die eigenen Fertigkeiten immer realistisch einschätzen und jemanden wissen lassen, wohin man unterwegs ist!

Die beste Zeit zum Wandern ist das Frühjahr (April–Juni): Nach dem Regen des Winters ist das Land grün und frisch und mit Wildblumen übersät. Auch gut ist der Herbst (Sept./Okt.). Zur Ausrüstung sollten immer gute Wanderstiefel für das raue, felsige Terrain, ein breitkrempiger Hut, eine Wasserflasche und eine Sonnenschutzcreme mit hohem UV-Faktor gehören.

Schluchtenwanderungen

Kretas viele Schluchten locken Wanderer aus der ganzen Welt an. Die Wanderungen hier können atemberaubend und manchmal auch strapaziös sein. Als Lohn dafür gibt es grandiose Landschaft, den Duft wilder Kräuter und Blumen, schattige

DIE ALTERNATIVE ZUR SAMARIA-SCHLUCHT: DER GINGILOS

Die Samaria-Schlucht gehört zum Pflichtprogramm vieler Kretabesucher. Wer Ruhe sucht, wird hier jedoch oft enttäuscht. Erfahrene Bergwanderer biegen beim Xyloskalo am Eingang zur Schlucht nach rechts ab: Diese Route führt zum Gipfel des 2080 m hohen Gingilos, dessen Nordflanke die Samaria-Schlucht überragt. Der Weg geht am Café vorbei bergauf, bis am Ende der Straße an einer Berghütte ein Pfad beginnt.

Den Berg im Visier

Rund sechs Stunden dauert es bis auf den Gipfel des Gingilos und wieder zurück. Die Besteigung ist eine echte Bergtour mit felsigen Passagen. Der erste Abschnitt windet sich vorbei an Sträuchern und Zypressen über Steine und gestufte Passagen steil hinauf. Es folgt ein ebeneres Teilstück, das nach Süden unter einem fotogenen Felsbogen hindurchführt. Dahinter kann es auf ein paar Hundert Metern etwas rutschig sein, vor allem nach der Frühjahrsschmelze. Dann geht es wieder bergauf zur Linoseli-Quelle und im Zickzack über steiles Geröll auf einen Felssattel auf 1700 m mit Blick auf die Trypiti-Schlucht, die unten nach Süden verläuft.

Vom Sattel schwenkt die Route nach Osten und steigt durch felsige Landschaft kontinuierlich an. Der Weg ist nun schwerer zu erkennen; am Beginn dieses Abschnitts muss man sich vor einem steilwandigen Höhlenschacht in Acht nehmen. Rote Punkte und Pfeile auf Felsbrocken weisen den Weg zum Gipfel. Der Abstieg ist zuerst felsig, sollte für erfahrene Wanderer aber kein Problem sein.

Vorbereitung & Sicherheit

Die Wetterprognose im Auge behalten: Selbst im Mai kann es noch heftig regnen. Wenn der Fluss in der Schlucht nach Starkregen über die Ufer tritt, ist Wanderern der Rückzug abgeschnitten. Wanderer brauchen robuste Bergschuhe und -kleidung, reichlich Wasser, etwas Proviant und einen Kompass oder ein GPS. Falls Nebel aufzieht, sollte man besser umkehren. Vorsicht auf dem Stück zwischen Sattel und Gipfel: Hier wehen oft starke Böen. Mehr Infos unter www.west-crete.com/gingilos.htm. Und nicht vergessen: Man kann jederzeit kehrtmachen ...

Der Fernwanderweg E4

Picknickplätze und die Chance auf Begegnungen mit der einheimischen Tierwelt.

Vorbereitung

Neben robustem Schuhwerk ist für die meisten Schluchtenwanderungen eine recht gute Fitness Voraussetzung. Manche Strecken führen einfach nur geradeaus, teils sind aber auch Klettererfahrung und Gelenkigkeit gefordert. Die extremsten, wie die gewaltige Cha-Schlucht, erfordern Canyoning- und Kletterfähigkeiten und einen geländekundigen Guide. Vorsicht: Gleich nach dem Winter führen viele Flüsse noch Hochwasser!

An- & Weiterreise

Wer mit dem eigenen Fahrzeug zur Schlucht fährt, muss entweder denselben Weg wieder zurücklaufen oder für die Abholung am Streckenende sorgen, z. B. per Taxi. Manchmal verkehren aber auch Busse, die Wanderer in Reichweite des Schluchteneingangs absetzen.

Diverse Anbieter haben Wandertouren im Programm, so etwa Happy Walker (S. 129), Strata Walking Tours (S. 116) und Cretan Adventures (S. 182).

Neun der Besten

Samaria-Schlucht (S. 112) Kretas längste, berühmteste (und meist überlaufene) Schlucht.

Agia-Irini-Schlucht (S. 98) Für diese Tageswanderung ist das Dorf Agia Irini nördlich von Sougia der beste Ausgangspunkt. Die schöne Strecke hat nur ein paar steile Abschnitte; die letzten Kilometer nach Sougia führen die asphaltierte Straße entlang.

Agiofarango-Schlucht (S. 215) Die leichte und beliebte, hin und zurück 3,5 km lange Route im Süden Zentralkretas führt zu einem reizenden Kieselstrand mit kristallklarem Wasser.

Kritsa-Schlucht (S. 248) Die leichte bis mittelschwere Wanderung durch ein steiniges Flussbett erfordert ein bisschen Kraxelei über Felsen; es gibt eine 5 und eine 10 km lange Version.

Chochlakies-Schlucht Weniger bekannt als die benachbarte Zakros-Schlucht. Kurze Route (3 km) vom Ort Chochlakies bis zur Küste. Wer will, kann noch weitere 7 km nordwärts nach Palekastro laufen.

Imbros-Schlucht (S. 113) Die Nummer zwei der Schluchtenwanderungen führt vom Dorf Imbros 8 km weit nach Komitades nahe Chora Sfakion.

Rouvas-Schlucht (S. 214) Kurze Strecke vom Dorf Zaros am Südhang des Psiloritis zur Bergroute des Europäischen Fernwanderwegs E4 – bequem für Wanderer, die zur Transkreta-Route stoßen oder diese verlassen wollen.

Zakros-Schlucht (S. 263) Die zweistündige Wanderung am Ostende der Insel führt vorbei an minoischen Grabhöhlen und einem Palast zu der türkisblauen Bucht von Kato Zakros.

Anydri-Schlucht (S. 104) Eine einfache, 3 km lange Wanderung von Anydri zum wunderschönen Gialiskari-Strand.

Radfahren & Mountainbiking

Trotz des bergigen Terrains ist Radfahren auf Kreta in den letzten Jahren sehr populär geworden. Wer mag, kann von einem Ende der Insel zum anderen radeln, ohne ernstlich ins Schwitzen zu geraten, aber die Nord-Süd-Routen sowie die Strecken an der Südküste sind eher etwas für willens- und konditionsstarke Pedalritter. Radstrecken entlang asphaltierter Straßen mit dezenteren Höhenunterschieden führen z. B. durch die Dörfer und Täler der

DER EUROPÄISCHE FERNWANDERWEG E4

Der europäische Fernwanderweg E4 beginnt in Portugal und führt durch Kreta, um auf Zypern zu enden. Der kretische Routenabschnitt startet am Hafen von Kissamos im Westen und erreicht seinen Endpunkt nach 320 km am Strand von Kato Zakros in Südostkreta. Wer den gesamten kretischen Abschnitt absolvieren will, sollte dafür mindestens drei Wochen einplanen, das heißt 15 km pro Tag. Etwas gemütlicher geht es in vier Wochen, dann kann man Zwischenstopps und/oder kürzere Wanderetappen einplanen. Wer wenig Zeit hat oder nur die interessantesten Abschnitte sehen möchte, kann sich auf Teilstrecken beschränken. Allerdings muss man sich frühzeitig zwischen zwei Alternativrouten durch Westkreta entscheiden: Küste oder Gebirge.

BERGSTEIGERCLUBS

Für alle, die es in Kretas Berge zieht, hat die Insel Bergsteigerclubs – einen in jedem Regierungsbezirk. Sie kümmern sich um die Pflege des Fernwanderwegs E4 und der Berghütten und sind allesamt Mitglieder im Verband der griechischen Bergsteigerclubs (EOS). Regelmäßig veranstalten sie Kletter-, Wander-, Höhlen- und Skitouren auf ganz Kreta, bei denen auch Gäste willkommen sind.

Ausgezeichnete Infos über Kretas Kletterreviere bietet www.climbincrete.com.

Griechischer Bergsteigerverband (S.73) Die EOS-Sektion in Chania und die Website informieren über Outdoorsport, anspruchsvolles Klettern in den Lefka Ori, Berghütten und den Europäischen Fernwanderweg E4.

Bergsteigerclub Iraklion (S. 182) Die Sektion in Iraklion organisiert fast jedes Wochenende Touren überall auf der Insel, zu denen jeder willkommen ist (das Programm steht auf der Website).

Bergsteigerclub Lassithi (☎28970 23230; www.fysi.gr) Betreibt eine Berghütte am Dikti.

Bergsteigerclub Rethymnon (S. 128) Bietet Tipps zu Wanderungen und die Möglichkeit, an Touren teilzunehmen. Am besten über die Website kontaktieren.

Nordküste und über die Lassithi- und die Messara-Ebene im Süden.

Auf jeden Fall gehören ein Pannen- und Erste-Hilfe-Set ins Gepäck. Autofahrer sind auf Kreta schnell und auch nicht immer auf den richtigen Fahrspuren unterwegs – Vorsicht in Kurven und auf schmalen Straßen! Im Juli und August legen die meisten Radler zum Schutz vor Sonnenstich und Dehydrierung zwischen 12 und 16 Uhr eine Pause ein.

Radtouren

Plateautouren (besonders über die Lassithi-Hochebene) sind der große Renner: Die Anbieter bringen die Räder hinauf, um Teilnehmern die mörderische Strampelei von der Küste hoch zu ersparen.

Verschiedene Veranstalter bieten Touren an. Radleihe und Transfers sind in den Preisen meist inbegriffen.

Martinbike Crete (☎28410 26622; www.martinbike.com; Hotel Sunlight, Elounda Rd, Ellinika; Tagestouren 60–85 €; ⏲März–Nov.) Der kleine Spezialanbieter ist seit über 20 Jahren im Geschäft. Vom Firmensitz bei Agios Nikolaos organisiert er Mountainbikeferien sowie eintägige Touren in die Umgebung.

Freak Mountain Bike Centre (S. 262) Der in Palekastro ansässige Veranstalter bietet viertägige Radabenteuer in Ostkreta an und kann auch Touren maßschneidern.

Hub MTB Adventures (S. 224) Deckt von Malia aus die gesamte Insel ab. Im Programm sind u. a. Tagestouren über die Lassithi-Hochebene und zweitägige Touren von Küste zu Küste.

Cretan Adventures (S. 182) Der renommierte Anbieter in Iraklion organisiert Mountainbike- und Wandertouren sowie Extremsportexkursionen.

Cycling Creta (www.cyclingcreta.gr) Eintägige Mountainbiketouren ab Chersonisos.

Hellas Bikes (S. 73) Der Anbieter in der Nähe von Chania hat ein- bis siebentägige Mountainbike- und Radwandertouren im Programm.

Auf eigene Faust

Wer mit dem eigenen Rad anreist, sollte ein robustes Tourenrad mit ausreichender Gangzahl mitbringen. Mountainbikes bekommt man bei einer Reihe von Verleihern auf der Insel für ab etwa 20 € pro Tag.

Canyoning

Canyoning ist ein noch junger Sport auf Kreta und sollte nicht mit Schluchtenwandern verwechselt werden. Die meisten Canyoning-Routen erfordern fundierte Erfahrung im Klettern und/oder Caving sowie im eigenkontrollierten Abseilen. Auch schwimmen sollte man können und Erfahrung mit engen Wasserläufen haben. Die Auswahl an wilden und anspruchsvollen Schluchten auf der Insel ist riesig, sodass man auch Gebiete erleben kann, die nur wenige zu Gesicht bekommen.

Die gut organisierte **Cretan Canyoning Association** (☎6997090307; www.canyon.gr) hat rund 45 Schluchten in Südkreta mit Abseilvorrichtungen, Sicherungsverankerungen und Führungsseilen ausgestattet. Eine davon ist die Cha-Schlucht, deren abrupter Einschnitt sich quer durch das Thripti-Gebirge im Osten Kretas zieht. Die mehr als 1,5 km lange Schlucht erstreckt sich über eine Serie von Felsstufen zwischen engen, über 300 m hohen Wänden. Die meisten Besucher bestaunen die wilde Schlucht allerdings lieber von der sicheren Hauptverkehrsstraße aus. Die 1 km lange Wanderung zum Ausgang beginnt beim Dorf Monastiraki an der Straße zwischen Ierapetra und der Nordküste.

Auf seiner Website hat der Verband außerdem nützliche Informationen und einen Führer zu Kretas Schluchten zusammengestellt. Regelmäßig veranstaltet er auch Touren und Anfängerkurse. Der Sport ist allerdings kein Sonntagsspaziergang: Anfänger sollten sich immer von einem erfahrenen Canyoning-Führer begleiten lassen.

Der mehrsprachige Führer *Canyoning in Crete* von Yiannis Bromirakis (Road Editions 2007) beschreibt viele Schluchten auf Kreta, Landkarten und Skizzen inklusive. Cretan Adventures (S. 182) ist ein sicherheitsbewusster Anbieter gut geführter Canyoning-Touren.

Felsklettern

Zu den beliebtesten Kletterrevieren zählt der Süden Iraklions, vor allem die grandiosen Felswände bei Kapetaniana und der Berg Kofinas an der Südflanke des Asteroussia-Gebirges. Die Agiofarango-Schlucht bei Matala ist ebenfalls beliebt. Derzeit werden viele neue Reviere erschlossen, z. B. in der Umgebung von Samaria, Plakias, Loutro und Malia.

Unerfahrene Kletterer sollten vor einer Kletterpartie auf jeden Fall Kontakt zu einer lokalen Organisation wie den Bergsteigerclubs (S. 73) aufnehmen. Die Website Climb in Crete (www.climbincrete.com) bietet jede Menge Infos und einige unterhaltsame Artikel, u. a. einen Bericht über einen frühen Abstieg in die Cha-Schlucht.

Golf

Kreta hat mehrere 9-Loch-Plätze; den einzigen professionellen 18-Loch-Platz der Insel betreibt der **Crete Golf Club** (☎28970 26000; www.cretegolfclub.com; Roussos Lakos; 9/18 Löcher 60/90 €; ⏲7 Uhr bis 3 Std. vor Sonnenuntergang) in Chersonisos. Die recht anspruchsvolle Par-72-Anlage fügt sich nahtlos in die Hanglage ein – der Platz ist allerdings nichts für reine Spaßgolfer. 2018 wurden ein 25-Zimmer-Hotel und ein Clubhaus eröffnet. Eine 9-Loch-Runde kostet 60 €, eine 18-Loch-Runde 90 € (ohne Schläger und Buggys).

Reiten

Diverse Stallungen auf Kreta bieten Reitmöglichkeiten und geführte Ausritte an.

Arion Stables (S. 221) Das nette kleine Gestüt in den Hügeln zwischen Chersonisos und Analipsi

BERGHÜTTEN DER CLUBS

Hütten sind über den jeweiligen EOS-Mitgliedsclub zu buchen.

NAME	LAGE	HÖHE	BETTENZAHL	EOS-CLUB
Kallergi	oberhalb Samaria-Schlucht	1680 m	50	Chania (S. 73)
Katsiveli	Svourichtis, zentrale Lefka Ori (Weiße Berge)	1980 m	22	Chania
Limnakarou/Strovili	Lassithi-Hochebene	1530 m	12	Lassithi
Prinos	Asites, Ost-Psiloritis	1100 m	30	Iraklion (S. 182)
Tavris	Askifou-Hochebene	1200 m	45	Chania
Toumbotos Prinos	Westlicher Psiloritis	1600 m	30	Rethymnon (S. 128)
Volikas	nahe Kambi, nördliche Weiße Berge	1450 m	30	Chania

WEITERE AKTIVITÄTEN

Wer vom Strand oder vom Wandern genug hat und ein wenig tiefer in die kretische Kultur eintauchen möchte, kann dies mit den folgenden Aktivitäten tun:

Den traditionellen Bauernalltag erleben

Auf ganz Kreta bieten Bauernhöfe, die Besucher willkommen heißen, mit traditionellen landwirtschaftlichen Arbeiten einen Einblick in den Alltag auf dem Land. Besucher können Käse herstellen oder Brot backen, Kräuter sammeln, Oliven ernten, Raki brennen, Trauben zerstampfen und Schafe scheren, z. B. auf der Agreco Farm (S. 140), im Enagron Ecotourism Village (S. 149), im Stone Village (S. 168) und auf dem Dalabelos Estate (S. 165).

Olivenölkenner werden

Auf dem Olivenhof Koronekes (S. 198) bei Iraklion, in der Ölmühle Paraschakis (S. 149) in Ost-Rethymnon und in der Ölmühle Cretelaio (S. 92) bei Frangokastello können Besucher lernen, wie Kretas wichtigster Exportartikel produziert wird.

Kretische Weine kennenlernen

Für wen sich Mandilari, Liatiko und Kotsifali nach Operncharakteren anhören, der sollte auf einer Tour über kretische Weingüter etwas über die heimischen Rebsorten in Erfahrung bringen. Viele Güter in der Weinregion von Iraklion (S. 199) und in anderen Teilen der Insel bieten Führungen und Verkostungen an. Entweder unternimmt man eine Autotour (S. 200) oder nimmt an einer Bustour von Made in Crete (S. 203) teil.

Die Craft-Bier-Szene Kretas auskundschaften

Der kretische Craft-Bier-Pionier Cretan Brewery (S. 108) in den Hügeln bei Chania bietet Führungen durch die Brauerei (anmelden!) und anschließend auf der überdachten Terrasse Bierproben und dazu Kneipenkost.

Am Meer Yoga üben

Am glitzernden Mittelmeer den nach unten schauenden Hund üben – z. B. bei einwöchigen Retreats oder Einzelsessions von Yoga on Crete (S. 93) in Chora Sfakion. Einzelne Yogastunden bietet auch Freak Surf Crete (S. 262) in Palekastro.

Etwas über den traditionellen Dorfalltag auf Kreta lernen

Im spannenden Freilichtmuseum Lychnostatis (S. 221) bei Chersonisos können sich Besucher in einer Windmühle, einer Schule und einem Bauernhaus umschauen und dann in Web- und Töpferworkshops selbst Hand anlegen sowie in Obst- und Kräutergärten aktiv werden.

wird für seinen Umgang mit den Pferden und die Ausritte über Land und am Strand entlang gelobt.

Horseback Riding Plakias (S. 156) Der familiengeführte Reiterhof bietet ein- bis vierstündige Ausritte auf Pferden und Eseln an Stränden entlang und in die umliegenden Berge.

Melanouri Horse Farm (S. 213) In Pitsidia, nicht weit von Matala. Bietet ein- und zweistündige Ausritte am Strand und in die Berge an.

Odysseia Stables (☎28970 51080; www.horseriding.gr; Velani 46) Dieser Reiterhof oberhalb von Avdou am Fuß des Bergs Dikti hat ausgezeichnete Einrichtungen (auch Unterkünfte); die Ausritte dauern von zwei Stunden für Anfänger bis zu dreitägigen Ausflügen in die Lassithi-Hochebene und einwöchigen Reittouren durch das Dikti-Gebirge bis zur Südküste. Die Preise liegen bei 45 € für zwei Stunden, 75 € für einen Tagesausflug und 805 € für einen achttägigen Kurs inklusive Unterkunft und Verpflegung. Acht Tage auf der Lassithi-Hochebene kosten rund 1245 €.

Zoraida's Horseriding (S. 89) Zoraida bei Georgioupoli zwischen dem Dorf Kavros und dem Kournas-See bietet geführte Strand- und Naturpfadritte, u. a. zum Kournas-See.

Reiseplanung

Essen & Trinken

Die kretische Küche unterscheidet sich deutlich von der übrigen griechischen Esskultur und gehört zu den besten des Mittelmeerraums. Diese rustikale, abwechslungsreiche Küche nutzt das ganze Füllhorn der sonnenverwöhnten, fruchtbaren Insel, um aus saisonalen Zutaten ausgewogene Aromakompositionen zu kreieren. Da jede Region ihre eigenen Rezeptvarianten hat, lohnen sich Feinschmeckertouren quer über die Insel.

Kulinarische Erlebnisse

Zu den Highlights einer Kretareise gehören die Familientavernen, die örtliche Spezialitäten nach althergebrachten Rezepten aus frischen Zutaten zubereiten, oft aus eigenem Anbau: aus duftenden Wildkräutern, die morgens in den Bergen gepflückt wurden, Öl und Käse aus eigener Herstellung, zartem Lamm vom Dorfhirten und selbst gefangenem Fisch.

Unvergessliche Mahlzeiten

➡ **To Maridaki** (S. 77) Das *mezedhes*-Restaurant im coolen Splantzia-Viertel von Chania bietet zarten Tintenfisch, Panna cotta zum Reinsetzen und freundlichen Service.

➡ **Peskesi** (S. 186) Der Top-*farm-to-table*-Tempel in einer stilvollen venezianischen Villa bietet Gerichte aus alten Kulturpflanzen und Biofleisch.

➡ **Garden Arkoudenas** (S. 143) Langes, gemütliches Mittagsmahl mit moderner griechischer Bioküche in reizendem Ambiente unter Obstbäumen.

➡ **Avli** (S. 135) Das bewährte Spitzenrestaurant in Rethymnon beeindruckt mit der perfekten Verschmelzung venezianischer und kretischer Einflüsse.

➡ **Hope** (S. 244) In dieser Klippentaverne oberhalb von Elounda ist das Lammkotelett so saftig, dass es jeder bis auf den Knochen abnagt.

Kulinarischer Kalender

Frühjahr (März–Mai)

Zu Ostern gibt es saftigen Lammbraten, *kreatotourta* (Fleischpastete) und *kokoretsi* (gegrillte Lammdärme) sowie *tsoureki*, einen Hefezopf oder -kranz, der mit rot gefärbten Eiern dekoriert wird. Das Frühjahr bringt Wildgemüse, Kräuter und Artischocken.

Sommer (Juni–Aug.)

Jetzt kommt die Käserei in Schwung. Ab Juli strotzen die Märkte vor Wassermelonen, Pfirsichen und anderem Obst; die Muschelsaison erreicht ihren Höhepunkt. Schlemmerfeste im August: Sitia feiert die Sultaninen, Tzermiado die Kartoffeln und Archanes huldigt dem Wein.

Herbst (Sept.–Nov.)

Die Weinlese beginnt. Im Oktober lockt das eigentümliche Kastanienfest in Elos. Der Höhepunkt der Rakibrennerei im November gibt Anlass zu lautstarken Festivitäten, vor allem in den Bergdörfern.

Winter (Dez.–Feb.)

Typisches Weihnachtsgebäck sind zuckerbestäubte *kourabiedes* (Mürbeteigplätzchen mit Mandeln) und in Honig getauchte *melomakarona*. In den Neujahrskuchen *vasilopita* ist eine Münze eingebacken, die dem Finder Glück bringen soll.

➡ **Milia** (S. 122) Das Ökodorf in den wilden Bergen Westkretas verzaubert den Gaumen mit natürlicher saisonaler Kost.

➡ **Hiona Taverna** (S. 263) Die Ostküstentaverne ist weit ab vom Schuss, doch ein Löffel von der *kakavia*-Fischsuppe und man ist hin und weg.

Preiswert & lecker

Auf die Schnelle Wer wenig Zeit, aber großen Hunger hat, hält sich am besten an Tavernen mit *mayirefta* (vorgekochte Gerichte wie Moussaka).

Kalitsounia Die kretischen Pasteten sind meist mit *myzithra*-Käse und Kräutern gefüllt; es gibt sie aber auch süß mit Thymianhonig beträufelt.

Teigtaschen & Pasteten Die Bäckereien verkaufen vielerlei Sorten *tyropita* (Käsetaschen), *spanakopita* (Spinattaschen) und andere Teigtaschen.

Souvlaki Das liebste Fastfood der Griechen, ob als Spießchen oder in Pitta-Brot gefüllt mit Tomaten, Zwiebeln, Pommes frites und Tsatsiki.

Straßensnacks Dazu gehören *koulouria* (Hefekringel oder -zöpfe) und saisonale Leckereien wie geröstete Kastanien oder Maiskolben.

Nur keine Angst!

Ameletita Wörtlich die „Unaussprechlichen": gebratene Schafshoden

Gardhoumia Magen und andere Innereien, die mit Darm umwickelt werden

Kokoretsi Herz, Lunge, Bries, Nieren und andere Innereien werden in Lamm- oder Ziegendärme gewickelt und am Spieß gegrillt; gibt's zum orthodoxen Osterfest.

Kochkurse

Kulinarische Touren und Kochkurse werden auf Kreta immer beliebter. Auch einige Restaurantbetreiber bieten sie auf Nachfrage an.

➡ **Crete's Culinary Sanctuaries** (www.cookingincrete.com) Die griechisch-amerikanische Köchin und Autorin Nikki Rose konzentriert sich auf biologische Landwirtschaft und traditionelle kretische Küche. Sie bietet Kurse zum Mitmachen, Vorführungen in Privathäusern und Besuche bei Bauernhöfen und Erzeugern an.

➡ **Eco Events** (S. 129) Der auf Nachhaltigkeit bedachte Tourveranstalter in Rethymnon organisiert Kochkurse in kretischer Küche bei einer Frau in einem nahegelegenen Dorf, dazu gibt's reichlich Spaß und Raki.

➡ **Eleonas Country Village** (S. 206) In Zaros, im Zentrum des Bezirks Iraklion, kann man in traditionellen und umweltfreundlichen Häuschen wohnen und mit kretischen Biozutaten kochen lernen.

➡ **Enagron Ecotourism Village** (S. 149) Veranstaltet in der Nähe des Dorfs Axos Kochworkshops und saisonale Veranstaltungen rund um die Herstellung von Käse, Wein und Raki. Wer mag, kann auf dem schön gelegenen Bauernhof auch übernachten.

➡ **Rodialos** (☎28340 51310; www.rodialos.gr; Vassilis Damvoglou) Ein- bis siebentägige Kochseminare in einer reizenden Villa in Panormos bei Rethymnon. Aus erster Hand lernen die Teilnehmer die Grundlagen der kretischen Küche kennen. Im Preis inbegriffen ist die zubereitete Mahlzeit.

➡ **Vamos Traditional Village** (S. 88) Veranstaltet in einer Olivenmühle östlich von Chania kretische Kochkurse und vermietet restaurierte Bruchsteinhäuschen.

DAS KRETISCHE OLIVENÖL

Die Minoer waren wohl die Ersten, die durch Oliven reich wurden. Kreta ist bis heute eine bedeutende Olivenanbauregion und produziert in Griechenland die größte Menge an „nativem Olivenöl extra". Man schätzt, dass auf der Insel rund 30 Mio. Olivenbäume wachsen, also 62 Bäume pro Kreter. Inzwischen wird immer mehr Bioöl erzeugt und mindestens neun Olivenregionen tragen nach EU-Recht geschützte Herkunftsbezeichnungen.

Ein Großteil des kretischen Olivenöls wird exportiert und hat nicht immer die beste Qualität. Seit 2014 kürt ein internationales Expertengremium bei der Cretan Olive Oil Competition (www.greekliquidgold.com), organisiert von der Agronutritional Cooperation of the Region of Crete, die besten Ölmühlen der Insel. In letzter Zeit waren dies z. B. Pamako, Critida Phenoil und Physis of Crete.

Oben: Bauernsalat *(choriatiki)*

Unten: *spanakopita*

MUBUS7/SHUTTERSTOCK ©

Kretische Küche für daheim

Im Reisegepäck sollte genug Platz für kretische Köstlichkeiten wie Oliven und natives Olivenöl von kleinen Bioproduzenten, duftenden Thymianhonig, getrockneten Oregano, Salbei, Bergtee, Kamillenblüten und Gerstenzwieback bleiben. Eingemachtes Obst ergibt mit griechischem Joghurt oder Eis ein schnelles Dessert. Rezepte bieten www.greek-recipe.com sowie die folgenden Kochbücher:

➡ *Cretan Cuisine: Traditional Mediterranean Recipes For Eating Healthy and Living Well* (2018) von Aura Tatu basiert auf der Küche von Mama Katerina, der pensionierten Küchenkönigin eines Resorts in Maleme.

➡ *Cooking With Katerina: Traditional Cretan Recipes* (2015) von Katerina Goniotaki präsentiert mit zahlreichen Bildern leicht nachzukochende uralte Familienrezepte.

➡ *Mezedakia – Die Frauen von Kreta kochen besondere Vorspeisen* von Raphaela Horvath ist eine wunderbare Sammlung von 40 Rezepten von 15 ganz unterschiedlichen kretischen Frauen.

➡ *Genießen wie in Griechenland: Griechische Spezialitäten* von Marianthi Milona und Werner Stapelfeldt ist ein 460 Seiten dicker Schmöker mit Wissenswertem und Rezepten aus allen Regionen Griechenlands, davon 24 Seiten zu Kreta.

GESUNDHEITSKOST

Die kretische Kost gilt als besonders gesund, seit wissenschaftliche Ernährungsstudien in den 1960er-Jahren ergaben, dass Herzkrankheiten und andere chronische Leiden bei den Kretern auffallend selten auftraten. Dies wurde vor allem auf ihre ausgewogene Ernährung zurückgeführt, die reich an Obst, Gemüse, Hülsenfrüchten, Vollkorngetreide, nativem Olivenöl und Wein und arm an industriell verarbeiteten Zutaten ist. Noch ein wichtiger Faktor sind vielleicht die *chorta* (Wildgemüse) aus den Bergen, deren Schutzwirkungen noch nicht gründlich erforscht sind.

Kretische Spezialitäten

Die berühmte Kretakost hat sich aus der Fülle regionaler Erzeugnisse und dem ungeheuren kretischen Erfindungsreichtum entwickelt. Außer den griechischen Klassikern wird eine Vielzahl von Inselspezialitäten in vielen regionalen Variationen aufgetischt. Die kretische Küche wurzelt in der Antike und hat seitdem Einflüsse zahlreicher Kulturen aufgenommen. Sie basiert auf erntefrischen, naturbelassenen, saisonalen Bioprodukten und duftenden Kräutern, Fleisch aus Freilandhaltung sowie Fisch und Meeresfrüchten aus den Inselgewässern. Ein entscheidender Bestandteil der Inselküche ist das in gewaltigen Mengen produzierte kretische Olivenöl, das zu den besten der Welt gehört.

Käse und Milchprodukte

Außer dem allgegenwärtigen Feta (den frischen aus dem Fass nehmen, nicht den abgepackten aus Massenproduktion) produziert Kreta noch viele wunderbare Käsesorten, meist aus Ziegen- und/oder Schafmilch. Viele Dörfer erzeugen ihre ganz eigenen Käsesorten.

➡ **Anthotiro** Buttriger weißer Käse, frisch und weich oder im festeren, getrockneten Zustand

➡ **Graviera** Nussig milder Hartkäse aus Schafsmilch, der Ähnlichkeit mit Greyerzer hat. Reift oft in Berghöhlen oder Steinhütten namens *mitata*. Köstlich mit Thymianhonig.

➡ **Myzithra** Milder Weichkäse aus Schafsmolke; erinnert an Ricotta. Man kann ihn frisch verzehren oder reifen lassen und im harten Zustand reiben. Eine harte, säuerliche Version heißt *xinomyzithra*, eine Spezialität aus Chania *galomyzithra*. Es gibt viele Varianten auf der ganzen Insel.

➡ **Pichtogalo Chanion** Chanias cremiger, joghurtartiger Käse aus Schafs- oder Schafs- und Ziegenmilch mit EU-Herkunftsschutz dient auch als Füllung für *bougatsa*-Gebäck.

➡ **Xigala** Cremiger Käse aus Sitia in Ostkreta mit intensivem, säuerlichem Aroma

➡ **Yiaourti** Der dickflüssige, säuerliche Schafsmilchjoghurt schmeckt mit Honig, Walnüssen oder Obst besonders lecker.

ZAUBERHAFTE MEZEDHES

Die Kreter teilen sich gern eine Auswahl an *mezedhes* (kleinen Gerichten), kurz *mezes* genannt. Lokale wie *mezedhopoleio, ouzerie* und *rakadhiko* servieren nur diese griechischen Tapas – meist zum Raki oder Ouzo. Man isst sie als Vorspeise; in ausreichenden Mengen wird das Ganze aber auch zur Komplettmahlzeit.

Beliebte *mezedhes* sind Dips wie *taramasalata* (Fischrogencreme), Tsatsiki und *fava* (Platterbsenpüree). Warme *mezedhes* sind z. B. *keftedhes* (leckere kleine Frikadellen, oft aus Lamm-, Schweine- oder Kalbshack), *loukanika* (Würstchen aus Schweinefleisch), *saganaki* (gebratener Käse) und *apaki* (geräuchertes Schweinefleisch) sowie alle möglichen Meeresfrüchte im Häppchenformat. Typisch sind auch *dolmadhes* (Weinblätter) mit Reisfüllung und frittierte Zucchini- oder Auberginenscheiben. Unentschlossene ordern einfach eine *pikilia* (gemischte *mezedhes*-Platte).

Kräuter, Gemüse & Salate

Zum besonderen Charakter der kretischen Küche tragen die wild wachsenden Zutaten bei, die an den Berghängen und rund um die Dörfer gedeihen. Seit Jahrhunderten sammeln die Kreter nährstoffreiche *chorta* (Wildgemüse), die gekocht als warmer Salat serviert oder in Pastetenfüllungen und Eintöpfen mitgegart werden. Es gibt über 100 essbare *chorta*-Sorten auf Kreta, von denen aber selbst Kräuterkundige kaum mehr als ein Dutzend erkennen. *Vlita* (Amarant) ist das süßeste Wildgemüse. Das delikate Bergkraut *stamnagathi* wird gekocht an Salate gegeben oder mit Fleisch geschmort. Häufig verwendet werden auch Wilder Rettich, Löwenzahn, Brennnesseln und Sauerampfer.

Eine weitere Spezialität aus den kretischen Bergen sind *askordoulakous* (Bergzwiebeln), die Knollen einer Wildpflanze. Sie werden mit Öl und Essig oder Zitrone als Salat gereicht, sauer eingelegt oder mit Olivenöl, Essig und Mehl geschmort. Auch die weißen Blüten der Pflanze werden in Gerichten mitgegart.

Der in Hungerzeiten entstandene kretische *paximadia*-Zwieback in Form steinharter, doppelt gebackener Brotscheiben aus Gerstenmehl oder Vollkornweizen ist buchstäblich jahrelang haltbar. Sehr lecker ist eine Zubereitung namens *dakos* (auch *koukouvagia* oder *kouloukopsomo*): mit Wasser oder Öl angefeuchteter Zwieback mit einem Belag aus Tomate, Olivenöl und cremigem *myzithra*-Käse.

Die kretische Küche glänzt auch mit Gemüsegerichten, z. B. aus *aginares* (Artischocken) und deliziösen *anthoi* (Zucchiniblüten) mit einer Füllung aus Reis und Kräutern. Bohnen und andere Hülsenfrüchte waren ein Hauptbestandteil der winterlichen Ernährung und Gerichte wie die schmackhaften *gigantes* (Feuerbohnen in Tomaten-Kräuter-Sauce) sind immer noch sehr verbreitet. Ebenfalls probierenswert sind *fasolakia jiani* (Eintopf aus grünen Bohnen), *jemista* (gefüllte Tomaten) und *bamies* (Okra). *Melitzana* (Auberginen) sind sehr beliebt, besonders für Gerichte wie *briam* (Ofengemüse) oder die Delikatesse *melidzanosalata* (Auberginenpüree mit Knoblauch).

Fisch & Meeresfrüchte

Fisch wird in den Restaurants meist zum Kilopreis berechnet und von den Gästen üblicherweise persönlich aus der Vitrine oder in der Küche ausgewählt, manchmal auch am Tisch. Unbedingt vorher im Rohzustand abwiegen lassen, damit die Rechnung nicht zum Schockerlebnis wird, denn Fischfrisch ist nicht billig. Frischer Fisch wird oft ganz gegrillt und mit *adholemono* (Zitronen-Öl-Dressing) beträufelt; kleinere Fische wie *barbounia* (Rotbarben) und *maridhes* (Sprotten) werden nur leicht gebraten. *Ochtapodi* (Oktopus) wird gegrillt, mariniert oder in Weinsauce gedämpft.

Zwar ist Fisch köstlich und gesund, doch Berichten des World Wide Fund for Nature (WWF) und anderer Organisationen zufolge sind 93 % der Fischvorkommen des Mittelmeers überfischt, u. a. deswegen, weil beliebte Arten wie Thun- und Schwertfisch oft schon als Jungtiere gefischt werden. Ebenfalls bedroht sind andere beliebte Speisefische wie Seebrasse und Zackenbarsch. Nähere Infos bietet der Good Fish Guide (www.mcsuk.org/goodfishguide) der Marine Conservation Society.

Typische Gerichte

Normalerweise bieten kretische Tavernen eine ganze Auswahl griechischer *mayirefta* (vorgekochter Eintöpfe und Aufläufe) sowie auf Bestellung frisch zubereitete Gerichte *(tis oras)* an. Die beliebtesten *mayirefta* sind Moussaka (geschichteter Auflauf aus Auberginen oder Zucchini, Hackfleisch und Kartoffeln, mit Käsesauce überbacken), *pastitsio* (Auflauf aus Makkaroni und Lammhack), *jemista* (gefülltes Gemüse), *jouvetsi* (geschmortes Fleisch in Tomatensauce mit reisförmigen *kritharaki*-Nudeln), *stifadho* (Fleisch oder Fisch mit Zwiebeln in einem Tomatenpüree gekocht), *soutzoukakia* (Fleischbällchen in Tomatensauce) and *chochlioi* (Schnecken). Fleisch wird oft mit Kartoffeln oder mit Zitronen und Oregano im Ofen gebacken oder in Form von Ein- und Schmortöpfen mit Tomatensauce *(kokkinisto)* zubereitet.

Außerdem gibt es viele typisch kretische Spezialitäten, die man unbedingt probieren sollte. Wer auf der Insel unterwegs ist, begegnet immer wieder den Herden von Schafen und Ziegen, die in der Küche der Bergregionen eine so wichtige Rolle spielen. Die Kreter haben ihre eigene Grillmethode namens *ofto* oder *antikristo*, bei der große Fleischstücke aufrecht um glühende Kohlen angeordnet werden. In manchen Regionen Kretas wird Fleisch vorwiegend *tsigariasto* (geschmort) zubereitet.

➡ **Arni (Lamm) me stamnagathi** Eine kretische Leibspeise aus Lammfleisch, das mit dem beliebten Wildgemüse *stamnagathi* geschmort wird. Manchmal wird das Gericht auch mit *katsiki* (Zicklein) zubereitet.

➡ **Boureki** Üppiger Schichtauflauf aus Käse und Gemüse

➡ **Gamopilafo** Dieses Reisgericht wird bei traditionellen kretischen Hochzeiten (*gamos* heißt „Hochzeit") und in einigen Nobelrestaurants aufgetischt. Es ist eine Art besonders edles Risotto, das mit Fleischbrühe und *stakovoutiro* zubereitet wird. Letzeres ist eine Butter aus der sahnigen Haut, die sich auf gekochter Ziegenfrischmilch absetzt. Sie wird abgeschöpft und zu einer üppigen Mehlschwitze verarbeitet.

➡ **Apakia** Das köstliche geräucherte Schweinefleisch entsteht in einem aufwendigen mehrtägigen Verfahren. Zuerst wird das Fleisch mehrere Tage in Essig mariniert und dann über einem Feuer mit kretischen Kräutern geräuchert. Später kann es auch in dünne Scheiben geschnitten und kalt serviert werden.

➡ **Chochlioi (Schnecken)** Sie werden nach Regenfällen gesammelt und auf dutzenderlei Weise zubereitet. Sehr lecker sind z. B. *chochlioi bourbouristoi*, in Wein oder Essig mit Rosmarin gedünstet, oder mit *chondros* (Weizenschrot) geschmorte Schnecken. Die Kreter essen mehr Schnecken als die Franzosen und exportieren sie sogar nach Frankreich.

➡ **Kouneli (Kaninchen)** Wird hier bevorzugt als Schmorgericht *(stifadho)* mit Rosmarin und *rizmarato* (Essig) verzehrt.

➡ **Psari (Fisch)** An der Küste ein Grundnahrungsmittel, das völlig schnörkellos zubereitet wird – meist im Ganzen gegrillt und dann mit *ladholemono* (Zitronen-Öl-Dressing) beträufelt. Lecker sind auch *ochtapodi* (Oktopus), *lakerda* (eingelegter Fisch), Muschel- oder Krabben-*saganaki* (normalerweise mit Tomatensauce und Käse gebraten), knusprig frittierte *kalamari*, gebackene *maridha* (Sprotten) und *gavros* (Sardellen), entweder mariniert, gegrillt oder gebraten.

➡ **Soupies (Tintenfisch)** Mit wildem Fenchel geschmort ist er besonders lecker.

➡ **Staka** Üppige, buttrige Mehlschwitze, die einem Mittelding zwischen Käse, Joghurt und Sauce ähnelt und meist zu Zicklein oder Schwein angeboten wird. Das ist sehr gehaltvoll, aber ausgesprochen köstlich, da das Fleisch das *staka*-Aroma aufnimmt. *Staka* wird auch oft an *pilafi*-Reis gegeben, um ihn cremiger zu machen.

➡ **Vrasto (Hammel- oder Ziegeneintopf)** Gibt es in den traditionellen Tavernen der Bergdörfer.

Süße Sachen

Neben griechischen Süßspeisen wie *baklava*, *loukoumadhes* (Krapfen mit Honig und Zimt), *kataïfi* („Engelshaar"; eine Füllung aus gehackten Nüssen, umwickelt mit honiggetränkten Teigfäden), *ryzogalo* (Milchreis) und *galaktoboureko* (Filo-Teig mit Puddingfüllung) haben die Kreter auch eigene süße Spezialitäten. Außerdem wird traditionell in Sirup eingelegtes Obst („Löffelsüße") zum Nachtisch gereicht, das auch zu Joghurt oder Eis lecker schmeckt. Manche Tavernen servieren nach dem Essen mit Grieß zubereitete *halva*.

➡ **Bougatsa** Traditionelle Frühstückskost: Blätterteiggebäck mit cremiger Pudding- oder Käsefüllung und Puderzucker

➡ **Kalitsounia** Kretische Käse-Pastetchen aus handgeknetetem Teig, der oft zu runden Törtchen geformt wird. Die Füllungen variieren je nach Region und Haushalt, sind aber meist süß, mit Käsesorten wie *myzithra* oder *malaka* (kein Feta) und Honig oder Gewürzen.

➡ **Sfakianes pites** Aus der Sfakia im Bezirk Chania: dünne Teigfladen mit *myzithra*-Käsefüllung, die mit Honig beträufelt werden. Der Teig wird mit einem Schuss Raki zubereitet.

➡ **Xerotigana** Frittierte Teigschnecken mit Honig und Nüssen

Wein

Krasi (Wein) wurde auf Kreta schon unter den Minoern angebaut und die kretischen Bauern kelterten seit alters her für ihren Eigenbedarf. Die kommerzielle Erzeugung begann aber erst in den 1930er-Jahren und 1952 füllte Minos in Peza als erste Kellerei kretischen Wein in Flaschen ab.

Heute produziert Kreta rund 20 % des griechischen Weins, größtenteils über riesige Winzergenossenschaften, die eher auf Quantität als auf Qualität setzen. Das meiste wird verschnitten und en gros gehandelt. Das Endprodukt landet oft als „Hauswein" auf den Restauranttischen. Doch eine stetig wachsende Zahl von Boutique-Weingütern unter Leitung international ausgebildeter Winzer erzeugt auch ausgezeichnete Flaschenweine. Spitzenweine, auch für den Export, produzieren z. B. Minos-Miliarakis, Lyrarakis, Douloufakis und Rhous. Neue Besucherzentren mit Minimuseum und Probierstube machen auch den Weintourismus allmählich populärer.

Der geharzte Weißwein Retsina gehört für viele zur Griechenland-Folklore. Er ist gewöhnungsbedürftig, passt aber gut zu herzhaften *mezedhes* und Meeresfrüchten.

Bier

Die weltweite Craft-Bier-Manie hat nun auch Kreta erreicht: Die Brauerei Solo in Iraklion und die Cretan Brewery (S. 108) bei Chania zaubern ein paar schöne Bierchen. Eine weitere kretische Brauerei ist Brink's bei Rethymnon: Sie braut Biobiere. In Craft-Bier-Kneipen stößt man außerdem vielleicht auf Vergina und Hillas aus Nordgriechenland, das Biobier Piraiki aus Piräus, Craft aus Athen und Yellow Donkey aus Santorin. Große kommerzielle griechische Marken sind Mythos, Fix und Alfa.

KRETISCHE REBSORTEN

Auf Kreta gibt es drei Weinbaugebiete. Das größte, die Weinregion Iraklions, produziert etwa 70 % des kretischen Weins. Um zwei Zentren herum (Peza/Archanes südlich von Iraklion und Dafnes etwas weiter westlich) werden hier hauptsächlich die Rebsorten Kotsifali, Mandilaria und Vilana angebaut. Das kleinste Weinbaugebiet ist Lassithi weiter östlich. Die Weinberge dort verteilen sich vorwiegend rund um Sitia und sind auf Liatiko-Reben spezialisiert. Das wichtigste Anbaugebiet in Westkreta liegt westlich von Chania und kultiviert in erster Linie Romeiko-Reben.

Dafni Lebhaft mit subtiler Säure und einem Bukett, das an Lorbeerblätter erinnert. Wird vor allem in den Regionen Lassithi und Iraklion angebaut.

Kotsifali Einheimische blaue Traube mit hohem Alkoholgehalt und vollem Geschmack. Typisch für die Region Iraklion. Wird oft mit Mandilaria verschnitten.

Liatiko Sehr alte einheimische Rotwein-Rebe mit komplexem Charakter. Wird hauptsächlich um Sitia angebaut.

Malvasia Kretische Rebsorte mit intensivem Blumenbukett und Muskatnoten. Bei Verschnitt mit Kotsifali gute Lagerfähigkeit.

Mandilaria Dunkler, aber trotzdem leichter Rotwein, der vor allem um Archanes und Peza angebaut wird.

Romeiko Rote Rebe, die hauptsächlich um Chania wächst und zu robusten Rot-, Weiß- und Roséweinen gekeltert wird.

Vidiano Einheimischer Weißwein mit intensiven, komplexen Pfirsich- und Aprikosenaromen. Wird oft mit Vilana verschnitten.

Vilana Wichtigste Weißwein-Rebe der Weinregion Iraklions. Frischer, niedrigprozentiger Wein mit zartem Apfelbukett.

Kaffee & Tee

➡ **Griechischer Kaffee** Wird traditionell im Kupferkännchen *(briki)* aufgebrüht und in kleinen Tassen serviert. Der Kaffeesatz sinkt zu Boden (nicht mittrinken!). Man trinkt ihn *glykos* (süß), *metrios* (mittelsüß) oder *sketo* (ohne Zucker).

➡ **Frappé** Ein sehr beliebter Instant-Eiskaffee

➡ **Tsai (Tee)** Kamillentee und der aromatische kretische *tsai tou vounou* (Bergtee) sind gesund und schmackhaft. Tee aus dem endemischen *diktamo* (Diptam) soll viele Heilwirkungen haben.

Gut zu wissen

Das Essen mit Familie und Freunden, ob daheim oder im Lokal, spielt im Leben der Kreter eine wichtige Rolle. Für ein gutes Restaurant oder besondere Spezialitäten nehmen sie weite Wege auf sich, z. B. in die Bergregionen mit dem besten Fleisch oder ans Meer, um frischen Fisch zu genießen. Einige der besten Tavernen verstecken sich an unerwarteten Orten.

Da die Sommer lang und die Winter mild sind, wird bevorzugt draußen geschmaust - an Tischen auf Terrassen, Gehwegen, Plätzen und an den Stränden.

Wann essen?

Die meisten Tavernen sind den ganzen Tag geöffnet, aber einige gehobene Restaurants öffnen erst zum Abendessen. In den Cafés herrscht durchgehend Hochbetrieb, vor allem nach der nachmittäglichen Siesta.

➡ **Frühstück** Die Griechen haben keine spezielle Frühstückstradition, abgesehen vom Morgenkaffee nebst Zigarette und vielleicht etwas Gebäck auf die Hand wie *koulouria*, *tyropita* oder *bougatsa*. In Hotels und Touristengegenden wird das uns vertraute „kontinentale" oder „europäische" Frühstück angeboten.

➡ **Mittagessen** Der Wandel der Arbeitszeiten hat auch auch die traditionellen Essgewohnheiten nicht unberührt gelassen, aber in der Regel ist das Mittagessen, das nach 14 Uhr beginnt, immer noch die Hauptmahlzeit des Tages.

➡ **Abendessen** Die Griechen essen spät zu Abend – im Sommer erst nach Sonnenuntergang. Da dann auch viele Geschäfte schließen, wird es in den Restaurants oft erst ab 22 Uhr voll. Wer dem Andrang zuvorkommen will, sollte schon um 21 Uhr da sein.

Wo essen?

Estiatorio Restaurant mit gehobener internationaler Küche oder griechischen Klassikern in schickem Ambiente

Kafeneio Kaffeehaus und gesellschaftliche Institution; immer noch eine vorwiegend männliche Domäne

Mayirio Restaurant, das auf vorgekochte Hausmannskost wie Eintöpfe und Aufläufe (die sogenannten *mayirefta*) spezialisiert ist

Mezedhopoleio & Ouzerie Servieren eine große Auswahl verschiedener *mezedhes* (kleine Gerichte zum Teilen), oft zum Ouzo oder Raki.

RAKI & OUZO

Der kretische Tresterbrand Raki (auch *tsikoudia* genannt) ist fest in der Inselkultur verwurzelt. Ein Gläschen des feurigen Kurzen gibt's zur Begrüßung, nach dem Essen und praktisch zu jeder Tageszeit und allen Anlässen. Destilliert wird der Schnaps aus Resten der Trauben, die zur Weinherstellung ausgepresst werden, ähnlich wie der im übrigen Griechenland verbreitete *tsipouro* oder der italienische Grappa.

Im Oktober beginnt die Brennsaison; dann produzieren Destillerien und Privatbrennereien überall auf Hochtouren. Die Saison wird von Trinkgelagen und Festessen begleitet. Wer durch ein Dorf kommt, das Raki brennt, wird vielleicht zu einem Gläschen eingeladen. Guter Raki hat ein mildes Aroma ohne Brennen im Abgang und sollte keinen Kater verursachen. Er enthält keine Kräuter und wird pur genossen. Kleine Familienbrennereien füllen ihr Feuerwasser in Wasserflaschen aus Plastik ab, die man in Lebensmittelläden, Tavernen und am Straßenrand kaufen kann.

Im Winter schmeckt *rakomelo* – warmer Raki mit Honig und Gewürznelken.

Der griechische Anisschnaps Ouzo spielt auf Kreta die zweite Geige. Er wird pur mit Eis serviert; Wasser zum Verdünnen (das ihn milchig färbt) gibt es separat dazu.

SITTEN & GEBRÄUCHE

- Am besten stellt man sich auf die kretischen Essenszeiten ein – ein Restaurant, das um 19 Uhr noch gähnend leer war, kann um 23 Uhr von Gästen wimmeln.
- Tischreservierungen sind bei gehobenen Restaurants ratsam, bei den meisten Tavernen aber überflüssig.
- In den Tavernen ist es absolut üblich, vor der Bestellung einen prüfenden Blick auf die *mayirefta* hinter der Theke zu werfen.
- In Tavernen ist zwanglose Kleidung normalerweise kein Problem, aber für die besseren Restaurants sollte man sich durchaus in Schale werfen.
- Für Brot und Knabbereien, die vor der Mahlzeit auf den Tisch kommen, wird meist ein kleiner Obolus erhoben.
- Oft wird den Gästen nach der Mahlzeit gratis Obst oder Dessert gereicht und, wenn man um die Rechnung bittet, ein Raki aufs Haus.
- Das Abendessen ist ein ausgedehntes Ritual. Wer mit Einheimischen isst, sollte sich zügeln, da immerzu weitere Leckereien auf den Tisch kommen.
- Das Trinkgeld ist kein Muss, aber die Griechen runden die Rechnung meist auf oder geben ca. 10 % Trinkgeld für gute Bedienung. Wer die Rechnung teilen will, sollte das unter sich ausmachen anstatt die Bedienung zu bitten, die Bestellungen auseinanderzurechnen.
- Die Kreter sind großzügige Gastgeber. Wer einen Kaffee oder ein anderes Getränk angeboten bekommt, sollte nicht ablehnen – es ist eine Geste der Gastfreundschaft und des guten Willens. Wenn man in ein Lokal eingeladen wird, zahlt normalerweise der Einladende.
- Wer zu Kretern nach Hause eingeladen wird, sollte ein kleines Gastgeschenk (Blumen oder etwas Süßes) mitbringen und bedachtsam essen, da erwartet wird, dass man den Teller leer isst.
- Das Rauchen in öffentlichen Gebäuden ist verboten; das gilt auch für Restaurants und Cafés, aber es ist zu beobachten, dass sich viele Kreter darum nicht scheren. Auf Café- und Restaurantterrassen darf geraucht werden.

Rakadhiko Das kretische Pendant zur *ouzerie* serviert zu jeder Raki-Runde zunehmend raffiniertere *mezedhes.* Besonders beliebt in in Sitia, Ierapetra und Rethymnon.

Taverna Einfaches, zwangloses, familiengeführtes (und kinderfreundliches) Lokal. Hier gibt es normalerweise Wein vom Fass, Papiertischdecken und eine Speisekarte voller traditioneller Gerichte. Spezialisierte Varianten: *psarotaverna* (mit Fisch und Meeresfrüchten) und *chasapotaverna* oder *psistaria* (mit Grillfleisch vom Rost oder Spieß).

Zacharoplasteio Eine Kreuzung aus Konditorei und Café (bei manchen gibt es die Leckereien nur zum Mitnehmen)

Die Speisekarte

Gedeck Für Brot und Butter zahlt man meist 1 oder 2 €.

Mezes oder Mezedhes Warme oder kalte kleine Speisen wie Tsatsiki, *saganaki* (gebratener Käse), *dolmadhes* (gefüllte Weinblätter) und *dakos* (Zwieback mit Tomaten), als Vorspeise oder mehrere davon als Hauptgericht.

Salate Vielleicht mit Grillgemüse oder gekochten Bergkräutern, neben dem Klassiker *choriatiki* (Bauernsalat).

Vom Grill Fleisch vom Grill wie Souvlaki (Spieße) oder Lammkoteletts, gewöhnlich ohne Beilagen serviert.

Traditionelle griechische Gerichte Oft *mayirefta* wie Moussaka, *stifadho* (Eintopf) und *pastitsio* (Nudelauflauf).

Fisch Am besten der Tagesfang, verkauft nach Gewicht, dann gegrillt und als Ganzes serviert.

Pasta Neben Klassikern wie Spaghetti bolognese auch griechische Varianten.

Reiseplanung

Kreta mit Kindern

Kreta ist nicht ganz so kindgerecht aufgestellt wie manche andere Reiseziele, doch sind Kinder überall willkommen. Die Griechen machen gewöhnlich ziemlich viel Wirbel um Kinder, die oft beschenkt und verwöhnt werden. Und wenn die Kids ein paar Brocken Griechisch können, gibt's kein Halten mehr!

Weniger ausgeben

Unterkunft

Apartments und Ferienhäuser bieten oft das beste Preis-Leistungs-Verhältnis und mehr Platz, Privatsphäre und Einrichtungen. Größere Hotels haben meist extragroße Familienzimmer mit drei oder vier Betten oder auch Zimmer, die durch Türen miteinander verbunden sind. Sonst lässt sich vielleicht ein Kinderbett ins Zimmer stellen. In einigen Unterkünften können kleine Kinder umsonst im Zimmer der Eltern schlafen.

Sightseeing

Die meisten für Kinder tollen Sachen wie Strände, Höhlen und Wanderwege sind gratis. Der Zutritt zu Knossos und anderen antiken Stätten und Museen ist für Personen unter 18 Jahren kostenlos (evtl. Ausweis mitnehmen). In großen Familienattraktionen wie Wasserparks gibt's für Kinder bis 12 erhebliche Rabatte; außerdem ist es oft billiger, Tickets vorab online zu kaufen.

Essen

Die meisten Restaurants servieren gern Kinderportionen. Bestellt man ein paar *mezedhes* (Häppchen), können die Kleinen die kretische Küche probieren und ihre Lieblingsspeisen herausfinden. Gerichte, die bei vielen Kids Anklang finden, sind *kalamari* (gebratener Tintenfisch), *tiropitakia* (Filo-Teig mit Käsefüllung), *dolmadhes* (Weinblätter mit Reisfüllung) und *saganaki* (gebratener Käse).

Highlights für Kinder

Fantastische Strände

➡ **Bali** (S. 167) Mehrere leicht zugängliche Buchten mit vollem Serviceangebot

➡ **Elafonisi** (S. 105) Badespaß in winzigen Lagunen und wunderschöner Umgebung

➡ **Paleochora** (S. 100) Zwei Stadtstrände mit sicheren Bademöglichkeiten

➡ **Vai** (S. 261) Palmenbeschattetes Paradies; im Juli und August besser meiden

➡ **Voulisma** (S. 254) Kristallklares, seichtes Wasser und schöner goldener Sand

Interaktive Attraktionen

➡ **Agora, Chania** (S. 82) In Chania ist täglich Markt.

➡ **Dinosauria Park** (S. 220) Bei einem prähistorischen Abenteuer in Gournes mit Dinosauriern interagieren.

➡ **Fortezza, Rethymnon** (S. 125) In der venezianischen Festung von Rethymnon die Zeit zurückdrehen.

➡ **Naturkundemuseum, Iraklion** (S. 179) Das Museum in Iraklion hat eine einfallsreiche Kinderabteilung.

➡ **Watercity, Anopolis** (S. 220) Spaß im Wasserpark von Anopolis südöstlich von Iraklion

Outdoorabenteuer

➡ **Bootstouren** An Chanias Südküste oder rund um Elounda (S. 242) in Lassithi

➡ **Höhlen** Dikti-Höhle (S. 254) auf dem Lassithi-Plateau, Skotino-Höhle (S. 221) bei Chersonisos

➡ **Wandern** Kurze Stücke einfacherer Schluchten wie Imbros (S. 113) oder Agia Irini (S. 98)

➡ **Reiten** In Avdou (S. 46) unterhalb der Lassithi-Hochebene

➡ **Drachen steigenlassen** An ruhigen Stränden

Leckereien

➡ **Bougatsa** Bei Bougatsa Iordanis (S. 77) in Chania oder Phyllo Sophies (S. 186) in Iraklion mit Pudding gefülltes Blätterteiggebäck probieren.

➡ **Ziegenmilch-Eiscreme** Bei Meli (S. 133), Rethymnons bester Eisdiele, gibt's klassische und kreative Eissorten aus Ziegenmilch vom eigenen Bauernhof.

➡ **Kailtsounia** Kretische Käsetörtchen mit Thymianhonig. Mit die besten gibt's in der kretischen Familienbäckerei (S. 94) in Chora Sfakion und in der Bäckerei Bitzarakis (S. 186).

➡ **Moussaka** Der Fleisch-Auberginen-Kartoffel-Auflauf ist ein echter Klassiker, besonders köstlich bei Elia & Diosmos (S. 204) in der Weinregion von Iraklion.

➡ **Souvlaki/Gyros** Der griechische Imbissklassiker ist Gyrosfleisch im Pitabrot mit Tsatsiki. Lecker z. B. bei Special (S. 368) in Ierapetra und Oasis (S. 77) in Chania.

In den Regionen

Chania

Toll für Kids sind die sanften Wellen von Elafonisi (S. 105), der Balos-Lagune (S. 118) und von Paleochora (S. 100), ebenso die Geistergeschichten der Burg Frangokastello (S. 91) und das Altstadtgewirr von Chania (S. 64) und Rethymnon (S. 125). Teenager zieht es vielleicht auch in eine der vielen Schluchten, z. B. die lange und berühmte Samaria-Schlucht (S. 112). Zum Abkühlen eignet sich bestens der große Wasserpark von Limnoupolis (S. 73).

Rethymnon

Highlights für Kinder sind die venezianische Festung (S. 125) und die Spielplätze des Stadtparks von Rethymnon. Spannend außerhalb der Stadt sind eine Olivenölmühle (S. 149), ein gespenstisches Beinhaus in einem aufsässigen Kloster (S. 144) und kühle Höhlen wie die mächtige Melidoni-Höhle (S. 148). Teenager nehmen vielleicht gern den Psiloritis (S. 152) in Angriff. Am Meer locken besonders der Palmenstrand Preveli (S. 160) und Plakias (S. 155). In Plakias kann man auch reiten.

Iraklion

Mit seinen großen Ferienanlagen am Meer, Wassersportangeboten, spannenden Wasserparks, Minotauros-Mythen in Knossos (S. 191) und sogar Dinosauriern (S. 220) ist dies Kretas familienfreundlichste Region. Wie geschaffen für Familienurlaube sind die ruhigeren Strände der Südküste wie um Matala (S. 210) mit seinen faszinierenden Höhlen. Abkühlung verspricht der Wasserpark Watercity (S. 220). Kleine Pferdenarren zieht es zu den Odysseia Stables (S. 46) in hübscher Lage am Fuß des Dikti oder zur Melanouri Horse Farm (S. 213) bei Matala. Neue tierische Freunde finden Kids auch im Agia Marina Donkey Sanctuary (S. 216).

Lassithi

Diese stille Region ist für naturverbundene Kinder von besonderem Reiz. In der Kritsa- (S. 248) oder der tollen Zakros-Schlucht (S. 263) können sie wunderbar herumkraxeln; sie können die Grotte (S. 254) erkunden, in der Zeus geboren sein soll, sich auf der unbewohnten Insel Chrysi (S. 270) wie Robinson Crusoe fühlen, eine alte Leprakolonie (S. 245) erkunden oder am palmengesäumten Strand von Vai (S. 261) baden. Der Kouremenos-Strand (S. 262) weiter südlich ist das Windsurfermekka Kretas.

Gut zu wissen

Familienfreundliche Angebote sind im Buch im dem 👪-Symbol gekennzeichnet.

Babys & Kleinkinder Mit öffentlichem Stillen haben die Kreter meist keine Probleme.

Säuglings-Milchnahrung, frische Milch und H-Milch sind in größeren Orten und Touristengegenden problemlos erhältlich, vor allem in Supermärkten.

Windeln wechseln Einrichtungen zum Windelwechseln sind sehr selten – Windelauflage und Händedesinfektionsmittel mitnehmen!

Essen gehen Kinder sind fast überall willkommen. Hochstühle sind jedoch selten, also vielleicht eine aufblasbare Sitzerhöhung oder einen Stoffsitz zur Befestigung an der Stuhllehne mitnehmen.

Buggys & Kinderwagen Überall gibt's Kopfsteinpflaster und steile Hügel, also am besten ein Tragetuch oder eine Rückentrage mitnehmen.

Sightseeing An antiken Stätten ein Auge auf die Kleinen haben: Hier droht Gefahr durch fehlende Abzäunungen und loses Mauerwerk.

Baden Vorsicht vor starken ablandigen Strömungen an einsamen Stränden und Buchten, die auf den ersten Blick harmlos aussehen.

Transport In Autos müssen alle Insassen Sicherheitsgurte tragen. Kinder unter 11 oder 1,35 m Größe müssen auf dem Rücksitz in einem Kindersitz sitzen. Zur Automiete einen Vermieter suchen, der auch Kindersitze anbietet, und diese selbst montieren.

Informationen

Adventures of Annie & Ben in Crete (www.youtube.com/watch?v=DpWI6paUacA) Kurzer Zeichentrickfilm für Kleinkinder auf dem YouTube-Kanal HooplaKidz.

Kinderzeitmaschine (www.kinderzeitmaschine.de/antike/griechen/ereignisse/kreta-und-mykene) Alles, was Kinder je über das Leben der Minoer wissen wollten.

Kids Love Greece (www.kidslovegreece.com) Familienreiseservice mit umfassenden Infos zu Kreta.

Kids Love Knossos Kostenlose iOS-App mit Geschichten, in denen ein minoischer Junge Hörer in die Geheimnisse des Palasts einweiht.

Lonely Planet Kids (www.lonelyplanetkids.com) Zahlreiche Aktivitäten und toller Blog zum Reisen als Familie.

Mamma Mia (https://play.google.com, Netflix, Amazon Prime) In Griechenland spielende romantische Komödie mit ABBA-Songs.

Kinderweltreise (www.kinderweltreise.de/kontinente/europa/griechenland/daten-fakten/geschichte-politik) Ländersteckbrief Griechenland.

Kids' Corner

Wie bitte?

Hallo!	Γειά σας. *ja*·sas
Tschüss!	Αντίο. an·*di*·o
Danke!	Ευχαριστώ. ef·cha·ri·*sto*
Mein Name ist …	Με λένε … me *le*·ne …

Schon gewusst?

- Der Obergott Zeus wurde auf Kreta geboren.
- Kreta hat über 4500 auf Karten verzeichnete Höhlen.

Schon probiert?

Chochlioi Schnecken sind beliebt auf Kreta.

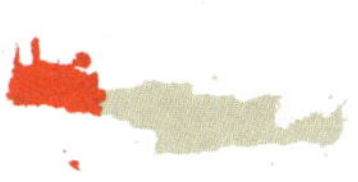

Kreta im Überblick

Die sonnenverwöhnte Geburtsinsel des Zeus ist eine facettenreiche Schönheit, von ihren hohen Berggipfeln über dramatische Schluchten bis zu atemberaubenden Stränden.

Die Nordküste, an der sich Badeorte und Hotelanlagen fast lückenlos aneinanderreihen, empfängt die meisten Besucher und hat die am besten ausgebaute touristische Infrastruktur.

Dagegen ist das wilde Landesinnere vom Massentourismus weitgehend unberührt. Das verträumte Mosaik aus verschlafenen Dörfern, Weinbergterrassen und fruchtbaren Tälern mit byzantinischen Kirchen und historischen Klöstern will ganz gemütlich und in Ruhe entdeckt werden.

Abenteuerlustige werden vom größtenteils ungezähmten Süden entzückt sein, wo Serpentinenstraßen an einsamen Buchten enden und tiefe Schluchten voller seltener Pflanzen und Tiere die Landschaft durchschneiden.

Chania

Geschichte
Strände
Aktivitäten

Venezianisches Flair

Chanias venezianischer Hafen strotzt vor Farben und der verblichenen Pracht der einstigen Seemacht Venedig. Hier schlendert man an wuchtigen Wallmauern, Arsenalen, Werften und Villen (heute schicke Hotels) vorbei, um schließlich mit einem Drink in der Hand den Blick aufs Meer zu genießen.

Kristallklares Meer

In Westkreta plätschern die kristallklaren Wellen des weiten Mittelmeers mit geradezu tropischer Badewannentemperatur an rosasandige Strände wie Elafonisi, Balos und Falasarna.

Abenteuer pur

In den Lefka Ori (Weißen Bergen) südlich von Chania ist Kreta am wildesten, mit tiefen Schluchten, weit verzweigten Höhlen und schroffen Felswänden. Adrenalintreibende Bergstraßen, Schluchtenwanderungen, Felsklettertouren oder winterlicher Skispaß fernab aller Pisten – hier winken Abenteuer ohne Ende.

S. 62

Rethymnon

Geschichte
Strände
Landschaft

Historische Stätten

Alle Phasen der kretischen Geschichte sind in Rethymnon noch präsent. Die gleichnamige Hauptstadt des Bezirks ist ein hübscher Mix aus venezianischer und osmanischer Architektur. Klöster, die den Türken trotzten, Bergdörfer mit uralten Traditionen: Das weckt Lust auf mehr!

Einsame Küste

Rethymnons zerklüftete Südküste bezaubert mit ihrer weltfernen Aura. Perfekte kleine Strände liegen menschenleer zwischen schroffen Felsen. Der ideale Ort, um die Zehen in den Sand zu graben und sich wie Robinson zu fühlen.

Traumhafte Aussicht

Die Heimatregion des höchsten Gipfels von Kreta, des oft schneegekrönten Psiloritis, entzückt Fotografen mit traumhaften Panoramen von spektakulären Schluchten, idyllischen Tälern und samtigen Hügeln voller Olivenbäume, Rebstöcke und Wildblumen.

S. 124

Iraklion

Antike Stätten
Strände
Aktivitäten für Kinder

Minoisches Märchenland

Iraklion, Mekka aller Archäologiefans, hat mehr minoische Ruinen als irgendeine andere Region der Insel. Die Paläste von Knossos, Malia, Festos, Zakros und zahllose kleinere Stätten lassen Besucher ehrfürchtig staunen über Europas älteste Kultur.

Strandfreuden

Ob wilde Partymeile oder stiller und abgeschiedener Streifen Sand: Irgendwo wartet sicher für jeden Urlauber der perfekte Strand!

Kinderspaß

Die Kreter lieben Kinder und in Iraklion ziehen sie wirklich alle Register, um sie glücklich zu machen: Ob Badespaß am Meer, faszinierendes Aquarium, aufregender Wasserpark, friedliche Spielplätze oder interaktive Museen – hier kommt mit Sicherheit keine Langeweile auf.

S. 172

Lassithi

Antike Stätten
Strände
Wandern

Unbekanntere Minoer

Lassithi kann nicht mit den bunt herausgeputzten Ruinen von Knossos aufwarten, aber sind die minoischen Stätten von Gournia und Kato Zakros stimmungsvoller. Die wilde Umgebung und das unwirkliche Echo einer versunkenen Welt bringen die Vergangenheit ganz nah.

Versteckte Strände

Auch wenn berühmte Ziele wie der Palmenstrand von Vai im Sommer Besucherscharen anlocken, sind die meisten Strände von Lassithi noch ziemlich kommerzfrei. Es gibt hier jede Menge versteckte Buchten und kleine Sandstrände wie Itanos und Xerokambos, wo nichts die himmlische Einsamkeit stört.

Höhenrausch

Einige der schönsten Berge Kretas prägen die Landschaft von Lassithi. Ihre luftigen Gipfel und tiefen Schluchten locken zu grandiosen Wandertouren zwischen duftenden Wildblumen und Kräutern. Eine davon ist der Weg durch die spektakuläre Zakros-Schlucht bis zum Meer.

S. 230

Reiseziele auf Kreta

Chania
S. 62

Rethymnon
S. 124

Iraklion
S. 172

Lassithi
S. 230

Chania

Inhalt ➡

Gut essen

- To Maridaki (S. 77)
- Thalassino Ageri (S. 80)
- Gramvousa (S. 119)
- To Skolio (S. 104)

Schön übernachten

- Serenissima (S. 76)
- Milia (S. 122)
- Casa Delfino (S. 76)
- Vamos Traditional Village (S. 88)

Auf nach Chania

Der Westen von Kreta ist in vielerlei Hinsicht eine Klasse für sich. Hauptstadt dieser Region der mächtigen Berge, faszinierenden Sagen und Schauplätze großer Schlachten ist die romantische Hafenstadt Chania. Von den Venezianern zur schmucken Inselhauptstadt ausgebaut, lockt sie heute mit Boutiquehotels, interessanten Geschäften und einigen der besten Restaurants Griechenlands. In der Region befinden sich die großartigste Schlucht und der südlichste Fleck Europas (die stille Insel Gavdos, die näher an Afrika als am griechischen Festland liegt), beeindruckende Strände an der Westküste und Bergdörfer, in denen man sich wie auf einer Zeitreise fühlt. Die steilen Berge, die sich von Westen bis an die Südküste erstrecken, bewahren die Region vor den Auswüchsen des Tourismus. Wer das schöne, ursprüngliche Kreta erleben will, ist in Chania und Westkreta genau richtig.

Entfernungen (km)

	Omalos	Chora Sfakion	Kissamos	Paleochora
Chora Sfakion	107			
Kissamos	59	106		
Paleochora	56	137	44	
Chania	38	73	38	72

Highlights

1 Venezianischer Hafen (S. 65) Am prächtigen venezianischen Hafen Chanias entlangbummeln.

2 Elafonisi (S. 105) Am schönen, rosa schimmernden Sandstrand im Südwesten relaxen.

3 Paleochora (S. 100) Kretische Livemusik und das lässige Flair dieses Küstenorts genießen.

4 Loutro (S.95) Mit dem Boot in das strahlend weiße Dorf im Süden fahren, um den Massen zu entkommen.

5 Sougia (S. 97) Nach einer Wanderung in der Umgebung in diesem herrlich unerschlossenen Stranddorf entspannen.

6 Wandern (S. 111) Die grandiose Samaria-Schlucht in Angriff nehmen.

7 Gavdos (S.107) Auf der entlegenen Insel an Europas Südzipfel dem Trubel entkommen.

8 Balos (S.118) In den blaugrünen Lagunen am Westrand der abgeschiedenen Halbinsel Gramvousa schwimmen.

CHANIA XANIA

54 000 EW.

Chania ist mit der hübschen, von engen Gassen durchzogenen venezianischen Altstadt, die sich bis zu einem prächtigen Hafenbecken ausbreitet, die reizvollste Stadt Kretas. Überall finden sich Reste venezianischer und türkischer Architektur; in alten Stadthäusern sind heute stimmungsvolle Restaurants und Boutiquehotels untergebracht.

Obwohl die attraktive Altstadt im Sommer massenhaft Touristen anzieht, hat sie sich ihre entspannte Atmosphäre bewahrt. Der venezianische Hafen ist ideal zum Bummeln und für einen Kaffee oder Cocktail. Dank des lebhaften, modernen Zentrums ist die Stadt auch im Winter reizvoll. Kleine Läden und eine ganze Gasse (Skrydlof) mit Ledergeschäften bieten tolle Einkaufsgelegenheiten, und für sehr gute Küche sorgen zahlreiche kreative Restaurants.

Geschichte

Auf dem Hügel östlich des Hafens von Chania (zwischen Akti Tombazi und Karaoli Dimitriou) lag das Zentrum der großen minoischen Siedlung Kydonia. Kydonia wurde 1450 v. Chr. zusammen mit der übrigen minoischen Zivilisation auf Kreta zerstört. Die Stadt wurde jedoch später neu aufgebaut und florierte während der hellenistischen Ära als griechischer Stadtstaat.

Chania wurde nach dem Vierten Kreuzzug (1204) mit dem Rest der Insel von den aufstrebenden Venezianern erobert und in La Canea umbenannt. 1266 ging die Stadt für kurze Zeit an die genuesischen Erzrivalen verloren, gelangte aber 1290 wieder zurück in die Hände der Venezianer. Sie errichteten riesige Befestigungsanlagen als Bollwerk gegen Piratenangriffe und nutzten die Stadt 350 Jahre lang als wichtige Drehscheibe ihres mediterranen Handelsimperiums.

1645 fiel die Stadt nach zweimonatiger Belagerung an die Osmanen, die sie zum Sitz des türkischen Paschas machten. Die osmanische Herrschaft endete erst 1898. Während der türkischen Besetzung Griechenlands wurden Chanias Kirchen zu Moscheen umgebaut und die Architektur erhielt einige arabische Elemente, wie hölzerne Wände, Gitterwerkfenster und Minarette (von denen heute noch zwei stehen).

Nach der kretischen Unabhängigkeitserklärung von der türkischen Herrschaft (1898) ernannten Europas Großmächte Chania zur Inselhauptstadt. Diesen Status behielt sie bis 1971, als der Regierungssitz nach Iraklion verlegt wurde.

Im Zweiten Weltkrieg tobte die Schlacht um Kreta vor allem an der Küste westlich von Chania. Auch die Stadt selbst wurde heftig bombardiert, vor allem die Umgebung der antiken Stadt Kydonia, doch von der

CHANIA IN ...

... zwei Tagen

Der erste Tag beginnt mit einem Morgenspaziergang am wunderbaren venezianischen Hafen von Chania bis zum Leuchtturm (S. 65). Dann steht ein Museumsbesuch an, wahlweise im Archäologischen oder im Schifffahrtsmuseum an der venezianischen Festung Firkas, anschließend ein Mittagessen im Kouzina EPE (S. 77). Am Nachmittag folgt eine Fahrt hinaus zum botanischen Park (S. 109) oder eine Weinprobe in der Weinkellerei Manousakis (S. 81), alternativ gibt's ein Bierchen in der Cretan Brewery (S. 108).

Am zweiten Tag geht's raus zum fantastischen Strand Elafonisi (S. 105) am westlichen Ende der Insel zum Schwimmen und Sonnenbaden, dann zurück zum Abendessen in einem der herausragenden Restaurants in Chania, z. B. im Thalassino Ageri (S. 80). Oder man bleibt in Elafonisi und genießt dieses zauberhafte Fleckchen, nachdem die Tagesbesucher wieder fort sind.

... drei Tagen

Jetzt ist es Zeit für eine Tageswanderung durch die Samaria-Schlucht (S. 111) oder die kürzeren Schluchten Agia Irini (S. 98) oder Imbros (S. 113). Unterwegs ist manchmal an den Felsen die scheue *kri-kri*, die kretische Wildziege, zu sehen. Der Wanderweg endet an der Küste, wo man mit der Fähre zwischen den abgelegenen Orten Agia Roumeli und Sougia fahren, am Libyschen Meer nächtigen oder bis nach Chora Sfakion weiterschippern kann, um dort Fisch und *sfakiani pita* (eine Art Crêpe mit Quark gefüllt) in der Hafentaverne Nikos (S. 94) zu essen – oder um den Bus zurück nach Chania zu nehmen.

historischen Bausubstanz blieb immerhin so viel erhalten, dass Chania noch heute als schönste Stadt Kretas gilt.

Sehenswertes

Der venezianische Hafen ist von der Plateia 1866 nur ein kurzes Stück zu Fuß über die Chalidon Richtung Norden zu erreichen. Die Zambeliou, einst die Hauptstraße Chanias, ist von Kunsthandwerksläden, kleinen Hotels und Tavernen gesäumt. Das leicht alternative Stadtviertel Splantzia, das sich von der Plateia 1821 zwischen der Daskalogianni und der Chalidon erstreckt, steckt voller atmosphärischer Restaurants und Cafés, Boutiquehotels und traditioneller Läden. Die Landzunge nahe dem Leuchtturm bildet die Grenze zwischen dem venezianischen Hafen und dem überfüllten Stadtstrand im modernen Viertel Nea Chora.

★ Venezianischer Hafen — HISTORISCHE STÄTTE

GRATIS Es gibt nur wenige Orte, an denen der historische Charme und die Pracht Chanias deutlicher zutage treten als im alten venezianischen Hafen. Er ist umgeben von pastellfarbenen Häusern, hinter denen sich ein Gewirr enger Gassen mit Läden und Tavernen erstreckt. An der östlichen Seite sticht die Kuppel der Hassan-Pascha-Moschee hervor, die heute als Ausstellungssaal dient. Ein paar Schritte weiter östlich birgt das beeindruckend restaurierte Große Arsenal (S. 69) das Zentrum für mediterrane Architektur.

Bei Sonnenuntergang spazieren Einwohner und Touristen hinaus zum Leuchtturm (S. 69), der über die Hafeneinfahrt wacht.

★ Archäologisches Museum Chania — MUSEUM

(☎ 28210 90334; http://chaniamuseum.culture.gr; Chalidon 28; Erw./erm./Kind 4/2 €/frei; ⌚ April–Okt. Mi–Mo 8.30–20 Uhr, Nov.–März Mi–Mo bis 16 Uhr) Schon das Gebäude – die glänzend restaurierte venezianische Franziskuskirche aus dem 16. Jh. – wäre Grund genug, diese schöne Sammlung von Fundstücken aus der Jungsteinzeit bis zur Römerzeit zu besuchen. Spätminoische Badewannen aus Ton, die als Särge genutzt wurden, sind ebenso sehenswert wie die große Vitrine, die eine ganze Herde von tönernen Stierfiguren (symbolische Opfergaben an Poseidon) beherbergt. Weitere Highlights sind römische Bodenmosaike, Goldschmuck aus der griechischen Antike, Tontafeln mit Linear-A- und Linear-B-Schrift und eine Marmorbüste des römischen Kaisers Hadrian.

> **TOP-STRÄNDE**
>
> **Elafonisi** (S. 105) Großartiger Strand im Südwesten; bekannt für seinen roséfarbenen Sand
>
> **Balos** (S. 118) Unglaublich klare Lagune mit blaugrün schimmerndem Wasser an der Küste der Halbinsel Gramvousa
>
> **Falasarna** (S. 119) Langer Sandstrand mit den schönsten Wellen der Westküste

Im Erdgeschoss ist eine private Sammlung minoischer Keramiken, Schmuckstücke und Tonfiguren ausgestellt. Besonders eindrucksvoll sind außerdem die Dianastatue und, im hübschen Innenhof, ein mit Löwenköpfen geschmückter Marmorbrunnen aus der venezianischen Ära. Ein türkischer Brunnen erinnert an die Zeit, in der das Gebäude als Moschee genutzt wurde.

Das Kirchgebäude diente unter den Türken als Moschee, ab 1913 als Kino und im Zweiten Weltkrieg als deutsches Munitionsdepot. Zur Zeit der Recherche gab es Pläne, das Museum 2020 an einen neuen Standort zu verlegen. Es empfiehlt sich, sich vor dem Besuch zu erkundigen.

Festung Firkas — FESTUNG

(⌚ Mo–Fr 8–14 Uhr) Die Festung Firkas an der Westspitze des Hafens ist die Krönung des besterhaltene Abschnitts der massiven Festungsanlagen, die von den Venezianern als Schutz vor Piratenüberfällen und türkischen Angreifern gebaut wurden. Die Türken marschierten 1645 dennoch ein und nutzten die Festung als Kaserne und Gefängnis. In einem Teil der Anlage ist heute das Kretische Schifffahrtsmuseum untergebracht. Von ganz oben bieten sich herrliche Ausblicke.

★ Kretisches Schifffahrtsmuseum — MUSEUM

(☎ 28210 91875; www.mar-mus-crete.gr; Akti Koundourioti; Erw./erm. 3/2 €; ⌚ Mai–Okt. 9–17 Uhr, Nov.–April bis 15.30 Uhr) Das Museum in der wuchtigen venezianischen Festung Firkas an der Westseite der Hafeneinfahrt beleuchtet Kretas Seefahrertradition mit Schiffsmodellen, nautischen Instrumenten, Gemälden, Fotos, Karten und Erinnerungsstücken. Ein Raum widmet sich historischen Seeschlachten. Im Obergeschoss ist eine ausführliche Dokumentation der Schlacht um Kreta im Zweiten Weltkrieg zu sehen. Mit etwas Glück sind in der Werkhalle Künstler bei der Arbeit an neuen Modellschiffen zu erleben.

Chania

0 — 200 m

Kretisches Meer
Venezianischer Hafen
Akrogiali (850 m); Strand von Nea Chora (1,5 km)
Kretisches Schifffahrtsmuseum 2
Venezianischer Hafen 3
5
6
7
8
11
12
15
16
18
19
21
22
26
27
28
29
30
32
33
35
36
37
38
39
40
41
42
45
47
49
50
54
55
56
57
58
59
61
65
66
67
68
69
71
73
74
75
77
SPLANTZIA
Neorio Moro
Plateia Defkalionos
Plateia Katehaki
Plateia Venizelou
Plateia 1821
Venezianische Werften (Neoria)
Akti Defkaliona
Akti Enoseos
Akti Tombazi
Akti Koundourioti
Akti Miaouli
Ikarou
Sarpidona
Epimenidou
Kallergon
Arholeon
Drakontopoulou
Dionisiou
Daidalou
Rianou
Gerasimou
Sifaka
Agiou Markou
Kantanoleon
Lithinon
Sourmeli
Kanevaro
Katre
Gavaladon
Karaoli Dimitriou
Zambeliou
Isodion
Agion Deka
Daskalogianni
Sarpaki
Roussou Vourdouba
G Pezanou
Melidoniou
Minoos
Kyprou
Ritsou
Angelou
Theotokopoulou
Parodos
Theofanous
Moschon
Portou
Douka
Skoufon
Parodos Kondylaki
Pireos
A B C D E F G
1 2 3 4

NEA CHORA
Siavo-Bastion
Archäologisches Museum
Plateia Athinagora
Plateia Hortatson
Plateia Markopoulou
Agora
Stadtbus-haltestelle
Plateia Venizelou (Zentraler Marktplatz)
Plateia 1866
Städtische Touristen-information
KTEL-Busbahnhof
Park für Frieden und Freundschaft der Völker
Stadion
Hotel Doma (800 m); Eleftherios-Venizelos-Wohnhaus & -Museum (1,4 km); Thalassino Ageri (1,4 km); Chalepa (12 km)
Kumba Hostel (700m)
Historisches Museum & Archiv (200 m)
Camping Chania (3 km); Kalamaki-Strand (3,7 km)
Cocoon City Hostel (100 m)
Portou
I Kondylaki
Piga
Dounoupapa
Balantinou
Betolo
Skrydlof
Sarpaki
Chrisanthou Episkopou
Potie
Halidon
Tsouderon
Chatzimichali Daliani
Kalistou
Nikiforou Episkopou
Nikiforou Foka
El Venizelou
Chatzimichali Giannari
Archontaki
Michelidaki
Charilaou Trikoupi
A Papandreou
V Ktistaki
Stratigou Tzanakaki
Sfakion
Kornarou
Voloudakidon
Plastira
Apokoronou
Peridou
Mousouron
Karaïskaki
Kriari
Koraka
Kyrilou
Skalidi
P Koronaiou
Korkidi
P Kalaïdi
Kydonias
Zymvrakidon
Ionias
Smyrnis
Ypsilandon
Mylonogianni
Konstandinoupoleos
1
4
9
10
13
14
17
20
23
24
25
31
34
43
44
46
48
51
52
53
60
62
63
64
70
72
76
78
A
B
C
D
E
F
G
5
6
7
8

Chania

Highlights
1 Archäologisches Museum ... C5
2 Kretisches Schifffahrtsmuseum ... B2
3 Venezianischer Hafen ... B3

Sehenswertes
4 Ahmed-Aga-Minarett ... E5
5 Antike Stadt Kydonia ... D3
6 Byzantinische & nachbyzantinische Sammlung ... A2
7 Agios-Nikolaos-Kirche ... F4
8 San-Rocco-Kirche ... E4
9 Volkskundemuseum Kretisches Haus ... C5
10 Etz-Hayyim-Synagoge ... B5
11 Fort Firkas ... A2
12 Großes Arsenal ... D2
13 Griechisches Fußballmuseum ... E5
14 Griechisch-orthodoxe Kathedrale ... C5
15 Leuchtturm ... B1
16 Hassan-Pascha-Moschee ... C3
17 Städtische Kunstgalerie ... B6
18 Ständige Sammlung zum antiken & traditionellen Schiffsbau ... G2
19 Venezianische Befestigungen ... A2

Aktivitäten, Kurse & Touren
20 Blue Adventures Diving ... D5
21 Captain Nick's Glass Bottom Boat ... C4
22 Chania Diving Center ... E3
23 Griechischer Bergsteigerverband ... G8
24 Hania Alpine Travel ... E8
25 Trekking Plan ... C6

Schlafen
26 Amphora Hotel ... B3
27 Bellmondo ... C4
28 Casa Delfino ... A3
29 Casa Leone ... A3
30 Domus Renier ... B4
31 Elia Daliani Suites ... D5
32 Iason Studios ... A3
33 Ifigenia Rooms & Studios ... A3
34 Ionas Hotel ... E5
35 Madonna Studios ... A3
36 Monastery Estate ... D4
37 Nostos Hotel ... B4
38 Palazzo Duca ... B4
39 Pension Lena ... A2
40 Pension Theresa ... B3
41 Porto de Colombo ... B3
42 Serenissima ... B4
43 Splanzia Hotel ... E5
44 Vranas Studios ... C5

Essen
45 Apostolis I & II ... F2
46 Bougatsa Iordanis ... D7
47 Christostomos ... G2
48 Ela ... B5
49 Glymidakis ... E4
50 Kalderimi ... A3
51 Kouzina EPE ... E5
52 Mesogiako ... E5
53 Oasis ... E7
54 Pallas ... D2
55 Pulse ... A2
56 Tamam Restaurant ... B4
57 To Maridaki ... E4
58 Well of the Turk ... E4

Ausgehen & Nachtleben
59 Ababa ... C4
60 Bohème ... C5
61 Kleidi ... E4
62 Kross Coffee ... F7
63 Monastery of Karolos ... E5
64 Monogram ... E5
65 Plaka ... D4
66 Rudi's Beerhouse ... E3
67 Sinagogi ... B4
68 Ta Duo Lux ... F3

Unterhaltung
69 Fagotto Jazz Bar ... A3

Shoppen
70 Agora ... D6
71 Exantas Art Space ... B4
72 Georgina Skalidi ... D5
73 Mediterraneo Bookstore ... B3
74 Miden Agan ... E3
75 Mikro Karavi ... E4
76 Pelekanakis ... C6
77 Roka Carpets ... B4
78 Sifis Stavroulakis ... D5

Venezianische Festungsanlagen FESTUNG
Die noch immer beeindruckenden massiven Festungsanlagen Chanias sind Teil eines Verteidigungssystems, das ab 1538 von Michele Sanmichele gebaut wurde, der auch die Verteidungsanlage von Iraklion entworfen hatte. Am besten erhalten ist die Westmauer, die von der Festung Firkas bis zur **Schiavo-Bastion** verläuft. Die Festung wird durch die Tore neben dem Schifffahrtsmuseum betreten. Die Bastion bietet schöne Ausblicke über die Altstadt.

Hassan-Pascha-Moschee MOSCHEE
(Janitscharenmoschee) Die altrosa ehemalige Moschee mit ihren vielen Kuppeln an der Ostseite des venezianischen Hafens ist eine der hübschesten und erhabensten Hinterlassenschaften der türkischen Ära. Sie wurde 1645 gebaut und ist somit das älteste osma-

nische Gebäude in der Stadt. Gelegentlich finden hier Wechselausstellungen statt.

Byzantinische & nachbyzantinische Sammlung MUSEUM
(28210 96046; Theotokopoulou 78; Erw./erm./Kind 2/1 €/frei; Mi–Mo 8–16 Uhr) Die kleine, aber faszinierende Sammlung von Artefakten, Ikonen, Schmuck und Münzen in der prächtig restaurierten venezianischen Kirche San Salvatore umfasst den Zeitraum von 62 n. Chr. bis 1913. Zu den Glanzlichtern zählen ein Teilstück eines Mosaikfußbodens aus einer frühchristlichen Basilika, eine Ikone des hl. Georg als Drachentöter, und ein Tafelbild, das jüngst El Greco zugeschrieben wurde.

Das Gebäude weist eine bunte Mischung architektonischer Elemente seiner verschiedenen Nutzungsarten auf. Ein Kombiticket (6 €) ermöglicht auch den Eintritt in die archäologischen Museen von Chania (S. 65) und von Kissamos (S. 116).

Großes Arsenal HISTORISCHES GEBÄUDE
(28210 34200; Plateia Katehaki; je nach Ausstellung) GRATIS Das venezianische Waffenarsenal aus dem 16. Jh., eine einst dachlose Ruine, die beeindruckend restauriert wurde, war das letzte der 17 Werftgebäude im venezianischen Hafen von Chania. Nach seiner Nutzung als Schule, Krankenhaus und Rathaus ist dort nun das KAM-Zentrum für Mittelmeerarchitektur untergebracht, in dem regelmäßig Events und Ausstellungen stattfinden.

Leuchtturm LEUCHTTURM
GRATIS Der Leuchtturm an der Einfahrt in den venezianischen Hafen ist eines der Wahrzeichen von Chania, das bei Sonnenuntergang funkelt und nach Einbruch der Dunkelheit beleuchtet wird. Der steinerne Turm ragt von seinem Fundament 21 m hoch auf und wurde im 16. Jh. von den Venezianern erbaut, aber im Lauf der Zeit mehrmals verändert. Es ist ein schöner Spaziergang zum Turm, samt fotogenem Blick aufs Ufer.

Ständige Sammlung zum antiken & traditionellen Schiffsbau MUSEUM
(28210 91875; Neorio Moro, Akti Defkaliona; Erw./Kind 2 €/frei; Mai–Okt. Mo–Sa 9–17, So 9.30–17.30 Uhr) Die *Minoa,* der originalgetreue Nachbau eines minoischen Schiffs, der 2004 zur Olympiade von Kreta nach Athen schipperte, hat jetzt ihren festen Liegeplatz in einer umgebauten venezianischen Werft *(neorio).* Werkzeuge, die bei ihrem Bau eingesetzt wurden, und Fotos von ihrer aufregenden Reise veranschaulichen die erstaunliche Konstruktionsleistung.

Historisches Museum & Archiv MUSEUM
(28210 52606; Ioannou Sfakianaki 20; Mo–Fr 9–15 Uhr) GRATIS Das Historische Museum & Archiv von Chania, ungefähr 1,5 km südöstlich des alten Hafens, zeichnet Kretas von Kriegen geprägte Vergangenheit nach und erinnert an den Widerstandskampf gegen die Türken. In der Abteilung zum Zweiten Weltkrieg sind ein Hinrichtungspfahl der deutschen Armee und ein *katsouna* (Holzhaken) ausgestellt, mit dem Kreter deutsche Fallschirmjäger töteten. Zu sehen sind auch Gegenstände aus dem Besitz des Nationalhelden Eleftherios Venizelos (1864–1936), der Anführer der kretischen Rebellion und griechischer Ministerpräsident war, und eine Volkskundesammlung.

Es gibt auch eine englischsprachige Broschüre und einige englischsprachige Beschriftungen.

Griechisch-orthodoxe Kathedrale KATHEDRALE
(Ekklisia tis Trimartyris; 28210 27807; Plateia Athinagora; 7–12 & 14–19 Uhr) Die dreischiffige Basilika mit ihrem markanten Glockenturm ist der Madonna der drei Märtyrer gewidmet, der Schutzheiligen Chanias. Das gegenwärtige Gebäude wurde 1860 über einer älteren Kirche aus dem 14. Jh. vollendet, die unter der türkischen Herrschaft zur Seifenfabrik degradiert wurde.

Etz-Hayyim-Synagoge SYNAGOGE
(28210 86286; www.etz-hayyim-Chania.org; Parodos Kondylaki; Spende 2 €; Mo–Fr 10–15 Uhr) Die einzige noch erhaltene Synagoge auf Kreta stammt aus dem 15. Jh., wurde im Zweiten Weltkrieg stark beschädigt und erst 1999 wieder eröffnet. Sie beherbergt eine Mikwe (Ritualbad), Grabstätten von Rabbinern und eine Gedenkstätte für die Juden der Stadt, die den Nazis zum Opfer fielen. Heute wird sie wieder von einer kleinen Gemeinde genutzt und steht auch Besuchern offen. Die Synagoge liegt an einem Gässchen, das nur von der Kondylaki-Straße zu erreichen ist.

Volkskundemuseum Kretisches Haus MUSEUM
(28210 90816; Chalidon 46b; Erw./Kind 3 €/frei; Mo–Sa 9–15 & 18–21 Uhr) Das interessante Volkskundemuseum zeigt verschiedene Handwerke wie traditionelle Webarbeiten, aber auch Gemälde aus der Gegend und

AUTOTOUR > DER SÜDWESTEN CHANIAS

Die kurvenreiche Bergfahrt in die wildesten Winkel Kretas führt durch verträumte Dörfer, an atemberaubenden Schluchten entlang, wo sich Olivenbäume an schroffe Felswände klammern, und zu den schönsten Paradiesstränden der Insel. Zu diesem ganztägigen Abenteuer sollte man früh aufbrechen.

1 Botanischer Park

Auf dem Weg von Chania südwärts Richtung Fournes ist das erste Ziel der **Botanische Park** (S. 109) mit einem kurzen Spaziergang zwischen den interessanten tropischen, medizinischen und Zierpflanzen und -bäumen. Anschließend gibt's einen Kaffee auf der Terrasse mit weitem Panoramablick.

Ein Tag 190 km

Toll für ... Natur, Essen & Trinken

Beste Reisezeit Später Frühling oder früher Herbst

❷ Lakki

Nächstes Ziel ist das urtümliche Bergdörfchen **Lakki** (S. 109) mit seiner großartigen Kirche.

❸ Samaria-Schlucht

Danach geht es nach Omalos mitten in den Bergen und zu einem Blick in die überwältigende **Samaria-Schlucht** (S. 111) bei Xyloskalo. Anschließend fährt man wieder ein paar Kilometer zurück und dann nach Westen über das Omalos-Plateau, bis man wieder auf die serpentinenreiche Nord-Süd-Straße stößt.

❹ Agia-Irini-Schlucht

Weiter Richtung Süden folgt vom oberen Ende der **Agia-Irini-Schlucht** (S. 98) ein schneller Blick in diese Schlucht, die der Samaria in nichts nachsteht. Der Zickzackkurs gen Süden durch mehrere traditionelle Dörfer erfordert volle Konzentration.

❺ Azogires

In Rodovani geht es nach Westen, dann ist bald ein Abzweig bei Temenia erreicht. Der winzige Ort ist bekannt für seine Säfte und daher gut für eine Pause mit einer kühlen Erfrischung. Weiter westlich und dann nach Süden liegt das hübsche Azogires, ein ungewöhnliches Dorf voller Legenden. Ein Besuch im **Alpha Restaurant** (S. 103) versorgt Besucher mit touristischen Informationen, einem Plausch und einem Imbiss; wenn niemand anzutreffen ist, funktioniert das kommunale Café auf Vertrauensbasis, Besucher nehmen sich also, was sie möchten und hinterlegen das Geld. Lohnenswert ist auch die Galerie gegenüber mit lokaler Kunst.

❻ Paleochora

Nun geht's hinab an die Küste ins bunte, lässige **Paleochora** (S. 100) mit einem Mittagessen im hervorragenden vegetarischen Restaurant **Third Eye** (S. 103), einem kurzen Bad im Meer am Strand **Pachia Ammos** (S. 100) und vor der Weiterfahrt einem Kaffee im beliebten Treffpunkt **Agios** (S. 105).

❼ Elafonisi

Nächster Halt ist **Elafonisi** (S. 105), mit seinem rosigen Sand Kretas schönster Strand. Wenn das Wasser über den Sand schwemmt, schimmern Regenbogen auf seiner Oberfläche. Wem der Hauptstrand zu voll ist, der findet um das Inselchen herum abgeschiedenere Fleckchen. Bei dieser Etappe muss man im Bogen wieder nach Norden über Plemeniana und Elos fahren und keinesfalls über die direktere Holperpiste, die auf manchen Karten ausgewiesen, aber nur für Geländewagen befahrbar ist.

❽ Moni Chrysoskalitissas & Innachorion-Dörfer

Nach herrlichem Relaxen in Elafonisi geht es 4 km weiter nordwärts zum überirdisch wirkenden **Moni Chrysoskalitissas** (S. 106) und dann an der Küste entlang durch die **Innachorion-Dörfer** mit ihren traditionellen Häusern und köstlichem Honig, Käse und Olivenöl.

❾ Sfinari & Falasarna

In **Sfinari** (S. 121) stärkt ein Mahl aus frischem Fisch direkt am Meer mit anschließender Übernachtung am beschaulichen **Falasarna** (S. 119), einem herrlichen, zartrosa Sandstrand mit vielen guten Unterkünften und magischen Sonnenuntergängen.

mehrere Zimmer eines traditionellen kretischen Hauses. Der Eingang befindet sich im Innenhof nahe der katholischen Himmelfahrtskirche und dort die Treppe hoch.

Städtische Kunstgalerie GALERIE

(☎28210 92294; www.pinakothiki-chania.gr; Chalidon 98–102; Eintritt variiert; ⏰Mo–Sa 10–14 & 18–21 Uhr) Die Galerie für moderne Kunst ist dem Inneren eines Boots nachgebildet und zeigt auf drei eleganten, gut ausgeleuchteten Etagen mit Wechselausstellungen zeitgenössischer Arbeiten von Künstlern aus Kreta und ganz Griechenland. Der Eintritt zu den Ausstellungen ist meistens frei, aber manchmal werden etwa 2 bis 4 € erhoben.

Griechisches Fußballmuseum MUSEUM

(☎69743 31691; Tsouderon 40; mit Spende; ⏰März–Okt. 10–17 Uhr, So geschl. Nov.–März kürzere Zeiten) Das winzige Museum mag zwar wie ein Laden aussehen, ist aber tatsächlich mit über 2000 Artikeln zum Thema Fußball vollgestopft. Es wird von Niko, dem enthusiastischen Vorsitzenden des Griechischen Fußballfanclubs betrieben und zeigt signierte Trikots von legendären Spielern wie David Beckham, Pelé und Zinedine Zidane sowie den Pokal der Europameisterschaft von 2004, den Griechenland gewonnen hatte.

Ahmet-Aga-Minarett WAHRZEICHEN

(Chatzimichali Daliani) Das Minarett, das hoch über die Dächer des reizvollen Viertels Spantzia ragt, ist eines von zwei erhaltenen Minaretten aus der osmanischen Zeit.

San Rocco KIRCHE

(Plateia 1821) Die venezianische Kirche aus dem 17. Jh. wurde vermutlich nach einem Pestausbruch gebaut und unter den Türken als militärisches Wachhaus genutzt. Sie wurde in all ihrer Renaissancepracht restauriert, ist aber nur selten für die Öffentlichkeit zugänglich.

Agios Nikolaos KIRCHE

(Plateia 1821; ⏰7–12 & 14–19 Uhr) Die Kirche aus venezianischer Zeit mit Glockenturm und einem Minarett mit zwei Galerien ist eines der faszinierendsten Gebäude in Chania. Das Minarett wurde anstelle eines zweiten Glockenturms errichtet, als die Kirche unter türkischer Herrschaft als Moschee diente. Der gewaltige Bronzekronleuchter, der innen von der tonnengewölbten Kassettendecke baumelt, zieht alle Blicke auf sich.

Die Kirche war ursprünglich Teil eines Dominikanerklosters, das 1320 gegründet wurde. Der einzige Rest aus jener Zeit ist die Arkade unter einem Kreuzgewölbe an der Nordseite (abseits der Vourdouba).

Eleftherios-Venizelos-Wohnhaus & -Museum MUSEUM

(☎28210 56008; www.venizelos-foundation.gr; Plateia Helena Venizelou, Chalepa; Erw./Kind 4/2 €; ⏰Mitte Juni–Sept. Mo–Fr 11–14 & 18.30–21, Sa 11–14 Uhr, Okt.–Mitte Juni kürzer) Das Museum im ehemaligen Wohnhaus von Eleftherios Venizelos befindet sich ca. 2 km östlich der Altstadt im Stadtviertel Chalepa. Haus und Einrichtung des großen Staatsmanns sind originalgetreu wunderbar erhalten und durch Karten und andere Infos ergänzt worden.

Antikes Kydonia RUINEN

(Ecke Kanevaro & Kantanoleon) Aus der Entdeckung von Tontafeln mit Linear-B-Schrift während der Ausgrabungen auf dem Hügel Kastelli östlich des venezianischen Hafens schlossen Archäologen, dass unter dem heutigen Chania die bedeutende minoische Palaststadt Kydonia liegt. Die schönsten der ausgegrabenen Fundstücke sind im archäologischen Museum von Chania (S. 65) ausgestellt. Auf der Ruinenstätte gibt es auch Informationstafeln auf Englisch.

Strände

Der Stadtstrand in Nea Chora, 2 km westlich vom venezianischen Hafen, ist überlaufen, aber für eine kurze Abkühlung und ein Sonnenbad durchaus brauchbar. Der Strand von Koum Kapi ist weniger voll, aber auch weniger sauber. Besser schwimmen kann man weiter westlich (in dieser Reihenfolge) an den Stränden Chrysi Akti, Agioi Apostoli und Kalamaki, die alle mit Stadtbussen Richtung Platanias zu erreichen sind.

Nea Chora STRAND

(Akti Papanikoli) Der Stadtstrand von Chania ist nur zehn Minuten zu Fuß Richtung Westen vom venezianischen Hafen entfernt. Der 500 m lange, gelbe Sandstreifen ist von Tavernen und Ferienwohnungen gesäumt. Da er recht seicht ist, eignet er sich gut für Kinder und wird an Wochenenden gerne von Einheimischen besucht.

Chrysi Akti STRAND

(Nea Kydonia) Der Chrysi Akti (was treffend „goldener Sand“ bedeutet) ist ein wunderbarer, 500 m langer Sandbogen 2,5 km westlich von Chania. Das seichte Wasser eignet sich für Familien mit kleinen Kindern.

Agioi Apostoli STRAND

Agioi Apostoli (die „heiligen Apostel"), rund 3,5 km westlich von Chania, besteht aus zwei kleinen Stränden. Die geschützten Buchten sind ideal für Familien.

Kalamaki STRAND

Der kleine Sandstrand von Kalamaki liegt 5 km westlich von Chania. Dank des ruhigen und seichten Wassers ist er prima für Familien mit kleinen Kindern.

 Aktivitäten

Chania ist ein beliebter Ausgangsort für geführte Exkursionen in die Samaria-Schlucht und andere Wanderausflüge; Informationen gibt es beim Griechischen Bergsteigerverband.

Tauchunternehmen wie Blue Adventures und Chania Diving bieten Tauchgänge vom Boot und Schnorchelausflüge in der Umgebung an.

Wer einfach nur genießen will, kann an einer privaten Bootsfahrt zu Inseln in der Nähe teilnehmen, um ein bisschen zu schwimmen und zu schnorcheln.

Griechischer Bergsteigerverband OUTDOOR-AKTIVITÄTEN

(EOS; ☎ 28210 44647; www.eoshanion.gr; Tzanakaki 90; ⊙ Mo–Fr 21-23 Uhr) Der Verband ist der richtige Ansprechpartner für alle Fragen in Sachen Wandern und Bergsteigen auf Kreta. Alle Informationen stehen auf der Website oder sind abends im EOS-Büro in Chania erhältlich, auch zum Klettern in den Lefka Ori (Weiße Berge) und Infos zu Berghütten und zum Europäischen Fernwanderweg E4.

Trekking Plan OUTDOOR-AKTIVITÄTEN

(☎ 28210 27040, 6932417040; www.cycling.gr; Chalidon 85; ⊙ 9–14 & 18–20.30 Uhr, Nov.–April So geschl.) Trekking Plan (mit Sitz im Reisebüro Attios) bietet Wanderungen zu den Schluchten Agia Irini, Samaria und Imbros, Besteigungen des Gingilos, Canyoning, Abseiling, Felsklettern, Kajak- und Mountainbiketouren und im Winter auch Skitouren an.

Hania Alpine Travel WANDERN

(☎ 28210 50939, 6932252890; www.alpine.gr; Boniali 11–19) Gut organisierter Veranstalter, der maßgeschneiderte Wander-, Kletter- und Seekajakurlaube für Familien, Gruppen und Einzelpersonen organisiert.

Chania Diving Center TAUCHEN

(☎ 28210 58939; www.chaniadiving.gr; Archoleon 1; 2 Tauchgänge 90 €, Schnorcheltour 55 €) Tauchgänge in der Umgebung von Chania, auch PADI-Kurse (Open-Water-Schein 460 €), Tauchausflüge, Anfängertauchen und Schnorcheltouren. Im Preis ist der Transport von und zur Unterkunft enthalten.

Blue Adventures Diving TAUCHEN

(☎ 28210 40608; www.blueadventures.gr; Chrysanthou Episkopou 39; 2 Tauchgänge inkl. Ausrüstung 90 €, Schnorcheltour 50 €; ⊙ Mai–Okt. Mo–Sa 9–21 Uhr) Etablierter Veranstalter mit verschiedenen Tauchangeboten, darunter Schnupperkurse (85 €), PADI-Open-Water-Scheine (460 €) und Tauchausflüge rund um Chania, auch Anfängertauchen nach PADI-Regeln sowie Schnorchelausflüge.

SUP in Crete WASSERSPORT

(☎ 6936072730; www.supincrete.com; SUP- & Schnorcheltour Erw./Kind 59/45 €) Tägliche Stehpaddeltouren (SUP) rund um Kreta, auch in Elafonisi, sowie eine SUP- und Schnorcheltour um Marathi und Loutraki. Kostenloser Transport von Unterkünften in Chania.

Hellas Bikes RADFAHREN

(☎ 28210 60858; www.hellasbike.net; Agia Marina; Fahrräder ab 13 €/Tag; ⊙ 9–13 & 17–20.30 Uhr) Der Anbieter in Agia Marina, 10 km westlich von Chania, verleiht Fahrräder und veranstaltet halb- und ganztägige Radtouren in der Umgebung.

CHANIA MIT KINDERN

Falls die lieben Kleinen das Interesse an der venezianischen Architektur verloren haben, hilft ein Abstecher zum Park des Friedens und der Freundschaft zwischen Tzanakaki und A. Papandreou. Dort warten ein Spielplatz und ein schattiges Café auf Besucher. Acht Kilometer südlich der Stadt befindet sich der riesige Aquapark **Limnoupolis** (☎ 28210 33246; Varypetro; Tageskarte Erw./4–12 J. 25/18 €, Nachmittagskarte 17/14 €; ⊙ Mitte Mai–Mitte Juni & Sept. 10–18 Uhr, Mitte Juni–Aug. bis 19 Uhr). Rutschen und Pools halten den Nachwuchs bei Laune, Cafés und Poolbars die Erwachsenen. Vom KTEL-Busbahnhof aus fahren regelmäßig Busse hin.

☞ Geführte Touren

Notos Sailing BOOTSFAHRTEN

(☎ 69471 81990; www.notos-sailing.com; Tagestour für 3/8 Pers. 550/880 €) Der freundliche und kundige Kapitän Nikos bietet private Bootsrundfahrten an. Auf Ganztagestouren legt er an kleinen Inseln zum Schwimmen und Schnorcheln an und an Bord gibt es Kleinigkeiten zu essen und zu trinken. Auch kürzere Bootsausflüge sind möglich.

Captain Nick's Glass Bottom Boat BOOTSFAHRTEN
(6944156831; www.captainnickchania.com; Hafen von Chania; 1-/2½-/3½-stündige Touren 10/20/25 €) Von den generell nicht berauschenden Bootsausflügen ab Chania noch das beste Angebot: Der freundliche und witzige Captain Nick steuert die Inselchen vor der Küste an, einschließlich Stopp am Wrack eines deutschen Flugzeugs aus dem Zweiten Weltkrieg, das durch den Glasboden des Boots zu sehen ist. Er hat auch Schnorchelausrüstung an Bord. Ein Getränk ist im Preis enthalten.

Festivals & Events

Schlacht um Kreta GEDENKVERANSTALTUNG
(Mai) Ende Mai begeht Chania den Jahrestag der Schlacht um Kreta im Zweiten Weltkrieg; eine Woche lang gibt's dann sportliche Wettkämpfe, Volkstanz und Gedenkfeiern.

Sommerfest DARSTELLENDE KÜNSTE
(www.chaniatourism.com; Juni–Aug.) Von Juni bis August organisiert die Stadtverwaltung kulturelle Events in der ganzen Stadt, u. a. im Stadtpark und im Freilichttheater außerhalb der Stadtmauer (Odos Kyprou), wo regelmäßig Konzerte und Theatervorstellungen stattfinden.

Schlafen

In Chanias Altstadt wimmelt es von schicken Boutiquehotels und stimmungsvollen Pensionen in restaurierten venezianischen Gebäuden. Tipp: Die Zimmer zum Hafen raus haben zwar eine schöne Aussicht, aber der Lärm von den Restaurants und Bars an der Promenade kann nervig werden. In der Neustadt haben jüngst ein paar hippe Hostels eröffnet. Im Sommer ist die rechtzeitige Reservierung der Unterkunft in Chania ratsam; auch dann gilt oft ein Mindestaufenthalt. Am Strand 5 km westlich der Stadt gibt es einen Campingplatz.

★ **Cocoon City Hostel** HOSTEL €
(28210 76100; www.cocooncityhostel.com; Kydonias 145; B ab 18 €, DZ mit/ohne Bad ab 40/35 €;) Das moderne, brandneue Hostel nicht weit vom Busbahnhof und der Altstadt hat gemischte Schlafsäle mit vier und sechs Betten, die jeweils ihre eigene Lampe und Ladestation sowie Stauraum unter dem Bett haben. Die Privatzimmer haben ein Gemeinschaftsbad, bis auf eines, das aber wegen der Nähe zur Café-Bar in der Lobby laut ist. Die hilfsbereiten Mitarbeiter organisieren auch Exkursionen in die Samaria-Schlucht.

Kumba Hostel HOSTEL €
(28210 08282; www.kumbahostel.com; Iroon Politechniou 37; B ab 18 €, DZ ab 40 €;) Das sehr schön restaurierte, weiß gestrichene Haus an einer Hauptstraße, 15 Minuten zu Fuß von der Altstadt, ist nun ein hippes Hostel. Es hat afrikanische Kunst an den Wänden, dekorativ geflieste Böden, eine lichte Café-Bar und junge, freundliche Mitarbeiter. Die Schlafsäle sind groß und modern, jedes Bett hat Lampe und Ladestation. Die meisten Schlafsäle sind mit blitzblanken Badezimmern ausgestattet, die Privatzimmer sind ruhig und komfortabel.

Iason Studios APARTMENTS €
(28210 87102; www.iasonstudios.gr; Angelou 32; DZ ab 40 €;) Die einfachen, geräumigen Studio-Apartments in der Altstadt werden von der netten, hilfsbereiten und Englisch sprechenden Besitzerin Despina geführt. Sie haben Küchenzeilen mit allem, was man so braucht, und einige einen Balkon mit Blick auf die Stadt. Die Lage in der Nähe der Festung Firkas (S. 65) und dem Hafen ist reizvoll und günstig und dennoch ruhig und beschaulich.

Vranas Studios APARTMENTS €
(28210 58618; www.vranas.gr; Agion Deka 10; Studios 45–70 €;) Das Haus im Herzen der Altstadt liegt an einer belebten Fußgängerzone und bietet großzügige Studios mit Dielenboden, renovierten, funkelnden Badezimmern und Kochnische. Der Service ist freundlich. In manchen Zimmern sind die Möbel teilweise etwas abgewohnt.

Pension Theresa PENSION €
(28210 92798; www.pensiontheresa.gr; Angelou 8; EZ 25–30 €, DZ 40–70 €;) Das knarzende, alte venezianische Haus mit einer langen, steilen und verwinkelten Treppe und antiken Möbeln hat acht behagliche Zimmer mit viel Atmosphäre. Die Lage ist hervorragend, das Ambiente rustikal und gesellig und es gibt tolle Ausblicke von der Dachterrasse sowie eine Gemeinschaftsküche, die Zutaten für ein schlichtes Frühstück bereithält. Zur Pension gehört noch ein Haus mit Ferienwohnungen, die für Familien geeignet sind.

★ Ionas Hotel HOTEL €€
(☎ 28210 55090; www.ionashotel.com; Ecke Sarpaki & Sorvolou; EZ/DZ/Suite mit Frühstück ab 85/100/120 €; ❄📶) Das Ionas im ruhigeren Viertel Splantzia ist ein historisches Haus mit zeitgemäßer Innengestaltung und freundlichen Besitzern. Die neun reizenden Zimmer sind mit allen modernen Annehmlichkeiten ausgestattet (eines auch mit Whirlpool) und teilen sich eine Dachterrasse. Zu den originalen Elementen gehören ein venezianischer Torbogen am Eingang und Mauern aus der Mitte des 16. Jhs.

Elia Daliani Suites PENSION €€
(☎ 28215 04684; www.eliahotels.com; Chatzimichali Daliani 57; DZ ab 100 €; ❄📶👪) Das restaurierte venezianische Stadthaus mit vier geräumigen, stilvollen Suiten befindet sich in der Fußgängerstraße Daliani gleich hinter der Markthalle. Die gänzlich weißen Möbel und die wandgroßen Schwarz-Weiß-Fotos von Szenen des ländlichen Kretas verleihen dem Ganzen einen modernen Anstrich. Ein kleiner Balkon überbickt die ruhige Straße. Keine Rezeption im Haus.

Palazzo Duca BOUTIQUEHOTEL €€
(☎ 28210 70460; www.palazzoduca.gr; Douka 27–29; DZ 100–180 €; ❄📶) Das denkmalgeschützte Haus aus byzantinischer Zeit in einer Seitenstraße hinter dem Hafen wurde sorgfältig restauriert und in ein kleines Luxushotel umgebaut. Es hat acht elegant eingerichtete Zimmer mit Kochnische, die sich auf drei Stockwerke verteilen (es gibt einen Aufzug). Am schönsten ist die große Suite im obersten Stock mit Kochnische und eigener Terrasse mit Whirlpool.

Ifigenia Rooms & Studios PENSION €€
(☎ 28210 94357; www.ifigeniastudios.gr; Gamba 23; Zi. 50–130 €; ❄📶) Die verschiedenen instandgesetzten Gebäude um den venezianischen Hafen bieten Unterkunft für jeden Geldbeutel, von einfachen Zimmern bis zu luxuriösen doppelstöckigen Suiten mit Whirlpool und Meerblick. Die meisten der 25 Wohneinheiten besitzen zahlreiche traditionelle Elemente wie schmiedeeiserne Himmelbetten und Balkendecken. Die teureren Zimmer haben eine Küche und Platz für bis zu vier Personen.

Die Geschäftsleitung vermittelt auch Auto- und Fahrradvermietung, Tauchausflüge und Exkursionen.

Bellmondo HOTEL €€
(☎ 28210 36217; www.belmondohotel.com; Zambeliou 10; EZ/DZ/3BZ mit Frühstück ab 73/90/105 €; ❄📶) Das Bellmondo mit den türkischen und venezianischen Elementen, darunter ein Teil eines alten Hamams (türkisches Bad), ist mit einfachen Holzmöbeln eingerichtet und hat einen freundlichen Service. Die hübschesten Zimmer kommen mit Balkon (25 € Aufschlag) und Hafenblick.

Hotel Doma BOUTIQUEHOTEL €€
(☎ 28210 51772; www.hotel-doma.gr; Venizelos 124; DZ/Suite inkl. Frühstücksbuffet ab 100/200 €; ⏲ April–Okt.; ❄📶) Man kann sich gut vorstellen, das Hercule Poiret die geschwungene Treppe im Doma hinabblickt, einem ruhigen, jahrhundertealten Klassiker am Meer im Stadtteil Chalepa. Das ehemalige österreichisch-ungarische und britische Konsulat ist mit Stilmöbeln und Antiquitäten eingerichtet, hat elegante Zimmer und Suiten (die Suite im obersten Stock bietet unglaubliche Aussichten), einen beschaulichen Garten, außerordentlich zuvorkommenden Service und ein leckeres Frühstücksbuffet.

Splanzia Hotel BOUTIQUEHOTEL €€
(☎ 28210 45313; www.splanzia.com; Daskalogianni 20; DZ mit Frühstück ab 110 €; ❄@📶) Das schick renovierte Hotel in einer venezianischen Villa im lebhaften Viertel Splantzia hat acht stilvolle Zimmer. Sie sind unterschiedlich, aber alle mit maßgefertigten Holzmöbeln, riesigen, komfortablen Betten – einige davon Himmelbetten – und Kaffeemaschinen ausgestattet. Die Zimmer nach hinten raus blicken auf einen von Bougainvillea überwachsenen Innenhof mit einem türkischen Brunnen.

Es wird von freundlichen Leuten geführt, die ein Händchen für Gastlichkeit haben.

Casa Leone BOUTIQUEHOTEL €€
(☎ 28210 76762; www.casa-leone.com; Parodos Theotokopoulou 18; DZ/Suite inkl. Frühstück ab 135/160 €; ❄📶) Das reizende, romantische Boutiquehotel in einer ehemaligen venezianischen Residenz wird als Familienbetrieb geführt. Die Zimmer sind groß und mit Himmelbetten und luxuriösen Vorhängen schön eingerichtet, allerdings sind einige von ihnen ein wenig abgenutzt und die Badezimmer sind klein. Manche Zimmer haben Balkone mit Blick auf den Hafen. Herrlich ist der zentrale Salon direkt über dem Hafen.

Amphora Hotel HOTEL €€
(☎ 28210 93224; www.amphora.gr; Parodos Theotokopoulou 20; EZ/DZ/3BZ ab 95/110/115 €; ❄📶) Die elegant eingerichteten Zimmer der restaurierten venezianischen Villa lie-

gen größtenteils um einen Innenhof, einige weitere in einem Nebenflügel. Die im Obergeschoss haben Blick auf den Hafen; in den nach vorn gelegenen kann es im Sommer ziemlich laut werden. Frühstück wird auf der Dachterrasse mit Hafenblick serviert.

Madonna Studios APARTMENTS €€
(☎28210 94747; www.madonnastudios.gr; Gamba 33; Studio 90–120 €; ❄📶) Das charmante kleine Hotel in einem venezianischen Gebäude hat fünf reizende, gut ausgestattete Studios um einen bezaubernden Innenhof voller Blumen. Die Einrichtung ist traditionell, das Zimmer im oberen Stockwerk nach vorne hat einen tollen Balkon, zum Hofzimmer gehört der alte steinerne Waschtrog.

Porto de Colombo HOTEL €€
(☎28210 70945; www.portodelcolombo.gr; Ecke Theofanous & Moschon; DZ/Apt. mit Frühstück ab 90/100 €; ❄@📶) Das 600 Jahre alte venezianische Stadthaus, ehemals französische Botschaft und Amtssitz von Eleftherios Venizelos, ist heute ein charmantes Boutiquehotel mit zehn bezaubernden, hübsch eingerichteten Zimmern. Die Suiten im Obergeschoss haben herrlichen Hafenblick. Die Standardzimmer bieten Platz für bis zu drei Personen (dann aber etwas beengt).

Nostos Hotel BOUTIQUEHOTEL €€
(☎28210 94743; www.nostos-hotel.com; Zambeliou 42–46; EZ/DZ/3BZ mit Frühstück ab 80/110/150 €; ❄📶) Das Hotel in einem atmosphärischen, 600 Jahre alten Gebäude bietet in einer Mischung aus venezianischem Stil und modernen Annehmlichkeiten zwölf anständige Zimmer mit Kühlschrank und TV. Die Studios haben auch Küchen. Der Dachgarten hat eine schöne Aussicht und die Balkonzimmer haben Hafenblick.

Pension Lena PENSION €€
(☎28210 86860; www.lenachania.gr; Ritsou 5; EZ/DZ 45/65 €; ❄📶👪) Die Pension in der Nähe der Festung Firkas hat geschmackvoll eingerichtete Zimmer mit nostalgischem Touch und ein paar Antiquitäten. Am schönsten sind die Zimmer nach vorne. Das Lena vermietet zudem drei Ferienhäuser in restaurierten traditionellen Gebäuden.

★ **Serenissima** BOUTIQUEHOTEL €€€
(☎28210 86386; www.serenissima.gr; Skoufon 4; DZ mit Frühstück ab 170 €; ❄📶) Das beschauliche venezianische Stadthaus, nach höchstem Standard renoviert, zeigt in seinem historischen Gemäuer ein gutes Händchen für Design. Die eleganten Zimmer enthalten die ganze Palette an modernen Annehmlichkeiten, aber ebenso alte Elemente wie Steinwände, Deckenbalken und Kerzen in Nischen. Im Preis enthalten ist ein Frühstück à la carte in der Restaurant-Bar im Erdgeschoss.

★ **Casa Delfino** BOUTIQUEHOTEL €€€
(☎28210 87400; www.casadelfino.com; Theofanous 9; Zi./Apt./Suite mit Frühstück ab 190/245/265 €; ❄📶) Im venezianischen Viertel verspricht diese elegante Villa aus dem 17. Jh. Luxus pur. Zur Auswahl stehen Standardzimmer, Apartments und Suiten in unterschiedlichen Größen, aber alle individuell mit eigens angefertigtem Mobiliar, Marmorböden und allerlei romantischen Schnörkeln eingerichtet. Das Frühstück wird im Innenhof mit Kieselmosaikboden serviert. Das türkische Spa und die Dachterrasse sind ideal zum Ausspannen nach einem erlebnisreichen Tag.

Monastery Estate Venetian Harbor BOUTIQUEHOTEL €€€
(☎28210 52184; www.monasteryestate.com; Kallinikou Sarpaki 40; DZ ab 150 €; ❄📶) Das schicke Hotel in einer sorgfältig restaurierten venezianischen Villa (unter dem Glasboden der Lobby sind noch Ruinen zu sehen) liegt in einer stillen Gasse. Einige Zimmer haben eine eigene Badewanne, andere ein einziehbares Dach über einer Dachterrasse mit Hot Tub und Altstadtblick (es gibt allerdings kaum Sichtschutz zu den Dachterrassen der benachbarten Zimmer).

Der Service ist einwandfrei und äußerst hilfsbereit. Zum Haus gehören ein Spa und ein Restaurant.

Domus Renier LUXUSHOTEL €€€
(☎28210 88806; www.domusrenier.gr; Ecke Akti Kountourioti & Moschon; Zi. ab 200 €; ❄📶) Das eindrucksvolle Boutiquehotel mit nur neun Suiten befindet sich in einem hinreißenden, restaurierten venezianischen Gebäude direkt am Hafen. Die Zimmer sind elegant und dennoch behaglich eingerichtet; die meisten haben einen fantastischen Meerblick, einige auch einen Whirlpool auf der Terrasse. Der Service ist untadelig: freundlich und doch professionell. Vom Hafen aus betritt man das Hotel durch das Restaurant Zepos.

Essen

Chania hat einige der besten Restaurants von ganz Kreta, die meisten befinden sich in der Altstadt. Viele der Adressen am Hafen sind langweilige, überteuerte Touristenfallen; die besten liegen an der Ostseite, wirklich gute Küche gibt's im Gassengewirr der Altstadt.

★ **Kouzina EPE** KRETISCH €
(☎ 28210 42391; www.facebook.com/kouzinaepe; Daskalogianni 25; Gerichte 5–10 €; ⊙ Mo–Sa 12–19.30 Uhr;) Das fröhliche Tageslokal erhält durch den Zementboden und die hippen Lampen zeitgenössisches Designflair. Dank der Mischung aus modernen Gerichten von der Karte und günstigen *mayirefta* (vorbereitete Speisen) von der Kreidetafel ist es fraglos ein Hit bei den Anwohnern. In der offenen Küche lässt sich beobachten, was man bestellt hat. Auch eine gute vegetarische Auswahl.

Bougatsa Iordanis KRETISCH €
(☎ 28210 88855; www.iordanis.gr; Apokoronou 24; Bougatsa 3 €; ⊙ 6–14 Uhr) Den Einheimischen läuft das Wassser im Mund zusammen, wenn diese Bäckerei erwähnt wird, die seit 1924 die feinsten *bougatsa* herstellt. Die leckeren, süß oder herzhaft gefüllten Blätterteigteilchen werden frisch in großen Blöcken gebacken, in mundgerechte Stücke geschnitten und auf schlichten Aluminiumtabletts serviert. Zusammen mit einem griechischen Kaffee das perfekte Frühstück. Etwas anderes ist nicht im Angebot!

Pulse VEGAN €
(Theotokopoulou 70; Hauptgerichte 9,50 €; ⊙ Mai–Okt. tgl. 12–24 Uhr, Nov.–März Mo–Sa 12–21 Uhr;) Im fleischfreien Pulse am westlichen Ende der Festung Firkas lassen sich an einem Straßentisch mit Meerblick fantastische vegane Gerichte genießen. Die Mezze-Platten sind super, ebenso die Kartoffelküchlein mit Chili-Konfitüre. Zu den Hauptgerichten zählen leckere Cheeseburger und ein Rotwein-Schmorgericht ohne Rindfleisch. Das Moussaka ist ein absolutes Gedicht.

Oasis FAST FOOD €
(Vouloudakidon 2; Souvlaki 2 €; ⊙ 9–22 Uhr) Die Einheimischen schwören auf das zweifellos leckere Gyros und Souflaki in dieser winzigen, altmodischen Oase. Es gibt nur wenige Sitzgelegenheiten, aber es ist ohnehin mehr ein Imbiss.

Glymidakis BÄCKEREI €
(☎ 28210 61714; Plateia 1821; Gebäck ab 1 €; ⊙ 6–21 Uhr) Die Bäckerei hat jede Menge Stammkunden, die hier ofenfrische kretische Brotsorten und Gebäckspezialitäten kaufen oder direkt vor Ort an schattigen Tischen draußen auf dem Platz zum Kaffee genießen.

INSIDERWISSEN

FEINE KRETISCHE KÜCHE

Die preisgekrönte Taverne **Leventis** (☎ 28210 68155; Ano Stalos; Hauptgerichte 6,50–14,50 €; ⊙ Mo–Fr 17–24, Sa, So & Mitte Juli–Aug. 12 Uhr–open end), ca. 10 km westlich von Chania, lockt mit ihrer authentischen und gehobenen kretischen Küche Einheimische und Besucher gleichermaßen an. Serviert wird im eleganten Speiseraum mit Steinwänden und Deckenbalken und auf der großen Terrasse mit Blick auf die grünen Hügel. Eine Superadresse, um kretische Küche der Spitzenklasse zu probieren.

★ **To Maridaki** FISCH & MEERESFRÜCHTE €€
(☎ 28210 08880; www.tomaridaki.gr; Daskalogianni 33; Gerichte 6–13 €; ⊙ Mo–Sa 12–24 Uhr) Das moderne Fisch-*mezedhopoleio* (auf Mezze spezialisiertes Restaurant) ist oft proppenvoll mit gesprächigen Einheimischen und Touristen. Die Gerichte sind traditionell mit innovativem Touch zubereitet, z. B. himmlische Muschel-*saganaki,* Fisch vom Holzkohlengrill und köstlicher weißer Hauswein. Zum Nachtisch gibt es kostenlos eine feine Panna Cotta.

Christostomos KRETISCH €€
(☎ 28210 57035; www.chrisostomos.gr; Ecke Akti Defkaliona & Ikarou; Hauptgerichte 7–12 €; ⊙ 18 Uhr–open end) Die Taverne hinter dem Hafen abseits vom Getriebe ist bei Touristen wie bei Einheimischen wegen ihrer klassischen kretischen Küche beliebt. Als Vorspeise empfehlen sich gefüllte Zucchiniblüten, dann geht's weiter mit Gerichten aus dem Holzofen oder aus dem Topf, z. B. Lamm-*ofto* mit gebackenen Kartoffeln oder Rinds-*stifadho* (Eintopf in Tomaten- und Zwiebelsauce).

Kalderimi KRETISCH €€
(☎ 28210 76741; Theotokopoulou 53; Hauptgerichte 9,80–12,50 €; ⊙ 12–24 Uhr) Das Lokal mit steinernen Bogendecken, einer herzlichen Atmosphäre und gut zubereiteten Gerichten ist super für alle Gelegenheiten. Es liegt in einem ruhigeren Teil der Altstadt, nicht weit von der Festung Firkas. Menütipp: frittierter *saganaki*-Käse mit hausgemachter süßer Tomatenkonfitüre und anschließend in Kräutern und Honig-Raki marinierte Lammkoteletts mit heimischem Berggemüse.

1

DE AGOSTINI / ARCHIVIO J. LANGE/GETTY IMAGES ©

2

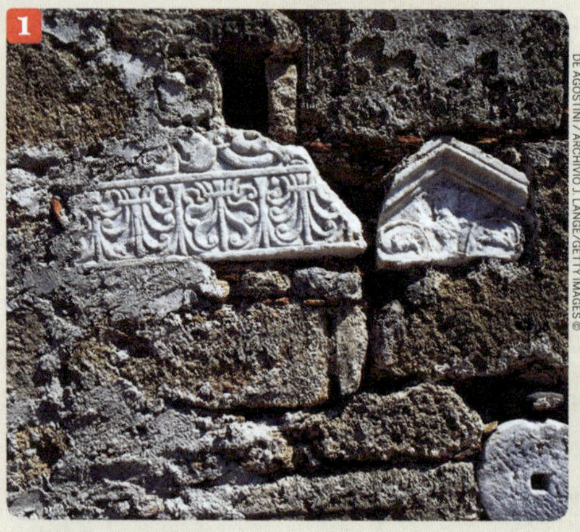

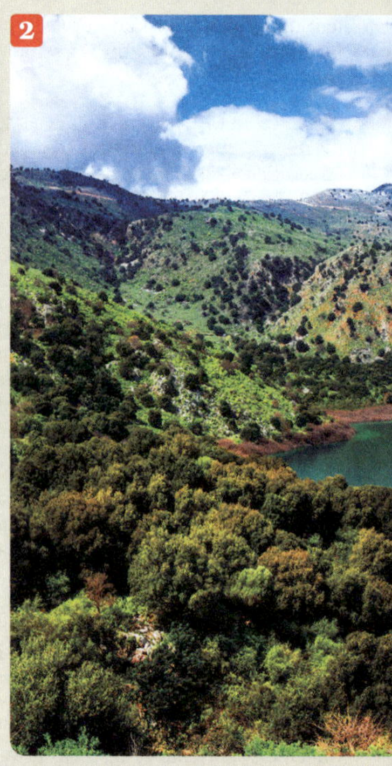

1. Agia Panagia (S. 98)
Die Steinbasilika, die man im Dorf Lissos entdeckte, stammt aus dem 13. Jh.

2. Kournas-See (S. 90)
Der wunderschöne See verändert seine Farbe je nach Tages- und Jahreszeit.

3. Altstadt von Chania (S. 65)
Chania lockt besonders rund um den venezianischen Hafen mit stimmungsvoller historischer Pracht.

4. Paleochora (S. 100)
Das hübsche Städtchen Paleochora liegt auf einer schmalen Halbinsel.

4

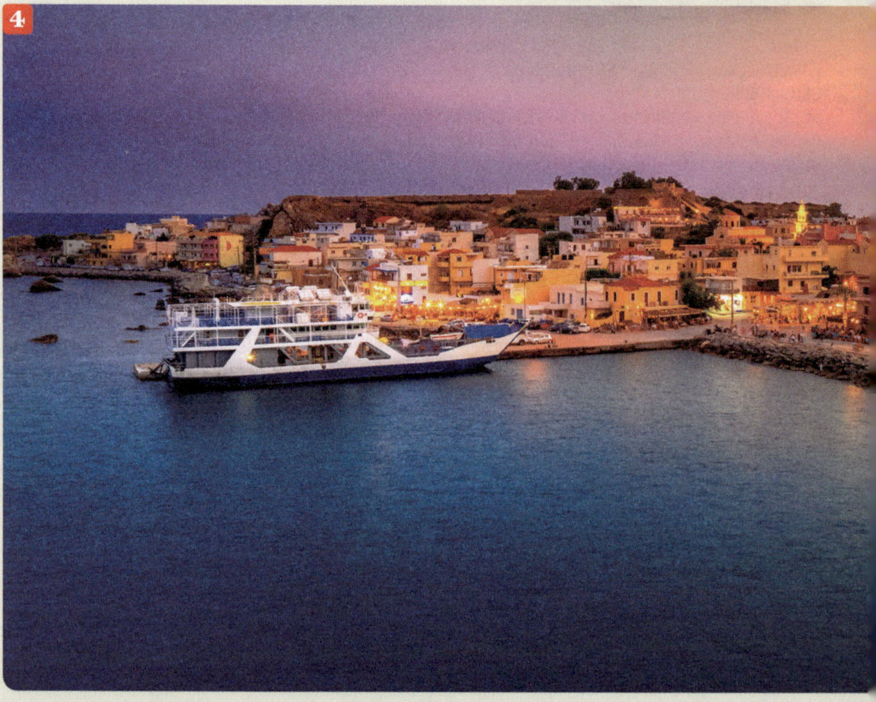

FREEARTIST/GETTY IMAGES ©

GATSI/GETTY IMAGES ©

3

HERACLES KRITIKOS/SHUTTERSTOCK ©

Pallas INTERNATIONAL €€
(☎ 28210 45688; www.pallaschania.gr; Akti Tombazi 15; Hauptgerichte 8–16 €; ⊙8–4 Uhr; 📶) Die hippe, viel gerühmte Café-Bar hat einen super Standort, nämlich in einem makellos renovierten Zollhaus von 1830 direkt am venezianischen Hafen. Zum Frühstück, einem knackigen Salat zum Mittagessen oder abends zum saftigen Steak kann man sich auf Barhockern, Sofas oder an einem Tisch niederlassen, oder man kommt einfach nur auf einen Kaffee oder Cocktail vorbei. Die Bedienung ist manchmal etwas lahm und desinteressiert.

Mesogiako MEDITERRAN €€
(☎ 28210 57992; www.mesogiako.com; Chatzimichali Daliani 36; Mezzes 5–8 €, Hauptgerichte 8,50–13 €; ⊙19–24 Uhr, Nov.–März kürzer; ❄📶) Das gemütliche Restaurant mit modernen Bauernmöbeln und einer reizvollen Terrasse voller Blumen befindet sich gegenüber dem Minarett in Slantzia inmitten von ähnlich beliebten Lokalen. Am kreativsten sind hier die Mezze – superlecker sind die Lackskroketten, Pilze mit Balsamico-Essig und Zucchini-Bällchen mit *manouri* und Feta.

Tamam Restaurant MEDITERRAN €€
(☎ 28210 96080; www.tamamrestaurant.com; Zambeliou 49; Hauptgerichte 7–14 €; ⊙12–24 Uhr; 📶 🌶) Die stilvolle, fröhliche Taverne, die teilweise in einem umgebauten türkischen Badehaus untergebracht ist, lockt seit 1982 mit kräftigen kretischen Gerichten, oft mit orientalischen Gewürzen, Gäste an. Ein Hit ist das Lammfleisch in Tomatensauce und Joghurt. Tische stehen auch draußen in der engen Gasse.

Apostolis I & II FISCH & MEERESFRÜCHTE €€
(☎ 28210 43470; Akti Enoseos; Hauptgerichte 9–14 €, Fisch pro kg ab 50 €; ⊙Mai–Sept. 12–24 Uhr, sonst kürzer) Das renommierte Restaurant serviert frischen Fisch und kretische Gerichte in zwei separaten Gebäuden an der ruhigeren Ostseite des Hafens. Apostolis II ist beliebter, weil dort der Besitzer selbst das Zepter schwingt, aber das andere hat die gleiche Speisekarte und ist geringfügig billiger. Eine Meeresfrüchteplatte für zwei kostet 30 € inklusive Salat.

Akrogiali FISCH & MEERESFRÜCHTE €€
(☎ 28210 71110; www.akrogiali-taverna.gr; Akti Papanikoli 20; Hauptgerichte 7–12 €; ⊙Mai–Okt. 9–24 Uhr; 📶) Im luftig weiß-blauen Ambiente am Strand von Nea Chora, westlich der Stadt, kommen Fisch und Meeresfrüchte fangfrisch auf den Tisch, u.a. genialer gefüllter Tintenfisch.

Well of the Turk ORIENTALISCH €€
(☎ 28210 54547; www.welloftheturk.gr; Sarpaki 1–3; Hauptgerichte 10–15 €; ⊙Mi–Mo 18–24 Uhr; ❄📶) Die romantische Taverne in einem uralten Steinhaus, das einst ein Hamam war und an einem stillen Platz steht, serviert üppige Gerichte mit starkem französischen und marokkanischem Einfluss, zubereitet mit den feinsten kretischen Zutaten. Zu den Spezialitäten gehören das Shish Kebab und Lammbraten mit eingelegten Zitronen und Couscous. Der Käsekuchen mit Orangenblüten ist ein fantasievoller kulinarischer Schlusssatz.

Ela KRETISCH €€
(☎ 28210 74128; Kondylaki 47; Hauptgerichte 9–22 €; ⊙11.30–24 Uhr; 📶) Das 1650 als Seifenfabrik errichtete Gebäude diente später zeitweise als Schule, Brennerei und Käserei. Heute ist es ein stimmungsvolles Open-Air-Restaurant mit gehobenen kretischen Spezialitäten. Die mehrsprachigen Speisekarten an der Straße erinnern an Touristenfallen, aber das Essen ist sehr anständig.

★ Thalassino Ageri FISCH & MEERESFRÜCHTE €€€
(☎ 28210 51136; www.thalasino-ageri.gr; Vivilaki 35; Fisch pro kg 55–65 €; ⊙April & Mai Mo–Sa 18.30–24, So 12.30–24 Uhr, Juni–Okt. tgl. ab 19 Uhr) Die abseits gelegene Fischtaverne liegt mitten im alten Gerbereiviertel Chanias in Chalepa, 2 km östlich vom Zentrum, und ist eines der Spitzenrestaurants Kretas. An der erstklassigen Lage am Wasser genießt man hier den Sonnenuntergang und wählt aus einer je nach Tagesfang wechselnden Speisekarte. Der Fisch wird auf Holzkohle gegrillt, die gebratenen Calamari sind butterzart.

Es gibt einen Gastraum, aber alle Welt sitzt an den Tischen direkt am Strand, an kühleren Abenden empfiehlt es sich also, eine Jacke mitzubringen.

Ausgehen & Nachtleben

Die Café-Bars am venezianischen Hafen sind ganz nett, aber überteuert. Mehr Lokalkolorit gibt es an der Plateia 1821 im Splantzia-Viertel, in den Sträßchen in der Nähe der Potie oder im alternativ angehauchten Sarpidona am Ostende des Hafens.

★ Monogram KAFFEE
(☎ 28215 07046; www.facebook.com/monogramchania; Daskalogianni 5; ⊙8–21 Uhr) Aus diesem hippen Eckcafé schallt Musik bis auf die

sonnigen Straßentische. Die Kaffeebohnen werden aus der ganzen Welt bezogen, auch aus Guatemala und Äthiopien, und dann in Iraklion geröstet. Zudem gibt es eine breite Auswahl an Tees, die anderswo in Griechenland nur schwer zu finden sind, sowie verlockenden Kuchen.

★ Sinagogi BAR
(☎ 28210 95242; Parodos Kondylaki 15; ⌚ Mai–Okt. 12–5 Uhr 📶) Die beliebte und lässige Sommerbar in einem venezianischen Gebäude ohne Dach in einer kleinen Gasse neben der Synagoge ist mit seiner zusammengewürfelten Einrichtung prima zum Relaxen geeignet. Abends ist die Bar romantisch beleuchtet, DJs legen sanfte Electro-Beats auf und die Barkeeper mixen Mojitos und Daiquiris.

Bohème CAFÉ
(☎ 28210 95955; www.boheme-chania.gr; Chalidon 26–28; ⌚ 8–3 Uhr; 📶) Die hübsche, baumbeschattete Terrasse und das weinberankte, zartrosa Steingebäude des Bohème sind der perfekte Ruheort. Kaffee, Craft-Bier und Cocktails lassen sich relaxt auf den schmiedeeisernen Stühlen mit bunten Kissen genießen; besonders romantisch ist es nachts unter den Lichterketten. Innen verströmt die über mehrere Räume verteilte Café-Bar modernes mediterranes Flair. Zu essen gibt's u. a. Pfannkuchen zum Brunch bis hin zu *bao* (gedämpfte Teigbällchen) und Burger.

Ababa BAR
(www.facebook.com/ababa.bar; Isodion 12; ⌚ So–Do 10–2, Fr & Sa bis 3 Uhr) Freundliche und relaxte Café-Bar in einer Gasse, die mit bunter Kunst jeglicher Art dekoriert ist, von Gemälden von Lenin und Frida Kahlo bis zu einem Pferdekopf an der Wand und Beinen, die von der Decke hängen. Hier gibt's frische Säfte und recht gute Cocktails.

Kross Coffee KAFFEE
(☎ 28210 41087; Stratigou Tzanakaki 58; ⌚ 7.30–21, So bis 16 Uhr) Eingeweihte Einheimische erhalten ihren Koffeinhit in diesem ganz in Pastellgrün und Rosa gehaltenen Eckcafé mit viel Grünzeug. Es hat auch eine kleine Filiale in der Altstadt in der Tsouderon 73 nahe der Markthalle.

Kleidi BAR
(☎ 28210 52974; Plateia 1821; ⌚ 9 Uhr–open end; 📶) Tagsüber schlürfen Einheimische in dem modernen, coolen Café an den Tischen auf dem baumbeschatteten Platz ihren Eiskaffee; nachts steigt hier die Party. Kein Namensschild weist auf die Bar hin, nur das Bild eines Schlüssellochs (*kleidi* bedeutet „Schlüssel").

ABSTECHER

WEINKELLEREI MANOUSAKIS

Lohnenswert ist ein Besuch in der hübschen **Weinkellerei** (☎ 28210 78787; www.manousakiswinery.com; Vatolakkos; Weinproben ab 10 €; ⌚ April 11–17 Uhr, Mai–Mitte Nov. bis 22 Uhr, sonst nach Vereinbarung) im Dorf Vatolakkos, 16 km südwestlich von Chania, die seit über 25 Jahren in Familienbesitz ist. Besucher können die Nostos-Weine probieren (der Rosé besteht aus einem Verschnitt der *Romeik*-Rebe, die in Chania heimisch ist), an einer kostenlosen, 15-minütigen Führung durch die Kellerei teilnehmen oder sich einfach nur zum Mittag- oder Abendessen mit einer Flasche auf der baumbeschatteten Terrasse inmitten von Olivenhainen und Zitrusbäumen niederlassen.

Ein Bus aus Chania hält am Hauptplatz von Vatolakkos, acht Minuten zu Fuß von der Weinkellerei entfernt.

Koukouvagia BAR
(www.koukouvaya.gr; Venizelos Graves; ⌚ 10 Uhr–open end) Etwa 5 km östlich und bergauf von Chania ist der Ort, wo der große Staatsmann Eleftherios Venizelos begraben liegt. Von seiner Grabstätte und der benachbarten Café-Bar, die ganz im Zeichen der Eule steht, genießt man einen herrlichen Panoramablick über Chania. Das Lokal ist besonders bei den Studenten der nahen technischen Universität beliebt und serviert leckere Snacks und Desserts. Ein Taxi von/nach Chania kostet ungefähr 8 €.

Ta Duo Lux BAR
(☎ 28210 52519; Sarpidona 8; ⌚ 8–2 Uhr; 📶) Die szenige Café-Bar Ta Duo Lux versteckt sich gleich hinter dem östlichen Hafenrand, ist seit jeher bei der alternativen Klientel beliebt und bei Tag und Nacht rege besucht. Es gibt auch ein kleines Speisenangebot aus Baguettes und Sandwiches (ab 3 €).

Monastery of Karolos BAR
(☎ 6974556106; Chatzimichali Daliani 22; ⌚ 21–4 Uhr; 📶) Die Open-Air-Bar mit wunderbarer Lage im Innenhof eines ehemaligen Klosters aus dem 16. Jh. und heutigen Kulturzentrums hat eine pulsierende Atmosphäre,

aufmerksame Bedienung, tolle Cocktails und Livemusik.

Rudi's Beerhouse KNEIPE
(☎28210 20319; Kallergon 16; ⊙Mo–Do 18–2, Fr & Sa bis 3 Uhr) Der geborene Österreicher Rudi, der schon lange in Chania lebt, ist ein Bierkenner, der die Kneipe einen Block hinter dem Hafen schmeißt. Vom Fass fließen Trappistenbiere, dazu kommt ein breites Angebot überwiegend griechischer, deutscher und belgischer Flaschenbiere. Es ist auch einer der wenigen Orte, abgesehen von der Brauerei selbst, in der es Pale Ale der Cretan Brewery vom Fass gibt.

Lafkas Brewery MIKROBRAUEREI
(☎06945430402; www.lafkasbrewery.com; Leoforos Kazantzaki 102) Michalis und seine belgische Frau Aurelie betreiben diese winzige Brauerei 4,5 km südwestlich von Chania. Sie brauen zwei Biersorten: ein Triple Hop Pale Ale und ein jährliches Sondergebräu in Zusammenarbeit mit heimischen Produzenten, z. B. ein Stout mit kaltgefiltertem Kaffee von Kross. An einem Straßentisch neben einem haushohen Wandbild mit Blick auf die Lefka Ori (Weiße Berge) lässt sich bestens eine Flasche (2,50 €) probieren.

Plaka BAR
(Sifaka 8; ⊙10 Uhr–open end) Die winzige Bar mit einer bambusüberdachten Terrasse ist an der psychedelisch bemalten Fassade zu erkennen. Der Besitzer legt Platten aus seiner Sammlung von 700 Alben auf und es gibt eine großartige Auswahl griechischer Biere sowie Bar-Snacks.

☆ Unterhaltung

★Fagotto Jazz Bar LIVEMUSIK
(☎28210 71877; Angelou 16; ⊙8.30–14 & 21 Uhr–open end) Die 1978 gegründete Institution in einem venezianischen Gebäude spielt gefälligen Jazz und Blues und lässt gelegentlich auch Bands oder DJs in seinem kleinen Lokal in einer schmalen Gasse beim Schifffahrtsmuseum auftreten. Hier geht die Action erst nach 22 Uhr so richtig los. Vormittags ist die Bar ein Café mit tollem Frühstück.

Shoppen

In Chania kann man prima shoppen – vor allem in den Seitensträßchen. An der Theotokopoulou drängen sich Souvenir- und Kunsthandwerksläden. Die Skrydlof bietet eine Riesenauswahl an vor Ort produzierten und importierten Sandalen, Gürteln und Taschen. Authentisches kretisches Kunsthandwerk gibt es vor allem im Splantzia-Viertel, in der Chatzimichali Daliani und der Daskalogianni. Die zentrale *agora* (Markthalle) ist touristisch, lohnt aber dennoch einen Besuch.

★Sifis Stavroulakis SCHMUCK
(☎28210 50335; www.sifisjewellery.com; Chatzimichali Daliani 54; ⊙Mo–Sa 10–14, Di, Do & Fr zusätzlich 17.30–20.30 Uhr) In dem kleinen Laden mit Schmuckwerkstatt entstehen aus Halbedelsteinen und Metallen wunderschöne Schmuckstücke in floralen und anderen Naturformen.

Mikro Karavi BÜCHER
(Daskalogianni 59; ⊙Mo, Mi & Sa 9–19, Di, Do & Fr bis 2, So 11–19 Uhr) Führt Reiseführer und diverse Bücher über Kreta und Griechenland sowie eine große Auswahl an englischsprachigen Romanen und CDs mit griechischer Musik.

Georgina Skalidi MODE & ACCESSOIRES
(☎28215 01705; www.georginaskalidi.com; Chatzimichali Daliani 58; ⊙Mo–Sa 11–14.30 & 18–23, So 19–23 Uhr) Die einheimische Designerin ist mit ihren wunderbaren modernen Ledertaschen (ab 100 €), Schmuckwaren und Accessoires auch international erfolgreich.

Mediterraneo Bookstore BÜCHER
(☎28210 86904; Akti Koundourioti 57; ⊙April–Okt. 9–23 Uhr, Nov.–März bis 21 Uhr) Der Buchladen an der Promenade verkauft eine gute Auswahl an Reiseführern, Wanderführern für die Samaria-Schlucht und Bücher über Kreta, dazu internationale Presse und eine kleine Auswahl englischsprachiger Romane.

Roka-Teppiche KUNSTHANDWERK
(☎28210 74736; Zambeliou 61; ⊙Mo–Sa 11–21 Uhr) Einer der wenigen Orte auf Kreta, wo man authentische Handwebarbeiten erwerben kann (wohlgemerkt: nicht antik). Der freundliche Mihalis Manousakis und seine Frau Annie weben ihre farbenprächtigen Teppiche auf einem 400 Jahre alten Webstuhl nach Techniken, die sich seit minoischer Zeit kaum verändert haben.

Agora MARKT
(Markthalle; Chatzimichali Giannari; ⊙Mo, Mi & Sa 8–17, Di, Do & Fr 8–21 Uhr) Die kreuzförmige Markthalle Chanias eröffnete 1913 und wird überwiegend von Touristen auf Souvenirsuche angesteuert. Einige Stände, die traditionelle kretische Waren (Kräuter, Honig, Gebäck, Raki, Käse) verkaufen, sind hier aber ebenso wie Cafés noch immer zu finden.

Miden Agan ESSEN & TRINKEN
(☎ 28210 27068; www.midenaganshop.gr; Daskalogianni 70; ⌚ Mo–Mi & Sa 10–17, Do & Fr bis 21 Uhr) Feinschmecker und Weinliebhaber werden entzückt sein von der Auswahl in diesem vortrefflichen Geschäft: Es führt über 800 griechische Weine, eigene Weine und Schnäpse, diverse traditionelle Delikatessen aus der Region und verschiedene Sorten Sirupfrüchte aus eigener Herstellung (Tipp: weißer Kürbis). Weinverkostungen werden ebenfalls angeboten (nach Vereinbarung; 15 Minuten bis eine Stunde ab 15 € pro Person).

Pelekanakis BÜCHER
(☎ 28210 92512; Chalidon 89; ⌚ April–Okt. 8–23 Uhr, Nov.–März 9–14 Uhr) Verkauft Straßen- und Wanderkarten, Reiseführer in mehreren Sprachen und andere ansonsten schwer auffindbare Bücher über Kreta sowie ein paar populäre englischsprachige Romane.

Exantas Art Space KUNSTHANDWERK
(☎ 28210 95920; Ecke Zambeliou & Moschon; ⌚ 11–21 Uhr) Der anspruchsvolle Laden hat schöne Postkarten mit alten Fotos, handgemachtes Kunsthandwerk einheimischer Künstler, kretische Musik und eine gute Auswahl an Reiseführern, Kunst- und Kinderbüchern.

Praktische Informationen

GELD

Die meisten Banken befinden sich im neuen Teil der Stadt um den Plateia Markopoulou, aber es gibt auch einige Geldautomaten in der Altstadt an der Chalidon.

Alpha Bank (Ecke Chalidon & Skalidi; ⌚ Mo–Fr 8–18, Sa 10–17 Uhr, Geldautomat 24 Std.)

Griechische Nationalbank (Ecke Tzanakaki & Giannari; ⌚ 8–14 Uhr)

INTERNETZUGANG

Kostenloses WLAN ist an vielen öffentlichen Plätzen zugänglich, u. a. am Hafen, im Bereich des Zentralmarkts und an der Plateia 1866 sowie in den meisten Hotels, Restaurants, Cafés und Bars.

MEDIZINISCHE VERSORGUNG

Allgemeinkrankenhaus Agios Georgios (☎ 28210 22000; www.chaniahospital.gr; Mournies; ⌚ 24 Std.) Liegt 4,5 km südlich der Stadt und ist mit dem Stadtbus oder per Taxi (8–10 €) zu erreichen.

Privatklinik Tsepeti (☎ 28210 28828; www.chaniaclinic.com; Papanastasiou 9) Hat eine Arztpraxis mit internationalen, Englisch sprechenden Ärzten und Fachärzten. Nur mit telefonischer Anmeldung. Sie liegt knapp 2 km südöstlich der Altstadt.

NOTFÄLLE

Touristenpolizei (☎ 171, 28210 25931; ⌚ 24 Std.)

POST

Postfiliale (☎ 28210 28444; Peridou 10; ⌚ Mo–Fr 7.30–20.30 Uhr)

REISEBÜROS

Diktynna Travel (☎ 28210 41458; www.diktynna-travel.gr; Archontaki 6; ⌚ Mo–Fr 9–21, Sa bis 15 Uhr)

Tellus Travel (☎ 28210 91500; www.tellustravel.gr; Chalidon 108; ⌚ 9–21 Uhr)

TOURISTENINFORMATION

Städtische Touristeninformation (☎ 28213 36155; Kydonias 29; ⌚ Mo–Fr 9–15 Uhr) Bescheidene Auswahl an Broschüren, Stadtplänen und Fahrplänen.

WEBSITES

Chania Tourism (www.chaniatourism.com) Das städtische Tourismusportal.

Western Crete Information (www.west-crete.com) Tourismusinformationen für die Region Chania.

An- & Weiterreise

BUS

Der **KTEL-Busbahnhof** (☎ Info 28210 93052, Tickets 28210 93306; www.e-ktel.com; Kelaidi 73–77; 📶) in Chania hat einen Informationsstand mit hilfsbereiten Mitarbeitern und Fahrplänen, eine Cafeteria, einen Minimarkt und eine Gepäckaufbewahrung. Aktuelle Fahrpläne stehen auf der hervorragenden Website.

FLUGZEUG

Der Flughafen von Chania (S. 318) liegt 14 km östlich der Stadt auf der Halbinsel Akrotiri. Er wird das ganze Jahr über von Athen und Thessaloniki aus angeflogen. In der Touristensaison gibt es auch Direktflüge aus dem übrigen Europa. Zu den Fluggesellschaften, die ihn ansteuern, gehören Aegean Airlines Olympic Air, easyJet und Ryanair. Ein Taxi vom Flughafen zu jeglichem Ziel in Chania kostet 25 €. Busse in die Stadt halten direkt vor dem Terminal (2,50 €, 30 Min.) und verkehren täglich zwischen 5.30 und 23 Uhr.

SCHIFF/FÄHRE

Der Fährhafen von Chania ist in Souda, 7 km südöstlich der Stadt (hier befindet sich auch ein NATO-Stützpunkt). Vom Hafen kommt man per Bus (2 €, oder 2,50 € bei Fahrkartenkauf im Bus) oder Taxi (10 €) nach Chania. Busse nach

BUSSE AB CHANIA

ZIEL	PREIS (€)	DAUER	FREQUENZ
Elafonisi	11	2¼ Std.	1-mal tgl.
Falasarna	8,30	1¾ Std.	3-mal tgl.
Chora Sfakion	8,30	1¾ Std.	3- bis 4-mal tgl.
Iraklion	15,10	2¾ Std.	stündl.
Kissamos (Kastelli)	5,10	1 Std.	2-mal tgl.
Kolymbari	3,60	40 Min.	häufig
Moni Agias Triadas	2,60	30 Min.	1- bis 2-mal tgl.
Omalos (Samaria-Schlucht)	7,50	1 Std.	2-mal tgl.
Paleochora	8,30	1¾ Std.	2-mal tgl.
Rethymnon	6,80	1¼ Std.	stündl.
Sougia	7,80	1¾ Std.	1-mal tgl.
Stavros	2,30	40 Min.	5-mal tgl.

Chania und Rethymnon stehen bei Ankunft der Fähren bereit.

Anek Lines (www.anek.gr) betreibt eine Nachtfähre zwischen Piräus und Chania (ab 38 € pro Pers., 9 Std.). Tickets gibt es online oder am Hafen; wer ein Auto mitnehmen will, sollte vorab reservieren.

Unterwegs vor Ort

In Chania kommt man am besten zu Fuß herum, da große Teile der Stadt für den Autoverkehr gesperrt sind.

AUTO & MOTORRAD

Die großen Autovermietungen, darunter **Europrent** (☎ 28210 27810; www.europrent.gr; Chalidon 87; ⏲ 8–20.30 Uhr), sind am Flughafen vertreten. Niederlassungen gibt es auch an der Chalidon in der Altstadt, z. B. die empfehlenswerte **Kriti Plus** (☎ 6947404801; www.kritiplus.gr; Chalidon 99; ⏲ 8.30–21 Uhr).

Es gibt kostenlose Parkplätze gleich westlich von der Festung Firkas und am Wasser in Richtung Nea-Chora-Strand oder am Ostende des Hafens an der Kyprou. Achtung: Nicht in Bereichen parken, die als Anwohnerparkplätze ausgewiesen sind.

BUS

Die Stadtbusse werden von **Chania Urban Buses AE** (☎ 28210 98115; http://chaniabus.gr) betrieben. Tickets der Zone A/B kosten am Kiosk oder aus dem Automaten 1,20/1,70 €, beim Fahrer 2/2,50 €.

Eine günstig im Zentrum gelegene **Haltestelle** für Busse zum Fährhafen Souda, nach Chalepa, Nea Chora und zu anderen Zielen in der Umgebung befindet sich in der Giannari nahe der Agora.

TAXI

Taxi (☎ 28210 98700; www.chaniataxi.gr)

ÖSTLICH VON CHANIA

Im Nordosten des Regionalbezirks Chania liegen die felsige Halbinsel Akrotiri mit einigen interessanten Klöstern und die Halbinsel Apokoronas (eher eine Landzunge). Eine besondere Attraktion der Gegend ist der Kournas-See (S. 90), der einzige natürliche Süßwassersee der Insel. Strandorte wie Kalyves, Almyrida und Georgioupoli sind nicht ganz so zugebaut wie die Touristenzentren an der Küste westlich von Chania, können aber mit der Schönheit der Strände im Süden und Westen bei Weitem nicht mithalten. Kretas ursprünglicher Charakter ist am ehesten noch im restaurierten Dorf Vamos, in den Ruinen der antiken Stadt Aptera und in traditionsverhafteten Dörfchen wie Gavalochori erlebbar.

Halbinsel Akrotiri
Χερσόνησος Ακρωτήρι

Die Halbinsel Akrotiri nordöstlich von Chania ist eine karge, hügelige, von Gestrüpp überwucherte Felslandschaft. Außer ein paar Badeorten gibt es hier noch Chanias Flughafen, einen großen Nato-Marinestützpunkt und eine Kriegsgedenkstätte der Alliierten an der Bucht von Souda sowie einige interessante Klöster. Busse sind rar, Wegweiser ebenso, was die Orientierung erschwert. Für Besucher mit Auto (und Navi) bietet sich die Halbinsel für einen Tagesausflug mit Strandbesuch, Mittagessen und Besichtigung der Klöster an. Wer eine Strandunterkunft in der Nähe von Chania sucht, findet in Kalathas und Stavros auf Akrotiri wesentlich ruhigere

Alternativen zu den klotzigen Pauschalurlaubsanlagen westlich der Stadt, aber generell hat Kretas Südwesten viel attraktivere Strände zu bieten als Akrotiri.

Kalathas, 10 km nördlich von Chania, hat zwei von Tamarisken gesäumte Sandstrände. Das wissen auch die Chanioten zu schätzen, von denen viele hier Sommer- und Wochenendhäuschen besitzen.

Stavros, 6 km nördlich von Kalathas, ist eine unansehnliche Ansammlung verstreuter Häuser nebst einigen Restaurants und ein paar guten Unterkünften sowie einer berühmten Bucht (S. 86).

Sehenswertes

★ Moni Agias Triadas — KLOSTER

(Agia Triada Tsagarolon; www.agiatriada-chania.gr; Erw./Kind 2,50 €/frei; Juni–Aug. 7–19 Uhr, Sept.–Mai 8–18 Uhr) Die bedeutendste kulturelle Sehenswürdigkeit der Halbinsel Akrotiri ist das imposante und schöne Moni Agias Triadas aus dem 17. Jh., ein noch aktives Kloster mit einer gut bestückten Bibliothek. Ein Besuch lohnt sich allein schon wegen des Altarbilds, der venezianisch beeinflussten überkuppelten Fassade und der traditionell kretischen Ikonen. Gegründet wurde es von den venezianischen Mönchen Jeremia und Laurentio Giancarolo, die zum orthodoxen Glauben übergetreten waren. Im Laden kann man vor dem Kauf von ein paar Flaschen den guten Wein, Öl und Raki des Klosters probieren.

Zum Laden gehört auch ein kleines Volkskundemuseum, das traditionelle Werkzeuge und Gerätschaften ausstellt, die bei der Herstellung von Raki, Olivenöl, Honig, Butter u. a. benutzt wurden.

Moni Ioannou Erimiti — KLOSTER

(Moni Katholikou) Vom Moni Gouvernetou sind es etwa 2 km zu Fuß (30 Min.) bergab bis zu den Ruinen des Moni Ioannou Erimiti an der Küste (der Rückweg führt bergauf). Das seit vielen Jahrhunderten verlassene Kloster ist Johannes dem Eremiten geweiht, der in der Höhle hinter den Ruinen hauste, am Fuß einer Felstreppe. Als der hl. Johannes in seiner Höhle starb, sollen seine 98 Jünger mit ihm gestorben sein.

In der Nähe des Höhleneingangs befindet sich ein kleines Becken, dessen Wasser als heilig gilt.

Moni Gouvernetou — KLOSTER

(Unsere liebe Frau der Engel; Erw./Kind 2,50 €/frei; April–Okt. Mo, Di & Do 9–12 & 17–19, Sa 9–12 & 17–20, So 5–12 & 17–20 Uhr, Nov.–März kürzer) Das Moni Gouvernetou aus dem 16. Jh., 4 km nördlich vom Moni Agia Triadas (S. 85), geht vielleicht sogar bis auf das 11. Jh. zurück, als solche landeinwärts gelegenen Zufluchtsstätten auch Schutz vor Küstenpiraten boten. Das Bauwerk selbst ist ziemlich schlicht, aber die Kirche innerhalb seiner Mauern hat eine aufwendig gestaltete venezianische Fassade. Das Gelände ist in der Regel von 9 bis 21 Uhr zugänglich. Von dort führt auch ein felsiger Pfad (2 km, 30 Min.) zur Küste und zur Ruine des Moni Ioannou Erimiti hinab.

Etwa 1 km bergab Richtung Moni Ioannou Erimiti sind ein Aussichtspunkt und Höhlen, in denen die Mönche der Gegend lebten. Das Kloster liegt noch weiter runter an der Küste. In der Bucht unterhalb des Klosters ist das Baden verboten.

Im Unabhängigkeitskrieg wurde das Kloster angegriffen und niedergebrannt, doch die Mönche waren vorgewarnt und konnten ihre Schätze (nicht aber sich selbst) retten, indem sie sie zum Berg Athos im Norden Griechenlands verschifften. Heute wird das Kloster von einer Handvoll Mönche vom Heiligen Berg betrieben.

Kriegsgedenkstätte der Alliierten — GEDENKSTÄTTE

(Bucht von Souda; 24 Std.) Die auffallende Kriegsgedenkstätte mit weißen Kreuzen vor der Bucht von Souda besteht aus den Gräbern von 1500 Soldaten des Commonwealth, die im Ersten und mehr noch im Zweiten Weltkrieg ums Leben kamen. Hier finden jedes Jahr im Mai zum Jahrestag die Gedenkfeierlichkeiten zur Schlacht von Kreta statt.

Strände

Marathi — STRAND

Auf der Ostseite der Halbinsel Akrotiri, hinter dem NATO-Stützpunkt, liegt der bezaubernde Strand Marathi mit zwei sandigen Buchten und türkis schimmerndem Wasser beiderseits eines kleines Piers. Direkt neben dem Parkplatz stehen die Ruinen der antiken Stadt Minoa. Marathi mit seinen zwei Tavernen ist am Wochenende ein beliebtes Ausflugsziel für Familien aus der Gegend.

Etwas weiter südlich an dieser Küste findet sich noch ein hübsches Plätzchen zum Baden und Schnorcheln: die kleine, von weißen Felsen umrahmte Bucht **Loutraki**.

Seitan Limania — STRAND

Die Fahrt hierhin über Haarnadelkurven mag zwar nervenaufreibend sein, aber das unglaublich leuchtend türkisfarbene Wasser dieser versteckten Bucht ist es mehr als wert. Man kann die Aussicht von oben genießen oder sich den steilen, felsigen Pfad hinab zu dem abgeschiedenen, winzigen Sandstrand wagen. Er liegt an der nordöstlichen Seite der Halbinsel Akrotiri.

Stavros STRAND

Fast an der Nordspitze der Halbinsel Akrotiri säumt ein von Sonnenschirmen übersäter Sandstrand die Bucht von Stavros, an der ein kolossaler Felsbuckel in die Höhe ragt. Er wurde als spektakuläre Kulisse für die finale Tanzszene des Filmklassikers *Alexis Sorbas* berühmt. Am Strand und in den benachbarten Cafés und Tavernen herrscht manchmal ziemliches Gedränge. Westlich von Stavros erstrecken sich weitere schmale, windgepeitschte Strände.

Schlafen

In den Stranddörfern Stavros und Kalathas gibt es ein paar wunderbare Unterkünfte, darunter auch komfortable Apartmentanlagen mit Swimmingpools.

Blue Beach APARTMENTS €

(28210 39404; www.bluebeach.eu; Stavros; DZ 50–65 €, Apt. 100–130 €;) Auf einer hübschen Landzunge am Westrand von Stavros steht dieser unaufdringliche Hotelkomplex, dessen komfortable Wohneinheiten mit Kühlschrank, Küchenzeile und TV ausgestattet sind. Ein Restaurant, eine Bar und einen Swimmingpool gibt es auch.

Artemis Apartments APARTMENTS €€

(28210 39005; www.artemis-village.gr; Stavros; Apt. 60–145 €;) Die gepflegte Apartmentanlage aus cremefarbenem Stein, 1 km hinter der Bucht von Stavros, ist eine angenehme Urlaubsunterkunft. Die voll ausgestatteten, modernen Apartments sind schick und komfortabel, jedes hat eine Terrasse oder einen Balkon, die meisten auch Meerblick. Wer es nicht bis an den Strand schafft, kann mit dem großen Pool vorliebnehmen, und einen Spielplatz für Kinder gibt es auch.

Georgi's Blue Apartments APARTMENTS €€

(28210 64080; www.blueapts.gr; Kalathas; Apt. mit Frühstück 100–180 €;) Attraktiv eingerichtete Studios und Apartments mit Satelliten-TV, Kühlschrank und Küche. Die Gäste können im angenehmen Loungebereich am Pool relaxen oder in einer kleinen Privatbucht von den Felsen ins Meer hüpfen. Der Inhaber gibt bei Bedarf Tipps zu Outdoor-Aktivitäten in der Gegend und zu Mietwagen. Gelegentlich ist die Anlage mit NATO-Angehörigen voll belegt.

Lena Beach Hotel HOTEL €€

(28210 64750; www.lenabeach.gr; Kalathas; EZ/DZ/3BZ ab 75/90/120 €;) Die sauberen, schlichten Zimmer mit Meerblick, kleinem Fernseher und Kühlschrank sind ideal für einen unbeschwerten Urlaub; und einen großen Pool gibt es auch.

Essen

Fischtavernen am Strand sind die besten Empfehlungen auf der Halbinsel.

Sunset Beach CAFÉ €

(Iliovasilema; 28210 39780; Stavros; Gerichte 5–9 €; Juni–Aug. 11–23 Uhr) Am Strand südwestlich von Stavros serviert das Sunset Beach Getränke und leichte Gerichte auf seiner schattigen Holzterrasse unter einem riesigen Baum; Palmwedelschirme verbreiten Tropenfeeling. Die französisch-griechischen Inhaber bieten eine Auswahl kretischer Gerichte und frischer Meeresfrüchte.

Patrelantonis FISCH & MEERESFRÜCHTE €€

(28210 63337; Marathi; Hauptgerichte 8–15 €, Fisch pro kg ab 40 €; Ostern–Okt. 8–23 Uhr) Die bewährte Fischtaverne am Marathi-Strand steht bei Einheimischen und Besuchern hoch im Kurs. Unter den schattenspendenden Tamarisken schmecken zum Mittagessen Spezialitäten wie Tintenfisch mit Fenchel und Oliven oder Zackenbarsch-Frikassee. Dazu gibt es eine gut bestückte Weinkarte.

An- & Weiterreise

Von Chania fahren täglich mindestens ein paar **KTEL-Busse** (28210 93052; www.e-ktel.com) zum Strand von Stavros (2,30 €, 40 Min.) mit Zwischenstopp in Kalathas und zweimal täglich Busse zum Moni Agias Triadas (2,60 €, 30 Min.). Mit dem Auto von Chania den Schildern zum Flughafen folgen und dann die Abzweigungen zu den gewünschten Zielorten nehmen.

Aptera & Umgebung

Απτέρα

★Aptera RUINEN

(Erw./Kind 2 €/frei; Mi–Mo 8.30–18 Uhr) Die Ruinen der antiken Stadt Aptera, etwa 13,5 km östlich von Chania, erstrecken sich über zwei Hügel mit grandiosem Blick über die Bucht von Souda. Das im 7. Jh. v. Chr. gegründete Aptera war einer der bedeutendsten Stadtstaaten Westkretas und durchge-

ABSEITS DER ÜBLICHEN PFADE

GAVALOCHORI ΓΑΒΑΛΟΧΩΡΙ

Das bezaubernde Dörfchen Gavalochori, 25 km südöstlich von Chania, ist ein interessanter Zwischenstopp. Die Hauptattraktion ist das **Volkskundemuseum** (☎28250 23222; Gavalochori; Erw./Kind 2 €/frei; ⊙Mo–Fr 9–20, Sa 9–19, So 11–18 Uhr). Es befindet sich in einem restaurierten Gebäude, das in venezianischer Zeit erbaut und unter den Türken erweitert wurde. Zu den englisch beschrifteten Ausstellungsstücken gehören Keramik, Webarbeiten, Holzschnitzereien, Steinmetzarbeiten und anderes kretisches Kunsthandwerk, darunter auch aufwendig gearbeitete *kapaneli*-Seidenspitze. Die historische Abteilung dokumentiert die kretischen Freiheitskämpfe. Zur Zeit der Recherche gab es Pläne, das Nachbarhaus ins Museum einzubeziehen.

Die **Frauenkooperative** (Gavalochori; ⊙April–Okt. 10–22 Uhr) am Dorfplatz verkauft einige der seltenen, von Frauen der Umgebung angefertigten *kapaneli*-Arbeiten. Oft sieht man hier Frauen konzentriert an dieser langwierigen Fleißarbeit sitzen. Die Preise für hochwertige Spitzenarbeiten bewegen sich je nach Größe des Teils zwischen 15 € und 1500 €.

Schilder weisen den Weg zu den byzantinischen Brunnen, venezianischen Bogen und römischen Gräbern etwa 1,5 km oberhalb des Dorfs. Möglich ist auch die Besichtigung einer Olivenölmühle aus venezianischer Zeit. Sie ist nur ein kurzes Stück zu Fuß vom Hauptplatz entfernt und ausgeschildert.

hend bewohnt, bis es im 7. Jh. n.Chr. durch ein Erdbeben zerstört wurde. Als die Byzantiner Kreta im 10. Jh. zurückeroberten, erwachte der Ort zu neuem Leben und wurde Bischofssitz. Die Stätte ist nur mit dem eigenen Fahrzeug zu erreichen.

Im 12. Jh. wurde hier ein Kloster gegründet und Johannes dem Evangelisten geweiht. Das wieder aufgebaute Kloster bildet heute das Zentrum der Ruinenstätte. Ausgrabungsarbeiten legten die Überreste eines Festungsturms, ein Stadttor und eine massive Stadtmauer frei, die rings um den Ort verlief. Außerdem sind römische Zisternen, ein Amphitheater und ein griechischer Tempel aus dem 2. Jh. v.Chr. zu sehen. Am Westende liegt ein türkisches Kastell aus dem Jahr 1872 mit Panoramablick auf die Bucht von Souda. Es war Teil eines groß angelegten Festungsbauprogramms der Türken in einer Phase, in der sich die Kreter praktisch permanent im Aufstand befanden. Interessant ist auch die „Inschriftenmauer", die wohl zu einem wichtigen öffentlichen Gebäude gehörte und 1862 von französischen Archäologen ausgegraben wurde.

Außerhalb der Öffnungszeiten kann lediglich die Ruine eines römischen Hauses besichtigt werden.

Essen

Tzitzikas KRETISCH €

(☎28250 41144; www.tzitzikas.com; Armenoi; Hauptgerichte 4–9 €; ⊙Mai–Sept. Mi–So 10 Uhr–open end, Okt.–April nur Sa & So;) Im Dorf Armenoi südlich der Ruinen von Aptera serviert das Tzitzikas frisch zubereitete kretische Mahlzeiten und Kaffee unter schattigen Bäumen am Flussufer, während nahebei Pferde und Ziegen grasen. Der Schwerpunkt liegt auf Bio-Zutaten, von der Wurst bis zum Salat.

Almyrida Αλμυρίδα

56 EW.

Das ehemalige Fischerdorf Almyrida, 21 km östlich von Chania, ist bei Weitem nicht so touristisch wie sein Nachbarort Kalyves, obwohl auch hier laufend gebaut wird und immer mehr neue Hotels entstehen. Sein langer, ungeschützter Strand ist bei Windsurfern sehr beliebt. Geschichtsinteressierte finden am westlichen Ende des Dorfes die Überreste einer frühchristlichen Basilika.

Aktivitäten

Omega Divers TAUCHEN

(☎28250 31412; www.omegadivers.com) Angesehener Laden, der Tauchausflüge zur Elefantenhöhle (110 €) sowie Schnupperkurse (80 €), PADI-Kurse und dreistündige Boots- und Schnorcheltrips (60 €) anbietet.

Flisvos Tours RADFAHREN

(☎28250 31100; www.flisvos.com; Mountainbike für 3 Tage 30 €; ⊙9–21 Uhr) Ganz in der Nähe der Hauptstraße; vermietet außer Mountainbikes auch Autos und Motorroller.

UCPA Sports OUTDOOR-AKTIVITÄTEN

(☎28250 33100; www.almyridasummersports.com) Das UPCA Sports unter französischer Leitung bietet außerhalb der Hauptsaison

Windsurfen für Anfänger und erfahrene Surfer (15 €/Std.) an und verleiht auch Kajaks (1-Pers.-Kajak 8 €/Std.), Stand-up-Paddleboards (12 €/Std. und Tretboote (12 €/Std.).

Dream Adventure Trips SCHNORCHELN
(6944357383; www.facebook.com/dreamadventuretrips; Schnorcheltour 2 Std. 28 €) Bietet Schnorchelausflüge zu Höhlen und Inseln in der Nähe an.

Schlafen & Essen

Es gibt reichlich Hotels in Almyrida, viele sind jedoch nichtssagend. Die meisten haben Meerblick.

Almyrida Studios APARTMENTS €€
(28250 32075; www.almyridaresort.com; Studios mit Frühstück 80–100 €; Mai–Okt.;) Die Studios gleich am Wasser sind perfekt, um die Sommersonne zu genießen. Einige sind groß genug für vier Personen; alle haben eine Küche (allerdings ziemlich veraltet) und renovierte Badezimmer. Jedes Studio besitzt einen Balkon zum Meer raus, und es gibt auch einen Swimmingpool.

Lagos TAVERNE €
(28250 31654; Hauptgerichte 6–12 €; Mai–Okt. 12 Uhr–open end) Die beliebte und lauschige Taverne am Ortseingang serviert traditionelle Gerichte zu günstigen Preisen auf einer zauberhaften, schattigen Terrasse oder hinten im überdachten Innenhof.

Dimitri's TAVERNE €
(28250 31303; Hauptgerichte 7–14 €; April–Okt. 10 Uhr–open end) Die familiengeführte Strandtaverne glänzt mit freundlichem Service. Geboten werden griechische Klassiker sowie einige kretische Spezialitäten wie Kaninchen-*stifadho* (Eintopf) aus überwiegend heimischen Erzeugnissen.

An- & Weiterreise

Von Mai bis Oktober verkehren von Almyrida täglich vier bis fünf KTEL-Busse (S. 86) über Kalyves nach Chania (3,20 €, 45 Min.).

Vamos Βάμος

706 EW.

Das hübsche Dorf Vamos aus dem 12. Jh. ist ein schöner Tagesausflug von Chania, das nur 26 km entfernt ist. Es war von 1867 bis 1913 Hauptstadt der Provinz Sfakia und 1896 Schauplatz einer Revolte gegen die Türkenherrschaft. Heute ist es das Verwaltungszentrum der Provinz Apokoronas. 1995 tat sich eine Gruppe von Dorfbewohnern zusammen, um die traditionelle Lebensweise in Vamos zu erhalten. Sie sicherten sich EU-Gelder zur Förderung des Kunsthandwerks und der Produkte ihrer Region. Die alten Steinbauten des Dorfs wurden mit traditionellen Werkstoffen und Techniken restauriert und in Gästehäuser umgewandelt. Auf dem Hauptplatz des Dorfs werden Raki, Kräuter und Bio-Öl aus der Region sowie andere kretische Produkte verkauft.

Schlafen & Essen

★ **Vamos Traditional Village** FERIENHÄUSER €€
(28250 22190; www.vamosvillage.gr; Häuser 55–200 €; Mo–Sa 9–20, So 10–18 Uhr;) Die Dorforganisation vermietet die vielen restaurierten Häuser von Vamos. Die schnuckeligen Steinhäuschen mit Küche, offenem Kamin und Fernseher sind im traditionellen Stil eingerichtet. Sie bieten Platz für zwei bis neun Personen, einige der größeren Häuser haben auch einen Pool. Die Organisation vermietet auch Autos, bucht Touren und veranstaltet kretische Kochkurse in einer restaurierten Olivenmühle.

★ **I Sterna tou Bloumosifi** TAVERNE €€
(28250 83220; Hauptgerichte 9–14 €; 12.30–24 Uhr;) Die Taverne in einem alten Steinhaus mit einladendem, schattigem Hofgarten ist weithin bekannt für ihre hervorragende kretische Küche. Als Vorspeise munden mit Weinblättern umwickelte *gavros* (Sardellen) oder die Pilze mit Käse und Kräutern; eine gute Fortsetzung wäre z. B. *chilopites* (Fettucine) mit Hähnchen.

An- & Weiterreise

In der Hauptsaison fahren täglich außer sonntags drei bis fünf KTEL-Busse (S. 86) von Chania nach Vamos (3,60 €, 55 Min).

Georgioupoli Γεωργιούπολη

455 EW.

Georgioupoli war mal ein Geheimtipp, ist aber inzwischen mit Küstenhotels zugepflastert und ein beliebtes Ziel für Urlauberfamilien aus dem Ausland.

Trotzdem bleibt der Ort für Naturfreunde wegen seiner Lage an der Mündung des Almyros interessant. Die Flussmündung ist ein Brutgebiet der gefährdeten Unechten Karettschildkröten. Die Feuchtgebiete am Fluss sind für ihre Vogelwelt bekannt, insbesondere die Reiher und Eisvögel, die im April in der Region eintreffen. Im Sommer tummeln sich hier allerdings auch gewaltige Mückenschwärme.

Die malerische Kapelle Agios Nikolaos thront am Ende einer langen Steinmole weit draußen im Meer. Der lange, schmale Streifen aus festem Sand östlich der Stadt wird von einer weiteren Flussmündung unterbrochen und geht auf der anderen Seite in einen Strand über, der sich ungefähr 10 km Richtung Rethymnon hinzieht.

Aktivitäten

Zoraida's Horseriding REITEN

(☎ 28250 61745; www.zoraidas-horseriding.com; 1 Std. Ausritt 25 €, 2 Std. Reitausflug zum Kournas-See 40 €) Der Reiterhof zwischen dem Dorf Kavros und dem Kournas-See bietet für jedes Niveau geführte Ausritte am Strand und auf Naturwegen an, auch Ausflüge zum Kournas-See.

Adventure Bikes RADFAHREN

(☎ 28254 00661; www.adventurebikes.org; Fahrrad ab 12 €/Tag) Vermietet Fahrräder und organisiert Radtouren durch die Region (57 €). Organisiert auch Exkursionen in die Samaria-Schlucht, nach Elafonisi und Balos (S. 118).

Talos-Express-Touristenbahn EISENBAHN

(www.facebook.com/TalosExpress; Erw./Kind hin & zurück 8 €/frei) Die kleine Touristenbahn fährt von Georgioupoli zum nahen Kournas-See und nach Argiroupoli.

Schlafen

Die großen Hotels und Ferienanlagen am Strand sind auf Pauschaltouristen ausgerichtet, aber es gibt ein paar Pensionen und Hotels in den Nebenstraßen.

Egeon PENSION €

(☎ 28250 61161; www.the-egeon-crete.com; Studios 45–50 €; ❄ 📶) An der Brücke am Ortseingang von Georgioupoli, nur einen kurzen Fußmarsch vom Strand entfernt, vermieten die freundliche Polly, eine Amerikanerin griechischer Herkunft, und ihr Mann, ein Fischer, 18 renovierte und große Zimmer und Studios. Einige Zimmer haben Kochnischen.

Zorba's HOTEL €

(☎ 28250 61381; Studios/Apt. ab 50/60 €; ⊙ Mai–Okt.; ❄ 📶 ≋) Zorba's liegt ein Stück hinter dem Strand in der Nähe des Dorfplatzes. Die modern eingerichteten Studios und Apartments haben Kochnischen, Flachbildfernseher und Balkone. Ein Schwimmbecken ist ebenfalls vorhanden.

Porto Kalyvaki APARTMENTS €

(☎ 28250 61316; www.kalivaki.com; Studios 40–50 €; ⊙ April–Okt.; P ❄ 📶 ≋ 👪) Hinter einer Taverne am weniger bevölkerten Nordstrand verteilen sich diese schlichten Studios auf zwei Gebäude in einer schönen Gartenanlage. Einige Zimmer haben Meer- oder Bergblick, auch gibt es einen Kinderspielplatz. Klimaanlage kostet 5 € extra.

Corissia Princess Hotel RESORT €€

(☎ 28250 83707; www.corissia.com; DZ/4BZ mit Frühstück ab 140/220 €; P ❄ 📶) In der großen Anlage am Strand in Georgioupoli kommen hauptsächlich Pauschaltouristen unter. Die Zimmer sind hell und modern und haben einen Balkon oder eine Terrasse.

Essen

Es gibt etliche Restaurants in Georgioupoli, von traditionell kretischen bis zu Fischlokalen. Unbedingt zum Programm gehört ein Ausflug ins Dorf Kournas und ein Essen in der Kali Kardia Taverna.

Lygaria TAVERNE €

(Kournas-See; Hauptgerichte 4–11 €; ⊙ April–Nov. 9–22 Uhr oder später) Das schattige Lygaria am ruhigeren Ende des Kournas-Sees bereitet gute traditionelle griechische Gerichte zu, z. B. Lamm-*tsigariasto* (sautiertes Lamm).

Poseidon Taverna FISCH & MEERESFRÜCHTE €€

(☎ 28250 61026; www.poseidon.georgioupoli.eu; Fisch pro kg 30–50 €; ⊙ 18–24 Uhr, Nov.–April kürzer) Das angesehene Lokal einer Fischerfamilie liegt in einer schmalen Gasse, die bei der Ortseinfahrt links abzweigt (beschildert). Die Gäste wählen aus dem Tagesfang, der auf der Theke aufgefahren wird, und genießen ihr exzellentes Mahl im lauschigen Hof.

Arolithos TAVERNE €€

(☎ 28250 61406; www.arolithos-georgioupolis.gr; Hauptgerichte 7,50–15 €; ⊙ Mai–Okt. 12–23 Uhr) Das Restaurant in der Nähe der Hauptkirche von Georgioupoli hat eine Riesenauswahl an Vorspeisen und traditionellen griechischen Gerichten wie *spetsofaï* (Paprikaeintopf mit Wurst).

Praktische Informationen

Die Hauptstraße verläuft von der Schnellstraße ins Ortszentrum, wo es Reisebüros und Geld-

ABSTECHER

DER KOURNAS-SEE ΛΙΜΝΗ ΚΟΥΡΝΑΣ

Der Kournas-See, 4 km landeinwärts von Georgioupoli, ist schon eine Art Touristenfalle, aber nichtsdestotrotz ein schöner Ort für ein Mittagessen oder einen entspannten Nachmittag. Unterirdische Quellen speisen den einzigen natürlichen See der Insel mit 1,5 km Durchmesser und 45 m Tiefe. Ein schmaler Sandstreifen umgibt den See, den man nur zu zwei Dritteln umrunden kann. Das kristallklare Wasser wechselt je nach Jahres- und Tageszeit die Farbe. Das Schwimmen im See ist inzwischen aus Umweltschutzgründen verboten. Dafür kann man Tretboote (7 €/Std.) und Kanus (5 €/Std.) leihen und die Schildkröten, Krebse, Fische und Wasserschlangen beobachten, die den See bevölkern.

Im Sommer wimmelt es hier von Touristenbussen; dann herrscht auch in den schlichten Tavernen um den See ziemlicher Andrang. Wer dem sommerlichen Trubel am Seeufer entkommen will, kann hügelaufwärts bei **Ambrosia** (☎28250 83008; www.ambrosialakekournas.com; Kournas-See; Hauptgerichte 7–20 €; ⊙Mai–Okt. 10–22 Uhr) auf dem Balkon eines Steinhauses kretische Spezialitäten wie *gamopilafo* (Lamm-Pilaw) oder hausgemachte Pizza essen oder auch bloß beim Eiskaffee die traumhafte Aussicht genießen.

Der See liegt unterhalb des **Dorfs Kournas**, ein steiler Aufstieg über 5 km nach Südosten. Es ist ein einfaches Dorf mit ein paar *kafenia* (Kaffeehäuser). Eine leckere Mahlzeit gibt es in der **Kali Kardia Taverna** (☎28250 96278; Grillgerichte 5–7 €; ⊙Mai–Nov. tgl. 12.30–22 Uhr), Dez–April nur Fr–So) an der Hauptstraße. Ihr Inhaber Andreas ist bekannt für seine preisgekrönten Würste, ausgezeichnetes *apaki* (geräuchertes Schweinefleisch) und die auf dem Außengrill zubereiteten Fleischspezialitäten. Mit Glück bekommt man seine fantastische *galaktoboureko* (Teigtasche mit Vanillecreme) noch ofenwarm.

Im Sommer verkehrt eine Touristen-Bimmelbahn (S. 89) von Georgioupoli zum Kournas-See; ansonsten fahren hierher keine öffentlichen Verkehrsmittel.

automaten gibt. Grundlegende Informationen liefert die Website www.georgioupoli.net.

Ballos Travel (☎28250 83073; www.ballos.gr; ⊙Mo–Sa 9–14 & 17.30–21 Uhr) vermittelt Fährtickets sowie Exkursionen in die Samaria-Schlucht, nach Balos, Elafonisi und zu anderen Zielen. Vermietet auch Autos.

An- & Weiterreise

KTEL-Busse (S. 86) zwischen Chania und Rethymnon halten an der Schnellstraße außerhalb von Georgioupoli (4,50 €, 45 Min., stündl.).

Vryses Βρύσες

Vryses ist ein freundliches Städtchen 30 km südöstlich von Chania – ein Zentrum für die landwirtschaftlichen Produkte der Region, wo gutes Obst und Gemüse, hervorragender Joghurt und Honig, eine örtliche Spezialität, zu haben sind. Wer hier etwas essen will, könnte vom Lamm- oder anderem leckeren Fleisch verführt werden, das vor der **Taverna Progoulis** (☎28250 51086; Grillfleisch 6–9 €; ⊙9–1 Uhr) am Spieß gegrillt wird. Sie hat Tische unter den Bäumen neben dem kieseligen Flussbett.

SÜDWESTKÜSTE & SFAKIA ΣΦΑΚΙΑ

Die bergige Provinz Sfakia erstreckt sich von der Omalos-Hochebene bis hinunter zur Südküste und umfasst einige der spektakulärsten landschaftlichen Highlights der Insel – z.B. die Samaria-Schlucht, die Lefka Ori (Weißen Berge) und den Berg Gingilos (2080 m) im wilden Hinterland. Die denkwürdige Fahrt von Vryses nach Chora Sfakion, eine Serpentinentour durch die Berge mit Blick aufs Meer hinunter, gehört zu den atemberaubendsten Erlebnissen auf Kreta.

Die Ausläufer der majestätischen, kargen Lefka Ori erreichen das Libysche Meer an Kretas zerklüfteter Südwestküste. Hier liegt eine Handvoll relaxter Strandorte wie Frangokastello und Loutro an hübschen Buchten versteckt. Chora Sfakion ist der Hauptort der Sfakia. Der kleine Außenposten ist ideal zum Ausspannen und als Startpunkt für Bootstouren zu anderen Orten entlang der Küste. Auch Sougia und das größere Paleochora, das schon westlich der Sfakia liegt, gehören zu den erholsamsten Fleckchen auf Kreta.

Die felsige Südküste ist von allen Regionen der Insel wohl am wenigsten vom Wandel betroffen – dank der mächtigen Bergrücken, die bis ans Meer reichen und sie von der Außenwelt abschotten. Einige ihrer Dörfer und Strände sind nur per Boot erreichbar und deshalb vom Massentourismus weitgehend verschont geblieben. Besucher können zu weltentrückten kleinen Buchten wandern oder schippern oder die spektakuläre Landschaft und duftende Luft auf Kraxeltouren durch wildromantische Schluchten auskosten. Die Sommerwinde, die durch die Schluchten und über das Libysche Meer fegen, versprechen auch Windsufern gute Bedingungen, vor allem bei Paleochora.

Askyfou Ασκύφου

450 EW.

Die Straße nach Chora Sfakion führt über die Hochebene Askyfou, die 1821 Schauplatz einer der erbittertsten Schlachten auf Kreta im Unabhängigkeitskrieg war. Die Sfakioten triumphierten hier über die Türken in einem blutigen Kampf, der noch heute in Liedern der Region besungen wird. Über ein Jahrhundert später war die Askyfou-Ebene wieder in Kampfhandlungen verstrickt, als alliierte Truppen sich auf diesem Weg zum Evakuierungshafen Chora Sfakion zurückzogen. Das kleine Kriegsmuseum mit seiner interessanten Militärsammlung lohnt einen Besuch.

Zentraler Ort auf dem Plateau ist das Dorf Askyfou, das sich rund um einen Hügel ausbreitet. Die Post, ein Minimarkt und mehrere Tavernen liegen oben auf der Hügelkuppe.

Sehenswertes

Kriegsmuseum Askyfou MUSEUM

(☎ 6979149719; www.warmuseumaskifou.com; Eintritt mit Spende; ⌚ Mo–Sa 8–19 Uhr) Schilder weisen den Weg zu dem kleinen Museum, das die umfangreiche Waffen- und Militaria-Sammlung der Familie Hatzidakis zeigt. Die Familienmitglieder führen Besucher gern herum. Zu den Exponaten gehören Nazi-Porzellan-Services, deutsches Propagandamaterial, ein deutscher Flugzeugpropeller, funktionierende Teleskope, Bomben, Helme und ein englisches Norton-Motorrad – alles auf ganz Kreta angesammelt.

Schlafen & Essen

Viele Unterkünfte gibt es nicht in der Gegend, abgesehen von ein paar Tavernen im Dorf Askyfou, die Zimmer vermieten. Aber Chora Sfakion ist nur 30 Minuten entfernt und Chania eine Stunde.

Einen Einblick in das traditionelle sfakiotische Dorfleben bietet der kleine Dorfplatz, der von *kafeneia* (Kaffeehäuser) und Denkmälern einheimischer Widerstandshelden flankiert wird. Die Lokale servieren normalerweise schlichte Mahlzeiten mit Wurst aus der Region und *sfakiani pita*, am Wochenende auch traditionelle Wildziege oder Lamm *tsigariasto* (sautiert) oder *vrasto* (gekocht). Abgerechnet wird nach Kilopreis und dazu gibt's reichlich Raki.

An- & Weiterreise

KTEL-Busse (S. 86) fahren von Chania nach Askyfou (6,30 €, 1 Std.) und weiter nach Chora Sfakion.

Frangokastello Φραγγοκαστέλλο

148 EW.

Frangokastello ist ein beschaulicher Ferienort mit einer mächtigen venezianischen Festung aus dem 14. Jh. und einem traumhaft breiten Sandstrand, der sanft ins seichte warme Wasser abfällt – ideal für Kinder. Es gibt kein richtiges Dorf, nur ein paar Tavernen, Minimärkte und niedrige Gebäude mit Ferienwohnungen und Fremdenzimmern entlang der Hauptstraße.

Sehenswertes

Orthi Ammos STRAND

Neben der Festung erstreckt sich der wunderbare Orthi-Ammos-Strand mit feinem Sand und seichtem, warmem Wasser. Er ist himmlisch schön und kinderfreundlich – außer bei Wind (was gar nicht so selten vorkommt). Wer nicht sandgestrahlt werden will, zieht sich dann besser ins nahe Café zurück.

Frangokastello FESTUNG

(Ufer; Erw./Kind 2 €/frei; ⌚ April–Okt. 10–18 Uhr) Das Frangokastello ist die Ruine einer Festung aus dem 14. Jh. Die Venezianer erbauten sie kurz nach dem Vierten Kreuzzug (1204) zum Schutz gegen Piraten und die kriegerischen Sfakioten. Der legendäre Ioannis Daskalogiannis, der 1770 einen katastrophal gescheiterten Aufstand gegen die osmanische Fremdherrschaft anführte, wurde überredet, sich in Frangokastello zu ergeben. Später zogen ihm die Türken bei lebendigem Leibe die Haut ab. Am 17. Mai 1828 lieferten hier 385 kretische Rebellen den Türken eine der blutigsten Schlachten des griechischen Unabhängigkeitskriegs. Außer den Rebellen kamen dabei auch rund 800 Türken ums Leben.

Es heißt, dass an jedem Jahrestag der Schlacht die Geister *(drosoulites)* der Rebellen im Morgengrauen am Strand entlangmarschieren. Die Bezeichnung kommt von dem griechischen Wort *drosia* („Feuchtigkeit"), das sich möglicherweise auf die Taufeuchte im Morgengrauen bezieht, wenn die Geister angeblich erscheinen. An der Festung wird noch bis etwa 2022 gebaut, sie bleibt aber dennoch für Besucher geöffnet.

Olivenölmühle Cretelaio FABRIK

(☎6974581061; ⌚Mo–Sa 10–18 Uhr) In dieser Fabrik wird veranschaulicht, wie Olivenöl vom Pressen bis zum Endprodukt hergestellt wird. Die Führung dauert zehn bis 15 Minuten, gefolgt von einer Ölverkostung als Entscheidungshilfe für den Kauf einer Flasche. Die Fabrik liegt ungefähr 4 km nordöstlich von Frangokastello.

Schlafen

Die meisten Unterkünfte sind überwiegend Apartments und bieten ein vernünftiges Preis-Leistungs-Verhältnis, insbesondere etwas weiter weg vom Strand auf der anderen Seite der Ost-West-Straße. Es besteht auch die Möglichkeit, in einer alten, renovierten Windmühle am Strand unterzukommen.

Milos APARTMENTS €

(☎28250 92162; www.milos-sfakia.com; Häuschen 35–50 €, Windmühle 50–70 €, Apt. ab 70 €; P ❄ 📶 👪) Ein Apartment in einer renovierten, 100 Jahre alten steinernen Windmühle (*mylos* auf Griechisch) an einem hübschen Strandfleckchen ist die faszinierendste der diversen Unterkünfte hier. Ansonsten gibt es noch vier Steinhäuschen unter Tamarisken auf dem Strand und moderne, gut ausgestattete Studios in der Nähe. Wer in der Mühle nächtigen möchte, muss in der Hochsaison vorbuchen.

Stavris Studios APARTMENTS €

(☎28250 92250; www.studios-stavris-frangokastello-crete.com; Studios/Apt. mit 2 Schlafzi. ab 35/60 €; ⌚April–Okt.; P ❄ 📶 👪) Die 24 Studios und Apartments mit zwei Schlafzimmern bieten sehr günstige Übernachtungspreise für ihre tolle Lage direkt am Strand, allerdings ist die Einrichtung ein bisschen altmodisch. Alle haben Kochnischen, Balkone und Meerblick. Die Betreiber geben Tipps für Unternehmungen in der Gegend.

Fata Morgana APARTMENTS €€

(☎28250 92077; www.fata-morgana.gr; Studios & Apt. 40–90 €; P ❄ 📶 👪) Die schlichte Anlage in einem Olivenhain oberhalb vom Strand Orthi Ammos hat voll ausgestattete, moderne Studios, größere Apartments für Familien und zwei gemütliche, aber altmodische burgähnliche Turmhäuser. Hinzu kommen ein Spielplatz, um die Kids bei Laune zu halten, und eine Taverne mit Meerblick. Der Service ist freundlich und hilfsbereit.

Essen & Ausgehen

Es gibt ein paar gute Hotelrestaurants in Frangokastello, die kretische Gerichte und frische Meeresfrüchte servieren.

Das Nachtleben besteht hier aus einem Drink in einer Taverne oder in der Strandbar vor der Taverna Babis & Popi.

Oasis Taverna KRETISCH €

(☎28250 83562; Frangokastello Beach; Hauptgerichte 5,50–12 €; ⌚April–Okt. 8–22 Uhr oder später; P 📶) Das beste Restaurant am Ort gehört zu einer hervorragenden, familiengeführten Studio- und Apartmentanlage am westlichen Dorfrand, etwa 1 km von der Festung (S. 91) entfernt. Verlockend ist hier nicht nur die gut zubereitete kretische Hausmannskost, sondern auch der Meerblick von der blumengeschmückten Terrasse.

Taverna Babis & Popi TAVERNE €

(☎28250 92093; www.babis-popi.com; Hauptgerichte 6,50–12 €; ⌚April–Nov. 8–22 Uhr) Die Taverne ist bekannt für frischen Fisch und gute kretische Spezialitäten, wie Schnecken

STOLZE SFAKIOTEN

Das Landesinnere der Sfakia ist als die einzige Region Kretas bekannt, die niemals von den Arabern, Venezianern oder Türken unterworfen wurde. Sie war das Zentrum des Widerstands während der jahrhundertelangen Fremdherrschaft der Insel. In den tiefen Schluchten und steilen Bergen fanden die kretischen Rebellen ausgezeichnete Verstecke.

Die Bewohner der Sfakia sind für ihren unbeugsamen Kampfgeist und ihr Traditionsbewusstsein berühmt, allerdings auch für eine bewegte Vergangenheit voller tragischer Familienfehden. Eine kulinarische Spezialität der Gegend ist die köstliche *Sfakiani pita*, ein Fladenbrot mit Käsefüllung, das mit Honig beträufelt wird.

oder Ziegenfleisch in Weißweinsauce. Serviert wird unter einem schattigen Rebendach hinter dem Haus der Familie und einem Minimarkt. Sie ist auch ein guter Tipp für ein Frühstück.

An- & Weiterreise

KTEL-Busse (S. 86) fahren die Hauptstraße entlang; es gibt keine offizielle Haltestelle, aber die Busse halten beim Heranwinken. Im Sommer fahren sie dreimal täglich von Chora Sfakion nach Frangokastello (2,30 €, 30 Min).

Chora Sfakion
Χώρα Σφακίων

212 EW.

Je mehr Schusslöcher an den Straßenschildern zu sehen sind, desto mehr nähert man sich Chora Sfakion, das von alters her für seine Auflehnung gegen Fremdherrschaft berühmt war. Aber keine Sorge, heute ist das Fischerdörfchen ein netter und recht malerischer Ort, der seine Besucher freundlich behandelt. Viele davon sind Wanderer, die nach der Durchquerung der Samaria-Schlucht auf dem Rückweg nach Chania hier vom Schiff aus Agia Roumeli taumeln. Die meisten bleiben nur gerade so lange, bis der nächste Bus abfährt. Aber es gibt genügend Reize, um doch etwas länger zu verweilen, von Bootstouren zu einsamen Stränden in der Nähe bis zu Wanderungen in der Aradena-Schlucht.

Geschichte

Unter venezianischer und türkischer Herrschaft war Chora Sfakion ein wichtiger Handelshafen und - zusammen mit der im Hochland gelegenen Regionalhauptstadt Anopoli - Brennpunkt des Freiheitskampfs der Kreter. Die Türken übten im 19. Jh. harte Vergeltung an den rebellischen Bewohnern der Stadt. Es folgte ein wirtschaftlicher Niedergang, der erst mit dem Beginn des Touristenbooms vor einigen Jahrzehnten endete. Im Zweiten Weltkrieg spielte Chora Sfakion noch einmal eine bedeutende Rolle: Nach der Schlacht um Kreta wurden von hier Tausende alliierter Soldaten per Schiff evakuiert. Heute erinnert ein Denkmal auf dem Felsen am östlichen Ortsrand an die letzten Briten, Australier und Neuseeländer, die die Insel verließen.

Sehenswertes & Aktivitäten

Glyka Nera STRAND

(Sweetwater Beach) Den zauberhaften Strand der „Süßwasserbucht" westlich von Chora Sfakion erreicht man mit einer kleinen, täglich verkehrenden Fähre (S. 95), per Wassertaxi (einfach/hin & zurück 25/50 €) oder zu Fuß über einen steinigen und streckenweise schwindelerregenden, 3,5 km langen Küstenpfad, der von der ersten Serpentine der Straße nach Anopoli abzweigt. Ein kleines Café am Strand verleiht Sonnenschirme und Liegestühle.

Vrissi STRAND

Der kleine grausandige Strand am Westrand des Dorfs ist der nächstliegende Möglichkeit, um sein Handtuch auszubreiten und ein Bad zu nehmen. Eine Taverne (S. 94) auf dem Steilufer darüber serviert einen kleinen Imbiss und Erfrischungen.

Notos Mare Marine Adventures TAUCHEN

(☎28210 08536, 6947270106; www.notosmare.com; Neuer Hafen; 1/2 Tauchgänge 49/85 €; ⏲April–Okt. 8–21 Uhr) Neben dem Angebot von PADI-Scheinen und Tauchgängen für Anfänger und Fortgeschrittene vermietet dieser alteingesessene, professionelle Veranstalter auch Boote, organisiert Charter-Boote und Angelausflüge und betreibt Wassertaxis, die rund um die Uhr zu einsamen Stränden an der Südküste fahren, darunter Glyka Nera, Mareme und Loutro.

Yoga on Crete YOGA

(☎6937363890; www.yogaoncrete.gr; Kurse 15–20 €; ⏲Mai–Okt.) Die überaus herzliche Eugenia Sivitou und ihr Mann veranstalten ausgezeichnete einwöchige Yoga-Retreats (ab 570 € inkl. Unterkunft) in verschiedenen Disziplinen mit Lehrern aus aller Welt. Es gibt auch die Möglichkeit, gegen ein paar Stunden Hausarbeit pro Tag (560 €) oder einfach unverbindlich an einem Kurs teilzunehmen.

Liquid Bungy BUNGEE-JUMPING

(☎6937615191; www.bungy.gr; pro Sprung 100 €; ⏲Juli & Aug. Sa & So) Liquid Bungy bietet Sprünge von der 138 m hohen Vardinogiannis-Brücke in die Aradena-Schlucht (S. 97) an; im Preis enthalten sind Fotos und ein T-Shirt.

Schlafen

In Chora Sfakion gibt es etliche einfache Hotels und Pensionen am Hafen, keines davon sticht besonders hervor. Zur Zeit der Recherche wurde jedoch das Xenia Hotel komplett renoviert, die Zimmer werden also demnächst modernisiert und zeitgemäß sein.

ABSTECHER

ANOPOLI ΑΝΩΠΟΛΗ

Eine landschaftlich schöne, kurvenreiche und haarsträubend steile Straße führt von Chora Sfakion Richtung Westen über 12 km hinauf nach Anopoli, einem ruhigen Dorf auf einer fruchtbaren Hochebene am Fuß der Lefka Ori (Weiße Berge) mit einem Denkmal für Widerstandskämpfer auf dem Hauptplatz. Dies war eine der wenigen Gegenden, die weder den Venezianern noch den Türken in die Hände fielen. Anapoli war in vergangenen Jahrhunderten Hauptstadt der Sfakia und thront über dem Regionalhafen Loutro. Wanderer können Loutro von hier aus über einen extrem steilen Pfad erreichen.

Das **Platanos** (☎28250 91169; www.anopoli-sfakia.com; Anopoli; Hauptgerichte 6,50–9 €; ⏲tgl. 7.30–22 Uhr, Nov.–März nur Sa & So) am Kreisverkehr des Dorfs serviert deftiges Essen und ist für seinen Lammbraten (steht im Sommer an fast jedem Wochenende auf der Karte) und andere lokale Spezialitäten bekannt. Die freundliche Inhaberin Eva Kopasis spricht Englisch, hat auch Tipps zu Wanderungen nach Loutro und den umliegenden Stränden und vermietet Zimmer (DZ 33 €).

Unbedingt probierenswert ist das köstliche Gebäck der **kretischen Familienbäckerei** (☎28250 91524; Anopoli; ⏲6–21 Uhr), wo die freundliche Angeliki Kekse, *kalitsounia* (kretische Käse-Pastetchen), im Sommer hausgemachtes Eis und dampfenden griechischen Kaffee an Tischen im Freien mit wunderbarem Blick über die Hochebene serviert. Sie verkauft auch selbst gemachten Raki und Schnäpse zum Mitnehmen.

Xenia Hotel HOTEL €

(☎28250 91490; www.sfakia-xenia-hotel.gr; Alter Hafen; DZ mit Frühstück 58 €; P ❄ 📶) Das Hotel in guter Lage mit Meerblick gibt es schon seit Anfang der 1960er-Jahre, es wurde aber seither mehrmals modernisiert. Zur Zeit der Recherche stand die jüngste Renovierung an. Vom eigenen Balkon zum Meer raus lässt sich dann prima der Abend mit einem Drink genießen.

Lefka Ori HOTEL €

(☎28250 91209; www.chora-sfakion.com; EZ/DZ/Suite ab 28/40/80 €; ❄ 📶) Das alteingesessene kleine Hotel am westlichen Ende des Hafens vermietet Zimmer, Studios und Suiten mit Kochnischen – alle sauber und gut gepflegt, wenn auch recht schlicht. Um die unterdurchschnittliche Taverne im Erdgeschoss macht man lieber einen Bogen.

Hotel Stavris HOTEL €

(☎28250 91220; www.hotel-stavris-sfakia-crete.com; EZ/DZ/3BZ/Apt. 35/39/44/55 €; ❄ 📶) In diesem Hotel oben auf dem Hügel mit Blick auf den alten Hafen begrüßt die Familie Perrakis schon seit 1969 Gäste, allerdings ist heutzutage nicht mehr mit einem allzu enthusiastischen Empfang zu rechnen. Die Zimmer und Apartments unterscheiden sich in Größe und Ausstattung, aber alle sind geräumig und haben Klimaanlage, Kühlschrank und Balkon, die besseren Zimmer zudem Kochnischen und Blick auf den Hafen. Nur Barzahlung.

Essen

Der Hafen ist gesäumt von Tavernen, aber die meisten sind ziemlich touristisch. Für eine umwerfende Aussicht lohnt sich das Three Brothers auf einem Hügel mit Blick auf die Felsküste und das Meer. Eine örtliche Spezialität ist die *sfakiani pita*, ein runder Teigfladen, mit süßem *myzithra* (Schafsmilchkäse) gefüllt und mit Honig beträufelt. Mit etwas griechischem Joghurt serviert, gibt er ein leckeres Frühstück ab.

Taverna Nikos TAVERNE €€

(☎28250 91111; Alter Hafen; Hauptgerichte 7–15 €; ⏲Mai–Okt. 8–24 Uhr) Das familiengeführte Nikos am Anfang der Reihe von Hafentavernen ist ein zuverlässiger Tipp, wenn es um griechische Klasiker, Fisch und Fleisch vom Grill und kretische Spezialitäten wie geräuchertes Schweinefleisch geht. Die lokale Spezialität *sfakiani pita* als Nachspeise ist ein Muss.

Three Brothers TAVERNE €€

(☎28250 91040; www.three-brothers-chorasfakion-crete.com; Vrissi; Hauptgerichte 7,50–18 €; ⏲Mai–Okt. 9–24 Uhr; 📶) Auf der umfänglichen Karte stehen die üblichen Klassiker, aber die Taverne übertrumpft die anderen am Hafen durch ihre Lage am Vrissi-Strand (S. 93) vor dem Hintergrund der Felsenküste; supertoll ist es hier bei Sonnenuntergang. Besonders voll wird es, wenn Giannis den Grill anwirft. Es gibt auch Zimmer zu mieten (DZ ab 39 €).

Delfini FISCH & MEERESFRÜCHTE €€

(☎ 20250 91002; Hauptgerichte 6–15 €, Fisch pro kg 38–50 €; ⏲ 9–23 Uhr) Von den Tavernen, die sich am Ufer reihen, ist das Delfini mit seinen frischen Fischgerichten und dem freundlichen Service besonders empfehlenswert.

Praktische Informationen

Sfakia Tours (☎ 28250 91272; www.sfakia-tours.com; ⏲ April–Okt. 8–24 Uhr) Vermietet Autos, bucht Unterkünfte und organisiert Touren in die Imbros- und die Samaria-Schlucht. Das Büro befindet sich am Hafen.

An- & Weiterreise

BUS

KTEL-Busse (S. 86) fahren vom Dorfplatz am Hang oberhalb des kommunalen Parkplatzes ab. Die Fahrpläne wechseln jahreszeitlich; die Abfahrtzeiten finden sich online. Im Sommer fahren täglich drei Busse von/nach Chania (8,30 €, 1¾ Std.) und von/nach Frangokastello (2,30 €, 30 Min.).

SCHIFF/FÄHRE

Chora Sfakion ist der östliche Endhafen der Fährstrecke an der Südküste von **Anendyk** (☎ Mo–Fr 8–16 Uhr; ☎ 28250 91221; www.anendyk.gr; Neuer Hafen). Die Fähren legen in Paleochora (20,70 €), Loutro (6 €, 20 Min.), Agia Roumeli (12,50 €, 1 Std.) und Sougia (16,20 €) an. Einen längeren Aufenthalt haben die Fähren in Agia Roumeli für die Wanderer durch die Samaria-Schlucht. Bei schlechtem Wetter können die Überfahrten storniert werden, was man berücksichtigen sollte, wenn man nicht in Agia Roumeli oder Loutro hängenbleiben will. Pro Woche verkehren auch Fähren zwei-bis dreimal von/zur Insel Gavdos mit Halt in Loutro und Agia Roumeli (21,20 €, 4 Std.). Einige Fähren nehmen auch Autos mit (nach Sougia mit Auto einfach/hin & zurück 29/50 €, nach Paleochora 36,40 €, nur mit Reservierung). Von Juli bis Anfang September fahren zudem Fähren ab Chora Sfakion direkt nach Gavdos (21,20 €, 2½ Std.).

Die Fahrpläne ändern sich je nach Saison, sollten also vorher gecheckt werden. Die Fähren fahren oft nur bis Agia Roumeli, wo man auf eine andere Fähre nach Sougia und Paleochora umsteigen muss.

Für Tagesausflügler zur Insel Gavdos lohnt sich das Schnellbot von **Gavdos Cruises** (☎ 6981920076; www.gavdos-cruises.jimdo.com; Erw./Kind hin & zurück 40/20 €), das um 10.10 Uhr ablegt und von Gavdos um 17 Uhr zurückkehrt. Die Überfahrt dauert eine Stunde.

Eine kleine **Fähre** (☎ 6978645212; Neuer Hafen) fährt täglich zum Glyka Nera (Sweetwater Beach; Mai–Okt; pro Pers. hin & zurück 8 €). Ein Wassertaxi für bis zu sechs Personen kostet 25 € zum Glyka Nera und 40 € nach Loutro.

Loutro Λουτρό

56 EW.

Das winzige Fischerdorf Loutro ist ein friedlicher Halbkreis blumengeschmückter weißblauer Häuser, gesäumt von einem schmalen Kiesstrand zwischen Agia Roumeli und Chora Sfakion. Das Dorf ist nur per Fähre oder zu Fuß zu erreichen und Ausgangspunkt verschiedener Küstenwanderrouten zu entlegenen Stränden wie Finix, Marmara und Glyka Nera.

Aktivitäten

Loutro Canoes KANUFAHREN

(☎ 28250 91433; Hotel Porto Loutro; Kanuverleih 1 Std./halber/ganzer Tag 4/10/14 €) Das Hotel Porto Loutro verleiht Kanus und Tretboote. Kinder unter zehn Jahren dürfen außer im August nicht mitfahren.

Schlafen

Praktisch sämtliche Unterkünfte befinden sich an der malerischen kleinen Bucht von Loutro; viele haben eine eigene Taverne im Haus.

Blue House PENSION €

(☎ 28250 91035; www.thebluehouse.gr; DZ mit Frühstück 50–65 €; ❄📶) Mittig zwischen den weißen Gebäuden rund um den Hafen bietet das Blue House geräumige, gut ausgestattete Zimmer mit großen Veranden und Blick aufs Wasser. Die hübscheren Zimmer befinden sich in der renovierten obersten Etage. Die Taverne im Erdgeschoss serviert ausgezeichnete *mayirefta* (vorbereitete Aufläufe und Eintöpfe; Hauptgerichte 6–9 €), z. B. köstliche *bourekia* mit Zucchini, Kartoffeln und Ziegenkäse.

Villa Niki APARTMENT €

(☎ 6972299979; www.loutro-accommodation.com; Studios/Apt. ab 55/80 €; ❄📶) Die elegant rustikalen Studios mit Balkendecken und Steinfußböden haben Platz für bis zu vier Personen und alle eine Kochnische mit einfacher Ausstattung. Die Lage gleich oberhalb des Dorfs garantiert traumhafte Aussicht von den Balkonen aufs Meer.

Rooms Sofia PENSION €

(☎28250 91354; www.sofiarooms-loutro.gr; DZ/3BZ 40/50 €; ⏲April–Okt.; ❄📶) Die schlichten, sauberen Zimmer über dem Minimarkt Sofia, eine Straße hinter dem Strand, sind etwas beengt, aber mit Kühlschrank und Wasserkocher ausgestattet. Sie haben eine gemeinsame Veranda mit Blick auf Meer und Berge.

Hotel Porto Loutro HOTEL €€

(☎28250 91001, 28250 91433; www.hotelportoloutro.com; EZ/DZ mit Frühstück ab 75/85 €; ⏲April–Okt.; ❄@📶) Die Zimmer und Studios im feinsten Hotel im Dorf sind im schicken modernen Inselstil eingerichtet und verteilen sich auf zwei Häuser, eines am Strand und eines auf dem Hügel. Alle haben große, möblierte Balkone, die ideal zum Zählen der Wellen oder zum Chillen bei einem Bier sind. Das üppige Frühstück wird im hauseigenen Restaurant serviert.

Essen

Für ihre Monopolstellung sind die Tavernen am Hafen von Loutro erstaunlich gut. Die meisten servieren das übliche Angebot aus frischem Fisch, heimischen Grillgerichten und traditionellen *mayirefta* (vorbereitete Speisen).

Notos KRETISCH €

(☎28250 91501; http://notos.loutro.gr; Gerichte 3,50–9,50 €; ⏲April–Okt. 7.30–23.30 Uhr) Ausgezeichnete *mezedhes* gibt es in diesem Lokal direkt hinterm Strand. Eine Zusammenstellung der kleinen Gerichte, z. B. gefüllte Zwiebeln, ergibt eine köstliche Mahlzeit.

Ilios FISCH & MEERESFRÜCHTE €€

(☎28250 91160; www.iliosloutro.gr; Hauptgerichte 5–15 €; ⏲April–Okt. 8–23 Uhr; 📶) Ilios ist die beste Adresse für Fisch und Meeresfrüchte, serviert aber auch eine große Auswahl kretischer Klassiker sowie Frühstück und vermietet außerdem Zimmer.

Pavlos TAVERNE €€

(☎28250 91336; www.pavlos.loutro.gr; Hauptgerichte 8–14 €; ⏲April–Okt. 8–24 Uhr) Fleisch und Fisch, frisch vom Grill, mit Blick auf den Hafen.

Praktische Informationen

Im Ort gibt es weder Bank noch Geldautomaten noch Postfiliale. Viele Unterkünfte und Lokale akzeptieren keine Kreditkarten. Besucher sollten also ausreichend Bares mitbringen. Der nächste Geldautomat ist in Chora Sfakion.

An- & Weiterreise

Loutro liegt an der Fährstrecke von Anendyk (S. 95) zwischen Paleochora und Chora Sfakion. Die Fähren fahren von hier nach Paleochora (19,70 €), Chora Sfakion (6 €), Sougia (15,20 €) und Agia Roumeli (7,50 €, 45 Min.). Die Boote aus Chora Sfakion zur Insel Gavdos halten ebenfalls in Loutro.

Agia Roumeli Αγία Ρουμελή

125 EW.

Diese Ansammlung von Tavernen und Pensionen bildet das südliche Ende der Samaria-Schlucht und ist nur zu Fuß oder mit dem Boot zu erreichen. Spektakulär ist der Ort eigentlich nicht, aber der schöne Kieselstrand und das funkelnde Meer sind ohne Frage ein willkommener Anblick am Ende der Wanderung. Das Dorf ist auch Ausgangspunkt für die Samaria-Wanderung für Faule: ein kurzes Stück Richtung Norden.

Es gibt keine touristischen Einrichtungen oder Geldautomaten und auch nicht viel zu sehen. Ausnahmen sind die Ruine einer venezianischen Burg (etwa 1 km oberhalb des Dorfs) und die Kirche, in der Überreste eines römischen Mosaikfußbodens zu sehen sind.

Schlafen & Essen

Am Strand gibt es ein paar Pensionen und Apartments für Wanderer, die hier übernachten wollen.

Strandtavernen, die zu Pensionen gehören, servieren kretische Hausmannskost.

Calypso Hotel & Taverna HOTEL €

(☎28250 91314; www.calypso.agiaroumeli.gr; EZ/DZ/3BZ ab 25/35/40 €; ❄📶) Das etablierte Hotel am Strand vermietet ordentliche Zimmer mit Kühlschrank und Meerblick von den Balkonen. Die geräumige Taverne/Bar serviert exzellente Mezze, Ofengerichte und heimischen Wein (Hauptgerichte 5,50–12 €).

Artemis Studios APARTMENT €

(☎6936761303, 28250 91377; www.agiaroumeli.com; EZ/DZ/3BZ/4BZ ab 35/45/55/65 €; ⏲April–Okt.; ❄📶👪) Rund 50 m vom Kiesstrand des Orts liegt diese familiengeführte Herberge mit elf großen Selbstversorger-Studios mit Balkon und Platz für jeweils bis zu fünf Personen – eine gute Wahl für alle, die nah am Wasser und möglichst weit weg von den Menschenmengen sein möchten. Die Inhaber geben auf Wunsch gern Tipps für Wanderungen in die Umgebung, eine Taverne ist nur 100 m entfernt.

ABSEITS DER ÜBLICHEN PFADE

ARADENA-SCHLUCHT

Der weitgehend verlassene Weiler Aradena, etwa 2 km westlich von Anopoli, verdankt seine Bekanntheit der **Vardinogiannis-Brücke** (benannt nach einem reichen Geschäftsmann aus der Gegend, der ihren Bau finanzierte) über die Aradena-Schlucht. Autofahrer dürften mit einer Mischung aus Faszination und Grausen in die Tiefe starren, während sie über die klapperige Konstruktion holpern. Am Wochenende stürzen sich hier Leute von der Brücke in die Schlucht hinab – mit 138 m der höchste Bungee-Brückensprung in Griechenland. Wer es selbst mal ausprobieren will, muss sich an Liquid Bungy (S. 93) wenden.

Neben der Brücke verkauft eine *kantina* (kleiner Kiosk) Kaffee, Tee, kleinen Imbiss und *sfakiani pita* (sfakiotische Pasteten). Außerdem gibt es hier Infos und eine Wegbeschreibung zur einsamen **Agios-Ioannis-Kirche**, einem weiß getünchten Bau aus der frühbyzantinischen Zeit rund 5 km entfernt. Sie ist innen mit Fresken geschmückt, aber selten geöffnet. Von dort jedoch teilt sich der Weg zum Meer: In westlicher Richtung geht es über die byzantinische Kirche **Agios Pavlos** nach Agia Roumeli, Richtung Osten führt der Weg zum **Marmara-Strand** mit seinem blaugrün schimmernden Wasser.

Der häufiger genutzte Weg zum Marmara-Strand ist die zweistündige (3,5 km) mittelschwere **Wanderung durch die Aradena-Schlucht**; am Kiosk ist zu erfahren, wo der Weg beginnt. Vom Strand aus kann man zum nahen Hafen Loutro weitergehen, sich dort stärken und eine Fähre zurück nehmen.

Gigilos Taverna & Rooms PENSION €
(☎28250 91383; www.gigilos.gr; EZ/DZ/3BZ 30/35/45 €; ⌚Mai–Okt.; ❄📶) Gigilos liegt direkt am Strand am westlichen Ortsrand. Die besten Zimmer liegen zur Strandstraße hin und sind sauber, hübsch eingerichtet, mit Kühlschrank und ordentlichen, renovierten Bädern. Die Taverne serviert kretische Hausmannskost (Hauptgerichte 6–11 €) und hat eine große, schattige Terrasse am Strand. Gäste können kostenlos Strandliegen und Sonnenschirme nutzen.

Paralia Taverna & Rooms PENSION €
(☎28250 91408; Zi. 35–40 €; ⌚April–Okt.; ❄📶) Die familiengeführte Taverne direkt am Fähranleger serviert kretische Hausmannskost und vermietet auch neun einfache und saubere Zimmer, alle mit Kühlschrank, einige mit Meerblick.

An- & Weiterreise

Agia Roumeli ist nur zu Fuß am Ende des Wanderwegs durch die Samaria-Schlucht und mit dem Boot zu erreichen. Der Ort liegt an der Südküstenroute von **Anendyk** (☎28250 91251; www.anendyk.gr) und wird von den Fähren aus Chora Sfakion (12,50 €, 1 Std.), Loutro (7,50 €, 40 Min.), Sougia (11 €, 40 Min.) und Paleochora (17,20 €, 1½ Std.) angefahren. Auch die Fähre zur Insel Gavdos (21,20 €) hält in Agia Roumeli.

Sougia Σούγια

136 EW.

Sougia liegt 67 km südlich von Chania an der Fährroute Chora Sfakion–Paleochora und ist einer der entspanntesten und am wenigsten zugebauten Strandorte entlang der Südküste. Cafés, Bars und Tavernen säumen die von Tamarisken beschattete Strandpromenade an einem grauen Kiesel- und Sandstrand. Die meisten Pensionen und Apartments liegen ungefähr 100 bis 200 m vom Strand entfernt landeinwärts, wo es ruhiger ist. Hier gibt es kaum etwas zu tun, außer zu entspannen und sich die Wanderwege in der Umgebung vorzunehmen, z. B. durch die beliebte Agia-Irini-Schlucht und zum Strand und zu den Ruinen von Lissos

Sehenswertes & Aktivitäten

Sougia hat einen netten, 1 km langen Strand aus grauem Sand und Kies, der allerdings recht steil ins Meer abfällt und daher nicht ideal für Familien mit kleinen Kindern ist.

Wie bei den meisten Dörfern der Südküste lädt die Umgebung zu tollen Wanderungen ein. Die beliebteste **Wanderung** führt zur etwa 3,5 km entfernten Ruinenstadt Lissos. Ein Teil des Wegs ist felsig und geht bergauf und -ab, aber der größte Teil ist relativ einfach zu bewältigen und bietet schöne Aussichten. Er folgt dem Küstenpfad E4 nach Paleochora (ist aber nicht direkt an der Küste). Wer keine Lust hat, nach Sougia zurückzulaufen, kann sich von einem Wassertaxi (S. 100) abholen lassen.

Ein Taxi zum Ausgangspunkt der Wanderung durch die Samaria-Schlucht kostet 60 €, aber wenn die Leute in der Taxizentrale ein oder zwei Tage vorher Bescheid erhalten, können sie eine Gruppe von Wanderern zusammenbringen, die sich Kosten dann teilen. Wem der Andrang in der Samaria-Schlucht zuviel ist, kann sich stattdessen in die Agia-Irini-Schlucht aufmachen.

Lissos RUINEN

Zu den Ruinen des antiken Lissos ist es von Sougia eine angenehme 3,5 km Wanderung über den Küstenpfad (aber nicht am Wasser entlang) nach Paleochora; der Weg beginnt am Ende des kleinen Hafens von Sougia. Lissos entstand unter den Dorern, blühte unter den Byzantinern auf und wurde im 9. Jh. von den Sarazenen zerstört. Es diente als Hafen für die landeinwärts gelegene Stadt Elyros (die heute nicht mehr existiert) und gehörte zu einem Stadtstaatenbund unter Vorherrschaft des antiken Gortys, das seine eigenen Goldmünzen mit der Aufschrift „Lission" prägte.

Wer nicht wandern mag, kann sich als Alternative ein Wassertaxi (S. 100) zur Bucht in der Nähe nehmen und von dort hochlaufen.

Hier gab es einst einen Wasserspeicher, ein Theater und Thermalquellen, die bislang noch nicht freigelegt wurden. Die Ruinen, die heute zu sehen sind, stammen hauptsächlich aus dem 1. bis 3. Jh. v. Chr., als Lissos für seine Heilquellen berühmt war. Der im 3. Jh. v. Chr. neben einer Quelle erbaute Asklepios-Tempel war dem griechischen Gott der Heilkunde geweiht.

Ausgrabungen förderten hier eine kopflose Statue des Asklepios und 20 andere Fragmente von Statuen zutage, die sich jetzt im Archäologischen Museum (S. 65) in Chania befinden. Vor Ort verbleibt der marmorne Altarsockel, auf dem die Statue stand, neben der Grube für die Opfergaben. Der **Mosaikboden** des Tempels zeigt kunstvolle geometrische Muster und Vogeldarstellungen aus vielfarbigen Steinchen. Auf dem Weg zum Meer hinunter kommt man an Resten römischer Ruinen vorbei. Am Westhang des Tals wurden ungewöhnliche Grabstätten mit Tonnengewölben gefunden.

In der Nähe befinden sich die Ruinen zweier frühchristlicher Basiliken – **Agia Kyriakos** und **Agia Panagia** – aus dem 13. Jh. Lissos hat einen sehr schönen Kieselstrand zum Abkühlen nach der Wanderung. Wer am 15. Juli hier ist, erlebt das Fest, das zu Ehren von Agios Kyriakos gefeiert wird.

★ Agia-Irini-Schlucht WANDERN

(2 €; ⌚ganzjährig) Die hübsche Agia-Irini-Schlucht beginnt rund 13 km nördlich von Sougia beim Dorf Agia Irini. Der ordentlich instand gehaltene, gut ausgeschilderte und weitgehend im Schatten von Oleander, Pinien und anderen Bäumen verlaufende 7,5 km lange Wanderweg (mit einem Höhenunterschied von 500 m) folgt dem Flussbett und führt an Höhlen in den Felswänden vorbei. Die Wanderung dauert um die drei Stunden.

Die Agia Irini ist eine wunderbare, weniger besuchte Alternative zur Samaria-Schlucht. Der Weg umfasst einige steile Abschnitte und Flussüberquerungen, ist aber meist relativ einfach. Unterwegs gibt es Rastplätze mit Bänken und Toiletten, aber auf jeden Fall gehört viel Trinkwasser ins Gepäck. Am Ende des Wegs ist eine Taverne, wo man ein Taxi (15 €) rufen oder weitere 4,5 km auf einer ruhigen und asphaltierten Straße nach Sougia weiterwandern kann.

Trypiti-Schlucht WANDERN

Die Wanderung durch die wenig besuchte Trypiti-Schlucht in der Nähe des Bergs Gingilos ist eine der längsten und anstrengendsten auf Kreta. Sie beginnt bei Omalos und endet an der Südküste, am Kap Trypiti 12 km östlich von Sougia. Auf der zehnstündigen Wandertour sind kaum andere Menschen anzutreffen, weswegen sie ideal ist für jene, die unberührte Natur und Einsamkeit suchen. Man benötigt einen Führer sowie Wanderkarten, Wasser und Proviant.

Schlafen

In Sougia gibt es einige Unterkünfte, die meisten komfortabel und gut geführt. Ein paar befinden sich am Meer, der Rest an der Hauptstraße etwa 100 bis 200 m vom Ufer entfernt. Am östlichen Ende des Strands lässt sich manchmal eine kleine Gruppe vom Campern und Nudisten nieder. Zu beachten: Es gibt nur einen Geldautomaten in Sougia.

Aretousa Studios & Rooms APARTMENTS €

(☎28230 51178; Studios 55–65 €; ⌚April–Okt.; P❄📶👪) Die reizende Pension an der Straße nach Chania, 200 m vom Meer entfernt, hat helle, komfortabel eingerichtete Studios mit Fliesenboden und Balkonen. Es

INSIDERWISSEN

WANDERUNGEN IN ABGELEGENEN SCHLUCHTEN

Die Samaria-Schlucht ist nicht die einzige Schlucht im Westen Kretas, die eine Wanderung lohnt. Die hier aufgeführten einsameren Schluchten sollten weniger Erfahrene aber besser mit Führer und auch erfahrene Trekker nur nach gründlicher Vorausplanung begehen. Ratsam ist, sich zuerst beim EOS (S. 73) in Chania nach den örtlichen Bedingungen, Wasserquellen und Unterkünften zu erkundigen und sich in einem Buchladen in Chania die entsprechende Wanderkarte von Anavasi mit GPS-Koordinaten, Wanderwegen und anderen wichtigen Details zu besorgen. Weitere Infos gibt es unter www.west-crete.com.

Agia-Irini-Schlucht (S. 98) Die vergleichsweise grüne Schlucht endet 4,5 km nördlich von Sougia.

Imbros-Schlucht (2 €; ganzährig) Etwa halb so lang wie die Samaria-Schluch und ganzjährig geöffnet; sie endet bei Komitades in der Nähe von Chora Sfakion. Mehr Infos siehe Abschnitt Wandern in Chania (S. 112).

Aradena-Schlucht (S. 97) Die mittelschwere bis steile Wanderung endet an der Marmara-Bucht, 5 km westlich von Loutro.

Trypiti-Schlucht (S. 98) Schwierig und wenig begangen; sie endet 12 km östlich von Sougia. Nur mit Führer begehen!

Klados-Schlucht Die Schlucht mit gnadenlos senkrechten Felswänden verläuft parallel zwischen der Samaria- und der Trypiti-Schlucht. Sie ist ein Mekka für erfahrene Felskletterer und bietet auch tolle Möglichkeiten zum Abseiling. Sie endet an der kargen Südküste. Nur für erfahrene Bergsteiger geeignet.

gibt einen hübschen Garten, freundlichen Service und hinter dem Haus sogar einen Kinderspielplatz.

Rooms Ririka PENSION €
(28230 51167; www.sougia.info/hotels/ririka; DZ ab 40 €;) Die gemütliche Unterkunft besteht aus sechs Doppelzimmern (die im oberen Stockwerk haben Balkon und Meerblick) und einem begrünten Garten. Die reizende ältere Besitzerin Ririka spricht ein bisschen Englisch. Das Haus liegt gleich oberhalb der Ostseite des Strands.

Syia Hotel HOTEL €€
(28230 51174; www.syiahotel.com; Studios/Apt. ab 60/80 €; P) Das professionell geführte Familienhotel gehört zum Schicksten, was das entspannte Sougia zu bieten hat. Die Wohneinheiten in einer ruhigen Gartenanlage bieten reichlich Bewegungsfreiheit, eigenen Balkon und eine gut ausgestattete Küche.

Hotel Santa Irene APARTMENTS €€
(28230 51342; www.santa-irene.gr; Strandstraße; Apt. 45–80 €; Ende März–Anfang Nov.; P) Das traditionelle Gebäude hinter dem Strand in einer hübschen Gartenanlage hat 15 große, helle Studios mit Balkon, die Platz für zwei bis fünf Personen bieten. In der kleinen Kochnische kann man sich Frühstück oder kleine Mahlzeiten zubereiten, es gibt aber auch Kleinigkeiten in der hauseigenen Strandbar.

Essen & Ausgehen

Für einen solchen kleinen Küstenort hat Sougia einige gute Restaurants. Ein paar Tavernen säumen den Strand und die Hauptstraße.

Taverna Oasis TAVERNE €
(28230 51121; Hauptgerichte 6–10 €; April–Okt. 11–21 Uhr) Nach der Wanderung durch die Agia-Irini-Schlucht (S. 98) stärken hier ein kaltes Bier und ein klassischer griechischer Imbiss. Von hier sind es noch weitere 7 km zu Fuß oder eine Taxifahrt für 15 € zurück nach Sougia.

Polyfimos TAVERNE €
(28230 51343; www.polifimos.gr; Hauptstraße; Hauptgerichte 5–11 €; April–Okt. 13–24 Uhr) Spezialität des verlockenden Restaurants in einem hübschen, von Weinreben überdachten Hof sind traditionelle Fleischgerichte vom Holzkohlengrill, frischer Fisch, deftige Eintöpfe wie Kaninchen-*stifadho* (mit Zwiebeln in pürierten Tomaten zubereitet) und

Lamm-*tsigariasto*. Betreiber ist der Ex-Hippie Yiannis, der auch selbst Öl, Wein und Raki herstellt.

Taverna Rembetiko KRETISCH €
(☎28230 51510; Gerichte 5–9 €; ⊙April–Okt. 12 Uhr–open end; ✎) Die beliebte Taverne an der Straße nach Chania serviert *mezedhes* (kleine Gerichte) und ist toll für einen schnellen, preisgünstigen Snack oder eine Mahlzeit. Die freundlichen Inhaber bieten eine umfangreiche Auswahl kretischer Gerichte wie *bourekia* und gefüllte Zucchiniblüten. Auch Vegetarier müssen hier nicht darben.

★ **Omikron** INTERNATIONAL €€
(☎28230 51492; Strandstraße; Hauptgerichte 7–12 €; ⊙April–Okt. 8 Uhr–open end; ✎) In dem rustikal-eleganten Strandlokal mit Kieselboden geht Jean-Luc Delfosse eigene kulinarische Wege, die eine erfrischende Abwechslung von der üblichen Tavernenkost versprechen. Von Pilz-Crêpes und Flammkuchen über Pasta mit Meeresfrüchten bis zum Pfeffersteak ist hier alles frisch und kreativ zubereitet und wirklich lecker.

Kyma FISCH & MEERESFRÜCHTE €€
(☎28230 51688; Hauptgerichte 5–16 €; ⊙April–Okt. 12 Uhr–open end) Das Kyma ist schon an der Fischauslage draußen zu erkennen. Es verarbeitet Fisch und Meeresfrüchte, die der Bruder des Inhabers liefert, und Fleisch aus eigener Haltung. Sehr lecker ist die Ziege *tsigariasto* (in Weinsoße geschmort), das Hähnchen in Weinsauce oder das *stifadho* aus Kaninchenfleisch. Von den Meeresfrüchten sind die gebratenen *kalamari* am besten.

Fortuna CLUB
(☎6977423023; ⊙Juni–Sept. 23–7 Uhr) Das Fortuna linker Hand vorm Ortseingang ist eine super Open-Air-Adresse für einen spätabendlichen Drink. Der Bär steppt hier erst nach Mitternacht.

An- & Weiterreise

BUS

Zwischen Sougia und Chania (7,80 €, 1¾ Std.) verkehrt mindestens einmal täglich ein Bus, der auch in Agia Irini hält, um Wanderer aussteigen zu lassen, die durch die Schlucht wollen. Der Bus ab Sougia um 18.15 Uhr wartet auf das Boot aus Agia Roumeli. Im Sommer fahren täglich auch Busse nach Omalos (zur Samaria-Schlucht, 5,30 €, 1 Std.).

SCHIFF/FÄHRE

Die **Anendyk**-Fähren (☎28230 51230; www.anendyk.gr) der Strecke Paleochora–Agia Roumeli legen in Sougia an. Die Fahrt nach Paleochora oder Agia Roumeli dauert jeweils etwa 40 Minuten und kostet 11,20 € bzw. 11 €. In Agia Roumeli geht es weiter ostwärts über Loutro nach Chora Sfakion. Es fahren auch wöchentlich zwei oder drei Fähren zur Insel Gavdos über Agia Roumeli.

Captain George's Water Taxi (☎28230 51133, 6947605802; www.sougia.info/taxi-boats) hat mehrere Boote für bis zu 15 Passagiere, die zu den abgelegenen Stränden an der Südküste fahren, u. a. nach Lissos (einfach pro Pers. 5 €), Tripiti und Pefki, sowie nach Paleochora und Agia Roumeli.

TAXI

Die lokalen Taxifahrer, nämlich **Selino Taxi** (☎6940859860; www.taxi-selino.com) und **Sougia Taxi** (☎6970344422; www.sougiataxi.com), haben einen zentralen Kiosk am Hafen.

Paleochora Παλαιόχωρα

1900 EW.

Das reizende, relaxte und stimmungsvolle Paleochora liegt auf einer schmalen Halbinsel zwischen dem langen, geschwungenen, von Tamarisken beschatteten Sandstrand (Pachia Ammos) und dem Kieselstrand Chalikia. Mit dem seichten Wasser und der ruhigen Atmosphäre ist das Dorf auch für Familien mit kleinen Kindern ein gutes Urlaubsziel. Der malerischste Teil von Paleochora ist das Labyrinth enger Sträßchen rund um die Burg. Die Tavernen machen sich mit ihren Tischen bis auf die Straße breit und gelegentlich beleben Kulturveranstaltungen das Geschehen. Im Frühjahr und Herbst lockt Paleochora zahlreiche Wanderer an.

Sehenswertes

Pachia Ammos STRAND
(Sandstrand) Der Pachia Ammos, oft auch einfach nur Sandstrand genannt, wird seinem Namen gerecht. Bei starkem Wind ist er gut zum Windsurfen, auch ist von hier der Sonnenuntergang am schönsten. Der Strand befindet sich auf der westlichen Seite der Halbinsel von Paleochora. Er fällt nur allmählich ins Meer ab, ist also gut für Kinder geeignet.

Paleochora

Paleochora

Sehenswertes
1 Chalikia-Strand ... D2
2 Museum der Akriten Europas ... B3
3 Pachia Ammos ... A3
4 Venezianische Festung ... C4

Aktivitäten, Kurse & Touren
5 Paleochora Nature ... B3

Schlafen
6 Corali ... D2
7 Homestay Anonymous ... C2
8 Libyan Princess ... D1
9 Villa Anna ... B1

Essen
10 Aristea ... C3
11 Christos Taverna ... D1
12 Third Eye ... B3
13 Vakakis-Familienbäckerei ... C3

Ausgehen & Nachtleben
14 Agios ... C3
15 La Jetee ... A1
16 Monika's Garden Wine Bar ... C3
17 Nostos Club ... C2

Museum der Akriten Europas MUSEUM
(☎6979228604; ⌚Mo–Fr 10–13 Uhr) GRATIS Das kleine Museum widmet sich den Grenzverteidigern und Helden des mittelalterlichen und byzantinischen Europa. Die schön präsentierte Ausstellung beinhaltet historische Musikinstrumente, Waffen und andere Gegenstände aus der damaligen Zeit.

Venezianische Festung FESTUNG
(Kastro Selino; ⌚24 Std. GRATIS Von der venezianischen Burg aus dem 13. Jh. oberhalb von Paleochora ist nicht viel erhalten, aber es lohnt sich, die Treppen hochzusteigen, um die herrliche Aussicht auf Meer und Berge zu genießen, besonders bei Sonnenuntergang.

ABSTECHER

AZOGIRES ΑΖΟΓΥΡΕΣ

Um das verschrobene Bergdorf Azogires, 9 km nördlich von Paleochora, und sein bewaldetes Tal ranken sich allerlei Legenden, die von Nereiden in seinen Wasserfällen und höhlenbewohnenden Asketen des Mittelalters handeln. Sowohl die Wasserfälle als auch die Höhlen kann man heute besuchen. Informationen gibt es im Alpha Restaurant; der Besitzer Lucky bietet Wanderungen in der Umgebung und zu den Höhlen an.

Sie wurde prominent auf dem Hügel gebaut, um die Südwestküste zu überwachen, dann aber nacheinander von kretischen Rebellen, dem Piraten Barbarossa und den Osmanen zerstört.

Chalikia STRAND
(Kieselstrand) Der Chalikia ist der Kieselstrand von Paleochora an der Ostseite der Halbinsel. Er ist gelegentlich windgeschützter als der Sandstrand Pachia Ammos.

Aktivitäten

In der Umgebung locken mehrere großartige **Wanderwege**. Von Paleochora führt eine sechsstündige Wanderung über einen landschaftlich schönen Küstenpfad an der antiken Stadt Lissos vorbei nach Sougia. Eine leichter zu begehender Rundweg verläuft landeinwärts nach Anydri und dann durch die kleine, grüne Anydri-Schlucht zum Meer. Infos zu Wandertouren in der Gegend gibt's bei **Paleochora Nature** (☎ 28230 43259; www.paleochoranature.com; Kondekaki; ⏲ Mo–Sa 9–14 & 18–21 Uhr).

Wenn im Sommer der Wind so richtig schön pfeift, ist der Pachia Ammos ein hervorragendes **Windsurfrevier**.

Die **Auto- & Motorradvermietung Notos** (☎ 6976436044; www.notoscar.gr/de; Eleftherios Venizelou 53; ⏲ 8.30–14 & 17.30–21 Uhr) und **Selino Travel** (☎ 28230 42272; Kondekaki; ⏲ April–Okt. Mo–Sa 8–13.30 & 18–21 Uhr, sonst kürzer) vermitteln auch geführte Wanderungen durch die Samaria- und die Agia-Irini-Schlucht.

Schlafen

Paleochora hat ein großes und breit gefächertes Unterkunftsangebot, von heimeligen Gästezimmern und einem Spitzenhotel bis zu kostengünstigen Pensionen und einem Campingplatz.

Corali APARTMENTS €
(☎ 6974361868; www.corali-studios.com; Chalikia; Studios 45–55 €; ❄ @) Eine nette griechisch-italienische Familie vermietet diese drei Studios mit Kochnische, modernen Möbeln, großen Bädern und Balkonen zum Meer raus.

Joanna's Place APARTMENTS €
(☎ 6978583503, 28230 41801; www.joanna-place.com; Studios 50–60 €, Apt. mit 2 Schlafzi. 100–110 €; ⏲ April–Nov.; P ❄ 📶 👪) Das moderne, beigefarbene Gebäude liegt an einem ruhigen Fleckchen mit kleinem Kiesstrand am Südostzipfel der Halbinsel. Die 16 geräumigen, blitzsauberen Studios sind mit funktionalen, lokal hergestellten Möbeln eingerichtet. In der dazugehörigen Kochnische können die Gäste sich ihr Frühstück zubereiten, um es dann auf dem Balkon zu genießen. Es gibt auch ein Apartment mit zwei Schlafzimmern, das sich für Familien eignet.

Homestay Anonymous PENSION €
(☎ 28230 42098; www.anonymoushomestay.com; EZ/DZ/Apt. ab 25/30/55 €; ❄ 📶 👪) Die schlichte, aber preiswerte Pension hat Zimmer mit Bad und eine Gemeinschaftsküche im Hofgarten. Der sympathische, weit gereiste Besitzer Manolis ist sehr gastfreundlich und eine schier unerschöpfliche Informationsquelle für Aktivitäten in der Umgebung. Die neun Wohneinheiten befinden sich in zwei urigen Steinhäusern und sind in reizvollem ländlichem Stil eingerichtet.

Villa Anna PENSION €
(☎ 28103 46428; www.villaanna-paleochora.com; Apt. 50–75 €; ❄ 📶 👪) Die gut ausgestatteten, familienfreundlichen Apartments für bis zu fünf Personen inmitten eines bezaubernden, schattigen Gartens, umsäumt von hohen Pappeln, werden von der liebenswürdigen Anna geführt. Kinderbetten stehen zur Verfügung und im Garten gibt es Schaukeln und einen Sandkasten. Das Gelände ist rundum eingezäunt.

Oriental Bay Rooms PENSION €
(☎ 28230 41076; www.orientalbay.gr; Chalikia; EZ/DZ/3BZ 30/35/50 €; ❄ 📶) Die einwandfreien Zimmer in einem großen modernen Gebäude am Nordende des Chalikia-Strands haben Balkone mit Meer- oder Bergblick und sind mit Wasserkocher und Kühlschrank

ausgestattet. Im Erdgeschoss befindet sich eine Taverne.

Alpha Hotel HOTEL €
(☎28230 41620; www.alfahotelazogires.blogspot.com; Azogires; Zi. ab 30 €; P ❄ @) In dem Hotel an einem beschaulichen, bewaldeten Standort gleich oberhalb des Dorfzentrums kommen hauptsächlich Yoga-Gruppen unter, aber es gibt auch ganz gute Zimmer für unabhängige Reisende. Es wird vom freundlichen Lucky vom Alpha Restaurant und Informationszentrum geführt.

Camping Paleochora CAMPINGPLATZ €
(☎28230 41120; www.campingpaleochora.gr; Stellplatz Erw./Kind/Zelt 6/3,50/4 €;) Der große Campingplatz liegt 1,5 km nordöstlich des Orts, ungefähr 500 m östlich vom kiesigen Chalikia-Strand in direkter Nähe zum Meer. Es gibt eine Taverne, einen Küchenblock und einen Spielplatz, aber keinen Laden und die Einrichtungen sind etwas heruntergekommen.

Libyan Princess HOTEL €€
(☎28230 42030; www.libyanprincess.gr; DZ mit Frühstück ab 115 €; ❄ @) Das Hotel mit Rundum-Service ist die vornehmste Herberge in Paleochora. 35 Zimmer und eine „Executive Suite" sind um einen glitzernden Pool angeordnet und mit allem modernen Komfort ausgestattet, von Flachbildfernseher und Telefon über einen Safe bis zu Tee- und Kaffeemaschinen. Dazu gibt es einen Fitnessraum und Massagebehandlungen. Einziges Manko: Das Hotel liegt an der betriebsamen Hauptstraße.

Essen

Im Ort gibt es einige recht passable kretische Restaurants und im Sommer ist die Atmosphäre besonders schön, wenn kleine Tavernen ihre Tische auf der autofreien Hauptstraße aufstellen. In der Region Paleochora wird der ausgezeichnete *myzithra* (Weichkäse aus Schafsmilch), anders als sonst auf Kreta üblich, ungesüßt serviert. Das Olivenöl der Region gehört zu den besten in ganz Griechenland.

Third Eye VEGETARISCH €
(☎6986793504, 28230 41234; https://thirdeye-paleochora.com; Hauptgerichte 6–9 €; ⏲13–22 Uhr;) Das Third Eye, seit 1990 eine lokale Institution und Treffpunkt des Ortes, wusste schon lange bevor fleischloses Essen zum Mainstream wurde, was man mit Roter Bete, Quinoa und Hummus anstellt. Das international beeinflusste Angebot besteht aus köstlichen Salaten, wechselnden Hauptgerichten und kleinen Imbissgerichten wie saftigem Portobello-Burger und *fava*-Dip mit karamelisierten Zwiebeln und Brot. Tische stehen auch auf der Straßenterrasse und im beschaulichen Garten.

Alpha Restaurant TAVERNE €
(Azogires; Hauptgerichte 3–7 €; ⏲9–22 Uhr) Frühstück, Sandwiches und kretische Pasteten

INSIDERWISSEN

KÜSTENWANDERUNG VON PALEOCHORA NACH SOUGIA

Die Wanderung auf einem Abschnitt des Europäischen Fernwanderwegs E4 verbindet zwei reizvolle Küstenorte über einen 13 km langen Pfad, der überwiegend an der Küste entlang verläuft und dann von Lissos nach Sougia landeinwärts abbiegt.

Von Paleochora geht es den Schildern folgend zu den Campingplätzen im Nordosten und dann am Schild nach Anydri nach rechts. Nach einigen Kilometern steigt der Weg steil an, sodass man einen tollen Blick zurück auf Paleochora hat. Dann geht es am **Anydri-Strand** und mehreren einladenden **Badebuchten** vorbei, wo sich so mancher nahtlos bräunt. Am besten hier abkühlen, denn bald verläuft der Pfad landeinwärts über das **Kap Flomes**. Das mit Gestrüpp bewachsene Plateau, das bis zur Küste reicht, bietet atemberaubende Aussicht auf das Libysche Meer. Nach etwa 10 km Wanderung ist das dorische Lissos (S. 98) erreicht, von wo sich der Weg durch einen Kiefernwald schlängelt und schließlich in Sougia endet.

Für die nahezu schattenlose Wanderung ist mit fünf bis sechs Stunden zu rechnen; viel Wasser, ein Hut und Sonnencreme gehören ins Gepäck. Von Juni bis August ist es am besten, bei Sonnenaufgang loszumarschieren, um noch vor der Mittagshitze in Sougia einzutreffen. Das Boot zurück nach Paleochora legt gegen 18 Uhr ab (der Fahrplan steht auf www.anendyk.gr).

ABSTECHER

ANYDRI ΑΝΥΔΡΟΙ

Das Dörfchen Anydri, 5 km nordöstlich von Paleochora, ist ein beliebtes Ziel für Wanderer. Zu erreichen ist es über eine landschaftlich schöne Straße oder zu Fuß durch die grüne, 3 km lange **Anydri-Schlucht**, die ein kleiner Wasserlauf in den Fels gegraben hat. Von Paleochora ist es über die Straße zu erreichen, die am Campingplatz vorbeiführt, und dann entlang der asphaltierten Straße, die nach links abzweigt; sie ist von steilen Felswänden gesäumt. Am Dorfeingang von Anydri weist ein Schild den Weg zur Schlucht. Nach einigen Hundert Metern Fußpfad zweigt dann ein überwucherter Pfad nach links ab. Den roten Markierungen zur Schlucht folgen.

Am Ende der Wanderung durch das ausgetrocknete Flussbett tauchen Wegweiser zum breiten **Gialiskari-Strand** am Ausgang der Schlucht auf. Der schönste Abschnitt ist der grobkörnige Sandstrand am östlichen Ende, linker Hand der *kantina* (Strandbar). Von hier kann man zurück nach Anydri laufen oder Richtung Westen nach Paleochora dem Pfad mit den E4-Markierungen folgen, der nach etwa 4,5 km an der Steilküste entlangfüht. Der Strand ist auch mit dem Auto über eine unbefestigte Straße zu erreichen, die ein gutes Stück vor der Schlucht nach rechts abzweigt (beschildert).

Gründerväter des Dorfs waren zwei Brüder, die vor einer mörderischen Vendetta aus Chora Sfakion geflohen waren. Deshalb tragen die meisten Dorfbewohner noch heute den gleichen Familiennamen. Vom Dorf führt ein Pfad zur **Agios-Georgios-Kirche** mit Fresken aus dem 14. Jh.

Schlafen & Essen

Christos Place (☎28230 42200; www.christosplace.gr; Ferienhäuser 80–130 €; P ❄ 📶) Die sechs hübschen Häuschen in einem Olivenhain oberhalb von Anydri bieten Platz für fünf Personen und sind mit Kochnische, Fußbodenheizung, eigener Terrasse und Satelliten-TV ausgestattet. Ungewöhnlich sind die Außenduschen. Von den Terrassen bietet sich ein weiter Blick übers Libysche Meer.

To Skolio (☎28230 83001; Gerichte 5–13 €; ⏲Ostern–Okt. tgl. Kaffee ab 9 Uhr, warme Küche 12–23 Uhr; 📶) Ob als Schluchtwanderer oder Mietwagenfahrer, eine Mahlzeit in diesem wunderbaren Lokal, etwa 5 km östlich von Paleochora, sollte man sich unbedingt gönnen. In der umgewidmeten rot-weißen Schule stehen Tische in fröhlichen Farben auf einer von Bäumen beschattteten Terrasse am Felshang mit Blick übers Meer. Das täglich wechselnde Mezze-Angebot auf der Kreidetafel wird aus den besten heimischen Erzeugnissen zubereitet.

gibt's im Alpha, einem von der Gemeinde betriebenen Café samt Touristeninformation im Dorf Azogires. Meist sind Mitarbeiter vor Ort, aber die Tür ist stets unverschlossen und das Café verlässt sich auf die Ehrlichkeit der Gäste, wenn niemand da ist.

Der einheimische Lakkis „Lucky" Koutsakis bietet Führungen durch das Dorf, durch die Azogires-Schlucht und durch Höhlen in der Umgebung an. Werke lokaler Künstler sind in der Galerie gegenüber ausgestellt.

Christos Taverna KRETISCH €
(☎28230 41359; www.christospaleochora.com; Hauptgerichte 6–12 €; ⏲Mai–Okt. 18 Uhr–open end) Unkomplizierte kretische und griechische Gerichte tischt diese alteingesessene, nur im Sommer geöffnete Taverne in der Nähe des kiesigen Chalikia-Strands auf. Die Gäste können nach Lust und Laune unter den frisch geschmorten Leckereien in der Theke auswählen.

Vakakis-Familienbäckerei BÄCKEREI €
(☎28230 41850; www.fournosvakaki.gr; Backwaren ab 1 €; ⏲6.45–22.30 Uhr, im Sommer auch später) Zu frisch gebackenem Brot und süßen Köstlichkeiten schmeckt heißer oder geeister Kaffee. Im dazugehörigen Café werden auch süße und herzhafte Crêpes und Eiscreme serviert.

Taverna Methexis KRETISCH €€
(☎28230 41431; www.facebook.com/MethexisTaverna; Küstenstraße; Hauptgerichte 7–12 €; ⏲12.30–23.30 Uhr; P 📶 ✍) Der kurze Bummel zur südöstlichen Spitze der Halbinsel lohnt sich, um die authentische Hausmannskost und herzliche Gastfreundschaft in dieser bei Ein-

heimischen wie Touristen beliebten Taverne hinter einem kleinen Strand zu genießen. Außer den üblichen Klassikern warten hier auch leckere Überraschungen wie der Stockfisch mit Knoblauchsauce und köstliche, mit Fenchel gefüllte Pasteten oder *myzithra*.

Aristea KRETISCH €€
(☎28230 43130; Gerichte 6–15 €; ⊙12 Uhr–open end) In dem traditionellen Steinhaus mit einem von Bäumen beschatteten Hof werden Grillfleisch, Meeresfrüchte und kretische Klassiker wie Schnecken, Hähnchen in Weinsauce und *briam* (im Ofen gebackener Gemüseauflauf) serviert. Das Lokal liegt einen Straßenzug hinter der Promenade.

Ausgehen & Nachtleben

Wenn die Sonne untergeht, herrscht in Paleochora eine lebhafte, zwanglose Atmosphäre. Besucher haben reichlich Auswahl an Kneipen und Bars, besonders in den Straßen im Ortszentrum zwischen Promenade und Pachia Ammos.

★**Monika's Garden Wine Bar** WEINBAR
(☎28230 41150; www.facebook.com/monikasgarden; Kondekaki; ⊙April–Okt. 18–1 Uhr) Die reizvolle, moderne Weinbar mit einem hinreißenden Hofgarten ist eine der besten Adressen im Ort für einen Drink. Sie hat über 40 erstklassige Weine zur Auswahl, allesamt aus Kreta. Zum Wein gibt's auch was zu knabbern, wie Käseteller und traditionelle *kalitsounia* (gefülltes Gebäck).

Agios BAR
(☎28230 41258; www.agiosbar.gr; ⊙7 Uhr–open end) Die hippe, zwanglose Bar und Musikkneipe gehört zu jeder Tageszeit zu den besten Adressen von Paleochora. Sie ist prima als Frühstückslokal mit gutem Kaffee, perfekt für einen Drink am Nachmittag oder um bis in die Nacht mit tollen Cocktails und Craft-Bier zu feiern.

La Jetee BAR
(⊙Mai–Sept. 9–2 Uhr; 📶) Attraktiv an dieser Touristenkneipe auf dem Sandstrand des Pachia Ammos (S. 100) sind die Cocktails und der Blick auf den Sonnenuntergang. Gegen den Hunger gibt's den ganzen Tag über kleine Imbisshappen (4–8 €).

Nostos Club CLUB
(⊙April–Okt. 18.30–4 Uhr) Das Nostos besteht aus einer Terrassenbar und einem kleinen Club, der griechische und westliche Musik spielt.

ℹ Praktische Informationen

In der Hauptstraße Eleftheriou Venizelou gibt es ein paar Geldautomaten.

ℹ An- & Weiterreise

AUTO & MOTORRAD

Notos Rentals (S. 102) vermietet Autos, Motorräder und Fahrräder. Im Ort gibt es zwei Tankstellen. Es empfiehlt sich, vor längeren Fahrten in der Region aufzutanken, da Tankstellen dort selten oder gar nicht vorhanden sind.

BUS

Busse von **KTEL** (☎28230 41914; www.e-ktel.com; Eleftherios Venizelos) fahren viermal täglich nach Chania (8,30 €, 1¾ Std.) und außer sonntags einmal täglich um 6.15 Uhr nach Omalos (7 €, 1 Std.) zur Samaria-Schlucht. Die Busse halten ebenfalls in Sougia und auf Wunsch auch am Beginn des Wanderwegs durch die Agia-Irini-Schlucht. Zudem gibt es Busverbindungen mit Elafonisi (5,50 €, 1 Std.).

SCHIFF/FÄHRE

Die Fähren legen am Kai am südlichsten Ende des Kiesstrands Chalikea ab. Tickets sind bei Selino Travel (S. 102) erhältlich.

Fähren (www.anendyk.gr) fahren nach Sougia (11,20 €, 40 Min.), Agia Roumeli (17,20 €, 1½ Std.) und Chora Sfakion (20,70 €). Einige Boote nehmen auch Autos und Motorroller mit.

Zudem fahren Fähren zwei- oder dreimal wöchentlich über Sougia und Agia Roumeli zur Insel Gavdos (23,30 €, 4 Std.).

ℹ Unterwegs vor Ort

Paleochora Taxi (☎6979594667, 28230 41128; www.paleochora-taxi.com; ⊙7.30–22 Uhr) Die Pendelbusse des professionellen Unternehmens fahren dreimal pro Woche um jeweils 7.30 Uhr zum Startpunkt der Wanderwege durch die Schluchten Agia Irini (19 € pro Pers.) und Samaria (25 € pro Pers. inkl. Fährticket für die Rückfahrt).

Elafonisi Ελαφονήσι

15 EW.

Elafonisi (2 Sonnenliegen & Schirm 9 €, nur Sonnenschirm 3 €) am Südwestzipfel von Kreta ist eine Sinfonie aus feinem rosa-weißem Sand, türkisfarbenem Wasser und rosigen Dünen, die wie eine magische Traumlandschaft aussieht. Wenn sich das Wasser über dem Sand kräuselt, schimmern Regenbogen über seine Oberfläche. Vor dem langen, weiten Strand von Elafonisi liegt das gleichnamige Inselchen, das manchmal über eine schmale sandige Landbrücke mit dem Festland verbunden ist, sodass ein zauberhafter Doppelstrand entsteht. Ansonsten kann man es leicht erreichen, indem man 50 m weit durchs knietiefe Wasser watet. Das Inselchen ist geprägt von niedrigen Dünen und einer Reihe abgeschiedener Buchten, die vereinzelte FKKler anlocken. Ganz am Ende des Strands warten am höchsten Punkt atemberaubende Aussichten über die Strände, das Meer und die schroffe Gebirgslandschaft Die ganze Gegend gehört zum Umweltschutzprogramm Natura-2000 der EU.

Leider ist dieses Juwel im Hochsommer weniger idyllisch, wenn Hunderte von Sonnenschirmen und Liegestühlen den Strand belegen (draußen auf der Insel ist aber noch Ruhe zu finden). Der Besucheransturm strapaziert das empfindliche Ökosystem und die minimale Infrastruktur, insbesondere die Toiletten (0,50€). Am besten kommt man früh oder spät am Tag oder bleibt gleich über Nacht, um den Zauber von Elafonisi richtig würdigen zu können. Außerhalb der Hauptsaison, wenn keine öffentlichen Verkehrsmittel und nur wenige Touren den Strand ansteuern, kommt es sogar vor, dass man ihn ganz für sich allein hat. Es gibt ein paar Imbisslokale und Läden am Strandeingang.

Sehenswertes

Kedrodasos STRAND
Noch weiter abseits der Touristenpfade als der wunderschöne Elafonisi-Strand liegt der ebenso traumhafte Kedrodasos-Strand, 1 km weiter östlich. Der von Wacholderbäumen gesäumte sanfte Sandbogen ist auch bei Nudisten beliebt. Zu erreichen ist er über 2,5 km lange Feldwege zwischen den Treibhäusern hinter den Stränden und anschließend zehn Minuten einen felsigen Pfad hinab oder über den Küstenwanderweg E4.

Moni Chrysoskalitissas KLOSTER
(Erw./Kind 2 €/frei; Juni–Aug. 9 Uhr–Sonnenuntergang, Sept., Okt. & März–Mai ab 10 Uhr, Nov.–Feb. 10–13 & 17–18 Uhr) 4 km nördlich von Elafonisi thront dieses prächtige Kloster auf einem Felsen hoch über dem Meer. Die Kirche ist neueren Datums, doch das angeblich 1000 Jahre alte Kloster steht vielleicht auf den Resten eines minoischen Tempels. Im Kloster wurden zwei kleine **Museen** eingerichtet: ein Volkskundemuseum mit einigen Webarbeiten und dörflichen Alltagsgegenständen sowie ein Kirchenmuseum, das hauptsächlich Ikonen und Manuskripte präsentiert.

Chrysoskalitissas bedeutet „Goldene Treppe“. Eine Version der Legende besagt, die oberste der 98 Treppenstufen zum Kloster hinauf sei aus Gold gewesen, was nur wahre Gläubige zu erkennen vermochten. Einer anderen Version zufolge war eine der Stufen von innen hohl und diente als Versteck für den Kirchenschatz. Wie dem auch sei – unter der Türkenherrschaft gingen das Gold und ein Großteil der Ländereien des Klosters für die horrenden Steuern drauf, die die osmanischen Herrscher verlangten.

Schlafen & Essen

Neben der Unterkunft in Strandnähe gibt es noch mehrere Pensionen etwa 5 km nördlich des Klosters Chrysoskalitissas, darunter das Hotel Glykeria mit modernen Zimmern und einem schönen Pool.

Elafonisi Resort HOTEL €
(6983516137, 28250 61274; www.elafonisi-resort.com; DZ/Studios ab 45/60 €; April–Okt.; P) Die Gruppe niedriger, weiß gestrichener Häuser um einen beschaulichen Olivenhain besteht aus verschiedenen Unterkunftstypen, von einfachen, sauberen Zimmern über dem Restaurant bis zu großen, zeitgemäßen Studios mit Balkon – ideal zum Relaxen mit einem Drink und Blick auf die Berge. Das hauseigene **Restaurant** serviert den frischen Tagesfang und klassische griechische Küche (Hauptgerichte 8–15 €).

Elafonisi Village Rooms & Taverna HOTEL €
(6942254382, 28220 61548; www.elafonisi-village.gr; Strandstraße; DZ 40–60 €; April–Okt.; P) Die zwölf geräumigen Zimmer nur 250 m vom Elafonisi-Strand entfernt haben Fliesenböden und Holzmöbel, einige auch eine eigene Terrasse. Sie liegen um einen unbepflanzten Hof mit Blick aufs Meer und den Sonnenuntergang. Vier Einheiten mit Kochnischen haben Platz für bis zu vier Personen.

Glykeria HOTEL €€
(28220 61292; www.glykeria.com; Chrysoskalitissas; DZ/3BZ mit Frühstück ab 60/80 €; P)

Der freundliche kleine Familienbetrieb vermietet renovierte, moderne Zimmer mit Kühlschränken und Balkonen, die zum Meer hinausgehen. Zur Anlage gehören ein einladender Pool und eine beliebte Taverne auf der anderen Straßenseite. Das Hotel liegt an der Hauptstraße, ein Stück vor dem Moni Chrysoskalitissas.

Taverne Glykeria TAVERNE **€€**
(Hauptgerichte 7,50–15 €; ⏲ Mai–Okt. 8.30–23 Uhr) Das familiengeführte Glykeria ist eine der besten Adressen für ein Essen in Elafonisi. Es bietet eine Mischung aus kretischen Klassikern, Burgern, Pasta und Meeresfrüchten sowie Meerblick und freundlichen Service. Das Hotel der Familie liegt gegenüber.

An- & Weiterreise

Elafonisi liegt ungefähr 75 km südwestlich von Chania – die Fahrt dauert etwa 1½ bis zwei Stunden ohne Pause.

Ab Paleochora fahren von Juni bis September täglich ein Boot (10 €, 1 Std.) und ein Bus (5,50 €, 1 Std.) hierher. Ebenfalls von Juni bis September fährt zudem einmal täglich ein Bus von Chania (11 €, 2¼ Std.) über Kissamos (Kastelli; 6,90 €, 1¼ Std.).

Gavdos Γαύδος

150 EW.

Gavdos, 65 km von Paleochora und 45 km von Chora Sfakion entfernt im Libyschen Meer, ist der südlichste Punkt Europas und nicht bloß eine Insel, sondern auch ein Gemütszustand. Es ist ein herrliches Fleckchen mit nur ein paar Gästezimmern, Tavernen und unberührten Stränden, die teilweise nur zu Fuß oder mit dem Boot zu erreichen sind. Es gibt hier kaum etwas zu tun, außer schwimmen, wandern und relaxen. Nach Gavdos zieht es Camper, Nudisten und Freigeister, die gerne die Verlockungen der Zivilisation gegen ein reines Naturerlebnis eintauschen.

Die Insel ist überraschend grün: Fast 65% ihrer Fläche sind von kleinwüchsigen Kiefern, Zedern und anderer Vegetation bedeckt. Strom kommt überwiegend aus Generatoren, die oft nachts und um die Mittagszeit abgeschaltet werden. Zu beachten ist, dass der Fahrplan der Anendyk-Fähre keinen Tagesausflug nach Gavdos ermöglicht, aber man kann eine Tagestour mit Gavdos Cruises vereinbaren.

Geschichte

Archäologische Ausgrabungen haben ergeben, dass Gavdos schon im Neolithikum bewohnt war. In griechisch-römischer Zeit gehörte die damals Clauda genannte Insel zur Stadt Gortys. An ihrer Nordwestecke gab es eine römische Siedlung. Unter den Byzantinern war Gavdos Bischofssitz, doch nachdem die Araber Kreta im 9. Jh. eroberten, verkam die Insel zum Piratennest. Gavdos soll auch die Insel der legendären Kalypso aus Homers *Odyssee* sein, auf der die Nymphe Odysseus viele Jahre gefangen hielt.

Sehenswertes

Auf der Insel gibt es keine richtigen Dörfer, nur Weiler und verstreute Camperkolonien.

Die Fähren legen bei **Karabe** an der Ostseite der Insel an; dort gibt es ein paar Tavernen und einen Minimarkt. Auch der winzige Hauptort **Kastri** in der Inselmitte hat einige Tavernen.

Der größte Strandort ist **Sarakiniko**, gleich nördlich von Karabe, mit einem breiten Sandstrand, mehreren Tavernen, einem Minimarkt und Duschen.

Am Strand **Agios Ioannis** im Norden nistet sich im Sommer eine lose zusammengewürfelte Kolonie von FKKlern und Campern ein. Er ist 15 Minuten zu Fuß von der nächsten Taverne und von der Straße entfernt.

Der Strand **Lavrakas** liegt einen halbstündigen Fußmarsch von Agios Ioannis entfernt und hat eine natürliche Süßwasserquelle. Er beherbergt eine der abgelegensten Camperkolonien der Insel – die gebräunten, hüllenlosen Dreadlocks-Träger fügen sich mühelos in die Landschaft ein.

Potamos und **Pyrgos** sind noch entlegenere Paradiesstrände an der Nordküste der Insel (null Infrastruktur). Sie sind von Kastri über den Weg zu erreichen, der nordwärts bis über **Ambelos** hinausführt. Im restaurierten **Leuchtturm** (Faros) von 1880 am Weg nach Ambelos gibt es ein Café. Bevor die Deutschen ihn 1941 zerbombten, brannte hier das zweithellste Leuchtfeuer der Welt (nach Tierra del Fuego in Argentinien).

Südlich von Karabe bietet **Korfos** einen kiesigen Strand und ein paar Tavernen, die auch Zimmer vermieten. Von hier verläuft ein 3,5 km langer Weg hügelab über das nahezu verlassene **Vatsiana** zum Kap **Tripiti** – der äußersten Südspitze Europas. Die drei gigantischen Bogen, die das Meer ins Fels-

STECHER

…ETISCHES CRAFT-BIER

Charma war das erste Bier, das 2007 in Chania gebraut wurde, und die exzellenten Biere werden in der von einem Kreter gegründeten **Cretan Brewery** (☎28240 31002; www.cretanbeer.gr; Zounaki; Führung 3 €; ⌚April–Nov. 10–20 Uhr) angeboten. Sämtliche Biere, vom Hellen bis zum hervorragenden Pale Ale und auch saisonale Biere, werden auf der überdachten Terrasse ausgeschenkt, man kann sich aber auch ein Probiertablett mit fünf Bieren (5 €) bestellen. Als Grundlage fürs Bierchen gibt's gutes Kneipenessen und für Neugierige eine Brauereiführung; Reservierung erforderlich.

Die Brauerei liegt im Dorf Zounaki, etwa 25 km westlich von Chania. Der dazugehörige Laden ist der einzige auf Kreta, wo das Bier auch zum Mitnehmen verkauft wird.

gestein des Kaps gefressen hat, sind die bekannteste Naturattraktion der Insel. Das Kap wird auch von kleinen Booten angesteuert.

Trotz ihrer spärlichen Besiedlung hat die Insel 20 kleine **Kirchen**. Die meisten Bootsbesitzer bieten ganz- oder halbtägige **Bootsausflüge** an, u.a. zum abgelegenen, unbewohnten Inselchen Gavdopoula, das allerdings keine guten Strände hat. Einfach bei den Tavernen nachfragen.

Schlafen & Essen

Es gibt Hotelzimmer, aber Besucher können auch auf der ganzen Insel wild campen, sollten sich aber vorher über Wasserversorgung informieren. Gavdos hat eine kurze Saison (Juni bis August) und die meisten Tavernen und Unterkünfte machen ab Anfang September zu. Viele Unterkünfte sind bereits im April ausgebucht – also früh planen!

Das absolute kulinarische Highlight auf Gavdos ist natürlich fangfrischer Fisch. Fast jede Pension hat eine dazugehörige Taverne.

Consolas Gavdos Studios APARTMENTS €
(☎28230 42182, 210 324 0968; www.gavdostudios.gr; Sarakiniko; DZ/3BZ-Studio mit Frühstück 70/85 €; ❄📶) Die komfortablen Studios thronen direkt über dem Sarakiniko-Strand. Es gibt auch Ferienhäuschen mit Platz für bis zu fünf Personen (100 €). Die Gäste der Taverne können den Internetanschluss über Satellit nutzen. Auf Anruf werden Gäste auch vom Hafen abgeholt.

Gavdos Princess APARTMENTS €€
(☎28230 41181; www.gavdos-princess.com; Kastri; Apt. 70–105 €; ❄📶👪) Das ganzjährig geöffnete Gavdos Princess im kleinen Weiler Kastri vermietet hübsche Steinhäuschen mit ein oder zwei Schlafzimmern für vier bis sechs Personen. Sie verfügen über Klimaanlage, Kochnische und Terrasse. Die Gemeinschaftsbereiche haben WLAN und ein Restaurant gibt es auch.

Theophilos Café CAFÉ €
(☎69448 07411; Hauptgerichte 5–10 €; ⌚Mai–Okt. 8–1 Uhr) Das Café, zehn Minuten zu Fuß vom Strand Agios Ioannis bergauf, versorgt Camper mit Kaffee und Imbiss.

Taverna Sarakiniko FISCH & MEERESFRÜCHTE €€
(☎28230 41103; Sarakiniko; Hauptgerichte 5–15 €; ⌚Juni–Sept. 7–1 Uhr) Was dem Fischer Manolis ins Netz geht, wird täglich frisch von ihm und seiner Frau Gerti in ihrer Taverne serviert. Besonders gut: der würzige Oktopus vom Grill oder der mit Zitrone und Olivenöl geschmorte Red Snapper.

Praktische Informationen

Auf der Insel gibt es weder Banken noch Geldautomaten.

Im Sommer hält sich in der Regel ein Arzt auf der Insel auf.

Das Handysignal ist unzuverlässig. Die meisten Unterkünfte und Tavernen haben WLAN, aber starker Wind kann das Signal unterbrechen oder verlangsamen.

An- & Weiterreise

Anendyk-Fähren (☎28230 41222; www.anendyk.gr) fahren von Chora Sfakion (21,20 €, 3¼ Std.) über Loutro und Agia Roumeli nach Gavdos, von Juli bis September fahren sie direkt von Chora Sfakion zur Insel (2½ Std.). Die Fähren von Paleochora nach Gavdos (23,30 €, 4 Std.) über Sougia und Agia Roumeli verkehren drei- bis viermal pro Woche. Bei schlechtem Wetter wird der Verkehr oft eingestellt.

Die Schnellboote von Gavdos Cruises (S. 95) legen um 10.10 Uhr in Chora Sfakion nach Gavdos ab und kehren von dort um 17 Uhr zurück. Die Fahrt dauert eine Stunde.

Unterwegs vor Ort

In Karabe und Sarakiniko gibt es Fahrräder, Motorroller und Autos zu mieten. Wassertaxis bringen Besucher zu entlegenen Stränden. Von Karabe sind es etwa 2,5 km bis Sarakiniko, 2 km bis Korfos und 4 km bis Kastri.

LEFKA ORI & SAMARIA-SCHLUCHT
ΛΕΥΚΑ ΟΡΗ & ΦΑΡΑΓΓΙ ΤΗΣ ΣΑΜΑΡΙΑΣ

Das Omalos-Plateau tief im Inneren des Regionalbezirks Chania bildet eine Bresche im mächtigen Gebirge der Lefka Ori (Weiße Berge) und dient als nördlicher Zugang zur Samaria-Schlucht. Viele Besucher kommen von Chania in die Region, um vom kleinen Ort Omalos zur Wanderung durch die Schlucht aufzubrechen. Omalos ist aber auch von Paleochora und Sougia an der Südküste leicht zu erreichen. Der Wanderweg durch die Samaria-Schlucht führt hinunter nach Agia Roumeli, das ebenfalls an der Südküste liegt.

Von Chania nach Omalos

Die Straße von Chania zum Beginn der Samaria-Schlucht bei Omalos ist abwechslungsreich und stellenweise spektakulär. Durch Orangenhaine führt der Weg zunächst zum Dorf **Fournes**.

Hier zweigt links eine kurvenreiche Straße nach **Meskla** ab, die unterwegs immer wieder herrliche Ausblicke auf eine Schlucht bietet. Der untere Teil von Meskla wirkt nicht besonders attraktiv, doch die Umgebung wird reizvoller, während sich die Straße bergauf bis zur modernen, farbenfrohen **Panagia-Kirche** windet. Daneben steht eine Kapelle aus dem 14. Jh. auf den Grundmauern einer Basilika aus dem 6. Jh., die ihrerseits vielleicht auf den Resten eines noch früheren Aphrodite-Tempels ruht. Am Ortseingang weist ein Schild den Weg zur **Kapelle der Metamorfosis Sotiros** (Kapelle der Verklärung Christi) mit Fresken aus dem 14. Jh. Besonders eindrucksvoll ist das Fresko der Verklärung an der Südwand.

Von der Hauptstraße Chania–Omalos, die von Fournes nach Süden führt, ist ungefähr auf halbem Weg zwischen Fournes und Lakki der ausgezeichnete **Botanische Park** (☎6976860573; www.botanical-park.com; KM 17 auf der Straße Chania–Omalos; Erw./Kind 6/4 €; ⌚Gärten April–Okt. 9–20 Uhr, Küche April–Okt. tgl. 9–18 Uhr, Nov.–März nur Sa & So) deutlich ausgeschildert. Hier haben vier Brüder die 80 ha Agrarland ihrer Familie in einen hügeligen Park voller Medizin-, Tropen-, Zier- und Obstbäume verwandelt, alles gut beschildert und von der Bergkuppe bis zum Talboden harmonisch arrangiert. Ihr sehr empfehlenswertes Restaurant (Hauptgerichte 8–14,50 €) serviert stattliche Portionen ortstypischer Spezialitäten aus regionalen Zutaten, von denen einige direkt aus dem Park stammen. Von der Terrasse am Berghang bietet sich ein weiter Panoramablick.

Die Hauptstraße führt derweil weiter zum urwüchsigen Dorf **Lakki**, 24 km von Chania, das mit einer umwerfenden Aussicht in alle Richtungen aufwartet und eine prachtvolle **Kirche** besitzt. Das Dorf war ein Zentrum des Widerstands unter der Türkenherrschaft wie auch gegen die Deutschen im Zweiten Weltkrieg.

Rooms for Rent Nikolas (☎28210 67232; Lakki; DZ 30 €) hat gemütliche, schlichte Zimmer über einer Taverne mit herrlichem Blick aufs Tal.

Omalos — Ομαλός

30 EW.

Für die meisten Touristen ist das 36 km südlich von Chania gelegene Omalos eine Durchgangsstation auf dem Weg zur 4 km entfernten Samaria-Schlucht. Aber für alle, die Einsamkeit schätzen oder gerne in der freien Natur sind, lohnt sich auch ein längerer Aufenthalt in dem Örtchen auf der Hochebene. Im Sommer ist es hier im Vergleich zur schwülen Küste erfrischend kühl und die gebirgige Umgebung verlockt zu tollen Wanderungen mit fantastischen Ausblicken, Vogelbeobachtungen, Höhlen- und Klettertouren. Für alle, die die Besuchermassen vermeiden wollen, die in Bussen aus Chania zur Samaria-Schlucht angekarrt werden, ist Omalos ein guter Ausgangspunkt, um sich früh am Tag auf die Wanderung zu begeben.

Omalos besteht hauptsächlich aus ein paar Hotels rechts und links der Hauptstraße über die Hochebene. Nach der morgendlichen Rushhour zur Samaria-Schlucht ist es dort bis auf Ziegen und Hirten erfreulich leer. Im Winter liegt sie praktisch verlassen da.

Schlafen & Essen

Einige Hotels in Omalos machen nur auf, wenn die Samaria-Schlucht geöffnet ist. Die meisten haben Restaurants, die vor allem mit dem Frühstücksangebot für Wanderer gutes Geld verdienen und ansonsten zu den üblichen Essenszeiten geöffnet sind. Viele Betreiber bieten einen Transportservice zur Schlucht an. Klimaanlagen sind hier wie in anderen Bergdomizilen verzichtbar.

INSIDERWISSEN

PANORAMASTRASSE VON CHANIA NACH THERISO

Als Tagesausflug oder Alternativroute nach Omalos empfiehlt sich die landschaftlich schöne Strecke von Chania über das Dorf Perivolia nach Theriso, 14 km weiter südlich. Die spektakuläre Straße folgt einem Wasserlauf durch eine grüne Oase und die 6 km lange Theriso-Schlucht.

Eine steile Straße windet sich durch das zerklüftete Bergland mit wechselnder Vegetation aus Platanen, Oliven-, Orangen-, Eukalyptusbäumen und Kiefern. Durch das Dorf Zourva gelangt man nach Meskla und Lakki und von dort entweder weiter nach Omalos oder zurück nach Chania.

Agriorodo FERIENHÄUSER €
(☎28210 67237; Haus mit 2/3 Schlafzi. ab 60/80 €; ⏲ganzjährig; P Wi-Fi) Die hübschen, modernen Steinhäuschen sind ein komfortabler Standort für Wanderungen in die Samaria-Schlucht, deren Eingang nur 500 m entfernt ist. Jedes rustikal eingerichtete Haus hat Platz für vier bis fünf Personen und ist mit Satelliten-TV, WLAN, Küche und Wohnzimmer mit weichen Sofas und einem Kamin ausgestattet.

Hotel Neos Omalos HOTEL €
(☎28210 67269; www.neos-omalos.gr; Straße Chania–Omalos; EZ/DZ/3BZ mit Frühstück 38/49/59 €; P Wi-Fi) In dem rustikalen Berghotel quartieren sich seit seiner Eröffnung 1954 Naturfreunde ein. Die öffentlichen Bereiche sind kommunikativ und die Aussicht von den Balkonen der einfachen, aber komfortablen Zimmer macht Lust aufs Wandern. Die Besitzer haben haufenweise Informationen zu lokalen Wanderungen und anderen Outdoor-Aktivitäten und transportieren Wanderer auch von und zur Samaria-Schlucht, die rund 4 km entfernt ist.

Kallergi-Hütte HÜTTE €
(☎28210 44647; www.kallergi.co; B Mitglied/Nichtmitglied 11/13 €; ⏲April–Okt.) Die karge Kallergi-Hütte in den Bergen zwischen Omalos und der Samaria-Schlucht hat fünf Zimmer mit Etagenbetten und einem Gemeinschaftsbad. Sie eignet sich wunderbar als Basis, um den Berg Gingilos und die Gipfel der Umgebung zu erkunden. Vom Omalos-Plateau muss man 4,5 km bis zur Hütte laufen. Sie wird vom EOS (S. 73) in Chania unterhalten.

Hotel Exari HOTEL €€
(☎28210 67180; www.exari.gr; EZ/DZ/3BZ 30/40/50 €; ⏲April–Okt.; P Wi-Fi) Das Exari ist im traditionellen Stil aus Bruchstein gemauert und hat 21 schlicht eingerichtete Zimmer mit TV und Balkon sowie eine Taverne mit Kamin. Der Inhaber fährt Gäste kostenlos zur Samaria-Schlucht.

Omalos Village FERIENHAUS €€
(☎28210 67169; www.omalosvillage.gr; Haus mit 2 Schlafzi. 60–120 €; ⏲ganzjährig; P Wi-Fi) Omalos Village besteht aus drei gut ausgestatteten, geräumigen Bruchsteinhäusern mit je zwei Schlafzimmern, großem Ess- und Küchenbereich sowie einen Kamin. Außerdem hat jedes Haus einen Sitzbereich im Freien mit umwerfender Aussicht, allerdings ist das Gelände selbst eher unattraktiv.

An- & Weiterreise

Speziell für Wanderer fahren frühmorgens Busse von Chania (7,50 €, 1 Std.) hierher. Im Sommer fährt auch täglich außer sonntags ein Bus ab Paleochora über Sougia (7 €).

Wer die Samaria-Schlucht durchwandern und dann zu seinem Zimmer (und Gepäck) in Omalos zurück will, kann von Agia Roumeli, dem Endpunkt der Wanderung, die Nachmittagsfähre nach Sougia (11 €, 40 Min.) nehmen und von dort für rund 50 € mit dem Taxi zurück nach Omalos fahren oder den Bus von Sougia nehmen, der nach Eintreffen des Boots abfährt und in Omalos (5,30 €) hält.

Theriso Θέρισο

Theriso am Fuß der Lefka Ori, 500 m über dem Meer, hat in den Herzen der Kreter einen besonderen Platz. Es war Schauplatz historischer Schlachten gegen die Türken und ist berühmt für seine Verbindung zum Politiker Eleftherios Venizelos und Kretas revolutionärer Phase Ende des 19. Jhs. Heute sind seine tollen Tavernen beliebt, die sonntags marathonmäßige Mittagessen servieren.

Sehenswertes

Museum des Nationalen Widerstands MUSEUM
(☎28210 78780; 1 €; ⏲11–15 Uhr) Das kleine Museum fast im Dorfzentrum dokumen-

tiert die kretische Widerstandsbewegung der Zeit von 1941 bis 1945. Es gibt nur einige wenige Erläuterungen auf Englisch. Den alten Mühlstein in der Ausstellung benutzten die türkischen Besatzer 1821, um die Widerstandskämpferin Chrysi Tripiti in der Olivenpresse des Dorfes zu zerquetschen.

Schlafen & Essen

In der Gegend gibt es einige Ferienhäuser und Pensionszimmer. Ansonsten ist Chania nur eine 30-minütige Fahrt entfernt.

Tavernen in Theriso bieten traditionelle kretische Küche und lohnen einen Besuch am Sonntag, um sich ein langes, geruhsames Mittagessen zu gönnen.

Leventogiannis Taverna KRETISCH €
(28210 74095; https://sites.google.com/site/leventogiannistherisso; Hauptgerichte 5,50–10 €; Di–So 12.30–18 Uhr) Die Taverne hat einen hübschen Hof im Schatten von Platanen und serviert Grillfleisch, getoastete Sandwiches und manchmal leckere und große Portionen von *kreatotourta* (Fleischpastete).

Antartis KRETISCH €
(28210 78833; Hauptgerichte 6–11 €; Mi–Mo 11–18 Uhr) Im Antartis gibt es prima Mezze und kretische Gerichte wie *staka* (gewürfeltes Ziegenfleisch in Ziegenmilchsauce).

An- & Weiterreise

Theriso lässt sich am besten mit dem Auto erreichen. Von Chania dauert die Fahrt 30 Minuten, es gibt aber auch eine längere, landschaftlich schöne Route.

Samaria-Schlucht
Φαράγγι της Σαμαριάς

Für viele Kreta-Besucher steht eine Wanderung durch die 16 km lange **Samaria-Schlucht** (28210 45570; www.samaria.gr; Omalos; Erw./Kind 5 €/frei; Mai–Mitte Okt. 7.30–16 Uhr), eine der längsten Schluchten Europas, ganz oben auf der Wunschliste. Die Schlucht mit ihren hohen Felswänden und schmalen Durchgängen besitzt fraglos eine ungezähmte Schönheit. Der Wanderweg beginnt auf 1230 m Höhe gleich südlich von Omalos bei Xyloskalo und endet im Küstendorf Agia Roumeli. Man kann die Wanderung geruhsamer angehen, indem man die kürzere Strecke mit Startpunkt in Agia Roumeli wählt. Agia Roumeli kann nur mit dem Boot nach Sougia oder Chora Sfakion verlassen werden, wo jeweils Busse und Taxis zurück nach Chania fahren.

Die beste Jahreszeit für die Samaria-Wanderung ist April und Mai, wenn die Wildblumen am Wegesrand blühen. Wer aufmerksam ist, erblickt vielleicht die heimische *kri-kri*, eine scheue, bedrohte Wildziege.

Wandern in der Schlucht

Infos zur Wanderung sind auf der Doppelseite Wandern in Chania (S. 112) nachzulesen.

Schlafen & Essen

Es ist verboten, in der Schlucht zu zelten (oder überhaupt dort die Nacht zu verbringen). Wanderer können in Omalos an ihrem Nordende oder in Agia Roumeli am Südende übernachten.

Tavernen gibt es in Omalos, eine direkt am Eingang der Schlucht. Wenn die Schlucht geöffnet ist, verkaufen Stände Souvenirs, Snacks, Wasserflaschen und dergleichen. Agia Roumeli hat mehrere Tavernen. Es gibt zudem einen Imbissstand am Ausgang des Nationalparks, der Bier, Kaffee und andere Erfrischungen verkauft.

Xyloskalo KRETISCH €
(28210 67237; Hauptgerichte 5–11 €; 10–18 Uhr) Gleich über dem atemberaubenden Abgrund der Samaria-Schlucht, thront dieses gemütliche Restaurant, das kretische und griechische Klassiker auftischt. Manchmal kreisen Adler vor seinen Panoramafenstern. Außerdem bietet es die letzte Chance, vor der Wanderung ein WC zu nutzen.Die Besitzer betreiben auch ein Café (7–13 Uhr) am Schluchteingang.

An- & Weiterreise

Die meisten durchwandern die Schlucht in Nord-Süd-Richtung auf einem Tagesausflug, der in jedem größeren Ort oder Resort auf Kreta gebucht werden kann. Vorher sollte man sich erkundigen, ob in den Tourpreisen die 5 € Eintritt zur Schlucht und die Rückfahrt per Fähre von Agia Roumeli nach Sougia oder Chora Sfakion enthalten sind.

Mit etwas Vorausplanung lässt sich die Wanderung aber auch in Eigenregie unternehmen. Von Chania (7,50 €, 1 Std.), Sougia (5,30 €, 1 Std.) und Paleochora (7 €, 1 Std.) fahren in der Hochsaison ein- oder zweimal täglich frühmorgens Busse nach Omalos ab. Der Fahrplan ändert sich je nach Jahreszeit; die aktuellen Zeiten sind unter www.e-ktel.com zu erfahren. Oder man nimmt ein Taxi.

WANDERN IN CHANIA

SAMARIA-SCHLUCHT

START XYLOSKALO
ZIEL AGIA ROUMELI
LÄNGE/DAUER 16 KM; VIER BIS SECHS STUNDEN
SCHWIERIGKEIT MITTELSCHWER

Der Weg beginnt gleich südlich von Omalos in **Xyloskalo** (S. 111), wo es eine Taverne gibt, in der Wanderer vor dem Marsch noch etwas trinken, frühstücken oder die Toilette benutzen können. Gleich zu Beginn des Wanderwegs führt ein steiler, kurvenreicher Steinpfad über etwa 600 m hinab in die Schlucht. Nach knapp einer Stunde ist der erste Rastplatz mit Trinkwasser und Toiletten erreicht. Die nächste Station ist die von Zypressen gerahmte **Agios-Nikolaos-Kapelle**.

Ab hier ist die Schlucht auf den nächsten 6 km breit und offen und landschaftlich nicht besonders schön, bis das verlassene Dorf **Samaria** erreicht ist. Seine Einwohner wurden umgesiedelt, als die Schlucht als Nationalpark ausgewiesen wurde. Hier ist der Hauptrastplatz mit Toiletten, Wasser und Bänken zum Auszuruhen und Picknicken. Gleich südlich des Dorfs steht eine **Kapelle** aus dem 14. Jh., die der **hl. Maria von Ägypten** (Ossia Maria) geweiht ist. Ihr verdankt die Schlucht ihren Namen.

Ein Stück weiter verengt sich die Schlucht immer dramatischer; zwischen den 9-km- und den 11-km-Marken warnen Schilder vor Steinschlag. Es ist ratsam, hier so schnell wie möglich, aber auch sicherheitsbedacht durchzulaufen. Bei der 11-km-Marke rücken die Felswände auf nur 3,5 m zusammen. Hier sind auch die berühmten **Sideroportes (Eisernen Pforten)**, wo ein klappriger Holzsteg rund 20 m weit übers Wasser führt.

Die Schlucht im Nationalpark endet an der **13-km-Marke** gleich nördlich der weitgehend verlassenen Ortschaft Palea Agia Roumeli (Altes Agia Roumeli). Von dort sind es noch weitere 3 km bis zum Küstendorf **Agia Roumeli**, dessen schöner Kieselstrand mit glitzerndem Wasser ein höchst willkommener Anblick ist. Die meisten nutzen die Gelegenheit, sich hier im Meer abzukühlen

Wie guter Wein will Kretas Landschaft in kleinen Schlucken genossen werden. Also raus aus dem Auto und auf die Wanderwege, um gemächlich und aus nächster Nähe die von Wind und Wetter geformten Schluchten zu erleben.

oder wenigstens ihre schmerzenden Füße ins Wasser zu hängen, bevor sie sich zum Essen in eine der Strandtavernen begeben.

Die gesamte Wanderung dauert etwa vier (für zügige Wanderer) bis zu sechs Stunden (für Bummler). Der Weg ist sehr steinig, entsprechendes Schuhwerk ist also notwendig.

IMBROS-SCHLUCHT

START IMBROS
ZIEL KOMITADES
LÄNGE/DAUER 8 KM; ZWEI BIS DREI STUNDEN
SCHWIERIGKEIT MITTELSCHWER

Die 8 km lange Imbros-Schlucht ist etwa halb so lang wie die berühmte Samaria-Schlucht und für viele Wanderer eine beliebte Alternative – aus gutem Grund. Es herrscht weniger Andrang, sie ist nicht so schwer zu meistern, das ganze Jahr über offen und genauso schön wie die Samaria, besonders nachmittags. Die Wanderung kann vom Dorf Imbros nach Süden bis zum Küstenort Komitades unternommen werden oder in der umgekehrten Richtung. Letzteres ist jedoch anstrengender, da es leicht bergauf geht.

Wer im Bergdorf **Imbros** losmarschiert, kann sich dort zuvor in den paar Cafés und Tavernen, darunter das familiengeführte **Porofarango** (☎ 28250 95450; Hauptgerichte 6–11 €; ⏲ 7.30–19 Uhr), stärken und auf die Toilette gehen. Nach Bezahlung der Gebühr (2 €) an der Bude beginnt der sanfte Abstieg.

Die Wanderweg ist von Zypressen, Steineichen, Feigen- und Mandelbäumen sowie duftendem Salbei gesäumt. Er ist leicht auszumachen, da er dem Bachbett vorbei an Felsstürzen und Höhlen folgt; festes Schuhwerk ist unbedingt nötig, um über Felsbrocken zu klettern.

Nach gut der halben Strecke ist bei der 4,5-km-Marke die **schmalste Stelle** der Schlucht erreicht. Sie ist nur knapp 2 m breit und die Felswände sind 300 m hoch. Kurz danach wird der Pfad breiter und die meisten Wanderer halten an der Stelle, um die Landschaft zu bewundern. Es gibt dort eine venezianische Zisterne und einen Rastplatz.

Nach etwa 6 km kommt das **Xepitira-Tor** in Sicht, ein riesiger natürlicher Steinbogen.

Weiter geht es bis zum Wegesende im Ort **Komitades**. Dort warten Tavernen, um die müden Beine auszuruhen und sich mit einem kretischen Essen zu belohnen.

Es ist möglich, mit einem Taxi zurück nach Imbros zu fahren (etwa 20–35 €) – was in einer der Tavernen in der Regel vermittelt wird.

In Agia Roumeli am Ende des Wanderwegs legen um 17.30 Uhr Anendyk-Fähren (S. 95) nach Sougia (11 €) und Chora Sfakion (12,50 €) ab; die Fahrt dauert 40 Minuten. In Chora Sfakion fährt nach Ankunft der Fähre ein Bus um 18.30 Uhr zurück nach Chania und einer um 18.15 Uhr nach Sougia; einige Busse ab Sougia fahren nach Omalos.

NORDWESTKÜSTE

Kretas äußerster Nordwesten ist nicht so stark vom Tourismus geprägt wie Chania und die umliegenden Badeorte. Hat man die zugebaute Gegend um Platanias, gleich westlich von Chania, erst mal hinter sich gelassen, besteht der Rest der Nordwestküste vor allem aus den praktisch unbewohnten Halbinseln Gramvousa und Rodopou. Am meisten auf Touristen ausgerichtet ist hier noch Kolymbari an der Zufahrt zur Halbinsel Rodopou – am bekanntesten ist der Ort aber für sein in ganz Griechenland verkauftes Olivenöl.

Die Provinz Kissamos ist eine raue, landwirtschaftlich geprägte Region mit verstreuten Dörfern und Städtchen. Ihre Hauptstadt, Kissamos (Kastelli), ist Anlaufhafen für Fähren vom Peloponnes. Die Westküste kann mit zwei der schönsten (und erstaunlich unerschlossenen) Stränden Kretas aufwarten: Falasarna und dem noch entlegeneren Balos (Gramvousa). Zur Provinz Selinos gehört die Region Innachorion mit ihren kleinen Bergdörfern.

Halbinsel Rodopou
Χερσόνησος Ροδοπού

1088 EW.

Auf der kargen, felsigen Halbinsel Rodopou gibt es ein paar Dörfer an ihrem unteren Ende, aber der Rest ist unbewohnt. Eine Asphaltstraße führt bis nach **Afrata**, wo es ein paar gute Tavernen gibt, aber ab hier wird sie zur Piste, die sich über die Halbinsel schlängelt. Die Ruine des Diktynna-Tempels am Ende der Halbinsel ist mit einem Geländewagen oder auf einer Bootstour zu erreichen. Aber die Fahrt sollte gut geplant werden, einschließlich ausreichend Benzin, Proviant und Wasser. Ab dem Dorf Afrata windet sich eine Straße hinab zum zum kieseligen **Afrata-Strand** mit einer nur im Sommer geöffneten kleinen Snackbar.

Kolymbari an der östlichen Seite der unteren Halbinsel ist für alle reizvoll, die einen geruhsamen Urlaub wünschen. Das ehemalige Fischerdörfchen hat sich zu einem kleinen Touristenort entwickelt, wobei es auch von seinem langen Kiesstrand profitiert. Es gibt dort ein interessantes Kloster und Museum, das Moni Gonias, und das Dorf ist bekannt für seine Fischtavernen.

Sehenswertes

Diktynna RUINE

An der Ostspitze der Halbinsel Rodopou liegen die Überreste eines Tempels der Diktynna, der kretischen Jagdgöttin, die im Westen der Insel glühend verehrt wurde. Der Tempel war in römischer Zeit das wichtigste Heiligtum der Region, aber wurde nach dem Zusammenbruch des Römischen Reichs entweiht. Heute sind nur noch die Grundmauern, ein Opferaltar und einige römische Zisternen zu sehen. Außerdem gibt es hier einen hübschen Sandstrand.

Der Legende zufolge ist der Name Diktynna von dem Wort *diktyon* abgeleitet, was „Netz“ bedeutet. Ein Fischernetz war nämlich ihre Rettung, als sie sich ins Meer stürzte, um den Avancen von König Minos zu entgehen. Der Tempel stammt aus dem 2. Jh. n.Chr., steht aber vermutlich auf den Resten eines früheren Heiligtums.

Mit dem Auto ist Diktynna über eine Piste ab Kolymbari zu erreichen, am besten mit einem Geländewagen. Reisebüros in Chania bieten auch Bootstouren an.

Moni Gonias KLOSTER

(3 €; ⌚Mai–Okt. 9–19 Uhr, Nov.–April bis 17 Uhr) Das 1618 gegründete Moni Gonias wurde 1645 teilweise von den Türken zerstört, aber 1662 wieder aufgebaut und im 19. Jh. erweitert. Das Kloster birgt in seinem beeindruckenden und gut gestalteten Museum eine einzigartige Sammlung von Ikonen aus dem 15. bis 19. Jh. Die wertvollste davon ist die Ikone des Agios Nikolaos, 1637 von Palaiokapas gemalt. Sie ist ein hervorragendes Beispiel der Kretischen Schule der Ikonenmalerei, die ihre Blütezeit im 17. Jh. erlebte.

Das Museum zeigt auch interessante Ausstellungen zur Geschichte des Klosters sowie alte Manuskripte. Ein kleiner Laden verkauft zudem Raki und Olivenöl aus klostereigener Herstellung.

Das Kloster, zugleich Standort der Theologischen Akademie von Kreta, ist von Kolymbari leicht zu erreichen: Vom Ortszentrum einfach der Uferstraße rund 500 m nach Norden folgen.

Schlafen & Essen

In Kolymbari befinden sich ein paar wenig reizvolle Hotels für Pauschaltouristen, die lange im Voraus ausgebucht sind, sowie ein paar nichtssagende Apartmentanlagen, die als Unterkunft akzeptabel sind.

Die meisten Restaurants der Halbinsel befinden sich ebenfalls in Kolymbari, wo Fischtavernen am Ufer stehen. In Afrata gibt es außerdem ein paar schöne Tavernen. Danach gibt es nichts mehr zu essen.

Aeolos Apartments APARTMENTS €
(28240 22203; Kolymbari; Studios/Apt. ab 45/50 €; P) Der betagte, aber gepflegte Komplex auf einem Hügel ist von Kolymbari aus ausgeschildert. Die luftigen, geräumigen Studios und 2-Zimmer-Apartments haben geschnitzte Holzbetten, TV, Küchenzeilen und große Balkone mit Meerblick.

Tis Litsas Ta Kamomata TAVERNE €
(6976228778; Afrata; Hauptgerichte 6–12 €; April–Okt. tgl. 10–22 Uhr) Gäste werden von den freundlichen Besitzern in dieser bewährten und authentisch kretischen Taverne willkommen geheißen. Serviert wird hier herausragende Landküche und der Blick aufs Meer ist umwerfend.

Argentina FISCH & MEERESFRÜCHTE €€
(28240 22243; Hafen von Kolymbari; Fisch pro kg 46–65 €, Hauptgerichte 6–13 €; 12 Uhr–open end) Eine der besten Fischtavernen der Gegend mit Tischen an der Hauptstraße und auf der anderen Straßenseite, gleich am Hafen. Sie serviert Meeresfrüchte-Gerichte wie Tintenfisch mit Oliven und Fisch von erstklassiger Qualität.

Diktina FISCH & MEERESFRÜCHTE €€
(28240 22611; Hafen von Kolymbari; Fisch pro kg 40–60 €, Hauptgerichte 8,50–14 €; 12 Uhr–open end) Die moderne Fischtaverne bietet Hafenblick und zuverlässig gute Fischgerichte.

Ausgehen & Nachtleben

Milos tou Tzerani CAFÉ
(28240 22210; Hafen von Kolymbari; 8.30 Uhr–open end) Die Café-Bar in einer wunderbar restaurierten Mühle am Meer ist ein ausgesprochen nettes Plätzchen für einen Kaffee oder einen abendlichen Drink mit leichten Snacks, Pizza, Pasta und *mezedhes*.

Praktische Informationen

An der Hauptstraße gibt es einen Geldautomaten und im Zentrum von Kolymbari eine Post.

An- & Weiterreise

Kolymbari liegt 23 km westlich von Chania. Die häufigen Busse von Chania nach Kissamos (Kastelli) halten in Kolymbari (3,60 €, 40 Min.) an der Hauptstraße, von wo es 500 m zu Fuß bis zum Dorf hinab sind.

Kissamos (Kastelli)
Κίσσαμος (Καστέλλι)

4275 EW.

Kissamos hat sich noch nicht gänzlich dem Tourismus ergeben und besitzt eine rauere, fast schon düstere Atmosphäre im Vergleich zu anderen Orten an der Nordküste. Es ist ein guter Ausgangsort für Tagesausflüge mit dem Boot nach Balos auf der Halbinsel Gramvousa und besitzt ein archäologisches Museum, das für Geschichtsfans interessant ist. Im Ort gibt es zwei Strände, die durch eine Strandpromenade getrennt sind: den sandigen Mavros Molos im Westen und den kieseligen Telonio im Osten.

Der größte Ort der Provinz Kissamos, der zugleich ihre Hauptstadt ist, wird mal Kissamos, mal Kastelli genannt (offiziell heißt er Kissamos).

Geschichte

Kissamos war der Hafen für den bedeutenden dorischen Stadtstaat Polyrrinia, 7 km landeinwärts. Seine Glanzzeit erreichte es in der römischen Ära. Hinterlassenschaften dieser Zeit sind heute im Museum der Stadt und in den archäologischen Museen in Chania und Iraklion ausgestellt. Der größte Teil der antiken Stadt liegt allerdings unter dem heutigen Kissamos und kann daher nicht ausgegraben werden.

Im 3. Jh. n. Chr. erlangte die Stadt ihre Unabhängigkeit und wurde dann unter den Byzantinern Bischofssitz. Im 9. Jh. wurde es von den Sarazenen besetzt. Dann bescherten die Venezianer Kissamos eine neue Blütezeit und bauten hier eine Burg. Fortan wurde die Stadt Kastelli genannt. Dieser Name hielt sich, bis die Behörden 1966 befanden, dass zu viele Leute dieses Kastelli mit Kretas anderem Kastelli bei Iraklion verwechselten. Also wurde die Stadt offiziell wieder in Kissamos umgetauft. Trotzdem wird sie immer noch häufig als Kastelli oder

Kissamos-Kastelli bezeichnet. Westlich der Plateia Tzanakaki sind Reste der Burgmauer erhalten.

Sehenswertes

Archäologisches Museum Kissamos MUSEUM

(☎28220 83308; http://odysseus.culture.gr; Plateia Tzanakaki; Erw./Kind 2 €/frei; ⊙Mi–Mo 8.30–18 Uhr) Das Museum in einem imposanten venezianisch-türkischen Gebäude am Hauptplatz zeigt auf zwei Stockwerken archäologische Funde aus der Umgebung, u. a. Statuen, Schmuck, Münzen und ein großes Bodenmosaik aus einer Villa in Kissamos. Die meisten Exponate stammen aus der griechisch-römischen Antike, aber es sind auch einige minoische Fundstücke zu sehen. Daneben werden auch Funde aus Falasarna, Polyrrinia und Nopigia präsentiert.

Geführte Touren

Strata Walking Tours WANDERN

(☎6974092913, 28220 24249; www.stratatours.com) Strata Tours mit Sitz in Kissamos bietet alle möglichen Touren zu Fuß an, von gemächlichen Tagesausflügen zum Strand von Elafonisi bis zu Wanderführungen durch die Samaria-Schlucht.

Schlafen

Kissamos hat ein breites Unterkunftsangebot für fast jeden Geldbeutel, darunter etliche moderne Hotels an der Küste, ein Hostel und einen Campingplatz.

Thalassa APARTMENTS €

(☎28220 31231; www.thalassa-apts.gr; Drapanias-Strand; Studios ab 45 €; P❄@📶≋👪) Die abgelegene Anlage am Drapanias-Strand etwa 5 km östlich von Kissamos ist ideal für einen ruhigen Strandurlaub. Neben luftigen und gut ausgestatteten Studios gibt es einen Grillplatz auf dem Rasen, einen kleinen Spielplatz und einen Salzwasserpool. Die Unterkunft ist am besten für Reisende mit Auto zu erreichen.

Hostel Stylianos HOSTEL €

(☎28220 23326; www.hostelstylianos.gr; Iroon Polytechniou 86–88; B/DZ 14/30 €; ❄📶) Das Hostel hat schlichte, nach Geschlechtern getrennte Schlafsäle mit metallenen Etagenbetten sowie oben ein paar Privatzimmer mit einer gemeinsamen, großen Balkonter-

ABSEITS DER ÜBLICHEN PFADE

POLYRRINIA ΠΟΛΥΡΡΗΝΙΑ

Die herrlichen Ruinen der antiken Stadt Polyrrinia liegen etwa 7 km südlich von Kissamos (Kastelli) auf einer Bergkuppe oberhalb des Dorfs gleichen Namens. Von der wehrhaften Bergspitze bietet sich ein umwerfender Rundblick über Meer, Berge und Täler und im Frühling ist die Region von Wildblumen bedeckt. Die imposanteste Ruine ist die von den Byzantinern und Venezianern errichtete **Akropolis**. Außerdem steht hier eine **Kirche**, die auf den Grundmauern eines hellenistischen Tempels aus dem 4. Jh. v. Chr. errichtet wurde.

Im Dorf unten steht eine Informationstafel; von dort ist der Weg nach rechts zur Akropolis ausgeschildert. Vor dem Aufstieg gibt es eine kleine Touristeninformation mit Café, das ehrenamtlich geführt wird. Vom Ort bis zur Kirche geht es 15 Minuten über Felsen und einen überwucherten Pfad hinauf. Von dort sind es noch weitere 20 Minuten bis zur Akropolis.

Polyrrinia wurde im 6. Jh. v. Chr. von den Dorern gegründet und lag im permanenten Krieg mit den Kydoniern von Chania. Münzen aus dieser Zeit zeigen die Kriegsgöttin Athene, die von den kriegerischen Polyriniern offenbar leidenschaftlich verehrt wurde.

Im Gegensatz zur Erzrivalin Kydonia leistete Polyrrinia den römischen Invasoren keinen Widerstand und blieb so von der Zerstörung verschont. Sie war die am besten befestigte Stadt auf ganz Kreta und diente von der Römerzeit bis in die byzantinische Epoche als Verwaltungszentrum des Westteils der Insel. Später nutzten die Venezianer sie als Festung. Viele der historischen Überbleibsel datieren aus römischer Zeit, darunter auch ein von Hadrian erbauter **Aquädukt**. Interessant ist auch eine den Nymphen geweihte **Höhle** in der Nähe des Aquädukts, in der heute noch die Nischen für die Nymphenstatuetten zu sehen sind.

Zu der Ruinenstätte fahren keine öffentlichen Busse.

rasse. Die Wände der Schlafsäle haben oben eine Lücke, es ist also hellhörig; Ohrstöpsel helfen. Der hilfsbereite Besitzer hat viele Infos zur Umgebung und bietet kostenlosen Transport zum Hafen an.

Camping Mithymna CAMPINGPLATZ €
(☎28220 31444; www.campingmithimna.gr; Paralia Drapania; Stellplatz Erw./Kind/Zelt 7/3,50/5 €; P 📶 👪) Rund 5 km östlich der Stadt in angenehmer, schattiger Lage nicht weit von einem schönen Strandabschnitt und mit Restaurant, Bar, Spielplatz und Minimarkt. Anfahrt mit dem Bus zum Dorf Drapanias, von dort sind es angenehme 15 Min. (ca. 800 m) zu Fuß durch Olivenhaine bis zum Campingplatz.

Nautilus Bay Hotel APARTMENTS €€
(☎28220 22250; www.nautilusbay.gr; Plaka-Strand; Apt. ab 110 €; P ❄ 📶 🏊 👪) Gut proportionierte und moderne Apartments mit funktionalen Möbeln und kleinen Kochnischen in einem Neubaukomplex gleich am Sandstrand im Zentrum der Stadt. Die Balkone bieten weiten Ausblick. Zur Anlage gehören ein Restaurant mit Bar und ein großer Poolbereich.

Christina Beach Hotel APARTMENTS €€
(☎28220 83333; www.christina-beach.gr; Studios ab 40 €; P ❄ @ 📶 🏊) Der schicke Studiokomplex im Westen von Kissamos ist das Beste, was die örtliche Hotellerie zu bieten hat. Die modernen Studios direkt am Ufer sind geräumig und luftig, der Sandstrand liegt nur einen Steinwurf entfernt und der einladende Pool lädt zum Faulenzen ein.

Stavroula Palace HOTEL €€
(☎28220 23620; EZ/DZ/3BZ mit Frühstück 50/65/80 €; ❄ 📶 🏊 👪) Das heitere und preiswerte Uferhotel wird von der liebenswürdigen Stavroula und ihrer Familie geführt. Es hat luftige, moderne Zimmer mit Balkon, die auf einen großen Swimmingpool hinausgehen, und einen sehr gepflegten Garten, in dem Frühstück serviert wird. Für Kinder gibt es einen Bereich zum Toben.

Essen & Ausgehen

Die besten Restaurants in Kissamos sind an der Promenade zu finden, wo ein paar Tavernen Meeresfrüchte und klassische kretische Gerichte servieren.

Taverna Petra FAST FOOD €
(Hauptgerichte 6–12 €; ⏲9–22 Uhr) Das bescheidene Lokal an einer Ecke des Hauptplatzes serviert anständige Souvlaki (8 €) sowie diverses Grillfleisch und die üblichen griechischen Gerichte.

Taverna Sunset TAVERNE €€
(☎28220 83478; Paraliaki; Hauptgerichte 7–14 €; ⏲12–24 Uhr) Einheimische und eingeweihte Touristen bevölkern diese urtypische Familientaverne unter Leitung von Giannis, der die meiste Zeit hinterm Grill steht, um Fleisch und Fisch zu saftiger Perfektion zu brutzeln. Das Lokal liegt direkt an der Uferpromenade und genießt somit eine erfrischende Meeresbrise.

Fish Tavern 1960 FISCH & MEERESFRÜCHTE €€
(☎28220 22340; Paraliaki; Hauptgerichte 7–17 €; ⏲Mai–Okt. 12 Uhr–open end; 📶 🖉) Die klassische Taverne in der Mitte der Uferpromenade ist bekannt für frischen Fisch (den man vor dem Bestellen in der Küche begutachten kann). Es sind aber auch jede Menge *mayirefta* (vorgekochte Gerichte) und Grillgerichte sowie eine gute Auswahl an vegetarischen Speisen im Angebot.

★ **Babel Cafe Bar** BAR
(☎28220 22045; ⏲8 Uhr–open end; 📶) Die schicke, moderne Café-Bar an der Strandpromenade ist ideal für ein schnelles Frühstück, einen Snack oder einfach auf einen Kaffee. Abends ist der Laden ein beliebter Treffpunkt für junge Griechen. Seine Bier- und Cocktailkarte gehört zu den umfangreichsten der Stadt. Ein Besuch hier lohnt sich schon wegen des umwerfenden Buchtpanoramas von der betriebsamen Terrasse.

Praktische Informationen

Chalkiadaki Travel (☎28220 22009; Skalidi 49; ⏲9–14 & 18–21.30 Uhr)

Horeftakis Tours (☎28220 23250; Skalidi; ⏲9–15 & 18–21 Uhr)

An- & Weiterreise

AUTO

Kissamos liegt etwa 40 km westlich von Chania. **Kissamos Rent a Car** (☎28220 23740; www.kissamosrentacar.com; Iroon Polytechniou 210; ⏲9–21 Uhr) ist eine von mehreren Autovermietungen an der Hauptstraße Iroon Polytechniou.

BUS

Die Busfahrpläne ändern sich je nach Saison – sie sind am **KTEL Busbahnhof** (☎28210 93052; www.e-ktel.com; Kampouri) zu erfahren. Häufige Busverbindungen gibt es mit Chania (5,10 €, 1 Std.), mit Umstieg in Chania nach Paleochora,

Rethymnon und Iraklion. Nur im Sommer fährt einmal täglich ein Bus nach Falasarna (3,80 €, 40 Min.) und von Mai bis Oktober einmal täglich einer nach Elafonisi (6,90 €, 1¼ Std.).

SCHIFF/FÄHRE

Am Hafen 3 km westlich der Stadt legen drei Fähren von **Triton** (☎28210 75444; www.tritonferries.gr) nach Kythira (15 €, 4 Std.) und eine nach Gythion (25 €, 7 Std.) ab. Im Sommer ist der Busfahrplan auf die Fähren abgestimmt, ansonsten kosten Taxis in die Stadt um die 8 €. Die Fahrpläne ändern sich je nach Jahreszeit.

Halbinsel Gramvousa
Χερσόνησος Γραμβούσα

Nordwestlich von Kissamos (Kastelli) erstreckt sich die herrlich wilde und abgelegene Halbinsel Gramvousa. Ihre Hauptattraktion ist der fantastische, lagunenartige Sandstrand Balos am Kap Tigani an der Westseite der schmalen Spitze der Halbinsel. Das Dorf Kaliviani ist eine gute Basis für Besucher der Halbinsel. Es gibt dort mehrere schöne Ferienhäuser und Pensionen sowie reizvolle Restaurants.

Geschichte

Die Insel Imeri Gramvousa vor der Küste Kretas war für die Venezianer von strategischer Bedeutung. Sie bauten dort eine Festung, um ihre Handelsrouten vor den Türken zu schützen. Die schwer mit Waffen ausgerüstete Festung wurde tatsächlich nicht, wie das übrige Kreta 1645, von den Osmanen erobert; sie blieb in venezianischer Hand, bis sie 1691 an die Türken fiel (dank eines verräterischen Hauptmanns). 1821 geriet sie in die Hände von kretischen Rebellen, die sich auf die Piraterie verlegten, als sie während des Unabhängigkeitskrieges von den Türken vom westlichen Teil der Insel abgeschnitten wurden. Man munkelt, die Piraten hätten sagenhafte Schätze angehäuft und in Höhlen rund um die Insel versteckt.

Sehenswertes

★Balos LAGUNE

Geschützt an der schroffen Halbinsel Gramvousa liegt der Sandstrand Balos um eine Art Lagune, deren flaches, schimmernd türkisfarbenes Wasser im Sommer zahllose Besucher anlockt. Der abgelegene Flecken taucht in vielen Touristenbroschüren für Kreta auf. Wenn er sich von seiner schönsten Seite zeigt, ist er ein himmlischer Anblick, mit plätscherndem Wasser, in dem herumflitzende Fische schimmern. Wenn Ebbe herrscht, ein starker Wind weht oder er von Besuchern aus dem Rundfahrtboot überlaufen ist, kann es hier etwas enttäuschend sein.

Zu erreichen ist Balos über eine sehr holprige, 12 km lange und gelegentlich gefährliche Piste, die am Ende der Hauptstraße von Kaliviani beginnt. Es fahren zwar einige mit dem Pkw hierher, aber ein Geländewagen ist wirklich notwendig (ohnehin werden die meisten Autovermieter für Schäden, die auf der Fahrt nach Balos entstanden sind, nicht aufkommen). Der Blick vom Parkplatz bei der Ankunft ist sensationell. Von hier sind es noch 1 km zu Fuß über einen Pfad hinab zum Strand. Die andere Möglichkeit nach Balos zu kommen ist eine Bootstour (s. u.) ab Kissamos. Das Boot legt erst für rund 90 Minuten an der Insel Imeri Gramvousa an, wo man den schweißtreibenden Aufstieg zur Ruine einer gewaltigen venezianischen Festung machen kann, die als Abwehr gegen Piraten errichtet wurde.

Zu beachten: Balos bietet keinerlei Schatten, aber es werden Sonnenliegen und -schirme vermietet. Die Toiletten sind sehr einfach.

Geführte Touren

Cretan Daily Cruises BOOTSFAHRTEN

(☎28220 24344; www.cretandailycruises.com; Erw./Kind 27/13 €; ⏲Ende April–Okt.) Am einfachsten lassen sich Gramvousa und die Balos-Lagune mit dem Boot ab Kissamos erreichen (die einzige andere Möglichkeit ist die Fahrt über eine extrem holprige Straße, für die ein Geländewagen nötig ist). Das Boot legt einmal täglich um 10 Uhr ab (öfter im Sommer), aber man sollte sich vergewissern, dass die Überfahrt nicht wegen starken Winds gestrichen wurde.

Im Sommer kann es passieren, dass die Fähre überfüllt ist, es ist also am besten, früh einzutreffen, um einen Sitz zu ergattern. Sie legt für etwa 90 Minuten an der Insel Imeri an, wo die Passagiere schwimmen oder hoch zur venezianischen Burg mit ihrem hinreißenden Blick laufen können. Danach folgt die zehnminütige Überfahrt nach Balos. An Bord gibt es Essen und Trinken zu vertretbaren Preisen. Im Sommer treffen KTEL-Busse ab Chania rechtzeitig zur Abfahrt des Boots ein. Auf jedes Ticket wird eine Steuer von 1 € erhoben.

Schlafen

Der beste Stützpunkt für die Erkundung der Region ist das Dorf Kaliviani, 6 km westlich von Kissamos (Kastelli). In Kaliviani gibt es recht gute Unterkünfte, darunter eine reizvolle Pension und ein paar Luxusferienhäuser. In Balos selbst gibt es keine Unterkunft.

Olive Tree Apartments APARTMENTS €

(☎ 28220 24336; www.olivetree.reserve-online.net; Kaliviani; Apt./Maisonette ab 45/70 €; P ❄ ≋) Der attraktive Komplex in einem Olivenhain gleich östlich von Kaliviani hat geräumige, komfortable und ansprechend eingerichtete Apartments und Maisonettes, die sich gut für Familien und einen längeren Aufenthalt eignen, einen einladenden Pool und herrlichen Meerblick.

Kaliviani PENSION €€

(☎ 28220 23204; www.kaliviani.com; Kaliviani; Zi. 30–120 €; P ❄ ᯤ ♿) Das hübsche Steingebäude bietet gemütliche, geschmackvoll eingerichtete Zimmer mit Kühlschrank und Balkon und mit Platz für zwei bis vier Personen. Außerdem gibt es ein ausgezeichnetes Restaurant mit modern-kretischer Küche und einen Spielbereich für die lieben Kleinen.

Patriko & Kotoi VILLA €€€

(☎ 6972299675; www.villapatriko.com; Kaliviani; Villa pro Woche ab 1800 €; ⏲ April–Okt.; ❄ ᯤ ≋) Die voll ausgestattete, zweistöckige Luxusvilla Patriko inmitten von Kaliviani bietet bis zu zehn Personen Platz und hat von der iPod-Dockingstation bis zu Geschirrspüler, Waschmaschine, Holzofen, Swimmingpool und biologischen Toilettenartikeln so ziemlich alles. Nebenan ist die kleinere Villa Kotoi mit Platz für zwei Personen.

Essen

In Kaliviani gibt es einige hervorragende Restaurants, z.B. das Gramvousa mit gut zubereiten Gerichten in einem hinreißenden Garten oder Mama's Dinner mit seiner hübschen Terrasse. In Balos gibt es nichts zu essen, Hungrige sollten sich also Proviant einpacken. Wer mit der Fähre dorthin fährt, kann an Bord essen.

★ **Gramvousa** KRETISCH €€

(☎ 28220 22707; http://gramvousarestaurant.com; Kaliviani; Hauptgerichte 8–17 €; ⏲ Mai–Okt. 11–23 Uhr; P) Das Gramvousa in Kaliviani, etwa 6 km westlich von Kissamos, serviert edle traditionelle kretische Küche in einem elegant rustikalen Steinhaus inmitten eines herrlichen Gartens. Es ist um Klassen besser als andere Restaurants und bietet die Gelegenheit, die frischesten regionalen Zutaten, die die Insel zu bieten hat, und Spezialitäten aus dem Holzofen zu probieren, wie Spanferkel oder Lamm mit Honig.

Mama's Dinner KRETISCH €€

(☎ 28220 23204; www.mamasdinnerkaliviani.com; Kaliviani; Hauptgerichte 11–24 €; ⏲ Juni–Sept. 18.30–24 Uhr) Nur im Sommer öffnet das Terrassenrestaurant der Pension Kaliviani und serviert dann moderne, kreative kretische Küche. Zu den schön angerichteten Gerichten gehören Köstlichkeiten wie gegrillter Tintenfisch auf Taboulé, gebratener Gruyère-Käse mit Minz-Pesto und Bitterorangenmarmelade sowie Lamm auf Artischockenpüree mit Zwiebeln in Honigglasur. Die Weinkarte enthält ausschließlich griechische Weine.

An- & Weiterreise

Von Mai bis Oktober tummeln sich zwischen 11 und 16 Uhr in Balos massenhaft Tagesausflügler, die mit dem Rundfahrtboot aus Kissamos (Kastelli) nach 90 Minuten Aufenthalt auf der Insel Imeri Gramvousa eintreffen. Die einzige Art, dem Massenansturm zu entkommen, ist die Anfahrt mit dem Auto vor Eintreffen oder Abfahrt der Boote, aber nur mit Geländewagen. Die Zufahrt erfolgt über eine arg geriffelte Straße, die nahe dem Dorf Kaliviani beginnt und nach 12 km über eine Piste, die eine wahre Herausforderung für die Achsen ist und an einem Parkplatz endet. Von dort führt ein 1 km langer Weg hinab zur Lagune. Wer kein Auto hat, kann auch versuchen zu trampen oder muss laufen, allerdings wirbeln unterwegs die vorbeifahrenden Fahrzeuge reichlich Staub auf.

Falasarna Φαλάσαρνα

25 EW.

Falasarna, um die 16 km westlich von Kissamos (Kastelli), ist nicht mehr als eine kleine Ansammlung von Häusern an einem langen Sandstrand – aber was für ein Strand. Der breite Streifen aus zartrosa Sand gilt als einer der schönsten Kretas und ist berühmt für sein klares Wasser, seine hinreißenden Sonnenuntergänge und stets rollende Wellen. Am schönsten ist es am Großen Strand (Megali Paralia) am südlichen Ende oder in einer der von Felsbänken abgeschirmten Buchten weiter im Norden.

Falasarna hat zwar Hotels und mehrere Tavernen, Bars und kleine Supermärkte, aber kein eigentliches Ortszentrum.

Geschichte

Das Gebiet um Falasarna ist mindestens seit dem 6. Jh. v.Chr. besiedelt und erreichte den Gipfel seiner Macht als Stadtstaat im 4. Jh. v.Chr. Das antike Falasarna lag zwar direkt am Meer, aber die Ruinen befinden sich heute 400 m landeinwärts, weil sich die Küste im Lauf der Jahrhunderte gehoben hat.

Falasarna verdankte seinen Reichtum der Landwirtschaft in dem fruchtbaren Tal weiter südlich. Es diente als Westküstenhafen für Polyrrinia, wurde aber später Polyrrinias größter Rivale um die Vorherrschaft über Westkreta. Als die Römer Kreta 67 v.Chr. eroberten, war Falasarna schon zum Piratenhafen verkommen. Steinblöcke, die rund um die Einfahrt zum alten Hafen ausgegraben wurden, deuten darauf hin, dass die Römer versuchten, die Piraten fernzuhalten.

Sehenswertes

Antikes Falasarna RUINEN
(Di–Fr 9–15 Uhr) GRATIS Die Ruinen der antiken Stadt Falasarna sind über eine 2 km lange unbefestigte Straße zu erreichen, die vom Ende der asphaltierten Straße weiterführt. Der Eingang befindet sich gleich hinter dem „Steinthron“. Ein Stück weiter stößt man auf die Überreste der Stadtmauer und eines kleinen Hafens. Die Öffnungen in der Hafenmauer dienten dazu, die Schiffe zu vertäuen. Oben auf dem Hügel liegen die Trümmer der Akropolismauer und eines Tempels sowie vier tönerne Badebecken.

★ Falasarna STRAND
Der zauberhafte, breite Strand besteht aus blassrosa Sand und blaugrünem Wasser und ist berühmt für hinreißende Sonnenuntergänge. Falasarna hat nicht nur extrem klares Wasser, sondern auch wunderbar große Wellen, die als ewig lange Wogen aus dem offenen Mittelmeer hereinrollen. Zwischen Mitte Juli und Mitte August ist hier ziemlich viel los; die Badegäste sind hauptsächlich Tagesausflügler aus Chania und Kissamos (Kastelli).

Schlafen

Unterkünfte gibt es in Falasarna reichlich, von modernen Strandhotels bis zu netten Pensionen. Die meisten haben einen spektakulären Meerblick.

Magnolia Apartments APARTMENTS €
(28220 41407, 6945605438; www.magnolia-apartments.gr; Studios ab 45 €, Apt. 60–90 €; P ❄ ᯤ) Die ruhige Ferienanlage liegt nur fünf Minuten zu Fuß vom Strand entfernt und besteht aus zwölf gut ausgestatteten Studios und Apartments mit schöner Einrichtung und hochwertigen Haushaltsgeräten. Die großen Balkone zum Meer raus sind ebenso wie der gepflegte Garten wunderbar für ein gemächliches Frühstück oder für Drinks beim Sonnenuntergang.

Falassarna Beach Hotel HOTEL €
(28220 41436; www.falassarnabeach.gr; Studios/Apt. ab 30/45 €; P ❄ ᯤ) Das gepflegte, moderne Hotel (direkt dort, wo von Juni bis August der Bus aus Kissamos hält) ist eine gute Wahl für jene, die schnell zum Strand wollen: Er ist nur zwei Minuten zu Fuß entfernt. Die Zimmer mit Holzmöbeln sind einfach und geräumig und die meisten zum Meer raus haben eine schöne Aussicht. Zum Haus gehört auch eine schattige Terrassentaverne.

Apartment Anastasia-Stathis PENSION €
(6986731677, 28220 41480; www.stathisanastasia.com; DZ/Apt. ab 45/60 €; ❄ ᯤ) Die luftigen, hübsch eingerichteten Zimmer mit Kühlschrank und großem Balkon liegen ein Stückchen vom Meer und den Massen von Tagesausflüglern entfernt und sind ideal zum Stressabbau, wie die freundliche Besitzerin Anastasia versichert. Ihr Riesenfrühstück können auch Tagesgäste genießen, doch nur wer hier übernachtet, darf sich außerdem Gemüse aus dem rosenumrankten Garten pflücken.

Sunset Rooms & Apartments APARTMENTS €
(28220 41204; www.sunset.com.gr; DZ/Apt./Häuser 35/70/140 €; P ❄ ᯤ) Das Sunset in beneidenswerter Lage nur ein paar Schritte von einem der schönsten Sandstrände Kretas entfernt hat 13 Zimmer und sechs Apartments sowie unten eine fröhliche Taverne mit Feigenbäumen und einer natürlichen Quelle. Die Zimmer sind klein, aber geschmackvoll mit schmiedeeisernen Betten, Fliesenböden und Balkonen zum Meer raus ausgestattet. Familien können in den vier benachbarten, zweistöckigen Steinhäusern mit Küche unterkommen.

Essen & Ausgehen

Galasia Thea KRETISCH €

(☎28220 41421; Hauptgerichte 5–12 €; ⏱Mitte April–Okt. 9 Uhr–open end; P📶👶) Das Café oberhalb des Strands bietet von seiner großen Rasenterrasse mit Spielplatz eine spektakuläre Aussicht. Es hat die ganze Auswahl an kretischen *mayirefta*, z.B. Zitronenlamm-*sfakiano*. Die Bedienung ist freundlich, aber manchmal etwas langsam. Ein Spielplatz hält die Kids bei Laune.

Orange Blue BAR

(www.facebook.com/orangebluebar; ⏱Mitte April–Okt. 9 Uhr–open end) Die perfgekte Kneipe, um auf einem Hügel mit Blick aufs Meer bei einem Cocktail unter einem Strohsonnenschirm den berühmten Sonnenuntergang Falasarnas zu erleben. Je später der Abend, desto mehr ist hier los. Zu essen gibt's Sandwiches, Burger und Pizza.

An- & Weiterreise

Die Busfahrpläne ändern sich je nach Jahreszeit (auf www.e-ktel.com checken). Im Sommer fahren Busse täglich mindestens dreimal von Chania via Kissamos (Kasteli; 3,80 €, 40 Min.) nach Falasarna (8,30 €, 1¾ Std.).

Die Innachorion-Dörfer

Ινναχωριών

Die Innachorion (abgeleitet von *Enneia Choria* – „neun Dörfer") gehören zu den malerischsten und am wenigsten besuchten Bergdörfern im Westen von Kreta. Sie liegen in der Küstenregion im äußersten Westen entlang der Route, die das Moni Chrysoskalitissas und Elafonisi im Süden mit Falasarna und Kissamos (Kastelli) im Norden verbindet. Die ruhige Region, die für ihre Kastanien und Oliven bekannt ist, gehört zu den grünsten und fruchtbarsten Gebieten der Insel. Die Küstenstraße von Kefali nach Sfinari ist eine der schönsten Strecken auf Kreta: Sie schlängelt sich um schroffe Felswände und eröffnet hinter jeder Biegung ein neues unglaubliches Küstenpanorama.

Das beste Essen der Region und himmlisch ruhige traditionelle Unterkünfte verspricht die abgelegene Ökotourismussiedlung in Milia.

Sehenswertes

Topolia-Schlucht SCHLUCHT

Südlich von Voulgaro erreicht die Hauptstraße Richtung Elafonisi nach 3 km das hübsche Dorf Topolia, dessen weiß getünchte Häuser mit Wein und anderem Grün bewuchert sind. Dahinter windet sich die Straße am Rand der 1,5 km langen Topolia-Schlucht entlang und bietet unterwegs atemberaubende Ausblicke. Die Schlucht endet am Dörfchen **Koutsomatados**. Von hier aus führt ein Wanderweg in die Schlucht.

Elos DORF

Elos im Süden der Innachorion-Region ist die größte Ortschaft der Gegend und Zentrum des Kastanienhandels, daher auch das alljährliche **Kastanienfest** meist am dritten Sonntag im Oktober. Der Dorfplatz bietet sich mit seinen Platanen, Kastanien und Eukalyptusbäumen als angenehm schattiger Rastplatz an. Hinter der Taverne am Platz stehen die Überreste eines **Aquädukts**, das einst Wasser zur alten Mühle führte.

Agia-Sofia-Höhle HÖHLE

(⏱8–20 Uhr) Unmittelbar südlich des Dörfchens Koutsomatados gelangt man auf dem Weg von Chania hinter einem engen Tunnel zur Agia-Sofia-Höhle mit Spuren menschlicher Besiedlung, die bis in die Jungsteinzeit zurückreichen. Sie wird oft für Taufen genutzt; außerdem wird hier am 13. April der Namenstag der Schutzheiligen gefeiert. Nach einem Drittel des Wegs über 250 Felsenstufen zur Höhle hinauf steht eine Taverne mit Traumblick über die Schlucht.

Voulgaro DORF

Das idyllische Voulgaro liegt 9 km südöstlich von Kissamos (Kastelli) an der Straße landeinwärts nach Elafonisi. Der Name ist eine Anlehnung an das Wort für „bulgarisches Dorf" und weist angeblich auf die Herkunft der Siedler hin, die der byzantinische Kaiser Nikiforos Fokas hierherbrachte, als er Kreta 961 von den Arabern zurückeroberte.

Sfinari DORF

Die Innachorion-Küstenstraße schlängelt sich auch an Sfinari vorbei. Das verschlafene Bauerndorf 9 km nördlich von Kambos und 9 km südlich von Platanos hat einen langen, grauen Kiesstrand. Das nördliche Ende ist mit Gewächshäusern zugebaut. An der Bucht gibt es einen einfachen Campingplatz und mehrere ausgezeichnete Fischtavernen in direkter Strandlage.

Pappadiana & Amygdalokefali DORF

Die westlichen Innachorion-Dörfer entlang der Küstenstraße liegen spektakulär zwischen Bergen und Schluchten. Zuerst kommt

ABSTECHER

DAS ÖKODORF MILIA

Das abgeschiedene **Bergdorf Milia** (☎28210 46774; www.milia.gr; Vlatos; Ferienhaus mit Frühstück ab 85 €; ganzjährig; P) gehört zu den Pionieren des Ökotourismus auf Kreta. Es ist ein prima Ausgangspunkt für alle, die sich entspannen und die Region Innachorion erleben wollen. Nach dem Motto „Zurück zur Natur" wurden hier 16 verlassene steinerne Bauernhäuser zu Öko-Ferienhäusern mit Solarstromversorgung für ein bis vier Personen umgebaut. Die Häuser sind mit antiken Betten, rustikalem Mobiliar und offenen Kaminen oder Holzöfen ausgestattet. Laptop und Fön braucht man gar nicht erst auszupacken; das gibt die Solarstromversorgung nicht her.

Milia ist eines der ruhigsten Quartiere auf Kreta, lohnt aber auch einen Besuch, um nur im erstklassigen **Bio-Restaurant** (☎28210 46774; www.milia.gr; Vlatos; Hauptgerichte 9–13 €; 13–20 Uhr; P) zu essen. Für das häufig wechselnde Speisenangebot nach Saison werden Bio-Produkte vom eigenen Hof verwendet, darunter Öl, Wein, Milch und Käse sowie Hühner, Ziegen und Schafe aus Freilandhaltung. Empfehlenswert sind das hausgemachte *kalitsounia*, das geräucherte Schweinefleisch mit Taboulé und Pitta oder Orzo-Pasta mit Maronenpilzen, Steinpilzpulver und Zitrone.

Die Abzweigung nach Milia ist nördlich des Dorfs Vlatos ausgeschildert. Die schmale Zufahrtstraße geht in eine 3 km lange unbefestigte, aber befahrbare Straße über.

der Weiler Pappadiana, etwa 2 km westlich von Kefali. Von dort führt die Straße in die Berge hinauf bis zu einem Felsvorsprung bei Amygdalokefali, der unschlagbare Aussicht übers Meer gewährt.

Perivolia & Kefali DORF

Zweieinhalb Kilometer westlich von Elos liegt das stimmungsvolle **Perivolia**. Gleich dahinter folgt **Kefali** mit einer freskengeschmückten **Kirche** aus dem 14. Jh. Kefali hat ein paar Tavernen, die Lage und Ausblick bestens ausnutzen. Von hier kann man südwärts zum Strand von Elafonisi weiterfahren oder an der Küste entlang wieder gen Norden zurückkehren.

Kambos DORF

Gute Wandermöglichkeiten, Strandzugang und anständige Unterkünfte: Das alles bietet Kambos, ein Minidorf am Rand einer Schlucht an der kurvenreichen Küstenstraße der Innachorion-Region.

Schlafen

Im Küstendorf Sfinari gibt es einen sehr einfachen Campingplatz und Fremdenzimmer; in vielen anderen Dörfern kann man sehr schlichte Zimmer mieten. Die beste Unterkunft der Region ist in Milia.

Sunset Rooms PENSION €

(☎28220 41128; Kambos; EZ/DZ 30/40 €; P) Die Aussicht übers Tal von dieser Pension in Kambos ist traumhaft. Die Zimmer sind schlicht, aber durchaus annehmbar. Die dazugehörige Taverne serviert günstige Grillgerichte und Salate.

Hartzoulakis Rent Rooms PENSION €

(☎28220 41445; manolis_hartzoulakis@yahoo.gr; Kambos; Zi. 30–50 €; P) Die Zimmer sind klein und bescheiden, aber blitzsauber und haben große Veranden. Für Wanderer sind sie ein guter Stützpunkt. Die Taverne auf der Terrasse verwöhnt mit guter kretischer Kost und exzellentem Raki.

Essen

Exzellente frische Meeresfrüchte sind in den Strandtavernen in Sfinari zu finden, einige der Dörfer landeinwärts haben lediglich einfache Tavernen, die griechische Klassiker und Hausmannskost servieren. Unbedingt empfehlenswert sind ein Essen im Bio-Restaurant mit Bergblick in Milia sowie die Oliven und Kastanien, für die die Region bekannt ist.

Thalami FISCH & MEERESFRÜCHTE €

(☎6934893780, 28220 41170; www.thalamikissamos.gr; Sfinari; Hauptgerichte 6–12 €; Mai–Sept. 11–22 Uhr) Eine der ausgezeichneten Fischtavernen von Sfinari, die den Tagesfang direkt am Meer servieren – ideal für einen mittäglichen Sprung in die Fluten, bevor man sich mit gegrilltem Fisch und Gemüse aus den Bergen stärkt.

Panorama Taverna & Rooms TAVERNE €

(Kefali; Hauptgerichte 6–9 €; Mai–Okt. 9–21 Uhr) Die Taverne in Kefali mit spektakulärem

Blick ins Tal hinab wird ihrem Namen sicherlich gerecht – mehr als das. Sie serviert griechische Klassiker und Grillfleisch und hat auch eine Kinderspeisekarte. Außerdem werden Zimmer vermietet (ab 45 €).

Iliovasilema FISCH & MEERESFRÜCHTE **€€**
(Sonnenuntergang; ☎ 28220 41627; Sfinari; Hauptgerichte 4–13 €, Fisch pro kg 42–50 €; ⏰ Mai–Okt. 10 Uhr–open end) An Tischen direkt am Kiesstrand von Sfinari und weiter hinten unter schattigen Bäumen serviert die schlichte Taverne den frisch gegrillten Tagesfang und Gerichte aus regionalen Zutaten (teils auch bio). Wie der Name verspricht, bietet sie tatsächlich Blick auf den Sonnenuntergang.

An- & Weiterreise

Die Innachorion-Dörfer lassen sich am besten mit dem eigenen Fahrzeug erkunden, da sie sich weit verteilen. Nachmittags fährt ein KTEL-Bus (S. 86) von Kissamos nach Sfinari (3,80 €, 25 Min.).

Rethymnon

Inhalt ➜

Gut essen

- ➜ Garden Arkoudenas (S. 143)
- ➜ Taverna Sideratico (S. 154)
- ➜ George & Georgia's (S. 167)

Schön übernachten

- ➜ Hamam Oriental Suites (S. 133)
- ➜ Dalabelos Estate (S. 165)
- ➜ Enagron Ecotourism Village (S. 149)

Auf nach Rethymnon

Rethymnon ist eine Region von wilder Schönheit und eine Gegend, in der es von historischen Stätten und Naturwundern nur so wimmelt. Endlose Bergstraßen schlängeln sich durchs Landesinnere, wo die Zeit stehen geblieben ist, vorbei an mit Wildblumen übersäten Feldern und von Olivenhainen eingerahmten traditionellen Weilern. Reisende können in die gespenstische Finsternis labyrinthischer Höhlen hinabsteigen, steile, üppig bewachsene Schluchten erkunden und sich im Schatten des hohen Psiloritis, des höchsten Bergs Kretas, ausruhen. Wunderbare Klöster, minoische Gräber und venezianische Festungen warten auf Besucher. Zudem ist Rethymnon ein Magnet für Künstler, von denen viele jahrhundertealte Techniken verwenden, aber mit einer modernen Note.

Die gleichnamige Hauptstadt an der nördlichen Küste ist eine quirlige Ansammlung malerischer Kopfsteinpflastergassen, zahlloser Läden, Restaurants und Bars, gesäumt von einem breiten Sandstrand. Die südliche Küste wiederum besticht durch traumhafte Strände in paradiesischer Abgeschiedenheit. Auf geht's durch dieses bezaubernde Fleckchen Erde, von Küste zu Küste.

Entfernungen (km)

	Agia Galini	Anogia	Plakias	Rethymnon
Anogia	99			
Plakias	47	94		
Rethymnon	53	56	39	
Argyroupoli	58	79	24	23

RETHYMNON ΡΕΘΥΜΝΟ

35 000 EW.

Rethymnon mit seiner wunderbaren Lage zwischen den massiven Mauern einer Festung aus dem 15. Jh. und dem schimmernden, azurblauen Mittelmeer ist eine der zauberhaftesten Städte auf Kreta. Die reizvolle venezianisch-osmanische Altstadt besteht aus einem Gewirr enger, blumenumrankter Gässchen voller charmanter Häuser mit Holzbalkonen und verschnörkelter Monumente; dazu kommt hier und da ein Minarett.

Die drittgrößte Stadt Kretas hat dank der zahlreichen Studierenden ein pulsierendes Nachtleben, zudem hervorragende Restaurants und sogar einen einladenden Sandstrand mitten in der Stadt. Die belebteren Strände mit den unvermeidlichen Hotelanlagen erstrecken sich fast ohne Unterbrechung bis ins rund 22 km entfernte Panormos.

Geschichte

Archäologische Funde deuten darauf hin, dass das heutige Stadtgebiet seit spätminoischer Zeit besiedelt war. Im 4. Jh. v. Chr. hatte sich „Rithymna" als autonomer Staat etabliert, der bedeutend genug war, um eigene Münzen zu prägen. Zu Zeiten des Römischen und Byzantinischen Reichs ließ seine Bedeutung nach. Doch unter der Herrschaft der Venezianer (1210–1645) florierte Rethymnon und wurde zu einem wichtigen Handels-, Kunst- und Kulturzentrum.

Die Venezianer legten einen Hafen an und begannen im 16. Jh. damit, die Stadt gegen die wachsende Bedrohung durch die Türken zu befestigen. Doch die massive Bergfestung wurde 1646 von den Osmanen eingenommen. Im Osmanischen Reich war Rethymnon ein wichtiger Verwaltungssitz, aber auch ein Zentrum des Widerstands gegen die osmanische Herrschaft, was der Stadt schwere Repressalien eintrug.

Die Osmanen regierten bis 1897. Dann wurde Kreta den europäischen Großmächten unterstellt und Russland übernahm die Kontrolle über Rethymnon. 1923 gelangten im Rahmen des erzwungenen Bevölkerungsaustauschs zwischen der Türkei und Griechenland zahlreiche Flüchtlinge aus Konstantinopel hierher. Im Anschluss erwarb sich die Stadt einen Ruf als künstlerisches und intellektuelles Zentrum.

Sehenswertes

Rethymnon ist eine recht kompakte Stadt. Die meisten Sehenswürdigkeiten, Unterkünfte und Tavernen befinden sich in der überwiegend autofreien **Altstadt** beim alten Venezianischen Hafen. Östlich vom Hafen erstreckt sich ein langer Sandstrand.

★ Fortezza — FESTUNG

(Erw./erm./Fam. 4/3/10 €; ⌚ April–Okt. 8–20 Uhr, Nov.–März 10–17 Uhr; P) Die über Rethymnon thronende sternförmige venezianische Festung wirkt mit ihren massiven Mauern und Bastionen wirklich ehrfurchtgebietend, konnte aber 1646 die osmanischen Eindringlinge nicht fernhalten. Im Laufe der Zeit entstand in der Anlage ein ganzes Dorf, das jedoch im Zweiten Weltkrieg größtenteils zerstört wurde. Von hier oben bieten sich fabelhafte Ausblicke auf die Stadt, das Mittelmeer und die Berge und es macht Spaß, zwischen den Befestigungen, Palmen und übrig gebliebenen Gebäuden herumzuschlendern. Besonders sehenswert ist die **Sultan-Ibrahim-Moschee** mit ihrer gewaltigen Kuppel.

Drinnen beeindruckt die Moschee mit einer Mosaikdecke und einer wundervollen Akustik, perfekt für die Konzerte, die hier gelegentlich stattfinden. Einige andere Gebäude wie die beiden Bauten der Agios-Nikolaos-Bastion werden ebenfalls für kulturelle Zwecke genutzt. Die am Kartenschalter erhältliche kostenlose Karte enthält einige interessante Infos zur Anlage. Letzter Einlass ist 45 Minuten vor der Schließung.

★ Archäologisches Museum Rethymnon — MUSEUM

(☎ 28310 27506; www.archmuseumreth.gr; Argiropoulon; Erw./erm. 2/1 €; ⌚ Mi–Mo 10–18 Uhr) Das gut konzipierte Museum in der stimmungsvollen venezianischen Kirche San Francesco beherbergt eine atemberaubende Sammlung gut erhaltener Relikte von bedeutenden Grabungsstätten in der Provinz Rethymnon. Mit Stücken vorwiegend aus minoischer, byzantinischer und venezianischer Zeit gewährt sie einen umfassenden Einblick in die Geschichte, ohne die Besucher zu überfordern. Zu den Highlights zählen feine handbemalte minoische Töpferwaren, die 9000 Jahre alte Kalksteinstatue einer Gottheit und eine Bronzelampe aus hellenistischer Zeit (1. Jh. v. Chr.): Sie zeigt Dionysos, der auf einem Panther reitet.

Venezianischer Hafen — WAHRZEICHEN

Im alten Hafenbezirk von Rethymnon drängen sich Fischtavernen und Cafés, die auf eine touristische Kundschaft abzielen, auf engstem Raum. Einen besseren Eindruck

Highlights

1 Rethymnon (S. 125) Das Labyrinth des venezianisch-osmanischen Viertels erkunden

2 Argyroupoli (S. 142) Nach einem ausgiebigen Mittagsmahl durch Lappas Altstadt bummeln

3 Moni Arkadiou (S. 144) Erfahren, warum dieses Kloster den Kretern so viel bedeutet

4 Strände (S. 155) An den Stränden der Südküste Rethymnons abhängen

5 Margarites (S. 145) In dem Künstlerdörfchen Töpfern dabei zuschauen, wie sie wahre Wunderwerke schaffen

6 Anogia (S. 150) Sich bei Lamm vom Holzkohlegrill von der berühmten kretischen Gastfreundschaft verwöhnen lassen

7 Amari-Tal (S. 146) Eine Fahrt durchs Inselinnere mit seinen reizenden Dörfer unternehmen

8 Melidoni-Höhle (S. 148) In der spektakulären Unterwelt dieser gewaltigen Höhle kretische Geschichte erleben

von diesem Viertel vermittelt ein Spaziergang an der alten Hafenmauer und den Fischerbooten vorbei bis zum weithin sichtbaren Leuchtturm (s. u.), der im 19. Jh. von den Ägyptern errichtet wurde.

Agios-Spyridon-Kapelle KAPELLE

(Kefalogiannidon) GRATIS Die winzige Agios Spyridon wurde direkt in den Felsen unterhalb der venezianischen Festung gehauen und hat genügend Atmosphäre, um eine ganze Kathedrale zu füllen. In dem byzantinischen Kirchlein voller kostbarer Ikonen und schwingender Kerzenleuchter ist deutlich das Rauschen des nahen Meeres zu hören. In Felsspalten stecken Pantoffeln, Babyschuhe und Sandalen – Gebetsopfergaben für kranke Angehörige. Die Kapelle steht oberhalb einer Treppe an der Westseite der Festung. Sie hat keine geregelten Öffnungszeiten.

Paläontologisches Museum MUSEUM

(☎28310 23083; Ecke Satha & Markellou; Erw./Stud./Kind 3/2 €/frei; ⌚Mai–Okt. Mo–Sa 9–15 Uhr, Nov.–April Di, Do & Sa 9–15 Uhr) Die Höhepunkte in diesem staubigen alten Museum sind die Rüssel- und Knochenfossilien von Kretischen Zwergelefanten und Zwergflusspferden. Beide Arten waren in der Region Rethymnon endemisch, bis sie vor rund 12 000 Jahren ausstarben. Das Museum ist im renovierten Mastaba-Tempel (der Veli-Pascha-Moschee) aus dem 17. Jh. untergebracht, mit neun Kuppeln und dem ältesten Minarett der Stadt.

In dem Komplex, einer Zweigstelle des Goulandris-Naturkundemuseums in Athen, werden oft Wanderausstellungen mit Stücken aus der Hauptstadt und dem Ausland abgehalten.

Museum für zeitgenössische Kunst MUSEUM

(☎28310 52530; www.cca.gr; Mesologhiou 32; Erw./erm./Stud. 3/1,50 €/frei, Do frei; ⌚Mai–Okt. Di–Fr 9–14 & 19–21, Sa & So 10–15 Uhr, Nov.–April kürzer) Den Kern der ständigen Sammlung dieses gut konzipierten, 1992 gegründeten Museums für moderne Kunst bilden die Ölgemälde, Zeichnungen und Aquarelle des aus Rethymnon stammenden Malers Lefteris Kanakakis. Mit der Zeit sind aber zahlreiche andere Werke hinzugekommen, sodass das Haus jetzt einen Überblick über das schöpferische Schaffen griechischer Künstler ab den 1950er-Jahren bieten kann. Für Abwechslung sorgen außerdem Sonderausstellungen. Der Zugang erfolgt von der Mesologiou aus.

Stadtpark PARK

(Igoumenou Gavriil) Die Wege und schattigen Bänke in dem Park zwischen Iliakaki und Dimitrakaki laden zur Erholung von der Hitze und den Massen ein. Hier dösen oder schwatzen Rentner, während sich auf dem Spielplatz Kinder austoben.

Neratzes-Moschee MOSCHEE

(Vernardou) Die Moschee mit drei Kuppeln war ursprünglich eine Franziskanerkirche und wurde 1657 von den Türken umgebaut; das kürzlich restaurierte Minarett kam jedoch erst 1890 hinzu. Heute dient das Gotteshaus als Konservatorium und Konzerthalle mit Veranstaltungen an den meisten Freitag- und Samstagabenden.

Geschichts- & Volkskundemuseum MUSEUM

(☎28310 23398; Vernardou 28; Erw./erm. 4/2 €; ⌚Mo–Sa 10–15 Uhr) Die ständige Ausstellung in einem reizenden venezianischen Gebäude aus dem 17. Jh. dokumentiert in fünf Sälen das ländliche Leben auf Kreta der vergangenen Jahrhunderte. Zu besichtigen sind alte Kleidungsstücke, Körbe, Webarbeiten, Töpferwaren, Waffen und landwirtschaftliche Geräte. Die Gegenstände sind auch auf Englisch beschriftet.

Leuchtturm LEUCHTTURM

(Venezianischer Hafen) Der 9 m hohe Leuchtturm am alten Anleger im Venezianischen Hafen entstand in den 1830er-Jahren, als Kreta unter ägyptischer Herrschaft stand. (Auf britischen Druck musste Ägypten Kreta 1840 an die Türken zurückgeben.)

Loggia HISTORISCHES GEBÄUDE

(Ecke Paleologou & Arkadiou) Ursprünglich diente das schön restaurierte Wahrzeichen aus dem 16. Jh. dem venezianischen Adel als Versammlungshaus, in dem politische und geschäftliche Belange besprochen wurden. Die türkischen Herrscher machten daraus eine Moschee. Heute beherbergt das auf drei Seiten von Arkaden gesäumte Bauwerk einen Laden, in dem Nachbildungen antiker Statuen verkauft werden.

Drinnen ist eine Broschüre zur Geschichte des Gebäudes erhältlich.

Rimondi-Brunnen BRUNNEN

Ein weiteres Zeugnis der venezianischen Herrschaft ist dieser kleine Brunnen mit seinen wasserspeienden Löwenköpfen: Aus drei Löwenmäulern fließt Wasser in drei von korinthischen Säulen umgebene Becken. Über dem mittleren Becken ist das

Familienwappen der Rimondis eingelassen. Der Brunnen wurde 1626 vom Statthalter Alvise Rimondi erbaut. Er liegt abseits der Paleologou.

Kara-Musa-Pascha-Moschee HISTORISCHE STÄTTE
(Ecke Arkadiou & Hugo) Dieses Gebäude erblickte das Licht der Welt als Kloster, wurde dann jedoch von der Türken in eine Moschee verwandelt: Sie erweiterten den Bau um Kuppeln und ein Minarett, von dem jedoch nur noch kleine Teile erhalten sind. Benannt ist die Moschee nach dem osmanischen Admiral, der eine entscheidende Rolle bei der Eroberung Rethymnons spielte. Das Gebäude ist nicht öffentlich zugänglich.

Porta Guora HISTORISCHE STÄTTE
(Stadttor; Ecke Antistaseos & Dimakopoulou) Der steinerne Torbogen am Südende der Altstadt ist das einzige Überbleibsel der im späten 16. Jh. erbauten venezianischen Stadtmauer. Ursprünglich krönte ihn das Wahrzeichen Venedigs, der Markuslöwe.

Aktivitäten

Cretan Ski School SKIFAHREN
(www.facebook.com/skiincrete) Ausrüstungsverleih, Unterricht und Trips zum Psiloritis.

Paradise Diving Center TAUCHEN
(☎28310 26317; www.diving-center.gr/lang/de; Petres Geraniou; 2 Tauchgänge inkl. Ausrüstung ab 100 €, Open-Water-Zertifikat 400 €) Veranstaltet Tauchausflüge für alle Schwierigkeitsgrade. Ausgangspunkt ist die Zentrale in Petres, 14 km westlich von Rethymnon. Am beliebtesten ist der Ausflug zur unter Wasser liegenden Elefantenhöhle, wo 1999 Elefantenfossilien entdeckt wurden. Im Angebot sind außerdem Nachttauchgänge und PADI-Kurse für Anfänger. Anmeldung über ein Reisebüro, per Telefon oder über die Website.

Popeye Watersports ABENTEUERSPORT
(☎28310 52803; www.popeyewatersports.gr; Sofokli Venizelou; ⏲Mai–Okt. 10–18 Uhr) Popeye am Westende von Rethymnons Sandstrand bietet Parasailing (ab 60 €), Wasserskifahren (ab 40 €) und Fahrten im Bananaboat (15 €), außerdem 1½-stündige Jetski-Safaris (130 € für 2 Pers.) zu Höhlen in der Nähe, die nur vom Wasser aus zugänglichen sind.

Bergsteigerclub Rethymnon BERGSTEIGEN
(☎28310 57766; www.eosrethymnou.gr; Dimokratias 12; ⏲Di 21–23 Uhr) Bietet Tipps zu Wanderungen in der Umgebung sowie die Möglichkeit, an Exkursionen teilzunehmen. Am

RETHYMNON IN …

… zwei Tagen

Einen halben Tag lang erkundet man die atemberaubende venezianische Festung (S. 125) von Rethymnon und bummelt durch das Gassengewirr der Altstadt und am malerischen Hafen entlang. Mittags stärkt man sich im edlen Avli (S. 135).

Der Strand von Panormos lädt zu einem gemütlichen Nachmittagsbad und zur Weinprobe ein (S. 165). Eine kurze Fahrt führt zur düsteren Melidoni-Höhle (S. 148), Schauplatz eines Massakers unter osmanischer Herrschaft. Abschließend lockt Bali mit authentischer kretischer Küche in der Taverna Karavostasi (S. 169) und einem zauberhaften Sonnenuntergang über dem Mittelmeer.

Am nächsten Tag geht's nach Margarites (S. 145), wo man handgemachte Keramikwaren einkaufen kann. Danach stehen das erstklassige Museum des antiken Eleftherna (S. 145) und die minoischen Gräber in der Umgebung (S. 145) auf dem Programm sowie anschließend das stimmungsvolle, geschichtsträchtige Moni Arkadiou (S. 144).

… drei Tagen

Einen Eindruck vom traditionellen Alltag auf Kreta gewährt eine Fahrt durchs malerische Amari-Tal (S. 146) mit seinen Dörfern und byzantinischen Kirchen. In Spili gönnt man sich dann ein Mittagessen im Cafe Platia (S. 155) mit Blick auf den venezianischen Brunnen des Orts.

Nach einem Abstecher zum Preveli-Strand (S. 160) geht's bergauf zu einer Lektion in kretischer Geschichte im Moni Preveli (S. 160). Oder man steuert die abgeschiedenen Strände weiter östlich an. Abschließend steht das vergnügliche Plakias auf dem Programm; ganz in der Nähe kann man in Myrthios im Vrisi (S. 160) moderne kretische Landküche genießen.

besten nimmt man über die Website Kontakt auf. Der Club ist mit der Cretan Ski School (S. 128) verbandelt, die im Winter Skiexkursionen zum Psiloritis anbietet.

Geführte Touren

★ Happy Walker WANDERN

(☎ 28310 52920; www.happywalker.com; Tombazi 56; geführte Tageswanderungen 32 €; ⊙ April–Okt. 10–14 Uhr) Der seit über einem Vierteljahrhundert bestehende freundliche Veranstalter unter niederländischer Führung unternimmt mit jeweils 16 Teilnehmern aus aller Welt Tageswanderungen zu Schluchten, auf alten Schäferpfaden und zu traditionellen Dörfern – ideal für Alleinreisende. Transfers und ein englischsprachiger Guide sind im Preis inbegriffen, Kaffee und ein vegetarisches Mittagessen mit Wein kosten 12 € extra.

Es sind auch mehrtägige Touren möglich.

Eco Events TOUREN

(☎ 6946686857, 28310 50055; www.ecoevents.gr; Eleftheriou Venizelou 39; Touren 18–70 €; ⊙ 10–21 Uhr) Dieser Veranstalter ist auf englischsprachige Touren in kleinen Gruppen spezialisiert, auf denen man Land, Leute und Kultur näher kennenlernt. Auf der Eco Tour trifft man Bäcker, Weber und Holzschnitzer, bevor man in einer traditionellen Schäferhütte in den Bergen Lamm vom Holzkohlegrill probieren kann. Geboten werden außerdem Kochunterricht, Wein- und Olivenölverkostungen sowie Wanderungen.

Dolphin Cruises BOOTSFAHRTEN

(☎ 28310 57666; www.dolphin-cruises.com; Marina von Rethymnon, Sofokli Venizelou 24; Rundfahrten 19–25 €) Veranstaltet 1½- bis dreistündige Bootsausflüge mit Besuch von Piratenhöhlen sowie nach Panormos oder Georgioupoulis.

Cretan Safari ABENTEUER

(☎ 28310 20815; www.cretansafari.gr; 4 Sofokli Venizelou; Tour 75 €; ⊙ 10–20 Uhr) Bei der Ganztagsgeländewagen-Offroadtour werden Strände, Schluchten und alte Dörfer besucht.

Festivals & Events

Karneval KARNEVAL

(⊙ Feb. oder März) In den vier Wochen vor Beginn der Fastenzeit wird kräftigst gefeiert, mit Tanz, Maskeraden, Spielen, Schatzsuchen und einem prächtigen Straßenumzug.

Renaissance Festival von Rethymno MUSIK

(www.rfr.gr; ⊙ Juli) Im Juli feiert Rethymnon mit hochkarätigen Konzerten mit Künstlern aus aller Welt zwei Wochen lang sein Renaissance-Erbe. Die Veranstaltungen finden im Erofili-Theater auf der Festung und in der Neratzes-Moschee statt.

> ### INFOS IM INTERNET
>
> **Rethymno Guide** (www.rethymno.guide) Offizielle Seite mit aktuellem Veranstaltungskalender und Tipps für Aktivitäten.
>
> **Rethymno** (www.rethymnon.gr) Stadtgeschichte, Kartenmaterial, Festkalender, Adressen von Unterkünften und Sehenswürdigkeiten.
>
> **Crete Travel** (www.cretetravel.com/guide/rethymno) Reisebüro-Website mit Links zu Hotels, Fährtickets und Aktivitäten.
>
> **Lonely Planet** (www.lonelyplanet.com) Infos, Hotelbuchung, Forum und mehr.

Schlafen

In der Altstadt gibt es genügend liebevoll restaurierte Villen, Boutiquehotels, freundliche Pensionen und Hostels für jeden Geldbeutel. Viele Hotels haben das ganze Jahr über geöffnet. Den Strand östlich der Stadt säumt eine ununterbrochene Reihe zumeist charakterloser Hotels und Resorts.

★ Rethymno Youth Hostel HOSTEL €

(☎ 28310 22848; www.yhrethymno.com; Tombazi 41; B 12–14 €; ⊙ Rezeption Sept.–Mai 8–13 & 17–23 Uhr, Juni–Aug. 8–24 Uhr; 📶) Die freundliche, professionell geführte Jugendherberge in zentraler Lage an einer ruhigen Straße hat saubere Schlafsäle für sechs bis zwölf Personen, darunter einen nur für Frauen. Die Dorms haben bequeme Matratzen, Steckdosen an den Betten und geräumige Schließfächer. Mit seinem geselligen Patio, einer Bar und einem gemütlichen Garten voller Blumen lädt das Haus zum Relaxen ein und hält außerdem ausgezeichnete Reiseinfos für Kreta und ganz Griechenland bereit.

Zum weiteren Angebot zählen eine Gemeinschaftsküche, die freie Nutzung von Schnorchel- und Strandausrüstung, ein Büchertausch und Chromecast-TV. Dazu gibt's billige Getränke sowie Frühstück für 3 €.

★ Atelier Frosso Bora PENSION €

(☎ 28310 24440; www.frosso-bora.com; Chimaras 25; DZ 35–60 €; ⊙ März–Nov.; ❄📶) Die Künstlerin Frosso Bora bietet über ihrer Töp-

Rethymnon

A
B
C
D
1
2
3
4
5
6
7
Periferiakos Leoforos
Kretisches Meer
Kefalogiannidon
27
37
Fortezza 2
45
26
Makedonias
15
Chimaras
Plateia Plastira
Katehaki
Mesologhiou
32
43
7
Damvergi
21
Melissinou
40
Salaminos
50
56
36
Agios-Spyridon-Kirche (300 m)
Xanthoudidou
16
30
47
Smyrnis
Radamanthyos
10
Moshovitou
35
55
31
Paleologou
Petichaki
Nikiforou Foka
Plateia Iroon Politechniou
Arampatzoglou
24
5
57
20
Epimenidou
53
33
Alexanrou
Mavrokordatou
51
52
41
Arkadiou
Koroneou
49
25
19
38
3
Vernardou
Soulliou
8
Riga Fereou
Vitsentzou Kornarou
17
Neophytou Patealarou
22
Tsouderon
Argiropoulon
Kastrinogiannaki
Archäologisches Museum Rethymnon 1
Nikiforou Foka
Ethnikis Antistaseos
39
Vlastou Sifi
Dimakopoulou
Tzane Bouniali
28
13
Iliakaki
Tombazi
KTEL-Busbahnhof (200 m)
23
18
9
Igoumenou Gavriil
29
Plateia Martyron
Touristen-information
6
Pavlou Kountouriotou
Stadtpark
Dimitrakaki
Daskalaki
Koumoundourou
Moatsou
Paläontologisches Museum (200 m)

ferei vier makellose, stimmungsvolle Zimmer mit alten Steinwänden, kleinen Fachbildfernsehern, modernen Bädern und kleinen Küchen – eine tolle Budgetunterkunft! Zwei Zimmer haben einen kleinen Balkon mit Blick auf die Altstadt, die anderen beiden venezianische Architekturelemente und Deckenbalken.

Rethymno House PENSION €
(☎28310 23924, 6955666625; www.rethymnohouse.com; Vitsentzou Kornarou 3–5; EZ/DZ 30/35 €; @ 📶) Diese preiswerte Unterkunft in einem schönen Haus aus venezianischer Zeit liegt mitten im Herzen der Altstadt, nicht weit vom Wasser und vom Nachtleben entfernt. Zwar zeugen die frei gelegten Steinmauern von der Geschichte des Gebäudes, ansonsten ist das Haus aber recht schnörkellos mit einfacher Einrichtung – insgesamt eine ausgezeichnete Bleibe für wenig Geld.

Camping Elizabeth CAMPINGPLATZ €
(☎28310 28694, 6983009259; www.camping-elizabeth.net; Ionias 84, Missiria; Stellplatz Erw./Kind 8,50/5 €, Zelt 7 €, Wohnwagen 32–50 €, Glamping mit Frühstück 60–95 €; ⏱ganzjährig; 📶) Kretas ältester Campingplatz liegt 4 km östlich der Altstadt am herrlichen Mysiria-Strand und wirkt dadurch weit entfernt von Rethymnon. Bambus, Palmen und Olivenbäume spenden reichlich Schatten. Wer keine eigene Ausrüstung mitschleppt, kann hier Zelte mit Bettzeug mieten (EZ/DZ 20/28 €) sowie Wohnwagen und Glamping-Zelte mit Klimaanlage (für 4 Pers.) in den Dünen oberhalb des Strands.

Axos Hotel HOTEL €
(☎28310 54472; www.axos-hotel.gr; Maxis Kritis 167, Platanias; Studio/Apt. mit Frühstück ab 35/40 €; ⏱April–Okt.; ❄📶🏊) Im Axos im kleinen Küstenort Platanias rund 5 km östlich von Rethymnon kann man schön etwas außerhalb der Stadt nächtigen. Zwar strahlen die Gemeinschaftsbereiche ein gewisses Anstaltsflair aus, doch die Zimmer sind modern und gut proportioniert. Meerblick gibt's keinen, doch der Strand ist nur 300 m entfernt und es gibt einen glitzernden Pool und ein einladendes Terrassencafé. Mindestaufenthalt zwei Nächte.

Casa Moazzo BOUTIQUEHOTEL €€
(☎28310 36235; www.casamoazzo.gr; 57 Tombazi; Zi. mit Frühstück 85–180 €; ❄📶) Das Haus mit seinen zehn eleganten, frisch renovierten Zimmern war früher die Residenz venezianischer Adliger. Es liegt nur einen Steinwurf

Rethymnon

Highlights
1 Archäologisches Museum Rethymnon C5
2 Fortezza B2

Sehenswertes
3 Geschichts- & Volkskundemuseum C4
4 Leuchtturm E3
5 Loggia D4
6 Stadtpark C6
7 Museum für zeitgenössische Kunst C3
8 Neratzes-Moschee C4
9 Porta Guora C6
10 Rimondi-Brunnen C3
11 Venezianischer Hafen E3

Aktivitäten, Kurse & Touren
12 Eco Events E5
13 Happy Walker D5
14 Bergsteigerclub Rethymnon E7

Schlafen
15 Atelier Frosso Bora C2
16 Avli Lounge Apartments C3
17 Casa dei Delfini B4
18 Casa Moazzo D6
19 Hamam Oriental Suites B4
20 Hotel Veneto C4
21 Palazzino di Corina D3
22 Rethymno House D4
23 Rethymno Youth Hostel D6
24 Rimondi Boutique Hotel C4
25 Sohora A4

Essen
Avli ..... (s. 16)
26 Castelvecchio B2
27 En Plo C2
28 Gaias Gefseis C5
29 koo koo C6
30 Makan D3
31 Meli D3
32 Mojo Burgers D3
33 Othonas C4
34 Peperoncino E5
35 Raki Baraki C3
36 Taverna Knossos D3
37 Thalassographia C2
Veneto ..... (s. 20)
38 Yiorgos Hatziparaskos C4

Ausgehen & Nachtleben
39 Ali Vafi's Garden B5
40 Arokaria D3
41 Brew Your Mind D4
42 Bricks Beerhouse E5
43 Chalikouti B3
44 Chaplin's E5
45 Inomena Voistasia C2
46 Livingroom F6
47 Metropolis D3
48 Minibar E4
49 Monitor C4

Unterhaltung
50 Asteria Cinema A3

Shoppen
Avli Raw Materials ..... (s. 16)
51 Diskopoleion Music Store D4
Frosso Bora, Keramikwerkstatt & -laden ..... (s. 15)
52 Ilias Spondidakis D4
53 Leather Studio Kanakakis D4
54 Liranthos E6
55 Mediterraneo D3
56 Spanoioakis B3
57 Spantis B4
58 Wood Art E6
Xenos Typos ..... (s. 28)

vom Hafen entfernt, stellt aber dennoch ein schönes Refugium dar. Jedes Zimmer ist anders eingerichtet und die jeweiligen Tapeten, frei liegenden Steinwände und hölzernen Balken verleihen ihnen ein klassisch italienisches Flair. Manche verfügen über einen Balkon, eine frei stehende Badewanne und eine Küchenzeile und alle haben Kingsize-Betten und (auf Wunsch) Daunenkopfkissen.

Casa dei Delfini BOUTIQUEHOTEL €€
(☎ 28310 55120, 6937254857; www.casadeidelfini.com; Nikiforou Foka 66–68; Zi. 95–110 €; ❄📶) Die neun individuell gestalteten Zimmer dieser eleganten Unterkunft verströmen jede Menge historisches Flair, geizen aber auch nicht mit modernen Annehmlichkeiten. Das Bad eines der Zimmer war früher ein Hamam, in einem anderen steht das Bett in einem Alkoven mit Steinbogen. Alle Zimmer haben eine Küchenzeile. Die zweigeschossige Maisonette wartet mit einer großen privaten Terrasse auf.

Sohora BOUTIQUEHOTEL €€
(☎ 28313 00913; www.sohora.net; Plateia Iroön Politechniou 11; Studio 50–70 €, DZ 60–75 €, Apt. 100 €; ❄📶) Die sehr komfortablen und ein wenig ausgefallenen Zimmer mit kleiner Küche in diesem 200 Jahre alten Wohnhaus sind nach den Jahreszeiten benannt und weisen neben restaurierten Vintage-Möbeln auch originale Bauteile auf. Solarerhitztes Wasser, Biokosmetikartikel und ein herzhaftes, hausgemachtes Frühstück (6 €) sorgen dafür, dass sich die Gäste ökologisch korrekt

verwöhnen lassen können. Der Service ist ebenso freundlich wie professionell.

Palazzino di Corina BOUTIQUEHOTEL €€
(☎28310 21205; www.corina.gr; Damvergi 9; DZ 70–170 €; ❄📶🏊) Die noble venezianische Villa ist eine elegante Absteige. Schöne Möbel, unverputzte Steinwände und schwere Balkendecken sorgen für ein stilvoll altmodisches Ambiente. Auf neuzeitliche technische Errungenschaften, darunter Whirlpool-Badewannen, muss hier trotzdem niemand verzichten. Im Hof lädt ein kleiner, tiefer Pool zu einem Sprung ins Wasser ein und in der Lobby wimmelt es von Antiquitäten, von Grammofonen bis zu Tretnähmaschinen.

Hotel Veneto BOUTIQUEHOTEL €€
(☎28310 56634; www.veneto.gr; Epimenidou 4; EZ 70–95 €, DZ 95–130 €, Suite 114–148 €; ❄📶) Venezianisches Flair verbreiten diese zwölf Hotelzimmer, die traditionelle Elemente wie abgezogene Holzfußböden und freie Deckenbalken mit modernen Annehmlichkeiten wie Satelliten-TV und Kochnischen vereinen. Jedes Zimmer hat eine Geschichte zu erzählen: Nr. 101 z. B. war früher einmal eine Mönchszelle, Nr. 106 ein Hamam.

★ **Hamam Oriental Suites** BOUTIQUEHOTEL €€€
(☎28310 50378, 6981649377; www.hamamsuites.com; Nikiforou Foka 86; Zi. mit Frühstück 135–230 €) An einer stillen Altstadtgasse befindet sich dieses ehemalige venezianisch-osmanische Badehaus, das jetzt in ein elegantes Boutiquehotel verwandelt wurde. Jedes der fünf stimmungsvollen Zimmer ist einzigartig – einige verfügen über schöne Mosaiken, Kuppeldecken, alte Steinmauern und Dampfbäder oder Whirlpools –, aber alle sind z. B. mit alten Möbeln opulent eingerichtet.

Rimondi Boutique Hotel BOUTIQUEHOTEL €€€
(☎28310 51001; www.hotelsrimondi.com; Xanthoudidou 21; Suite mit Frühstück 88–400 €; ❄📶🏊) Diese fantastische venezianische Villa im Herzen der Altstadt brummt nur so vor historischem Flair und plüschigen Möbeln. In den Suiten im Estate-Gebäude sind noch Originalkuppeln und -steinbögen erhalten. Die Zimmer im Palazzo fallen ebenso nobel, aber nicht ganz so stimmungsvoll aus. Im einladenden Innenhof gibt es einen glitzernden Pool und das Frühstücksbuffet ist ein wahres Festbankett.

Im angeschlossenen Hamam kann man sich wunderbar verwöhnen lassen, z. B. im Hamam oder mit einer Massage oder einer Gesichtsbehandlung.

Avli Lounge Apartments BOUTIQUEHOTEL €€€
(☎28310 58250; www.avli.gr; Xanthoudidou 22; Zi. mit Frühstück 105–290 €; ❄📶) Luxus wird großgeschrieben in diesem eleganten Hotel. Die Studios sind in warmen Farben gestaltet; Steinwände, Balkendecken und Whirlpool-Badewannen sorgen für maximales Wohlgefühl. Und nach einem erstklassigen Abendessen im romantischem Hofrestaurant wartet auf einen schon das feudale Bett.

Essen

In Rethymnon wird ganz hervorragend gekocht – die besten Esslokale verstecken sich in den Gässchen der Altstadt. Die Tavernen rund um den venezianischen Hafen, die sich auf touristische Kundschaft eingestellt haben, profitieren zwar von ihrer märchenhaften Lage, sind mit wenigen Ausnahmen aber bestenfalls mittelmäßig. Bessere Esslokale, ebenfalls mit Blick aufs Wasser, gibt's in der Kefalogiannidon unterhalb der Festung.

★ **Raki Baraki** KRETISCH €
(☎28310 58250; www.facebook.com/1600rakibaraki; Arampatzoglou 17; Mezedhes 3,50–13 €; 🕘12.30–24 Uhr; ❄📶🖉) Das rustikale, farbenfrohe und gut besuchte Lokal ist ein tolles Plätzchen für einen ausgedehnten Abend bei *mezedhes* (Appetithäppchen) wie schmackhaften gegrillten Pilzen mit Bergkräutern, warmen hausgemachten *dolmadhes* mit Joghurt oder in Salbeisud gedämpften Muscheln. Der gebackene Feta mit Marmelade sowie auch die Eiscreme aus Schafsmilch schmecken einfach göttlich. Wohlfühlküche vom Feinsten!

Alle Zutaten stammen von kleinen Bauernhöfen in Griechenland.

Meli EISCREME €
(☎28310 50847; www.melirethimno.com; Paleologou; Eiscreme ab 1,80 €; 🕘Mitte Feb.–Mitte Nov. 10–24 Uhr) Das Meli lockt mit köstlicher Eiscreme aus frischer Ziegenmilch, mit Sorten von Ricotta und Feige über Joghurt und Granatapfel bis zu sahniger Vanille. Neben weiteren, normaleren Sorten gibt's auch Sorbets. Die Eisdiele liegt direkt am Rimondi-Brunnen (S. 127).

Eine weitere Filiale befindet sich am Wasser an der Sofokli Venizelou gegenüber der Marina.

koo koo CAFÉ €
(☎28310 26380; Plateia Martyron; Gerichte 4–6 €; 🕘7–23 Uhr; ❄📶🖉) Das moderne Café bietet mit ganztägig erhältlichen Brunchspeisen eine Abwechslung zur griechischen Küche,

NICHT VERSÄUMEN

RETHYMNONS LETZTER TEIGMEISTER

Als einer der letzten traditionellen Filobäcker von Griechenland knetet **Yiorgos Hatziparaskos** (☎28310 29488; Vernardou 30; Gebäck 2–4 €; ⏲8–21.30 Uhr) diesen superdünnen Teig in seiner 1948 gegründeten Backstube immer noch von Hand, unterstützt von seiner Frau Katerina und seinem Sohn Paraskevas. Wer möchte, kann sich das Schauspiel ansehen und unvergleichlich leckeres *baklava* und *kataïfi* („Engelshaar"-Gebäck) probieren.

Der ganz große Moment ist der, wenn der Teig zu einer Riesenblase herumgewirbelt wird, bevor er auf einem großen Tisch ausgewalzt wird.

z. B. Avocadopüree auf Toast, knusprige Hühnchenwaffeln, Pizzastücke und köstliche Burger. Dazu kommt eine breite Auswahl an gesunder und vegetarischer Kost sowie erstklassige Kaffees, Smoothies und Tees.

Oder man kommt vor dem Abendessen einfach auf einen Aperol Spritz und schaut sich das Treiben auf dem Hauptplatz der Stadt an.

Makan GRIECHISCH €

(☎28310 26001; https://makan.scaneat.gr; Arkadiou 230; Gyros ab 2,80 €; ⏲12.30–1 Uhr; ❄📶✍) Das Makan ist kein gewöhnlicher Imbiss, sondern eher eine Designer-Souflakibar mit schickem Interieur, aber ganz altmodischen Preisen. Hier kann man sich sein eigenes Gyros zusammenbauen, aus Roggen-, „arabisch" dünnem oder „gigantischem" Pittabrot, gefüllt mit Schweinebauch, gegrilltem Gemüse, Halloumi oder klassischem Huhn, gekrönt von ein paar Pommes und ein bisschen Tsatsiki.

Mojo Burgers AMERIKANISCH €

(☎28310 50550, 6987328252; www.facebook.com/mojoburgers; Damvergi 38; Mahlzeiten 2,40–11 €; ⏲April–Okt. tgl. 12–24 Uhr, Nov.–März Di–So) Das Mojo hat nicht nur ein hippes, mit Graffiti geschmücktes Interieur und eine große Speisekarte, sondern produziert auch einige der besten Burger und Hot Dogs auf dieser Seite des Atlantiks. Lecker sind beispielsweise der Alabama Mama mit knusprigem Schweinefleisch, Weißkohl und Pickles und der klassische flammengeröstete Cheeseburger. Die Gäste können sich an Extras wie Jalapeños oder karamellisierten Zwiebeln bedienen. Dazu kommt eine gute Auswahl an regionalen Bieren und es gibt auch einen Lieferservice.

Gaias Gefseis BÄCKEREI €

(☎28311 00428; Ethnikis Antistaseos 15; Backwaren 0,50–2,50 €; ⏲7–22 Uhr) Bei Appetit auf *loukoumadhes* (fettgebackene Krapfen mit Honig und Zimt) geht's einfach nur der Nase nach zu Gaias Gefseis. Diese Bäckerei produziert köstliche traditionelle Kuchen und Kekse sowie hausgemachtes *gelato* aus Schafsmilch. Wenn der Hunger nach Süßem schon gestillt ist, wartet auch eine Riesenauswahl verführerischer Brote auf Abnehmer; superlecker ist zum Beispiel das mit Feta und Oliven gefüllte.

Castelvecchio KRETISCH €€

(☎28310 55163; Chimaras 29; Hauptgerichte 11–23 €; ⏲April–Okt. 18–23 Uhr; ❄📶) Das schicke und dennoch legere Castelvecchio in einem venezianischen Gebäude nur einen Katzensprung von der Festung ist die perfekte Location für ein abendliches Date – vor allem, wenn man eine Verabredung mit einer Portion zartem Lammfleisch ohne Knochen in unterschiedlichster Zubereitungsart hat, z. B. in der Folie gegart mit cremiger Tomaten-Feta-Soße.

Veneto KRETISCH €€

(☎28310 56634; www.veneto.gr; Epimenidou 4; Hauptgerichte 15–20 €; ⏲Mai–Okt. 18–23 Uhr; 📶) Das Veneto, das zusammen mit einem Boutiquehotel (S. 133) eine Villa aus dem 14. Jh. bezogen hat, versprüht aus allen Ecken und Winkeln historischen Charme. In der Küche bekommen traditionelle kretische Rezepte einen zeitgenössischen Touch verpasst; das Resultat sind dann beispielsweise Fisch mit Fenchel und Limone oder Fleischbällchen an Basilikumsoße. Der Besitzer ist Weinkenner und berät seine Gäste mit Freude, wenn es darum geht, die passende Flasche zum Essen auszusuchen.

Taverna Knossos TAVERNE €€

(☎28310 25582; Nearhou 40; Hauptgerichte 13–20 €; ⏲Mai–Okt. 12–24 Uhr; 📶👪) Die meisten Tavernen am Venezianischen Hafen mit Kundenfängern vor der Tür bieten folkloristisches Ambiente statt gutes Essen. Das Knossos, das seit einem halben Jahrhundert im Besitz der Familie Stavroulaki ist, bildet eine rühmliche Ausnahme. Wenn Mama Anna in der Küche werkelt, kann man sich auf geschmacksintensive Gerichte und herausragenden Fisch freuen, bei flinkem und nettem Service.

Avli KRETISCH €€
(☎28310 58250; www.avli.gr; Xanthoudidou 22; Hauptgerichte 12–20 €; ⏱12.30–23 Uhr; ❄📶) Das alteingesessene Restaurant in einer venezianischen Villa serviert in romantischem Ambiente kreative kretische Kost aus Zutaten frisch vom Bauernhof. Das Ergebnis sind Gerichte mit mutigen Geschmackskombinationen wie *creatotouria* (mit Lamm, Käse, Minze und Limone gefüllte Teigtaschen) oder *fouriariko* (langsam gegarte Bioziege mit Honig und Thymian). Am besten reserviert man einen Tisch im bezaubernden Garten voller Blumen und Palmen.

Thalassographia GRIECHISCH €€
(☎28310 52569; Kefalogiannidon 33; Hauptgerichte 5–21 €; ⏱Mai–Okt. 10–24 Uhr; 📶) Wenn sie zum Abendessen unschlagbare Ausblicke auf die Küste genießen möchten, steuern die Einheimischen diese Terrassen am Hang zwischen Festung und Meer an. Auf der vielfältigen mediterranen Speisekarte stehen fachmännisch zubereitete Gerichte wie gefüllte Pilze, kretischer Käse in Filoteig mit geräuchertem Schweinefleisch und Kräutern, gebratene Sardinen oder in Weißwein gedämpfte Muscheln. Dazu passt am besten ein Bier aus der örtlichen Brauerei Brink. Bei windigem Wetter ist warme Kleidung ratsam.

En Plo GRIECHISCH €€
(☎28310 30950; Kefalogiannidon 28; Hauptgerichte 8–15 €; ⏱April–Okt. 11–23 Uhr; 📶👪) Das En Plo, eine von mehreren Tavernen direkt am Wasser unterhalb der Festung, bietet in verlässlicher Qualität Klassiker wie Spaghetti mit Krabben und gegrillten Lachs, doch von seiner kreativsten Seite zeigt es sich mit *mezedhes* wie gebackenem Feta mit karamellisierten Feigen.

Othonas KRETISCH €€
(☎28310 55500; Mavrokordatou Alexanrou 27; Hauptgerichte 7–23 €; ⏱11.30–12.30–0.30 Uhr) Mit seinem Kundenfänger auf dem Bürgersteig und der mehrsprachigen Speisekarte sieht das Othonas verdächtig nach einer Touristenfalle aus. In Wirklichkeit genießt es aber einen hervorragenden Ruf für seine Regionalküche. Zu den kulinarischen Hochgenüssen zählen das Lamm mit Artischocken und das göttliche „Chicken Dias" (mit Raki, Feta, Senf und Zwiebeln).

Peperoncino PIZZA €€
(☎28310 24776; www.facebook.com/peperoncino rethimno; Eleftheriou Venizelou 45; Hauptgerichte 6–20 €; ⏱April–Okt. tgl. 12–1 Uhr, Nov.–März Fr 18–24, Sa & So 12–24 Uhr; 📶) Hier gibt's reichlich mit frischen Zutaten belegte Pizzas, die in einem Steinofen gebacken werden, den selbst Italiener gutheißen würden. Wer möchte, kann sich aber auch an frisch zubereiteter Pasta und einem Glas von der ansehnlichen Weinkarte erfreuen. Serviert wird draußen an Esstischen mit Strandblick oder drinnen in der kleinen, klassisch gehaltenen Pizzeria.

🍷 Ausgehen & Nachtleben

Die Jungen und Wilden von Rethymnon zieht es vor allem in die Cafés und Bars an der Eleftheriou Venizelou. Die Gegend rund um Rimondi-Brunnen und Plateia Petichaki ist besonders bei Touristen beliebt. Wer ein Lokal mit weniger hohem Geräuschpegel sucht, wird in den Seitenstraßen fündig.

★Monitor BAR
(☎6974130764; www.facbook.com/monitorartcafe; Vernardou 21–23; ⏱10 Uhr bis spät) Diese legere, schnörkellose Bar ist besonders bei etwas älteren, alternativen Leuten beliebt und mit Arthouse-Filmplakaten und moderner Kunst geschmückt. Dank dem stimmungsvollen Altstadtflair ist dies ein prima Plätzchen für einen entspannten Kaffee, ein Bier oder einen altmodischen Cocktail – oder auch einen guten Burger. Aktuelle Veranstaltungen sind auf der Facebook-Seite der Bar angekündigt.

DIE GEBURT DES EINÄUGIGEN MONSTERS

In der Region Rethymnon scheint es von Höhlen voller Fossilien nur so zu wimmeln. Und in der Tat gibt es im Mittelmeergebiet keine andere Gegend, die mehr endemische Fossilien aufweist. Darunter befinden sich versteinerte Teile von Zwergelefanten. Einige Wissenschaftler glauben, dass die alten Griechen mächtig erschraken, als sie beim Betreten der Küstenhöhlen die Schädel von Zwergelefanten entdeckten. Diese Schädel, ungefähr zweimal so groß wie ein Menschenschädel, hatten eine riesige leere Nasenhöhle für den Rüssel, die die Menschen gut für eine einzige enorme Augenhöhle gehalten haben könnten. Und das könnte wiederum die Geburtsstunde des Zyklopen gewesen sein. Im Paläontologischen Museum in Rethymnon (S. 127) kann man die Skelette mit eigenen Augen betrachten.

1

ANDREI NEKRASSOV/SHUTTERSTOCK ©

ELLEPISTOCK/GETTY IMAGES ©

1. Kourtaliotiko-Schlucht (S. 154)
Die herrliche Schlucht führt zum Strand von Preveli.

2. Sultan-Ibrahim-Moschee (S. 125)
Diese Moschee versteckt sich in der sternförmigen Fortezza, die über Rethymnon wacht.

3. Margarites (S. 145)
Das Dorf Margarites ist berühmt für seine Töpferkunst, eine Tradition, die auf minoische Zeiten zurückgeht.

4. Venezianischer Hafen, Rethymnon (S. 125)
Rethymnons venezianischer Hafen birgt einen Leuchtturm, den die Ägypter in den 1830er-Jahren erbauten.

4

LEOKS/SHUTTERSTOCK ©

Bricks Beerhouse CRAFT-BIER

(☎6945297481; www.bricksbeerhouse.gr; Eleftheriou Venizelou 41; ⏲Mitte April–Okt. 10–1 Uhr, Nov.–Mitte April ab 18 Uhr) Zwar sind die Kreter gerade erst dabei, Craft-Bier für sich zu entdecken, doch das Bricks gibt sich mit seinen 30 Bieren von griechischen Kleinbrauereien große Mühe, die Zweifler zu überzeugen. Wer möchte, kann auch einen Gin aus Iraklion testen, destilliert aus kretischen Botanicals.

Am besten bestellt man ein Probierset und genießt die Gebräue dann zu Kneipenkost an der palmengesäumten Promenade.

Chaplin's BAR

(☎28310 24566; Eleftheriou Venizelou 52; ⏲9–4 Uhr) Rethymnons wildeste Kneipe ist diese rauchgeschwängerte Rockbar, in der schon seit den 1970er-Jahren die Mucke aus den Lautsprechern dröhnt. Sie lockt ein durstiges Publikum aus schwarz gekleideten Studenten und älteren Rockern an, die an der Theke abwechselnd Bier und Schnaps kippen. Meist läuft zwar Mainstream-Rock, doch die DJs (ab 20 Uhr) legen auf Wunsch alles Mögliche auf.

Brew Your Mind KAFFEE

(☎28313 01940; www.facebook.com/brewyourmind1; Arkadiou 251; ⏲8–22 Uhr; 📶) Dieser hippe Kleinröster wartet mit einer guten Auswahl an Bohnen auf. Und ob V60, Aeropress, Chemex, Syphon, Cold Brew, Flat White oder traditionell griechisch – die Baristas hier können alles.

Arokaria CAFÉ

(☎28310 21442; www.facebook.com/arokaria; Salaminos 7; ⏲9.30–24 Uhr; 📶) Ein beliebter Treff der Einheimischen ist dieses muntere Café mit Bohemeflair und einem gemischten Publikum aus Studenten, Modefreaks und Künstlern. Auf der schönen Terrasse an der Straße werden Kaffee aus lokal gerösteten Bohnen, kretischem Bier und billiger Hauswein kredenzt, dazu *mezedhes* und Kuchen.

Inomena Voistasia BAR

(☎28310 54758; Kefalogiannidon 20; ⏲9–1 Uhr) Keramikfliesen, Holz und Zeitungspapier verleihen dieser Kneipe ein cooles Vintage-Ambiente. Ihr umfangreiches Sortiment umfasst auch eine ordentliche Auswahl an Cocktails, gemixt u. a. aus dem hausgemachten Raki und Obst aus dem eigenen Garten. Am nächsten Tag kann man dann auf einen kretischen Bergkräutertee einkehren. Wenn die Sonne scheint, sitzt man am besten auf der Terrasse am Wasser.

Metropolis CLUB

(www.facebook.com/metropolisreth; Nearhou 12; ⏲21 Uhr bis Sonnenaufgang) Der Partypalast brummt und ist unter dem heimischen Partyvolk extrem angesagt. Im Sommer legen DJs für die Touristen Hits aus den internationalen Charts auf. In der Nebensaison dominiert griechische Popmusik. So richtig was los ist erst ab 23 Uhr.

Chalikouti BAR

(☎28310 42632; www.toxalikouti.org; Katehaki 3; ⏲9–1 Uhr; 📶) Das Cafékollektiv im Künstlerviertel unterhalb der Fortezza zieht kommunikative Einheimische an, die den Kaffee von mexikanischen Zapatistas, Zucker von landlosen Arbeitern aus Brasilien und Bio-Raki und -Wein von kretischen Erzeugern zu würdigen wissen. Für die nötige Grundlage sorgen *mezedhes* und Süßspeisen.

Ali Vafi's Garden BAR

(☎28310 23238; www.facebook.com/pg/alivafis; Tzane Bouniali 65a; ⏲11 Uhr bis spät; 📶) Im Sommer gibt es kaum eine reizendere Location als diesen idyllischen Garten mit Orangen-, Grapefruit- und Zitronenbäumen. Gelegentliche Konzerte sowie Wein und Cocktails locken zahlreiche Gäste an.

Minibar BAR

(☎6932349229; Petichaki 6; ⏲Mai–Nov. 21 Uhr bis Sonnenaufgang) Der Klassiker zum Abhängen in Rethymnon wurde umgetauft und aufgemöbelt, hat aber immer noch zwei Bars und eine Tanzfläche, auf der sich jede Nacht Touristen und Studenten drängen.

Livingroom BAR

(☎28310 21386; www.livingroom.gr; Eleftheriou Venizelou 5; ⏲8–3 Uhr; 📶) Zu jeder Tages- und Nachtzeit sind die gemütlichen Sofas dieses beliebten Treffs immer gut gefüllt mit modebewussten Städtern. Tagsüber geht's hier recht gemächlich zu, abends wird's dann immer wilder. Die Gäste haben die Wahl zwischen dem Bistro-Café mit Promenadenterrasse und der Hauptbar im Euroglam-Dekor. Hier kann man bestens einen Blick in die Ausgehszene werfen.

☆ Unterhaltung

Asteria Cinema KINO

(☎28310 22830; www.cineapollonasteria.com; Melissinou 21; Tickets 5–7 €; ⏲Mai–Okt. 18 Uhr bis spät) Das kleine Freiluftkino nahe der Festung hat überwiegend Neuerscheinungen im Programm. Schön an einem milden Abend und es gibt auch eine Bar.

ABSTECHER

MAROULAS

Zehn Kilometer südöstlich von Rethymnon liegt Maroulas, ein entzückendes, bunt zusammengewürfeltes Dorf mit weitem Blick aufs Meer. Architektonisch ist das denkmalgeschützte Städtchen ein Mix aus hübsch restaurierten spätvenezianischen und türkischen Bauten, darunter zehn Olivenpressen und ein 44 m hoher Turm, der zwischen den übrigen Dorfgebäuden emporragt.

Marianna's Workshop (☎ 28310 72432; www.mariannas-workshop.gr; Maroulas; ⏲ Sommer 10–15 & 17–19 Uhr, Winteröffnungszeiten telefonisch erfragen) Gleich beim Dorfplatz liegt der winzige Laden von Marianna Founti-Vassi. Sie sammelt aromatische medizinische Pflanzen in den Bergen. Daraus produziert sie ihr einzigartiges Sortiment an Teesorten und Ölen, die sie aus natürlichen Extrakten unter Verwendung traditioneller Methoden gewinnt. Hier gibt's Mittelchen zur Linderung jeder Art von Beschwerden, darunter auch einen Tee aus 40 Kräutern, den die Hebammen früher aufkochten.

Taverna Fantastiko (☎ 6988442728; www.facebook.com/tavernafantastiko; Maroulas; 7–12 €; ⏲ 11–19.30 Uhr) Die traditionelle Taverne oben am Berg wird ihrem Namen mit fantastischen weiten Ausblicken auf die Umgebung von der großen Terrasse durchaus gerecht. Die meisten Gerichte werden hier ganz ohne irgendwelche Fertigprodukte aus Zutaten vom eigenen Bauernhof zubereitet. Tipps: das Fleisch vom Holzkohlegrill, der hausgemachte Käse (Käseteller 6,80 €) und das Eis aus Schafsmilch.

Katerina (☎ 28310 71627; Maroulas; Hauptgerichte 8–20 €; ⏲ Mai–Okt. 10–23 Uhr) Die richtige Adresse für ein traditionelles Mittagessen ist Katerina, eine Freilufttaverne mit reizvollem Meerblick und einem echten Original als Eigentümer. Das Lokal liegt am Ende einer schmalen Gasse neben dem venezianischen Turm.

Zamaros (☎ 6984085333; www.facebook.com/zamaros; Maroulas; ⏲ April–Okt. 9–16 Uhr, Nov.–März bis 15 Uhr) Die kleine Käserei am Hauptplatz bei der orthodoxen Kirche ist vor allem für ihren Halloumi und den *graviera* bekannt. Alles wird direkt vor Ort hergestellt und kann verkostet werden. Im Sommer gibt's auch hausgemachtes Eis und mit Schokolade gefüllten Käse.

Shoppen

In den schmalen, kopfsteingepflasterten Straßen der Altstadt drängen sich Geschäfte, vorwiegend solche, die auf Touristen ausgerichtet sind. Aber dazwischen befinden sich auch ein paar Schätze, die einen Besuch wert sind, vor allem auf der Mellissinou, der Souliou und der Arampatzoglou. Die Haupteinkaufsmeile ist die Arkadiou.

Töpferei & Shop Frosso Bora KERAMIK
(☎ 28310 24440; www.frosso-bora.com; Chimaras 27; ⏲ 10–21 Uhr) Die einheimische Künstlerin Frosso Bora stellt tolle Töpfe, Vasen, Kerzenständer, Schüsseln und andere Behältnisse aus kretischer Tonerde her. Die auf der Töpferscheibe oder Töpferplatte gefertigten Stücke sind echt günstig.

Leather Studio Kanakakis KUNSTHANDWERK
(www.leatherstudio.gr; Souliou 23; ⏲ 9–17 & 19–21 Uhr) In dem kleinen Laden plus Werkstatt kan man bei der Herstellung hochwertiger handgefertigter Ledergürtel in allen möglichen Farben und Mustern zuschauen. Dazu gibt's eine gute Auswahl an Handtaschen, Portemonnaies und Accessoires aus Leder.

Diskopoleion Music Store MUSIK
(Souliou 38; ⏲ 10–22 Uhr) Der klitzekleine Laden wird betrieben von einem Musikliebhaber, der sich in Sachen Rock, Punk, Psychedelic und Jazz aus Griechenland bestens auskennt, aber auch bei traditioneller kretischer Musik. Hier gibt's sowohl CDs als auch Schallplatten.

Liranthos MUSIK
(☎ 28310 29043, 6938993779; Arkadiou 66; ⏲ 9–14 & 17–20 Uhr) Der winzige Laden voller Musikinstrumente ist die richtige Adresse für den Kauf einer kretischen *lyra* (ein dreisaitiges geigenähnliches Instrument) oder einer Bouzouki. Auch CDs mit kretischer Musik aus der Region sind zu haben.

Avli Raw Materials LEBENSMITTEL & GETRÄNKE
(Agora; ☎ 28310 58250; www.avli.gr; Arampatzoglou 40; ⏲ 10–20 Uhr) Feinschmecker lieben den Laden des Restaurants Avli (S. 135), mit einer Riesenauswahl an Delikatessen aus

ABSTECHER

EIN VORBILDLICHER BAUERNHOF

Inmitten der sanften Hügellandschaft in der Nähe des Dorfs Adele, 13 km südöstlich von Rethymnon, liegt die **Agreco Farm** (☎28310 72129; www.agreco.gr; Adelianos Kampos; Führung & Mittag- oder Abendessen ab 38 €; ⌚Mai–Okt. Di–Sa 11–22 Uhr) Diese Rekonstruktion eines Gehöfts aus dem 17. Jh. ist ein Musterbeispiel für jahrhundertealte biologische und umweltfreundliche traditionelle Methoden der Landwirtschaft. Auf dem Hof kommen überwiegend traditionelle Gerätschaften zum Einsatz, darunter eine per Eselkraft betriebene Olivenpresse, eine Wassermühle und eine Weinpresse. Vorher anrufen, um sicherzustellen, dass geöffnet ist!

Es gibt auch einen kleinen Laden, in dem Produkte und Kunsthandwerk der Region verkauft werden, sowie einen Minizoo mit *kri-kri* (Kretische Gämse), Wildschweinen und Bantam-Zwerghühnern.

Der Bauernhof hat normalerweise von Mai bis Oktober geöffnet, ist aber oft für Privatveranstaltungen wie Hochzeits- oder Taufgesellschaften reserviert. Normalerweise enden die Hofführungen mit einem **kretischen Schlemmerfest** mit 30 Gängen in der Taverne. Die meisten Speisen sind mit Obst und Gemüse, Milchprodukten und Fleisch aus farmeigener Erzeugung zubereitet.

Wer gern selbst Hand anlegt, sollte sich nach anstehenden **Hoftagen** erkundigen. Dann sind Gäste dazu eingeladen, bei traditionellen Landwirtschaftsarbeiten zu helfen. Je nach Jahreszeit dürfen sie womöglich ein Schaf scheren, eine Ziege melken oder bei der Käseherstellung, beim Traubenstampfen oder beim Brotbacken mit frisch in der Steinmühle gemahlenem Mehl mitmachen (Programm siehe Website). Anschließend gibt's ein Mittagsbuffet, das sogenannte Erntedankmittagessen. Führung sowie Teilnahme an den Sonntagsaktivitäten nur nach Reservierung.

Besucher, die einfach so mal tagsüber vorbeischauen, können sich auf eigene Faust umsehen (5 €) und im *kafenion* (Café) etwas trinken.

ganz Griechenland, darunter hervorragende Weine, Olivenöle, Bergtees und Seifen.

Spanoioakis LEBENSMITTEL

(Nikiforou Foka 93; ⌚9–21 Uhr) Diese Bäckerei versteckt sich schon seit 1958 im Gassengewirr von Rethymnon. Neben frischen *spanakopita* und Backwaren ist sie vor allem bekannt für Brot in Form von Dinosauriern oder Flamingos sowie für *kouloures*, ein lackiertes, fein verziertes, aber nicht essbares Brot – ein ganz besonderes Souvenir.

Die im Verschwinden begriffene griechische *kouloures*-Tradition hat ihre Wurzeln auf Kreta. Die Backkunst des Großvaters fortführend stellt auch die Bäckerei Spanoudakis aufwendig verziertes Brot her, darunter Hochzeitskringel, das typische griechische Hochzeitsgebäck. Die hübschen Muster haben symbolische Bedeutung: Granatäpfel stehen für Glück, Bäume für ein langes Leben und Ringe für ein ewiges Band.

Spantis KUNSTHANDWERK

(www.leather-workshop.com; Koroneou 9; ⌚April–Nov. 10–22 Uhr, Nov.–März 10–14 & 17–21 Uhr) John Spantidakis verarbeitet Rohleder zu Taschen, Gürteln und Portemonnaies, die alles in den Schatten stellen, was man sich vorher an Ledersachen gewünscht hat. Farbstriche und ungewöhnliche Schnitte heben diese traditionelle Kunst auf ein neues Niveau (Geldbörsen/Gürtel/Taschen kosten von 20/55/130 € aufwärts). Sie erscheinen in erdigen Grün-, dunklen Rot-, ägäischen Blau- und rauchigen Schwarztönen unterschiedlicher Intensität.

Wood Art KUNSTHANDWERK

(☎28310 23010; www.siragas.gr; Varda Kallergi 38; ⌚Mo–Sa 11–18 Uhr) Viele der in Griechenland verkauften Holzgegenstände stammen eigentlich aus Tunesien. Aber Niko Siragas produziert hier seine ureigenen Sachen, und zwar nach Holzverarbeitungstechniken, die auf die Minoer zurückgehen. Bei den handgefertigten Schüsseln, Vasen und anderen Objekten des international anerkannten Künstlers und Lehrers handelt es sich durchweg um geschmeidige Einzelstücke. Seine Muster sind kompliziert und haben oft eine urige, organische Note. Niko bietet auch Kurse in Holzbearbeitung an. Näheres siehe Website.

Ilias Spondidakis BÜCHER

(☎28310 54307; Souliou 43; ⌚9–22 Uhr) Der winzige Buchladen in einer basarartigen

Gasse bietet englische Romane, Kreta-Bücher, Karten, CDs mit griechischer Musik und eine kleine Auswahl gebrauchter Büchern.

Xenos Typos BÜCHER
(28310 29405; Ethnikis Antistaseos 21; 9–21 Uhr) Ausländische Presseerzeugnisse sowie Kreta-Bücher und -Karten.

Mediterraneo BÜCHER
(www.mediterraneo.gr; Paleologou 41; Mai–Nov. 10–20 Uhr) Bücher, Reiseführer, in- und ausländische Zeitungen und Zeitschriften sowie Landkarten.

Praktische Informationen

GELD

National Bank (Kountouriotou 129–131; Mo–Do 8–14.30, Fr bis 14 Uhr, Geldautomat 24 Std.)

INTERNETZUGANG

Hotels und Restaurants bieten WLAN, ansonsten gibt's in der Altstadt mehrere kostenlose öffentliche WLAN-Hotspots: im Rathaus, auf der Plateia Iroon Polytechniou, am Venezianischen Hafen und im Stadtpark.

Net Cafe (28310 20880; www.net.net.gr; Ecke Kountouriotou & Daskalaki; 2,50 € pro Std.; 24 Std.) Computer für Leute, die ohne eigenes Gerät unterwegs sind.

MEDIZINISCHE VERSORGUNG

Allgemeines Krankenhaus (28313 42100; www.rethymnohospital.gr; Triandalydou 17; 24 Std.)

NOTFÄLLE

Touristenpolizei (28310 28156, Notfälle 171; Sofokli Venizelou 37; 24 Std. Rufbereitschaft)

POST

Postfiliale (28310 22303; Moatsou 19; Mo–Fr 7.30–20.30 Uhr) Für Postsendungen und Pakete.

REISEBÜROS

Cool Holidays (28310 35567; www.coolholidays.gr; Melissinou 2; 9–20 Uhr) Hilfreiches Büro, in dem Schiffs- und Flugtickets verkauft, Autos und Motorräder vermietet und Tourbuchungen erledigt werden.

TOURISTENINFORMATION

Am Venezianischen Hafen gibt's eine **Touristeninformation** (www.rethymno.guide; Alter Hafen; Mo–Fr 9–14.30 Uhr) und einen kleineren **Kiosk** (www.rethymno.guide; Plateia Martyron; Mo–Fr 9–14.30 Uhr) unmittelbar südlich der Porta Guora. Beide bieten Karten und Infos zur Region; auch die Website hält Informationen bereit.

An- & Weiterreise

AUTO & MOTORRAD

Auto Moto Sport (6945771933, 28310 24858; www.automotosport.com.gr; Sofokli Venizelou 48; Fahrrad/Auto ab 8/32 € pro Tag; 7.30–22 Uhr) Vermietet Fahrräder, Autos und Motorräder.

BUS

Der **Busbahnhof** (28310 22785, 28310 22212; Kefalogiannidon;) liegt am Westrand der Innenstadt. Am Wochenende und außerhalb der Saison sind die Verbindungen eingeschränkt. Aktuelle Busfahrpläne hat KTEL (www.e-ktel.com).

SCHIFF/FÄHRE

Seajets (21041 21001; www.seajets.gr) betreibt dienstags und samstags um 8 Uhr eine Fähre vom Hafen von Rethymnon nach Santorin

BUSSE AB RETHYMNON

ZIEL	PREIS (€)	DAUER	HÄUFIGKEIT
Agia Galini (via Spili)	6,80	1½ Std	bis zu 5-mal tgl.
Anogia	6	1¼ Std	Mo–Fr 2-mal tgl.
Argyroupoli	3,60	40 Min.	2-mal tgl.
Chania	6,80	1 Std	stündl.
Chora Sfakion (via Vryses)	8	2 Std	1-mal tgl.
Iraklion	8,80	1½ Std	stündl.
Margarites	3,80	30 Min.	Mo–Fr 2-mal tgl.
Moni Arkadiou	3,10	40 Min.	bis zu 3-mal tgl.
Omalos (zur Samaria-Schlucht, via Chania)	14,30	1¾ Std	2-mal tgl.
Plakias	5	1 Std	2- bis 5-mal tgl.
Preveli	5	1¼ Std	2-mal tgl.

(69 €, 2¼ Std.), Ios (70 €, 3½ Std.), Naxos (78 €, 4 Std.) und Mykonos (74 €, 5 Std.). Ein Auto kostet 60–65 € zusätzlich.

Unterwegs vor Ort

Das Zentrum von Rethymnon ist schön kompakt und am besten zu Fuß zu erkunden. Für weiter entfernte Ziele bietet sich ein **Taxi** (Kountouriotou 12) oder ein Mietwagen an. Leihfahrräder gibt's bei Cool Holidays und Auto Moto Sport.

WESTLICH VON RETHYMNON

Die Dörfer südwestlich von Rethymnon am Fuß der Lefka Ori (Weiße Berge) eignen sich wunderbar für einen Nachmittagsausflug mit dem eigenen Fahrzeug. Beliebtestes Ziel ist das Gebirgsdorf Argyroupoli. Es wurde auf den Trümmern einer antiken Siedlung erbaut und ist für seine Quellen und Wasserfälle berühmt. Die Straße führt auch durch Episkopi, ein hübsches Dorf um einen Marktplatz mit verschlungenen Gässchen und Häusern im traditionellen Baustil.

Argyroupoli Αργυρούπολη

450 EW.

Das 25 km südwestlich von Rethymnon gelegene Argyroupoli steht auf den Ruinen der antiken Stadt Lappa, einer der wichtigsten römischen Städte in Westkreta, von der aber kaum noch Überreste erhalten sind. Mit seinen stimmungsvollen Kopfsteinpflastergassen mit venezianischen Steinhäusern und byzantinischen Kirchen eignet sich Argyroupoli wunderbar für einen Bummel. Dank der Lage an den Ausläufern der Lefka Ori lassen sich von dem Örtchen aus ein paar tolle Spazier- und Wanderwege erreichen.

Am unteren Ende des Dorfs liegt eine Oase, gebildet aus Quellen, die in den Lefka Ori entspringen und dafür sorgen, dass die Temperaturen hier deutlich niedriger sind als an der Küste – hier kann man gut der Sommerhitze entfliehen. Das Quellwasser strömt durch Aquädukte, fließt an Wänden herab, sickert aus Steinen, rinnt aus Wasserhähnen und versorgt die gesamte Stadt Rethymnon.

Sehenswertes

Argyroupoli teilt sich in ein Ober- und ein Unterdorf. Die meisten Sehenswürdigkeiten von historischer Bedeutung befinden sich in der Nähe des Hauptplatzes im oberen Teil, die Quellen und Tavernen dagegen liegen im unteren.

Nekropole HISTORISCHE STÄTTE

Der Friedhof des antiken Lappa liegt nördlich der Stadt. Er ist vom Hauptplatz aus auf einem ausgeschilderten, 1,5 km langen Fußweg zu erreichen. Hunderte Gräber wurden in den Felsen gehauen, die meisten im Umkreis der Kapelle der Fünf Jungfrauen. Von der Nekropole führt der Weg weiter zu einer Platane, die 2000 Jahre alt sein soll.

Oberdorf

Die Erkundung von Argyroupoli beginnt am Hauptplatz im Schatten der stattlichen venezianischen **Agios-Ioannis-Kirche** aus dem 17. Jh. Dann geht's die Pflastersteinstraße hoch, vorbei an den bröckelnden Resten von Gebäuden, Seite an Seite mit fröhlich bunt gestrichenen Wohnhäusern. Beim Streifzug durch die verschlungenen Gassen kann man antike venezianische Säulen und Olivenpressen sehen.

Linker Hand steht ein **Römertor** mit der Inschrift *Omnia Mundi Fumuset Umbra* (frei übersetzt: Alles auf dieser Welt ist Schall und Rauch).

An der T-förmigen Kreuzung geht es geradeaus direkt zur **Kirche des hl. Paraskevi**. Dort dient die Platte eines Kindergrabs heute als Eingangsstufe zum Hof. Dann biegt man nach links ab und umrundet die stimmungsvolle **Kirche Panagia Barotsiani** aus dem 13. Jh. hin zu einem beeindruckenden **römischen Bodenmosaik** aus dem 1. Jh. v. Chr., das aus 7000 Teilen zusammengesetzt ist. Dahinter führt die Straße zurück zum Hauptplatz.

1,5 km nördlich des Orts befindet sich die reizende Nekropole des **Antiken Lappa** mit uralten römischen Felsgräbern im Wald. Die Nekropole ist leicht zu Fuß oder mit dem Auto zu erreichen.

Unterdorf

Vom Hauptplatz den Hügel hinunter und über die erste große Abzweigung links gelangt man zu den Tavernen bei den Quellen im Unterdorf. Hohe Kastanienbäume und Platanen inmitten üppiger Vegetation erschaffen ein schattiges, erholsames Plätzchen zum Mittagessen zwischen den Wasserfällen und Springbrunnen, die in die Anlagen sämtlicher Tavernen integriert wurden. Besonders reizvoll ist es hier an Sommerabenden. Abgesehen von den Tavernen

ABSTECHER

GARTEN DER KULINARISCHEN GENÜSSE

Einer der schönsten Orte, um traditionelle kretische Küche und Gastfreundschaft zu genießen, ist der **Garten von Arkoudenas** (O Kipos Tis Arkoudenas; ☎28310 61607; Episkopi; Hauptgerichte 10–18 €; ⏲13 Uhr bis spät), eine quirlige Taverne inmitten von Obstbäumen und Weideland. Der gesellige Gastgeber Georgios, der auch in Yotam Ottolenghis Dokumentarfilm *Mediterranean Feast* auftaucht, führt die Gäste durch die Tagesgerichte, zubereitet von seiner Mutter aus erstklassigen Bio-Zutaten vom eigenen Bauernhof und aus den Bergen.

Für das lange, gemächliche Mittagsmahl plant man am besten ein paar Stunden ein. Viele Gerichte werden im Holzofen gegart und weisen oft einen schönen kreativ-modernen Touch auf. Das Vorzeigegericht des Hauses ist ein bunter, mit Blüten verzierter Salat mit Tomaten, Granatapfel, Avocado, Cashew- und Kürbiskernen und Rosinen. Das Gratis-Dessert mit hausgemachter Eiscreme und Schokoladenkuchen ist das beste der ganzen Insel. Die Gäste speisen im hübschen Hof oder im behaglichen Innenraum, in den auch schon mal neugierige Pferde hineinschauen. Das Restaurant befindet sich am Dorfrand von Episkopi, 4,5 km nördlich von Argyroupoli.

gibt es eine wassergetriebene Walkmaschine aus dem 17. Jh., mit der Stoff angefeuchtet, geknetet und dadurch verfestigt wurde. Außerdem finden sich dort die überwucherten Reste eines römischen Bades und die Marienkirche, die auf einem ehemals Poseidon gewidmeten Tempel steht.

Schlafen & Essen

Im Oberdorf gibt's ein paar Cafés, aber besser ist das Angebot unten bei den Quellen: Hier tummeln sich im schattigen Tal am Wasser einige Tavernen. Hiesige Spezialitäten sind Zuchtforelle und Stör. Eine leckere Alternative zum Fisch ist das am Spieß über Olivenholz gebratene Lamm- und Schweinefleisch.

Foodies sollten auf keinen Fall den Garten von Arkoudenas (s. o.) 4,5 km nördlich von Argyroupoli versäumen.

★ **Arcus Villas** BOUTIQUEHOTEL €€
(☎28312 00201; www.arcus.com.gr; Suite 110–120 €, Apt. ab 180 €; ❄@📶🏊) Mitten im Unterdorf befindet sich dieses venezianische Wohnhaus aus dem 14. Jh., das eine schicke neue Bestimmung erhalten hat. Jede der fünf Suiten besitzt eine Kochnische, einen Whirlpool und einen gemauerten Kamin, in einigen ist Platz für bis zu sechs Personen. Beim Grillen im Garten neben dem Pool fühlt man sich wie in einer anderen Welt.

Shoppen

Lappa Avocado Shop KOSMETIK
(☎6936744528, 28310 81070; www.lappa-avocado.gr; ⏲Mitte April–Ende Okt. 10–19.30 Uhr) Auf der Straßenseite gegenüber den Ruinen des antiken Lappa unter dem Steinbogen liegt der Lappa Avocado Shop. Er bietet kaltgepresstes Bio-Avocadoöl sowie Gesichts- und Körpercremes auf Avocadobasis.

An- & Weiterreise

Montags bis freitags fahren drei Busse täglich von Rethymnon nach Argyroupoli. Wer sich auf den Weg macht, sollte sich vergewissern, dass am gleichen Tag auch wirklich ein Bus zurück nach Rethymnon (3,60 €, 40 Min.) fährt; normalerweise fährt der letzte Bus zurück um 15.30 Uhr.

HINTERLAND & PSILORITIS

Das gebirgige Landesinnere Rethymnons wartet mit zahlreichen faszinierenden Routen und interessanten Abstechern auf. Schon ein Tag genügt, um das historische Moni Arkadiou zu besuchen, sich im Töpferdorf Margarites umzuschauen und die Ruinen der antiken Stadt Eleftherna zu besichtigen. Weiter östlich, an den Ausläufern des Psiloritis, warten zwei faszinierende Höhlen und traditionsreiche Kleinstädte wie Axos und Anogia. Letztere ist auch Ausgangspunkt für die steile Fahrt zur Nida-Hochebene.

Myli-Schlucht

Ein beliebtes Wanderziel ab Rethymnon ist diese üppig grüne **Schlucht** (Myli), die sich 4 km an einem Bach entlangzieht. Unterwegs trifft man auf Steinhäuser des alten, verlassenen Dorfs und venezianische Wassermühlen aus dem 16. Jh. Außerdem befindet sich hier eine nette, in den Fels hineingebaute Kirche, zu erreichen über den Pfad auf der rechten Seite, wenn man vom Eingang zur Schlucht die Treppe nach unten nimmt. Im Sommer haben auf der anderen Seite des Flüsschens mehrere Tavernen geöffnet.

Die Myli-Schlucht liegt 7 km südlich von Rethymnon, zu Fuß etwa fünf Stunden hin und zurück bzw. eine kurze Auto- oder Busfahrt entfernt. Ein öffentlicher Bus fährt ab 8.15 Uhr bis zum späten Nachmittag alle zwei Stunden ab Rethymnon (1,50 €, 30 Min.). Eine Taxifahrt kostet etwa 10 € pro Strecke.

Chromonastiri

Militärmuseum Chromonastiri MUSEUM

(☎28310 75135; Chromonastiri; Erw./Kind & Stud. 3 €/frei; ⏲Di–Fr 9–15, So 10–14 Uhr) Das kleine Militärmuseum im Dorf Chromonastiri 10 km südlich von Rethymnon liefert eine ernüchternde Darstellung der deutschen Invasion auf Kreta im Jahr 1941. Das hiesige Kriegsgeschehen wird Tag für Tag nachvollzogen, wobei sich die Dokumentation u. a. auf Bilder und Gegenstände alliierter und deutscher Soldaten stützt. Außerdem gibt's Filmaufnahmen der deutschen Luftlandeoperation.

Das Museum wird vom griechischen Militär betrieben – Soldaten in Uniform fungieren als Guides. Das Museum behandelt außerdem die hellenistische Revolution von 1821; beim Gebäude selbst handelt es sich um einen venezianischen Adelssitz des 17. Jhs.

Von Rethymnon (1,50 €, 30 Min., alle 2 Std. ab 8.15 Uhr) fahren Busse hierher und auch der Hop-on-Hop-off-Touristenbus aus Rethymnon fährt hier vorbei. Ein Taxi kostet 10 € pro Strecke. Die meisten Besucher kombinieren das Museum mit der 3 km nördlich gelegenen Myli-Schlucht.

TOP 5: HISTORISCHE STÄTTEN IN RETHYMNON

- Moni Arkadiou (S. 144)
- Fortezza (S. 125)
- Moni Preveli (S. 160)
- Melidoni-Höhle (S. 148)
- Spätminoischer Friedhof von Armeni (S. 153)

Moni Arkadiou
Μονή Αρκαδίου

Das aus dem 16. Jh. stammende **Arkadi-Kloster** (☎28310 83136; Arkadi; 3 €; ⏲Juni–Sept. 9–20 Uhr, April, Mai & Okt. bis 19 Uhr, Nov. bis 17 Uhr, Dez.–März bis 16 Uhr) 23 km südöstlich von Rethymnon ist für die Kreter von großer Bedeutung. Als die Stätte, wo Hunderte eingeschlossener Einheimischer sowohl sich als auch türkische Eindringlinge umbrachten, ist das Kloster ein kraftvolles Widerstandssymbol und gilt als ein Ausgangspunkt des Befreiungskampfes der Insel gegen die osmanische Besatzung.

Die venezianische Kirche (1587) von Arkadi besitzt eine üppig verzierte Renaissancefassade mit acht schlanken korinthischen Säulen und wird von einem verschnörkelten Glockenturm mit drei Glocken gekrönt. Das Gelände umfasst außerdem ein kleines Museum und den alten Weinkeller, wo das Schießpulver aufbewahrt wurde.

Im November 1866 schickten die Türken eine gewaltige Armee, um die Aufstände niederzuschlagen, die überall auf der Insel aufflammten. Hunderte von Männern, Frauen und Kindern flohen aus ihren Dörfern in das Kloster, um dort Schutz zu suchen. Es erwies sich jedoch keineswegs als sicherer Hafen und wurde schon bald von 2000 türkischen Soldaten angegriffen. Doch die Kreter ergaben sich nicht – stattdessen jagten die eingeschlossenen Einheimischen Pulverfässer in die Luft. Bei der Explosion kamen alle Beteiligten um, einschließlich der Türken. Nur ein kleines Mädchen überlebte: Sie wurde in einem Nachbardorf aufgenommen und erreichte ein hohes Alter. Vor dem Kloster stehen eine Büste jener Frau und eine des Abts, der das Schießpulver entzündete. Die alte Windmühle nicht weit vom Kloster ist heute ein **Beinhaus**: Hier sind fein säuberlich in einer Glasvitrine die Totenschädel und Gebeine der Opfer von 1866 aufgereiht.

Von Rethymnon (3,10 €, 40 Min.) fahren unter der Woche täglich vier bis fünf Busse hierher (Sa & So zwei oder drei). Bis zur Rückfahrt hat man 90 Minuten Zeit für die Besichtigung.

Früher bildeten die kleinen Wohnhäuser des **Kapsaliana Village** (☎28310 83400; www.kapsalianavillage.gr; Kapsaliana; mit Frühstück EZ ab 105 €, DZ 180–288 €, Suite 265–415 €; P❄📶🏊) ein Dörfchen, wo Oliven fürs nahegelegene Moni Arkadiou angebaut wur-

ABSTECHER

ANTIKE STADT ELEFTHERNA

Rund 7 km östlich des Moni Arkadiou (S. 144) liegt an der Straße das archäologische Ausgrabungsgelände **Antikes Eleftherna** (Αρχαία Ελεύθερνα; ☎28340 92501; http://en.mae.com.gr/archaeological-site; Eleftherna; Nekropole Erw./Sen./Stud. 4/2 €/frei, mit Museum 6/3 €/frei, Akropolis frei; ⌚Nekropole Mai–Okt. 10–18 Uhr, Akropolis ganzjährig 24 Std.). Der von den Dorern erbaute Ort gehörte im 8. und 7. Jh. v. Chr. zu den bedeutendsten griechischen Niederlassungen und stand auch in hellenistischer und römischer Zeit in voller Blüte. Seit den 1985 begonnenen Ausgrabungen machen die Archäologen ständig neue Entdeckungen.

2010 sorgte der Fund der sterblichen Überreste einer Frau mit Goldschmuck in einem 2700 Jahre alten Doppelgrab weltweit für Schlagzeilen. Die Entdeckung des Grabs einer Hohepriesterin und dreier Gehilfen im Jahr davor veranlasste das Archaeological Institute of America sogar dazu, Eleftherna in die Liste seiner „Top 10 Discoveries of 2009" aufzunehmen.

Der am leichtesten zugängliche Abschnitt der Stätte ist die **Akropolis** auf einem langen, schmalen Felsvorsprung hinter der Akropolis-Taverne. Ein holpriger, überwachsener Pfad führt von hier hinunter zu riesigen **römischen Zisternen**, die in die Felswände gehauen wurden. Ein Stück weiter am Weg befindet sich eine **hellenistische Brücke**.

In den Niederungen an der Westseite des Hügels haben neuere Ausgrabungen die weitläufige, 2800 Jahre alte **Nekropole von Orthi Petra** zutage gefördert und Hinweise auf Menschenopfer gefunden. Im Sommer haben Besucher Zutritt zum überdachten Gehege der Nekropole: vom Dorf Eleftherna aus den steilen Schotterweg am Hang nach unten nehmen.

Am Osthang werden zurzeit die Überreste von Wohn- und öffentlichen Gebäuden aus der römischen und byzantinischen Zeit ausgegraben. Um einen Blick auf sie zu werfen, nimmt man die Hauptstraße nach Osten Richtung Margarites, biegt am Wegweiser zur Sotiros-Kirche ab und folgt dem Feldweg, der direkt an dieser bezaubernden byzantinischen Kapelle vorbeiführt.

Das 3 km von den Ruinen gelegene **Museum des antiken Eleftherna** (☎28340 92501; http://en.mae.com.gr/museum.html; Milopotamos; Erw./Sen./Stud. 4/2 €/frei, mit Nekropole 6/3 €/frei, So frei; ⌚Mi–Mo 10–18 Uhr) liefert die Hintergrundinfos zur antiken Stadt. In drei Räumen beherbergt die schöne Sammlung Artefakte von der frühen Eisenzeit und minoischen Zeit bis zur hellenistischen, römischen und byzantinischen Zeit.

Das Glanzstück ist ein Bronzeschild mit einem hervortretenden Löwenkopf, das im Grab der Krieger gefunden wurde und aus dem 8. Jh. v. Chr. stammt. Daneben ist anhand einer Kopie zu sehen, wie der Schild ursprünglich aussah. Andere in der Totenstadt ausgegrabene Gegenstände sind z. B. schöne Keramikvasen und -ornamente, fein gearbeitete Goldanhänger und Marmorfigurinen, allesamt von großer Kunstfertigkeit und teils noch mit erhaltenem Farbauftrag.

den. Heute ist daraus ein charmantes und stilvolles Hotel geworden. Die zwölf alten und zehn neuen Zimmer sind mit ultrabequemen Betten, Kamin und Veranda mit wunderbarem Ausblick ausgestattet. Das Ambiente ist gediegen-ruhig, es gibt einen Pool und im Restaurant wird fachkundig zubereitete Biokost serviert.

Die Ölmühle stellte 1955 den Betrieb ein und das Dorf wurde aufgegeben, bis ein Architekt das ganze Ensemble in den 1970er-Jahren erwarb, um sein ambitioniertes Projekt anzugehen. Im alten Mühlengebäude sind in einem Museum Olivenpressen und andere landwirtschaftliche Gerätschaften zu sehen.

Margarites Μαργαρίτες

300 EW.

Das winzige Margarites 26 km südöstlich von Rethymnon ist für seine Keramikarbeiten bekannt – diese Tradition geht bis in die minoische Zeit zurück. Das Dorf besitzt nur eine einzige Straße und weder Bank noch Postfiliale, dafür aber mehr als 20 Töpferläden und -ateliers. Die meisten Werkstätten bauten den benötigten Ton (für den die Gegend bekannt ist) von Hand ab. Geboten werden einzigartige bunte und hochwertige Töpferwaren für den normalen Gebrauch. Hier kann man wunderbar ein Souvenir erstehen.

AUTOTOUR > DURCH DAS AMARI-TAL

Das Amari-Tal ist ein Flickenteppich aus von Olivenhainen und Obstplantagen eingerahmten Dörfern mit byzantinischen Kirchen. Majestätisch thront der Psiloritis über der Landschaft. Für die Erkundung der Gegend braucht man eine gute Karte – Smartphone und GPS reichen hier nicht. Da die Straßen in den Dörfern eng und einspurig sind, ist man mit einem Klein- bis Mittelklassewagen am besten bedient.

1 Moni Arkadiou

Zuerst besucht man das beeindruckende **Moni Arkadiou** (S. 144). Die Fahrt dorthin führt östlich von Rethymnon bis zur Abfahrt nach Adele und dann den Wegweisern nach.

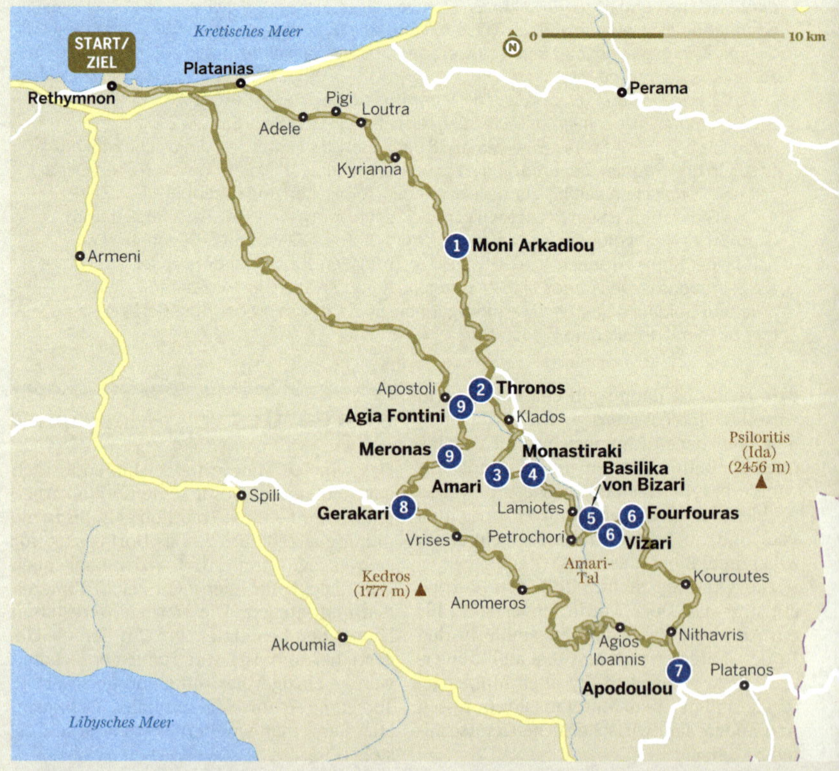

1 Tag 150 km

Toll für ... Geschichte & Kultur

Beste Reisezeit Der Frühling für die Kirschblüte in Gerakari

2 Thronos

Danach geht's Richtung Süden nach **Thronos**, dessen Agia Panagia außergewöhnliche, wenn auch verblasste Fresken aus dem 14. Jh. aufweist (Schlüssel im Café nebenan – der Eigentümer gibt einem auch eine kurze Erläuterung). Noch älter sind die Bodenmosaiken: Dabei handelt es sich um Reste der Basilika aus dem 4. Jh., auf denen die Agia Panagia errichtet wurde. Die nahe Taverna Aravanes wartet mit wundervollen Talblicken, guten Regionalinfos und traditioneller kretischer Küche aus dem Holzofen auf; es kann auch Kochunterricht (6 € pro Pers.) arrangiert werden. Von hier folgt man der Straße bergab und nimmt die Abzweigung nach links Richtung Fourfouras.

3 Amari

Man folgt den Schildern nach **Amari**, einem bezaubernden Ort mit venezianischen Häusern und einem Platz voller Cafés und üppiger Blumentöpfe. Vom Glockenturm aus dem 19. Jh. hat man eine wunderbare Aussicht.

4 Monastiraki

Weiter geht's nach **Monastiraki**, wo sich eine (ziemlich dürftig beschilderte) minoische Stätte befindet – vor Ort nach dem Weg und wenn nötig auch nach dem Schlüssel fragen!

5 Basilika von Bizari

Dann geht's durch Lamiotes; hinter Petrochori nach Osten abbiegen und weiter durch Olivenhaine zu den Überresten der Basilika von Bizari aus dem 7. Jh., die 824 von den Osmanen zerstört wurde.

6 Vizari & Fourfouras

In **Vizari** gibt's Olivenholzwerkstätten zu besuchen, weiter östlich im hübschen **Fourfouras** mit Tankstelle plus Bäckerei führen Pfade auf den Psiloritis.

7 Apodoulou

Die Tour führt südwärts nach **Apodoulou** mit den Ruinen der Villa Kalitsa Psaraki, benannt nach einem Mädchen, das von den Türken entführt und von einem englischen Reisenden gerettet (und geehelicht) wurde. Außerdem befinden sich hier einige steinerne Reste einer minoischen Siedlung. Eine westlich abgehende Schotterpiste führt zur Agios-Georgios-Kirche mit farbenfrohen Fresken aus dem 17. Jh.

8 Gerakari

Zurück nach Norden nimmt man die Abfahrt durchs westliche Tal nach Agios Ioannis. Über Anomeros geht's zum modernen, bunten **Gerakari**, das im Zweiten Weltkrieg komplett von den Deutschen zerstört wurde. Der Marktflecken ist bekannt für Kirschen, Tulpen und die Agios-Ioannis-Kirche aus dem 13. Jh. mit schönen Fresken. Wer Hunger hat, wird in den Tavernen an der Hauptstraße fündig.

9 Meronas & Agia Fontini

Letzte Station ist **Meronas**. Die Marienkirche aus dem 14. Jh. mit ihren Fresken ist ein echtes Highlight. Über **Agia Fontini** geht's schließlich zurück nach Rethymnon.

Am besten meidet man die Vormittage und die Mittagszeit: Dann wird das Töpferdorf von Touristenbussen komplett blockiert. Nachmittags herrscht dann wieder Ruhe - der richtige Zeitpunkt, um die stimmungsvollen Gassen zu erkunden, durch die Werkstätten zu spazieren und im Schatten gigantischer Eukalyptusbäume von den Terrassen der Tavernen am Dorfplatz aus den herrlichen Blick ins Tal zu genießen.

Schlafen & Essen

★ Kouriton House BOUTIQUEHOTEL €€
(☎6945722052, 28310 55828; www.kouritonhouse.gr; Tzanakiana; Zi. mit Frühstück 60–75 €; ❄@📶) Von der Holzbalkendecke baumeln Sträuße mit getrockneten Kräutern und Blumen, um die Gäste in diesem Schmuckstück am Nordrand von Margarites in Tzanakiana zu begrüßen. Das wunderschön restaurierte steinerne Herrenhaus wurde 1750 erbaut und die stimmungsvollen Gästezimmer wirken wie aus einem Volkskundemuseum, jedoch mit modernen Annehmlichkeiten wie kleiner Küche, WLAN, Fernseher und Klimaanlage.

Besitzerin Anastasia Friganaki ist eine sprudelnde Informationsquelle und führt traditionelle Methoden der Honigherstellung, des Kräuter- und Gemüsesammelns und kretischer sowie minoischer Kochkunst vor.

Mandalos KRETISCH €
(☎28340 92294; Hauptgerichte 5–8 €; ⏲März–Okt. 8.30 Uhr bis spät) Die Taverne Mandolos am schattigen Hauptplatz genießt einen guten Ruf. Hier können die Gäste entspannt unter Platanen sitzen, großzügige Portionen lokaler Standardgerichte wie langsam geschmorte Ziege verspeisen und sich dabei gleichzeitig an Wein und der herrlichen Aussicht berauschen.

Shoppen

Keramion KERAMIK
(☎28340 92135, 6976332651; www.keramion.gr; ⏲April–Okt. 9–19 Uhr, Nov.–März n. V.) George und Marinki stellen viele ihrer Stücke nach minoischen Techniken und Vorlagen her und brennen sie im Holzofen, was der Keramik den braunen Grundton verleiht. (Die rote Farbe wird durch elektrisches Brennen erreicht.) Der Ton ist von so hervorragender Qualität, dass er nur einmal gebrannt und nicht glasiert werden muss. Die Außenseite wird einfach mit einem flachen Kieselstein geglättet.

Neben der minoisch inspirierten Keramik erfreuen sich vor allem die originellen Heißluftballons großer Beliebtheit.

Ilys KERAMIK
(☎28340 92440; ⏲April–Okt. 10–21 Uhr, Nov.–März bis 18 Uhr) Ein wahres Farbfeuerwerk entfaltet sich in diesem Ausstellungsraum. Leuchtend bunt glasierte Schüsseln, Teller, Lampen, Raki-Töpfchen und anderer kleiner (und weniger kleiner) Krimskrams füllen die Regale. Während Manolis an der Töpferscheibe arbeitet, teilt er sein Fachwissen gern mit Besuchern.

Gallios Ceramic Art KERAMIK
(☎28340 92304; https://galliosceramicart-potteryworkshop.business.site; ⏲9–19 Uhr) An einer Seitengasse oben im Dorf produziert Konstantinos Gallios einige sehr schöne Stücke- nach dem Schild „Ceramic Art" Ausschau halten.

An- & Weiterreise

Von Montag bis Freitag fahren täglich zwei Busse von Rethymnon nach Margarites (3,80 €, 30 Min.).

Von Perama nach Anogia
Πέραμα Προς Ανώγεια

Melidoni Μελιδόνι

★ Melidoni-Höhle HÖHLE
(Gerontospilios; www.melidoni.gr; Erw./Kind unter 12 J. 4 €/frei; ⏲Mai–Sept. 9–20 Uhr, April, Okt. & Nov. bis 19 Uhr) Rund 2 km außerhalb des Dorfs Melidoni liegt diese atemberaubende kathedralenartige Höhle, eine zauberhafte Unterwelt aus Stalaktiten und Stalagmiten. Der seit der Jungsteinzeit als Höhlenheiligtum genutzte Ort ist von immenser historischer Bedeutung: Hier fand 1824 während der türkischen Besatzung ein schreckliches Massaker statt. Im Oktober 1823 hatten 370 Dorfbewohner und 30 Soldaten in der Tropfsteinhöhle Schutz vor der osmanischen Armee gesucht. Nach dreimonatiger Belagerung entzündeten die Türken ein Feuer und erstickten die Menschen in der Höhle, darunter 340 Frauen und Kinder.

Unbedingt festes Schuhwerk anziehen, denn die Höhle ist schlecht beleuchtet und der Boden uneben und stellenweise rutschig. Bis zum Boden der Höhle sind 70 Stufen zu bewältigen. Und auch ein Pullover sollte mitgebracht werden, denn 24 m unter der Erde wird es nie wärmer als 18 °C.

Episkopi Επισκοπή

Das reizende kleine Dorf 9 km südöstlich von Melidoni entfernt war unter den Venezianern Bischofssitz. Es besteht aus einem Labyrinth verwinkelter Gassen voller gut erhaltener Steinhäuser. In den bröckelnden Ruinen der **Kirche von Episkopi** aus dem 15. Jh. sind noch einige verblichene Fresken zu sehen. Neben der Brücke am Ortsende steht ein sehenswerter venezianischer **Brunnen**.

Zoniana Ζωνιανά

Sfendoni-Höhle HÖHLE
(☎28340 61869; www.zoniana.gr; Zoniana; Erw./Kind 10–18 J./unter 10 J. inkl. Führung 5/4 €/frei; ⌚April–Okt. tgl. 10–17 Uhr, Nov.–März Sa & So 10.30–14.30 Uhr) Die Führungen gehen bis in eine Tiefe von 270 m und durch sieben Kammern mit fantasievollen Namen wie „Feenheiligtum" und „Palast des Zeus". In allen wimmelt es von angestrahlten Stalagmiten und Stalaktiten in Form von Orgelpfeifen, Kuppeln, Vorhängen, Wellen und anderen seltsamen Gebilden. In der Höhle leben mehr als 400 Fledermäuse; es ist durchaus möglich, dass Besucher, die morgens herkommen, von ihnen begrüßt werden.

Führungen finden ungefähr alle 45 Minuten statt und dauern etwa 40 Minuten. Dank eines 150 m langen Stegs ist die Höhle für jedermann zugänglich.

Es gibt ein nettes Café, in dem man sich die Wartezeit bis zur nächsten Führung vertreiben kann. Montags bis freitags fahren täglich zwei Busse von Rethymnon nach Zoniana (6 €, 1 Std., 5.30 und 14 Uhr).

Axos Αξός

Das Dorf Axos ist wegen seiner beschaulichen kretischen Atmosphäre ein beliebter Zwischenstopp für Touristenbusse. Tagsüber herrscht Ruhe im Dorf, doch abends steppt auf den Terrassen der Tavernen der Bär.

Holzskulpturenmuseum MUSEUM
(☎6937691387; www.woodenmuseum.gr; Axos; Erw./Kind 5/3 €; ⌚9–20 Uhr) Eine mächtige Skulptur vor dem Eingang dieses privaten Museums im Dorf Axos zeigt Herkules, wie er den Löwen tötet. Das Museum dient in erster Linie als Schaufenster für die Arbeiten des Self-made-Künstlers Georgios Koutantos. Der gesprächige Georgios führt Besucher mit Begeisterung durch seine Werkstatt und erläutert die Geschichten und kulturellen Hintergründe, die hinter jeder seiner Skulpturen stecken. Er hat mehr als 100 davon hergestellt, jede aus Holz von Bäumen aus der Gegend geschnitzt. Die Stücke sind alle unverkäuflich.

Am eindrucksvollsten sind die großflächigen Arbeiten, darunter ein Adler mit 6 m Flügelspannweite. Andere Kunstwerke stellen Familienmitglieder dar – oft auf sehr eigenwillige Art.

ABSTECHER

ÖLMÜHLE

Wer zur Besichtigung der Melidoni-Höhle in der Gegend ist, kann ganz in der Nähe auch die **Olivenölmühle Paraschakis** (☎28340 22039, 6973863551; www.paraschakis.gr; Melidoni Geropotamou; ⌚April–Nov. Mo–Sa 9–18 Uhr) besuchen, um sich anzuschauen, wie Olivenöl hergestellt wird. Die freundliche amerikanisch-griechische Eigentümerin Joanna führt Besucher durch die Geschichte der Olivenölerzeugung, von eselbetriebenen Mühlen bis zu den heutigen Gerätschaften. Die Mühle gehört zu einer regionalen Kooperative von Olivenbauern. Wer möchte, kann neben Olivenöl hier auch Raki und andere Leckereien erstehen.

Schlafen & Essen

★ **Enagron Ecotourism Village** FERIENANLAGE €€
(☎28340 61611; www.enagron.gr; Axos Mylopotamou; Studio/Apt. mit Frühstück ab 87/108 €; ⌚Restaurant 14–16 & 19–22 Uhr; P ❄ ☁ ≋) Der bewirtschaftete Hof bietet die Gelegenheit, in den traditionellen kretischen Alltag einzutauchen. Die wie ein kleines Dorf angelegten schönen Häuschen beherbergen elegant-rustikale Zimmer mit Balkendecken, Steinmauern und Kaminen sowie kleinen Küchen. Der Mindestaufenthalt beträgt drei Nächte. Das Restaurant serviert kretische Küche mit Zutaten vom Bauernhof und es wird ein nettes Programm mit täglichen Aktivitäten geboten (im Preis inbegriffen).

Die Aktivitäten reichen von geführten Wanderungen in die Berge und Dörfer über Kochunterricht und Workshops im Brot- und Käsemachen bis zu Vogelbeobachtung und Botanik-Spaziergängen; für die Kinder werden auch noch Eselritte angeboten. Wer lieber auf eigene Faust unterwegs ist, dem bietet die Unterkunft ausgezeichnete Wanderkarten sowie kostenlose Fahrradnutzung für empfohlene Trails. Auf jeden Fall sollte man sich aber auch noch Zeit nehmen, um am luxuriösen Pool abzuhängen.

Den Bauernhof und das kleine Museum können auch Tagesgäste besuchen und das Restaurant ist sehr zu empfehlen. Reservieren!

Anogia Ανώγεια

2500 EW.

Anogia, 37 km südwestlich von Iraklion am Psiloritis, bietet sich wunderbar dafür an, einen Gang runterzuschalten und einen Einblick in den ländlichen Alltag auf Kreta zu erlangen. Außerdem ist das Dorf der perfekte Ausgangsort für Erkundungen der Nida-Hochebene (1400 m) und der Idäischen Grotte.

Hier halten die Einheimischen intensiv an überlieferten Traditionen fest. Männer in schwarzen Hemden, die traditionellen *vraka* (Pumphosen) in schwarze Stiefel gesteckt, erfreuen sich am Nichtstun in den *kafenia* (Kaffeehäusern) und lassen ihre *kombologia* (Perlenkettchen) durch die Finger gleiten. Währenddessen verkaufen ältere Damen traditionelle Webdecken und bestickte Stoffe. Die turbulente Geschichte des Orts im Zweiten Weltkrieg und unter osmanischer Herrschaft hat den Bewohnern ein rebellisches Erbe und den Willen beschert, einem reinen kretischen Wesen Ausdruck zu verleihen.

Das Dorf ist außerdem für seine Musik bekannt und hat einige der bekanntesten Musiker Kretas wie Nikos Xylouris hervorgebracht.

Sehenswertes

Armi-Platz DENKMAL

Den Mittelpunkt dieses stillen Platzes bildet die Statue eines unbekannten Soldaten, die an die Rolle erinnert, die Anogia im Zweiten Weltkrieg spielte. Damals war das Dorf ein Zentrum des Widerstands gegen die deutsche Besatzung und musste teuer dafür bezahlen. 1944 legten die Deutschen den Ort in Schutt und Asche und ermordeten alle Männer, weil die Bewohner alliierte Soldaten versteckt und bei der Entführung des deutschen Generals Heinrich Kreipe geholfen hatten.

Das Denkmal ist außerdem dem Kampf gegen die osmanische Besatzung gewidmet: Sowohl 1822 als auch 1867 wurde Anogia zerstört. Mitte August erinnern öffentliche Veranstaltungen mit traditioneller Musik und Tanzvorführungen an die tragische Geschichte des Orts.

ANOGIAS MUSIKALISCHES ERBE

Anogia ist für seine mitreißende Musik bekannt und hat viele der berühmtesten Musiker Kretas hervorgebracht. Wichtigstes Musikinstrument ist die *lyra*, ein birnenförmiges Instrument mit drei Saiten, das im Sitzen gespielt und oft von Lauten und Gitarren begleitet wird. Einer, der es mit diesem Musikinstrument (und seinem Riesenschnauzbart) zu Weltruhm gebracht hat, war der aus Anogia stammende Nikos Xylouris (1936–1980), der auch heute noch als bester Sänger und *lyra*-Spieler von Kreta gilt.

Nikos' etwas exzentrischer Bruder Psarantonis (geb. 1942) ist mittlerweile in Nikos' Fußstapfen getreten. Mit seinem unverkennbaren Timbre in der Stimme ist er auch im Ausland populär. Ein dritter Bruder, Giannis (Psarogiannis), ist Griechenlands begnadetster Lautenspieler.

Als Nikos' musikalischer Erbe darf Psarantonis' charismatischer Sohn Giorgos Xylouris (Psaragiorgis; geb. 1965) gelten. Er hat sich dadurch einen Namen gemacht, dass er die *lyra* – traditionellerweise ein Begleitinstrument – als Soloinstrument einsetzt. Giorgos' Schwester Niki ist eine der wenigen Sängerinnen Kretas. Der griechische Film *A Family Affair* (2015) ist ein persönliches Porträt der Familie Xylouris und ihrer engen Verbundenheit mit der traditionellen kretischen Musik.

Weitere namhafte Musiker aus Anogia sind z. B. die *lyra*-Spieler Manolis Manouras, Nikiforos Aerakis, Vasilis Skoulas und Giorgos Kalomiris.

Der talentierte und ziemlich extravagante Giorgos Dramountanis alias Loudovikos ton Anogion (Ludwig aus Anogia; geb. 1951) erreicht mit seinen balladenähnlichen kretischen Kompositionen Musikfreunde in ganz Griechenland. Er ist auch Direktor des jährlichen **Yakinthia Festival** (www.yakinthia.gr): Im Rahmen dieses Festivals finden Ende Juli eine Woche lang rund 11 km von Anogia in einem Amphitheater auf einer Ebene zu Füßen des Psiloritis Open-Air-Konzerte statt.

Ebenfalls am Platz steht die **Kirche Johannes' des Täufers** aus dem 14. Jh., die sich durch ihre leider verblassten byzantinischen Fresken auszeichnet.

Grylios-Museum MUSEUM
(☎28340 31593; Spende erwünscht) Am Hang, ein kurzes Stück Fußweg hinter dem Unterdorfplatz, steht dieses bescheidene Museum. Es zeigt die Gemälde und Skulpturen des in Anogia gebürtigen naiven Malers Alkiviadis Skoulas (1900–1997) alias Grylios. Viele seiner Werke zeigen lokale Kriegsszenen. Es gibt auch ein paar Erklärungen auf Englisch, aber die Gemälde sprechen überwiegend für sich selbst. Das Museum wird jetzt von seinem Sohn Giorgos geleitet, der gern mal spontan zur *lyra* greift. Da es keine offiziellen Öffnungszeiten gibt, können Besucher einfach nebenan klopfen oder am Platz nach Giorgos fragen.

Nikos-Xylouris-Haus BEMERKENSWERTES GEBÄUDE
(⌚9.30–21 Uhr) GRATIS In diesem kleinen Haus am Unterdorfplatz wurde Kretas berühmtester Musiker geboren, der *lyra*-Spieler und Sänger Nikos Xylouris. Heute unterhält seine Familie hier eine kleine Sammlung mit Plakaten, Briefen und anderen Erinnerungsstücken an den Künstler.

Konzertplakate weisen außerdem auf seinen Neffen Giorgos Xylouris hin, einen erstklassigen Musiker, der mit seiner Band Xylouris White auf der ganzen Welt unterwegs ist.

Schlafen

Anogia wartet mit einer Handvoll gemütlicher Pensionen auf und gleich vor den Toren des Orts befindet sich an der Straße zum Psiloritis ein großes Bergresort.

Hotel Aristea HOTEL €
(☎6972410486, 28340 31459; www.hotelaristea.gr; Michaeli Stavrakaki; DZ/Apt. ab 35/85 €; P ᯤ) Das von der redseligen und reizenden Aristea geführte kleine Hotel bietet von den Balkonen der fünf eher einfachen, aber makellos sauberen und recht gemütlichen Zimmer weite Ausblicke aufs Tal. Moderner sind die vier Apartments auf zwei Ebenen in einem Nebengebäude; sie verfügen über Küchen und Kamine für die kühlen Bergnächte. Außerdem gibt's eine komplett eingerichtete Gemeinschaftsküche.

Delina Mountain Resort FERIENANLAGE €€
(☎28340 31701; www.delina.gr; DZ mit Frühstück ab 65 €; ❄ᯤ≋) Die große Anlage 1 km außerhalb von Anogia an der Strecke zur Nida-Hochebene ist ein bequemer Ausgangspunkt für Ausflüge zum Berg Psiloritis. Entspannung nach einer Wanderung versprechen eine Sauna, ein Pool und ein Wellnessbereich, oder man steigt einfach gleich in den zimmereigenen Whirlpool. Jedes Zimmer besitzt eine Veranda mit Bergblick.

Besitzer der Anlage ist der bekannte kretische *lyra*-Spieler Vasilis Skoulas, der gelegentlich auch ein Konzert gibt. Die traditionelle Taverne der Anlage ist mit seinen goldenen Schallplatten und verschiedenen Erinnerungsstücken verziert. Zur Anlage gehören außerdem ein Wasserbecken aus venezianischer Zeit und eine Kapelle mit wunderbarem Bergblick.

Essen

Das Örtchen ist mit seinen quirligen Tavernen mit traditioneller kretischer Bergküche ein echtes Mekka für Feinschmecker. Am berühmtesten ist der Ort für *ofto* – am offenen Feuer gegrilltes Fleisch vom Lamm oder von der Ziege –, zu sehen heutzutage vor vielen Tavernen, wo die speziellen Grills ab 14 Uhr angefeuert werden.

Taverna Aetos KRETISCH €
(☎28340 31262; 13is Avgoustou 1944 17; Grillgerichte 7–9 €; ⌚12–23 Uhr) Die traditionelle Taverne im Oberdorf verfügt vor dem Haus über einen riesigen Grill und nach hinten raus über fantastische Bergblicke. Hier gibt's regionale Spezialitäten wie *ofto* sowie in Brühe gekochte Nudeln mit Käse.

Arodamos KRETISCH €
(☎28340 31100; www.arodamos.gr; Straße Tylissos–Anogia; Hauptgerichte 6–10,50 €; ⌚10–22 Uhr; ᯤ) Das große Restaurant in einem modernen Steinhaus im Oberdorf genießt wegen seiner deftigen Bergküche und der liebenswürdigen Bedienung einen guten Ruf. Zu den hiesigen Spezialitäten zählen gegrilltes Lamm und gegrillte Ziege *(ofto)* und das vermeintlich simple, aber schmackhafte Gericht, bei dem Spaghetti mit Brühe gekocht und dann mit *anthotiros* (Weißkäse) bestreut werden. Wer *mezedhes* bestellt, sollte auf jeden Fall auch *dakos* (kretischen Zwieback) probieren.

Ta Skalomata KRETISCH €
(☎28340 31316; 13is Avgoustou 1944; Hauptgerichte 5–12 €; ⌚8–24 Uhr; ᯤ) Im Skalomata im Oberdorf werden seit rund 40 Jahren Einheimische und Reisende „abgespeist".

Wer es geschafft hat, sich von dem Ausblick loszureißen, der sich durch die großen Panoramafenster bietet, kann sich dann endlich den tollen Grillfleischgerichten – das Lamm ist göttlich! –, dem hausgemachten Wein und Brot und den köstlichen vegetarischen Speisen wie Zucchini mit Käse widmen.

Die Bedienung nimmt die Gäste freundlich in Empfang, doch für den traditionellen Abschluss des Essens mit Raki und Nachtisch ist angesichts der Beliebtheit des Restaurants bei Reisegruppen nicht immer genug Zeit.

Praktische Informationen

Im Oberdorf gibt es einen Geldautomaten und eine Postfiliale.

Psiloritis-Besucherzentrum (AKOMM; ☎28340 31402; www.psiloritisgeopark.gr; ⌚Mo–Fr 8–16 Uhr) Das gut geführte Besucherzentrum von Anogia bietet Karten, Wanderkarten und allgemeine Infos zum Psiloritis. Auf der Website finden sich umfassende Informationen zum Naturpark Psiloritis, u. a. eine PDF-Datei des *Psiloritis Tourist Guide*.

INSIDERWISSEN

DEN PSILORITIS BEZWINGEN

Die übliche Wanderstrecke zum Gipfel des Psiloritis führt von der Nida-Hochebene über den Europawanderweg E4-und dauert im Sommer insgesamt ungefähr sieben Stunden. Hochgebirgskondition ist nicht erforderlich, aber der Weg ist lang und strapaziös. Außerdem kann es sein, dass die Aussicht vom Gipfel durch Dunstschleier oder Wolken getrübt ist. Unterwegs bieten einige *mitata* (runde Schäferhütten mit Felssteinmauern) Schutz vor Schlechtwettereinbrüchen. Oben auf dem Gipfel steht eine kleine Kapelle mit zwei Kuppeln. Die beste Landkarte ist die Karte *Mount Idha (Psiloritis)* von Anavasi im Maßstab 1:30 000. Bevor man aufbricht, sollte man sich beim Besucherzentrum in Anogia nach den aktuellen Bedingungen für die Besteigung erkundigen.

Von Dezember bis März bieten sich am Psiloritis gute Gelegenheiten zum Tiefschneefahren. Für das Leihen von Ausrüstung, Unterricht und geführte Touren wendet man sich an die Cretan Ski School (S. 128).

An- & Weiterreise

Montags bis samstags halten in Anogia bis zu drei Busse täglich (sonntags einer) aus Iraklion (4,10 €, 1 Std.) und montags bis freitags zwei aus Rethymnon (6 €, 1¼ Std.).

Psiloritis Όρος Ψηλορείτης

Der Psiloritis, auch Ida genannt, ist mit 2456 m der höchste Berg Kretas. An seiner Ostseite liegt die Nida-Hochebene (1400 m). Das ausgedehnte, fruchtbare Hochplateau ist von Anogia her auf einer 21 km langen Asphaltstraße zu erreichen. Die Straße führt vorbei an mehreren runden *mitata*, traditionellen Schäferhütten, die als Schutzhütten und zum Käsemachen genutzt wurden, sowie am Abzweig zum renommierten, aber selten geöffneten Skinakas-Observatorium.

Von der Nida-Hochebene ist es nicht weit zur Idäischen Grotte (1538 m), in der der Sage nach der Gott Zeus aufgezogen wurde (die Dikti-Höhle am Rand der Lassithi-Hochebene beansprucht diese Ehre jedoch ebenfalls für sich). Ebenfalls auf der Hochebene befindet sich Andartis, eine eindrucksvolle Landschaftsskulptur, die an den kretischen Widerstand im Zweiten Weltkrieg erinnert.

Wer den Psiloritis nicht von Anogia aus besteigen möchte, sollte auf der Website www.psiloritisgeopark.gr den ausführlichen *Psiloritis Tourist Guide* konsultieren. Auch bei gutem Wetter empfiehlt es sich übrigens, für die Besteigung eine warme Jacke mitzunehmen, da das Wetter hier sehr schnell umschlagen kann.

Sehenswertes

★Idäische Grotte HÖHLE

(Ⓟ) GRATIS Zwar handelt es sich bei der Idäischen Grotte lediglich um eine große Höhle mehr oder weniger ohne besondere Merkmale, doch ist sie in der griechischen Mythologie als derjenige Ort von Bedeutung, wo Zeus von seiner Mutter Rhea großgezogen wurde, um ihn vor den Klauen seines kinderfressenden Vaters Kronos zu schützen. (Manche glauben auch, dass er hier ebenfalls gestorben ist und bestattet liegt.) Die Grotte liegt 15 km von Anogia entfernt am Psiloritis; vom Parkplatz zum Eingang ist es 1 km den Berg hinauf entlang einem felsigen Pfad.

Seit dem späten 4. Jahrtausend v. Chr. wurde in der Idäischen Grotte den Göttern gehuldigt; man hat hier zahlreiche Gegenstände ausgegraben, darunter Goldschmuck und Bronzeschilde, Statuetten und andere

Gaben für Zeus. Die Gleise für diese Grabungen sind immer noch vorhanden.

Im Winter und teils bis in den Mai hinein kann der Eingang zur Höhle durch Schnee versperrt sein: Dann kann man aber problemlos über den Zaun klettern. Aus Sicherheitsgründen sollte man aber nicht auf dem Schnee herumstapfen.

Skinakas-Observatorium STERNWARTE
(☎ in Iraklion 28103 94238; http://skinakas.physics.uoc.gr; ⏲ Mai–Sept. rund um den Vollmond 18–23 Uhr) GRATIS Das Skinakas-Observatorium auf 1750 m Höhe am Psiloritis wird von der Universität von Kreta betrieben und ist mit seinen zwei leistungsstarken Teleskopen die bedeutendste Sternwarte Griechenlands. Von Mai bis September ist das Observatorium einmal im Monat für Besucher geöffnet, und zwar rund um den Vollmond - nähere Informationen auf der Website. Dabei gibt's Vorträge und die Möglichkeit, durch ein Teleskop zu schauen.

Die Straße hier ist in schlechtem Zustand und, wenn der Berg verschneit ist, oft unpassierbar.

Andartis – Partisan des Friedens MONUMENT
GRATIS Auf der Nida-Hochebene im Psiloritis-Massiv lässt sich diese mächtige Landschaftsskulptur ausmachen. Sie wurde 1991 von der deutschen Künstlerin Karina Raeck zur Würdigung des kretischen Widerstands im Zweiten Weltkrieg geschaffen. Das Kunstwerk besteht aus einer Anhäufung von großen Steinen aus der Umgebung. Die Steinbrocken wurden so arrangiert, dass sie von oben betrachtet die Form eines Engels bilden. Ein müheloser, 1,25 km langer Spaziergang auf flachem Gelände führt zum „Partisan des Friedens" hinaus.

Schlafen & Essen

Anogia wartet mit den bei Weitem besten Unterkünften auf. Außerdem war bei Redaktionsschluss für 2020 die Eröffnung eines Wandererhostels auf der Nida-Hochebene geplant.

Zur Zeit der Recherche gab es an der Straße zur Nida-Hochebene keine Möglichkeiten, Essen oder Getränke zu kaufen, man sollte also Proviant einpacken. 2020 soll auf der Hochebene eine Taverne eröffnen.

Praktische Informationen

Der beste Ausgangspunkt für den Psiloritis ist das Besucherzentrum in Anogia. Zur Zeit der Recherche wurde am Parkplatz der Nida-Hochebene ein Infozentrum gebaut, das 2020 fertig sein soll.

An- & Weiterreise

Der Psiloritis lässt sich nur mit einem eigenen Fahrzeug erreichen. Die Ausblicke unterwegs sind umwerfend.

An Wochentagen fahren zweimal täglich Busse von Rethymnon nach Anogia (6 €, 1¼ Std.).

VON KÜSTE ZU KÜSTE

Die schnellste und kürzeste Verbindung von Rethymnon zur Südküste führt über Armeni und Spili. Gemütlicher ist die Fahrt durch das schon fast kitschig idyllische Amari-Tal, einen Teil Kretas, in dem die Zeit scheinbar stehen geblieben ist.

Armeni Αρμένοι

Spätminoischer Friedhof von Armeni ARCHÄOLOGISCHE STÄTTE
(☎ 28310 29975, 28210 44418; Straße Rethymno–Agia Galini; Erw./erm./Kind 2/1 €/frei; ⏲ Di–So 8–15 Uhr; P) Wer über diesen schattigen, zwischen 1600 und 1150 v. Chr. von den Minoern angelegten Friedhof wandelt, kann fast die Anwesenheit der zahllosen Seelen der Menschen spüren, die hier in den über 200 in den Fels gehauenen Grabstätten beigesetzt wurden. Heute führen die *dromos* (lange Korridore) der Gräber zu klammen Kammern, die Besuchern offenstehen - besonders eindrucksvoll sind die Gräber 159 und 200. Einige der Grabbeigaben aus Armeni wie Töpferwaren, Zierstücke aus Bronze, Waffen, Schmuck und ein Helm aus einem Keilerstoßzahn sind im Archäologischen Museum Rethymnon (S. 125) ausgestellt.

Der Kartenschalter ist selten besetzt, sodass man einfach auf den Friedhof spazieren kann. Die Stätte liegt 15 Autominuten südlich von Rethymnon.

Alekos Kafeneio TAVERNE €
(☎ 28310 41185; Armeni; Hauptgerichte 5–10 €; ⏲ 12–24 Uhr) Die kleine Taverne mit einer begrenzten, aber vorzüglichen Auswahl traditioneller *mayirefta* (vorgekochte Gerichte) ist eine ausgezeichnete Wahl zum Mittagessen. Eine Speisekarte gibt es nicht, aber die Kellner nehmen die Gäste mit nach unten in die Küche, damit sie sich aus den brodelnden Töpfen selbst etwas aussuchen können, z. B. Bergschnecken, Schmorfleisch, Tintenfisch

und Gemüseeintöpfe. Allein der hausgemachte Schafskäse und die Eiscreme lohnen den Abstecher hierher.

Spili Σπήλι

630 EW.

Das entzückende Bergdorf Spili ist mit seinen Kopfsteinpflastergassen, großen alten Platanen und weiß gekalkten, mit zahlreichen Blumen geschmückten Häusern ein Liebling der Fotografen. Die meisten Besucher legen hier lediglich einen Mittagsstopp auf einer Tour von Küste zu Küste ein, doch es lohnt sich, einen oder zwei Tage zu verweilen, um die Pfade in den Bergen der Umgebung zu erkunden. Ein Stückchen südlich von Spili beginnt die wilde Kourtaliotiko-Schlucht, die bis zum palmenbestandenen Strand von Preveli (S. 160) reicht.

Sehenswertes

Maravel Garden GARTEN

(28320 22056; www.maravelspili.gr; März–Nov. 8–20 Uhr) GRATIS Der botanische Garten am westlichen Dorfrand wartet mit aromatischen Pflanzen von Kreta und aus der ganzen Welt auf. Auf einem Bummel kann man sich die Kräuter und Heilpflanzen anschauen, aus denen das Personal ätherische Öle gewinnt und die Bio-Produkte herstellt, die im Laden verkauft werden. Das Café verfügt über eine Terrasse mit Blick in den Garten und serviert leichte Gerichte, hausgemachte Eiscreme, Kräutertees und Superfood-Smoothies.

Vorab kann man sich telefonisch nach Führungen (5 €) erkundigen, aber gewöhnlich gibt's die nur für Gruppen. Eine größere Auswahl an Erzeugnissen des Gartens hält der Maravel Shop (S. 155) im Ort bereit.

Volkskundemuseum von Spili MUSEUM

(Eintritt auf Spendenbasis; April–Nov. 10–18 Uhr) Am nördlichen Ortsrand führt ein Fußweg zu diesem Schmuckkästchen voller lokaler Vintage-Stücke. Besonders ins Auge fallen der riesige Webstuhl und der Kaffeebohnenröster, aber auch die Schuhmacherwerkstatt und die traditionelle Küche von vor 220 Jahren sind echte Hingucker. Das vom gut informierten Manolis geleitete und bestens in Schuss gehaltene Museum lohnt wirklich einen Abstecher.

Venezianischer Brunnen BRUNNEN

Die Hauptattraktion von Spili ist der liebevoll restaurierte venezianische Brunnen, dessen Wasser aus 19 Löwenköpfen in einen langen Trog sprudelt. Wer eine Wasserflasche dabeihat, kann sie hier mit Trinkwasser füllen, das zum besten der Insel gehört. Vom Brunnen führt ein Fußweg hoch zu den stillen, pittoresken Seitengässchen des Dorfs.

Kloster KLOSTER

(unterschiedlich) Spili ist Bischofssitz; Seine Exzellenz residiert in dem mächtigen, modernen Kloster an der Hauptstraße am Westrand des Ortes. Besucher dürfen auf der Anlage herumspazieren und die Eingangstore mit ihren Bögen, den mit Marmor gepflasterten Hof und die verschwenderisch ausgeschmückte Kirche besichtigen sowie den bezaubernden Ausblick ins Tal genießen.

Schlafen

Spili bietet ein paar gemütliche Pensionen und kleine Hotels.

★ **Hotel Heracles** PENSION €

(28320 22111, 6973667495; www.heracles-hotel.eu; EZ/DZ/3BZ/4BZ 35/40/45/50 €;) Die fünf Zimmer mit Balkon sind ruhig, blitzsauber und praktisch eingerichtet, doch eigentlich ist es der charmante Besitzer Heracles, der die Unterkunft so besonders macht. Er kennt praktisch jeden Stein in der Gegend und verrät gern den perfekten Wanderweg, den besten Ort zur Vogelbeobachtung oder den noch unentdeckten Strand. Das Frühstück mit Eiern und hausgemachter Marmelade gibt's für ab 4,50 € extra.

Green Hotel HOTEL €

(28320 22225; www.maravelspili.gr; EZ/DZ/3BZ 30/35/40 €; März–Okt.;) Die zwölf Zimmer sind nicht gerade Paradebeispiele für innovative Innenarchitektur, doch das Hotel ist zentral gelegen und alle Zimmer haben einen Balkon. Frühstück kostet 5 €.

Der Eigentümer betreibt auch den Maravel Garden (S. 154).

Essen

In Spili hat man beim Essengehen die Qual der Wahl zwischen etlichen renommierten Tavernen mit traditioneller kretischer Küche.

★ **Taverna Sideratico** KRETISCH €

(28320 22916; Hauptgerichte 8 €; April–Nov. 12–22 Uhr;) Die reizende Taverne in ansprechender Lage abseits des touristischen Zentrums von Spili befindet sich an der Hauptstraße 500 m südlich des Orts. Es gibt keine Speisekarte: Den Gästen werden einfach die köstlichen *mayirefta* vorgestellt, die der hart schuftende Koch, Eigentümer und Bauer Nico zubereitet. Alle Zutaten stammen aus der direkten Umgebung. Neben den geschmorten Fleischgerichten sind auch die vegetarischen Speisen himmlisch.

Cafe Platia KRETISCH €
(☎ 697226668; www.spilicafeplatia.gr; Hauptgerichte 8–12 €; ⏲ April–Okt. 9–23 Uhr; 📶) Die schöne Taverne oberhalb des venezianischen Brunnens wird von einem Ehepaar geführt, das für seine Speisen geschätzt wird. Die Karte ist recht einfach, aber auf der sonnigen Terrasse mit Topfpflanzen kann man schön Gerichte wie hausgemachte kretische Pastete oder gegrillten Schweinebauch mit Bratkartoffeln genießen.

Maria Kostas Taverna TAVERNE €
(☎ 28320 22436; https://taverna-maria-kostas.business.site; Hauptgerichte 6–9 €; ⏲ 10–22 Uhr) In dem mit Flaschenkürbissen geschmückten Patio voller Blumen wird echte Hausmannskost aufgetragen. Wer hier eingekehrt, findet höchstwahrscheinlich Maria in der Küche vor, wo sie Tomaten füllt und fantastische Gerichte vom Grill und aus der Pfanne zaubert. Das Lokal befindet sich an der Hauptstraße am nördlichen Ortsrand.

Yianni's KRETISCH €
(☎ 28320 22707; Hauptgerichte 5,50–8 €; ⏲ 11–22 Uhr) Gleich südlich des venezianischen Brunnens liegt dieses nette Restaurant mit geräumiger Straßenterrasse, durchweg guten traditionellen Gerichten und einem ordentlichen roten Hauswein. Eine gute Wahl sind das köstliche Kaninchen in Weinsauce oder die Bergschnecken.

Shoppen

Maravel Shop GESUNDHEIT & WELLNESS
(☎ 28320 22056; www.shop.maravelspili.gr; ⏲ 9–21 Uhr) Das Geschäft an der Haupttouristenstraße verkauft Bi-Kosmetik aus Zutaten aus dem Garten (S. 154) in der Nähe. Hier gibt's Kräutertees, ätherische Öle und Seifen (von Eselsmilch bis Wassermelone) sowie Wein aus der Region und Kräuter-Raki, den man auch probieren kann.

Praktische Informationen

An der Hauptstraße gibt es mehrere Geldautomaten und eine Postfiliale. Die meisten Cafés und Pensionen haben kostenloses WLAN.

An- & Weiterreise

In Spili halten täglich bis zu fünf Busse der Route Rethymnon–Agia Galini (3,80 €, 30 Min.).

DIE SÜDKÜSTE

Rethymnons Südküste wird von den Badeorten Plakias im Westen und Agia Galini im Osten eingerahmt. Zwischen beiden erstreckt sich eine Kette herrlich abgeschiedener Strände, darunter der berühmte Palmenstrand von Preveli. Im Sommer wehen hier stürmische Winde, was die Gegend vor den touristischen Exzessen bewahrt hat, welche die Nordküste kennzeichnen. Auf dem Weg von Norden her wird die Landschaft immer beeindruckender und bietet herrliche Ausblicke aufs Libysche Meer. Ein Abzweig von der Strecke Rethymnon–Agia Galini führt durch die faszinierende, wilde Kotsifou-Schlucht nach Plakias. Die Straße nach Preveli passiert die ebenso spektakuläre Kourtaliotiko-Schlucht.

Plakias Πλακιάς

300 EW.

Das an einem weiten Sandstrand gelegene und durch zwei Schluchten – Kotsifou und Kourtaliotiko – zugängliche Plakias wird im Sommer, wenn es sehr windig werden kann, von Pauschaltouristen überrannt, ist ansonsten aber nach wie vor ein entspannter Liebling von Individualreisenden. Zwar ist der Ort selbst nicht gerade hübsch, aber er eignet sich gut als Ausgangspunkt zur Erkundung der Region und von Wanderungen durch Olivenhaine und an Meeresklippen entlang, von denen einige zu versteckt gelegenen Stränden mit glitzerndem Wasser führen.

Aktivitäten

Tauchen

Dive2gether TAUCHEN
(☎ 28320 32313; www.dive2gether.com; Tauchpakete inkl. Ausrüstung ab 120 €; ⏲ April–Okt. 8.30–12.30 & 14–19 Uhr; 🐾) Der erstklassige Anbieter unter niederländischer Leitung mit Sitz im Ort hält seine Ausrüstung auf dem neuesten Stand der Technik und befolgt extrem hohe Sicherheitsstandards. Er hat auch einen „Discover Scuba Diving"-Schnuppertauchgang in Einzelbetreuung (89 €) und einen „Blubbertauchgang" für Kinder schon ab acht Jahren im Angebot. Außerdem gibt's Schnorcheltrips und -ausrüstung. Das vollständige Angebot steht auf der Website.

Phoenix Diving Club TAUCHEN
(☎ 28320 31335, 6932336525; www.phoenixdiveclub.com; 1 Tauchgang inkl. Ausrüstung ab 53 €; ⏲ Mo–Sa 9–11 & 17–20 Uhr) Kretas erster PADI-

Tauchanbieter hat zahlreiche Kurse auf allen Fertigkeitsstufen im Programm sowie maßgeschneiderte Ausflüge zu verschiedensten Tauchspots. Außerdem gibt's Touren für Schnorchler.

Plakias Boat Tours BOOTSFAHRTEN
(☎28320 31229; www.plakiasboattours.gr; Bootsfahrten ab 15 €) Wenn er gerade keine Meeresfrüchte im Tasomanolis (S. 158) zubereitet, veranstaltet Kapitän Tasos Bootstouren nach Preveli und zu den Stränden an Kretas Südküste sowie gemütliche Angeltrips oder auch Exkursionen zum Hochseefischen. Billiger sind die Touren, wenn sie direkt über die Taverne gebucht werden.

Kalypso Rock's Palace Dive Centre TAUCHEN
(☎28310 74687; www.kalypsodivecenter.com; 1/2 Tauchgänge inkl. Ausrüstung ab 42/80 €; ⏲April–Okt. 9–14 & 17–20 Uhr) Das PADI-Tauchzentrum befindet sich am spektakulären Karavos-Strand rund 5 km südlich des Orts, verfügt aber auch über ein Büro in Plakias, von wo aus kostenlose Transfers angeboten werden. Im Programm sind u. a. Open-Water-Kurse, nächtliche Schnorcheltrips und Küstentauchen.

Wandern

Wanderwege, auf denen ganz schön viel Betrieb herrscht, führen zum wunderbar gelegenen Dorf Sellia, zum Moni Finika und nach Lefkogia. Außerdem bietet sich eine traumhafte Wanderung durch die Kourtaliotiko-Schlucht zum Moni Preveli an. Kurz vor der Jugendherberge beginnt ein leicht begehbarer, 30-minütiger Fußweg hoch nach Myrthios.

Anso Travel WANDERN
(☎6944755712, 28320 31444; www.ansotravel.com; ⏲9–14 & 18–22 Uhr) Organisiert begleitete Wanderungen, darunter eine zum Preveli-Strand inklusive Rückfahrt per Boot, und verleiht Fahrräder (S. 159).

Reiten

Horseback Riding Plakias REITEN
(☎28320 32033; www.cretehorseriding.com; Damnoni; Erw. 30–100 €, Kind 15–25 €; ⏲April–Okt. 8–14 & 16–20 Uhr) Die Familie, die diesen Reitstall in einem Olivenhain außerhalb von Plakias führt, bietet Ausritte am Strand und in die Berge der Umgebung an. Bei mehr als 30 Pferden und elf verschiedenen Strecken hat man die Qual der Wahl. Für ein echtes Kreta-Erlebnis stehen auch Esel bereit. Die Ausflüge dauern von einer bis vier Stunden; Kindern stehen mehrere Reitponys zur Verfügung.

> **INSIDERWISSEN**
>
> **PARADIES FÜR LESERATTEN**
>
> In ungewöhnlicher Lage inmitten eines Olivenhains steht die vielsprachige **Leihbücherei** (⏲So–Fr 9.30–12.30 Uhr) von Plakias. Sie wird von Expat-Freiwilligen betrieben und für nur 2 € pro Monat hat man Zugriff auf eine umfangreiche Auswahl an Büchern und DVDs. Im Sommer ist sie länger geöffnet – dann sind auch alkoholische Getränke erhältlich. Die Bücherei befindet sich 300 m hinter der Jugendherberge.

Geführte Touren

Elena Tours TOUREN
(☎6936371451, 28320 20465; Touren ab 45 €; ⏲9.30–13.30 & 18–21 Uhr) Mit Elenas Minibus geht es in die weniger touristischen Ecken der Gegend. Die Teilnehmer wandern durch Schluchten, fahren in Booten zu nahezu unbekannten Stränden, besuchen alte Kirchen und lernen die Bewohner schmucker Dörfer kennen. Es sind jeweils nicht mehr als acht Personen mit von der Partie. Das Tourbüro liegt im Zentrum von Plakias, gleich hinter der Brücke.

Captain Lefteris Boat Cruises BOOTSFAHRTEN
(☎28320 31971, 6936806635; www.lbferries.gr; Touren 15–39 €) Im Sommer veranstalten Baradakis Lefteris, der Eigentümer der Smerna Bar und auch Koch dort, und sein Sohn Nikos unterhaltsame Bootstrips zu nahen Stränden wie Preveli (Erw./Kind 15/8 €), Loutro (39/20 €) sowie Agios Pavlos und Triopetra (30/15 €). Außerdem verleihen sie Boote (120 € pro Tag ohne Treibstoff).

Schlafen

Ein Großteil der Unterkünfte von Plakias säumt die Uferpromenade, sodass die meisten Gäste Meerblick genießen können. Mit einem ansprechenden Hostel und einem Campingplatz ist auch für Backpacker gesorgt. Dazu kommen jede Menge preiswerte Pensionen sowie kleine Hotelanlagen mit Swimmingpools und Restaurants.

★**Plakias Youth Hostel** JUGENDHERBERGE €
(☎28320 32118; www.yhplakias.com; B 10–12 €; ⏲Mitte März–Nov.; P@) Diese einzigartige Bleibe, Gewinner des „Hoscar" für

INSIDERWISSEN

STRÄNDE IN & UM PLAKIAS

Zwar wartet Plakias mit 1,5 km Strand auf, aber man sollte nicht zu viel erwarten. Der beste Abschnitt liegt 200 m südlich der Hauptstraße mit einer Handvoll Bars sowie Strandliegen und Sonnenschirmen. Der Strand besteht hier zwar eher aus zerstoßenen Muscheln als aus Sand, aber das azurblaue Wasser ist wunderbar.

Zwischen den Stränden von Plakias und Preveli liegen mehrere abgeschiedene Buchten, die bei Wildcampern und FKKlern beliebt sind. Trotz der alles beherrschenden Hapimag-Touristenanlage ist der **Damnoni-Strand** außerhalb der Hochsaison ein angenehmes Plätzchen.

Westlich von Plakias schließt sich **Souda** an, ein ruhiger Strand, wo es zwei Tavernen mit Gästezimmern gibt. Noch weiter westlich befinden sich die unaufdringlichen Badeorte **Polyrizos-Koraka** (auch Rodakino genannt). Sie bestehen aus einer Handvoll Tavernen und kleiner Hotels, die sich über einen einladenden Strandabschnitt verstreuen. Ein ideales Fleckchen, um in Ruhe und Abgeschiedenheit ein paar Tage auszuspannen.

das beste griechische Hostel, liegt inmitten eines Olivenhains rund 500 m vom Meer entfernt. Hier herrscht eine gesellig-fröhliche Atmosphäre, die Gäste jeden Alters und jeder Nationalität schätzen. Es gibt sechs 8-Bett-Schlafräume mit Ventilator, Gemeinschaftseinrichtungen, eine offene Küche und einen Kühlschrank mit billigem Bier und Vertrauenskasse.

Der freundliche Manager Uli ist bei den Gästen sehr beliebt und bietet jede Menge ausgezeichnete Informationen über die Gegend und Ideen für Wanderer. Strandtücher und Schnorchel können gratis genutzt werden, zudem gibt es einen Büchertausch und Gitarren, an denen man sich austoben kann. Mit Recycling, Kompost und Kräutergarten, in dem sich die Gäste bedienen können, erweist sich das Hostel als umweltfreundlich.

Außerdem gibt's noch einen briefmarkenlosen Postdienst im Stil des 18. Jhs.: Die Postkarten werden in ein Fass gelegt und dann von Reisenden, die zu den jeweiligen Adressen unterwegs sind, von Hand zugestellt.

Gio-Ma PENSION €

(☎28320 31942, 694737793; www.gioma.gr; Zi. ab 40 €; ❄ 📶) Das Haus mit blumengeschmücktem Balkon im ruhigen Teil des Orts hat geräumige, saubere Zimmer mit fantastischem Meerblick, vor allem von den Unterkünften oben. Die Eigentümer betreiben auch die Taverne am Ufer auf der anderen Straßenseite.

Hotel Livikon HOTEL €

(☎28320 31216; www.hotel-livikon-plakias.com; DZ/3BZ 40/50 €; P ❄ 📶) Das familienbetriebene Hotel war in den 1970er-Jahren eins der ersten Hotels in Plakias, doch den zehn makellos gepflegten und gemütlichen Zimmern ist ihr Alter kaum anzusehen. Alle verfügen über eine kleine Küche und einen Balkon – am besten fragt man nach einem Zimmer zum Strand raus. Das Hotel befindet sich über einem Café, das auch Frühstück serviert (Speisen 5–9 €).

Plakias Suites APARTMENTS €€

(☎28320 31680, 6975811559; www.plakiassuites.com; DZ 75–140 €; ⏱ März–Mitte Nov.; P ❄ 📶 👪) Diese stylische Unterkunft bietet sechs Apartments mit zwei bzw. drei Zimmern mit modernem Flair und Ausstattungselementen wie großen Flachbildfernsehern, sehr bequemen Matratzen, schicken Küchen und privaten Balkonen und Terrassen. Der schönste Abschnitt des hiesigen Strands liegt nur einen Steinwurf entfernt. Die Unterkunft wiederum ist rund 1 km vom Dorfzentrum entfernt.

Camping Apollonia CAMPINGPLATZ €

(☎28320 31318, 28320 31507; Stellplatz Erw./Zelt/Wohnwagen 6/4/5 €; ⏱Mai–Okt.; 📶 🏊) Intimsphäre ist hier Fehlanzeige, aber dafür gibt's Stellplätze mit Picknicktischen im Schatten von Oliven- und Eukalyptusbäumen. Zur Anlage gehört ein großer Pool samt Poolbar und gleich daneben ist der Strand. Der Platz liegt an der Hauptstraße in den Ort.

Alianthos Garden Hotel HOTEL €€

(☎28320 31280; www.alianthos.gr; EZ/DZ mit Frühstück ab 75/95 €; P ❄ @ 📶 🏊 👪) Die Zimmer in diesem modernen Hotelkomplex leuchten in erfrischendem Türkis und haben Luxusmatratzen sowie Balkone mit Blumenkästen und oft auch Meerblick. Zu den Gemeinschaftsbereichen zählen eine edle Bar, ein Pool, eine Bücherei und ein Billardtisch. Der Kinderpool, alle möglichen Spiele und ein Spielplatz machen das Hotel besonders für Familien interessant.

Essen

Es gibt jede Menge touristische Tavernen und Cafés, viele davon in bester Lage am Strand. Feinschmecker sollten das nahe Myrthios (S. 159) mit seiner renommierten Kulinarikszene ansteuern.

Corner Souvlaki Creations GRIECHISCH €
(Spieße/Gyros 1,80/2,80 €; 12 Uhr bis spät) Beim Gyros hat man gewöhnlich die Wahl zwischen Huhn und Schwein, doch hier kann man sein Pitta-Brot mit allem füllen – von gegrilltem Lammfleisch und Garnelen bis zu Pilzen und Halloumi. Es gibt sogar ein Souflakidessert! Am besten genießt man sein Mahl mit einem kühlen Bier auf der Terrasse am Meer.

To Xehoristo GRIECHISCH €€
(28320 31214; Sandwiches 2,80 €, Hauptgerichte 6–15 €; 11.30 Uhr bis spät) Wem beim Anblick der bebilderten Speisekarte noch nicht das Wasser im Mund zusammenläuft, der wird spätestens bei den Aromen, die vom Holzkohlegrill herüberwehen, schwach werden. Ob auf ein schnelles Gyros beim Strandbesuch oder eine richtige Portion mit Gyrosfleisch zum Abendessen – hier gibt's schnörkelloses, aber leckeres Essen.

Tasomanolis FISCH & MEERESFRÜCHTE €€
(6979887749, 28320 31229; www.tasomanolis.gr; Hauptgerichte 7–16 €; 12–23 Uhr) Die im Nautik-Look gehaltene Familientaverne am Ende der Stadt wird von Tasos und seiner belgischen Frau Lisa betrieben. Im farbenfrohen Patio werden klassische griechische Grillspeisen und schöne Tagesgerichte wie Bruschetta mit Anchovis, Ouzo-Shrimps und der Tagesfang mit Wildgemüse serviert. Es gibt auch eine Kinderkarte.

Das Paar bietet außerdem Bootstouren (S. 156) an.

Taverna Christos KRETISCH €€
(28320 31472; Hauptgerichte 6–17 €; 12 Uhr bis spät) Diese altbewährte Taverne am Hafen hat eine romantische Terrasse mit schattigen Tamarisken direkt an der rauschenden Brandung und viele interessante, ausgefallene Gerichte, z. B. hausgeräucherten Wolfsbarsch, schwarze Spaghetti mit Calamari und Lamm *avgolemono* mit frischer Pasta. Zum Nachtisch empfiehlt sich der Orangenkuchen.

Lysseos INTERNATIONAL €€
(28320 31479; Gerichte 8–18 €; Mai–Okt. 19–23 Uhr) In dem schnörkellosen Lokal an der Brücke gibt's hervorragendes Essen nach Hausmannsart; empfehlenswert ist z. B. das Schweinefleisch in Zitronensoße mit Mandeln. Auch ein paar internationale Gerichte stehen auf der Karte: Gulasch, Shrimpscocktail und ein fabelhafter Schokoladenkuchen.

Ausgehen & Nachtleben

Cozy Backyard BAR
(April–Okt. 17 Uhr bis spät) An einer Seitenstraße abseits der Hauptstraße befindet sich diese beliebte Kneipe mit kleiner Bar und einer Terrasse im Schatten einer Palme. Das freundliche Personal versorgt heitere Urlauber z. B. mit dem Cretan Cocktail, einer fruchtigen Amaretto-Mischung mit einer kleinen griechischen Fahne oben drauf.

Mes Tin Ammo Beach Bar BAR
(www.mes-tin-ammo-beach-bar.business.site; April–Okt. 10–20 Uhr) Für eine Strandbar ist weniger oft mehr und hier im Mes Tin Ammo zeigt sich die Schnörkellosigkeit von ihrer besten Seite: mit einem Bambusschuppen, Stühlen im Sand und einer Auswahl kalter Getränke. Ein Mojito beim Sonnenuntergang hier ist göttlich!

Ostraco Bar BAR
(28320 32249; www.plakias-ostraco.gr; 8 Uhr bis spät) Das Café am Wasser ist gut fürs Frühstück, für ein kühles Bierchen oder einen kleinen Imbiss zu jeder Tageszeit. In der Bar darüber mit Balkon ist ab etwa 21 Uhr etwas los – Schluss ist dann, wenn die hartnäckigsten Nachteulen den Abflug machen.

Praktische Informationen

Am Wasser und in ganz Plakias gibt's zahlreiche Geldautomaten.

Die meisten Unterkünfte und Restaurants bieten kostenloses WLAN.

An- & Weiterreise

Bis zu fünf Busse fahren täglich nach Rethymnon (5 €, 1 Std.) sowie vier nach Preveli (1,80 €, 30 Min.).

Anendyk (www.anendyk.gr) betreibt seit 2019 eine Fähre zur Insel Gavdos (1½ Std., einfach/hin & zurück 30/55 €), Abfahrt Freitag und Sonntag um 9.30 Uhr, Rückfahrt jeweils um 17 Uhr.

NICHT VERSÄUMEN

AUTOTOUR: KOTSIFOU-SCHLUCHT

Eine Fahrt durch diese schmale, vegetationsreiche Schlucht ist schlichtweg atemberaubend. Nördlich von Plakias windet sich die kurvige Straße – im Frühjahr zwischen Wildblumenteppichen – in Spitzkehren an der Wand der Schlucht von der Küste hoch. Auf dem Weg nach Norden lädt die bezaubernde, direkt in den Fels gebaute **Agios-Nikolaos-Kirche** zu einem Zwischenstopp ein.

Am Hang oberhalb der Schlucht befindet sich die **Taverna Iliomanolis** (☎28320 51053; Kanevos; Hauptgerichte 5–8 €; ⌚Mai–Okt. tgl. 12–21 Uhr, Dez.–April Di–So, Nov. geschl.), die an sich schon die Anfahrt wert ist. Das herzhafte, nach Hausmannsart zubereitete kretische Essen ist ganz vorzüglich. Eine Speisekarte ist hier überflüssig: Die Gäste werden direkt in die Küche gebeten. Dort dürfen sie an den verführerischen Eintöpfen, Schmorgerichten, Suppen und lokalen Spezialitäten schnuppern, die jeden Tag zubereitet werden, und ihre Wahl treffen. Fleisch, Wein, Olivenöl, Käse und Raki stammen allesamt vom Bauernhof der Wirtsfamilie. Es werden auch Tüten mit Kräutern und Tee aus der Region verkauft.

Wer eine Karte und viel Zeit hat, fährt von hier aus weiter nach Norden. Die Straßen sind eng, kurvenreich und schlecht beschildert, aber die Landschaft – Bergbauernhöfe und bewaldete Abhänge – lädt zum ziellosen Herumfahren ein. Nach und nach kann man sich bis nach Rethymnon zurücktreiben lassen.

ℹ Unterwegs vor Ort

Anso Travel (☎28320 31444, 6944755712; www.ansotravel.com; ab 10 € pro Tag; ⌚9–14 & 18–22 Uhr) Vermietet Mountainbikes, Tourenräder und Elektroräder für Ausflüge in die Berge ringsum. Auch Mehrtagesmieten sind möglich.

Alianthos Cars (☎28320 32033; www.alianthos-group.com; Auto/Motorroller ab 36/23 € pro Tag; ⌚8–22 Uhr) Zuverlässige Autovermietung.

Myrthios Μύρθιος

100 EW.

Das postkartenreife Dorf Myrthios an einem Hang oberhalb von Plakias ist eine friedlichere und traditionellere Alternative zur Übernachtung in einem Hotel am Strand. Nicht zu verachten sind auch das leckere Essen und die günstigen Übernachtungspreise.

Schlafen

Myrthios wartet mit mehreren Mittelklassepensionen und einem Boutiquehotel auf.

★ **Stefanos Village Hotel** BOUTIQUEHOTEL €€
(☎28320 32252; www.stefanosvillage.gr; DZ 95–100 €, Apt. 150–250 €; ⌚Mitte April–Nov.; ❄@🏊) Das weitläufige Hotel am nördlichen Dorfrand bietet makellose, geschmackvoll eingerichtete Zimmer mit Kamin, Küchenzeile und Balkon mit Ausblick. Der Infinitypool zählt mit seinem herrlichen Blick auf Plakias und das Libysche Meer zu den schönsten von ganz Kreta. Oder man gönnt sich eins der neueren Luxusapartments mit eigenem kleinem Pool.

AnnaView Apartments PENSION €€
(☎6973324775; www.annaview.com; DZ 85 €, Apt. 50–75 €; ❄📶) Eine gastfreundliche Familie betreibt diese attraktiven, geräumigen und gemütlichen Apartments. Sie wurden erst kürzlich renoviert, sind sauber und modern und verfügen über voll ausgestattete Küchen und Satelliten-TV. Die Balkone bieten besonders bei Sonnenuntergang eine wunderbare Rückzugsmöglichkeit. Selbst gebackene Kekse und kostenloser Wein sorgen für einen guten ersten Eindruck.

Essen

Trotz seiner geringen Größe tummeln sich in Myrthios einige erstklassige Tavernen mit traditioneller kretischer Küche. Einen Besuch lohnt auch die Taverna Iliomanolis in Kanevos 4,5 km nördlich des Dorfs.

★ **Taverna Panorama** KRETISCH €€
(☎28320 31450; Hauptgerichte 6–16 €; ⌚April–Mitte Nov. 11–23 Uhr; 📶) Das Panorama, eins der ältesten Restaurants der Gegend, könnte nicht treffender benannt sein: Von der schattigen Terrasse reichen die umwerfenden Ausblicke Richtung Libysches Meer. Frauen aus dem Dorf bereiten hier fachkundig und mit Leidenschaft kretisches Soulfood zu, und zwar aus unglaublich frischen Zutaten vom Hof des Eigentümers. Falls es gerade frischen Apfelkuchen gibt – auf jeden Fall zuschlagen!

Vrisi KRETISCH €€

(Hauptgerichte 8–12 €; Mai–Okt. 13–22.30 Uhr;) In dem stilvollen Restaurant unterhalb der Hauptstraße gibt's kretische Cuisine mit Pfiff. In einem idyllischen Patio werden Gerichte wie Hühnchen mit Honig und Senf, Hühnersalat mit Feigen und geräuchertes Schweinefleisch mit Bulgur aufgetischt. Der Service ist tipptopp. Wer ganz viel Glück hat, wird von Fidel, dem Hauspapagei, angesprochen (oder angeschnauzt).

Das Restaurant wurde nach einem alten Brunnen in der Nähe benannt, der früher das Dorf mit Wasser versorgte.

Plateia GRIECHISCH €€

(Hauptgerichte 6,50–12,50 €; April–Okt. 11–22 Uhr) Auf der Speisekarte des ziemlich schicken Plateia mit Blick auf Plakias stehen griechische Standardgerichte mit kreativem Touch. Lecker sind z. B. Hühnchen mit Okraschoten, Kaninchen-*stifadho* und die verführerischen Eintöpfe.

An- & Weiterreise

Myrthios liegt eine kurze Autofahrt (4 km) oder 30 Min. zu Fuß (2 km) von Plakias entfernt.

Preveli Πρέβελη

Eine gut befahrbare, aber kurvenreiche Straße schlängelt sich vom Fuß der Kourtaliotiko-Schlucht in Richtung Südküste, hoch zum alten Moni Preveli und anschließend hinab zum palmengesäumten Preveli-Strand. Als Heimat von zwei der größten Sehenswürdigkeiten der Region zieht Preveli zahlreiche Besucher an, macht jedoch trotzdem einen recht weltabgeschiedenen Eindruck.

Sehenswertes

Preveli-Strand STRAND

(Παραλία Πρεβέλης) Der traumhafte Preveli, auch Palmenstrand genannt, gehört zu den beliebtesten Stränden Kretas. Er liegt am Eingang der Kourtaliotiko-Schlucht, wo sich der Megalopotamos ins Libysche Meer ergießt. Am palmengesäumten Flussufer befinden sich einige Süßwasserbecken, die tief genug für einen Sprung ins kühle Nass sind. Hinter dem Strand mit dem herzförmigen Felsbrocken am Wasserrand ragen zackige Klippen empor.

Ein steiler Weg (10 Min.) führt von einem Parkplatz (2 €) 1 km vor dem Moni Preveli zum Strand hinunter.

Am Strand gibt's ein bisschen natürlichen Schatten und in der Saison haben hier auch zwei Imbissbuden geöffnet, wo Sonnenschirme und Liegen vermietet werden. Wer den Strandstreifen mit dem meisten Sand erreichen möchte, muss durch den knöchelhohen Bach waten.

Moni Preveli KLOSTER

(Μονή Πρεβέλης; 28320 31246; www.preveli.org; Straße Koxaron–Moni Preveli; 3 €; April, Mai, Sept. & Okt. 9–18.30 Uhr, Juni–Aug. 9–13.30 & 15.30–19 Uhr; P) Das altehrwürdige Moni Preveli liegt in grandioser Einsamkeit hoch über dem Libyschen Meer. Wie die meisten kretischen Klöster war es ein Zentrum des Widerstands gegen die osmanische Besatzungsmacht und spielte auch im Zweiten Weltkrieg eine wichtige Rolle: Hier wurden alliierte Soldaten, die auf Kreta festsaßen, vor den Deutschen versteckt, bis sie per U-Boot nach Ägypten fliehen konnten. Ein kleines **Museum** beherbergt fein gearbeitete Ikonen, reich verzierte Gewänder und zwei silberne Kandelaber, die dankbare Soldaten dem Kloster nach dem Krieg vermachten.

An der Straße zum Kloster erinnert ein **Denkmal** mit einem ein Gewehr in den Händen haltenden Mönch und einem britischen Soldaten ebenfalls an die Rolle, die das Kloster im Krieg spielte, genauso wie ein **Brunnen**, der beim Betreten des Klosterkomplexes auf der rechten Seite liegt.

Beim Kloster befindet sich außerdem ein Tiergehege mit *kri-kri* (Kretische Gämse), Rotwild, Emus und Pfauen.

Schlafen & Essen

Die meisten Besucher kommen im Rahmen eines Tagesausflugs nach Preveli, doch einige der Tavernen hier bieten auch Zimmer an. Ansonsten ist Plakias mit seinen zahlreichen Unterkünften nur eine Viertelstunde mit dem Auto entfernt.

Fürs Mittagessen gibt's einige traditionelle Tavernen in Preveli, u. a. eine direkt am Strand und eine weitere landeinwärts den Fluss entlang.

Taverna Rousolakos TAVERNE €

(Hauptgerichte 3–12 €; Mai–Okt. 10–19 Uhr) Die freundliche Taverne gleich oberhalb des Parkplatzes am Preveli-Strand eignet sich perfekt für ein Essen nach dem Strandbesuch. Sie befindet sich in einem jahrhundertealten Steingebäude und bietet *mezedhes*, Grillgerichte und Gyros, u. a. eine fantastische vegetarische Version mit Zucchini. Ebenso kann man hier schön mit Blick aufs Libysche Meer zum Sonnenuntergang ein Bier oder einen Wein genießen.

Taverna Gefyra TAVERNE €
(☎6944986740; www.tavernagefyrapreveli.gr; Hauptgerichte 5,50–10 €; ⌚April–Nov. 9–20 Uhr) Die Taverne hat schattige Tische unter Bäumen. Dort kann man sich wunderbar entspannen und die Aussicht auf den Fluss und eine von hiesigen Mönchen erbaute Steinbrücke genießen. Das nach traditionell kretischer Art zubereitete Essen ist frisch und der Service freundlich.

An- & Weiterreise

Das Moni Preveli liegt etwa 33 km südlich von Rethymnon und 9 km östlich von Plakias.

Im Sommer fahren von Rethymnon (5 €, 1¼ Std.) zwei Busse täglich hierher sowie vier bis sechs von Plakias (1,80 €, 30 Min.).

Strände zwischen Plakias & Agia Galini

Ligres — Λίγκρες

Ligres ist ein netter langer Strandstreifen mit hellgrauem Sand und ein paar guten Stellen zum Schwimmen. Man erreicht ihn auf einem schmalen, kurvenreichen Sträßchen: Bei Akoumia von der Autobahn abbiegen und dann immer den Schildern nach.

Wer Trubel und Action sucht, steigt besser nicht in der **Villa Maria** (☎28320 22675, 6973232793; www.ligres.eu; DZ 30–45 €, Studio ab 60 €; ⌚April–Okt.; ❄📶) ab. Das einzige Unterhaltungsprogramm in dieser freundlichen, familiengeführten Anlage an einem wunderbaren, einsamen Strand bieten nämlich die Meereswellen und ein rauschender Bach – die perfekte Location, um in aller Ruhe auszuspannen. Die Zimmer sind nicht schick, aber gemütlich und verfügen über Balkon und Küchenzeile. Die Spezialität der hervorragenden **Taverne** sind Fleisch vom Grill und frisch gefangener Fisch (Hauptgerichte 5–10 €).

Triopetra — Τριόπετρα

Triopetra eignet sich besonders für Reisende, die sich von der Pauschaltouristen-Strandszene fernhalten und einen wunderbar einfachen Urlaub genießen möchten. Durch eine Landzunge sind hier zwei Strände voneinander getrennt, „Big Triopetra" und „Little Triopetra". Letzterer ist sehr ruhig, doch kann man hier aufgrund von Unterwasser-Sandbänken nur schlecht schwimmen. Die Hauptattraktion ist Big Triopetra, ein langer, wilder Strand mit bräunlichem Sand und herrlichem kristallklarem Wasser, in dem man schön schwimmen kann. Jedoch pfeifen hier oft kräftige Winde – daher taucht der Strand auch auf keiner Top-100-Liste auf. Stattdessen steht hier ein gemächlicher Lebensrhythmus im Vordergrund.

Triopetra verdankt seinen Namen den drei riesigen aus dem Meer ragenden Felsblöcken. Außer ein paar verstreuten Tavernen und Pensionen gibt's hier bisher nicht viel.

Schlafen & Essen

Die meisten Unterkünfte hier sind kleine Pensionen und versteckte Bungalows.

Pavlos' Place PENSION €
(☎6945998101; www.triopetra.com.gr; DZ 40–45 €; ⌚Taverne April–Okt. 8–16 & 18–22 Uhr; ❄📶) Das verträumte Pavlos direkt oberhalb des Strands Little Triopetra ist der perfekte Ort zum Entschleunigen und ein beliebtes Yoga-Retreat. Die schlichten Zimmer haben keine Fernseher, aber Kochecken und Balkone mit Meeresbrise. Die angeschlossene Taverne serviert Hausmannskost (Hauptgerichte 8–12 €). Das WLAN ist launisch und steht auch nur in den Gemeinschaftsbereichen zur Verfügung – toll für eine Runde Digital Detox.

Pension Girogiali PENSION €
(☎6976430145; Zi. 40 €; ⌚April–Okt.; ❄📶) Die freundliche Pension direkt am langen Strand von Triopetra hat saubere, einfache Zimmer mit Marmorfußboden und Balkon; die Matratzen könnten allerdings erheblich dicker sein. In der relaxten Taverne werden mit Blick aufs Wasser frische Meeresfrüchte serviert. Gäste können gratis Strandliegen und Sonnenschirme nutzen.

An- & Weiterreise

Triopetra ist über eine kurvenreiche, 12 km lange geteerte Straße vom Dorf Akoumia an der Straße von Rethymnon nach Agia Galini aus zu erreichen. Außerdem besteht eine Verbindung nach Agios Pavlos – rund 300 m der Strecke zwischen den beiden Orten ist eine befahrbare Schotterstraße. Am besten erkundigt man sich vor Ort nach dem aktuellen Straßenzustand.

Agios Pavlos — Άγιος Παύλος

Agios Pavlos besteht im Grunde nur aus zwei kleinen Tavernen mit Gästezimmern und einer Strandbar rund um eine kleine Bilderbuchbucht mit dunklem, rauem Sandstrand zwischen schroffen Felsen. In der Ferne lässt sich die unverwechselbare Silhouette der Insel Paximadia ausmachen. Dank seiner landschaftlichen Schönheit und der traumhaften Stille hat sich Agios Pavlos zu einem beliebten Yoga-Ziel entwickelt. Am westlichen Ende der Bucht führt eine steile Treppe hoch aufs Kap Melissa mit wunderbaren bunten Gesteinsfalten.

Der Hauptstrand von Agios Pavlos bietet vor steilen Dünen braunen Sand sowie eine felsige Landzunge, die einem liegenden Drachen ähnelt. Bei Sonnenschein ist das Aquamarin des Libyschen Meeres einfach atemberaubend. Im Sommer ist hier viel los: Dann kommen Ausflugsboote aus Agia Galini her. Zuflucht vor den Massen bieten die Strände hinter dem Kap Melissa.

Die Strände westlich von Agios Pavlos sind nur nach dem Abstieg von einer steilen Sanddüne erreichbar. Wasser und Proviant mitnehmen, da es keinerlei Einrichtungen gibt. Die am weitesten entfernte Bucht ist die ruhigste und ein beliebtes Ziel für Nudisten.

Schlafen

Hier sind einige ganz gute Unterkünfte zu finden, mit behaglichen Pensionszimmern, Apartments für Selbstversorger und luxuriösen Bungalows am Hügel oberhalb des Strands.

Agios Pavlos Hotel HOTEL €

(☎28320 71104; www.agiospavloshotel.gr; EZ 25–30 €, DZ 35–45 €, Apt. 45–60 €; ⏲April–Okt.; P ❄ 📶) Diese Unterkunft an einer zerklüfteten, abgeschiedenen sandigen Bucht bietet unterhalb einer traditionellen Taverne kleine, aber renovierte Zimmer, einige mit herrlichem Blick auf die Bucht. In einem modernen Gebäude rund 1 km den Berg hinauf gibt's außerdem größere Apartments mit Küche und Balkon. Zur Zeit der Recherche entstanden gerade in die Landschaft eingepasste Luxuszimmer mit Meerblick und Salzwasser-Tauchbecken.

Essen & Ausgehen

Sleepy Dragon CAFÉ €

(Hauptgerichte 4–7,50 €; ⏲April–Okt. 8–24 Uhr) Das moderne Open-Air-Café, benannt nach der felsigen Landzunge von Agios Pavlos, die einem liegenden Drachen ähnelt, besticht in erster Linie mit ihrer Felsterrasse samt Blick auf die Bucht. Am beliebtesten sind hier das Frühstück und die Burger, aber auch ein Bier, Wein oder Smoothie zum Sonnenuntergang ist schön. Der Zugang erfolgt durch das Agios Pavlos Hotel.

Von hier führen Treppen hinunter zur saisonal geöffneten Bar The Cave.

Agios Pavlos Taverna TAVERNE €

(☎28320 71104; Hauptgerichte 6–13 €; ⏲April–Okt. 8 Uhr bis spät; 📶) Die malerische Taverne des Agios Pavlos Hotels serviert zum erstklassigen Ausblick aufs Libysche Meer frischen Fisch und kretische Klassiker.

The Cave BAR

(www.agiospavloshotel.gr/bar; ⏲Juli–Sept. 22 Uhr bis spät) Im Sommer kann man in der unterirdischen Bar The Cave feiern. Die in eine natürliche Grotte hineingebaute Bar zählt zu den originellsten Locations Kretas. Livemusik und DJs sorgen für gute Stimmung. Hier ist erst ab spätem Abend etwas los. Zu erreichen ist die Bar über eine Treppe vom Café Sleepy Dragon.

An- & Weiterreise

Nach Agios Pavlos verkehren keine öffentlichen Verkehrsmittel. Autofahrer achten an der Straße von Rethymnon Richtung Agia Galini auf den Wegweiser Richtung Saktouria und folgen der kurvenreichen Straße 13 km hinunter zum Meer.

Agia Galini Αγία Γαλήνη

630 EW.

Das malerische ehemalige Fischerdorf Agia Galini, einer der touristischsten Badeorte Südkretas, eignet sich bestens als Ausgangspunkt für die Erkundung der vielen abgeschiedenen Strände, der Bergdörfer und der minoischen Stätten in der Umgebung. Trotz der Lage am funkelnden Libyschen Meer hat der Ort selbst durch Pauschaltourismus und rücksichtslose Bauprojekte viel von seinem ursprünglichen Charme verloren.

Das Dorf mit seinen in die Jahre gekommenen Hotels und Restaurants an einem steilen Hang ist zwischen Felsen, kleinen Stränden und einem Fischereihafen eingezwängt und kann in der Hochsaison erdrückend wirken. Doch dank der quirligen Tavernen und Kneipen herrscht hier abends eine vergnügliche Ferienstimmung. Während der Kieselstrand des Orts nichts Besonderes ist, sind die abgeschiedenen Strände weiter westlich hübsch. Im Winter werden in Agia Galini praktisch die Bürgersteige hochgeklappt.

Sehenswertes & Aktivitäten

Ikarus- & Dädalus-Statuen ÖFFENTLICHE KUNST

Agia Galini hat seinen Platz in der griechischen Mythologie als der Ort, von dem aus

Ikarus und Dädalus zu ihrem schicksalhaften Flug aufgebrochen sein sollen. Die Szene ist am westlichen Ende des Hafens festgehalten: Hier stehen an dem auf dem Hügel gelegenen Amphitheater Statuen der beiden, die sie bei der Vorbereitung ihrer Flucht zeigen. Außerdem befindet sich hier in einer Höhle ein kleines Volkskunstmuseum.

Mare Sud Diving Centre TAUCHEN
(☎6955909020; www.maresud.gr; Tauchgänge ab 60 €) Das SSI-Tauchzentrum hat etwas für alle Fertigkeitsstufen, ob Entdeckertauchgänge, Open-Water-Kurse oder technisches Tauchen. Per Boot geht's zu Tauchspots bei Höhlen, abgelegenen Stränden und unbewohnten Inseln in der Nähe, u. a. zum Steilwandtauchen bei den Paximadia-Inseln, wo laut Überlieferung Apollo und Artemis geboren wurden. Das Tauchzentrum befindet sich an der zum Hafen führenden Hauptstraße.

Einen Tauchshop hat das Unternehmen auch in Kokkinos Pirgos, 11 km in östlicher Richtung an der Küste entlang.

Geführte Touren

Galini Express BOOTSFAHRTEN
(☎6936923848; www.galiniexpress.com; ⌚Mitte Mai–Okt. 8.30–14 & 17–22 Uhr) Der Veranstalter bietet eine Reihe von Tagesausflügen zu Attraktionen in der Nähe wie Matali (20 € pro Pers.), Preveli (30 €) und Rethymnon/Margarites (25 €) sowie Flusstrekking durch die Kourtaliotiko-Schlucht (25 €). Außerdem verleiht er Mountainbikes (18 € pro Tag) und E-Bikes (40 €) und bietet Flughafentransfers.

Elizabeth Boat ANGELN
(☎6936848445; http://gogalini.com/elizabeth-fishing-trip; Tour inkl. Mittagessen 35 €) Das kleine Boot nimmt Passagiere mit auf eine Fahrt durchs Libysche Meer. Unterwegs können sie Höhlen und Buchten besuchen, ihr Anglerglück in erstklassigen Fischgründen versuchen und schließlich an einem einsamen Strand das auf dem mitgebrachten Grill zubereitete Mittagessen verspeisen. Abfahrt am Hafen um 10.30 Uhr, Rückkehr gegen 15.30 Uhr.

Sactoris Cruises BOOTSFAHRTEN
(☎6976693729; http://gogalini.com/sactourisdc; Bootstour 35 €; ⌚9.30–10.30 & 18–22 Uhr) Das moderne, gut ausgestattete Motorboot bringt Passagiere zum Preveli-Strand (S. 160), wo sie sich vier Stunden lang vergnügen können; Abfahrt ist um 10.30 Uhr, Rückfahrt um 16.30 Uhr. Reservierung beim Stand am Hafen während der o. g. Öffnungszeiten.

Schlafen

In Agia Galini mangelt es keineswegs an Unterkünften, aber viele sind charakterlos und in der Hauptsaison schon lange im Voraus von Pauschalreiseveranstaltern ausgebucht.

Hotel Aketon PENSION €
(☎28320 91208; www.akteonhotel.com; EZ/DZ/Apt. mit Frühstück 40/50/85 €; ❄📶👪) Einen Eindruck davon, wie das Leben hier aussah, bevor Agia Galini vom Tourismus überrollt wurde, vermittelt diese einfache familienbetriebene Pension in erstklassiger Lage mit Blick auf den Hafen. Die zehn einfachen Zimmer sind bunt eingerichtet und auf der Gemeinschaftsterrasse können die Gäste entspannen und den fantastischen Meerblick genießen. Das Selbstversorger-Apartment mit zwei Schlafzimmern im obersten Geschoss ist moderner und perfekt für Familien.

Camping No Problem CAMPINGPLATZ €
(☎28320 91386; Stellplatz pro Pers./Zelt/Auto/Wohnwagen 6/4/3/4 €; ⌚ganzjährig; P📶🏊👪) Der gepflegte Campingplatz mit schattigen Zeltplätzen liegt rund 100 m vom Kieselstrand und 10 Min. Fußweg vom Hafen und Ortszentrum entfernt. Für den Grundbedarf gibt's einen kleinen Supermarkt, doch zur Anlage gehört auch eine exzellente Taverne mit Blick auf den großen Pool. Die Abzweigung von der Hauptstraße zum Campingplatz befindet sich bei der Shell-Tankstelle.

Glaros Hotel HOTEL €€
(☎28320 91151; www.glaros-agiagalini.com; mit Frühstück DZ 50–85 €, 3BZ/4BZ 91/101 €; ❄📶🏊) Die gepflegten Zimmer dieses Hotels besitzen modernes Flair – und das ist etwas Besonderes in einem Ort voller 08/15-Hotels. Einige der Zimmer haben einen Balkon mit Aussicht auf den Pool. Das Hotel besitzt einen stilvollen Gemeinschaftsbereich und bietet ein gutes Frühstücksbuffet. Das Tüpfelchen auf dem i ist der exzellente, freundliche Service. Das Glaros befindet sich am Ortsrand von Agia Galini, vom Hafen direkt geradeaus nach oben.

Irini Mare FERIENANLAGE €€
(☎28320 91488; www.irinimare.com; DZ/FZ mit Frühstück 110/150 €; ⌚Mai–Okt.; ❄@📶🏊👪) Diese sehr schön gestaltete Ferienanlage ist nur einen kurzen Fußweg vom Hauptstrand entfernt und ideal für Familien. Die 130 hellen, modernen, unterschiedlich geschnittenen Zimmer, teils in Häuschen mit eigenem Pool, haben allesamt Terrassen und Meer- oder Bergblick. Den Gästen stehen ein

Fitnessraum, eine Sauna und ein Tennisplatz zur Verfügung; für Kinder gibt es einen separaten Pool und einen Spielplatz.

Palazzo Greco BOUTIQUEHOTEL €€
(28320 91187; www.palazzogreco.com; DZ mit Frühstück 50–225 €; März–Nov.; P) Die Leidenschaft fürs Design spiegelt sich in den zahlreichen schmückenden Details dieses luftigen Hotels mit Meerblick wider. Für die individuelle Farbpräferenz gibt's die ruhigen, modernen Zimmer mit blassgrünem, -blauem oder -rotem Wandanstrich. Alle haben eine Veranda mit schöner Aussicht, Flachbildfernseher, Kühlschrank und eine fabelhafte Dusche. Die billigeren Zimmer haben jedoch keinen Meerblick. Das Frühstück wird im malerischen Patio mit Aussicht auf den Pool serviert.

Das Hotel liegt direkt an der Hauptstraße, bevor diese ins Dorf hinunterführt. Wer es gern exklusiver mag, sollte sich die Luxushäuschen außerhalb des Dorfs anschauen, jeweils mit eigenem Pool.

Essen

Der untere Teil von Agia Galini beim Hafen strotzt vor Tavernen für den touristischen Geschmack. Die meisten bieten reizvolle Meerblicke und frischen Fisch.

Taverna Kipos TAVERNE €
(28320 91239; www.tavernakipos.com; Camping No Problem; Hauptgerichte 7–13 €; April–Okt. 9–24 Uhr;) Die schattige und blumengeschmückte Terrasse bietet ein friedvolles Ambiente ebenso für klassische Tavernenküche wie für internationale Kost. Die Taverne liegt rund 750 m vom Ort auf dem Campingplatz No Problem. Wer Badezeug mitbringt, kann zur Abkühlung in den großen Pool hüpfen.

Platia CAFÉ €€
(28320 91185; Hauptgerichte 7–19 €; 8–14 & 18–1 Uhr;) Die Einheimischen lieben dieses Café plus Bistro plus Bar auf einem Platz direkt über dem Hafen. Es hat ausgezeichnete Frühstücksgerichte (6–10 €), darunter Joghurt und Müsli und Eier mit Schinken. Zum Abendessen gibt's vielleicht Spaghetti mit Porree und Ziegenkäse oder einen Riesengarnelen-Salat mit Knoblauch. Sobald die Sonne untergeht, taucht die lange Cocktailgetränkeliste auf.

Onar GRIECHISCH €€
(„Food Street"; Hauptgerichte 6–21 €; April–Mitte Nov. 12–23 Uhr;) Auch nach über 30 Geschäftsjahren ist das Onar immer noch ein Renner. Natürlich gibt es noch genügend andere Tavernen mit idyllischem Hafenblick, aber wegen der köstlichen *mezedhes* und des megaleckeren Grillfleischs steht das Onar ganz oben auf der Restaurant-Hitliste. Es hat auch eine Kinderspeisekarte.

Faros Fish Tavern FISCH & MEERESFRÜCHTE €€
(6944773702; Hauptgerichte 7–13 €; 18–23 Uhr) Diese schnörkellose Fischtaverne in Familienbesitz ist aus gutem Grund meistens bis auf den letzten Platz besetzt: Der Eigentümer wirft nämlich höchstpersönlich im Mittelmeer seine Netze aus. Was abends auf den Tisch kommt, ist also morgens noch im Meer geschwommen. Die Taverne befindet sich vom Hafen aus gesehen in der ersten Gasse.

Spezialitäten des Hauses sind im eigenen Sud gekochter Tintenfisch, Hummerspaghetti und Fischsuppe, sie sind jedoch nur auf Anfrage erhältlich.

Ausgehen & Nachtleben

Die Partymeile von Agia Galini ist der Hafen, wo aus zahllosen Bars laute Musik schallt. Sie unterscheiden sich kaum voneinander – einfach den Massen nachlaufen.

La Mar CAFÉ
(28320 91018; April–Okt. 8.30 Uhr bis spät) Das edle La Mar ist das beste der Terrassencafés am Hafen, mit einer geschmackvollen Einrichtung und einer interessanten Karte mit originellen Cocktails. Den Martini kann man sich regional mit *malotira* (Bergtee) oder Olivenöl aufpeppen lassen, den Gin Tonic gibt's mit Gin aus der Region. An Speisen bietet das Café etwa vegane Burger und andere westliche Kost.

Blue Bar BAR
(April–Okt. 19–1 Uhr) Insider versichern, dass in dieser Bar, die seit Menschengedenken ihre Pforten geöffnet hat, die beste Musik von Agia Galini geboten wird. Kneipenwirt Heinz ist Singer-Songwriter mit breit gefächertem Musikgeschmack. Folglich dreht sich alles Mögliche auf dem Plattenteller, von Rock und Pop bis Soul und R&B. In der ersten Gasse, 100 m vom Hafen.

Praktische Informationen

Unterhalb des Amphitheaters am westlichen Ende des Hafens befindet sich eine kleine Touristeninformation.

Aktuelle Informationen gibt's ansonsten auf www.gogalini.com und www.agia-galini.com.

An- & Weiterreise

In der Hochsaison fahren täglich bis zu sieben Busse nach Iraklion (8,70 €, 2 Std.), bis zu fünf nach Rethymnon (6,80 €, 1½ Std.) und Festos (2,30 €, 30–45 Min.) sowie etwa fünf nach Matala (3,60 €, 45 Min.) mit Umstieg in Tymbaki. Die Busse halten unten im Dorf beim Hafen.

Wenn genügend Leute gebucht haben, bietet **Galini Express** (☎ 6936923848; www.galiniexpress.com) Direktbusse zum Flughafen von Iraklion (ab 20 €) und nach Chania (ab 25 €).

2019 hat eine Fähre von Anendyk (www.anendyk.gr) probeweise den Betrieb auf der Strecke von Agia Galini zur Insel Gavdos (2 Std., einfach/hin & zurück 30/55 €) aufgenommen, Abfahrt dienstags, freitags, samstags und sonntags – aktuelle Infos auf der Website.

Unterwegs vor Ort

Galini Express verleiht Mountainbikes (18 € pro Tag) und E-Bikes (40 €).

In unmittelbarer Hafennähe befinden sich mehrere Mietwagenfirmen, u. a. **Auto Galini** (☎ 28320 91241; www.autogalini.com; ⏲ 9–14 & 17–20 Uhr) und **Ostria** (☎ 6976619988, 28320 91555; www.ostria-agiagalini.com; ⏲ 9–13 & 17–21 Uhr); beide verleihen Kompaktwagen und Allradfahrzeuge.

ABSTECHER

DALABELOS ESTATE

Umgeben von Weinreben, Olivenbäumen und Obstbäumen bieten die zehn Häuser in traditionellem Stil des **Dalabelos Estate** (☎ 28340 22155; www.dalabelos.gr; Aggeliana; DZ/Suite ab 80/100 €; ❄ 📶 🏊) Ausblick über die sanften Hügel bis zum Meer. Die modernen Zimmer haben Kamine, Terrassen und schöne Bäder. Der Infinitypool und das Restaurant sind erstklassig. Zu den saisonalen Aktivitäten für Gäste zählen z. B. die Olivenernte, das Brennen von Raki und Kurse in kretischer Kochkunst.

Die Anlage befindet sich 5 km südlich von Panormos und ist nur mit eigenem Fahrzeug erreichbar. Vor Ort können dann aber auch kostenlos Mountainbikes genutzt werden. Das Betreiberehepaar ist außergewöhnlich gastfreundlich und die beiden sind stolze Kreter mit einer großen Leidenschaft für das Essen und die Kultur ihrer Heimat. In der Hochsaison gilt ein Mindestaufenthalt von drei Nächten.

DIE NORDOSTKÜSTE

Panormos — Πάνορμο

880 EW.

Panormos 22 km östlich von Rethymnon ist einer der wenigen noch relativ unverdorbenen Orte an der Nordküste. Trotz der beiden großen Hotelanlagen hat sich Panormos seinen gemächlichen, authentischen Dorfcharakter bewahrt. Es bietet sich als ruhigere Alternative zum Rummel unmittelbar östlich von Rethymnon und im nahen Bali an. Im Sommer finden in einer zum Kulturzentrum umfunktionierten Johannisbrotfabrik Konzerte und andere Events statt.

Sehenswertes & Aktivitäten

Klados Winery WEINGUT

(☎ 28340 51589, 6973654840; www.kladoswinery.gr; Weinprobe 5/7 Weine 3/4 €; ⏲ April–Okt. Mo–Fr 10–18, Sa bis 15 Uhr, sonst n. V.) Zwar ist Iraklion wichtigster kretischer Weinproduzent, doch Rethymnon wurde 2018 als erster griechischer Ort als „Europäische Stadt des Weins" ausgezeichnet. Dies ist auch eine angemessene Anerkennung für diese hart schuftende Familie: Sie betreibt ihr Weingut seit 1997, das vor allem für seinen Vidiano bekannt ist, einen trockenen Weißwein, der aus einer Rebe gekeltert wird, die nur hier in der Umgebung wächst.

Nach einer halbstündigen Führung durch die kleine Produktionsstätte können Besucher einige Rot-, Weiß- und Roséweine aus biologischem Anbau verkosten. Wer vorbestellt, kann mit Blick auf die Reben und Olivenhaine *mezedhes* (8 €) genießen. Die Flaschenweine zum Mitnehmen sind recht günstig (ab 6 €). Das Weingut liegt 2 km östlich von Panormos, eine halbe Stunde zu Fuß oder eine kurze Autofahrt.

Panormos-Strand STRAND

Panormos hat nicht einen einzigen Hauptstrand, sondern mehrere kleine, schöne Buchten mit braunem Sand und herrlichem türkisgrünem Wasser. Der kleine Strand am Hafen mit seinem stillen Wasser eignet sich perfekt für Familien.

Castel Milopotamo AUSSICHTSPUNKT

Wunderbare Ausblicke auf den Hafen von Panormos bieten sich vom Hügel mit einem klitzekleinen Rest einer Steinmauer von der Festung aus dem 13. Jh. Die Festung soll von den Genuesen erbaut worden sein, als sie

1206 für kurze Zeit die Herrschaft innehatten, bevor sie von den Venezianern abgelöst wurden.

Agia-Sophia-Basilika RUINE

In Panormos gefundene Münzen deuten darauf hin, dass sich hier zwischen dem 1. und 9. Jh. n. Chr. ein blühendes Dorf befand. Das Einzige, was vor Ort noch von jener Zeit erzählt, sind die bröckelnden Überreste dieser Kirche aus dem 6. Jh. Sie steht am Hang oberhalb vom Dorf, das Gelände ist aber abgesperrt. Schilder weisen den Weg zu den Ruinen der Basilika.

Agios-Giorgos-Kirche KIRCHE

Wer etwas für Kirchenkunst übrig hat, sollte einen Blick in die Pfarrkirche von Panormos werfen, die beeindruckende moderne Fresken aufweist.

Atlantis Diving Centre TAUCHEN

(☎6977506093, 28310 71640; www.atlantis-creta.com; Grecotel Club Marine Palace; 2 Tauchgänge mit Ausrüstung 110 €, Schnorchelausrüstung 15 € pro Tag; ⌚9–14 & 17–20 Uhr) Das renommierte PADI-Unternehmen am Strand des Grecotel Club Marine Palace veranstaltet Tauchgänge vor der Küste oder vom Boot aus sowie Tauchkurse aller Schwierigkeitsgrade, vom Anfänger- bis zum Ausbilder-Niveau. Es gibt Dutzende Tauchspots mit jeder Menge Meeresleben und bunten Fischen und auf Nachttauchgängen kann man Unterwasserhöhlen erkunden.

Geführte Touren

Aitidis Travel TOUREN

(☎28340 52040; www.aitidistravel.com; ⌚10–22 Uhr) Hat ein umfangreiches Tourprogramm, darunter Exkursionen in die Samaria-Schlucht (35 €), hinaus zur Insel Gramvousa und zum Preveli-Strand.

Touristenbahn EISENBAHN

(☎28340 20222; ⌚April–Okt. durch den Ort 15–23 Uhr, nach Margarites & Melidoni 9–14.15 Uhr) Im Sommer zuckelt ein niedliches kleines Bähnchen durch Panormos (Erw./Kind 5/3 €) sowie hinaus zum Töpferdorf Margarites und zur Melidoni-Höhle (Erw./Kind 17,50/7,50 €). Abfahrt ist im Westen der Ortschaft gegenüber der Johannisbrotfabrik.

Schlafen

Captain's House PENSION €

(☎28103 80833; www.captainshouse.gr; Apt. 40–60 €; ⌚April–Okt.; ❄📶) Die modernen Apartments mit zwei Ebenen des erstklassig am Wasser gelegenen Captain's House sind eine tolle Wahl – sie sind geräumig und komfortabel und werden durch die Meeresbrise gekühlt. Ausgestattet sind sie mit Satelliten-TV, schnellem WLAN und kleiner Küche und einige haben auch Meerblick. Das Personal ist freundlich und nett ist auch der Empfang mit Obst und Wein.

Die gegenüberliegende Taverne ist ein reizendes Plätzchen für eine Mahlzeit mit Blick aufs türkisgrüne Wasser.

Christina APARTMENTS €

(☎28340 51277, 6976861859; www.apartments-christina.gr; Studio ab 45 €, Apt. ab 55 €; ⌚April–Okt.; ❄📶) Eine tipptopp in Schuss gehaltene und hervorragend gemanagte Unterkunft. Die Zimmer sind nicht mehr nagelneu, aber tadellos. Alle haben Balkon oder Terrasse mit Meerblick, aber die Studios sind eher klein. Unerwartetes Plus in den Apartments: die Hydromassage-Duschen.

★ **Idili** PENSION €€

(☎6970994408, 28340 20240; www.idili.gr; Apt. 65–95 €; ❄📶) Wer das Besondere sucht, wird diese drei traditionell eingerichteten Apartments in einem denkmalgeschützten Steinhaus lieben. Früher diente es schon als Gerichtsgebäude, Tischlerwerkstatt und Wohnhaus. Bögen, Holzdecken und z. T. separate, offene Schlafetagen verleihen jedem Apartment individuellen Charme und vor dem Kamin oder auf der Veranda lässt es sich wunderbar entspannen. Der schattige Garten voller Blumen ist wunderschön zum Entspannen.

Kastro PENSION €€

(☎28340 51362, 6937097757; www.kastroapartments.gr; Studio 40–70 €, Apt. 40–90 €; ❄📶) Die Zimmer in dem meernahen Haus an der Straße in Richtung Ortsausgang sind schon älter, weisen aber ein paar nette Details auf, z. B. Himmelbetten. Die heimeligen Apartments mit eigenem Eingang haben vier Schlafgelegenheiten, einige der Studios eine schöne Aussicht aufs Meer. Angeschlossen ist eine edle Taverne.

Essen

In den touristischen Hafentavernen serviert man griechische Standardgerichte, internationale Küche und Fisch. Die traditionelleren Lokale liegen ein, zwei Querstraßen weiter landeinwärts. Wer mit dem Auto unterwegs ist, sollte zum Mittagessen das Dalabelos Estate ansteuern – ein wunderbares kulinarisches Erlebnis!

★George & Georgia's KRETISCH €
(To Steki tou Sifaki; ☎28340 51230; Hauptgerichte 7–12 €; ⌚12.30–16 & 19 Uhr bis spät;) Das Ehepaar George und Georgia zaubert in seinem freundlichen, beliebten Lokal leckere kretische Hausmannskost auf den Tisch. Geboten werden köstliche Gerichte aus dem Backofen und schmackhafter Fisch sowie eine tolle Auswahl an vegetarischen Speisen. Das Restaurant liegt zwischen der Hafenpromenade und der Hauptstraße in der Nähe der Post.

Porto Parasiris KRETISCH €€
(Hauptgerichte 7–20 €; ⌚9 Uhr bis spät) Toll zum Relaxen ist dieser hippe, farbenfrohe Patio am Hafen. Die Gerichte haben einen kreativen Touch: Da gibt's zum Beispiel Schweinefleisch mit Trockenfrüchten oder Hühnchen mit Lavendeljoghurt. Was immer gut ankommt, sind die kretischen Spaghetti mit geräuchertem Schweinefleisch und *myzithra* (Weichkäse) sowie die hausgemachte Pasta.

Taverna Kastro KRETISCH €€
(☎28340 51362; www.kastro.restaurant; Hauptgerichte 7–22 €; ⌚Mai–Okt. 12–24 Uhr;) Der blumengeschmückte Hof ist ein wunderschönes Plätzchen zum Chillen, aber noch umwerfender ist das, was die Küche hergibt. Klassische kretische Rezepte bekommen hier einen modernen Look verpasst. Das Resultat sind Gaumenfreuden wie Linsen mit *apaki* (geräuchertes Schweinefleisch), Kabeljau mit Knoblauchkartoffeln oder gegrillter Schweinebauch. Die Taverne liegt vom Meer aus zurückversetzt im Osten von Panormos.

Angira FISCH & MEERESFRÜCHTE €€
(Hauptgerichte 7–15 €; ⌚April–Okt. 12–23 Uhr) Noch frischer als hier am Hafen können Meeresfrüchte nicht sein. Abgesehen von einem wunderbaren, langsam in Weinsauce geschmorten Lamm umfasst die Speisekarte marinierte Sardellen, Garnelensalat und gegrillten Fisch.

Ausgehen & Nachtleben

Panormos ist nicht gerade ein Partymekka, doch für einen Drink sind die Tavernen am malerischen Hafen kaum zu toppen.

Kharas To Kafeneio CAFÉ
(Kaffee 1,50 €; ⌚9–21 Uhr) Das freundliche *kafenion* bei der Post gewährt einen Blick ins Alltagsleben des Dorfs, denn hierher kommen die Männer des Orts zum Kaffeetrinken, auf einen Imbiss oder Raki und zum Kartenspielen. Die Tische reichen bis zu dem Raum mit den großen Fenstern auf der anderen Straßenseite hinüber.

An- & Weiterreise

In der Hochsaison fährt stündlich ein Bus von Rethymnon nach Panormos (2,60 €, 25 Min.). Die Busse halten an der Hauptstraße direkt am Ortsrand. Autos verleiht **Rent-A-Car** (www.bestcars-rental.gr; ⌚9–14 & 17–20 Uhr) mit Niederlassungen gegenüber der Johannisbrotfabrik und dem Grecotel Club Marine Palace.

Für Fahrten nach Rethymnon (28 €) oder Bali (20 €) steht ein **Taxi** (☎28340 23000) zur Verfügung.

Bali Μπαλί

330 EW.

Bali, 38 km östlich von Rethymnon und 51 km westlich von Iraklion, liegt so atemberaubend schön wie nur wenige Orte an der Nordküste. Mehrere kleine Buchten verstecken sich entlang der zerklüfteten Küste, die von Hügeln, Felsvorsprüngen und schmalen Sandstränden geprägt ist. Doch die unkontrollierte Erschließung dieses Küstenstreifens hat die ursprüngliche Schönheit des früheren Fischerdorfs arg beeinträchtigt und der Ort ist praktisch unter dem Ansturm der Pauschaltouristen verschwunden. Die braunen Sandstrände sind zwar nicht umwerfend, doch die Landschaft ist wirklich beeindruckend und die Unterkünfte sind preisgünstig, auch wenn sich im Sommer die Sonnenanbeter an den Stränden wie Sardinen in der Büchse drängen.

In der Antike hieß der Ort Astali, doch davon sind keine Spuren mehr erhalten. Der Name Bali hat übrigens nichts mit der indonesischen Insel zu tun.

Strände

Bali ist eine weit auseinandergezogene Siedlung. Der lange, hügelige Weg von einem Ende zum anderen dauert zu Fuß mindestens 25 Minuten. Der Ort besitzt vier Strände mit braunem Sand, die auch einigermaßen gut für Kinder geeignet sind.

Karavostasi STRAND
Karavostasi, der nördlichste der Bali-Strände, ist der kleinste und ruhigste. Der bräunliche Strand ist gut für Familien; bei den Tavernen unter den Küstenfelsen können Liegestühle und Sonnenschirme ausgeliehen werden. Die Karavostasi-Bucht lässt sich vom Hafen

aus zu Fuß über einen Küstenpfad oder mit dem Touristenzug Bali Express erreichen.

Varkotopo STRAND
Der zentralste Strand von Bali, zwischen Livadi und Limani, ist ein hübscher Sandstreifen zwischen jungen Palmen. Hier gibt es ein paar ziemlich schicke Bars - nette Läden für einen Sundowner.

Livadi STRAND
Der braune Livadi ist der größte und längste Strand von Bali und verströmt ein bisschen Partystimmung. Er ist voller Liegestühle und Sonnenschirme sowie Bars, Tavernen und Cafés.

Limani STRAND
Am alten Hafen Limani gibt's einen schmalen, schönen halbmondförmigen Strand mit gräulich-braunem Sand sowie Liegestühlen und zahlreichen Cafés und Wassersportanbietern.

Aktivitäten

Skippers WASSERSPORT
(☎28340 94102; https://catamaran-cruises-watersports-lefteris.business.site; ⌚April–Nov. 9–18 Uhr) Am Hafen von Limani verleiht Skippers Kajaks (Einer/Zweier 10/12 € pro Std.), Motorboote (40 € per Std.) und SUP-Boards (10 €). Auf dem Programm stehen außerdem ein dreistündiger Sonnenuntergangsausflug im Katamaran (35 €) mit Möglichkeiten zum Schwimmen und Schnorcheln sowie eine Tagesrundfahrt (8 Std., 85 € mit Mittagessen und alkoholischen Getränken) zu einigen Höhlen und Stränden der Umgebung.

Hippocampos Dive Centre TAUCHEN
(☎28340 94193; www.hippocampos.com; 1 Tauchgang inkl. Ausrüstung 56 €, Schnorchelausrüstung 15 € pro Tag; ⌚Mo & Mi–Sa 9–13 & 17–21, Di 17–21 Uhr) Der professionell geführte Veranstalter beim Limani-Strand hat diverse Tauch- und Schnorcheltrips sowie alle gängigen Kurse im Programm, darunter einwöchige Open-Water-Zertifizierungskurse (460 €).

Bali Travel TOUREN
(☎28340 94410, 6972505760; www.balitravel.gr; ⌚9–14 & 17–21 Uhr) Ob es einen nach Preveli (32 €), Chania/Elafonisi-Strand (37 €) oder Knossos (32 €) oder in die Samaria- oder Imbros-Schlucht (35 bzw. 32 €) zieht - Bali Travel hat die passende Tour. Der Veranstalter bietet auch Ausflüge nach Santorin mit Übernachtung an. Eintrittspreise sind nicht inbegriffen. Beim Varkotopo-Strand.

Mellisi Travel TOUREN
(☎6932872897, 28340 94500; www.mellisitravel.gr/en; ⌚Mai–Okt. 9–14 & 17–21 Uhr) Dieser Anbieter beim Limani-Strand organisiert Tagestouren zu bekannten Stränden und Stätten in der Region, bei denen auch an einigen von Touristen weniger frequentierten Orten angehalten wird, um den Teilnehmern eine Vorstellung vom Alltag in der Region zu vermitteln.

Schlafen

In Bali herrscht kein Mangel an Unterkünften und die meisten haben Meerblick. Man hat die Wahl zwischen Ferienapartments, Mittelklassehotels und Strandresorts. Budget-Unterkünfte gibt's allerdings nur wenige.

★ **Stone Village** FERIENANLAGE €
(Petrino Horio; ☎6984378368, 28340 20140; www.stone-village.gr; Vlihada; DZ mit HP 45–70 €; ⌚März–Okt.; ❄@📶🏊) Wer eins der traditionell gehaltenen Zimmer hier in den ruhigen Hügeln über Bali bezieht, hat tatsächlich das Gefühl, in sein eigenes kleines kretisches Haus einzuziehen. Das Dorf umfasst 38 sorgfältig gestaltete Apartments mit Terrasse oder Balkon, Küche und Kamin, umgeben von blühenden Bäumen und Kübelpflanzen. Der Strand liegt zehn Minuten zu Fuß entfernt, zur Haltestelle des Touristenzugs ist es ebenfalls nicht weit.

Drei Pools, ein Streichelzoo (mit kostenlosen Pferderitten), eine Sauna und saisonal angebotene Aktivitäten wie die Herstellung von Käse lassen keine Langeweile aufkommen. Ein gutes Restaurant mit Speisen aus Bio-Zutaten vom Bauernhof und freundlicher Service runden das Ganze ab.

Sunrise Apartments APARTMENTS €
(☎28340 94267; DZ 30–45 €, Apt. 45–65 €; ⌚April–Okt.; ❄📶) Die geräumigen, gepflegten Studios mit Kochecke am Karavostasi-Strand bieten viel fürs Geld und sind ideal, wenn man dem Rummel in Bali entfliehen und trotzdem in Strandnähe wohnen will. Als perfekte Location für einen Sundowner bieten sich die Patios mit Blick auf die Bucht an. Da die Anlage sehr gefragt ist, sollte lange im Voraus gebucht werden.

Bali Blue Bay HOTEL €€
(☎28340 20111; www.balibluebay.gr; DZ mit Frühstück 50–75 €; ❄📶🏊) Modern und gut ausgestattet, aber nicht todschick sind die geräumigen Zimmer hier, die einen wunderschönen Meerblick bieten. Die gemütlichen Gemeinschaftsbereiche gehen aufs Meer hi-

naus und der Service ist tipptopp. Ein weiterer Pluspunkt ist der einladende Dachpool. Beim Limani-Strand.

Hotel Lisa Mari HOTEL €
(☎28340 94072; lizamary.hotel@hotmail.gr; EZ/DZ/3BZ mit Frühstück 50/60/70 €; ) Das bei Pauschaltouristen beliebte Lisa Mari ist eine kleine, preiswerte Ferienanlage mit sauberen, gemütlichen Zimmern und moderner Ausstattung. Einige Zimmer haben Meerblick, doch das WLAN kann außer in den Gemeinschaftsbereichen unzuverlässig sein. Das große Plus ist der reizende Pool mit Bar und Garten. Die Mitarbeiter sind megafreundlich und es gibt auch ein Restaurant. Beim Livadi-Strand.

Essen

Die meisten Tavernen von Bali säumen den Strand und bieten frische Meeresfrüchte, Fleisch vom Grill und traditionelle kretische Küche.

★Taverna Nest KRETISCH €€
(☎28340 94280; Hauptgerichte 7–15 €; ⌚Mai–Okt. 9–24 Uhr) Auf dieser Obergeschoss-Terrasse kommen ausschließlich grundsolide Zutaten frisch vom Bauernhof auf den Tisch. Die hausgemachten Gerichte werden in großzügigen Portionen und mit einem breiten Lächeln serviert. Die Stammgäste stürzen sich mit Begeisterung auf die Lammspieße, das Spanferkel und den Fisch vom Grill sowie die ausgezeichneten Beilagen: hausgemachte *kolokythoanthi* (mit Reis und Kräutern gefüllte Zucchiniblüten) und handgeschnittene Bratkartoffeln. Das Lokal liegt ein paar Schritte landeinwärts vom Hafen und hat auch ordentliches Frühstück.

★Taverna Karavostasi TAVERNE €€
(☎28340 94267; Hauptgerichte 7–19 €; ⌚April–Okt. Mo 9–17, Di–So bis 22 Uhr;) In dieser Taverne am tischtuchgroßen Karavostasi-Strand gibt's Gemüse aus dem eigenen Garten, regionalen Wein vom Fass und lokale Gerichte, die wahre Geschmacksfeuerwerke entfalten. Die Spezialität des Hauses sind gefüllte Auberginen, aber auch die Linsensuppe und das gebackene Zitronenhühnchen sind nicht zu verachten. Weitere Pluspunkte: traumhafte Aussicht, Kinderkarte und freundliche Bedienung.

Psaropoula TAVERNE €€
(Hauptgerichte 6–18 €; ⌚April–Okt. 9–23 Uhr, Nov.–März 11–21 Uhr) Schon wegen des Ausblicks lohnt sich der steile Aufstieg zu dieser familienbetriebenen Taverne: Man schaut auf das klare Wasser am Varkotopo-Strand und die Bergkulisse dahinter. Das seit 1975 bestehende Psaropoula bietet griechische und kretische Klassiker, doch die meisten Gäste kommen wegen der Platten mit gegrillten Meeresfrüchten (18–28 € für 2 Pers.) hierher.

Panorama KRETISCH €€
(Hauptgerichte 4,50–17 €; ⌚April–Okt. 9.30–24 Uhr) Während man den Booten beim Schaukeln im Hafen zuschaut, genießt man hoch oben auf der Terrasse der ehemaligen Johannisbrotfabrik ausgezeichneten Fisch und tolle Hausmannskost. Das Restaurant existiert seit 1968 und ist eins der ältesten und renommiertesten des Orts.

Ausgehen & Nachtleben

Bali gilt zwar nicht als Partydestination, doch die meisten Tavernen und Cafés am Strand haben abends lange geöffnet. Im Sommer gibt's an den Stränden Livadi und Varkotopo ein paar muntere Bars.

Mambo Beach Bar BAR
(⌚9–24 Uhr) In der relaxten Strandbar in toller Lage mit Blick auf den Varkotopo genießen die Gäste bei einer Piña Colada die Meeresbrise und den Sonnenuntergang.

Alquimico CAFÉ
(☎28340 94259; ⌚9 Uhr bis spät) Das beliebte Bistro einen Katzensprung vom Limani-Strand bietet gutes westliches Frühstück, Sandwiches und Burger. Dank eiskaltem Bier und einer langen Cocktailkarte auch gut für Drinks.

An- & Weiterreise

Von Rethymnon verkehren regelmäßig Busse über Bali (3,80 €, 30 Min.) nach Iraklion. Die Busse halten an der Hauptstraße. Von dort sind es ungefähr 2 km Fußweg zum Hafen von Bali.

Unterwegs vor Ort

Ein ausgezeichnetes Fortbewegungsmittel ist der **Bali Express** (einfach/hin und zurück 3/5 €; ⌚Mai–Sept. 9–23 Uhr), eine Touristenbahn mit elf Haltestellen im Ort und an den Stränden.

Auto Bali (☎28340 94504; ⌚9–14 & 17–21 Uhr) bringt Mietwagen zum Flughafen. Auch die Reisebüros vermitteln Mietwagen.

STRANDTAGE

Von betriebsamen Badestränden mit Bars bis zu romantischen palmgesäumten Gestaden und einsamen Buchten – Kreta hat für jeden den richtigen Strand.

EIN HAUCH VON TROPEN

Pudriger rosa-weißer Sand, von glitzerndem azurfarbenen Wasser umspült, ist der Trumpf von **Elafonisi** (S. 105), während man sein Handtuch in **Vai** (S. 261) vor einem riesigen Hain wiegender Palmen ausbreitet. Genauso exotisch sind die Strände an der flachen türkisfarbenen Lagune von **Balos** (S. 118). Weitere Palmen warten am berühmten **Strand von Preveli** (S. 160).

FAMILIENSPASS

Auch außerhalb der großen Badeorte bietet Kreta reichlich familienfreundliche Strände, darunter **Varkotopo** (S. 168) und die anderen Buchten bei Bali, **Voulisma** (S. 254) bei Agios Nikolaos, die palmengesäumten Strände von **Vai** (S. 261) und **Preveli** (S. 160), die ausgedehnten Strände von **Plakias** (S. 155) und das ätherische **Elafonisi** (S. 105).

ACTION IM WASSER

Wer mag, stürzt sich in die hohen, langen Wellen, die vom offenen Meer an den **Strand von Falasarna** (S. 120) im Nordwesten rollen, oder fährt in Kretas Windsurfhochburg am Kieselstrand von **Kouremenos** (S. 262) bei Palekastro am anderen Ende der Insel. Fans von Jetski, Bananenbootfahrten u. ä. kommen an den belebten Stränden der Nordküste bei Iraklion auf ihre Kosten.

AUSSTEIGERGLÜCK

Für den ultimativen Dreier Ruhe, Naturschönheit und Unverfälschtheit geht's nach **Agios Pavlos** (S. 161) und **Triopetra** (S. 161) oder nach **Xerokambos** (S. 267) mit seiner Bergkulisse, allesamt an der Südküste.

1. Vai (S. 261)
2. Rosa Sand in Elafonisi (S. 105)
3. Strand von Preveli (S. 160)

GATSI/GETTY IMAGES ©

ALEXANDROS PETRAKIS/SHUTTERSTOCK ©

Iraklion

Inhalt ➡

Gut essen

- Peskesi (S. 186)
- George's Yard (S. 212)
- Elia & Diosmos (S. 204)
- Taverna Niki (S. 224)

Schön übernachten

- Eleonas Country Village (S. 206)
- Thalori Retreat (S. 216)
- Villa Kerasia (S. 203)
- Villa Ippocampi (S. 222)

Auf nach Iraklion

Iraklion ist die dynamischste Region Kretas. Sie beherbergt fast die Hälfte der Bevölkerung und die wichtigste Touristenattraktion der Insel, den minoischen Palast von Knossos. Unbezahlbare Kostbarkeiten, die hier und in den zahlreichen anderen minoischen Stätten auf ganz Kreta ausgegraben wurden, haben das archäologische Museum der Hauptstadt Iraklion auf Weltniveau katapultiert.

Der Küstenstreifen östlich von Iraklion ist zwar eine einzige Ansammlung von Hotels und Badeorten, aber nur ein paar Kilometer landeinwärts bieten verträumte Dörfer ein Kontrastprogramm. Besucher können den neuerdings bei Sommeliers von Jahrgang zu Jahrgang höher geschätzten Rebensaft verkosten, der in der Weinregion Iraklions gekeltert wird, auf den Spuren von El Greco und Nikos Kazantzakis wandeln und sich an der urwüchsigen Erhabenheit entlegener Bergdörfer wie Zaros laben.

An der ruhigeren Südküste ist der ehemalige Hippie-Treffpunkt Matala der einzige kommerziell voll erschlossene Urlaubsort. In den bezaubernden Dörfern dagegen geht das Leben noch beinahe den gleichen beschaulichen Gang wie schon seit Menschengedenken.

Entfernungen (km)

	Iraklion	Malia	Matala	Peza
Malia	37			
Matala	69	106		
Peza	17	48	70	
Festos	57	90	10	61

IRAKLION ΗΡΑΚΛΕΙΟ

140 730 EW.

Kretas Hauptstadt Iraklion (Heraklion) ist die fünftgrößte Stadt Griechenlands und das Wirtschafts- und Verwaltungszentrum der Insel. Außerdem beherbergt sie die Top-Attraktionen Kretas: das Archäologische Museum von Heraklion und in der Nähe den Palast von Knossos – beide gewähren einen Einblick in die faszinierende Vergangenheit der Insel.

Obwohl Iraklion nach herkömmlichen Maßstäben nicht schön ist, gewinnt die Stadt an Reiz, wenn man sich die Zeit nimmt, durch ihre Seitenstraßen zu schlendern und ihre verschiedenen Gesichter zu erkunden. Dabei entdeckt man Iraklions urbane Reize wie eine florierende Café- und Restaurantszene, gute Einkaufsmöglichkeiten und ein pulsierendes Nachtleben. Das neu erschlossene Hafenviertel lädt zu Spaziergängen ein und der alte Stadtkern wurde inzwischen in eine Fußgängerzone verwandelt. Die geschäftigen Plätze der Altstadt säumen Gebäude, die noch aus der Zeit stammen, als Kolumbus die Segel setzte.

Geschichte

Iraklion ist seit der Jungsteinzeit besiedelt und wurde im Jahr 824 n. Chr. von den Sarazenen erobert. Danach entwickelte es sich offenbar zur Hauptdrehscheibe des Sklavenhandels im östlichen Mittelmeerraum und zum Stützpunkt der berüchtigten Piraten der Region. Nach einer langen Belagerung im Jahr 961 vertrieben byzantinische Truppen die Araber und die Stadt wurde nun unter dem Namen Handakas bekannt. Als Kreta im Jahr 1204 an Venedig verkauft wurde, änderte sich der Name in Candia.

Unter venezianischer Herrschaft entwickelte sich die Stadt zu einem Zentrum der schönen Künste und brachte berühmte Maler wie Damaskinos und El Greco hervor. Die prächtige Festung sowie viele der eleganten öffentlichen Gebäude und stolzen Kirchen stammen aus dieser Zeit. Die Einwohner Candias kämpften verbissen, um sich die Osmanen vom Leib zu halten, und erweiterten sogar die Festungsmauern. Aber 1645 überrannten die Türken Kreta und begannen im Jahr 1648 mit der Belagerung Candias.

Unter den Türken wurde die Stadt als Megalo Kastro (Großes Schloss) bekannt. Die künstlerischen Aktivitäten gingen zurück und viele Kreter flohen oder wurden getötet. Im August 1898 massakrierte ein türkischer Mob Hunderte Kreter, 17 britische Soldaten und den britischen Konsul. W
Wochen später legte eine Schwadron
scher Schiffe im Hafen an und setzte de
kischen Herrschaft über die Stadt ein Ende.

Seinen heutigen Namen erhielt Iraklion im Jahr 1922. Damals war noch Chania die Hauptstadt des unabhängigen Kreta, aber aufgrund seiner zentralen Lage wurde Iraklion bald zum Handelszentrum der Insel. Im Zweiten Weltkrieg litt die Stadt schwer unter den Bombardierungen, die einen großen Teil der unter Venezianern und Türken erbauten Stadtteile dem Erdboden gleichmachten. 1971 wurde Iraklion erneut zur Hauptstadt Kretas ernannt.

Sehenswertes

Iraklions Hauptsehenswürdigkeiten befinden sich innerhalb des historischen Stadtkerns zwischen dem Hafenviertel und den alten Stadtmauern. Viele der eindrucksvollsten Gebäude liegen an der Hauptverkehrsstraße 25 Avgoustou, die am hübschen innerstädtischen Hauptplatz Plateia Venizelou vorbeiführt. Wegen seines Brunnens wird er auch „Löwenplatz" genannt. Die östlich vom Platz verlaufende Fußgängerzone Korai bildet den Mittelpunkt der Cafészene von Iraklion. Sie führt zur weitläufigen Plateia Eleftherias, in deren Nähe das Archäologische Museum von Heraklion steht.

★ Archäologisches Museum Heraklion MUSEUM

(www.heraklionmuseum.gr; Xanthoudidou 2; Erw./erm./Kind 10/5 €/frei, Kombiticket mit Palast von Knossos Erw./erm. 16/8 €; ⌚Mitte April–Okt. Mo & Mi–So 8–20, Di 10–20 Uhr, Nov.–Mitte April 8–16 Uhr) Dieses ultramoderne Museum ist eines der größten und bedeutendsten Griechenlands. Die beiden Stockwerke des restaurierten Bauhaus-Gebäudes aus den 1930er-Jahren bilden einen wunderbaren Rahmen für Ausstellungsstücke aus 5500 Jahren Geschichte – vom Neolithikum bis zu römischer Zeit – und eine unvergleichlich reiche minoische Sammlung. Die Säle sind farbkodiert; die Artefakte sind sowohl chronologisch als auch thematisch arrangiert und mit englischen Erklärungen versehen. Ein Besuch hier vermittelt jede Menge Wissen über die Geschichte Kretas – nicht versäumen!

Diese wahre Schatzkammer umfasst Töpferwaren, Schmuck, Sarkophage sowie berühmte Fresken aus den Ausgrabungsstätten Knossos, Tylissos, Amnissos und Agia Triada. Die Stücke sind zu Themenkomplexen wie

Iraklion

1 Archäologisches Museum Heraklion (S. 173) In einem der besten Museen Griechenlands die minoischen Kunstwerke bewundern

2 Weinregion Iraklions (S. 199) Auf einer Verkostungstour wiederentdeckte alte Rebsorten genießen

3 Palast von Knossos (S. 191) An der Wiege der minoischen Kultur eine Audienz bei König Minos beantragen

4 Gortys (S. 207) Im römischen Bollwerk auf Kreta Gesetzestexte aus dem 6. Jh. v. Chr. bestaunen

5 **Festos** (S. 208) Die zweitwichtigste minoische Palaststadt der Insel besichtigen

6 **Rouvas-Schlucht** (S. 214) Bei einer Wanderung durch Europas größten Kermeseichenwald die Schöpfungskraft der Natur bewundern

7 **Matala** (S. 210) Im legendären Hippie-Treff zuschauen, wie die Abendsonne die höhlendurchsiebten Felsen anstrahlt

8 **Nikos-Kazantzakis-Museum** (S. 204) In seinem Heimatdorf dem Genie des kretischen Schriftstellers Nikos Kazantzakis näherkommen

Iraklion

Bucht von Iraklion
Alter Hafen
Sofokli Venizelou
Plateia 18 Anglon
Mitsotaki
2 Historisches Museum von Kreta
Parasties (100 m); Naturkundemuseum (400 m); Talos Plaza (600 m); Amoudara (4 km)
Theotokopoulou
Lahana
Chronaki
Vyronos
25 Avgoustou
Epimenidou
Kalimeraki
Almirou
Grevenon
Koroneou
Arkoleondos
El-Greco-Park
Hortatson
Handakos
Plateia Agiou Titou
Agiostefaniton
Agiou Titou
Psaromiligkon
Meramvellou
Plateia Venizelou
Milatou
Idaiou Antrou
Idomeneos
Loukoumades (400 m); Stadtmauer (600 m); Busbahnhof B (800 m)
Perdikari
Korai
Kalokerinou
Info Point
Dedalou
Monis Odigitrias
Dikeosynis
Evans
Katehaki
1821
Odos 1866
Koziri
Zogratou
Kultur- & Kongresszentrum Iraklion (500 m); Grab von Nikos Kazantzakis (700 m)
Bembo-Brunnen (100 m); Türkisches Sebil (100 m)
Merastri (500 m); Freilufttheater Nikos Kazantzakis (500 m)
ou Mina

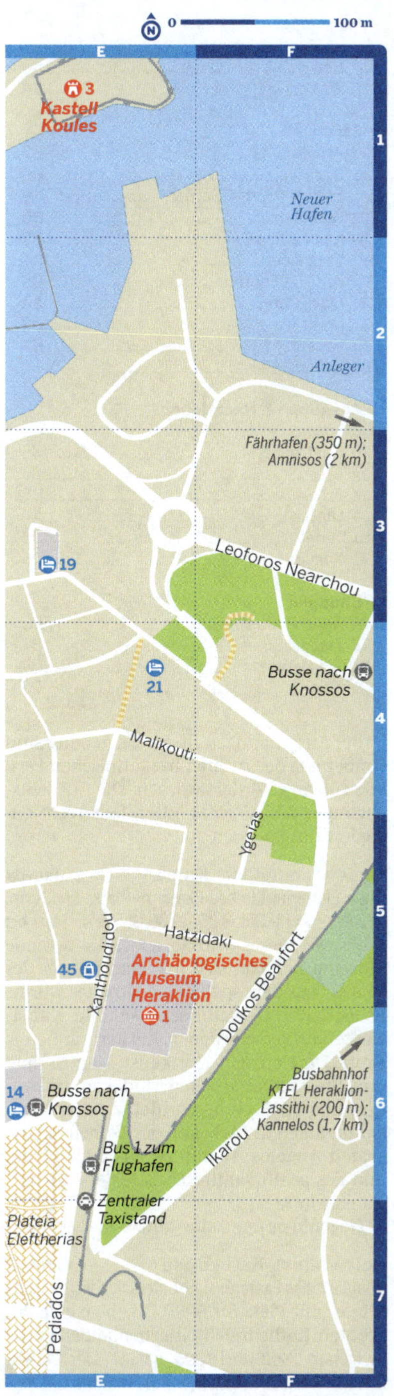

Besiedlung, Handel, Tod, Religion und Verwaltung zusammengefasst. Zusammen mit den klaren Erläuterungen vermitteln sie ein lebendiges Bild vom Alltag und von der Entwicklung der kretischen Kulturen. Für diese herausragende Sammlung sollte man mindestens zwei Stunden einplanen. Einen Vorschlag für einen Rundgang auf eigene Faust gibt's auf S. 182.

★Kastell Koules FESTUNG

(Rocca al Mare; http://koules.efah.gr; Venezianischer Hafen; Erw./erm. 2/1 €; ⏲Mai–Sept. 8–20 Uhr, Okt.–April bis 16 Uhr) Nach sechsjähriger Renovierung wurde das Wahrzeichen Iraklions, das venezianische Hafenkastell Rocca al Mare aus dem 16. Jh., im August 2016 mit einer nagelneuen Ausstellung wiedereröffnet. Diese erzählt die Geschichte des Bauwerks sowie von den Meilensteinen der Stadtgeschichte. Zu sehen sind alte Amphoren, venezianische Kanonen und andere Fundstücke, die Jacques Cousteau 1976 aus den Schiffswracks rund um die Insel Dia barg.

Dank dem gedämpften Licht, das durch die alten Schießscharten fällt, vermittelt die Ausstellung nicht nur viel Wissen, sondern ist auch sehr stimmungsvoll.

★Historisches Museum von Kreta MUSEUM

(www.historical-museum.gr; Sofokli Venizelou 27; Erw./erm. 5/3 €; ⏲April–Okt. Mo–Sa 9–17, So 10.30–15 Uhr, Nov.–März tgl. bis 15.30 Uhr) Wer wissen möchte, was auf Kreta in den letzten 1700 Jahren so alles passiert ist, darf keinesfalls einen Besuch in diesem interessanten Museum versäumen. Die Bandbreite der Exponate reicht von der byzantinischen über die venezianische bis zur türkischen Ära und endet mit dem Zweiten Weltkrieg. Im ganzen Museum gibt's ausgezeichnete englischsprachige Beschilderung und interaktive Stationen. Der Museumsgenuss wird noch gesteigert durch die Audioguides (3 €) in fünf Sprachen.

Besonderes Augenmerk wird auf die venezianische Zeit gerichtet, u. a. mit einem großen Modell der Stadt aus der Zeit um 1650, kurz vor der Besetzung durch die Türken. Der Rundgang beginnt im Einführungssaal: Hier werden anhand von Karten, Büchern, Artefakten und Bildern die wichtigsten Epochen der Geschichte dargestellt. Zu den Highlights im ersten Stock zählen die beiden einzigen **Gemälde von El Greco**, die sich auf Kreta befinden – *Die Taufe Christi* (1569) und *Blick auf den Berg Sinai und das St.-Katharinen-Kloster* (1570) –, außerdem Fresken aus dem

Iraklion

Highlights
1 Archäologisches Museum Heraklion ... E6
2 Historisches Museum von Kreta ... A3
3 Kastell Koules ... E1

Sehenswertes
4 Agios-Markos-Basilika ... C5
5 Agios-Minas-Kathedrale ... A7
6 Agios-Titos-Kirche ... C5
7 Kloster St. Peter & Paul ... A2
8 Morosini-Brunnen ... B5
9 Städtische Kunstgalerie ... C5
10 Museum für Sakrale Kunst ... A6
11 Venezianische Loggia ... C5

Aktivitäten, Kurse & Touren
12 Bergsteigerclub Iraklion ... D6

Schlafen
13 Atrion Hotel ... B3
14 Capsis Astoria ... E6
15 Crops Suites ... B7
16 Hotel Mirabello ... B4
17 Kastro Hotel ... B4
18 Kronos Hotel ... B2
19 Lato Boutique Hotel ... E3
20 Lena Hotel ... B3
21 Marin Dream Hotel ... E4
22 Olive Green Hotel ... D5
23 Rea Hotel ... A4
24 So Young Hostel ... B4

Essen
25 Athali ... B7
26 Bäckerei Bitzarakis ... B6
Brillant/Herbs' Garden ... (s. 19)
27 Giakoumis ... B6
28 Ippokambos ... C2
29 Kouzeineri ... D4
30 Kritikos Fournos ... C5
31 Mare Cafe ... A3
32 O Vrakas ... C2
33 Peskesi ... B4
34 Phyllo Sofies ... B5

Ausgehen & Nachtleben
35 Bitters Bar ... B6
36 Central Park ... C5
37 Crop ... D5
38 Fix ... D5
39 Utopia ... A4
40 Veneto ... D3
41 Xalavro ... D6

Shoppen
42 Aerakis Music ... D6
43 Zentralmarkt ... B7
44 Ora Gentleman ... D4
45 Zalo ... E5

13. und 14. Jh., erlesener venezianischer Goldschmuck und Brokatgewänder. Eine weitere historische Ausstellung zeichnet den Weg Kretas in die Unabhängigkeit von den Türken im 20. Jh. nach. Die interessantesten Räume im 2. Stock sind das nachgebildete Arbeitszimmer des kretischen Schriftstellers **Nikos Kazantzakis** sowie diejenigen Räume, die sich mit der **Schlacht um Kreta** (1941) im Zweiten Weltkrieg beschäftigen, u. a. mit dem kretischen Widerstand und der Rolle, die alliierte Geheimdienste spielten. Im obersten Stockwerk findet man eine hervorragende **Volkskundesammlung**.

Kloster St. Peter & Paul RUINE
(Sofokli Venizelou 19; Eintritt per Spende; ⌚ Mai–Sept. 10–14.30 Uhr) Zu den faszinierendsten Ruinen Iraklions zählen diejenigen eines Dominikanerklosters aus dem 13. Jh., das im Laufe der Zeit mehrmals neu aufgebaut und unterschiedlich – z. B. als Moschee und Kino – genutzt wurde. Ungewöhnlicherweise befindet sich das Kloster direkt an der Ufermauer. Es beherbergt einige schöne Fresken aus dem 15. Jh. sowie eine Ausstellung mit modernen Mosaiken von Loukas Peiniris, die auf jeden Fall einen Blick wert sind.

Bei Ausgrabungen in der Umgebung sind Gräber aus der zweiten byzantinischen Periode zutage gefördert worden. Die Aufsichtspersonen des Klosters bitten teils recht engagiert um Spenden.

Museum religiöser Kunst MUSEUM
(Agia-Ekaterini-Kirche; Ekaterini-Platz; Erw./erm. 4/2 €; ⌚ April–Okt. 9.30–19.30 Uhr, Nov.–März bis 17 Uhr; ♿) Dieses winzige, aber faszinierende Museum befindet sich in einem Kloster des 13. Jhs., aus dem später eine Moschee wurde. Es beherbergt historische sakrale Kunstwerke aus verschiedenen Klöstern auf ganz Kreta. Die Gemälde, Holzkunst, Manuskripte und Steinschnittarbeiten sind klar präsentiert und englisch beschriftet. Zu den Highlights zählen die Arbeiten des Ikonen-Hagiografen Angelos Akotantos aus dem 15. Jh. und des postbyzantinischen Malers Michael Damaskinos.

Gegenüber der Agios-Minas-Kathedrale.

Agios-Minas-Kathedrale KATHEDRALE
(Plateia Agias Ekaterinis; ⌚ unterschiedlich) Agios Minas, mit Platz für 8000 Gläubige eine der größten Kathedralen Griechenlands, wurde zwischen 1862 und 1895 erbaut. Der hl. Minas ist der Schutzheilige von Iraklion.

Zu den Glanzlichtern im imposanten Kirchenraum zählen Wandfresken, drei riesige Kronleuchter im Mittelschiff und die weiße Marmor-Ikonostase, die Trennwand zwischen Altarraum und Kirchenschiff.

Morosini-Brunnen BRUNNEN

(Löwenbrunnen; Plateia Venizelou) Vier wasserspeiende Löwen bilden diesen reizenden Brunnen, das beliebteste venezianische Zeugnis der Stadt. Der 1628 von Francesco Morosini erbaute Brunnen versorgte Iraklion einst mit frischem Wasser.

Hier kann man inmitten von quirligen Cafés und Imbissen schön ein Stündchen verweilen, um sich das allgemeine Treiben anzuschauen.

Städtische Kunstgalerie KUNSTGALERIE

(Ecke 25 Avgoustou & Plateia Venizelou; ⌚9–15 Uhr) GRATIS Die dreischiffige, im 13. Jh. erbaute Agios-Markos-Basilika wurde mehrmals umgebaut und unter den Türken in eine Moschee umgewandelt. Heute finden hier Wechselausstellungen mit Werken griechischer und ausländischer Künstler statt.

Türkisches Sebil HISTORISCHES GEBÄUDE

(Plateia Kornarou) GRATIS Das einzige verbliebene Brunnenhäuschen Iraklions aus türkischer Zeit versorgte die Anwohner einst mit Trinkwasser. Zur Zeit der Recherche wurde es gerade renoviert und in Zukunft soll es ein kleines Café beherbergen.

Naturkundemuseum MUSEUM

(www.nhmc.uoc.gr; Sofokli Venizelou; Erw./erm. 7,50/4,50 €; ⌚Juni–Sept. Mo–Sa 9–21, So 10–18 Uhr, Nov.–April Mo–Fr 9–15, Sa 10–18 Uhr, Mai & Okt. tgl. bis 18 Uhr) Das Museum ist ein clever umgebautes Elektrizitätswerk rund zehn Minuten Fußweg auf der 25 Avgoustou am Meer entlang nach Westen. Es stellt auf riesigen Dioramen und in einem Gebäudeflügel voller Terrarien die Flora und Fauna des Mittelmeerraums vor.

Star der Ausstellung sind die lebensgroße (5 x 7 m) Nachbildung des elefantenartigen *Deinotherium giganteum*, des größten landlebenden Säugetiers aller Zeiten, sowie der Erdbebensimulator in Form eines durchgeschüttelten Klassenraums.

Grab von Nikos Kazantzakis HISTORISCHE STÄTTE

(Martinengo-Bastion) GRATIS Südlich der Innenstadt liegt in der gut erhaltenen Martinengo-Bastion das einfache Grab des renommiertesten kretischen Schriftstellers des 20. Jhs., Nikos Kazantzakis (1883–1957), des Autors von *Alexis Sorbas*. Die berühmte Grabinschrift lautet „Ich erhoffe nichts, ich fürchte nichts, ich bin frei".

Kazantzakis wurde in der ehemaligen Festungsanlage beigesetzt, weil die griechisch-orthodoxe Kirche ihm das Begräbnis auf einem Friedhof verweigerte – schon zuvor hatte sie ihm wegen seiner kritischen und kontroversen Aussagen zu Kirche und Religion mit der Exkommunikation gedroht.

Agios-Titos-Kirche KIRCHE

(www.agiostitos.gr; Plateia Agiou Titou; ⌚unterschiedlich) Die majestätische Agios-Titos-Kirche überragt den palmengesäumten gleichnamigen Platz. Sie wurde 961 von den Byzantinern erbaut, später von den Venezianern in eine katholische Kirche umgewandelt und schließlich unter den Osmanen als Moschee genutzt, wobei der Glockenturm als Minarett fungierte. 1925 verwandelte sie sich in eine orthodoxe Kirche.

Seit 1966 ruht hier auch wieder der wertvollste Schatz der Kirche, die Schädelreliquie des Heiligen Titus. Sie war nach Venedig gebracht worden, um sie vor den türkischen Besatzern zu schützen.

Stadtmauer BEFESTIGUNGSANLAGE

Iraklion ist schon vor langer Zeit aus den Nähten, sprich Stadtmauern, geplatzt. Die alten venezianischen Befestigungsanlagen mit ihren sieben Bastionen und vier Toren sind aber immer noch deutlich auszumachen und stellen die Betonklötze aus dem 20. Jh. locker in den Schatten. Erbaut wurde die Verteidigungsanlage zwischen 1462 und 1562 unter den Venezianern. Wer mag, kann an der Mauer entlang um die Innenstadt herumgehen, aber ein besonders malerischer Spaziergang ist es nicht.

INFOS IM INTERNET

Geschichte von Iraklion (http://history.heraklion.gr) Liefert einen ausgezeichneten Überblick über die Geschichte der Stadt und seiner Monumente im Verlauf der Jahrhunderte.

Historisches Museum von Kreta (www.historical-museum.gr) Die offizielle Museumswebsite bietet einen hervorragenden Überblick über Kreta seit der byzantinischen Zeit.

Stadt Iraklion (www.heraklion-city.gr) Die Website der Stadt bietet kurze allgemeine Informationen über Iraklion.

1

PECOLD/SHUTTERSTOCK ©

2

4

YIANNISSCHEIDT/SHUTTERSTOCK ©

1. Archäologisches Museum Heraklion (S. 173)
Das beeindruckende Museum verfügt über die größte und beste minoische Sammlung der Welt.

2. Die Weinregion Iraklions (S. 199)
Die Tradition der Weinerzeugung in Iraklion reicht über 4000 Jahre bis in minoische Zeiten zurück.

3. Matala (S. 210)
In den 1960er-Jahren residierte hier eine legendäre Hippie-Kommune, heutzutage ist Matala ein beliebtes Ziel für Tagesausflügler.

4. Thronsaal, Palast von Knossos (S. 193)
Die einstige Hauptstadt des minoischen Kreta ist die wichtigste historische Sehenswürdigkeit der Insel.

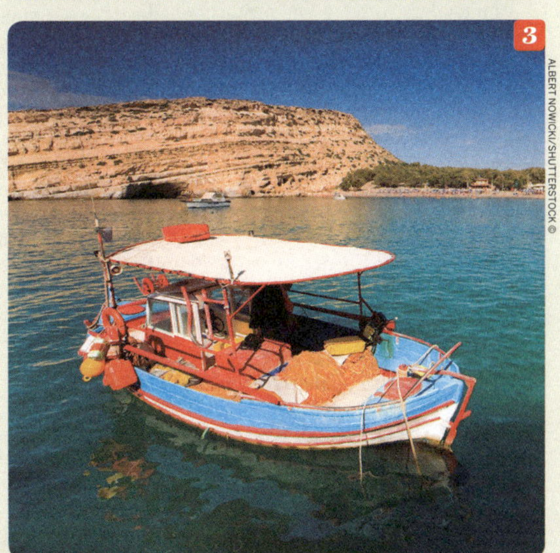

ALBERT NOWICKI/SHUTTERSTOCK ©

Venezianische Loggia HISTORISCHES GEBÄUDE
(25 Avgoustou) GRATIS Die liebevoll restaurierte Loggia aus dem 17. Jh. von Francesco Morosini war die venezianische Version eines Herrenclubs: Hier traf sich der männliche Adel auf einen Schluck und ein Schwätzchen.

Das teilweise erhaltene Relief auf der Nordseite des Gebäudes schmückte einst den Sagredo-Brunnen der Stadt und wurde bei der Rekonstruktion der Loggia im Jahr 1962 hier eingefügt.

Agios-Markos-Basilika KIRCHE
(Ecke 25 Avgostou & Plateia Venizelou; 9–15 Uhr) GRATIS Die Agios-Markos-Basilika gegenüber vom Morosini-Brunnen ist dem hl. Markus geweiht, dem Schutzpatron Venedigs, und entstand 1239 zu Beginn der venezianischen Herrschaft. Heute sind hier Wechselausstellungen der Städtischen Galerie untergebracht.

Bembo-Brunnen BRUNNEN
(Plateia Kornarou) Iraklions erster Springbrunnen wurde Mitte des 16. Jhs. u.a. aus altem „Bauschutt" errichtet, darunter venezianische Wappen und die Statue eines römischen Beamten, die man in der Nähe von Ierapetra gefunden hatte. Der Brunnen versorgte Iraklion über ein Aquädukt mit Wasser aus einer 13 km weiter südlich gelegenen Quelle auf dem Berg Giouchtas.

Das sechseckige Brunnenhäuschen nebendran steuerten die Türken bei.

Strände

Ammoudara, rund 4 km westlich von Iraklion, und Amnisos, 2 km östlich der Stadt, sind die am nächsten gelegenen Strände. Letzterer befindet sich allerdings gleich hinter dem Flughafen und bekommt einiges an Lärm ab. Angenehmer sind die Strände bei Agia Pelagia, etwa 20 km westlich der Stadt.

Aktivitäten

Bergsteigerclub Iraklion OUTDOORAKTIVITÄTEN
(2810 227609; www.eos-her.gr; Dikeosynis 53; Mo–Fr 20.30–22.30 Uhr) Der Verein organisiert an den meisten Wochenenden Wanderungen auf Kreta – das Programm steht auf der Website. Gäste sind herzlich willkommen.

Geführte Touren

Cretan Adventures OUTDOORAKTIVITÄTEN
(6944790771; www.cretanadventures.gr) Dieses angesehene ortsansässige Unternehmen, geleitet vom freundlichen und kenntnisrei-

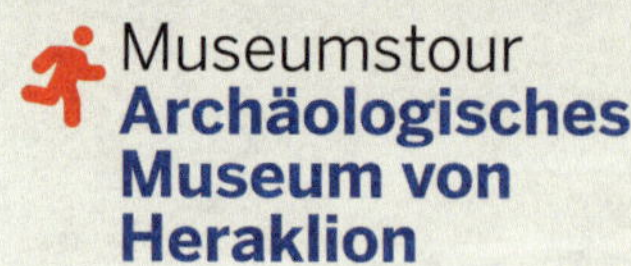

DAUER: 2 STUNDEN

Los geht's im 1 **Erdgeschoss**: Hier befassen sich die Säle I–III mit der Zeit vom Neolithikum bis zur Altpalastzeit (7000–1700 v. Chr.) und erzählen vom Leben in den ersten Siedlungen Kretas und insbesondere um Knossos. Interessant ist in Saal II besonders der 2 **goldene Bienenanhänger** aus Malia, ein raffiniertes Meisterwerk der Goldschmiedekunst: Er zeigt zwei Bienen, die einen Tropfen Honig in eine Bienenwabe füllen. Weiterhin interessant sind der Zeptergriff in Form eines Panthers und die umfassende Schmucksammlung. Das Highlight in Saal III ist das reich verzierte 3 **Kamares-Geschirr** aus rotem, schwarzem und weißem Ton, darunter ein königliches Abendservice aus Festos.

Die Säle IV bis VI beleuchten das Leben in der Neupalastzeit (1700–1450 v. Chr.). Die minoische Kultur erreichte damals ihren Höhepunkt. Da überrascht es kaum, dass diese Säle mit ihren umfangreichen Sammlungen zu den meistbesuchten des Museums zählen. Zu den Highlights gehören ein 4 **kleines Tonhaus aus Archanes**, ein atemberaubendes 5 **Spielbrett mit Einlegearbeiten aus Elfenbein und Bergkristall** und ein Modell von Knossos. Die meisten Besucher zieht es zum 6 **Diskos von Festos**, einem wunderbaren Tonstück, das mit 45 Zeichen verziert ist, die nie entziffert werden konnten. Die großen 7 **Kupfergewichte** aus Agia Triada und dem Palast von Zakros ganz in der Nähe stellen wichtige Zeugnisse des wirtschaftlichen Austauschs dar. Weitere Schätze sind das 8 **Stierspringerfresko** und das unglaubliche 9 **Stierspringermodell** (Saal VI), auf denen gewagte Sportpraktiken jener Zeit dargestellt sind.

Die Kultobjekte und Figurinen in den Sälen VII und VIII zeugen von der Bedeutung der minoischen Religion und Weltanschauung. Highlights sind der steinerne Stierkopf und die wunderschönen Löwenbehältnisse aus Kalkstein. Der 10 **Prinzenbecher** aus Agia Triada in Saal VII zeigt zwei Männer: Der eine hält ein Zepter, der

ARCHÄOLOGISCHES MUSEUM HERAKLION

Erdgeschoss

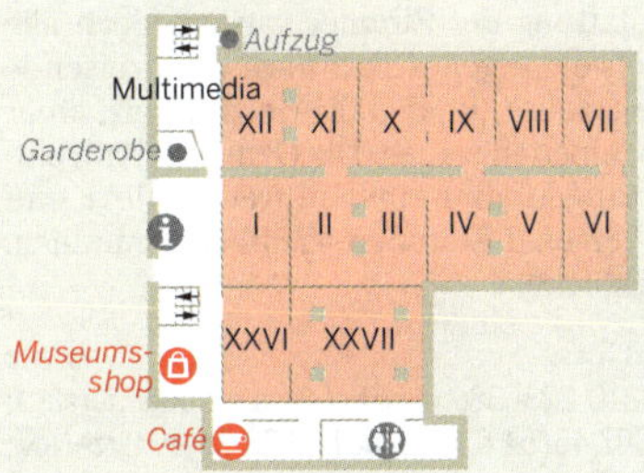

Erster Stock

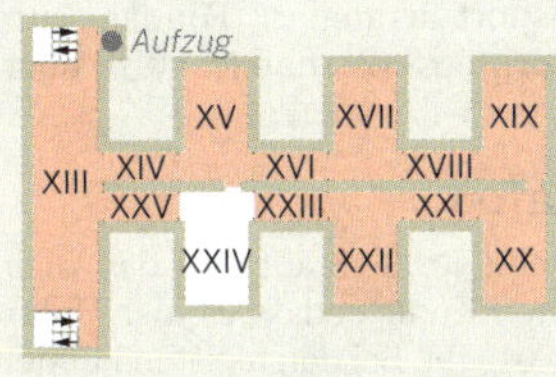

andere ein Schwert. Zwei grandiose Kultgegenstände aus Knossos in Saal VIII sind die 11 **Schlangengöttinnen** und der 12 **steinerne Stierkopf**.

Die Säle IX und X sind dem Palast von Knossos und seiner Entwicklung zu einem Zentralstaat nach dem administrativen Zusammenbruch anderer Paläste sowie den Zeugnissen der Mykener gewidmet. Die 13 **Tontafeln mit Linear-B-Schrift** zeigen die erste „griechische" Schrift und zeugen vom komplexen Verwaltungssystem und den bürokratischen Praktiken von Knossos. Der außergewöhnliche 14 **Eberhelm** und die 15 **Schwerter mit Goldgriff** in Saal X weisen auf die Bedeutung des Status als adliger Krieger hin.

Die Säle XI und XII befassen sich mit Siedlungen, Heiligtümern und Grabstätten der späten Bronzezeit, u. a. mit faszinierenden Darstellungen des Todes. Bei dem außergewöhnlichen 16 **Sarkophag** aus Agia Triada (Saal XXII) soll es sich um den eines Herrschers handeln: Darauf deuten die detailreichen Szenen von ehrerbietigen Kulthandlungen hin, u. a. von der Opferung eines Stiers – man kann fast den Schrecken in seinen Augen erkennen.

Saal XIII im 17 **1. Stock** zeigt minoische Fresken (1800–1350 v. Chr.), darunter die berühmt-berüchtigten Rekonstruktionen des Archäologen 18 **Sir Arthur Evans** (S. 193). Die Gemälde wie der 19 **Lilienprinz**, die 20 **Damen in Blau**, der 21 **Rhytonträger**, die 22 **Pariserin** und das 23 **Delfinfresko** zeugen vom Interesse für Kunst und Natur zu jener Zeit.

Die Säle XV bis XIX beschäftigen sich mit der geometrischen und der archaischen Epoche (10.–6. Jh. v. Chr.), dem Übergang zur Eisenzeit und der Bildung der ersten griechischen Städte. Die 24 **Apollonische Triade**, Bronzestatuen aus Deros, sind die ältesten bekannten griechischen Plastiken aus gehämmerter Bronze; extravagante Kultgaben für Zeus sind die 25 **Bronzeschilde aus der Idäischen Grotte**.

In den Sälen XX bis XXII gelangt man zur klassischen, hellenistischen und römischen Zeit (5.–4. Jh. v. Chr.): Hier bilden Gegenstände und Figurinen sowie atemberaubende Mosaikböden und Amphoren den Rahmen für die Gründung der autonomen griechischen Stadtstaaten, gefolgt von Bürgerkriegen und schließlich der römischen Epoche. Bei dem riesigen 26 **Phalagari-Silbermünzenschatz** (Saal XXI) soll es sich um eine militärische oder Staatskasse handeln. Besonders faszinierend sind die Grabfunde aus diesen Zeiten wie z. B. der Bronzeschädel mit dem Goldkranz (Saal XXII).

In Saal XXIII sind zwei Privatsammlungen ausgestellt, die dem Museum gestiftet wurden.

Die Säle XXVI und XXVII (7.–4. Jh. v. Chr.) zurück im 27 **Erdgeschoss (Teil 2)** beherbergen die Skulpturensammlung des Museums. Anhand von Architekturreliefs aus Gortys wird die Rolle Kretas für die Herausbildung der Monumentalskulptur beleuchtet. Außerdem sind römische Skulpturen zu sehen und es wird der Obsession nachgegangen, mit der Statuen von Helden und Göttern der vorhergehenden klassischen Epoche kopiert wurden.

chen Fondas, der auch Englisch spricht, organisiert Wanderungen, Mountainbiketouren sowie diverse Extremaktivitäten.

Außerdem werden tolle einwöchige geführte und Wandertouren auf eigene Faust (ab ca. 800 €) mit detaillierten Wanderhinweisen sowie Unterkunft mit Frühstück und Gepäcktransport arrangiert. Fondas' Büro ist oben im dritten Stock und leicht zu übersehen.

Schlafen

Iraklion ist eine große Stadt und das wichtigste Tor nach Kreta, sodass es hier Unterkünfte aller Art gibt. Bei den meisten handelt es sich um Mittelklassebleiben, die von ein paar schicken Boutique- und Businesshotels ergänzt werden. Iraklion ist eher eine Hafenstadt denn ein Ferienort – es gibt hier also keine Ferienanlagen am Strand. Die Übernachtungssteuer beträgt 0,50 bis 4 € pro Zimmer und Nacht.

So Young Hostel HOSTEL €

(☎ 6978871355; www.facebook.com/soyoungheraklion; Almirou 22; B/DZ ab 21/40 €; ❄ 📶) Das 2018 eröffnete So Young ist eins der besten Hostels im Zentrum und punktet vor allem mit seiner wunderbaren Gästeküche und seiner noch besseren Dachterrasse. Die Dorms sind sowohl gemischt als auch nur für Frauen, mit vier bis sechs oder auch acht Betten, guten Matratzen und Schließfächern aus Spanplatten. Interessanterweise sind die Duschen gemischt.

IRAKLION FÜR KINDER

Jede Menge Aktivitäten für Kinder locken an der Nordküste rund um Gournes und Chersonisos östlich von Iraklion. Feuchtfröhlich geht's in den Wasserparks Watercity (S. 220), Acqua Plus (S. 221) und Star Beach zu. In Gournes kann man im Dinosauria (S. 220) seinem inneren Brontosaurus Rex nachspüren. Pferdenarren kommen bei den Ausritten der Arion Stables (S. 221) auf ihre Kosten. Kultivierter, aber trotzdem vergnüglich ist das Lychnostatis Freilichtmuseum (S. 221), das kleine Geister anspricht, die es mit archäologischen Ruinen nicht so haben.

Weiter südlich können die Kids im Agia Marina Donkey Sanctuary (S. 216) Esel besuchen und bei der Melanouri Horse Farm (S. 213) sandige Ausritte unternehmen.

Lena Hotel HOTEL €

(☎ 28102 23280; www.lena-hotel.gr; Lahana 10; EZ mit/ohne Bad 40/35 €, DZ mit/ohne Bad 50/40 €, 3BZ 70 €; ❄ 📶) Hier ist alles schon ein wenig in die Jahre gekommen, aber das schlichte 16-Zimmer-Hotel ist nach wie vor eine gute Wahl für preisbewusste Reisende. Die Ausstattung der Zimmer variiert, doch alle haben ein eigenes Bad und Alleinreisende können sich in den Einzelzimmern über Doppelbetten freuen. Die Gemeinschaftseinrichtungen sind einwandfrei gepflegt und das Personal ist außerordentlich freundlich. Frühstück 8 €.

Rea Hotel HOTEL €

(☎ 2810 223638; www.hotelrea.gr; Kalimeraki 1; DZ/3BZ 46/54 €, DZ ohne Bad 38 €; ⏲ März–Nov.; ❄ 📶) Das familiengeführte Rea verströmt eine gelassene, freundliche Atmosphäre und bietet 15 kompakte, aber adrette Zimmer in Farbtönen von Vanille bis Schokolade. Dazu kommt noch ein Büchertausch; Frühstück kostet 3 €.

Hotel Mirabello HOTEL €

(☎ 2810 285052; www.mirabello-hotel.gr; Theotokopoulou 20; EZ/DZ ab 40/50 €; ❄ @ 📶) Trotz seines altmodischen schlichten Erscheinungsbilds bietet dieses freundliche und unauffällige Hotel ein ausgezeichnetes Preis-Leistungs-Verhältnis. Zu den Pluspunkten zählen blitzsaubere Zimmer mit modernen Bädern, Betten mit individuellen Leselampen, dazu Kühlschrank und Wasserkocher sowie die Lage – vom Hotel aus ist alles ganz in der Nähe. Die schönsten Zimmer verfügen über einen Balkon.

Es gibt kein richtiges Frühstück, lediglich Kaffee und verschiedene Backwaren.

Kronos Hotel HOTEL €

(☎ 2810 282240; www.kronoshotel.gr; Sofokli Venizelou 2; EZ/DZ 55/62 €; ❄ @ 📶) Das gut, wenn auch laut in Wassernähe gelegene Hotel wartet mit schnörkellosen, aber ansprechenden Zimmern mit Doppelverglasung sowie Balkon, Telefon, Kühlschrank und kleinem Fernseher auf. Einige Doppelzimmer haben Meerblick.

Das leider nur sehr durchschnittliche Frühstück kostet 6 €.

★ **Crops Suites** APARTMENTS €€

(☎ 6974320857; www.cropssuites.com; Thiseos 3; Apt. mit Frühstück 65 €; ❄ 📶) Die stylischen 1-Schlafzimmer-Apartments mitten im Zentrum vermitteln den Gästen das Gefühl, ein einheimischer Hipster zu sein. Sie sind in hellem Holz gehalten und mit kanariengelben Schränken und bequemen grauen Sofas eingerichtet und in den Küchen stehen Kaffee, Olivenöl, Raki u.v.m. zur Verfügung. Die geräumigen Balkone mit Stadtblick eignen sich bestens für ein Gläschen Wein zum Sonnenuntergang oder einen Kaffee zur Begrüßung des Tages.

Für gute Laune sorgen außerdem witzige Sprüche. Yiannis und Anthi sind freundlich und einfach fabelhaft.

★Olive Green Hotel HOTEL €€

(☎2810 302900; www.olivegreenhotel.com; Ecke Idomeneos & Meramvellou; DZ mit Frühstück 109–126 €; ❄📶) Das schicke moderne Hotel ist wahrscheinlich das hippste der Stadt. Die sauberen Zimmer warten mit einer Einrichtung in minimalistischem Weiß und in Olivgrün auf; Bad und Toilette sind getrennt (im Unterschied zu den normalen griechischen Bädern mit Toilette im Badezimmer). Eindrucksvolle große Fotos machen Lust auf Reiseziele im weiteren Umkreis der Stadt.

Per ausgehändigtem Tablet können die Gäste in den Zimmern diverse Einstellungen vornehmen; außerdem werden sie zur Begrüßung mit Brot, Olivenöl und Raki versorgt. Besonders geräumig sind die Club-Zimmer mit Espresso-Maschinen und größeren Terrassen. Dank Solarzellen und umweltfreundlicher Baumaterialien präsentiert sich das Haus ökologisch bewusst. Und es gibt ein cooles Café, das auch Tische draußen am Platz hat.

★Lato Boutique Hotel BOUTIQUEHOTEL €€

(☎2810 228103; www.lato.gr; Epimenidou 15; DZ mit Frühstück ab 80 €; ❄@📶👪) Iraklion trifft Hollywood – mit Pomp, aber ohne Protz – in diesem modernen Boutiquehotel mit Blick auf den alten Hafen. Mit 79 Zimmer ist es eigentlich zwar kein Boutiquehotel mehr, doch die eher kleinen Zimmer sind in warmen Rottönen mit viel Holz, modernsten Matratzen und einer verspielten Beleuchtung eingerichtet. Der neuere Hotelteil gegenüber ist noch moderner.

Capsis Astoria HOTEL €€

(☎2810 343080; www.capsishotel.gr; Plateia Eleftherias 11; EZ/DZ mit Frühstück ab 60/90 €; P❄@📶🏊) Zwar ist das Gebäude selbst schon etwas älteren Jahrgangs, doch die kleinen, aber fantastischen neueren Zimmer des Capsis Astoria sind wirklich verlockend. Mit ihrem prächtigen Eichenholz, der modernen Kunst, den neuen Fernsehgeräten, kleinen Schreibtischen und Deckenventilatoren lassen sie die älteren Zimmer mit ihren alten Schwarzweißfotos regelrecht eintönig erscheinen. Zur Zeit der Recherche war rund ein Drittel der 131 Zimmer renoviert und es wird kräftig weiter gewerkelt.

Das Hotel erfreut sich einer praktischen Lage neben dem Archäologischen Museum und der Haltestelle für Busse nach Knossos. Im Sommer ist außerdem ein Dachpool geöffnet.

Kastro Hotel HOTEL €€

(☎2810 284185; www.kastro-hotel.gr; Theotokopoulou 22; EZ/DZ/3BZ mit Frühstück ab 50/80/95 €; ❄📶) In die Entwicklung des Designs für das schick renovierte Kastro ist ganz offenbar jede Menge Hirnschmalz investiert worden. Die Zimmer sind mit luftigen, maritimen Farben wie Türkis und Aquamarin akzentuiert. Gute Matratzen, heiße, kräftige Duschen, ein gutes Frühstücksbuffet und eine Dachterrasse sind allesamt Pluspunkte dieses zentral gelegenen Stadthotels.

Atrion Hotel HOTEL €€

(☎28102 46000; www.atrion.gr; Chronaki 9; EZ/DZ mit Frühstück ab 67/80 €; ❄📶) Zwar wurde dieses moderne 60-Zimmer-Hotel vor allem für Geschäftsreisende konzipiert, doch es ist auch eine gute Adresse für Stadttouristen. Die mit Teppichböden ausgelegten Zimmer in Weiß und Zimttönen haben einen Balkon (am besten fragt man nach einem Zimmer zum Meer raus) und tadellos saubere Bäder. Das Frühstück wird im lichtdurchfluteten Atrium in der Mitte des Hauses serviert.

Marin Dream Hotel HOTEL €€

(☎2810 300018; www.marinhotel.gr; Epimenidou 46; EZ/DZ mit Frühstück ab 70/95 €; ❄@📶) In erster Linie ist das Marin Dream ein Businesshotel, doch punktet es auch bei Urlaubern dank der tollen Lage mit Blick auf den Hafen und die Festung (unbedingt ein Zimmer nach vorne raus mit Balkon nehmen). Die schokobraunen und kirschroten Farbtöne und die schnörkellosen Möbel verleihen den Zimmern ein gepflegtes und seriöses Flair.

Essen

Iraklion bietet Restaurants für jeden Geschmack und Geldbeutel, von der ausgezeichneten Fischtaverne über internationale Küche bis zum Gourmetrestaurant mit kretischer Küche.

Kritikos Fournos CAFÉ €

(www.kritikosfournosgeuseis.gr; Plateia Kallergon 3; Snacks 1–5 €; ⏲6–24 Uhr; 📶✎) Diese Bäckerei mit Café gehört zu einer kretischen Kette und ist eine verlässliche Adresse für guten Espresso (ab 6 Uhr morgens!), Backwaren und Sandwiches, darunter köstliche vegane Focaccia. Und sogar das eine oder andere Craft-Bier gibt's hier. Vom Café aus lässt sich wunderbar das Treiben auf dem Löwenplatz beobachten oder man unterhält sich mit dem hippen, freundlichen Personal. Nur mit griechischer Beschriftung.

Loukoumades BÄCKEREI €

(Kalokerinou 243; 6 Stück 2,50 €; ⊙ 6–24 Uhr) Die richtige Adresse für köstliche, lockere *loukoumadhes*, große fettgebackene Krapfen, die mit Honig beträufelt und in Sesam und Zimt gewälzt werden.

Phyllo Sophies CAFÉ €

(www.phyllosophies.gr; Plateia Venizelou 33; Hauptgerichte 3,50–12,50 €; ⊙ 6–24 Uhr;) Das Lokal, dessen Tische fast bis zum Morosini-Brunnen reichen, ist der perfekte Ort, um *bougatsa* (mit Zimt und Zucker bestreuter Grießpudding in Blätterteig) zu verspeisen. Die weniger süße Variante ist mit *myzithra* (Schafskäse) gefüllt.

Dieses Gebäck wird traditionell zum Frühstück verzehrt, aber eigentlich schmeckt es zu jeder Tageszeit. Wer sich nicht zwischen süß und herzhaft entscheiden kann, sollte nach einer Kombination aus beidem fragen.

Bäckerei Bitzarakis BÄCKEREI €

(7 Odos 1821; Snacks ab 0,50 €; ⊙ Mo, Do & Sa 7–15, Di, Mi & Fr 17–21 Uhr) Verkauft ausgezeichnete frisch gebackene *kalitsounia* (gefüllte, kurz frittierte Teigtaschen) und viele andere traditionelle süße Teilchen, die in einer Frauenkooperative hergestellt werden.

★ Peskesi KRETISCH €€

(☎ 2810 288887; www.peskesicrete.gr; Kapetan Haralampi 6–8; Hauptgerichte 9–14 €; ⊙ 13–2 Uhr;) Es kann nicht genug betont werden, wie gut die wieder zum Leben erweckten, langsam geschmorten kretischen Gerichte im Peskesi sind und wie wundervoll die restaurierte venezianische Villa ist, in der man diese Götterspeisen zu sich nimmt: Dies ist das absolute Glanzlicht der kretischen Gastronomie. Die Speisen enthalten fast ausschließlich alte Kulturpflanzensorten sowie Bio-Fleisch und -Olivenöl vom eigenen Bauernhof des Restaurants.

Der Top-Tipp ist *kreokakavos*, ein minoischer Schweinsbraten, von dem man noch jahrelang träumen wird, doch die anderen Gerichte auf der Karte sind ebenfalls toll. Auch die Weinkarte mit Tröpfchen nur aus Kreta ist erstklassig. Aus jeder Pore verströmt das Peskesi in seinem Labyrinth aus Räumen mit Steinmauern und Holzbalkendecken rustikale Kultiviertheit. Das Restaurant befindet sich in einer winzigen Gasse an der Nordwestecke des El-Greco-Parks. Reservieren!

★ Merastri KRETISCH €€

(☎ 2810 221910; www.facebook.com/merastri; Chrisostomou 17; Hauptgerichte 5–13 €; ⊙ Juni–Aug. Di–So 18–24 Uhr, Sept.–Mai Di–Sa 18–24, So 12–24 Uhr;) In diesem atemberaubenden Gebäude, einem ehemaligen Konzerthaus, eine der authentischsten Küchen Kretas zu genießen zählt zu den absoluten kulinarischen Highlights Iraklions. Die Betreiberfamilie hegt eine leidenschaftliche Zuneigung zu ihren Erzeugnissen inklusive Öl und Wein und fährt alles vom geschmorten Lamm bis zum Porterhouse-Steak mit Wein und Salbei auf.

Parasties GRIECHISCH €€

(☎ 2810 225009; www.parastiescrete.gr; Handakos 81; Hauptgerichte 9–43 €; ⊙ 12–1 Uhr;) Der Besitzer des Parasties, Haris, legt viel Wert auf erstklassige regionale Zutaten und lokale Spitzenweine und das zeigt sich auch auf der ausgezeichneten Karte mit kreativ modernisierten traditionellen Speisen wie auch beim Tagesgericht. Man kann unter einem Nebengebäude mit Bar, im geräumigen Speisesaal oder auf der Terrasse mit Meerblick speisen.

Kannelos FISCH & MEERESFRÜCHTE €€

(www.kanelos.gr; Ikarou 32; Fisch 5–30 € pro kg; ⊙ Mo–Sa 7–15 Uhr) Am besten ignoriert man die touristischen Fischrestaurants zugunsten dieses Ladens, der schon seit 1926 sein eigenes Meeresgetier fängt. Angesichts von etwa 40 Fisch- und Garnelensorten auf Eis hat man hier die Qual der Wahl. Nachdem man sich seinen Fisch ausgesucht hat, wird er direkt an Ort und Stelle gegrillt oder gebraten (3 €) und an einer Olivenöl-Zitronen-Sauce serviert.

Athali KRETISCH €€

(☎ 2815 200012; www.athali.gr; Karterou 20; Hauptgerichte 8,50–15,50 €; ⊙ 12–24 Uhr;) Dieses bunte, beliebte Restaurant ist eine echte Familienangelegenheit: Vattern kümmert sich um das große offene Feuer in der Mitte und brutzelt hier stundenlang saftiges Lamm und Schwein, während sich Muttern in der Küche den traditionellen deftigen Eintöpfen z. B. mit Huhn oder auch dem *youvetsi* (gebackenes Lamm mit Tomaten und *kritharaki*-Pasta, serviert mit *anthotiro*-Käse) widmet. Die drei sympathischen Töchter schauen derweil nach den Gästen.

Kouzeineri INTERNATIONAL €€
(☎2810 346452; www.facebook.com/kouzeineri; Agiou Titou 30; Hauptgerichte 10–49 €; ⌚Mo–Sa 12–24, So bis 23 Uhr; 📶) Wem der Sinn nach einer traditionellen griechischen Mahlzeit steht, ist hier vielleicht falsch, doch wem nach einem zeitgenössischen Speiseerlebnis ist, der freut sich sicher über die moderne Musik, das angesagte Design und die Karte mit Steaks und Koteletts sowie mit einigen globaleren Gerichten wie etwa Hühnerflügeln. Die Burger sind perfekt zubereitet und schön saftig. Auch die Weinkarte ist hervorragend.

O Vrakas FISCH & MEERESFRÜCHTE €€
(Marinelli 1; Hauptgerichte 7–16 €; ⌚12–2 Uhr; 📶) Das Lokal am Wasser an der Touristenmeile ist weder besonders prachtvoll noch entstammt es den Seiten eines Gourmet-Magazins, doch seit es vom Großvater des Betreibers ins Leben gerufen wurde, hat es sich von einer Straßen-*ouzeri*, die auf dem Bürgersteig Fisch grillt – was nicht mehr erlaubt ist –, zu einem verlässlichen und preiswerten Restaurant für griechische Klassiker gemausert, die von einem kanadisch-griechischen Koch zubereitet werden.

Ippokambos FISCH & MEERESFRÜCHTE €€
(☎2810 280240; Sofokli Venizelou 3; Hauptgerichte 7–17 €; ⌚Mo–Sa 12.30–24 Uhr; 📶) Die alteingesessene *ouzeri* einen Katzensprung vom Fischmarkt ist auf Fisch spezialisiert, normalerweise frisch gefangen – falls es sich um tiefgefrorenen handelt, wie bei den Meeresfrüchten, werden die Gäste darüber informiert. Der Fisch wird ohne viel Tamtam, aber fachmännisch und zu fairen Preisen zubereitet. Im Sommer sitzt es sich wunderbar auf der überdachten Terrasse mit Meerblick.

Mare Cafe CAFÉ €€
(☎28102 41946; www.mare-cafe.gr; Sofokli Venizelou; Hauptgerichte 4,50–22 €; ⌚8–2 Uhr; 📶) Das angesagte Mare in beneidenswerter Lage an der aufgehübschten Uferpromenade gegenüber dem Historischen Museum (S. 177) ist eine tolle Adresse für ein Essen am Meer – es gibt Burger, Salate, Pasta und auch Anspruchsvolleres –, aber vermutlich noch schöner für einen Kaffee nach dem Museumbesuch oder einen Drink zum Sonnenuntergang.

Brillant/Herbs' Garden KRETISCH €€
(☎28102 28103; www.brillantrestaurant.gr; Lato Boutique Hotel, Epimenidou 15; Hauptgerichte 8–18,50 €; ⌚13–24 Uhr) Im Brillant, dem modischen Foodie-Anhängsel des Boutiquehotels Lato (S. 185), könnte das Avantgarde-Dekor fast von der einfallsreichen, gut gewürzten kretischen Küche ablenken. Die Karte wechselt mit den Jahreszeiten. Von Mai bis Oktober wird das Essen auch auf dem Hoteldach, dem „Herbs' Garden", serviert, zum Open-Air-Schmausen mit Hafenblick.

ABSTECHER

NORWEGISCHES GEBRÄU

Der norwegische Brauer Kjetil Jikiun hob Norwegens erste Craft-Bier-Brauerei (Nøgne Ø) aus der Taufe, bevor er die erste Craft-Bier-Brauerei auf Kreta gründete, die **Solo Brewery** (www.solobeer.gr; Kointoirioti 35; ⌚12–17 Uhr; 📶). Es gibt zwar keinen richtigen Schankraum, doch hier ein Bierchen zu schlürfen lohnt sich für Bierkenner auf jeden Fall. In einem eher improvisierten Vorraum kann man IPAs, Stouts und Porters sowie Saisonbiere aus fünf Zapfhähnen ebenso wie aus Flaschen verkosten.

Die Brauerei befindet sich 6 km südöstlich vom Löwenplatz in der Gewerbesiedlung Kalithea. Bus 14 ab der Plateia Eleftherias (Flughafenbus-Haltestelle) hält in 50 m Entfernung von der Brauerei, jedoch nur rund sechsmal am Tag. Praktischer ist ein Taxi (7–9 €).

Giakoumis TAVERNE €€
(www.facebook.com/giakoumisestiatorio; Theodosaki 8; Hauptgerichte 6–13 €; ⌚7–23 Uhr) Das Giakoumis ist die älteste unter den vielen Tavernen, die sich in einer ruhigen Seitenstraße der Odos 1866 gegenseitig Konkurrenz machen. Sie hat jede Menge *mayirefta* (vorgekochte Gerichte) und gegrilltes Fleisch im Angebot. Zu empfehlen sind v.a. die Lammkoteletts: Der Koch grillt sie schon seit 40 Jahren und hat das Würzen und Zubereiten perfektioniert.

Ausgehen & Nachtleben

In Iraklion scheint immer die richtige Zeit für einen Drink zu sein. Das hippe Publikum trifft sich rund um Korai und Perdikari, während der El-Greco-Park eher im Mainstream angesiedelt ist. Alternativer geht's Richtung Westen an den Straßen Handakos, Agiostefaniton und Psaromiligkon zu. Ganz in der Nähe findet sich in den Gassen Zampeliou und Kagiampi eine muntere Cafészene.

★ Xalavro COCKTAILBAR
(www.facebook.com/xalavro; Milatou 10; 10–3 Uhr;) Die recht idyllische Freiluftbar macht vieles richtig: Reizende Barkeeper mixen in den Ruinen eines denkmalgeschützten dachlosen Steinhauses für ein gemischtes Publikum aus Urlaubern und Einheimischen kreative Cocktails. Diese Bar verkörpert *Ef Zin* – griechisches Savoir-vivre.

Bitters Bar COCKTAILBAR
(www.thebittersbar.com; Plateia Venizelou; Mo–Do 20–3, Fr–So bis 5 Uhr;) Der unangefochtene Spitzenreiter der Mixerszene Iraklions ist diese Höhle der von der Prohibitionszeit inspirierten Dekadenz in einer Ladennische nicht weit vom Löwenplatz. Altmodische Cocktails beherrschen die Klassikerabteilung der Karte, doch die Barkeeper glänzen auch mit Kreationen wie dem Bitters House (Gin, Ingwersirup, Grapefruit- und Zitronensaft, Kardamom-Bitter) und Attaboy (Wodka, Mangopüree, Zitronensaft, aromatische Cocktailbitter).

Crop CRAFT-BIER
(www.crop.coffee; Aretousas 4; 7–1 Uhr;) Das Crop widmet sich zwei Lastern zu gleichen Teilen: Koffein und Craft-Bier. Zur Zeit der Recherche war dies die einzige echte Craft-Bier-Kneipe Iraklions, mit fünf Gerstensäften vom Fass, darunter das kretische Solo Brewing sowie Brewdog, und rund 25 aus der Flasche; die Biere kosten 4 bis 6 €. Außerdem betreibt das Crop eine sehr renommierte Rösterei und ist dazu auf angesagte Zubereitungsarten wie V60 und Chemex spezialisiert.

Fix BAR
(www.facebook.com/fix.heraklion; Aretousas 2; Mo–Do 9–3, Fr & Sa bis 23 Uhr;) Wer nicht unbedingt auf die trendigen Cafés in dieser Fußgängerzone steht, kann sich in dieses bodenständige Café setzen. Das ältere Publikum ist immer zu einem kleinen Plausch aufgelegt.

Central Park LOUNGE
(www.central-park.gr; Arkoleontos 19; 8–1 Uhr;) Am besten lässt man sich draußen vorm quirligen Café nieder, gönnt sich ein Kaltgetränk, vielleicht ein Bierchen oder einen Freddo-Espresso, und lässt die Welt an sich vorbeiziehen.

Utopia CAFÉ
(www.facebook.com/outopiacafebeeroutopia; Handakos 51; 9–2 Uhr;) Schokoholics sollten dieses alteingesessene Café ansteuern, denn hier gibt's die beste heiße Schokolade der Stadt – in 14 (allerdings nicht übersetzten) Variationen; besonders empfehlenswert: Haselnuss-Praline. Dazu passt sicher ein Eis oder ein köstliches Gebäck. Alternativ überlässt man den Süßkram den anderen und studiert die ausführliche Bierkarte.

Veneto CAFÉ
(www.facebook.com/Venetorestaurantira; Epimenidou 9; 10–1 Uhr;) Wer sich abends mal was Besonderes gönnen möchte, steuert auf einen Kaffee, einen Cocktail oder eine leichte Mahlzeit dieses stilvolle Gemäuer über dem venezianischen Hafen an. Unter der hohen Decke mit den freiliegenden Dachsparren gibt's gemütliche, von einem langen Bartresen gesäumte Ledersessel, Panoramafenster und ein naives Wandgemälde von Venedig.

☆ Unterhaltung

Kultur- und Konferenzzentrum Heraklion KULTURZENTRUM
(2810 229618; Plastira 10) Dieser 2019 eröffnete Komplex aus fünf Gebäuden ist das wichtigste Kultur- und Veranstaltungszentrum Kretas. Er beherbergt u.a. den wunderbaren Andreas-und-Maria-Kalokairinou-Saal für Theater, Oper und klassische Musik.

Shoppen

Iraklion bietet an den Straßen 25 Avgoustou, Dedalou und Handakos einige gute Einkaufsmöglichkeiten. Der Zentralmarkt von Iraklion wartet neben viel Touristenkitsch auch mit einigen guten Angeboten auf.

★ Zalo GESCHENKE & SOUVENIRS
(www.zalo.gr; Papa Aleksandrou 2; Mo–Sa 9–21, So bis 16 Uhr) Dieses empfehlenswerte Geschäft ist auf Andenken spezialisiert, die einem auch nach einem Jahr noch nicht peinlich sind: Kunstdrucke, Schmuck, Notizbücher, schöne Postkarten und schicke Handtaschen, alles zu 100 % von Künstlern und Designern in Griechenland hergestellt.

Ora Gentleman BEKLEIDUNG
(2810 331164; www.oragentleman.com; Koroneou 18; Mo–Sa 10–14 & 17.30–21.30 Uhr) Der aus Kreta stammende Freund schöner Dinge Nikos Makridakas entwirft seine eigene edle Herrenbekleidung (die auch maßgeschneidert werden kann) und kombiniert dabei die Vorzüge britischen und italienischen Designs mit seiner eigenen griechischen Ästhetik. Seine beliebten Einstecktücher (ab 25 €) sind aus Soufli-Seide, aber auch die Leinenhemden, bunten Poloshirts und dezenten T-Shirts sind verlockend.

Aerakis Music
MUSIK

(☎ 2810 225758; www.aerakis.net; Korai 14; ⏱ Mo–Fr 9–21, Sa bis 17 Uhr) Dieser kleine Laden, seit 1974 eine Institution, hat eine fachkundig ausgesuchte Auswahl an kretischer und griechischer Musik. Das Angebot reicht von seltenen alten bis zu gerade erst auf den Markt gekommenen Aufnahmen. Viele Sachen sind bei Aerakis' eigenen Labels erschienen, Cretan Musical Workshop und Seistron.

Zentralmarkt
MARKT

(Odus 1866; ⏱ unterschiedlich) Der enge Markt entlang der Odos 1866 (Straße 1866) zwischen der Meidani-Kreuzung und der Plateia Kornarou ist aus Iraklion nicht wegzudenken und einer der besten Märkte Kretas, wenngleich er inzwischen auch etwas touristisch ist. Hier gibt's alle erforderlichen Zutaten für ein köstliches Picknick.

Praktische Informationen

GELD

Banken mit Geldautomat gibt's reichlich, besonders auf der 25 Avgoustou.

INTERNETZUGANG

WLAN ist in Hotels, Restaurants und Cafés weit verbreitet; dazu kommt das kostenlose WLAN-Netz „municipality_of_heraklion". In der ganzen Stadt findet man außerdem Smartbenches, kabellose Ladebänke.

MEDIZINISCHE VERSORGUNG

Universitätsklinik (☎ 28103 92111; www.pagni.gr; Stavrakia; ⏱ 24 Std.)

Venizelio-Krankenhaus (☎ 28134 08000; www.venizeleio.gr; Straße nach Knossos; ⏱ Notfälle 24 Std.)

NOTFÄLLE

Touristenpolizei (☎ 28104 409500, Notfälle 171; Dikeosynis 10; ⏱ 7–22 Uhr) Im Vorort Chalikarnassos beim Flughafen.

POST

ELTA (Hellenic Post; www.elta.gr; Plateia Daskalogianni; ⏱ Mo–Fr 7.30–20, Sa bis 14 Uhr)

REISEBÜROS

Paleologos (☎ 28103 46185; www.paleologos.gr; 25 Avgoustou 5; ⏱ Mo–Fr 9–20, Sa bis 15 Uhr)

TOURISTENINFORMATION

Touristeninformation (☎ 28134 09777; www.heraklion.gr; Plateia Venizelou; ⏱ Mo–Fr 8.30–14.30 Uhr)

An- & Weiterreise

BUS

Iraklions **Busbahnhof** (☎ 28102 46530; www.ktelherlas.gr; Leoforos Ikarou 9; 📶) für Fernbusse wurde 2018 mit viel Trara eröffnet. Er befindet sich am ehemaligen Standort einer

BUSSE AB IRAKLION

Die folgenden Busse verkehren ab dem Hauptbusbahnhof am Wasser östlich der Koules-Festung.

ZIEL	PREIS (€)	DAUER (STD.)	FREQUENZ*
Agia Galini	8,70	2	5-mal tgl.
Agia Pelagia	2,70	¾	8.30 – 21.30 Uhr stündl.
Agios Nikolaos	7,70	1½	6.30 – 20.45 Uhr halbstündl.
Arhanes	2,00	½	14-mal tgl.
Chania	15,10	3	5.30 – 21.30 Uhr halbstündl.
Chersonisos	3,30	¾	20-mal tgl.
Festos	7,10	1½	alle 2 Std.
Ierapetra	12,00	2½	7-mal tgl.
Kastelli	4,00	1½	6-mal tgl.
Knossos**	1,70	½	häufig
Malia	4,10	1	18-mal tgl.
Matala	8,50	2	7.30 & 12.45 Uhr
Mires	6,00	1¼	11-mal tgl.
Rethymnon	8,30	1½	5.30 – 21.30 Uhr stündl.
Sitia	16,00	3	4-mal tgl.

* in der Hauptsaison im Sommer (Juni–Sept.)

** Abfahrt an einer Haltestelle neben dem KTEL-Busbahnhof Heraklion-Lassithi

Seifen- und Olivenölfabrik östlich des Zentrums an der Ikarou. Von diesem sehr gut organisierten Busbahnhof verkehren Busse zu wichtigen Zielen in Ost- und Westkreta wie nach Chania, Rethymnon, Agios Nikolaos und Sitia sowie zur Lassithi-Hochebene.

Der Stadtbus Nr. 2 nach **Knossos** (1,70 €, alle 10–30 Min.) verkehrt von einer eigenen **Haltestelle** (Efessou) auf dem Gelände des alten Fernbusbahnhofs auf der Rückseite des GDM Megaron Hotel, etwa 200 m nordwestlich des neuen Busbahnhofs. Praktischer ist vielleicht die Haltestelle an der **Plateia Eleftherias** (Plateia Eleftherias).

Vom ehemaligen **Busbahnhof B** (Chanioporta-Bahnhof; ☎ 28102 55965; Machis Kritis 3; 📶), kaum mehr als ein Parkplatz gleich hinter dem Chania-Tor westlich des Stadtzentrums, fahren Busse ins traditionelle Dorf Anogia (4,10 €, 1½ Std., 9, 12 und 14 Uhr). Fahrkarten gibt's im Restaurant Chanioporta gegenüber.

FLUGZEUG

Am Nikos Kazantzakis Heraklion International Airport (S. 318) etwa 5 km östlich des Stadtzentrums gibt's einen Geldautomaten, einen Duty-Free-Shop und einige Café-Bars. Es bestehen zahlreiche Verbindungen ins restliche Griechenland und Europa sowie mit Bluebird Airways (www.bluebirdair.com) nach Tel Aviv.

SCHIFF/FÄHRE

Der **Fährhafen** (☎ 28103 38000; www.portheraklion.gr) liegt 500 m östlich des Koules-Kastells und des alten Hafens. Iraklion ist ein wichtiges Tor zu vielen der griechischen Inseln, wenn auch außerhalb der Hauptsaison die Fährverbindungen stark ausgedünnt sind. Tickets sind im Internet und über Reisebüros erhältlich, z. B. bei der Agentur Paleologos (S. 189). Es verkehren täglich Fähren von Iraklion nach Piräus sowie schnellere Katamarane nach Santorin und zu anderen Kykladeninseln. Außerdem fahren Fähren Richtung Osten über Sitia, Kasos, Karpathos und Chalki nach Rhodos.

Beliebte Fährverbindungen ab Iraklion sind in der Tabelle aufgelistet. Fahrpreis und -dauer variieren je nach Fährgesellschaft; die Häufigkeit bezieht sich auf die Hauptsaison (Juni–Sept.).

ÜBERLANDTAXI

Bei **Crete Taxi Services** (☎ 6970021970; www.crete-taxi.gr; ⏲ 24 Std.) und **Crete Cab** (☎ 6955171473; www.crete.cab) können Taxis für Fahrten auf der Insel bestellt werden. Am Flughafen, an der Plateia Eleftherias (vor dem Hotel Astoria Capsis) und am KTEL-Busbahnhof Heraklion-Lassithi warten zudem Überlandtaxis. Fahrpreis für bis zu vier Passagiere z. B.: Agios Nikolaos 84 €, Chersonisos 40 €, Malia 50 €, Matala 86 € und Rethymnon 101 €.

ℹ Unterwegs vor Ort

AUTO & MOTORRAD

Die Straßen in Iraklion sind eng und chaotisch. Am besten lässt man seinen Wagen also auf einem Parkplatz (5–12 € pro Tag) und erkundet die Stadt zu Fuß. Nicht die billigste Parkmöglichkeit, doch sehr zentral ist **Theseus Parking** (www.facebook.com/theseusparking; Thiseos 18; 1. Std. 4,80 €, jede weitere Std. 0,80 €, über Nacht 12 €). Alle internationalen Mietwagenfirmen haben einen Ableger am Flughafen. Büros einheimischer Verleiher säumen das Nordende der 25 Avgoustou, u. a.:

Caravel (☎ 28103 00150; www.caravel.gr; 25 Avgoustou 39; ⏲ 8–23 Uhr)

Hertz (☎ 28103 00744; www.hertz.gr; 25 Avgoustou 17; ⏲ 7–21 Uhr)

Motor Club (☎ 28102 22408; www.motorclub.gr; Plateia 18 Anglon 1; Auto inkl. Versicherung ab 35/180 € pro Tag/Woche, Motorroller ab 25/100 €; ⏲ 8–22 Uhr)

FÄHREN AB IRAKLION

ZIEL	PREIS (€)	DAUER (STD.)	FREQUENZ
Chalki	22,00	12	2-mal wöchentl.
Ios	69,00–71,00	2½	1- bis 6-mal wöchentl.
Karpathos	19,00	8	2-mal wöchentl.
Kasos	20,00	6	2-mal wöchentl.
Mykonos	55,00–84,00	4½	tgl. bis 5-mal wöchentl.
Naxos	77,80	3½	tgl.
Paros	64,70	3¾	tgl.
Piräus	29,00–46,00	8½	tgl.
Rhodos	29,00	14½	2-mal wöchentl.
Santorin (Thira)	42,00–68,80	1¾	tgl. bis 5-mal wöchentl.

Fähren nach **Thessaloniki** verkehren saisonal unregelmäßig – Fliegen ist unkomplizierter.

Loggetta Cars (☎ 28102 89462; www.loggetta.gr; 25 Avgoustou 20; ⏲ 9–13.30 & 16.30–20.30 Uhr)

Sun Rise (☎ 28102 21609; www.sunrise-cars.com; 25 Avgoustou 46; ⏲ Mai–Okt. 8–21 Uhr, Nov.–April Mo–Sa 8–14 & 17–21 Uhr)

BUS

KTEL (www.ktelherlas.gr) betreibt Iraklions blau-weiße Stadtbusse. Eine Fahrt kostet 1,20 € (im Bus 2 €). Zwei Buslinien sind kostenlos: Die blaue Linie verkehrt von 9.30 bis 16.30 Uhr stündlich ab dem Hotel Apollonia und hält dann am Archäologischen Museum von Heraklion, am Historischen Museum, am Koules-Kastell und in Knossos; die rote Linie verkehrt von 9.15 bis 16.15 Uhr stündlich ab dem Hafen mit mehr oder weniger denselben Haltestellen. Diese Busse sind nicht zu verwechseln mit den kostenpflichtigen blau-roten Hop-on-Hop-off-Bussen.

Eine Tageskarte kostet 5 €.

Zum Flughafen fährt **Bus 1** (Plateia Eleftherias).

VOM/ZUM FLUGHAFEN

Der Flughafen liegt rund 5 km östlich vom Stadtzentrum gleich an der Autobahn E75. Von hier verkehren ab einer Haltestelle etwa 50 m vom Ausgang der Abflughalle entfernt Busse von 6 bis 24 Uhr (1,20 €, alle 10–15 Min.) zu verschiedenen Zielen in der Stadt, z. B. zum Hafen, zu den Bahnhöfen für Fern- und Stadtbusse und zur Plateia Eleftherias. Fahrkarten sind am Automaten an der Haltestelle oder im Bus (2 €) erhältlich.

Vor der Ankunftshalle warten Taxis. Für die Fahrt in die Stadt gilt ein Festpreis von 15 €; außerhalb der Stadt liegende Ziele sind nach Taxameter zu bezahlen.

TAXI

Kleine Taxistände gibt es überall in der Stadt, aber die größten befinden sich beim Regionalen Busbahnhof, an der **Plateia Eleftherias** (Plateia Eleftherias) und am nördlichen Ende der **25 Avgoustou** (Venizelou). Taxis können auch telefonisch bestellt werden unter 28140 03084.

Eine praktische Taxi-App ist z. B. Aegean Taxi (www.aegeantaxi.com).

RUND UM IRAKLION

Knossos Κνωσσός

Die allergrößte historische Sehenswürdigkeit Kretas ist der Palast von Knossos 5 km südlich von Iraklion. Knossos (Betonung auf der letzten Silbe) war in minoischen Zeiten die Hauptstadt Kretas. Es empfiehlt sich sehr, eine Besichtigung hier mit einem Besuch im hervorragenden Archäologischen Museum in Iraklion zu kombinieren.

Um den Besuchermassen und der Mittagshitze zu entgehen, empfiehlt es sich, entweder gleich um 8 Uhr hier zu sein und so den Tourbussen eine Nasenlänge voraus zu sein oder später am Nachmittag herzukommen – dann ist es kühler und das Licht ist gut zum Fotografieren. Am besten plant man etwa zwei Stunden für den Besuch ein.

Geschichte

Der erste Palast von Knossos wurde ca. 1900 v. Chr. erbaut, um 1700 v. Chr. durch ein Erdbeben zerstört und anschließend in größerer und prächtigerer Gestalt neu errichtet. Zwischen 1500 und 1450 v. Chr. wurde der Palast erneut teilweise zerstört. Der intakte Trakt blieb aber noch bewohnt, bis 50 Jahre später ein Feuer alles verschlang.

Der Komplex beherbergte Privatgemächer, Empfangssäle, Andachtsstätten, Werkstätten, Schatzkammern und Vorratsräume, alles um einen gepflasterten Innenhof gruppiert.

Nachdem der kretische Archäologe Minos Kalokerinos Teile des Palasts ausgegraben hatte, wurden die Ruinen von Knossos dann 1900 von dem britischen Archäologen Sir Arthur Evans (1851–1941) vollständig freigelegt. Evans war von der Stätte so begeistert, dass er 35 Jahre seines Lebens und 250 000 Pfund seines Privatvermögens darauf verwendete, die Ausgrabungen voranzutreiben und Teile des Palastes zu rekonstruieren. Letzteres war bei den Experten umstritten, aber dem gemeinen Besucher helfen die Rekonstruktionen dabei, sich vorzustellen, wie der Palast zu seiner Blütezeit vielleicht ausgesehen hat.

Der erste Schatz, der unter dem oben abgeflachten Hügel namens Kefala zum Vorschein kam, war ein Fresko, das einen Minoer zeigte. Die nächste Entdeckung war der Thronsaal. Die Archäologen aus aller Welt staunten nicht schlecht: Keiner hatte eine so hoch entwickelte Zivilisation in Europa vermutet, die parallel zu den großen Pharaonen Ägyptens existiert hatte.

Sehenswertes

★ Palast von Knossos ARCHÄOLOGISCHE STÄTTE
(http://odysseus.culture.gr; Knossos; Erw./erm. 15/8 €, mit Archäologischem Museum von Heraklion 16/8 €; ⏲ April–Sept. 8–20 Uhr, Okt. bis 19 Uhr, Nov.–März bis 15 Uhr; P; 🚌 2) Die Lage der berühmtesten Attraktion Kretas ist stimmungsvoll und die Ruinen und Nachbil-

Palast von Knossos

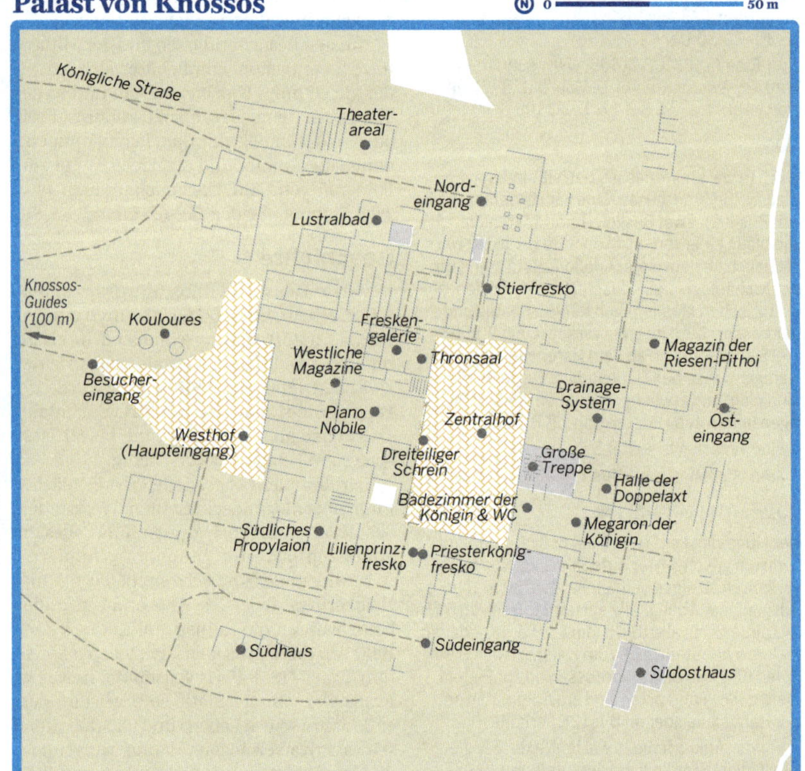

dungen sind beeindruckend: Sie umfassen einen riesigen Palast, Höfe, Privatgemächer, Bäder, anschauliche Fresken u. v. m. Die Ausgrabungen hier begannen 1878 durch den kretischen Archäologen Minos Kalokerinos und wurden von 1900 bis 1930 fortgeführt durch den britischen Archäologen Sir Arthur Evans, der Teile der Stätte rekonstruierte, was allerdings sehr umstritten war.

Evans' Rekonstruktionen erwecken die wichtigsten Teile des Palastes zum Leben. So sind die Säulen in einem tiefen Rotbraun gestrichen, mit schwarzen Kapitellen mit Goldrand, und sie verjüngen sich grazil nach unten hin. Bunte Fresken setzen spektakuläte Akzente. Die ausgeklügelte Kanalisationsanlage und die geschickte Anordnung der Räume, die im Sommer kühl und im Winter warm gehalten wurden, zeigen, wie hoch entwickelt die minoische Gesellschaft war.

Für die Erkundung des Palastes gibt's keine festgelegte Route, doch folgende führt zu allen Highlights. Los geht's am **Westhof**: Er könnte ein Marktplatz oder Ort öffentlicher Zusammenkünfte gewesen sein. Links davon befinden sich drei runde Schächte, sogenannte *kouloures*, die zur Getreidelagerung dienten. Von hier geht es gegen den Uhrzeigersinn weiter mit einem Spaziergang über den **Prozessionskorridor** zum **Südlichen Propylaion**, wo das **Vasenträgerfresko** zu bewundern ist. Dort führt eine Treppe vorbei an riesigen Gefäßen zu einem oberen Stockwerk: Evans fühlte sich an die Palazzi der italienischen Renaissance erinnert und nannte den Trakt **Piano Nobile**. Er nahm an, dass in diesem Palastteil die Empfangs- und Prunksäle lagen. Links sind die **westlichen Magazine** zu sehen – Vorratsräume, wo in riesigen *pithoi* (Tontöpfen) einst Öl, Wein und andere Lebensmittel aufbewahrt wurden.

Der restaurierte Raum am nördlichen Ende des Piano Nobile beherbergt die **Freskengalerie** mit Nachbildungen der berühmtesten Fresken von Knossos. Dazu zählen unter anderem der *Stierspringer*, die *Damen in Blau* und der *Blaue Vogel*. Die Originale befinden sich im Archäologischen Museum Heraklion (S. 173). Vom Balkon bietet sich ein toller Blick auf den **Zentralhof**, der in minoischer Zeit von hohen Mauern umgeben war. Die der westlichen Seite des Innenhofes zugewandten Räume dienten offiziellen und religiösen Zwecken. Die Wohnräume dagegen lagen auf der gegenüberliegenden Seite.

Über die Treppe geht's hinunter zum Zentralhof und dann nach links, wo man einen Blick in den schön proportionierten **Thronsaal** werfen kann, mit einem schlichten Alabasterthron und Wandfresken mit Darstellungen von Greifen und anderen mythischen Wesen, die bei den Minoern als heilig galten. Rechts der Treppe befindet sich der dreigeteilte Raum, den Evans das **Dreiteilige Heiligtum** nannte. Dahinter wurden zahlreiche wertvolle Funde geborgen, u.a. die berühmte Statue der Schlangengöttin.

Zurück über den Zentralhof geht es zum Ostflügel, wo ein imposantes **Treppenhaus** zu den königlichen Gemächern eine Etage tiefer führt. Dorthin gelangt man über eine Rampe an der südöstlichen Ecke, doch zuerst schaut man sich am Südeingang die Nachbildung des **Lilienprinzfreskos** an. Unten kann man in das **Megaron der Königin** (Schlafgemach) mit einer Kopie des Delfinfreskos blicken, eines der erlesensten minoischen Kunstwerke überhaupt. Weiter geht's zu den Räumlichkeiten des Königs in der **Halle der Doppelaxt**. Der Name der Halle rührt von den Spuren einer Doppelaxt auf dem Lichtschacht her. Die Doppelaxt *(labrys)* war bei den Minoern ein geheiligtes Symbol; daraus leitet sich das Wort „Labyrinth" her.

Dahinter kann man die überraschend ausgefeilte **Kanalisation** der Minoer bewundern, die Werkstatt eines Steinmetzes inspizieren und weitere große Aufbewahrungsgefäße in Augenschein nehmen. Anschließend führt der Rundgang zur Nordseite des Palastes mit einem guten Ausblick auf den teils rekonstruierten Nordeingang, leicht zu erkennen an dem Fresko mit dem angreifenden Stier. Richtung Ausgang gelangt man zum **Theaterareal**, einer Ansammlung flacher Stufen, deren Funktion bis heute unbekannt ist. Es könnte sich um ein Theater gehandelt haben, wo Tänzer und Akrobaten ihre Künste zeigten. Vielleicht haben sich dort auch die Menschen versammelt, um hohen Besuch zu begrüßen, der von Westen her auf der **Königlichen Straße** entlangkam. Diese Straße säumten damals Werkstätten und die Wohnhäuser der einfachen Bevölkerung.

Im Unterschied zu anderen Ruinenstätten rund um Iraklion werden die Besucher in Knossos auf Stegen entlanggeführt, auf denen es sehr voll werden kann. Daher ist es wichtig, bei dem Besuch hier die Zeiten des größten Reisegruppenansturms zu meiden. Wer sich das Schlangestehen an den Kassen sparen möchte, besorgt sich Tickets im Voraus über das e-Ticketing-System des Archaeological Resources Fund (www.etickets.tap.gr).

SIR ARTHUR EVANS: DER MANN, DER KNOSSOS AUSGRUB

Der britische Archäologe Sir Arthur Evans, ein begeisterter Freizeitjournalist und Abenteurer, war von 1884 bis 1908 Kurator des Ashmolean Museum in Oxford. Sein spezielles Interesse an antiken Münzen und die Schriftzüge in kretischen Prägesiegeln führten ihn 1894 erstmals auf die Insel. Er hegte den Verdacht, dass die mykenische Kultur auf dem Festland ursprünglich aus Kreta stammen könnte. Mit Unterstützung der neu gegründeten Archäologischen Gesellschaft Kretas nahm er Verhandlungen über den Kauf des für ihn interessanten Grundstücks auf, die schließlich im Jahr 1900 nach einer Gesetzesänderung in Griechenland von Erfolg gekrönt wurden – auf dem Land hatte 1878 schon der kretische Archäologe Minos Kalokerinos gegraben. Schon bald nach Beginn von Evans' Ausgrabungen kam der Palast zum Vorschein.

Im Laufe von 35 Ausgrabungsjahren legte Evans unter dem minoischen Palast aus der Bronzezeit auch Überreste einer Zivilisation aus der Jungsteinzeit frei. Außerdem fand er etwa 3000 Tontafeln mit Linear-A- und Linear-B-Schrift. Evans beschrieb seine Arbeit in Knossos in dem vierbändigen Werk *The Palace of Minos*. Er erhielt diverse Auszeichnungen für seine Arbeit und wurde 1911 zum Ritter geschlagen.

Evans' Rekonstruktionsmethoden werden bis heute kontrovers diskutiert. Viele Archäologen vertreten die Meinung, dass seine überbordende Fantasie mit ihm durchgegangen sei und dies die wissenschaftliche Genauigkeit beeinträchtigt habe.

Der Palast von Knossos

HIGHLIGHTS IN ZWEI STUNDEN

Knossos ist nicht ohne Grund die größte Touristenattraktion Kretas. Ein Rundgang durch den in Teilen und mit Fantasie rekonstruierten Komplex (der hier so gezeigt wird, wie er zu seiner Blütezeit ausgesehen haben mag) vermittelt einen aufschlussreichen Einblick in die hoch entwickelte Gesellschaftsstruktur der Minoer, vor rund 4000 Jahren die führende Zivilisation Südeuropas.

Vom Ticketschalter folgt man dem beschilderten Weg zum **1 Nordeingang**, wo das Stierfresko einen Vorgeschmack auf die minoische Kunst vermittelt. Weiter geht's zum Zentralhof und der Warteschlange vor dem mystischen **2 Thronsaal**, um einen Blick in den Saal zu werfen, wo wohl religiöse Rituale abgehalten wurden. Anschließend steigt man rechts die Treppe zum sogenannten Piano Nobile hoch. Dort befindet sich der **3 Freskensaal**, in dem Repliken der berühmtesten Kunstwerke des Palastes ausgestellt sind. Nun geht's am Piano Nobile entlang, unterwegs wirft man einen Blick auf die tönernen Vorratskrüge in den Westlichen Magazinen. Dann kehrt man um und steigt hinab zum **4 Südportal**, das vom schönen Vasenträgerfresko geziert wird. Nun führt der Rundgang wieder zurück zum Zentralhof und von dort zum Ostflügel des Palasts. Dort bewundert man die Bauweise der **5 Großen Treppe**, über die einst die königliche Familie in die Privatgemächer gelangte – so zumindest stellte Sir Arthur Evans sich das vor. Um einige Räume näher zu inspizieren, spaziert man zum Südende des Hofs, betrachtet unterwegs das **6 Lilienprinzfresko** und steigt dann ins Erdgeschoss hinab. Eins der Highlights dort ist das **7 Megaron der Königin** (laut Evans das Schlafgemach der Königin), das mit einem Fresko spielender Delfine verziert ist. Hier unten stehen auch die **8 Riesen-Pithoi**, mächtige Tonkrüge zur Aufbewahrung von Lebensmitteln.

PLANUNG

Am besten direkt bei Öffnung oder zwei Stunden vor Schließzeit eintreffen, um Massenansturm und Hitze zu entgehen. Für eine ausführliche Besichtigung mehrere Stunden einplanen.

Freskensaal
Vom Obergeschoss des Westflügels, dem Piano Nobile, genießt man zuerst den weiten Ausblick über das Palastgelände und betrachtet dann im Freskensaal die Kopien der berühmtesten Palast-Kunstwerke.

Südportal
Prächtige Fresken, darunter das berühmte Vasenträgerfresko, schmücken diesen Palasteingang an einer massiven offenen Freitreppe, die zum Piano Nobile führt. Die nachgebildeten Kulthörner in der Nähe krönten einst die gesamte Südfassade.

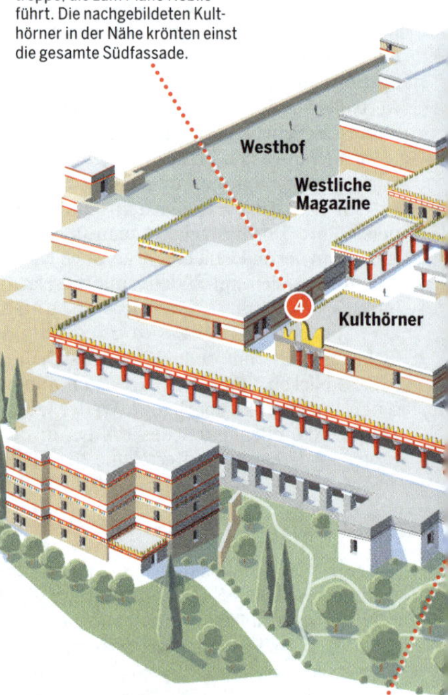

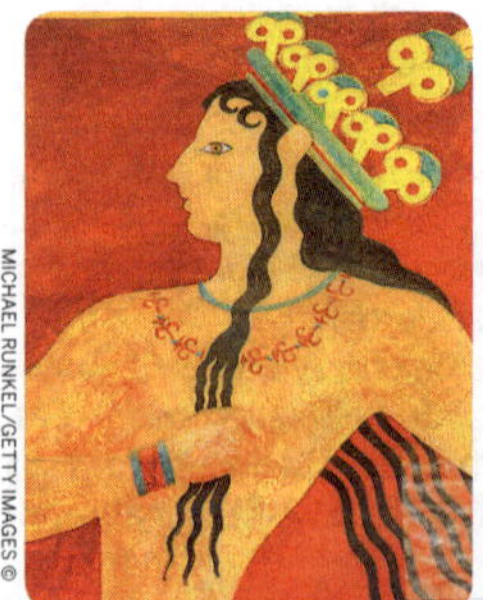

Lilienprinzfresko
Eine der am meisten bewunderten Wandmalereien von Knossos wurde ohne Rücksicht auf Originaltreue aus verschiedenen Fragmenten zusammengesetzt und zeigt einen mit Lilien und Pfauenfedern geschmückten jungen Mann.

HUNGRIG?

Viel besser als in Knossos isst es sich in der nahen Weinregion Iraklions zwischen sonnenüberfluteten Hängen und grünen Tälern. Das Weingebiet liegt südlich von Knossos.

ANTON CHYGAREV/SHUTTERSTOCK ©

Thronsaal

Sir Arthur Evans, der im Jahr 1900 mit der Ausgrabung des Palasts von Knossos begann, stellte sich vor, wie der mythische König Minos höchstpersönlich von diesem Alabasterthron in dem wohl proportionierten Saal aus Hof hielt. Das Lustralbad und die Greifenfresken legen aber eine sakrale Verwendung nahe, möglicherweise unter Aufsicht einer Priesterin.

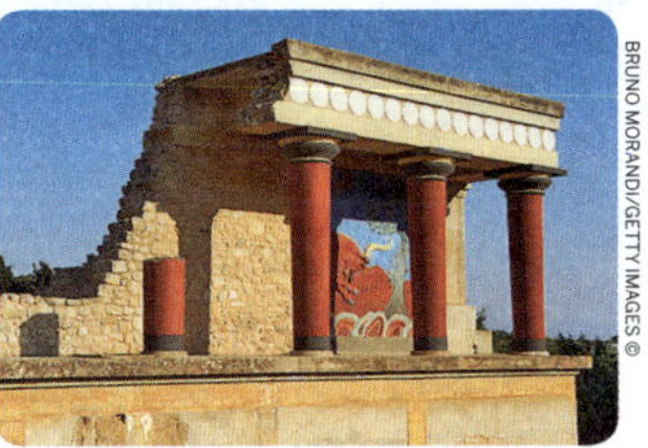

BRUNO MORANDI/GETTY IMAGES ©

Nordeingang

Stiere spielten in der minoischen Zivilisation eine bedeutende Rolle. Davon zeugt das berühmte Fresko eines angreifenden Stiers an der säulenbewehrten Westfront des Nordpalasts, wo sich Werkstätten und Vorratsräume befanden.

Große Treppe

Über diese monumentale Freitreppe mit vier von Säulen gestützten Treppenfluchten aus Gips ließen sich die königlichen Gemächer im Ostflügel erreichen. Die beiden unteren Treppenabschnitte sind im Originalzustand erhalten. Die Treppe darf nicht betreten werden.

Piano Nobile

Zentralhof

Königliche Gemächer

Riesen-Pithoi

Diese massiven Tonkrüge stammen noch aus der Alten Palastzeit und dienten zur Aufbewahrung von Wein, Öl und Getreide. Mussten sie transportiert werden, zog man sie an Seilen, die zuvor durch die Henkel geschlungen wurden.

ANDREI NEKRASSOV/SHUTTERSTOCK ©

LEJOCH/GETTY IMAGES ©

Megaron der Königin

Dank des verspielten Delfinfreskos gehört das Schlafzimmer der Königin zu den schönsten Gemächern im Ostflügel. Das Badezimmer und die Toilette zeugen von einem ausgeklügelten Kanalisationssystem.

Geführte Touren

Knossos-Guides TOUREN
(Palast von Knossos) Die Führungen dauern etwa 1½ Stunden und beginnen am kleinen Kiosk 30 m vor dem Kartenschalter. Die meisten Führungen sind auf Englisch, aber es werden auch welche in anderen Sprachen angeboten. Die Preise variieren je nach Gruppengröße und betragen 10 € pro Person in einer Gruppe (mind. 8 Teilnehmer) bzw. rund 100 € für eine private Führung.

Schlafen & Essen

Knossos wird im Rahmen von Tagesausflügen ab Iraklion oder den reizenden Weinbaudörfern (S. 199) der Weinregion von Iraklion ganz in der Nähe besucht. Es stehen überall genügend Unterkünfte zur Verfügung.

Das Café auf dem Gelände und die Touristentavernen auf der gegenüberliegenden Straßenseite sind bestenfalls mittelmäßig. Deshalb ist es ratsam, ein eigenes Picknickpaket mitzubringen – oder man hebt sich den Appetit für eine Mahlzeit im nahe gelegenen Weinbaugebiet Iraklions auf, z.B. im ausgezeichneten Restaurant Elia & Diosmos (S. 204) in Skalani. Alternativ kann man auch in Iraklion speisen.

An- & Weiterreise

Nach Knossos zu gelangen ist kein Problem. In Iraklion fährt Bus Nr. 2 alle 15 Minuten vom Busbahnhof und von der Plateia Eleftherias nach Knossos (1,70 € beim Kauf am Schalter oder Automaten, 2,50 € beim Busfahrer). Anfahrt per Mietwagen: Von der Küstenstraße ist der Weg nach Knossos ausgeschildert. Gegenüber den Souvenirläden gibt's kostenlose Parkplätze, die allerdings schnell besetzt sind.

WESTLICH VON IRAKLION

Agia Pelagia Αγία Πελαγία

430 EW.

Keine Frage: Das Strandbad Agia Pelagia rund 20 km westlich von Iraklion liegt ganz wunderbar – die gesamte Gegend ist spektakulär. Doch der lange Sandstrand hier ist ziemlich mit Läden und anderen Gebäuden zugebaut. Weitaus schöner ist der Mononaftis-Strand ein Stückchen weiter nördlich an einer kleinen, stillen Bucht.

Achlada-Mourtzanakis Residence APARTMENTS €€
(☎6970709525, 2810 812096; www.ecotourismgreece.com; Achlada; Studio/Apt. ab 115/163 €; ⌚April–Nov.; P❄📶🏊👪) Zehn Minuten bzw. drei kurvenreiche Kilometer mit dem Auto von Agia Pelagia, aber scheinbar Welten entfernt, stehen die sieben modernen, loftartigen Apartments der Mourtzanakis Residence mit viel Platz und sinnvoll ausgestatteten Küchen. Ein kleiner Pool gehört auch dazu. Der Blick vom Balkon aufs Meer ist großartig, ein kurzer Spaziergang führt ins historische Dorf Achlada.

Taverna Vasilis FISCH & MEERESFRÜCHTE €€
(☎2810 811376; Mononaftis-Strand; Hauptgerichte 4,50–17 €; ⌚April–Sept. 11–21.30 Uhr; 📶) 1982 war die Taverna Vasilis das erste Restaurant an diesem Strand und die äußerst höflichen und großzügigen Enkel des ursprünglichen Eigentümers beeindrucken noch immer mit der gleichen Gastfreundschaft. Auf der Karte stehen frische und gut zubereitete Meeresfrüchte sowie Gerichte aus Zutaten von den Bauernhöfen und Gärten von Freunden und Familienangehörigen. Der Service ist herausragend und überraschend demütig.

An- & Weiterreise

Vom Busbahnhof von Iraklion fahren von 8.30 bis 21.30 Uhr stündlich Busse nach Agia Pelagia (2,70 €, 45 Min.).

Fodele Φόδελε

Die Gelehrten sind sich nicht einig, ob Fodele wirklich der Geburtsort von El Greco ist, und wer erwartet, dass der Geist von El Greco in allen Räumen schwebt, wird vielleicht enttäuscht. Das **El-Greco-Museum** (Erw./Kind 2,50 €/frei; ⌚Mai–Sept. 9–19 Uhr, Okt. bis 17 Uhr) zeigt in einem urigen kleinen Steingebäude 24 Reproduktionen seiner Werke. Das Museum erfreut sich einer hübschen Lage rund 1 km vom Dorf und hat ein idyllisches, schattiges Café.

Das Dorf Fodele (Betonung auf der ersten Silbe) schmiegt sich 25 km westlich von Iraklion in ein fruchtbares Tal des kleinen Flusses Pantomantris. Es gibt mehrere byzantinische Kapellen wie die schöne kleine **Panagia-Kirche** (Sa & So 9.30–17 Uhr), erbaut auf den Ruinen einer Basilika des 8. Jhs. gegenüber vom El-Greco-Museum.

BEZIRK IRAKLION – MITTE

Im Süden von Iraklion, hinter Knossos, geht die städtische Bebauung in eine gemächliche Landschaft mit sanft geschwungenen Hügeln, Olivenhainen und Weinbergen über – alles überschattet von der stolzen Silhouette des Giouchtas (811 m). Auf und am Berg liegen mehrere minoische Stätten. Diese gehörten einst zum alten Archanes, der größten Siedlung in der Region. Sie bildet das Tor zum Weinbaugebiet Iraklions, wo die Erzeugnisse verschiedener Weingüter auf Verkoster warten. Ebenfalls besuchenswert sind das Nikos-Kazantzakis-Museum in Myrtia und das Keramikstädtchen Thrapsano.

Wein wächst auch in der Nähe von Dafnes und Venerato südwestlich von Iraklion entlang der Hauptstraße nach Malata in Richtung Südküste. Eine wunderschöne Strecke führt zu den südlichen Ausläufern des Psiloritis. Dort steht das bezaubernde Gebirgsdorf Zaros, das für sein Quellwasser und seine Forellen bekannt ist. Um diese Region ausgiebig zu erkunden, ist ein eigenes Fahrzeug notwendig.

Archanes & Umgebung

Αρχάνες

4500 EW.

Archanes, 14 km südlich von Iraklion, ist eine landwirtschaftlich geprägte Kleinstadt mit einer langen Geschichte, wichtigen archäologischen Ausgrabungsstätten, interessanten Museen sowie hervorragenden Tavernen. Es macht Spaß, durch das Gewirr enger, blumenverzierter Gassen zu bummeln, vorbei an sorgfältig restaurierten Häusern, die auf schattige Plätze blicken. Seit minoischer Zeit wurde in Archanes Wein angebaut.

Die heutige Stadt steht auf einem minoischen Palast, von dem nur ein kleiner Teil freigelegt wurde. Bei diesem Palast soll es sich um den Sommerpalast von Knossos gehandelt haben. Im Zweiten Weltkrieg war Archanes die Kommandozentrale des deutschen Militärs unter General Heinrich Kreipe. An der Straße von Iraklion her steht an der Ausfahrt nach Kato Archanes ein modernes Denkmal des örtlichen Künstlers Manolis Tsompanakis. Es erinnert an die aufsehenerregende Entführung Kreipes im Jahr 1944.

NICHT VERSÄUMEN

ANTIKE STÄTTEN

- Knossos (S. 191)
- Malia (S. 223)
- Gortys (S. 207)
- Festos (S. 208)

Sehenswertes

Archanes ist zweigeteilt, wobei der obere Abschnitt (Ano Archanes) der interessantere ist. Mit seinen Einbahnstraßen und schmalen Gässchen hat der Ort etwas von einem Labyrinth. Sich darin fortzubewegen, kann recht verwirrend sein. Daher ist es ratsam, die Stadt zu Fuß zu erkunden. Liebhaber minoischer Ruinen können nach einer kurzen Autofahrt unweit von Archanes auf diversen Stätten nach Herzenslust ihrem Hobby frönen.

★ Giouchtas-Gipfelheiligtum HISTORISCHE STÄTTE

(Giouchtas; 24 Std.) GRATIS Auf der Fahrt von Archanes Richtung Süden kommt ein Wegweiser zum Gipfel des Giouchtas: Für die 5 km lange Holperfahrt auf der schmalen Straße entschädigt am Ende der herrliche Ausblick auf den Psiloritis und Iraklion. Auf dem Hügel liegen in der Nähe einer Radarstation die umzäunten Ruinen eines minoischen Gipfelschreins aus der Zeit um 2100 v. Chr. Vermutlich diente er den Einwohnern von Knossos als Kultstätte. Oben auf dem Gipfel des Giouchtas steht die Afentis-Christos-Kapelle.

GPS kann man hier vergessen – man wird furchtbar in die Irre geführt!

Fourni HISTORISCHE STÄTTE

(2810 752712; n.V.) GRATIS Auf einem Hügel im Westen der Stadt und über einen steilen Fußpfad erreichbar liegt Fourni, die größte minoische Nekropole Kretas. Über einen Zeitraum von 1000 Jahren fanden hier Begräbnisse statt, von denen die ältesten auf die Zeit um 2500 v. Chr. datieren. In einem der Gräber ruhen die Gebeine einer minoischen Adligen, deren Schmuck im Archäologischen Museum (S. 173) Heraklion zu sehen ist. Einen Besuch hier muss man im Voraus mit der Archäologischen Sammlung von Archanes absprechen.

Vathypetro HISTORISCHE STÄTTE

(Mi–Mo 8.30–16 Uhr) GRATIS Rund 5 km südlich von Archanes liegt das gut ausgeschil-

NICHT VERSÄUMEN

KORONEKES

Die wunderbare, 19 ha große **Olivenplantage** (✆28107 31722; http://koronekes.gr; Kapnistou Metochi, Spilia; Führung & Verkostung 5 €; ⌚9–15 Uhr) in Spilia nordöstlich von Archanes ist eine von lediglich zwei verbleibenden Plantagen auf Kreta, die Olivenöl auf althergebrachte Weise produzieren. Die im Voraus zu buchenden Führungen beschäftigen sich mit dem Olivenanbau und es wird auch der Unterschied zwischen den alten und neuen Herstellungsmethoden erläutert. Anschließend folgt eine Verkostung verschiedener Öle und Würzmittel.

derte Vathypetro, ein um 1600 v. Chr. errichtetes Gebäude, vermutlich die Villa eines reichen minoischen Adligen. Archäologen fanden Lagerräume mit Wein- und Ölpressen, einem Webstuhl und einem Keramik-Brennofen. Die Weinpresse ist vor Ort ausgestellt. Die Archäologen meinen, Vathypetro habe eine der ältesten Weinkellereien weltweit beherbergt. Auch heute noch ist die Stätte von schönen Weinbergen umgeben.

Archäologisches Museum Archanes MUSEUM
(⌚Mi–Mo 8.30–15.30 Uhr) GRATIS Das kleine Museum stellt viele bedeutende Funde regionaler Ausgrabungen aus, vor allem Gegenstände aus minoischer Zeit. Zu den interessantesten Stücken zählen tönerne *larnakes* (Särge) für Kinder, Sarkophage und Nachbauten von Musikinstrumenten aus Fourni sowie die Nachbildung eines Dolchs aus dem Anemospilia-Tempel, der vermutlich bei Menschenopfern zum Einsatz kam. Das Museum steht in einer Seitenstraße direkt nördlich vom Hauptplatz von Archanes.

Anemospilia HISTORISCHE STÄTTE
(Windhöhlen; Oros Giouchta; ⌚24 Std.) GRATIS Anemospilia ist eine kleine, aber äußerst bedeutende Stätte. Ausgabungen in den drei Räumen dieses Tempels aus der Mittleren Palastzeit bewiesen, dass Menschenopfer in der minoischen Gesellschaft zumindest eine gewisse Rolle spielten. Die Ausgrabungsstätte ist der Öffentlichkeit nicht zugänglich. Besucher können aber einen Blick durch den Zaun werfen und den weiten Ausblick auf Archanes und seine Umgebung genießen. Anemospilia liegt rund 1,5 km nordwestlich von Archanes.

Schlafen

Archanes bietet recht viel fürs Geld: Die meisten Unterkünfte befinden sich in alten Steinhäusern, die im Vergleich zu Häusern an anderen Orten recht groß sind.

★ **Troullos Traditional Houses** APARTMENTS €€
(✆28107 53153; www.troullos.gr; Nikolaou Panagiotaki 10, Archanes; EZ/DZ/3BZ/4BZ 50/65/90/100 €; ❄📶👪) Diese zwanglose Unterkunft ist um einen schönen steinernen Hof herumgruppiert. Jedes der vier Apartments und die Maisonettewohnung sind mit alten Möbeln und Gegenständen ausstaffiert – kein Top-Luxus, aber reizvoll. Die nette Betreiberin Athina serviert ein hervorragendes Frühstück (12 € pro Pers.).

Arhontiko APARTMENTS €€
(✆2810 752985; www.arhontikoarhanes.gr; Bogiatzaki 11, Archanes; DZ/3BZ mit Frühstück 60/75 €; ❄📶👪) Ein Flair ländlicher Kultiviertheit verströmt diese reizende Gartenvilla von 1893, die früher als Militärkaserne und Grundschule gedient hat. Spuren davon finden sich jedoch in keinem der drei komplett renovierten Apartments mit traditioneller Einrichtung. Alle verfügen unten über ein Schlafzimmer und Bad mit recht dunkler Balkendecke und oben über eine Küche und ein Wohnzimmer.

Eliathos Residence Houses APARTMENTS €€€
(✆28107 51818, 6951804929; www.eliathos.gr; Ano Archanes; Studio/Apt. ab 140/170 €; P❄📶🏊👪) Der Komplex aus vier Häusern an einem Hang südlich von Archanes und mit tollem Blick auf den Berg Giouchtas ist eine Oase des Friedens rund um einen Swimmingpool. Jedes Haus beherbergt luftige Apartments und Lofts für bis zu sechs Personen mit schickem modernem Design, das von der Umgebung inspiriert ist.

Wer tiefer in die lokale Kultur eintauchen möchte, kann an einem Kochkurs, Exkursionen oder an Seminaren zur Herstellung von Olivenöl, Raki und Wein teilnehmen.

Essen

Beinahe alle Tavernen der Stadt haben einen guten Ruf, auch die am Hauptplatz. In den angrenzenden Gassen befinden sich ein paar hübsche Cafés. Insgesamt ist Archanes ein gutes Ziel für Feinschmecker.

★ **Bakaliko** KRETISCH €

(www.bakalikocrete.com; Plateia Eleftheriou Venizelou, Archanes; Hauptgerichte 7,50–9,50 €; ⌚April–

Okt. 10–23 Uhr, Nov.–März Fr 17–22, Sa & So 10–22 Uhr;) Bakaliko heißt „Treffpunkt" und traditionell waren das ein *kafenion* und ein Lebensmittelladen unter einem Dach. Diese Idee wurde in diesem mit Akzenten in Lila eingerichteten Restaurant wiederbelebt. Hier gibt's neben kretischen Erzeugnissen wie Olivenöl und Marmelade erstklassige Küche (zumeist bio) und Weine (über 70 offene, zumeist aus Kreta) – und das alles trotz Gourmetqualität zu vernünftigen Preisen.

★Kritamon KRETISCH **€€**

(2810 753092; www.kritamon.gr; Politechniou 78, Archanes; Hauptgerichte 8–15 €; Di–Sa 17–1, So 12–1 Uhr;) Dieses Esslokal in einer Straße jenseits vom Hauptplatz von Archanes liegt schön in einem Garten mit Walnussbäumen und ist etwas für Leute, die ihren Geschmacksknospen etwas besonders Gutes gönnen wollen. Was hier nach traditionellen kretischen und kreativen modernen Rezepten gezaubert wird, sind schöne Gerichte – viele davon vegetarisch – wie ein Seebarschfrikassee mit Bohnen, Fenchel, Spinat und Zitrone.

Die Zutaten stammen meist vom Bio-Hof der Familie.

To Spitiko TAVERNE **€€**

(2810 751591; Plateia Eleftheriou Venizelou, Archanes; Hauptgerichte 6,50–15 €; April–Okt. 9–24 Uhr, sonst kürzer;) Die Einheimischen sind der Meinung, das To Spitiko sei das beste Restaurant des Orts, doch bei unserer Recherche Anfang Mai war schon um 19.30 Uhr Lamm- und Schweinefleisch aus, was mit dem Verweis auf die Hauptsaison (im Mai ...) entschuldigt wurde. Aber insgesamt bietet diese Taverne mit Blick auf den Hauptplatz schön authentische kretische Küche.

An- & Weiterreise

Autofahrer, die aus Iraklion anreisen, sollten die landschaftlich reizvolle Straße über Knossos nehmen. An Wochentagen fahren stündlich Busse von Iraklion nach Archanes (2 €, 30 Min.); am Wochenende verkehren nur noch zwei Busse am Tag. Die Busse halten oben im Städtchen sowie in der Nähe vom **Hauptplatz** (Plateia Eleftherias).

Zum Giouchtas nimmt man die ausgeschilderte **Abzweigung** südlich von Archanes.

Die Weinregion Iraklions

Der Weinanbau in der Region Iraklion reicht rund 4000 Jahre in minoische Zeiten zurück – davon zeugt der älteste Stampfbottich der Welt, gefunden in den Ruinen von Vathypetro. Leider sind die heutigen Weingärten erheblich jüngeren Datums, da die Weinstöcke in den 1970er-Jahren durch die Reblaus fast vollständig vernichtet wurden. Doch der kretische Wein kam wieder auf die Beine. Heute stammen rund 70 % des auf der Insel gekelterten Weins hier aus der Gegend. Fast zwei Dutzend Weingüter liegen eingebettet in eine harmonische Landschaft aus sanften Hügeln, sonnengebleichten Hängen und saftig grünen Tälern. Die Winzer kultivieren zahlreiche endemische, fast ausgestorbene Rebsorten: Man sollte also einmal Weine z. B. aus Kotsifali-, Mandilari-, Malvasia- und Liatiko-Reben verkosten. Viele Weingüter bieten Führungen und Weinproben und haben teils auch Museen.

Aktivitäten

Zahlreiche Weingüter verfügen über Probierstuben, wo man die Weine des Guts – gewöhnlich für einen kleinen Unkostenbeitrag – verkosten kann. Einige Kellereien umfassen auch kleine Museen mit alten Werkzeugen und Gerätschaften. Am besten ruft man jeweils vorher an: Viele Weingüter haben nicht genügend Personal, um sich um eine größere Menge von Spontanbesuchern gleichzeitig kümmern zu können.

★Diamantakis Winery WEIN

(6949198350; www.diamantakiswines.gr; Kato Asites; Weinprobe 3–5 €; Mo–Fr 9–16 Uhr n. V.) Der Rotwein Petali Liatiko dieses Weinguts hat eine tolle Geschichte: Er wurde als Tischwein produziert, aber Kenner forderten nach der Verkostung eindringlich dazu auf, den Wein in Flaschen abzufüllen. Diamantakis ist eins von nur einer Handvoll Weingütern, die heute noch Liatiko keltert, und ihn inmitten von Olivenbäumen – einen Verkostungsraum gibt's nicht – und Weinstöcken zu probieren ist ein wunderbares Erlebnis.

★Lyrarakis WEIN

(6981050681; www.lyrarakis.gr; Alagni; Weinprobe 10–60 €; April–Okt. Mo–Sa 11–19 Uhr, sonst n. V.) Lyrarakis, eins der besucherfreundlichsten Weingüter Kretas, sollte man ansteuern, falls man nur Zeit für ein Weingut hat. Es heimst ständig Auszeichnungen ein und ist besonders bekannt dafür, drei fast ausgestorbene weiße Rebsorten (Dafni, Plyto und Melissaki) wieder anzubauen. Außerdem war es das erste Gut, das einen Mandilari-Rotwein aus Reben von einem einzigen Weinberg erzeugte – das galt damals als „absurd", entwickelte sich aber zum Verkaufshit.

AUTOTOUR > DIE WEIN-REGION IRAKLIONS

Die Vororte von Iraklion gehen langsam in üppig grünes Weinland über, durchsetzt mit schmucken Dörfern und sonnenverwöhnten Weinbergen, während in der Ferne der Giouchtas (811 m) aufragt. In dieser Region reicht der Weinanbau 4000 Jahre zurück und heute produzieren rund ein Dutzend Weingüter etwa 70 % des kretischen Weins.

1 Patsides

Von Iraklion geht die Fahrt nach Süden Richtung Knossos. 2 km hinter den Palastruinen überquert die Straße ein doppelbögiges Aquädukt vom Anfang des 19. Jhs., das Iraklion einst mit Wasser aus Archanes versorgte. Weiter geht's nach **Patsides**, wo ein martialisches Denkmal an der Ausfahrt nach Kato Archanes die Stelle markiert, wo General Heinrich Kreipe 1944 verschleppt wurde.

1 Tag 45 km

Toll für ... Essen & Trinken, Geschichte & Kultur

Beste Reisezeit Frühjahr und Spätsommer

2 Koronekes

Eine Führung und Verkostung auf dem wundervollen Olivenhof **Koronekes** (S. 198) mit über 2000 Bäumen, die 200 bis 300 Jahre alt sind, muss im Voraus arrangiert werden. Hier kann man sich toll mit traditionell gepresstem Öl (Tipp: das Fleur d'Huile) und anderen kretischen Erzeugnissen eindecken.

3 Archanes

Archanes selbst ist ein Zentrum des Weinhandels mit minoischen Wurzeln. Nachdem man das kleine Museum des Orts besucht hat, kann man im **Bakaliko** (S. 198), wo der Weinenthusiast Girogos rund 45 Inseltröpfchen im Glas anbietet, bei einem leckeren Tropfen die Atmosphäre auf dem schattigen Platz genießen.

4 Giouchtas

Anschließend führt ein Abstecher zum Gipfel des **Giouchtas**, mit toller Aussicht auf die Weinberge und einem minoischen Gipfelschrein.

5 Choudetsi

Wieder zurück in Archanes geht es südwärts Richtung Choudetsi mit einem Zwischenstopp in **Vathypetro** (S. 197) mit einem minoischen Stampfgefäß – diese Presse ist die älteste erhaltene Weinpresse überhaupt. Der malerisch in einem Tal gelegene Weiler **Choudetsi** beherbergt ein wunderbares Museum für traditionelle Musikinstrumente, das **Labyrinth** (S. 204).

6 Peza

Von hier aus ist es nur eine kurze Fahrt nordwärts bis Peza, dem Zentrum der kretischen Weinherstellung, wo mehrere Weingüter Verkostungen und Führungen anbieten. 1,7 km südlich vom Dorf befindet sich die moderne **Digenakis Winery** (S. 202) mit einem Verkostungsraum voller Kunst.

7 Myrtia

Anschließend folgt man den Wegweisern nach **Myrtia**, um dort im hervorragenden **Museum** (S. 204) direkt am Stadtplatz Nikos Kazantzakis, dem aus Kreta stammenden Autor von *Alexis Sorbas*, die Ehre zu erweisen.

8 Skalani

Krönender Abschluss des Tages ist ein kretisches Gourmetdinner in Begleitung erstklassiger lokaler Weine im einladenden **Elia & Diosmos** (S. 204) in **Skalani**, bevor es zurückgeht nach Iraklion.

Stilianou Winery WEIN
(☎69364 30368; www.stilianouwines.gr; Kounavi; Weinprobe 5 €, mit Führung 7 €; ⏲April–Okt. 11–19 Uhr, Nov.–März Mo–Sa 10–17 Uhr) Das rustikale und erdverbundene kleine Weingut Stilianou liegt oberhalb von Kounavi – per GPS findet man nicht direkt zum Weingut, aber zu den Schildern zu demselben. Ioannis ist hier mehr oder weniger allein zugange und produziert rein aus hiesigen Rebsorten Bio-Weine in minoischer Stärke, z.B. einen Theon-Dora-Verschnitt (Vidiano, Vilana, Thrapsathiri; Alkoholgehalt 13%). Außerdem produziert er Olivenöl.

Viele Besucher freuen sich hier darüber, dass das Ganze eher unkommerziell ist und das Gut nicht von Reisebussen angesteuert wird. Am besten ruft man vorher an; wer einfach so aufkreuzt, muss vielleicht auf das Ende einer Führung warten, bis er bedient wird. Probieren sollte man auf jeden Fall auch den einzigartigen Kotsifali-Dessertwein.

Digenakis Winery WEIN
(☎28103 22846; www.digenakis.gr; Katakouzinon 7, Kaloni; Weinprobe 7 €; ⏲10–17 Uhr n.V.) Das 2017 eröffnete Weingut geht sowohl beim Design als auch bei der Weinproduktion andere Wege. Das markante Gebäude besteht aus gegossenem Beton und Glas; für Akzente sorgt bunte Tapisseriekunst. Der 2017er Lagen-Kotsifali wurde aus den Trauben 35 Jahre alter Rebstöcke gekeltert, einigen der wenigen, die dem Reblausbefall der 1970er-Jahre entgangen waren.

Idaia Winery WEIN
(☎2810 792156; www.idaiawine.gr; Kiparissou 90, Venerato; Weinprobe 5 €; ⏲Mo–Fr 11–16, Sa bis 14 Uhr) Die kleine Kellerei widmet sich gänzlich heimischen Rebsorten. Interessant sind vor allem der Weißwein Ocean Thrapsathiri, einer der besten kretischen Weine zu Fisch und Meeresfrüchten, der fassgereifte Liatiko und der sonnengetrocknete Liatiko-Dessertwein. Der moderne Verkostungsraum ist klein, aber einer der schönsten.

Douloufakis Winery WEIN
(☎28107 92017; www.cretanwines.gr; Dafnes; Führungen & Weinprobe 5–12 €; ⏲Mo–Fr 10–15.30 Uhr n.V.) Das sehr empfehlenswerte Weingut Douloufakis keltert kretische Rebsorten und verarbeitet auch die Trauben umliegender kleiner Weingüter. Bekannt ist das Gut für seine Produktreihe Aspros Lagos (Weißes Kaninchen; Vidiano-Weißwein und Cabernet-Sauvignon-Rotwein), Iraklions ersten Vidiano-Schaumwein und eine Produktreihe von in traditionellen Amphoren fermentierten Weinen. Schön sind auch die originellen bunten Flaschenetiketten.

Silva Wines WEIN
(☎2810 792021; www.silvawines.gr; Siva; Führungen & Weinprobe 5–18 €; ⏲Mo–Sa 9–17 Uhr n.V.) Zum Team dieses Bio-Weinguts in Siva gehört auch eine Mutter samt Tochter. Hier wird der Wein tatsächlich nach biodynamischen Prinzipien gekeltert, d.h. auch im Einklang mit dem Mondkalender. Das Resultat sind Weine, die einen Preis nach dem anderen einheimsen, besonders die Weißweine. Führungen einen Tag im Voraus reservieren.

Domaine Gavalas WEIN
(☎28940 51060, 6974642006; www.gavalascretewines.gr; Vorias; Weinprobe 7–10 €; ⏲Mo–Fr 10–17 Uhr) Die Familie Gavalas keltert schon seit 1906 Weine. 2001 stellte sie den Betrieb vollständig auf bio um und heute ist das Gut einer der größten Bio-Weinerzeuger Kretas. Zwischen den Weinfässern befindet sich ein schön abgeschirmter Verkostungsraum. Zu den preisgekrönten Weinen hier zählen ein Fragospito Syrah/Cabernet Sauvignon, der Vilana (100% Vilana) und der Monachikos Cabernet Sauvignon. Die Kellerei liegt in Vorias, etwa 20 km südlich von Peza.

Domaine Zacharioudakis WEIN
(www.zacharioudakis.com; Plouti; Weinprobe & Führungen 15–30 €; ⏲April–Sept. Mo–Sa 10–16 Uhr) Seine ausgefallene Architektur und die steilen Weinberge an den Hängen des Orthi Petra kennzeichnen diese mit neuester Technik ausgestattete Boutique-Winzerei in Plouti, rund 7 km südlich von Zaros. Der Verkostungsraum mit Blick aufs Meer ist ein angenehmer Ort, um die Qualitätsweine des Hauses zu probieren, darunter der preisgekrönte weiße Vidiano und der rote Orthi Petra Syrah-Kotsifali. Es werden auch Führungen angeboten.

Rhous Winery WEIN
(Tamiolakis; ☎2810 742083; www.rhouswinery.gr; Choudetsi; Weinprobe ab 7 €; ⏲n.V.) Diese Bio-Winzerei liegt in atemberaubender Umgebung auf einem Hügel über dem Dorf Choudetsi, 4 km südlich von Peza. Mit den in Bordeaux ausgebildeten Winzern, der modernen Ausstattung und ihrer besucherfreundlichen Anlage gehört sie zu den Vorreitern einer neuen Generation hervorragender kretischer Weinbauern.

Boutari Winery WEIN
(☎28107 31617; www.boutari.gr; Skalani; Führungen & Weinprobe 6–45 €; ⏲9–17 Uhr) Die 1879

gegründete Kellerei Boutari gehört zu den größten Weinproduzenten Griechenlands. Der Besuch auf dem Weingut auf Kreta, einem von sechs im ganzen Land, beginnt mit einer kurzen Führung mit Informationen zu den heimischen Rebsorten und zur Weinproduktion. Wer möchte, kann sich anschließend ein 15-minütiges Video über die Insel und/oder das Unternehmen anschauen. Zum Schluss kann man dann im großen, luftigen Verkostungsraum mit Blick auf die Reben die Erzeugnisse der Kellerei verkosten.

Die Unterkünfte des Weinguts (3 Suiten; 120–150 €) zählen zu den schönsten im hiesigen Weinbaugebiet. Boutari ist bei Skalani rund 8 km von Iraklion.

Minos-Miliarakis Winery WEIN
(☎2810 741213; www.minoswines.gr; Main St, Peza; Weinprobe 3 €; ⏲Mai–Okt. Mo–Fr 10–18 Uhr & n. V.) Diese riesige Kellerei füllte 1952 als erste auf Kreta Wein in Flaschen ab. Sie produziert sehr ordentliche Weine. Besonders gut sind die mit dem Label Miliarakis, z. B. der vollmundige Lagen-Bio-Rotwein und der aromatische Blanc de Noirs. Der große Verkostungsraum ist gleichzeitig ein Museum mit alten Keltergerätschaften. Im Laden sind auch Olivenöl und Raki aus regionaler Produktion erhältlich.

Geführte Touren

Made in Crete WEIN
(☎6975626830; www.tours.madeincrete.com; 100 €) Dieser Veranstalter unter belgischer Führung bietet sehr empfehlenswerte Weintouren durch das Anbaugebiet Iraklion an. Die Touren umfassen den Besuch auf zwei Weingütern und ein Mittagessen im Bakaliko (S. 198) in Archanes. Im Preis inbegriffen sind Transport, Verkostungen (neben Wein auch Olivenöl) und das Mittagessen mit vier passenden Weinen. Pierre, ein ehemaliger Journalist und Koch, führt Touren auf Französisch und Englisch.

Die Teilnehmerzahl ist jeweils auf acht Personen beschränkt.

Schlafen

Archanes ist mit seinen zahlreichen guten Unterkünften und tollen Restaurants wahrscheinlich insgesamt die beste Basis für Bacchusjünger. Doch man sollte bedenken, dass man zu den Weingütern auf der Westseite des Bergs den langen Weg über Iraklion nehmen muss. Auch anderswo gibt's schöne Unterkünfte. Auf dem Weingut Boutari kann man inmitten der Weinstöcke nächtigen.

★Earino VILLA €€
(☎2810 861528; www.earino.gr; Kato Asites; Studio EZ/DZ ab 45/65 €, Suite ab 75 €; P ❄ 📶) Die reizende familiengeführte Unterkunft aus Holz und Stein ist eine der am schönsten gelegenen der Weinregion, mit weiten Ausblicken von der sehr zu empfehlenden Taverne (s. u.) über die Weinstöcke und Olivenhaine bis hinunter zum Meer. Die drei Zimmer – ein Studio, zwei Halbgeschoss-Suiten – sind mit geschmackvollen Elementen aus Holz wie Lampen auf Baumstämmen oder geschnitzten TV-Ständern eingerichtet sowie mit kretischen Keramiken und Stoffen. Wunderbares Frühstück!

Weitere Pluspunkte hier sind Kamine, Küchen und die Gastfreundschaft von Nikos.

★Villa Kerasia PENSION €€
(☎2810 791021; www.villa-kerasia.gr; Vlahiana; DZ/Suite mit Frühstück ab 75/80 €; ⏲April–Okt.; P ❄ 📶 🏊) Das umgebaute ehemalige Bauernhaus aus dem 18. Jh. mit fünf Zimmern und zwei Suiten liegt in grandioser Umgebung im winzigen Ort Vlachiana am westlichen Rand der Weinregion. Natursteinmauern, Balkendecken und Holzfußböden sorgen für eine idyllische, heimelige Atmosphäre. Der Tag beginnt mit einem opulenten Frühstück aus ausschließlich einheimischen Produkten – so sättigend, dass das Mittagessen locker ausfallen kann.

Essen

Die Verbindung von Wein und Essen ist hier nicht so symbiotisch wie in manchen berühmteren Weinanbaugebieten der Welt, doch das macht nichts: Eigentlich kann man in der Gegend so gut wie jede Taverne ansteuern, ohne etwas falsch zu machen. Die beste Ansammlung hervorragender Speiselokale bietet Archanes, z. B. das Bakaliko (S. 198), eins der wenigen Restaurants hier, die den einheimischen Wein wirklich sehr ernst nehmen.

Earino KRETISCH €
(☎2810 861528; www.earino.gr; Kato Asites; Hauptgerichte 7,50–9,50 €; ⏲12–22.30 Uhr, Dez.–März Di geschl.; 📶) Die schön gelegene Taverne mit einem Blick, der zu den schönsten in der Weinregion Iraklions zählt, lohnt auch dann einen Abstecher, wenn man nicht in der gleichnamigen Unterkunft (s. o.) nächtigt. Geboten werden neben weiten Ausblicken über Weinberge und Olivenhaine bis zur Bucht von Iraklion einfache, aber schön zubereitete kretische klassische *mezedhes*

(Vorspeisen) wie ausgezeichnete *dolmadhes* (gefüllte Weinblätter), außerdem Fleisch aus dem Lehmofen und deftige Speisen wie Lammragout mit Artischocken.

Roussos Taverna KRETISCH €
(☎6936156835; Choudetsi; Hauptgerichte 4,50–9,50 €; ⏲April–Okt. 7–16 & 17–2 Uhr, Nov.–März nur Fr–So; 📶) Eingefleischte Gourmets kommen von weit her nach Choudetsi, um Roussos' schmackhafte, original kretische Küche zu genießen, beispielsweise die fantastischen Lammkoteletts und regionales *chorta* (wild wachsendes Blattgemüse). Die Taverne steht am Hauptplatz gegenüber von Ross Dalys *Labyrinth*, dessen Musiker hier manchmal ein Konzert geben.

★Elia & Diosmos KRETISCH €€
(☎2810 731283; www.olivemint.gr; Dimokratias 263, Skalani; Hauptgerichte 8–15 €; ⏲Di–So 11–24 Uhr; 📶) In diesem Schlaraffenland verwandelt Argiro Barda knackfrische Zutaten in raffinierte kretische Gerichte, die ein wahres Geschmacksfeuerwerk entfalten. Die Speisekarte richtet sich nach der Saison, aber zu den Klassikern aus den stylischen offenen Küche zählen verschiedene Moussakas, eine luftig-leichte Fenchelpastete und eine Schweinshaxe mit Wein, Honig und Zitrone.

Das Restaurant liegt nur eine kurze Autofahrt von Iraklion entfernt; außerdem kann man hier gut nach einem Besuch in Knossos ausspannen.

☆ Unterhaltung

Labyrinth TRADITIONELLE MUSIK
(☎28107 41027; www.labyrinthmusic.gr; Choudetsi; ⏲Konzerte Ende Juni–Sept. Fr) GRATIS Das Labyrinth wurde 1982 von dem angesehenen Musiker Ross Daly ins Leben gerufen. Der gebürtige Ire zählt zu den virtuosesten Spielern der kretischen *lyra*. In dem wunderschönen, aus Naturstein erbauten Gutshof finden den ganzen Sommer über renommierte Musikworkshops statt, die Toptalente aus aller Welt anziehen. Außerdem bildet das reizende Anwesen eine zauberhafte Kulisse für kostenlose Konzerte, bei denen sowohl die Dozenten als auch die Studenten. Das Programm lässt sich telefonisch erfragen oder auf der Website einsehen.

Daly ist auch ein Meister der modalen, atonalen Musik aus Griechenland, dem Balkan, der Türkei, dem Nahen Osten, Nordafrika und Nordindien und hat mehr als 35 Alben veröffentlich. Näheres unter www.rossdaly.gr. Choudetsi liegt etwa 4 km südlich von Peza.

ℹ Praktische Informationen

Infos für Touristen bietet Wines of Crete (www.winesofcrete.gr). Weinrote Straßenschilder weisen den Weg zu Weingütern.

ℹ An- & Weiterreise

Der Großteil der Weingüter liegt südlich von Knossos im Umkreis von 20 km ab Iraklion; Hauptort der Weinregion ist Peza. Wer nicht an einer organisierten Tour (S. 203) teilnehmen möchte, ist für eine richtige Weintour auf einen eigenen fahrbaren Untersatz angewiesen: Die Weingüter liegen weit auseinander und sind nicht direkt mit öffentlichen Verkehrsmitteln zu erreichen.

Myrtia Μυρτιά

Nikos-Kazantzakis-Museum MUSEUM
(☎2810 741689; www.kazantzaki.gr; Myrtia; Erw./erm. 5/3 €; ⏲April–Okt. tgl. 9–17 Uhr, Nov.–März Mo–Fr & So 10–15 Uhr) In einem modernen Gebäude an dem von *kafenia* gesäumten Hauptplatz des Heimatdorfs von Nikos Kazantzakis erzählt das gut gestaltete Museum vom Werdegang, von der Geisteshaltung und von den Verdiensten des berühmtesten Schriftstellers Kretas. Am besten schaut man sich zuerst den kurzen Dokumentarfilm an und begutachtet dann, ausgestattet mit einem der kabellosen Audioguides (1 €), die Ausstellungsstücke wie Filmplakate, Briefe, Fotos und verschiedene persönliche Gegenstände. Die oberen Räume bieten einen Überblick über Kazantzakis' berühmteste Werke, darunter natürlich auch *Alexis Sorbas*.

Nicht versäumen sollte man das 20-minütige interessante Video (in 10 Sprachen); falls es nicht läuft, einfach das Personal ansprechen.

Myrtia liegt rund 15 km südöstlich von Iraklion.

Zaros Ζαρός

2120 EW.

Zaros am Fuß des Psiloritis ist berühmt für sein natürliches Quellwasser, das hier abgefüllt und auf ganz Kreta verkauft wird. Zaros bietet außerdem einige schöne byzantinische Klöster, ausgezeichnete Wandermöglichkeiten und im Ort selbst wie auch am smaragdgrünen Votomos-See, einem Stausee, Tavernen, in denen köstliche Zuchtforellen serviert werden. Am See beginnt außerdem der 5 km lange Weg durch die mächtige

ABSEITS DER ÜBLICHEN PFADE

THRAPSANO

Die riesigen *pithoi* im minoischen Stil, die Hotellobbys, Restaurants und Wohnhäuser auf ganz Kreta zieren, stammen überwiegend aus Thrapsano, 32 km südöstlich von Iraklion. Die heutigen Designs und Herstellungsmethoden sind eindeutig von denen der Antike beeinflusst. Diese Werkstätten sind besonders dann interessant, wenn man sich an den archäologischen Stätten und in den Museen schon die alten Keramiken angeschaut hat. In ganz Thrapsano gibt es Töpfereien.

Koutrakis Art (☎28910 41000, 6945536145; www.cretan-pottery.gr; Thrapsano; ⏰8–17 Uhr) ist vorbildlich in Sachen Freundlichkeit und Zugänglichkeit, aber es gibt noch zahlreiche weitere Töpfereien wie den **Nikos Doxastakis Workshop** (☎28910 41160; Thrapsano; ⏰unterschiedlich). Bei diesen Betrieben handelt es sich nicht um Touristenläden, sondern eher um Fabriken, in denen Töpferwaren für den Verkauf in ganz Griechenland und im Ausland produziert werden. Dennoch heißen sie normalerweise Besucher willkommen. Mitte Juli findet im Ort jedes Jahr ein Töpferfest statt.

Die zweischiffige **Timios-Stavros-Kirche** aus dem 15. Jh. im Zentrum von Thrapsano beherbergt gut erhaltene Fresken. Eventuell muss man auf der Suche nach dem Schlüssel herumfragen.

Von Iraklion aus ist Thrapsano am besten über die Straße nach Knossos zu erreichen. Beim Ort Agies Paraskies in der Nähe von Peza biegt man rechts ab.

Rouvas-Schlucht, die nicht nur bei Wanderern, sondern auch bei Vogel- und sonstigen Naturkundlern beliebt ist.

Sehenswertes

Moni Vrondisi KLOSTER

(⏰Mo–Sa 8–13 & 16 Uhr bis Sonnenuntergang) GRATIS Dieses Kloster liegt nur 4 km nordwestlich von Zaros. Es ist für seinen venezianischen Springbrunnen aus dem 15. Jh. bekannt, auf dem ein Relief von Adam und Eva abgebildet ist. Außerdem beherbergt das Kloster berühmte Fresken der kretischen Schule aus dem frühen 14. Jh., darunter eine Darstellung des Letzten Abendmahls.

Heimatmuseum Zaros MUSEUM

(Erw./Kind 3/2 €; ⏰10–14 & 16–18 Uhr) Das 2015 eröffnete winzige Museum in einem traditionellen Steinhaus ist eine dieser Einrichtungen, bei denen man denkt, dass man allein schon deshalb hingehen sollte, um sie zu unterstützen. Das Museum beherbergt eine kuriose Sammlung von gespendeten Dingen aus der Vergangenheit und gewährt einen Einblick in die Zeit vor der Ankunft der Elektrizität. Im zweiten Stock ist eine originelle geologische Sammlung untergebracht.

Am interessantesten ist die Gegenüberstellung von Mineralien im reinen Zustand und Produkten, in denen sie verarbeitet sind, wie Plastikflaschen und Batterien. Wenn das Museum wie so oft geschlossen ist, kann man an der weißen Tür 20 m Richtung Kirche weiter die Straße entlang klopfen; der Eigentümer schließt das Museum dann auf.

Votomos-See SEE

Dieses smaragdgrüne, von Bäumen umgebene kleine Staubecken gleich nordöstlich von Zaros wurde 1987 angelegt, um das Quellwasser der Stadt zu speichern. Der See zieht Scharen von Vögeln an und ist ein herrliches Plätzchen zum Chillen im schattigen Park oder für einen Imbiss in der ausgezeichneten Café-Taverne.

Hier beginnt auch der Wanderweg zur Rouvas-Schlucht (S. 214).

Moni Agios Nikolaos KLOSTER

(⏰Sonnenauf- bis Sonnenuntergang, 13–16 Uhr geschl.) An der Straße von Zaros nach Westen weisen Schilder den Weg zu diesem Kloster am Eingang der Rouvas-Schlucht, etwa 2 km das Tal hinauf. Die Kirche birgt einige schöne Fresken aus dem 14. Jh. Diese alte Kirche steht hinter einer neuen (mit blauen Kuppeln), die gerade errichtet wird – und auch die neue ist durchaus sehenswert.

Schlafen

Zaros beherbergt eine der stimmungsvollsten Unterkünfte Kretas, das Eleonas Country Village, und einige einfachere Unterkünfte, doch das Angebot ist nicht sehr reichhaltig.

Studios Keramos PENSION €

(☎28940 31352; www.studiokeramos-zaros.gr; EZ/DZ/3BZ mit Frühstück 35/50/65 €; ❄📶) Die altmodische kleine Pension nahe dem Dorfzentrum wird von der freundlichen Katerina geleitet und ist mit kretischem Kunsthandwerk, Webereien und Familienerbstücken eingerichtet. In vielen Zimmern und Studios stehen antike Möbel, aber auch an modernem Komfort in Form von TV und Kochgelegenheit fehlt es nicht. Das modernere Nebengebäude mit vier Zimmern ist gut, ihm mangelt es jedoch an Flair. Katerina steht früh auf, um den Gästen ein fantastisches traditionelles Frühstück zuzubereiten.

★Eleonas Country Village HÄUSCHEN €€
(☎28940 31238, 6976670002; www.eleonas.gr; Häuschen/Bungalows mit Frühstück ab 120/220 €; ⌚Mai–Okt. tgl., Nov.–April Sa & So; P ❄ @ 📶 🏊 👪) Mit viel Herzblut hat Eigentümer Manolis eine reizende Anlage mit 22 Steinhäuschen und zwei modernen Bungalows geschaffen. Die hübsche Hanganlage zwischen Olivenhainen ist in einen atemberaubenden terrassierten Garten hineingebaut. Dies ist ein echtes Stück Kreta, mit frischer Luft und friedlichem Ambiente.

Für einen Tag mit Wandern, Erkundungen, Radeln oder Relaxen am Pool kann man sich mit einem opulenten Frühstück mit hausgemachten kretischen Leckereien stärken. Die auch Tagesgästen offenstehende reizende **Taverne** (Hauptgerichte 9,50–19 €; ⌚Mai–Okt. 13–16 & 18–22 Uhr, Nov.–April Sa & So 13–22 Uhr; 📶 🍴) der Anlage bereitet u. a. mit dem eigenen Olivenöl mediterrane Spezialitäten zu. Das Eleonas liegt etwa 1,5 km nordwestlich von Zaros – einfach der Ausschilderung folgen. Mindestaufenthalt drei Nächte.

Essen & Ausgehen

In den Speiselokalen von Zaros stehen Zuchtforellen im Mittelpunkt, aber es gibt auch genügend Tavernen mit kretischer und griechischer Küche. Außer den Restaurants am Votomos-See befinden sich die meisten Esslokale an der kleinen Hauptstraße im Dorf.

★Vegera KRETISCH €
(All-you-can-eat-Buffet 12 €; ⌚April–Mitte Nov. 11–23 Uhr; 📶 🍴) Die muntere Vivi hat ein gutes Händchen dafür, frische regionale Zutaten mithilfe traditioneller Rezepte in Gerichte voller Geschmack zu verwandeln. Ihre Philosophie, sagt sie, besteht darin, so zu kochen wie in der eigenen Küche. Und tatsächlich fühlt man sich hier schnell wie bei Vivi zu Hause. Für die reichhaltige Buffetauswahl an Salaten, Käse und Oliven, warmen Hauptgerichten, Backwaren und frisch gebackenem Brot sollte man genügend Zeit einplanen.

Taverna Votomos TAVERNE €€
(☎6974867233; www.facebook.com/taverna.votomos; Forelle 30 € pro kg, Hauptgerichte 7,50–12 €; ⌚25. März–Nov. 11–23 Uhr, Dez.–24. März Sa & So; 📶) Obwohl man hier im Gebirge ist, besteht kein Zweifel daran, dass der Fisch in dieser familienbetriebenen Taverne wirklich frisch ist. Die Gäste können die Forellen und Lachse nämlich in großen Zuchtwasserbecken umherschwimmen sehen, bevor diese auf dem Teller landen. Dies ist die zweite Taverna Votomos, wenn man den Schildern zum See folgt, nicht die erste Taverne dieses Namens neben dem Hotel Idi.

Za Rous CAFÉ
(Snacks 2–6 €; ⌚Mo–Sa 7–24, So ab 8 Uhr; 📶) Das trendige Za Rous wirkt für Zaros ein bisschen zu cool, aber der beste Espresso des Orts lockt weg von den traditionellen *kafenia*. Wunderbar verlockend sind hier auch die Waffeln, die Crêpes und das Eis – und an Nutella wird hier nicht gespart!

Praktische Informationen

Das Geschäftsviertel von Zaros liegt am südlichen Ortsrand. Die Postund ein Supermarkt befinden sich gegenüber dem Polizeirevier. An der Hauptstraße gibt's einen Geldautomaten.

An- & Weiterreise

Zaros liegt rund 46 km südwestlich von Iraklion. Am schönsten ist die Anfahrt, wenn man bei Agia Varvara von der Hauptstraße nach Westen abbiegt. Von Süden her führt außerdem eine kleinere Straße von Kapariana unmittelbar östlich von Mires Richtung Norden nach Zaros (zwischen einer Bäckerei und dem Kafeneio i Zariani Strofi Richtung Norden auf eine kleine Straße abbiegen – hier steht ein kleines Schild). Täglich fährt ein Direktbus vom KTEL-Busbahnhof Heraklion-Lassithi von Iraklion über Zaros (5,20 €, 1 Std., 13.30 Uhr) nach Kamares. Oder man nimmt einen der häufiger verkehrenden Busse nach Mires (6 €, 75 Min.) und von dort ein Taxi nach Zaros (ca. 16 €).

BEZIRK IRAKLION – SÜDEN

Der Süden Mittelkretas ist mit drei archäologischen Schatztruhen gesegnet: Festos, Agia Triada und Gortys. Außerdem kann er mit einer Reihe kleinerer Fundorte aufwarten, die zusammen die bewegte kretische Geschichte von den Minoern bis zu den Römern widerspiegeln. Die Erkundung dieser

Orte führt über die Messara-Ebene, eine der fruchtbarsten Gegenden Kretas. Sie wird im Norden vom Psiloritis, im Osten vom Dikti-Gebirge und im Süden von den Asterousia-Bergen begrenzt.

Eine viel befahrene Fernstraße verbindet die betriebsamen Wirtschaftszentren Tymbaki, Mires, Agii Deka und Pyrgos, die Besuchern aber nicht viel zu bieten haben. Anders verhält es sich mit den Küstenorten Matala, Kamilari und Kalamaki. Sie locken mit langen Sandstränden und kleine landeinwärts gelegene Dörfer wie Sivas sind perfekte Ausgangspunkte, um die vielen Reize der Region zu entdecken. Es wäre geradezu verwerflich, das schier unbegrenzte Angebot an Freizeitaktivitäten nicht auszunutzen. Man kann durch Schluchten wandern, uralte Klöster besuchen, in blumengeschmückten Dörfern herumbummeln, gemütlich zwischen den Einheimischen auf dem Dorfplatz sitzen oder einfach ziellos auf den kurvenreichen Landstraßen herumkutschieren.

Gortys Γόρτυνα

Das seit der Jungsteinzeit besiedelte **Gortys** (Straße Iraklio–Festos; Erw./erm. 6/3 €; ⏲ April–Okt. 8–20 Uhr, Nov.–März bis 16 Uhr) – auch Gortyn oder Gortyna genannt – erreichte seine Glanzzeit als Hauptstadt des römischen Kreta ab etwa 67 v. Chr.; sie endete mit der Eroberung der Insel durch die Sarazenen 824. In der Blütezeit der Stadt könnten hier bis zu 100 000 Menschen gelebt haben.

Gortys besteht aus zwei Abschnitten, die durch die Fernstraße voneinander getrennt sind. Die meisten Leute bleiben nur so lange, bis sie das umzäunte Gebiet nördlich der Straße hinter dem Eingangstor erkundet haben. Dabei befinden sich verschiedene bedeutendere Tempel, Bäder und andere Gebäude auf der südlichen Seite der Straße.

Das abgesperrte Gebiet

Das erste auffällige große Bauwerk innerhalb des Sperrgebiets ist die byzantinische **Titus-Basilika** aus dem 6. Jh., die großartigste frühchristliche Kirche auf Kreta. Sie wurde möglicherweise auf den Fundamenten einer noch älteren Kirche erbaut. Von der Basilika ist nur noch der hoch aufragende Altarraum mit zwei Seitenschiffen erhalten. Nach einer langen Restaurierung wurde die Basilika 2019 wiedereröffnet.

Ein paar Schritte weiter steht das **Odeon**, ein römisches Theater aus dem 1. Jh. v. Chr., das bei einem Erdbeben zerstört und unter Trajan im 2. Jh. wiederaufgebaut wurde. Das Gewölbe an der Rückseite des Theaters beherbergt die Hauptattraktion von Gortys: die großen Steintafeln mit den im 6. Jh. v. Chr.

Gortys

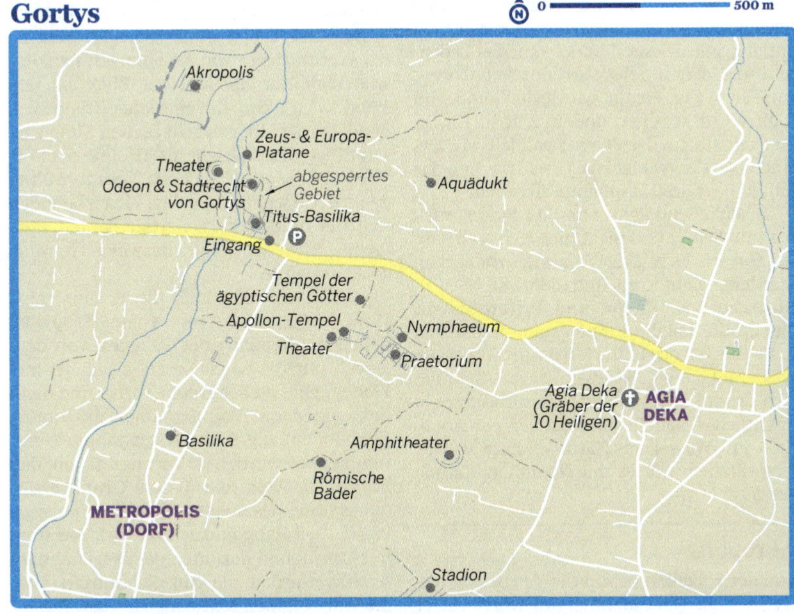

eingemeißelten Gesetzestafeln, auf denen das **Stadtrecht von Gortys** festgeschrieben steht. Die 600 Zeilen, die in einem dorischen Dialekt in die Steinplatten eingemeißelt sind, bilden den ältesten bekannten Gesetzestext der griechischen Kultur. Interessanterweise plagten sich die alten Kreter mit den gleichen Angelegenheiten herum, die uns auch heute noch vor den Kadi treiben: Heirat, Scheidung, Eigentumsrecht, Erbschaft, Adoption und Straftaten. Hinter dem Odeon steht eine **immergrüne Platane**: Der Sage nach diente sie Zeus und Europa als Liebesnest.

Südlich der Fernstraße

Auf dem Areal südlich der Nationalstraße wird immer noch gegraben und sämtliche Stätten hier sind nur durch einen Maschendrahtzaun zu inspizieren. Es macht aber durchaus Spaß, einfach ziellos umherzustreifen und zufällig über die Ruinen zu stolpern. Wer aber die Stätte etwas systematischer erkunden möchte, sollte vom Parkplatz 300 m an der Straße entlang Richtung Osten gehen, bis zu einem Doppelschild, das den Weg zum **Apollon-Tempel** und zum **Tempel der ägyptischen Götter** weist, der Isis, Serapis und Anubis geweiht war. Zu Letzterem führt ein 70 m langer, schmaler Steinpfad; heute ist hier allerdings nicht mehr allzu viel zu sehen. Das gilt jedoch nicht für den **Tempel des pythischen Apollon**; ihn erreicht man, wenn man am Schild, das nach links zum Prätorium weist, weiter den Pfad entlanggeht. Dieser Tempel war das bedeutendste Heiligtum des vorrömischen Gortys. Im 7. Jh. v. Chr. erbaut, wurde der Tempel im 3. Jh. v. Chr. erweitert und im 2. Jh. n. Chr. in eine christliche Basilika verwandelt. Vor Ort sind noch der rechteckige Grundriss und das Fundament des Hauptaltars zu sehen.

Anschließend geht man den Pfad zurück bis zum Schild und biegt hier rechts ab zum **Prätorium**. Es war der Palast des römischen Statthalters auf Kreta und diente als Verwaltungsgebäude, Kirche und Privatresidenz. Der größte Teil der Ruinen stammt aus dem 2. Jh. Ein Teil des Prätoriums wurde im 4. Jh. wiederaufgebaut. Nördlich davon befindet sich das im 2. Jh. erbaute **Nymphäum**, ein öffentliches Badehaus, das über ein Aquädukt mit Wasser aus Zaros versorgt wurde. Ursprünglich war es mit Nymphen-Statuen verziert.

Akropolis

Von der Hügelkuppe mit der **Akropolis** bietet sich ein Rundumblick auf Gortys. Hier oben stehen zudem eindrucksvolle Überreste vorrömischer Befestigungen. Der Weg hinauf beginnt rund 100 m westlich des Eingangs nördlich der Nationalstraße; der Anstieg dauert 20 bis 30 Minuten.

An- & Weiterreise

Gortys liegt bei Agia Deka, rund 46 km südwestlich von Iraklion, und an den Busstrecken Iraklion–Matala und Iraklion–Agia Galini. In Iraklion fahren die Busse am KTEL-Busbahnhof Heraklion-Lassithi ab.

Festos Φαιστός

Festos (http://odysseus.culture.gr; Straße Iraklio–Festos; Erw./erm. 8/4 €; Mai–Aug. 8–20 Uhr, sonst kürzer; P), auch Phaistos geschrieben, nach Knossos die zweitwichtigste minoische Palaststadt, liegt in atemberaubender Umgebung mit herrlicher Aussicht auf die Messara-Ebene und den Psiloritis. Der Palast wurde um 1700 v. Chr. auf den Trümmern eines älteren Palastes errichtet, der zuvor zerstört worden war, und gruppiert sich um einen zentralen Innenhof. Im Gegensatz zu Knossos fand man in Festos nur wenige Fresken; die Palastwände waren anscheinend mit weißem Gips verkleidet. Im 2. Jh. v. Chr. musste sich Festos Gortys geschlagen geben. An wichtigen Stellen der Stätte sorgen Erläuterungen auf Englisch und Grafiken für ein besseres Verständnis der Ruinen.

Der erste Stopp hinter dem Eingang ist der **Nordhof**, der von Kolonnaden flankiert war. Vom Nordhof fällt der Blick auf den **Westhof**, mit dem ihn eine lange Treppe verband. Da der Hof von acht breiten Stufen gesäumt ist, die vielleicht als Tribüne dienten, wurde er eventuell auch als **Theaterbühne** genutzt. Gegenüber den Sitzplätzen befinden sich vier runde zisternenartige Bauten, *kouloures*, in denen möglicherweise Getreide gelagert wurde.

Östlich des Westhofs führte einst eine 15 m breite **Schautreppe** zum Propylon, dem Haupteingang des Palastes, von dem jedoch nur die Säulensockel erhalten sind. Weiter geht's an der Treppe vorbei und dann links einen mit Vorratsräumen gesäumten Korridor entlang. In den sogenannten **Westmagazinen** wurden in Vorratsgefäßen, den *pithoi*, Öl, Wein und andere Grundversorgungsmittel des Speiseplans der Minoer gelagert. Der Gang endet in einem Vorraum; in einem Raum darunter, dem sogenannten **Archiv**, wurden die Aufzeichnungen über die Waren in den Magazinen aufbewahrt.

Festos

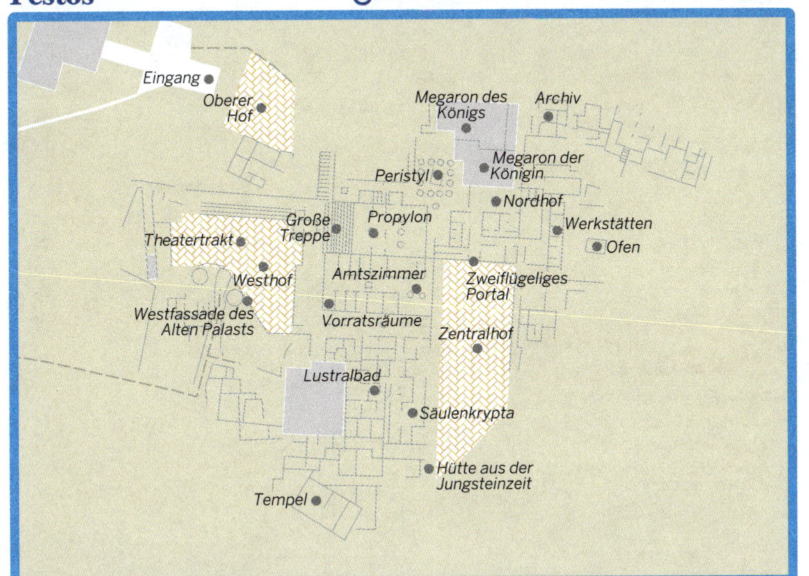

Der Gang öffnet sich zum großen rechteckigen **Mittelhof**, dem Herzen des Palastes, der einst von Säulengängen flankiert war – er vermittelt einen Eindruck von der Größe und Pracht der Anlage. Rechts schließt sich ein Bereich an, von dem angenommen wird, dass er mehrere **Schreine** beherbergte, u.a. einen „Bänkeschrein", dessen Wände von niedrigen Bänken gesäumt waren, und ein **Lustralbad** mit einer Zisterne; das Bad wurde vielleicht für Reinigungsrituale genutzt.

Gegenüber liegt der Ostflügel mit den Königsgemächern, doch der eigentliche Wohntrakt befand sich im Nordflügel, der größtenteils überdacht ist. Hier befindet sich das **Megaron der Königin**: das Schlafgemach der Königin mit Doppelsäulen und mit Gipsplatten bedecktem Boden und Bänken. Gleich dahinter liegt das **Megaron des Königs**. In einem Gebäude nordöstlich der Königlichen Gemächer wurde der berühmte Diskos von Festos gefunden, der heute im Archäologischen Museum Heraklion (S. 173) zu bewundern ist. Bevor man die Anlage verlässt, sollte man noch im von Säulen gesäumten **Peristil** vorbeischauen, dem elegantesten Innenhof des Nordflügels.

An- & Weiterreise

Festos liegt 63 km südwestlich von Iraklion. Es wird zweimal täglich von KTEL-Bussen ab dem Busbahnhof von Heraklion (7.30 und 12.45 Uhr, 7,10 €, 1½ Std.) angesteuert, dreimal täglich ab Matala (2 €, 30 Min.) und sechsmal täglich ab Agia Galini (2,30 €, 35–45 Min.).

Agia Triada Αγία Τριάδα

Agia Triada (Erw./erm. 4/2 €; 8.30–16 Uhr; P), in reizender Lage 3 km westlich von Festos, umfasst die Überreste einer L-förmigen Königsvilla, einer einst ins Meer hinausführende Rampe und eines Dorfs mit Häusern und Läden. Das um 1550 v. Chr. erbaute Agia Triada (Betonung jeweils auf der zweiten Silbe) fiel um 1400 v. Chr. einer Feuersbrunst zum Opfer, wurde aber nie geplündert. Dieser Tatsache ist es zu verdanken, dass hier außergewöhnlich viele Meisterwerke minoischer Kunst geborgen werden konnten – darunter der berühmte Sarkophag von Agia Triada, heute eine der größten Attraktionen des Archäologischen Museums von Heraklion.

Leider ist die Stätte nicht besonders besucherfreundlich: Es gibt keine Beschriftungen. Andererseits hat der Ort historisches Ambiente im Überfluss und lässt sich mangels Besucherhorden in aller Ruhe erkunden.

Nach Passieren des Eingangs steht man vor den Ruinen des Palastes, dessen Zentralhof an zwei Seiten von Bauten gesäumt ist. Die byzantinische **Agios-Georgios-Kapelle**

Agia Triada

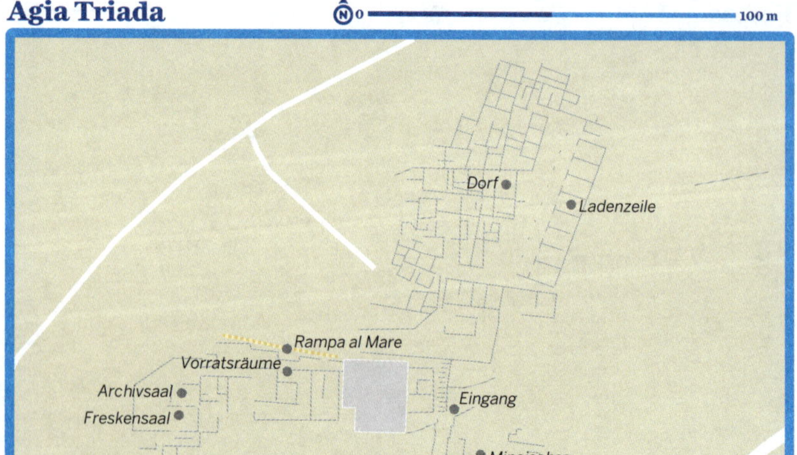

zur Linken beherbergt einige schöne Fresken (am Kartenschalter um den Schlüssel bitten). Rechts vom Palast erstreckt sich das Gelände der ehemaligen Siedlung. Hinter dem Zaun liegt ihr (Besuchern unzugänglicher) Friedhof.

Wer links die Treppen hinuntersteigt, gelangt durch die Ruinen eines **minoischen Wohnhauses** zu einer Kultstätte aus dem frühen 14. Jh. v. Chr. Sie besaß einst einen Fußboden mit üppigen Fresken, die Delfin- und Tintenfischmotive zeigten und ins Archäologische Museum von Iraklion gewandert sind. Dahinter liegt der gepflasterte **Zentralhof** mit dem Wohntrakt auf der rechten Seite (unter einem Schutzdach). Der Westflügel am anderen Ende des Hofes beherbergt ein Geflecht aus **Magazinen und Werkstätten**. In einem dieser Räume wurde der „Prinzenbecher" gefunden. Eine der schönsten Räumlichkeiten in der nordwestlichen Ecke ist der sogenannte **Freskensaal**, der mit einer modernen Zementdecke versehen wurde. Er weist eingebaute Bänke, Alabasterverkleidungen an den Wänden und einen Gipsboden auf.

Entlang der Nordseite des Palastes verläuft eine Trasse, die einstmals vermutlich bis zum Meer führte, da der Meeresspiegel damals noch sehr viel höher war. Daher rührt auch der Name, den die Archäologen dem Bauwerk gaben – **Rampa al Mare**. Sie führt hoch zum **Dorfgelände**, wo sich der Marktplatz und Wohnhäuser befanden. Besonders interessant ist die Reihe von **Geschäften**, vor denen einst ein Säulengang stand.

Auf der anderen Seite des Zauns, hinter den Läden, liegt die um 2000 v. Chr. angelegte **Nekropole** mit zwei *tholoi*-Kuppelgräbern. Hier wurde der berühmte, mit Begräbnisszenen verzierte Sarkophag gefunden.

An- & Weiterreise

Die ausgeschilderte Abzweigung nach Agia Triada ist etwa 500 m hinter Festos an der Straße nach Matala. Die Ausgrabungsstätte lässt sich nicht mit öffentlichen Verkehrsmitteln nicht direkt erreichen – man muss also entweder 3 km laufen oder ab Festos trampen.

Matala Μάταλα

70 EW.

Matala (Betonung auf der ersten Silbe) gilt in der Mythologie als der Ort, wo Zeus mit der entführten Europa auf dem Rücken an Land ging, bevor er sie nach Gortys verschleppte und mit ihr den zukünftigen König Minos zeugte. Die Minoer nutzten Matala als Hafen für Festos und unter römischer Herrschaft diente der Küstenort als Hafen von Gortys

(S. 207). Am Grund des Meeres lassen sich noch Ruinen dieser alten Siedlungen ausmachen.

In jüngerer Zeit wurde Matala legendär dank der zahlreichen Hippies, die es Ende der 1960er-Jahre hierherzog, um mietfrei in den Höhlen am Meer zu hausen, die den Römern einst als Grabstätten gedient hatten.

Wegen der vielen Tagestouristen wirkt das Dorf im Sommer keineswegs friedlich. Doch wer über Nacht bleibt oder außerhalb der Saison kommt, kann immer noch ein wenig von der Magie Matalas verspüren. Die Lage des Örtchens an einer halbmondförmigen Bucht mit Strand zwischen zwei Landzungen könnte traumhafter nicht sein, besonders bei Sonnenuntergang.

Sehenswertes

Panagia-Matalon-Kirche KIRCHE

(Panagia-Kirche; unterschiedlich) Die leicht zu übersehende klitzekleine Kapelle wurde vermutlich in venezianischer Zeit in die Klippen gehauen. Sie ist so winzig, dass sie leicht übersehen werden kann. Im Inneren befinden sich hübsche Ikonen und beschnitzte Ikonenwände. Zur Kirche einfach den Schildern gegenüber vom Restaurant Petra and Votsalo folgen – es ist nicht die kleine Kirche in der Ortsmitte.

Red Beach STRAND

Der Hauptstrand von Matala liegt am Fuß der Höhlen. Er bildet ein malerisches Halbrund, ist aber oft überlaufen. Wer den Massen entkommen will, folgt den Wegweisern zum „Roten Strand", den man nach einer halbstündigen Kraxelei über die Klippen erreicht. Er ist zwar alles andere als ein Geheimtipp, zieht aber immer weniger Sonnenanbeter an, darunter auch textilfreie. Proviant (Wasser und etwas zu essen) mitbringen.

Matala-Höhlen HÖHLE

(Römische Grabstätten; 2 €; März–Okt. 10–19 Uhr, Nov.–April 8–15 Uhr) Es sind eindeutig die Höhlen, die Matala so einzigartig machen: Hier campierten in den 1960er- und 1970er-Jahren die Hippies – Joni Mitchell verewigte die Szene 1971 in ihrem Song „Carey". Die Höhlen wurden in prähistorischer Zeit in den porösen Sandstein der Klippen gehauen. Später nutzten die Römer sie als Grabstätten.

Schlafen

Wo sich nicht gerade ein Restaurant, ein Bar-Café oder ein Andenkenladen befindet, beherrschen Ferienhäuschen und Hotels das Bild. Wem das nicht behagt, findet ansprechendere Unterkünfte in den umliegenden Dörfern Sivas, Pitsidia, Kalamaki und Kamilari.

Hotel Fantastic Matala HOTEL €

(28920 45262; www.fantastic-matala.com; EZ/DZ/3BZ 45/50/60 €; P) Die originelle Gastgeberin Natas bezirzt in diesem preisgünstigen Hotel zusammen mit ihrem Vater ihre Gäste mit zauberhafter Matala-Magie: mit mütterlichem Verwöhnprogramm, *tiropites* (Käsepasteten) zum Frühstück und griechischem Kaffee. Auf jeden Fall fühlen sich die Gäste voll in die Familie integriert. Die Zimmer in zwei traditionellen, teils aus Stein bestehenden Gebäuden sind eher klein und in den Duschen nerven die Duschvorhänge, aber die Gastfreundschaft macht das locker wett.

Es gibt sogar einen „geheimen" Hinterausgang zum Hauptplatz des Dorfs.

Pension Antonios PENSION €

(28920 45123, 6932760145; EZ/DZ/3BZ/FZ ab 45/50/60/90 €, 1-/2-Schlafzi.-Apt. 120/150 €; März–Okt.; P) Die gemütliche Pension wartet mit unterschiedlich ausgestatteten Zimmern auf, aber sie sind allesamt licht und luftig und haben gläserne Duschtüren – eine Rarität auf Kreta! – und geräumige Balkone. Besonders stylisch sind die drei Häuschen weiter oben in der Anlage – das Selini hat einen Steinbogen – und es bieten sich weite Ausblicke.

Hotel Nikos HOTEL €€

(www.matala-nikos.com; EZ/DZ/4BZ 55/65/110 €; P) Das familiengeführte Nikos hebt sich unter den Unterkünften an der „Hotelmeile" hervor. Auf zwei Etagen hat es an einem blumengeschmückten Hof 17 modernisierte Zimmer, viele davon mit kleiner Küche, Terrasse und schickem Bad. Am schönsten ist Zimmer 24 im Obergeschoss mit Ausblick auf die Höhlen. Frühstück kostet 7,50 €.

Essen & Ausgehen

Wer in Matala essen geht, sollte nicht mit gehobener Küche rechnen und die Touristenlokale in der Bucht unterscheiden sich nur unwesentlich voneinander. Schön ist allerdings ihre Lage mit Blick aufs Meer. Selbstversorger finden alles Notwendige in dem recht großen Supermarkt neben dem Parkplatz am Strand.

Fast alle Läden in Matala eignen sich gut für einen Drink und eine Runde Leutegu-

NICHT VERSÄUMEN

LANDLEBEN IN VERGANGENEN ZEITEN

Das gemeinnützige **Ethnologische Museum Kreta** (www.cretanethnologymuseum.gr; Voroi Pirgiotissis, Vori; Erw./erm. 3/1,50 €; ⏲ April–Okt. 11–17 Uhr) lohnt den Abstecher nach Vori: Es erlaubt faszinierende Einblicke in den Alltag der ländlichen Bevölkerung auf Kreta bis weit ins 20. Jh. hinein. Die auf Englisch beschrifteten Exponate behandeln Themen wie Lebensmittelproduktion, Krieg, Sitten und Bräuche, Architektur und Musik. Mit Ausnahme des Blasebalgs eines Kupferschmieds handelt es sich bei den meisten Ausstellungsstücken um ganz normale Alltagsgegenstände (Spitzhacken, Olivenpressen, Korbwaren, Textilien, Instrumente usw.). Sie werden jedoch sehr liebe- und effektvoll in abgedunkelten Räumen präsentiert, angestrahlt von einzelnen Spotlights. Der Weg zum Museum ist an der Hauptstraße zwischen Mires und Tymbaki gut beschildert.

cken, aber die meisten richtigen Bars liegen am südlichen Strandende und haben bis Sonnenaufgang geöffnet.

Mama's Bakery BÄCKEREI €
(Snacks 0,50–8,50 €; ⏲ April–Okt. 7–24 Uhr; 📶) Frühaufsteher freuen sich sicher darüber, dass diese Bäckerei schon um 7 Uhr aufmacht. Sie liegt an einer Gasse nur einen Katzensprung vom Dorfplatz. Zum guten Espresso gibt's hier alle möglichen Backwaren, Kuchen und Mischprodukte wie Baklava-Croissants zum Frühstück. Mittags und abends kann man sich mit Focaccia-Broten stärken, z. B. gefüllt mit Feta und *myzithra* oder Wurst und Paprika.

Giannis Family Grill House GRILLRESTAURANT €
(☎ 28920 45719; www.giannisfamily.com; Hauptgerichte 6–13,50 €; ⏲ April–Mitte Nov. 12–16 & 18–24 Uhr; 👪) Dieses alteingesessene, familienfreundliche Lokal gleich hinter dem Hauptplatz stellt eine erfrischende Alternative zu den Nullachtfünfzehn-Ufertavernen dar. Er erfreut mit türkisfarbenem Mobiliar, Topfpflanzen und solider griechischer Küche, u. a. ausgezeichneten Tintenfisch-Gerichten und gemischten Grillplatten.

★ **George's Yard** GRIECHISCH €€
(☎ 69488 78600; Hauptgerichte 7,50–24,50 €; ⏲ Mai–Okt. 17–23.30 Uhr; 📶) George (Giorgos) war der einsame Einheimische, der sich in den 1970er-Jahren auf die Hippies einließ und Matalas Motto schuf: „Today is life. Tomorrow never comes." George weilt nicht mehr unter den Lebenden, doch sein Haus beherbergt heute das griechisch-deutsche Paar Manolis und Yvonne, die zusammen mit ihrem Athener Küchenchef im besten Restaurant Matalas ein Fest der Gastfreundschaft feiern – der Service und der kulinarische Schöpfergeist hier sind himmlisch.

Auf der Terrasse mit Farbakzenten in Aquamarin sorgen innovative, unglaublich frische und köstliche Salate und *mezedhes,* dazu raffinierte Fisch-, Rind- und Schweinefleischgerichte (mit kretischem Käse, getrockneten Tomaten und Rosmarin oder mit Zitrone, Senf und Pickles) für ein bemerkenswertes Esserlebnis, ergänzt durch gute Weine und das eine oder andere griechische Craft-Bier. Reservieren!

★ **Scala Fish Tavern** FISCH & MEERESFRÜCHTE €€
(☎ 69813 88135; Hauptgerichte 7–19 €; ⏲ April–Okt. 10–23 Uhr; 📶) Ganz am Ostende vom Strand, noch hinter den Bars, befindet sich auf einer mehrstufigen Terrasse dieses wunderbar gelegene Lokal, das beste Fischrestaurant von Matala. Seit mehr als 30 Jahren ist es im Besitz derselben Familie und bekommt zu Recht höchstes Lob für seinen frischen Fisch, den hervorragenden Service und die fabelhaften Desserts. Die Aussicht auf die Höhlen ist zur blauen Stunde besonders faszinierend.

Shoppen

Mooz Art KUNSTHANDWERK
(www.moozart.gr; ⏲ Juni–Aug. 10–24 Uhr, April, Mai, Sept. & Okt. kürzer) Dies ist kein gewöhnlicher Andenkenladen: Künstlerin Katerina und Künstler Vasilis verwandeln Treibholz in 3-D-Holzkunst sowie in clevere handbemalte Schilder mit tiefsinnigen Sprüchen. Ihre Arbeiten sieht man im ganzen Ort – die beiden haben für viele der Bars und Restaurants in Matala Schilder und Möbel entworfen. Im Laden sind außerdem ähnliche Arbeiten von Künstlern aus ganz Griechenland erhältlich.

Praktische Informationen

An der Hauptstraße von Matala gibt's zwei Geldautomaten.

An- & Weiterreise

Vom KTEL-Busbahnhof Heraklion-Lassithi verkehren täglich zwei KTEL-Busse nach Matala (8,50 €, 2 Std., 7.30 und 12.45 Uhr). Die Busse von Matala nach Iraklion fahren von einer **Haltestelle** 800 m östlich des Haupt -dorfs.

An der Straße kann kostenlos geparkt werden; auf dem Parkplatz am Strand kostet es 2 €.

Rund um Matala

Wer Matala zu stressig findet, kann in verschiedene ruhigere und authentischere Orte in der Nachbarschaft ausweichen, die sich als Basis für die Erkundung dieser südlichen Ecke Iraklions anbieten. Schöne Strände locken in Kommos und Kalamaki und Dörfer im Inland wie Pitsidia, Sivas und Kamilari mit ihren unglaublich engen Straßen haben sich bis heute ihren beschaulichen, traditionellen Charme bewahrt. Archäologiefans kommen in Kommos und Kamilari auf ihre Kosten.

Die Dörfer und Ruinen rund um Matala sind am besten mit einem eigenen Fahrzeug zu erreichen.

Kommos — Κομμός

Kommos blickt auf eine lange Geschichte der minoischen Besiedlung zurück, von der noch immer Überreste zu sehen sind. Heute ist Kommos jedoch vor allem für seinen langen Sandstrand bekannt.

Kommos — ARCHÄOLOGISCHE STÄTTE
(24 Std.; P) GRATIS Die minoische Ausgrabungsstätte Kommos, 3 km nördlich von Matala an einem fantastischen weiten Sandstrand gelegen, war vermutlich der Hafen der mächtigen Palaststadt Festos (S. 208) rund 6 km nordwestlich. Sie ist zwar abgesperrt, aber die Anlage der früheren Stadt mit ihren Straßen, Höfen, Werkstätten, Wohnhäusern und Tempeln lässt sich trotzdem erkennen. Auf der mit Kalkstein gepflasterten Straße Richtung Festos sind bei genauem Hinschauen die Fahrspuren von minoischen Karren und an der Nordseite ein Abflusskanal zu erkennen.

Kommos-Strand — STRAND
(Pitsidia) Der sonnenverwöhnte Sandstrand von Kommos 2 km nördlich von Matala bei Pitsidia ist über eine steile, kurvenreiche Straße zu erreichen. Auf äußerst malerische Weise schmiegt er sich in die Bucht von Messara – besonders schön ist er von oben betrachtet. An verschiedenen Stellen sind bedeutende Zeugnisse minoischer Besiedlung von verschiedenen Aussichtspunkten aus zu erkennen; sie sind jedoch tabu. Vor den beiden Tavernen an den hoch aufragenden Sandsteinkliffs am Südende des Strands werden Sonnenliegen und -schirme (jeweils 2 €) verliehen.

Einige Strandabschnitte weiter nördlich sind besonders bei FFKlern beliebt. Auf dem Weg zum relaxten Badeort Kalamaki läuft man an ihnen vorbei.

Bunga Bunga — CAFÉ €
(Kommos-Strand; Hauptgerichte 6–12 €; Mai–Okt. 10–22 Uhr; P) Das karibisch gestylte Bunga Bunga, eine von zwei Tavernen am Strand von Kommos, serviert köstliche frische Bio-Kost und ist ein tolles Örtchen für den Sonnenuntergang. Benannt ist das Lokal nach dem Bunker aus dem Zweiten Weltkrieg in den Ockerklippen oberhalb des Hauses.

Mystical View — TAVERNE €€
(6972294084; Timpaki; Hauptgerichte 7–19,50 €, Fisch 45–55 € pro kg; Mitte April–Okt. 11–23 Uhr;) Die nette Taverne mit dem unbezahlbaren Blick auf den Sonnenuntergang über dem Kommos-Strand überzeugt mit ihren Fleisch- und Fischgerichten. Sie liegt 1,2 km vor Matala an der Straße zwischen Matala und Pitsidia am Kreisverkehr.

Pitsidia — Πιτσίδια

Das friedliche, unverfälschte Pitsidia liegt nur 5 km nordöstlich von Matala. Es sieht aber völlig anders aus und fühlt sich ganz anders an. Mit seiner gelassenen Atmosphäre, den schön restaurierten Steingebäuden und dem Geflecht enger Gassen, die mit Blumenkästen geschmückt sind, verströmt der Ort Charme und künstlerisches Flair. Abends sitzen die Dorfbewohner und Besucher einträchtig zum Klönen und Schmausen in einer der schlichten Tavernen oder *kafenia* um den Dorfplatz. Die Busse nach Matala halten an der Hauptstraße.

Aktivitäten

Melanouri Horse Farm — REITEN
(28920 45040; www.melanouri.com; Ausritte 1/2 Std. ab 25/50 €; 8–18 Uhr) Organisiert ein- bis zweistündige Ausritte am Strand entlang oder in die Berge.

WANDERN IN IRAKLION

ROUVAS-SCHLUCHT

START VOTOMOS-SEE
ZIEL VOTOMOS-SEE
LÄNGE 10 KM
SCHWIERIGKEIT SCHWER

Als Teil des Europäischen Fernwanderweges E4 führt die Wanderung durch die Rouvas-Schlucht zu einem geschützten Wald mit einigen der ältesten Eichen Kretas. Besonders reizvoll ist eine Wanderung im Frühling, wenn Orchideen, Mohnblumen, Schwertlilien und andere Wildblumen blühen und der Landschaft die Ausstrahlung eines impressionistischen Gemäldes verleihen. Doch empfehlenswert ist sie in der gesamten Zeit von April bis November. Vom Beginn des Wegs am Votomos-See nördlich vom Dorf Zaros sind es hin und zurück rund zehn Kilometer. Der Weg ist zumeist auf Griechisch ausgeschildert – und die Schilder beziehen sich meistens auf die Kirchen –, doch kleine rot-weiße Kreise auf Steinen und an Bäumen weisen ebenfalls die Richtung.

Den **Wegbeginn** markiert eine steile Treppe auf dem Gelände der Limni Taverna am Ufer des Votomos-Sees. Die Route führt am Berghang entlang, bis sie etwa 1 km später die Schlucht erreicht, gleich hinter dem **Moni Agios Nikolaos** (S. 205), einem modernen Kloster um eine alte Kirche voller Ikonen und Freskenfragmente herum. Wer möchte, kann die Wanderung auch erst am Kloster beginnen und sich insgesamt 2 km Weg sparen: Man folgt der Zickzack-Schotterstraße links der neu erbauten Kirche mit einer blauen Kuppel, bis die beiden Pfade zusammentreffen.

Mit Beginn der Schlucht wird die Vegetation immer üppiger, mit Eichen, Lilien, Orchideen, Salbei und anderer Bergflora, und man kommt an einigen Becken mit frischem Wasser vorbei, die in den warmen Monaten Freude bereiten. Auf der Strecke überwindet man etwa 700 Höhenmeter. Unterwegs überquert man zunächst eine **Holzbrücke**, dann eine weitere und umgeht eine dritte, etwas wenig vertrauenerweckend aussehende Brücke, die zusammengebrochen war und mit Stahlträgern gesichert wurde. Außerdem gibt's mehrere nicht beseitigte Steinfälle, wo man ein bisschen kraxeln muss. Schließlich öffnet sich eine wunderschöne Lichtung: Neben der kleinen **Agios-Ioannis-Kapelle** gibt's mehrere Bänke und Tische, die zu einem gemütlichen Picknick einladen; hier ist auch zelten erlaubt.

Man sollte Turn- oder Wanderschuhe tragen, mindestens 2 l Wasser pro Person mitnehmen und etwas Proviant einpacken – oder auch ein bisschen mehr fürs Picknick. Wieder unten am See angekommen, wartet in der Limni Taverna ein kühles Bier.

AGIOFARANGO-SCHLUCHT

START PARKPLATZ AGIOFARANGO-SCHLUCHT
ZIEL AGIOFARANGO-STRAND
LÄNGE 1,8 KM
SCHWIERIGKEIT EINFACH

Die Wanderung durch die Agiofarango-Schlucht ist eine der schönsten und leichtesten auf Kreta: Auch Flachlandtiroler können so einen der einsamsten und herrlichsten Strände der Insel erreichen. Höhlen, roh behauene Kapellen und Einsiedlerklausen durchlöchern die Felswände und unterwegs steht eine byzantinische Kirche. Die Schlucht endet an einem bezaubernden Kieselsteinstrand mit kristallklarem Wasser. Trotz aller Abgeschiedenheit kann es an diesem Strand voll werden.

Vom Moni Odigitrias 12,5 km südöstlich von Matala fährt man auf einer Staubpiste in Richtung Kali Limenes, bis es nach etwa 3,5 km an einer scharfen Gabelung rechts abgeht. Diese unbefestigte Straße endet nach etwa 2,5 km an dem Parkplatz für die Agiofarango-Schlucht. Von hier sind es noch rund 1,8 km zu Fuß zum Meer. Ein kleiner Hinweis: Am besten parkt man sein Auto nicht im Schatten von Bäumen – manchmal springen dann Ziegen aufs Dach, um an die Blätter zu kommen. In einem kleinen Café hier sind Erfrischungen erhältlich.

Der Weg führt durch mäandernde Wände aus geschichtetem rotem Fels – falsch abbiegen kann man eigentlich nicht, da die Schlucht einen auf Kurs hält, sodass man also nur einfach geradeaus durchs Flussbett gehen muss. In der Schlucht wächst Oleander; den Soundtrack bilden der Gesang der Vögel und das Klingeln der Ziegenglöckchen.

Rund 250 m vor dem Strand steht die byzantinische **Agios-Antonios-Kirche** aus dem 14. Jh. in prächtiger Einsamkeit. Früher gab es hier ein Kloster. In der Schlucht lebten einst vollkommen isoliert voneinander rund 300 Eremiten. Neben der Kirche gibt es einen Brunnen, die einzige Wasserquelle der Eremiten. Weitere 50 m auf der linken Seite auf dem Weg Richtung Meer ist die **Goumenospilios-Höhle** zu sehen. Hinter dem niedrigen, kleinen Eingang ist sie 9 m hoch und hat eine 7 m breite konische Decke. Hier lebte einst der hl. Antonius und der Überlieferung zufolge trafen sich hier einmal im Jahr die Eremiten und erfuhren auf diese Weise, wer in den letzten zwölf Monaten verstorben war. In der Höhle befindet sich eine einzige Ikone. Nach 200 m erreicht man am Meer den hübschen **Agiofarango-Strand**.

Schlafen & Essen

Pension Aretoussa PENSION €

(☎28920 45555; www.pensionaretoussa.com; Hauptstraße; EZ/DZ mit Frühstück ab 34/40 €; P📶👪) Dieses alte Steinhaus mit vielen Bäumen und Blumen heißt seine Gäste in 17 frisch herausgeputzten Zimmern mit Mückennetzen über den Betten willkommen. Einige haben Zugang zu einem Garten – ideal für Familien. Wer lärmempfindlich ist, sollte die Zimmer zur Hauptstraße raus meiden (auch wenn die etwas billiger sind). Frühstück wird auf der gemütlichen Veranda serviert. Nette Betreiber, die auch Englisch sprechen.

Raftis MEDITERRAN €€

(www.facebook.com/raftisrestaurant; Hauptgerichte 6,50–23,50 €; ⏲Mai & Okt. 18–23 Uhr, Juni–Sept. Mi–Mo 18–23 Uhr; 📶) 🌿 Dieses kleine Lokal bringt moderne mediterrane Gerichte nach Pitsidia. Das Raftis punktet nicht nur mit einem hübschen Ambiente mit Zitronenbäumen und einem eigenen Gemüsegarten, sondern auch mit erstklassiger Bio-Küche, die man sonst selten findet, und Gerichten wie Rindslende in Walnuss-Pfeffer-Kruste; es sind auch vegane Speisen erhältlich.

Mike's Taverna KRETISCH €€

(☎28920 45007; Hauptgerichte 7,50–16 €; ⏲März–Mitte Nov. 18–23.30 Uhr; 📶) Die schlicht gehaltene Taverne unweit vom Dorfplatz ist ein herrliches Plätzchen, um abends abzuhängen und die Ereignisse des Tages bei einem Glas Wein und einfachen, aber köstlichen lokalen Leckerbissen Revue passieren zu lassen.

Sivas Σίβας

Nördlich von Pitsidia, 2 km von der Hauptstraße landeinwärts, liegt das hübsche, heimelige Dorf Sivas mit vielen Steingebäuden unter Denkmalschutz und einem schmucken, von Tavernen gesäumten Hauptplatz.

Sehenswertes

Agia Marina Donkey Sanctuary TIERSCHUTZGEBIET

(☎28929 42556; www.agia-marina-donkeyrescue.com; Petrokefali; ⏲Di–Fr 10–13.45 & 17–19, Sa 10–14 Uhr) GRATIS Dies ist ein Mekka für Tierfreunde. Die Leute des unter neuseeländischer Leitung stehenden Agia Marina Donkey Sanctuary kümmern sich leidenschaftlich um herrenlose Esel. Zur Zeit der Recherche waren hier 22 Esel in Obhut, dazu Gänse, Ziegen, Hunde und mindestens ein Pfau. Besucher erfahren etwas über die Lebensgeschichten der Esel und können den Tieren auf verschiedene Weise Gutes tun. Achtung: Die Öffnungszeiten werden strikt eingehalten – viele der Esel sind alt und brauchen ihre Ruhe.

ABSEITS DER ÜBLICHEN PFADE

KAPETANIANA ΚΑΠΕΤΑΝΙΑΝΑ

Im Herzen des Asterousia-Gebirges, das sich an der gesamten Südküste des Bezirks Iraklion entlangzieht, klebt an den Hängen des höchsten Gipfels Kapetaniana, ein abgeschiedenes, autofreies Bergdorf und ein Mekka für Kletterer und Wanderer. Die letzten 8 km der Straße winden sich kurvenreich hinauf in die Berge – eine der spannendsten Autostrecken Kretas.

Trotz seiner geringen Größe – es hat nur rund 80 Einwohner – ist Kapetaniana mit einer der interessantesten Unterkünfte Kretas gesegnet, dem **Thalori Retreat** (☎28930 41762; www.thalori.com; Kapetaniana; Studio/Apt. ab 70/85 €; ❄📶🏊👪). Die Eigentümer Marcos und Popi haben dem sterbenden Dorf neues Leben eingehaucht. Traditionelle Steinhäuser wurden renoviert und in stimmungsvolle Unterkünfte mit moderner Behaglichkeit verwandelt. Es gibt 15 traditionelle Häuschen und sieben eigens errichtete, schicker designte Studios – in Nr. 2 und 3 blickt man vom Bett auf den Berg Kofinas. Es können Ausritte (25 € pro Std.), Querfeldein-Jeeptouren, geführte Besteigungen des Kofinas (35 € pro Pers.), Bootstouren (350 € für bis zu 4 Pers.) und Kochunterricht (25 €) organisiert werden. Im angeschlossenen Restaurant, dem einzigen des Orts, werden deftige kretische Speisen (Hauptgerichte 8,50–12,50 €) serviert.

Öffentliche Verkehrsmittel fahren bis Agioi Deka 18 km nördlich von Kapetaniana, sodass man also ein eigenes Fahrzeug benötigt. Auf den letzten 8 km in Ortsnähe muss man besonders vorsichtig fahren: Die Straße besteht aus kaum mehr als einer schmalen Fahrspur und windet sich kurvenreich über die Berge.

Der Besuch des Reservats ist kostenlos, aber es werden gern Spenden angenommen und außerdem Souvenirs mit Eselsmotto verkauft; wer möchte, kann auch einen Esel sponsern. Das Reservat ist an der Straße von Matala nach Mires ausgeschildert, rund 1 km von Petrokefali Richtung Matala.

Moni Odigitrias KLOSTER
(www.imodigitrias.gr; Festos; ⏲6–18.30 Uhr) GRATIS Moni Odigitrias, 6 km südlich von Sivas, ist ein altes Kloster mit einem Turm, von dem aus die Mönche Türken, Deutsche und nicht zuletzt den einen oder anderen Piraten in die Flucht schlugen. Wer den Weg über die wacklige Leiter nicht scheut, kann von oben die traumhafte Aussicht genießen. Anschließend bietet sich ein kurzer Rundgang durch das kleine Museum mit seinen Wein- und Olivenpressen an, gefolgt von der Besichtigung der Fresken und Ikonen aus dem 15. Jh. in der Kirche oben am Hang.

Schlafen & Essen

Sigelakis Studios APARTMENTS €
(☎6974810905; www.sigelakis-studios.gr; Studio/Apt./Cottage ab 45/50/70 €; P ❄ 📶) Von den Terrassen der schönen Apartments mit einem Schlafzimmer im traditionellen kretischen Stil am Ortsrand von Sivas bieten sich fantastische Ausblicke. Eigentümer Giorgos hat inzwischen auch noch vier neue Studios mit kleiner Küche sowie eine Handvoll schöner Steinhäuschen gebaut. Außerdem betreibt er die gleichnamige Taverne.

Horiatiki Spiti APARTMENTS €€
(☎28920 42004; www.horiatiko-spiti.de; Studio 45 €, Apt. 75 €; P 📶) Dieses von den reizenden Eigentümern Maria und Michales geführte, umgebaute Wohnhaus (in dem Maria aufgewachsen ist) hat verschiedene historische Elemente bewahrt wie einen alten Brunnen und einen Holzofen im hübschen Garten. Das Haus umfasst heute vier einfache, aber heimelige Studios und ein größeres Apartment mit steiler Treppe. Besonders ansprechend sind die Studios oben mit Terrasse.

Taverna Sofia TAVERNE €
(☎6932242900; www.sactouris-sivas.com; Hauptgerichte 6,50–12,50 €; ⏲12–1 Uhr; 📶) Die ehemalige Taverna Sactouris ist die am traditionellsten aussehende Taverne am Hauptplatz. Sie tischt hervorragende Salate und Gemüsegerichte auf, für die manchmal Wildkräuter verwendet werden, die Küchenchef Giannis höchstpersönlich in Wald und Wiese zupft. Nach Voranmeldung bereitet er auch eine verführerische Fischsuppe zu.

Taverna Sigelakis TAVERNE €
(Hauptgerichte 6–9 €; ⏲17–23 Uhr; 📶) Diese Taverne etwas nördlich vom Hauptplatz ist nicht so hübsch gelegen wie einige der Tavernen im Ortskern von Sivas, bietet aber eine tolle Palette an traditionellen Gerichten, z. B. köstliches Ziegenfleisch in Tomatensauce.

Kamilari Καμηλάρι

Das schöne kleine Dorf Kamilari, 8 km von Matala, ist auf drei Hügeln erbaut und bietet Zugang zu den Stränden um das nahe Kalamaki. Besonders beliebt ist der Ort bei Deutschen, die hier einige Ferienhäuser haben – je länger man bleibt, desto besser erschließt sich einem der besondere Reiz des Orts. Hervorragende Tavernen und ein uriges *kafenion* sorgen für erstklassige Verköstigungsmöglichkeiten. Außerdem gibt es hier eine gut erhaltene, aber eingezäunte minoische Grabstätte.

Sehenswertes

Minoische Grabstätte ARCHÄOLOGISCHE STÄTTE
(⏲24 Std.) GRATIS Inmitten von Feldern außerhalb von Kamilari befindet sich eine kreisrunde, außergewöhnlich gut erhaltene minoische Grabstätte mit 2 m hohen Steinmauern. Nebenräume wurden zu rituellen Zwecken verwendet. Um hierher zu gelangen, folgt man den Schildern nach Tymbaki und hält hinter einer kleinen weißen Kirche Ausschau nach Schildern rechts und nach 500 m noch einmal links. Eine unbefestigte Straße führt von hier aus rund 1,2 km durch die Olivenhaine – auch als Spaziergang sehr angenehm.

Schlafen & Essen

★ **Aloni Apartments** APARTMENTS €
(☎6934404574; www.aloni-kamilari.net; Studio 40 €; P ❄ @ 📶) Die vier kompakten Studio-Apartments mit einer Einrichtung in Blau und Weiß sind einfach, verfügen aber über wunderbar geschmackvolle Betten, moderne Bäder, von Kletterwein überdachte Veranden und Küchenbereiche zur Zubereitung eines Picknicks. Jede Unterkunft ist mit Gemälden der argentinischen Frau des Eigentümers geschmückt. Außerdem gibt's eine tolle kleine Sonnenterrasse.

Asterousia APARTMENTS €
(☎28920 42832; www.asterousia.com; Studio/Apt. ab 40/50 €; ❄ 📶) Stress ade, so könnte das Motto dieser zauberhaften Unterkunft lauten. Geführt wird sie von Monica und

ABSEITS DER ÜBLICHEN PFADE

DIE WÜRZE DES LEBENS

Eine tolle Adresse in der südlichen Provinz Iraklion ist das familiengeführte Geschäft **Botano** (www.botano.gr; ⌚ April–Okt. 10–19 Uhr, Nov.–März Di, Do & Fr 10–14 & 17–19 Uhr, Mo, Mi & Sa 10–14 Uhr) im winzigen Dorf Kouses: Es lockt mit kretischen Gewürzen und Tees aus den eigenen Bio-Gärten sowie fair gehandelten scharfen Saucen, aromatisiertem Meersalz, Naturkosmetik und ätherischen Ölen aus ganz Griechenland, darunter roter Safran aus Kozani.

Giorgos, die ihre Liebe für die Natur und die einfachen Dinge im Leben an die Gäste weitergeben möchten. Passend dazu sind die etwas in die Jahre gekommenen Studios und Apartments auch recht schnörkellos, aber hier geben die Gastgeber eindeutig den Ausschlag. Man spricht Französisch, Englisch und Deutsch.

★ Pizza Ariadni ITALIENISCH €
(☎28920 42439; Pizza 7,50–11 €; ⌚ Mai–Okt. 19–1 Uhr; 📶) Schon seit über 20 Jahren knetet Manolis für eine treue Kundschaft Pizzateig. Diese wird nicht nur angelockt von der schönen, kerzenbeschienenen Gartenterrasse, sondern auch von der ausgezeichneten Pizza aus dem Backsteinofen. Manolis erlernte sein Handwerk bei einem Italiener.

Später am Abend kommen die Gäste dann in Partylaune.

Kentrikon CAFÉ €
(www.facebook.com/pg/kentrikonkafeneio; ⌚ Mo–Sa 16–1 Uhr; 📶) Das Kentrikon ist ein schönes, freundliches, aus Stein gebautes *kafenion* von 1922 an der schmalen Hauptstraße. Es ist mit alten Fotos von Familien aus dem Dorf geschmückt und eignet sich gut für ein Frühstück, einen Schlummertrunk oder irgendwas dazwischen. Wie die freundliche Betreiberin Irini erklärt, folgt das Café seinem ganz eigenen Tagesrhythmus: Erst kommen die Touristen, dann die älteren Herren zum Tratschen bei einem Kaffee und schließlich bis in die Morgenstunden die Dorfjugend.

Taverna Acropolis TAVERNE €€
(Hauptgerichte 6–13 €; ⌚ April–Okt. 15–24 Uhr; 📶) Die entspannte Taverne in einem historischen Gemäuer ist toll für einen Drink vor oder nach dem Abendessen. Die Wände sind mit allen möglichen Kunstwerken geschmückt und die Einrichtung zeugt vom unaufdringlich guten Geschmack der Wirtsleute. Das gilt auch für das gesunde griechische Essen, das wirklich sehr gut ist: In der Küche kann man sich aus dem Tagesangebot etwas aussuchen. Schöne Terrasse mit Dorfblick.

Kalamaki Καλαμάκι

Mit seinen langen Sandstränden und der ansprechenden Lage 7 km von Matala erfüllt Kalamaki sämtliche Bedingungen eines begehrten Urlaubsresorts. Trotz mehrerer halbfertiger Bauten ist dies ein netter, ruhiger Ort mit preiswerten Unterkünften und relaxten Einheimischen. Die mit Tavernen und Lounge-Bars gespickte Strandpromenade ist toll zum Spazierengehen und wer gut zu Fuß ist, kann am Wasser entlang bis zum Kommos-Strand wandern. Viele Einrichtungen im Ort haben von Dezember bis Februar geschlossen.

Schlafen & Essen

★ Arsinoi Studios APARTMENTS €
(☎28920 45475, 6986858923; www.arsinoi-studios.gr; Studio 36–40 €, Apt. 35–85 €; P ❄ 📶) Es wäre eigentlich nur ein weiteres Apartmentgebäude in Strandnähe, gäbe es da nicht die überaus freundliche Gastgeberfamilie Papadospiridaki. Sofort stellt sich ein heimeliges Gefühl ein, wenn einen die großherzige Noi in eins der blitzsauberen, geräumigen Gästezimmer führt, in denen als weiterer Willkommensgruß eine Schale mit Obst vom Familienbauernhof steht.

★ Yiannis KRETISCH €
(mehrgängiges Menü 10–17 €; ⌚ April–Nov. 12–1 Uhr) Etwas für Leute, die sich nach altmodischem Lokalkolorit sehnen. Das spartanisch eingerichtete Restaurant einen Block landeinwärts vom Kalamaki-Strand besteht schon seit über 30 Jahren. Dank seiner leckeren *mezedhes* und des liebenswert-exzentrischen Eigentümers genießt es bei Einheimischen und Stammgästen Kultstatus.

Italiana ITALIENISCH €
(☎28920 29236; www.facebook.com/italianakalamaki; Pizza 7–10,50 €; ⌚April–Okt. Di–So 9–23.30 Uhr, Nov.–März Fr–So 9–23.30 Uhr; 📶) Jean-Marc ist ein französisch-italienischer Gastronom, der in Spanien Englisch gelernt hat – beste Voraussetzungen, um hier auf Kreta Pizza und Pasta zu kredenzen. Die

Pizza wird auf einem holzbeheizten rotierenden Pizzastein gebacken, der aus Italien importiert wurde. Auf der Karte stehen außerdem Pasta, Risotto, Gnocchi und Hauptgerichte wie römische Saltimbocca mit Zitrone oder Marsala-Scaloppini.

Lentas Λέντας

80 EW.

Lentas besticht durch Abgeschiedenheit und relaxtes Urlaubsfeeling. Der Weg in das kleine Küstendorf, das wie ein Adlerhorst in den Felsen nistet, führt über ein kurvenreiches Sträßchen, das auf den letzten paar Kilometern hinunter zum Strand einige schwindelerregende Ausblicke bietet. Der Ort zieht vor allem Stammgäste und Individualreisende an, deren Reisekasse vielleicht nicht so prall gefüllt ist. Abgesehen von der Sonne und ein paar Strandbars und Tavernen ist hier nicht viel los.

Sehenswertes

Asklepios-Heiligtum ARCHÄOLOGISCHE STÄTTE

(Di–So 8.30–15.30 Uhr) GRATIS Unter den Römern war Lebena, das heutige Lentas, ein wegen seiner heilsamen Quellen geschätzter Kurort. Die antike Siedlung lag direkt oberhalb des Strands, aber ihre einzigen Überreste sind zwei Granitsäulen eines Tempels aus dem 4. Jh. v. Chr. sowie ein paar verstreute Säulen. Neben dem Tempel befand sich ein Schatzamt, dessen Mosaikboden noch sichtbar ist. Ansonsten lässt sich kaum etwas erkennen und die Quellen wurden in den 1960er-Jahren geschlossen. Ganz in der Nähe steht noch die byzantinische Kirche St. Johannes.

Strände

Der Dorfstrand ist schmal, steinig und nicht besonders reizvoll, aber nicht weit entfernt locken bessere Strände.

Loutra STRAND

Etwa 5 km östlich von Lentas liegt der hübsche, aber felsige Strand Loutra, wo auch der schöne, 6 km lange Wanderweg durch die Trakhoula-Schlucht nach Kronos beginnt. Der Strand erstreckt sich zwischen zwei ins Meer ragenden Landzungen und ist wohl der am eindrucksvollsten gelegene von Lentas; außerdem gibt's hier eine kleine Marina.

Diskos STRAND

Rund 1 km westlich des Dorfs liegt hinter der Landzunge ein schöner, langer Strand mit Namen Diskos (oder Dytikos), der besonders bei Nudisten beliebt ist.

Schlafen

Wenn Lentas irgendetwas hat, dann Unterkünfte. Die Auswahl ist groß – Apartments, Bungalows, Zimmer – und die Preise liegen niedriger als in anderen Teilen der Provinz Iraklion.

Villa Tsapakis APARTMENTS €

(6947571900, 28920 95378; www.villa-tsapakis.gr; EZ/DZ/3BZ 25/35/45 €, Studio/1-Schlafzi.-Apt. ab 40/50 €; P) Hinter der Landzunge liegt am herrlichen (überwiegend FKK-) Sandstrand von Diskos diese blumenerfüllte Oase mit gut ausgestatteten, preiswerten Studios um einen Innenhof, alle mit Küche und Balkon.

Außerdem gibt's ein Café, ein Yogastudio und ein Restaurant am Meer mit traditioneller Küche (Hauptgerichte 6–19 €).

Casa Doria HOTEL €€

(6972648013; www.casadoria.net; DZ/3BZ mit Frühstück 85/100 €; April–Okt.; P) Es gibt abgeschieden und es gibt die Casa Doria: Das selbst ernannte „Slow Life"-Hotel bietet sieben individuell und leicht schräg eingerichtete Zimmer in Zen-artiger Schlichtheit, eindrucksvoll gelegen mit Blick aufs himmelblaue Meer und das an ein Krokodil erinnernde Kap. Die Hauptattraktion sind jedoch die charismatischen italienischen Betreiber und das Restaurant, das mediterrane Geschmackserlebnisse liefert (es wird auch Kochunterricht geboten; 30 €). Halbpension kostet 15 € extra.

Außerhalb der Hauptsaison sinken die Preise erheblich. Die Nähe zur Trakhoula-Schlucht macht das Hotel zur idealen Basis für Wanderer, Kletterer und Mountainbiker. Die Casa Doria liegt etwa 3 km von Lentas entfernt und ist an der ersten Abzweigung aus dem Ort Richtung Osten, der Straße von Loutra nach Trakhoulas, ausgeschildert.

Essen

Wie zu erwarten, haben die Tavernen und Cafés am Strand in erster Linie Fisch und Meeresfrüchte im Angebot, aber es werden auch internationale Gerichte serviert, darunter einige aus Bio-Zutaten.

★ Taverna Casa Doria ITALIENISCH €€

(6972648013; www.casadoria.net; Loutra; Hauptgerichte 7–14 €; 13–14.30 & 19.30–21 Uhr;) Da die Betreiber Italiener sind, überrascht es kaum, dass die Geschmacksnerven hier (3 km vom Ort) einige Mailänder Aromen zu spüren bekommen. Isabellas hausgemachte Pasta ist göttlich, genauso ihre Hauptgerichte wie *vitello tonnato* (mit Schweinelende statt Kalb und mit Thunfisch und Kapern). Aber auch fürs Dessert sollte man Platz lassen, besonders für die *panna cotta* (4 €) oder das Tiramisu (4 €).

Porto Lentas FISCH & MEERESFRÜCHTE **€€**
(☎6982379199; Hauptgerichte 7–14 €; ⏲8–1 Uhr; 📶) Das einfache Fischrestaurant am westlichen Ende des Strands von Lentas ist so nah am Meer, dass selbiges manchmal hineinspült. Zwar ist die Küche hier nicht sterneverdächtig, doch wem der Sinn nach einer Mahlzeit am Strand mit Blick aufs Meer steht, ist hier genau richtig.

Praktische Informationen

Der Ort hat ein paar kleine Läden und einen Geldautomaten.

An- & Weiterreise

Um nach Lentas zu kommen, muss man in Mires umsteigen. Montags bis samstags verkehrt zwischen Mires und Lentas (4 €, 1 Std.) ein Bus pro Tag. Ein Taxi von Mires kostet etwa 40 € (80–100 € von Iraklion).

Am besten lässt man den Wagen auf dem Parkplatz am Ortseingang stehen. Rechts geht's zum Hauptplatz. Die Busse halten vor dem Parkplatz. Lentas hat keine Tankstelle.

DIE NORDOSTKÜSTE

Seitdem 1972 die Nationalstraße entlang der Nordküste ihren Betrieb aufnahm, ist der Küstenabschnitt zwischen Iraklion und Malia Schauplatz schwindelerregender, ungebremster Bautätigkeit, insbesondere in den Küstenorten Chersonisos und Malia. Die Hotels sind fast ausschließlich das Refugium von Pauschaltouristen, die ihre Hotelzimmer bereits Monate im Voraus buchen. Für Individualreisende sind die Dörfer oberhalb von Chersonisos (Koutouloufari, Piskopiano und Alt-Chersonisos) die verlockendsten Orte in dieser Gegend.

Während es in Chersonisos einige familienfreundliche Unterhaltungsangebote gibt, darunter Erlebnisbäder, ist Malia in erster Linie eine Partydomäne. Gleichzeitig befindet sich hier aber auch die einzige bedeutsame historische Stätte der Gegend, der wundervolle minoische Palast.

Busse verbinden sämtliche Küstenorte entlang der Alten Nationalstraße im Abstand von höchstens 30 Minuten. Wer die Gegend ganz und gar meiden möchte, rauscht einfach auf der Autobahn E75 an ihr vorbei.

Gournes & Umgebung

Gournes, etwa 15 km östlich von Iraklion, war lange Zeit durch einen riesigen Stützpunkt der US-Luftwaffe geprägt, bis dieser 1994 geschlossen wurde.

Sehenswertes & Aktivitäten

Dinosauria Park FREIZEITPARK
(☎2810 332089; www.dinosauriapark.com; International Exhibit Centre, Gournes; Erw./Kind 10/8 €; ⏲10–18 Uhr) Dieser vergnügliche und zugleich lehrreiche Freizeitpark spricht sicher nicht nur Kinder an. Man betritt einen Zeittunnel (mit Erläuterungen unterwegs) und kommt in der Welt der Saurier wieder heraus, komplett mit röhrenden lebensgroßen Nachbildungen.

Watercity WASSERPARK
(☎28150 00200; www.watercity.gr; Anopolis; Erw./Kind bis 140 cm/Kind bis 90 cm 27/18,50 €/frei; ⏲Mai & Sept. 10–18 Uhr, Juni–Aug. bis 18.30 Uhr, Okt. bis 17.30 Uhr) Dieser kleine Vergnügungspark befindet sich rund 12 km östlich von Iraklion in Anopolis. Zwar hat er schon bessere Tage gesehen, aber an einem heißen Sommertag bietet er immer noch jede Menge Spaß. Die meisten Attraktionen richten sich an Kinder unter zehn Jahren, doch einige wie der Kamikaze-Tunnel und das Hydro Tubes & Free Fall bieten auch Erwachsenen echten Nervenkitzel.

Chersonisos Χερσόνησος

26 700 EW.

Chersonisos, etwa 25 km östlich von Iraklion, hat sich vom kleinen Fischerdorf zu einem der größten und meistbesuchten Touristenorte Kretas gemausert und wird im Sommer regelrecht überrannt. An der Hauptstraße reihen sich Hotelkolosse und Ferienapartment-Hochhäuser sowie laute Bars, Cafés, Souvenirläden, Diskos, Fastfood-Restaurants, Reisebüros und Quadbike-Verleiher aneinander. Der beste Strand hier ist der urige Sarandaris-Strand.

Um dem Trubel zu entgehen, kann man sich den Berg hoch in einem der drei benachbarten Dörfer Koutouloufari, Piskopiano und Alt-Chersonisos einmieten. Auch

ABSEITS DER ÜBLICHEN PFADE

EINE UNHEIMLICHE HÖHLE

Die **Skotino-Höhle** (Gouves; ⌚unterschiedlich), wegen der über ihr errichteten Kapelle auch Agia-Paraskevi-Höhle genannt, ist eine der größten Höhlen Kretas und obendrein schön schaurig. Ein gähnender Schlund öffnet sich zu einer dunklen Kammer, die hoch wie eine gotische Kathedrale und mit Stalaktiten, Stalagmiten und massiven Kalksteinformationen übersät ist. Wer seiner Fantasie freien Lauf lässt, erkennt im Dämmerlicht alle möglichen Figuren (einen Bären, einen Drachen, einen Kopf).

Besucher ohne Taschenlampe und Erfahrung als Höhlenforscher sollten besser nicht mehr weiter vorstoßen, denn die Grotte reicht noch 15 m tiefer ins Innere, wo es stockfinster wird.

Die Skotino-Höhle wurde erstmals 1933 von Arthur Evans erforscht. Spätere Ausgrabungen förderten Vasen, Nähnadeln aus Knochen und Figurinen zutage. Das Alter der Gegenstände reicht bis in die Zeit der Minoer zurück und legt die Vermutung nahe, dass die Höhle eine Kultstätte war. Bis zum heutigen Tag hinterlassen Pilger hier Votiv- und Opfergaben.

Der Eintritt ist frei, es gibt keinen Wächter und nur wenige Besucher. Wer aber den Weg hierher findet, muss unbedingt festes Schuhwerk tragen und sehr vorsichtig einen Fuß vor den anderen setzen.

Die Grotte liegt in der Nähe des Dorfs Skotino, 8 km landeinwärts von Kato Gouves. Ungefähr 1 km hinter Skotino steht an der Ausfahrt Richtung Höhle ein Schild mit der Aufschrift „Cave of Agia Paraskevi". Bis zum Eingang sind es dann noch 2,3 km.

diese Dörfer sind touristisch erschlossen, haben sich aber noch einigen Charme bewahrt und verfügen über ausgezeichnete Tavernen und Unterkünfte.

Sehenswertes & Aktivitäten

★ Freilichtmuseum Lychnostatis MUSEUM

(www.lychnostatis.gr; Erw./Kind 6/2 €; ⌚April–Okt. So–Fr 9–14 Uhr) Dieses familienbetriebene Freilicht-Volkskunstmuseum in traumhafter Meereslage am Ostrand von Chersonisos ist die bemerkenswert authentisch wirkende Nachbildung eines traditionellen kretischen Dorfs. Die verschiedenen Dorfgebäude wie eine Windmühle, ein Schulhaus und eine Bauernkate wurden von Orten auf ganz Kreta hierherverfrachtet. In einigen Häusern finden Vorführungen im Weben, Töpfern und Pflanzentrocknen statt, auch im Olivenölpressen und Rakibrennen. Außerdem gibt's Obst- und Kräutergärten sowie eine Bühne, auf der Musik und Tanz geboten werden. Besucher können sich einer Führung anschließen oder einen Audio-Guide (2 €) ausleihen; und außerdem steht ein Café zur Verfügung.

Arion Stables REITEN

(☎6973733825; www.arionstables.com; Archangelou Michail Chersoniso; 40 € pro Std.; ⌚Di–So 8–20 Uhr; 👪) Der von den leutseligen Zara und Georgio geführte nette kleine Reitstall in den Hügeln zwischen Chersonisos und Analipsi wird allenthalben für seine liebevolle Behandlung der Tiere und seine Ausritte über Land und am Strand entlang gelobt. Auf dem Hof gibt's auch noch andere Tiere, von denen viele vor dem Verderben gerettet wurden, sowie einen Spielplatz und eine Taverne.

Acqua Plus WASSERPARK

(☎28970 24950; www.acquaplus.gr; Straße Chersonisos–Kastelli; Erw./Kind 27/17 €; ⌚Mai, Juni, Sept. & Okt. 10–18 Uhr, Juli & Aug. bis 19 Uhr; 👪) Griechenlands ältester Wasserspielplatz kann sein Alter trotz einer Erweiterung und Modernisierung nicht verleugnen, doch hier kann man nach wie vor ein paar Stündchen Spaß haben. Der Park ist unterteilt in einen Erwachsenenbereich mit Attraktionen, die für Adrenalin-Junkies konzipiert sind, wie Extremwasserrutschen namens „Tsunami" und „Kamikaze" sowie einen Bereich für Kinder mit Pools, Spielplätzen, einer Hüpfburg und Dingen mit weniger Nervenkitzel wie dem 270 m langen „Lazy River".

Schlafen

Koutouloufari, Piskopiano und Alt-Chersonisos bergan von Chersonisos bieten eher reizende Bungalows als Ferienanlagen und Apartmenthäuser.

Villa Iokasti APARTMENTS €€
(☎ 28970 22607; www.iokasti.gr; Varnali 10, Koutouloufari; Studio 75 €, 1-/2-Schlafzi.-Apt. 98/145 €;) Die 20 modernen, hellen Studios, kleinen Suiten und Apartments mit Balkonen und fröhlichen Farbakzenten in Aquamarin und Ocker liegen in hübscher Gartenumgebung abseits der Hauptstraße am Dorfende von Koutouloufari und verströmen das Flair eines Dorfs im Dorf.

Balsamico Suites APARTMENTS €€
(☎ 28970 23323; www.balsamico-suites.gr; Alt-Chersonisos; Suite mit Frühstück ab 89 €;) Der Steinkomplex verbindet altmodischen Charme mit modernen Annehmlichkeiten wie Smart-TVs und Föhnen. Die 17 gut geschnittenen Suiten sind mit dunklem Holz eingerichtet und verfügen über Balkone.

★ **Villa Ippocampi** APARTMENTS €€€
(☎ 28970 22316; www.ippocampi.com; 4g Seferi, Koutouloufari; Apt. 150–190 €;) Diese relaxte niederländisch-griechische Unterkunft hat reichlich Stil und verzaubert einen von dem Augenblick an, in dem man die Lavendelbüsche und den Pool hinter sich gelassen hat. Die Apartments sind allesamt in kräftigem Blau und Weiß gehalten. Stellt sich nur noch die Frage: Soll man am Pool abhängen oder lieber mit den reizenden Betreibern Lydia und Nikos plaudern?

Essen

Wer ein authentisches Geschmackserlebnis schätzt, lässt die praktisch identischen Touri-Tavernen von Chersonisos links liegen und schaut nach, was weiter oben am Hang in Koutouloufari und Piskopiano auf dem Küchenzettel steht. Hier gibt's zum Abendessen einen ganzen Tisch voller traditioneller *mezedhes*.

★ **David Vegera** KRETISCH €
(Piskopiano; Mezedhes 4,50–10 €; ⏲ Mo–Sa 17–24 Uhr;) Ein fabelhaftes Restaurant in einem alten *kafenion* mit munterer Stimmung, da Griechen und Urlauber den Laden bevölkern, sobald er öffnet. David Vegera machte das Lokal 1954 auf und heute ist sein Urenkel am Betrieb beteiligt. Hier werden altmodische *mezedhes* serviert – schnörkellos und zügig.

Taverna Areston TAVERNE €€
(☎ 28970 23453; Eleftherias 60; Mezedhes 2,50–5,50 €, Hauptgerichte 7–15 €; ⏲ 12–24 Uhr;) Weit entfernt von den Touristenpfaden verköstigt diese Taverne eingezwängt an einer Straße zwischen Piskopiano und Chersonisos die Einheimischen, die hier oft Taufen und andere Familienfeste feiern – dies ist eine der wenigen authentischen Tavernen der Gegend.

Kostas Tavern Meze KRETISCH €€
(☎ 28970 237125; Gianni Ritsou 3, Piskopiano; Mezedhes 3–5 €, Hauptgerichte 5,50–13,50 €; ⏲ Mitte April–Okt. 13–1 Uhr;) Wer sich in Piskopiano und Koutouloufari von den Lokalen an der Straße ablenken lässt, was leicht passieren kann, wird an diesem Juwel am Kirchplatz oberhalb der Hauptstraße einfach vorbeilaufen. Kostas und seine Familie sind auf traditionelle *mezedhes* wie gebackenen Feta, Favabohnen-Dip, unglaublich weiche gefüllte Weinblätter und fantastisches *dakos* (Zwieback) spezialisiert, bestens passend zu Wein und Ouzo.

Ausgehen & Nachtleben

Als echter Badeort ist Chersonisos mit allen möglichen abendlichen Zerstreuungen gesegnet: Die Hauptmeile am Meer ist von Cafés, Bars, Pubs, Clubs und sogar einem Kabarett gesäumt. Mehr Atmosphäre haben allerdings die ein, zwei Kneipen in Koutouloufari und Piskopiano.

Shoppen

Maria Sanoudaki Ceramic Studio KERAMIK
(www.facebook.com/sanoudaki; Isiodou, Alt-Chersonisos; ⏲ 11–20 Uhr) Marias kreative Töpferwaren aus Alt-Chersonisos, oft in sanften griechischen Blautönen, sind das Gegenstück zur touristischen Massenware: Es handelt sich um schöne kunsthandwerkliche Erzeugnisse, die einen später immer gern an die größte griechische Insel zurückdenken lassen. Zu haben sind z. B. Zierteller, Kühlschrankmagneten, Vasen und Keramikblumen.

An- & Weiterreise

Vom KTEL-Busbahnhof Heraklion-Lassithi (S. 189) in Iraklion fahren mindestens halbstündlich Busse nach Chersonisos (3,30 €, 40 Min.). Für die Rückfahrt fahren Busse von der **Haltestelle 19 (West)** (Palio EO Iraklio-Agios Nikolaos) Richtung Westen an der Hauptstraße entlang. Die Busse Richtung Osten nach Malia und Agios Nikolas halten an der **Haltestelle 19 (Ost)** (Palio EO Iraklio-Agios Nikolaos) auf der anderen Straßenseite.

An der Sanoudaki gleich bei der Hauptstraße gibt's einen **Taxistand** (Sanoudaki). Das Parken oben in Alt-Chersonisos, Koutouloufari und

Piskopiano ist chaotisch, aber unten in Chersonisos gibt's gleich hinter der Hauptstraße einen kostenlosen **Parkplatz**.

Malia Μάλια

5400 EW.

Die Partyszene von Malia 34 km östlich von Iraklion muss man nicht lange suchen – sie drängt sich einem nämlich von allen Seiten auf, der kleine Ort ist für seine gute Laune bekannt. Stimmungsvoller und ruhiger ist die Altstadt von Malia mit ihrem typischen Labyrinth aus engen Gassen. Die Ruinen des minoischen Palasts von Malia außerhalb des Orts zählen zu den Kulturattraktionen der Gegend. In der Nähe des Palasts liegt der hübsche und nicht so volle Strand Potamos.

Sehenswertes

★ **Palast von Malia** ARCHÄOLOGISCHE STÄTTE
(Erw./erm./Kind 6/3 €/frei; ⏲Mai–Nov. Di–So 8–20 Uhr, Dez.–April Di–So bis 15 Uhr) Dieser Palast 3 km östlich von Malia entstand ungefähr zur gleichen Zeit wie die großen minoischen Paläste in Festos und Knossos. Der ältere Palast stammt aus der Zeit um 1900 v. Chr. Er wurde nach dem Erdbeben von 1700 v. Chr. wiederaufgebaut, nur um von einem weiteren Beben um 1450 v. Chr. erneut dem Erdboden gleichgemacht zu werden. Was heute zu sehen ist, sind größtenteils Überreste des neueren Palastes. Darin wurden viele erlesene minoische Gegenstände entdeckt, nicht zuletzt der berühmte **goldene Bienenanhänger** (S. 182).

Es ist relativ leicht, sich in der Palastanlage zurechtzufinden: Besucher erhalten einen kostenlosen Übersichtsplan und die gesamte Stätte ist mit Infotafeln versehen. Außerdem gibt es eine **Ausstellungshalle** gleich hinter dem Eingang. Die dort ausgestellten Fotos und maßstabsgetreue Modelle des zerstörten und wiederaufgebauten Komplexes helfen, sich eine Vorstellung vom Hauptpalast und der übrigen Anlage zu ma-

Palast von Malia

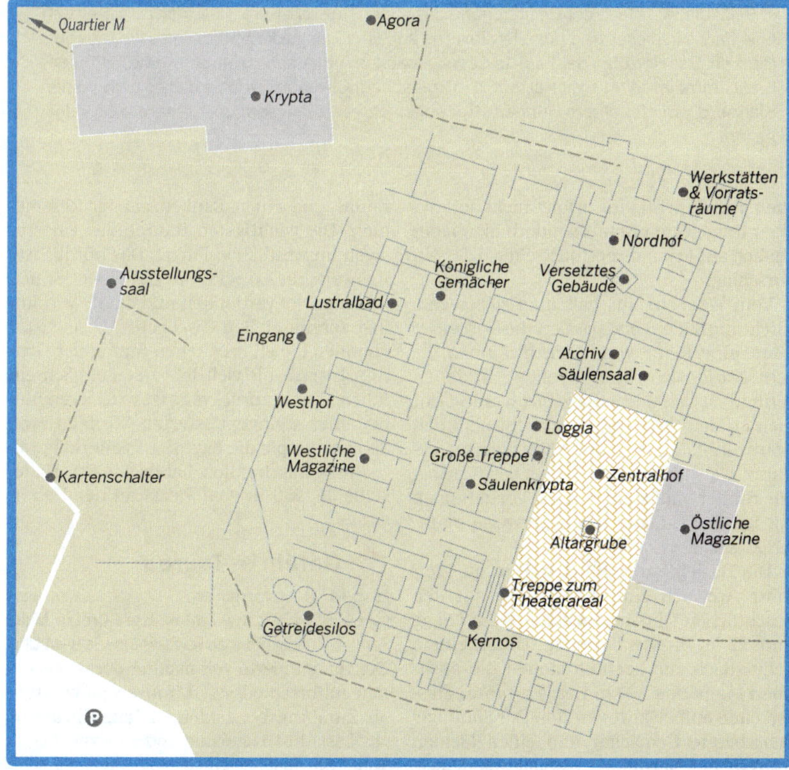

ABSTECHER

RICHTUNG LASSITHI-HOCHEBENE

Von Malia geht's auf der steilen Straße schnell hoch zur Lassithi-Hochebene, vorbei am entzückenden Dorf Krasi und dem Kloster von Kerá. Krasi verdankt seine Berühmtheit in erster Linie einer 2000 Jahre alten Platane mit dem sagenhaften Umfang von 16 m. Gleich daneben sprudelt aus einem Steinbecken eine Quelle und versorgt den Baum mit Wasser. Der wiederum spendet den Tavernentischen Schatten, die unter seinem riesigen Blätterdach aufgestellt sind.

Aposelemis-Damm Der Weg nach Krasí führt am umstrittenen Aposelemis-Staudamm vorbei, der 2012 fertiggestellt wurde. Das einst zwischen den Dörfern Potamies und Advou eingezwängte Dorf Sfendile wurde für die Eindämmung des Flüsschens Aposelemis überflutet. Der Stausee liefert den Großräumen Iraklion und Agios Nikolaos nun Trinkwasser. Je nach Wasserstand sind noch Häuserdächer und ein Teil der Dorfkirche von Sfendile zu sehen sowie eine zerschlissene griechische Fahne.

Kerá-Kardiotissas-Kloster (Panagía Kerá Pediádos; ⌚9–18 Uhr) Nach dem Aposelemis-Damm ist die nächste Etappe Kerá, Heimat eines der namhaftesten Klöster Kretas, Panagia Kardiotissa. Die winzige Klosterkapelle zieren Fresken aus dem 14. Jh., die Szenen aus dem Leben Christi und der Jungfrau Maria wiedergeben. Die Verehrung der Einheimischen gilt jedoch in erster Linie einer Ikone der Jungfrau mit Kind aus dem 18. Jh. Der Legende zufolge verschleppten die Türken sie dreimal nach Konstantinopel. Aber obwohl sie an eine Marmorsäule angekettet war, kehrte sie auf wundersame Weise jedes Mal wieder zurück.

Taverna Niki (☎28970 51204; www.nikitaverna.gr; Ano Kerá, Kerá; Hauptgerichte 5,50–12 €; ⌚9–22 Uhr; 📶) Nach der Besichtigung des nahen Klosters Kerá Kardiotissas bietet sich eine Pause in dieser traditionellen Taverne auf einer Hangecke 850 m vom Kloster entfernt an. Der Holzofen der Familie ist vollgepackt mit Blechen voller Schweine-, Hühner- und Lammfleisch und mit Kartoffeln in kretischem Olivenöl: Darin wird alles hinter einer Klappe, die mit feuchtem Hühnerfutter abgedichtet ist, langsam über mehrere Stunden gegart.

chen. Die Besichtigung erfolgt nicht anhand einer festgelegten Route, sondern man kann einfach auf Erkundungstour gehen. Hier ein Vorschlag:

Vom **Westhof** aus hält man sich rechts (Richtung Süden) und passiert die **Getreidesilos**, eine Reihe von Magazinräumen für acht *kouloures* (runde Gruben), in denen vermutlich Getreide aufbewahrt wurde. Geht man an den Silos vorbei, erreicht man den **Zentralhof**, der einst von Säulengängen gesäumt war. Linker Hand steht der **Kernos**, ein runder Kalkstein mit 34 Vertiefungen am Rand: Er diente möglicherweise sakralen Zwecken.

Die Besichtigung führt weiter zur Hofmitte, wo sich eine **Altargrube** mit den beachtlichen Dimensionen von 48 m Länge und 22 m Breite befindet. Unter einem Schutzdach zur Rechten stehen die **östlichen Magazine**, wo in riesigen *pithoi* Flüssigkeiten aufbewahrt wurden. Der Südflügel beherbergte Gemächer und einen kleinen Schrein, der Nordflügel Werkstätten, Lagerräume und einen Bankettsaal für Zeremonien. Die wichtigsten Räume des Palastes lagen im westlichen Flügel. Das nördlichste Bauwerk, die **Loggia**, war durch vier Stufen mit dem Hof verbunden und diente vermutlich zeremoniellen Zwecken. Als nächstes kommen die elf erhaltenen Stufen der **Großen Treppe**, die vielleicht zu einem Schrein führte. Etwas zurückversetzt markieren hinter einer steingepflasterten Vorhalle zwei Säulenstümpfe die Lage der **Pfeilerkrypta**.

Busse aus Iraklion halten an der Haltestelle 36, 250 m vom Palast an der Hauptstraße.

Geführte Touren

Hub MTB Adventures RADFAHREN
(☎6936244588; www.mtbhub.gr; Cretan Malia Park; 4-stündige Tour ab 65 €; ⌚Mo–Sa 9–14 Uhr) Der renommierte Veranstalter deckt mit seinen unterschiedlichen Touren ganz Kreta ab. Zum Angebot zählen z. B. eine Tagestour zur Lassithi-Hochebene und eine zweitägige Tour von Küste zu Küste.

Schlafen & Essen

Höhere Qualität und authentischeres Ambiente gibt's in der Altstadt von Malia oder am Potamos-Strand beim Palast von Malia.

Sunshine Hotel BOUTIQUEHOTEL **€€**
(28970 31090; www.sunshine-malia.gr; Zoodoxou Pigis; DZ/4BZ mit Frühstück ab 70/120 €;) Über dieses relativ neue Boutiquehotel herrscht die freundliche Danai, die das alte Hotel ihrer Mutter in eine der stylischsten Bleiben der Provinz Iraklion verwandelt hat. In einem modernen, lichten, luftigen Flair spielt die Einrichtung mit buntem Minimalismus, Kirschholzstämme säumen die Flure. Die Zimmer (und Duschen) sind auffallend geräumig und der Luxus findet zudem Ausdruck in Nespresso-Maschinen auf dem Zimmer, Spa-Anwendungen und einem Pool.

Taverna Kalyva TAVERNE **€€**
(www.facebook.com/KalyvaMalia; Potamos-Strand; Hauptgerichte 5,50–15 €; Juni–Aug. 8–24 Uhr, sonst kürzer;) Die Taverna Kalyva liegt westlich der archäologischen Stätte von Malia kurz vor dem Potamos-Strand. Die schnörkellose Taverne verköstigt schon seit 1964 Einheimische und Touristen, besonders sonntags, wenn die Griechen sich hier zum ausgedehnten Mittagsschmaus einfinden.

Milos TAVERNE **€€**
(28970 33150; Giorgio Lapidi 9; Hauptgerichte 9–15 €; Mai–Okt. 18–23.30 Uhr;) Wer sich in Malia nach einer Oase sehnt, wird am ehesten hier fündig – Knoblauchgirlanden an den Wänden und üppiges Grün im Garten. Die Kundschaft begeistert sich aber vor allem für die *psito*-Fleischgerichte aus dem Holzkohleofen im Freien, der jeden Nachmittag angefeuert wird. Reservierung empfohlen. Am Ostrand der Altstadt von Malia.

Stablos & Elisabeth TAVERNE **€€**
(28970 31320; Agios Dimitrios; Hauptgerichte 5,50–24 €; 18–24 Uhr, Nov. geschl.;) Die beste der Tavernen am Hauptplatz in der Altstadt von Malia hat sich mit viel Nippes und Spitzenvorhängen einem Look verschrieben, der irgendwo zwischen Kreta und englischem B&B angesiedelt ist. Das leckere griechische und internationale Essen schmeckt am besten auf dem Dachgarten. Die Präsentation – der Hauswein wird in Kupferkannen kredenzt, der Reis kommt in bunten Metallbehältnissen auf den Tisch – und der Service heben sich deutlich von dem ab, was sonst üblich ist.

Ausgehen & Nachtleben

Auf der Touristenmeile Dimokratias, die von der West-Ost-Hauptstraße Eleftheriou Venizelou nordwärts bis zum Strand führt, wimmelt es von lauten Bars, Kneipen und brodelnden Clubs, die von Juni bis September mit feiernden Pauschaltouristen gefüllt sind.

An- & Weiterreise

Vom Busbahnhof von Iraklion (S. 189) in Hafennähe verkehren mindestens halbstündlich Busse nach Malia (4,10 €, 1 Std.). In umgekehrter Richtung fahren die Busse von der **Haltestelle 33 (West)** (Eleftheriou Venizelou) in Malia. Wer nach Agios Nikolas und Sitia weiterreisen möchte, muss die Eleftheriou Venizelou überqueren und noch ein paar Hundert Meter weiter bis zur **Haltestelle 33 (Ost)** (Eleftheriou Venizelou) gehen.

SCHLEMMEN

Kretische Speisen und Weine sind eher nahrhaft als nobel. In der Regel werden sie aus frischen Zutaten auf lang erprobte Weise zubereitet.

TRAUBENFREUDEN

Kotsifali, Mandilari, Malvasia und Liatiko sind nicht nur wohlklingende Namen, sie erfreuen auch die Geschmacksknospen. Diese Traubensorten, allesamt auf Kreta heimisch, bedecken die sanften Hügel der **Weinregion Iraklions** (S. 199), die gleich hinter Knossos beginnt. Viele Weingüter bieten Proben und Führungen an.

FRISCHE FORELLE

Die Flaschen mit Quellwasser aus **Zaros** (S. 204) werden auf ganz Kreta verkauft, aber nur im Dorf selbst kann man die berühmte örtliche Forelle probieren, am besten in einer Taverne mit Blick auf den tiefgrünen Votomos-See.

FABELHAFTES FILO

Eine seltene Leckerei wartet in Rethymnon bei **Yiorgos Hatziparaskos** (S. 134), einem der letzten traditionellen Filobäcker in ganz Griechenland. Man kann dem schwindelerregenden Herstellungsprozess zuschauen und köstliche *baklava* und *kataïfi* („Engelshaar"-Gebäck) probieren.

FISCHERDORF

Fischliebhaber ziehen in **Mochlos** (S. 255) das große Los. Dessen Tavernenquartet am Hafen ist eine tolle Location, um mit Blick auf minoische Ruinen auf einer vorgelagerten Insel den Tagesfang zu verzehren.

KRETISCHES GOLD

Mit über 1,5 Mio. Bäumen ist Olivenöl der Lebenssaft Kretas. Sehen, schmecken und probieren lässt es sich überall. Erfahren, wie es gemacht wird, kann man z. B. in der **Olivenölmühle Paraschakis** (S. 149) in der Nähe der Melidoni-Höhle bei Rethymnon.

1. Mochlos (S. 255)
2. *Kataïfi* („Engelshaar"-Gebäck; S. 52)
3. Abendessen in Zaros (S. 204)

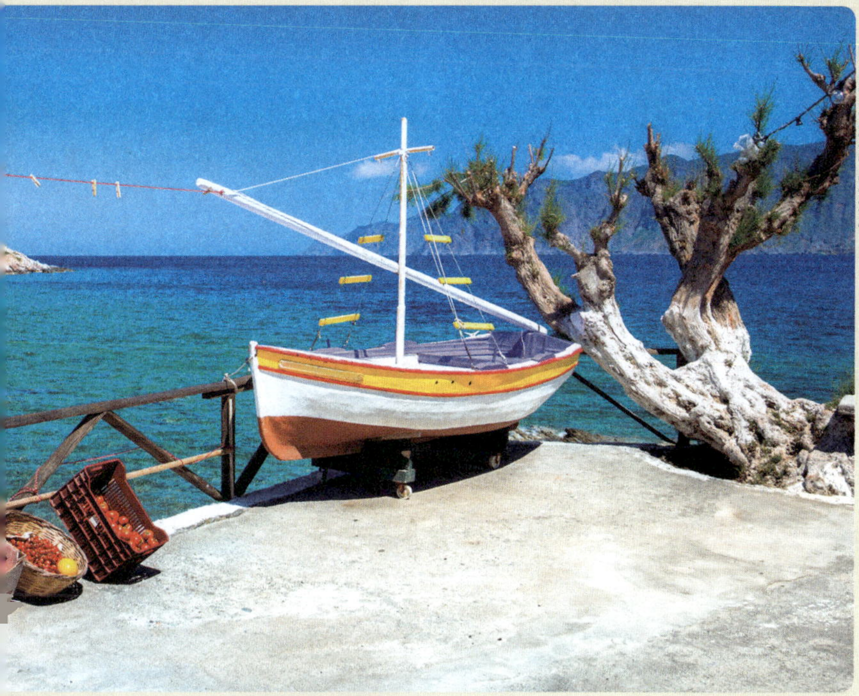

GEORGIOS TSICHLIS/SHUTTERSTOCK ©

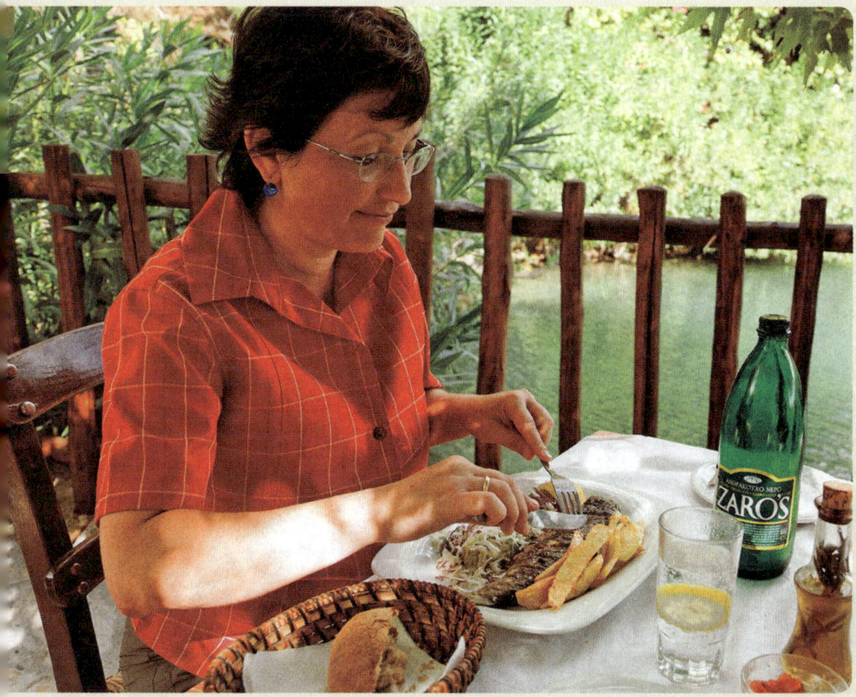

IMAGEBROKER/ALAMY STOCK PHOTO ©

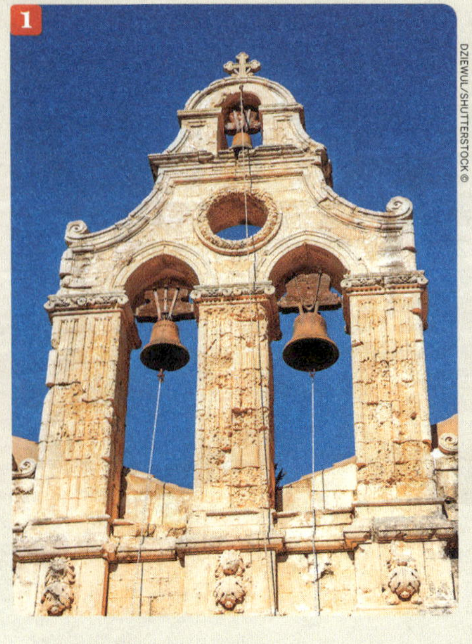

1. Moni Arkadiou (S. 144) 2. Stadtrecht von Gortys (S. 208)
3. Ikone *Groß bist du, unser Herr*, Moni Toplou (S. 260)
4. Frangokastello (S. 91)

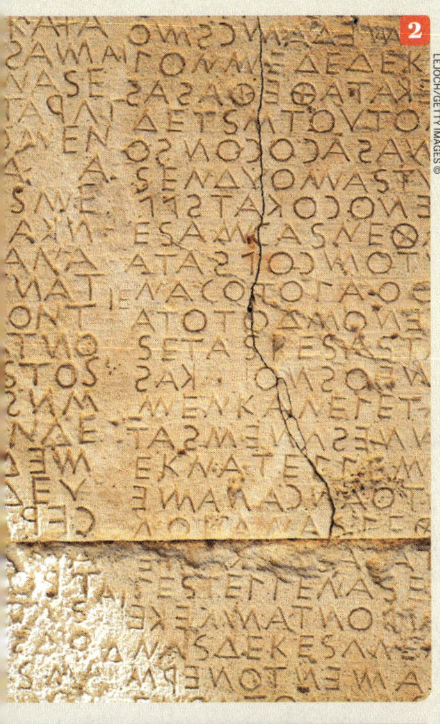

LE JOCH/GETTY IMAGES ©

Zeugen der Geschichte

Am Schnittpunkt dreier Kontinente gelegen, wurde Kretas turbulente Geschichte von vielen Akteuren bestimmt. Minoische Paläste, Reste aus der Römerzeit, Schmuckstücke venezianischer Architektur und Klöster mit Verteidigungsanlagen erzählen noch heute davon.

Magisches Malia

Der Palast von Malia (S. 223), überschaubarer als Knossos und ohne Wiederaufbauelemente und Schnörkel, ist Kretas zugänglichste minoische Stätte. Der hohe Entwicklungsstand dieser Zivilisation zeigt sich in der ausgeklügelten Anlage und Infrastruktur. Die Ausgrabungen sind noch im Gange.

Grandioses Gortys

Die stimmungsvollen Ruinen der kretischen Römerhauptstadt Gortys (S. 207) laden zu ziellosen Spaziergängen mit Zwischenstopp in der Ruine einer frühchristlichen Kirche ein – und zum Staunen über 2600 Jahre alte Steintafeln mit erstaunlich modernen Gesetzestexten.

Befestigtes Kloster

Trotz seiner Befestigungsanlagen wurde das im 15. Jh. erbaute Kloster Moni Toplou (S. 260) von Piraten überrannt, von den Rittern des Malteserordens geplündert und 1821 von den Türken besetzt. Die Kirche beherbergt eine wertvolle Ikone von Ioannis Kornaros.

Mächtige Festungen

Die eindrucksvollsten Zeugen der venezianischen Herrschaft sind die Festungen, Bollwerke gegen Piraten und Türken. Einen Besuch wert sind die in Chania (S. 65), Rethymnon (S. 125), Iraklion (S. 177) und Frangokastello (S. 91).

Klosterbelagerung

Moni Arkadiou (S. 144) ist wie ein Fenster in die Seele Kretas. Während des Aufstands von 1866 zündete eine Gruppe umzingelter Kreter lieber ihr Pulvermagazin an, als sich den Türken zu ergeben. Fast niemand überlebte, Türken eingeschlossen.

Lassithi

Inhalt ➜

Gut essen

- Hiona Taverna (S. 263)
- Ta Kochilia (S. 255)
- Ergospasio (S. 244)
- Hope (S. 244)

Schön übernachten

- Elounda Heights (S. 243)
- Karavostassi Apartments (S. 254)
- Villa Olga (S. 236)
- Nereids Apartments (S. 259)

Auf nach Lassithi

Ganz im Osten liegt die Region Lassithi mit den besten Ferienorten der Insel. Die von Agios Nikolaos präsentieren sich kosmopolitisch und cool, die im nahen Elounda sind irgendwo zwischen luxuriös und entspannt angesiedelt. Paradoxerweise ist dies die wildeste Region Kretas mit der höchsten Biodiversität und den einsamsten Bergzügen. Manche Gegenden sind so unberührt, dass es einen nicht weiter wundern würde, wenn plötzlich der Hirtengott Pan mit seiner Flöte auf einer Weide stünde.

Travellern mit einem Sinn für Abenteuer und kulinarische Genüsse hat Lassithi einiges zu bieten: Radfahrer machen sich auf in die Lassithi-Hochebene, Wanderer erkunden spektakuläre Canyons wie die berühmte Zakros-Schlucht und Feinschmecker lassen es sich in Tavernen und Restaurants gut gehen. Weitere Highlights sind das alte Kloster Toplou, der zauberhafte Palmenstrand von Vai und die vielen Städtchen und Dörfer, in denen die Vergangenheit Kretas lebendig geblieben ist. Wer sich für Archäologie interessiert, kann diverse minoische und dorische Stätten besuchen, die von Lassithis reichem historischem Erbe zeugen.

Entfernungen (km)

	Ierapetra	Agios Nikolaos	Elounda	Sitia
Agios Nikolaos	36			
Elounda	45	10		
Sitia	62	73	70	
Kato Zakros	98	106	116	36

NORDKÜSTE

Agios Nikolaos
Άγιος Νικόλαος

12 000 EW.

Die Hauptstadt von Lassithi, Agios Nikolaos, hat eine traumhafte Lage in hügeligem Terrain mit Blick auf die sinnlich geschwungene Küstenlinie des Golfs von Mirabello. Der Ort hat sehr viel Lokalkolorit, Charisma und eine entspannte Atmosphäre. Ein schmaler Kanal trennt den kleinen Hafen vom Voulismeni-See. Dessen Ufer säumen Cafés und Restaurants.

Die Stadtstrände sind weder besonders hübsch noch groß, aber allemal gut genug für ein Bad im Meer und ein paar entspannte Stunden. Entlang der Fußgängerzone oberhalb des Sees findet man zudem einladende Geschäfte.

Nachts zeigt sich Agios Nikolaos von seiner besten Seite. Dann herrscht reger Betrieb am See, dem Hafen und an den Stränden und die Lounge-Bars füllen sich mit stilbewussten jungen Griechen und Urlaubern aus den nahe gelegenen Ferienorten und Hotelanlagen.

Sehenswertes

Skulptur „Entführung Europas" STATUE

Die Skulptur am Ende eines Parkplatzes an der Akti Themistokleous in Hafennähe zeigt die Entführung der phönizischen Prinzessin Europa durch den als Stier getarnten Zeus.

Europa ist als dralle Schönheit dargestellt und hält einen Globus in der einen und eine Taube in der anderen Hand. Der Entwurf geht auf den verstorbenen Filmregisseur und Sohn der Stadt Nikos Koundouros zurück.

Minotaurus-Wandbild ÖFFENTLICHE KUNST

(Ecke Akti Koundourou & Perikleous) Wenn man auf der Akti Koundourou am Wasser entlangläuft, sollte man Ausschau nach diesem tollen perspektivischen Wandgemälde neben dem Fahrradverleih Manolis halten. Es zeigt den Minotaurus auf einer im Zickzack verlaufenden Treppe und ist das Werk des in Athen geborenen Künstlers Manolis Anastasakos, dessen Faszination für die Mythologie häufig Ausdruck in seinen Arbeiten findet. Das Wandbild stammt von 2018.

Volkskundemuseum MUSEUM

(☎28410 25093; Konstantinou Paleologou 1; 3 €; ⏲Di–So 14–18.30 Uhr) Das bescheidene Museum nahe dem See birgt eine schöne Sammlung traditionellen Kunsthandwerks, insbesondere Textilien, Trachten und Stickarbeiten, sowie Fotos, Teppiche, Bücher, Manuskripte und andere Memorabilien.

Agia-Triada-Kirche KIRCHE

(Ecke Sofokli Venizelou & Kiprou; ⏲Messe) Die Hauptkirche von Agios Nikolaos ist ein byzantinisches Bauwerk mit drei Gängen und befindet sich im Stadtzentrum. Sie ist

LASSITHI IN ...

... zwei Tagen

Ein guter Ausgangspunkt für eine Tour durch Lassithi ist Agios Nikolaos. Von dort aus fährt man das kurze Stück nach Kritsa (S. 248) im Süden. Kurz vor dem hübschen Dorf bietet sich ein Halt in der Kirche Panagia Kera (S. 248) mit ihren traumhaften Fresken aus dem 13. Jh. an. Nach dem Mittagessen (und einem kleinen Einkaufsbummel) in Kritsa reist man im nahen Lato (S. 249), einer hellenistisch-dorischen Stätte, 2000 Jahre in die Vergangenheit. Der Tag lässt sich bei einem Spaziergang und einem Abendessen in Agios Nikolaos wunderbar beschließen.

An Tag Nummer zwei geht's die Küste hinauf nach Elounda und mit dem Boot weiter auf die spannende Insel Spinalonga (S. 245), eine ehemalige Leprakolonie. Abends lockt das Restaurant Ergospasio (S. 244) in Elounda mit kretischer Küche direkt am Meer.

... drei Tagen

Früh aufstehen und nach Moni Toplou (S. 260) fahren, in eines der schönsten Klöster Kretas. Am Strand von Vai (S. 261) kann man vor dem Hintergrund sich wiegender Palmen im Meer baden, bevor man sich gen Süden wendet und die kurvige Strecke durch die Berge nach Zakros in Angriff nimmt. Dort steht eine Wanderung durch die faszinierende Zakros-Schlucht (S. 263) an, an deren Ende ein minoischer Palast wartet (S. 263) und wo man in einer der netten Tavernen von Kato Zakros einkehren kann. Nach einem frühen Abendessen geht's mit dem Taxi wieder bergauf zurück zum Auto in Zakros.

Kretisches Meer
Iraklion
Kap Agios Ioannis
Koutouloufari
Sisi
Milatos
Milatos-Höhle
Stalida
Malia
Plaka
4 Spinalonga
Halbinsel Spinalonga
Elounda
Aposelemis-Stausee
Neapoli
Fourni
Antike Stadt Olous
Avdou
Golf von Mirabello
Tzermiado
Kronios-Höhle
Kri-Kri
Agios Nikolaos
Lassithi-Hochebene
Antike Stadt Lato
Psychro
Agios Georgios
Katharo-Hochebene
Kritsa-Schlucht
Dikti-Höhle 5
Kritsa 1
Kirche von Panagia Kera
Bucht von Istron
Kroustas
Voulisma (Golden Beach)
Dikti (2148 m)
Istron
Pachia Ammos
Kalo Chorio
Gournia
Selekano
Cha-Schlucht
Selekano-Wald
Males
Vasiliki
IRAKLION
Kalamafka
Monastiraki
Ano Viannos
Pefkos
Sarakinas-Schlucht
Amiras
Mythi
Anatoli
Kato Chorio
Bramiana-Stausee
Agias Fotias
Koutsounari
Ierapetra
Arvi
Tertsa
Myrtos
Libysches Meer
Chrysi (Gaidouronisi) 6

Highlights

1 **Kritsa** (S. 248) Byzantinische Fresken, eine zerklüftete Schlucht und einen alten Stadtstaat entdecken

2 **Kato Zakros** (S. 263) Wo die Minoer ihre Toten beisetzten zwischen Felswänden durch ein trockenes Flussbett wandern

3 **Vai** (S. 261) An einem der berühmtesten Strände Kretas unter Palmen chillen

4 **Spinalonga** (S. 245) Bei einer Tour durch die einstige Leprakolonie die Geister der Vergangenheit spüren

5 **Dikti-Höhle** (S. 254) Mutig in die feuchte, finstere

Höhle hinabsteigen, den mythischen Geburtsort des Göttervaters Zeus

6 **Chrysi** (S. 270) In bester Robinson-Crusoe-Manier die paradiesischen Strände auf dieser unbewohnten Insel erkunden

7 **Moni Toplou** (S. 260) Die wechselvolle Geschichte des befestigten Klosters kennenlernen, das für griechischen Widerstand und Heldenmut steht

8 **Xerokambos** (S. 267) An Traumstränden im einsamen Südosten Kretas Zuflucht finden

Agios Nikolaos

Agios Nikolaos

Sehenswertes
1 Skulptur „Entführung der Europa" D2
2 Agia-Triada-Kirche B3
3 Volkskundemuseum C2
4 Minotaurus-Wandbild B1

Aktivitäten, Kurse & Touren
5 Ammos-Strand A4
6 Creta Semi-Submarine C2
7 Kytroplatia-Strand D3
8 Little Train Tours D2
9 Nostos Cruises D2

Schlafen
10 Doxa Hotel A4
11 Du Lac Hotel B3
12 Hotel Creta D3
13 Hotel Delta D3
14 Pension Mylos D3
15 Pergola Hotel D2

Essen
16 Ble Katsarolakia C2
17 Chrisofyllis D3
18 Creta Embassy C2
19 Faros C3
20 Migomis Restaurant B3
21 Palazzo Cafe Bar C3
22 Pelagos C2
23 Portes A4
24 Sarris B4

Ausgehen & Nachtleben
25 Alexandros Roof Garden C2
26 Arodo Cafe B1
27 Bajamar D2
28 Ellinadiko C3
29 Yanni's Rock Bar D2

Shoppen
30 Ambrosia & Nectar B3
31 Aroma Coffee Shop B3
32 Jane's Fish Market B3
33 Kerazoza B3
34 Marieli C2

der Heiligen Dreifaltigkeit gewidmet. Das Mosaik über dem Hauptportal wurde 2001 hinzugefügt.

Strände

Almyros-Strand STRAND

Der größte und schönste Stadtstrand liegt 2,5 km südlich vom Zentrum, wo der Fluss, auf den der Name zurückgeht, ins Meer mündet. Almyros steht wegen des feinen Sands bei Familien hoch im Kurs, aber auch weil das Wasser hier schön ruhig ist. Darüber hinaus werden jede Menge Wassersportarten angeboten und man kann Sonnenschirme mieten. Vor Ort gibt's mehrere Snackbuden.

Ammoudi-Strand STRAND

Der kleine, aber gut besuchte Sandstreifen im Norden der Stadt verfügt über eine gute Infrastruktur, darunter Bars, Restaurants und Wassersportanbieter.

Kytroplatia-Strand STRAND

Der kompakte, zentrale Kytroplatia mit grobem Sand und kleinen Kieseln grenzt an einheimische Tavernen und eignet sich eher für eine kurze Abkühlung als für einen ausgedehnten Strandnachmittag.

Ammos-Strand STRAND

Der zentrale Sandstrand mit ruhigem, seichtem Wasser beginnt am Jachthafen und erstreckt sich gen Süden bis zum Stadion. Er ist nicht besonders groß; im Sommer wird man reichlich Gesellschaft haben.

Gargadoros-Strand STRAND

Dieser Kieselstrand 1 km südlich vom Stadtzentrum ist beliebt bei den Einheimischen. Das Wasser ist hier wunderbar klar und es gibt eine gesellige Café-Bar vor Ort, das war's aber auch schon an Infrastruktur.

Aktivitäten

Sail Crete BOOTSFAHRTEN

(☎ 6937605600, 28410 24376; www.sailcrete.com; Minos Beach Art Hotel, Straße Agios Nikolaos–Vrouchas; halber/ganzer Tag inkl. Snacks & Getränke 900/1300 €) Diese Segelbootvermietung arrangiert halb- und ganztägige Fahrten zur Insel Spinalonga und darüber hinaus an Bord eines schönen 14 m langen Katamarans namens *General* oder der 12 m langen Jacht *Jaquelina*. Abfahrt ist am Pelagos Dive Centre des Minos Beach Art Hotel. Badesachen und Handtücher mitnehmen.

Nostos Cruises BOOTSFAHRTEN

(☎ 28410 22819; www.nostoscruises.com; Rousou Koundourou 30; Fahrten nach Spinalonga mit/ohne Grillen 25/16 €; ⏲ 8–21 Uhr) Nostos Cruises bietet 4½-stündige Ausflüge an Bord großer Schiffe mit zwei Bars und einem Restaurant nach Spinalonga (S. 245) inklusive Schwimmpause am Kolokytha-Strand an. Los geht's am Hafen von Agios Nikolaos. Alternativ gibt es diese Tour auch mit einem Barbecue am Strand. Auf Wunsch werden Angeltrips organisiert.

Creta Semi-Submarine BOOTSFAHRTEN

(☎ 28410 24822, 6936051186; www.semi-submarine.gr; Erw./Kind 16/10 €; ⏲ 11, 13 & 15 Uhr; 👪) Tauchen gehen, ohne dabei nass zu werden, diese Möglichkeit bietet sich auf einer der 90-minütigen Touren mit dem U-Boot *Nautilus* – ein Hit vor allem bei den Kleinen, die in der Aussichtskabine unter Wasser fleißig die vorbeischwimmenden Fische zählen.

Creta's Happy Divers TAUCHEN

(☎ 28410 82546; www.happydivers.gr; Akti Koundourou 23; Tauchgang vom Boot aus 50 €) Happy Divers ist schon seit 1989 dabei und verfügt somit über viel Erfahrung; die Mitarbeiter kennen die lokalen Tauchgründe wie ihre Westentasche. Die Ausrüstung ist im Preis inbegriffen. Bietet sämtliche PADI-Zertifizierungskurse von Open Water bis zum Dive Master an.

Pelagos Dive Centre TAUCHEN

(☎ 28410 24376, 6937605600; http://divecrete.com; Minos Beach Art Hotel, Straße Agios Nikolaos–Vrouchas; Tauchgänge inkl. Ausrüstung ab 60 €, nächtliche Tauchgänge 80 €; ⏲ April–Nov.) Das alteingesessene PADI-Tauchzentrum gleich nördlich der Stadt organisiert Tauchgänge für alle Niveaus, aber auch PADI-Kurse und Schnuppertauchen für Kinder. Es gehört zum Minos Beach Art Hotel, hat aber einen separaten Eingang im nördlichen Teil der Hotelanlage. Mit Bootsverleih.

Geführten Touren

Reisebüros haben Busfahrten zu Kretas Top-Attraktionen im Programm und auf den Booten im Hafen werden Ausflüge nach Spinalonga und zu anderen Zielen angepriesen.

Little Train Tours RUNDFAHRTEN

(☎ 28140 25420; www.littletraintours.gr; Akti Themistokleous 12; Erw./Kind 35-minütige Fahrt 9/3 €, 4 Std. 20/14 €; 👪) Die Touren mit dem niedlichen Touristenzug bieten sich für diejenigen an, die wenig Zeit haben, sowie für Familien und mobilitätseingeschränkte Traveller. Man hat die Wahl zwischen 35-minütigen Stadtrundfahrten, einer 70-minütigen Tour Richtung Elounda und einer 4-stündigen Exkursion in die Berge und nach Kritsa.

Festivals & Events

Lato Cultural Festival KULTUR
(Juli & Aug.) Beim Lato Cultural Festival treten lokale und internationale Musiker auf, außerdem werden Volkstänze und Theaterstücke aufgeführt und es finden Kunstausstellungen statt. Genaueres erfährt man in der Touristeninformation.

Schlafen

Außer im Juli und August findet man in Agios Nikolaos problemlos ein Zimmer. Oberhalb vom Kytroplatia-Strand liegen mehrere günstige Pensionen. Elegantere Unterkünfte mit mehr Charme befinden sich ein paar Kilometer außerhalb der Stadt.

Pension Mylos PENSION €
(28410 23783; http://pensionmylos.com; Sarolidi 24; EZ/DZ/3BZ 47/55/67 €;) Bei diesen Preisen muss einem klar sein, dass man keinen Standard wie im Ritz bekommt, doch jenseits der verblichenen Fassade liegen erstaunlich einladende, wenn auch winzige Zimmer mit Lampen an den Betten, sauberen En-suite-Bädern, Balkonen zum Meer und hochwertigen Matratzen. Die charmante Besitzerin lebt ihr Motto vom „Zweiten Zuhause". Zur Einrichtung gehören Kühlschränke und Fernseher, außerdem wird Kaffee zubereitet. WLAN gibt's nur in den Gemeinschaftsbereichen.

Das Mylos liegt ein paar Gehminuten oberhalb vom Hafen. An der Straße befinden sich (wenige) Parkplätze.

Pergola Hotel HOTEL €
(28410 28152; http://pergola-hotel.agios-nikolaos-crete.hotel-crete.net; Sarolidi 20; EZ/DZ/Apt. 32/38/65 €; April–Okt.;) Diese bescheidene Bleibe ist nicht mehr die Jüngste, aber dennoch eine hervorragende Wahl. Sie hat unheimlich viel Charme, dafür bekommen die Besitzer eine Eins plus mit Sternchen! Die liebevoll herausgeputzten Unterkünfte reichen von Einzelzimmern bis zu Familienapartments samt Küche; die Schönsten warten mit Himmelbetten und Balkonen auf, auf denen man den Schiffen zuwinken kann. Das optionale Frühstück kostet 5 €.

Doxa Hotel HOTEL €
(28410 24214; http://doxa-hotel.agios-nikolaos-crete.hotel-crete.net; Idomeneos 7; EZ/DZ/3BZ inkl. Frühstück 50/60/73 €; Mai–Okt.;) Das altmodische Hotel mit 24 Zimmern ist nur einen Steinwurf vom Ammos-Strand (S. 235) entfernt und sehr gepflegt, wenn auch deutlich in die Jahre gekommen. Die niedlichen Zimmer mit schokobraunen Bettdecken verfügen über schlichte Bäder. Meist ist auch ein Balkon dabei. Im Preis ist ein kleines Frühstück inbegriffen.

Hotel Delta APARTMENTS €
(28410 28893; www.agiosnikolaos-hotels.gr; Tselepi 22; Zi. 50 €; ganzjährig;) Preisbewusste Selbstversorger werden die acht einfachen, aber modernen Apartments mit Balkonen mögen. Vier davon gehen zum Kytroplatia-Strand raus (S. 235).

★ Villa Olga APARTMENTS €€
(28410 25913, 6948382121; www.villa-olga.gr; Anapafseos 18, Ellinika; Studios 50–75 €, Ferienhäuser 55–155 €; April–Mitte Nov.;) Die sieben hübschen Selbstversorger-Studios und Ferienhäuser (für bis zu 6 Gäste) mit privaten Terrassen genießen einen wunderschönen Blick auf den Golf von Mirabello und stehen in stufenförmig angelegten Gärten voller Jasmin und Gardenien. Das Grundstück ist übersät mit Steinurnen, Terrakottatöpfen und allerlei altmodischen Gegenständen, gesammelt von Besitzer Michalis. Der Pool ist umwerfend. Die Villa Olga liegt 6 km nördlich vom Stadtzentrum.

Hotel Creta APARTMENTS €€
(28410 28893; www.agiosnikolaos-hotels.gr; Sarolidi 22; Apt. 70–90 €; Ende April–Sept.;) Die 23 preiswerten Studios und 2- bis 4-Personen-Apartments für Selbstversorger befinden sich in ruhiger Lage, obwohl es bis zum Hafen nur ein paar Minuten sind. Sämtliche Unterkünfte verfügen über Balkone, doch nur die in den oberen Etagen gewähren einen Blick auf die glitzernde Bucht. Es gibt einen Aufzug und begrenzte Parkmöglichkeiten in den umliegenden Straßen. Das optionale Frühstück kostet 8 €.

Lato Hotel HOTEL €€
(28410 24581; www.lato-hotel.com.gr; Straße Agios Nikolaos–Vrouchas; Zi. inkl. Frühstück 75–140 €; Mai–Sept.;) Das beliebte Lato Hotel liegt 1,5 km nördlich von Agios Nikolaos an der stark befahrenen Straße nach Elounda. Die Gäste schätzen seine Sauberkeit, das warme, hausgemachte Frühstücksbuffet und die netten Mitarbeiter. Der Pool hat eine gute Größe, die Zimmer sind gemütlich und mit Kühlschränken und makellosen Bädern ausgestattet. Die Unterkünfte oben

gewähren einen Blick aufs Meer, die nach hinten raus versprechen jedoch mehr Ruhe. Der nächste Strand ist 300 m entfernt.

Das Management ist auch für die hübschen Karavostassi Apartments (S. 254) an einer einsamen Bucht etwa 8 km östlich vom Lato verantwortlich.

Du Lac Hotel HOTEL €€

(☎28410 22711; www.dulachotel.gr; 28 Oktovriou 17; DZ 50–70 €; ❄ 📶) Dieses Hotel mitten im Stadtzentrum bietet generische, aber komfortable Zimmer in Farbtönen von Vanille bis Schoko mit schönem Ausblick über den Voulismeni-See. Es lohnt sich, eines der teureren, aber auch großzügiger geschnittenen Studios mit Küchenzeile und Balkon zum See zu nehmen.

Im Café unten werden ganztägig Frühstück, Snacks und Getränke serviert. Oft ist dort ganz schön was los.

Minos Beach Art Hotel RESORT €€€

(☎28410 22345; www.minosbeach.com; Straße Agios Nikolaos–Vrouchas; Zi. inkl. Frühstück ab 500 €; ⏲April–Okt.; P ❄ 📶 🏊) In der weitläufigen Hotelanlage direkt am Wasser (top!) nördlich der Stadt werden Privatsphäre, Luxus und Ruhe großgeschrieben. In den Gärten mit interessanter Kunst stehen weiße Bungalows und Ferienhäuser mit minimalistischem, komfortablem Dekor. Manche verfügen über private Pools, am begehrtesten sind natürlich die direkt am Meer. Zum Resort gehören vier Restaurants, drei Bars, ein Fitnessstudio und ein Spa.

Essen

Agios Nikolaos bietet viele exzellente Restaurants, die Touristenlokale am See und die Tavernen am Meer servieren allerdings häufig nur durchschnittliches Essen zur tollen Aussicht. Wir empfehlen, dort nur ein Getränk oder einen Snack zu bestellen und die Atmosphäre zu genießen und sich später in einer der Seitenstraßen ein ruhigeres, authentischeres Restaurant zu suchen.

Palazzo Cafe Bar CAFÉ €

(☎28410 27451; www.facebook.com/palazzocafebar; Akti Pagalou 8, Kytroplatia-Strand; Snacks 4–7 €; ⏲8 Uhr–open end; ❄ 📶) Salate, Toasts und Sandwiches, Eiscreme, Säfte, Cocktails – die Speisekarte liest sich wie in einer 08/15-Café-Bar, doch in diesem gehobenen Lokal mit Blick auf den Kytroplatia-Strand (S. 235) werden die Getränke und Snacks schnell und mit einem freundlichen Lächeln serviert. Die Innenausstattung ist minimalistisch mit Wänden im Marmor-Look und Tischen mit Holzoberfläche.

Creta Embassy GRIECHISCH €

(☎28410 83153; www.cretaembassy.com; Kondylaki; Hauptgerichte 7–10 €; ⏲12 Uhr–open end; ❄) Allerlei Krimskrams, Holzmöbel und ein Garten wie aus dem Märchen machen dieses traditionelle Restaurant wenige Schritte vom See entfernt zu einer einladenden Adresse, an der man sich so willkommen fühlt wie bei einem alten Freund. Zu den Highlights auf der Karte gehören Lamm-*kleftiko* (langsam im Ofen gegart), Kalbfleisch mit Zitrone, Aufläufe und Calamares mit köstlichen Oliven.

Sarris KRETISCH €

(☎28410 28059; Kyprou 15; Hauptgerichte 6–10 €; ⏲April–Okt. 9–15 & 18–24 Uhr) Die winzige Taverne, die es gefühlt schon immer gibt, befindet sich in einem ruhigen Wohnviertel. Etwa ein Dutzend bunter Tische steht draußen auf der anderen Straßenseite unter einer schattigen Pergola. Hier wird ehrliche kretische Hausmannskost in riesigen Portionen aufgefahren (Hosenknopf aufmachen!). Die in Teig ausgebackenen Zucchini, das zitronige Lamm mit Aubergine und eine Karaffe Wein bestellen – und chillen.

★Pelagos FISCH & MEERESFRÜCHTE €€

(☎28410 25737; Stratigou Koraka 11; Hauptgerichte 9–25 €; ⏲April–Okt. 12–24 Uhr; 📶) Das Pelagos ist nichts für Unentschlossene, denn zunächst muss man sich überlegen, ob man im elegant-rustikalen historischen Gebäude oder in dem romantischen Garten mit dem bunten Mobiliar und dem Wandbrunnen sitzen will. Das ist schon schwierig genug, doch nicht so hart wie die Wahl zwischen frischem Fisch, gegrilltem Fleisch, fantasievollen Salaten und hausgemachten Nudeln. Unser Tipp: die Pasta mit Meeresfrüchten.

Portes KRETISCH €€

(☎28410 28489; Anapafseos 2; mezedhes 2,50–7,50 €; ⏲12.30–1 Uhr; ❄) In der kleinen Taverne fließt der exzellente Hauswein in Strömen und es wird ohne Unterlass erzählt. Hübsch verwitterte und bunt gestrichene Holztüren bilden einen Teil des charmanten Dekors, zu essen gibt's hausgemachte *mezedhes* (Vorspeisen oder kleine Gerichte) sowie Kaninchen-*stifadho* (mit Zwiebeln in Tomatenpüree gekochtes Fleisch) mit Pflaumen und Feigen oder Huhn mit Paprika und Feta.

AUTOTOUR > QUER DURCH DIE BERGE VON LASSITHI

Die Landschaft an der südöstlichen Flanke des Dikti-Gebirges ist geprägt von kargen Felsen oder Steilhängen mit dichten Wäldern und Gestrüpp. Die winzigen Ortschaften in diesem Gebiet sind durch ein Netzwerk von Serpentinen verbunden.

1 Kalamafka

Von Agios Nikolaos aus führt die Route Richtung Süden auf der E75 nach Sitia. Nach 10 km nach rechts in Richtung Kalo Chorio abbiegen; die Straße führt stetig hinauf in die Berge. Den Schildern in das malerische Dorf **Kalamafka** mit seinen auffälligen Kalksteinzinnen folgen; praktischerweise kommt man auf der Straße an der wichtigsten von ihnen, Kastellos, vorbei. Auf ihr thront die Höhlenkapelle Timios Stavros; man muss 220 Stufen bewältigen (die armen Ober-

Ein Tag 115 km

Toll für … Natur, Geschichte & Kultur

Beste Reisezeit Sommer, der Hitze in den Bergen entrinnen

schenkel!), doch die Plackerei lohnt sich, denn die winzige, weiß getünchte Kirche birgt allerlei Ikonen und man hat einen weiten Blick über das Dorf und die umliegenden Gipfel.

2 Anatoli

Südlich von Kalamafka liegt **Anatoli**, dessen Abstieg in die Versenkung von Geldgebern aus Ierapetra und Umgebung aufgehalten wurde, denen an der Erhaltung des Dorfs aus venezianischer Zeit gelegen ist. Die abgerockten Fassaden werden nach und nach restauriert und Bauruinen werden in luxuriöse Ferienhäuser umfunktioniert.

3 Sarakinas-Schlucht

Nordwestlich von Anatoli führt die Autoroute durch wildes, felsiges Terrain bis zum Beginn des großen Sarakinas-Tals. Die Straße durchquert das Tal bis nach Mythi, wo Schilder den Weg zur **Sarakinas-Schlucht** weisen – ein netter Abstecher, wenn man sich die Beine vertreten will.

4 Myrtos-Pyrgos

In Myrtos gelangt man an die Küste. Das hübsche Dorf mit Bohemien-Flair und tollen Restaurants begrüßt ganzjährig Touristen, der Zusammenhalt in der Gemeinde ist ausgeprägt. Östlich des Dorfs lohnt ein Besuch von **Pyrgos** (S. 271), der Ruine eines minoischen Landsitzes.

5 Ierapetra

Die Küstenstraße führt nun durch eine nicht sehr berauschende Landschaft voller Plastikgewächshäuser weiter nach Osten bis nach **Ierapetra** (S. 266). Nach einer kurzen Erkundungstour der schönen Uferpromenade und des Stadtzentrums geht die Reise weiter nach Norden.

6 Vasiliki

Der Steilhang des Thrypti-Gebirges erhebt sich rechter Hand. Nach etwa 12 km kommt der Abzweig zu einer kleinen minoischen Siedlung aus der Vorpalastzeit namens **Vasiliki**. Den Wagen am Straßenrand parken und dem Pfad durch Bestände von Johannisbrot- und Olivenbäumen 100 m bis zu einem umzäunten Bereich folgen. Wer am Zaun entlangläuft, findet vielleicht einen Weg hinein. Die Stätte ist berühmt für marmorierte Keramik, die im Archäologischen Museum in Iraklion ausgestellt ist.

7 Cha-Schlucht

Vasiliki hat eine sensationelle Lage. Auf der anderen Seite des Tals gähnt der Schlund der **Cha-Schlucht**. Wer sich das genauer ansehen möchte, folgt den Schildern nach Monastiraki, parkt neben dem Startpunkt des Wanderwegs und folgt diesem für ca. 1 km. Monastiraki selbst ist ein niedliches Dorf mit drei Kirchen und stimmungsvollen Tavernen.

8 Gournia

In Pachia Ammos stößt die Straße wieder auf die E75, wo es nach links an der prächtigen minoischen Ausgrabungsstätte **Gournia** (S. 254) vorbei zurück nach Agios Nikolaos geht.

Faros GRIECHISCH €€

(☎28410 83168; Akti Pagalou; Hauptgerichte 6–20 €; ⏲12–24 Uhr; 📶) Eine von mehreren Tavernen am winzigen Kytroplatia-Strand ist das familiengeführte Faros (griechisch für Leuchtturm). Der Duft, den der Grill vor der Tür verbreitet, führt zu vermehrter Speichelproduktion. Man sitzt an Tischen mit richtigen Tischdecken unter einer blau-weißen Markise direkt am Strand oder genießt die altmodische Atmosphäre drinnen. Nach dem Essen gibt's häufig kostenlose Baklava und Raki.

Ble Katsarolakia GRIECHISCH €€

(☎28410 21955; www.blekatsarolakia.gr; Akti Koundourou 8; Hauptgerichte 7–16 €; ⏲12–1 Uhr; ❄📶✍) Das quirlige Restaurant mit tollem Hafenblick und modernem Dekor (unverputzte Steinwände, türkisfarbene Wände, Böden aus weißem Holz) ist auf zeitgenössisch interpretierte griechische Küche à la Tsatsiki, Halloumi, Souflaki, Oktopus und mehr spezialisiert. Das Ble Katsarolakia ist verdientermaßen beliebt, junge Griechen geben sich die Klinke in die Hand. Mit dem Aufzug bis ganz oben fahren.

Chrisofyllis KRETISCH €€

(☎28410 22705; Akti Pagalou; mezedhes 4–8 €, Hauptgerichte 7,50–13 €; ⏲12.30–0.30 Uhr; 📶) Schon seit 2002 werden Gruppen von Freunden, Pärchen und Familien in diesem bunten Lokal mit *mezedhes* verwöhnt. Statt sich auf ihren Lorbeeren auszuruhen, zaubern die Köche immer neue Varianten klassischer *mezedhes*-Gerichte, Salate und Hauptspeisen, ohne dabei das Traditionelle aus den Augen zu verlieren.

Migomis Restaurant MEDITERRAN €€€

(☎28410 24353; www.migomis.gr; Nikolaou Plastira 20; Hauptgerichte 38 €; ⏲April–Okt. 12–24 Uhr; ❄📶) Einen einzigartigen Ausblick über den Voulismeni-See bietet dieses am Hang gelegene historische Gebäude. Es hat ein romantisches Flair, dafür sorgen freigelegte Steinwände, Leinentischdecken und an Sommerabenden gedämpfte Live-Pianomusik. Die griechischen und mediterranen Klassiker locken zur Mittagszeit Berufstätige und zum Abendessen schick gekleidete Gäste an. Dieselbe Aussicht in etwas lockererer Atmosphäre gibt's im angrenzenden Migomis Cafe (8–2 Uhr).

Ausgehen & Nachtleben

Am meisten los ist an der verkehrsberuhigten Akti Koundourou östlich vom Hafen. In den dortigen schicken Lounge-Bars geht es ums Sehen und Gesehen-Werden und es herrscht Betrieb vom späten Vormittag bis in die frühen Morgenstunden. Die Akti Koundourou führt hinterm Hafen weiter nach Norden, wo sich ein paar weniger stylische Bars und Kneipen befinden.

Toedeledokie BAR

(☎28410 25537; www.toedeledokiecafe-bar.com; Akti Koundourou 19; ⏲9 Uhr–open end; 📶) Die niederländische Künstlerin Lucia hat diesen Laden eröffnet; Toedeledokie heißt in ihrer Muttersprache „Tschüss". Ihr Kaffee, die sahnigen Milchshakes und kreativen Toasties sind genial, gesessen wird unter Sonnenschirmen auf der Terrasse zum Wasser. Abends kann man dann bei kaltem Bier und gekonnt gemixten Cocktails neue Bekanntschaften machen und versuchen, Lucia ein paar Insidertipps zu den „geheimen" Attraktionen in der Gegend zu entlocken.

Votsalo Cafe-Bar CAFÉ

(☎28410 28048; Anapafseos 131; ⏲8 Uhr–open end; 📶) In der zeitgenössischen Café-Bar knubbelt man sich mit geselligen Einheimischen. Sie erstreckt sich über mehrere Ebenen oberhalb des Kieselstrands Gargadoros (S. 235), etwa 1 km südlich vom Stadtzentrum. Ob Frühstück oder Absacker, das Votsalo ist zu jeder Tageszeit eine nette Anlaufstelle mit Wohlfühlfaktor mit Instagram-würdigem Ausblick auf Meer und Berge.

Bajamar BAR

(☎6973366035; Sarolidi 1; ⏲9–2 Uhr oder länger) Die stylischste Hafenbar ist tagsüber eine entspannte Adresse für einen Kaffee, Saft oder Snack, am meisten los ist aber nach 23 Uhr. Dann fließen die Cocktails in Strömen und ein DJ beschallt die attraktiven, gut gelaunten Gäste mit einer tanzbaren Mischung aus Latin Music, Funk und House.

Arodo Cafe BAR

(☎28410 89895; www.facebook.com/pg/arodocoffeebeerwine; Akti Koundourou 6; ⏲11–2 Uhr; 📶) Die alternative Bar an der Ecke Kantanoleontos und Koundourou ist ein Treffpunkt einheimischer Trend-Hippies und bietet coole Musik, eine Terrasse zum Meer, ein vielseitiges Bier- und Weinsortiment sowie Frühstück und Snacks. Der Eingang befindet sich am Ende von ein paar steilen Treppenstufen.

Yanni's Rock Bar BAR

(Akti Koundourou 1; ⏲22–5 Uhr) Die Klientel ist gesprächig, die Rockmusik laut und das

Bier eiskalt – dieser coole Schuppen am Meer rockt schon seit 1983 und ist damit die älteste Musikbar der Stadt. Yanni's hat viel Charme und Atmosphäre, alte Fotos von Brando und Stallone zieren die Wände. Ein Traum für Nachteulen!

Alexandros Roof Garden BAR
(☎28410 24309; www.facebook.com/alexandrosroofgarden; Kondylaki 1; ⏲20–4 Uhr; 📶) Hängepflanzen, Büsche und ein ausgefallenes Dekor sind die Markenzeichen dieser Dachbar mit Blick über den See und den Hafen. Wer aufs Geld achten will, sollte vor 22.30 Uhr vorbeischauen, dann kosten die Drinks 3 €.

Ellinadiko CLUB
(25 Martiou 8; ⏲12 Uhr–open end) Ein entspannter Club, gleichermaßen beliebt bei Einheimischen wie Besuchern, der sich damit rühmt, der *Einzige* in der Stadt zu sein, in dem ausschließlich griechische Musik läuft. Tagsüber kann man hier gemütlich ein paar Getränke zu sich nehmen, an den Wochenenden wird ab 1 Uhr richtig aufgedreht.

Shoppen

Ambrosia & Nectar KUNST & KUNSTHANDWERK
(☎28410 21732; www.facebook.com/pg/ambrosiaandnectarcrete; 28 Oktovriou 24; ⏲April–Nov. 9–21 Uhr) Pepis kleiner Laden ist zwar ganz eindeutig auf Touristen zugeschnitten, aber bis unter die Decke mit hochwertigen, auf der Insel gefertigten Souvenirs vollgestopft, die einem sicherlich auch Zuhause noch gut gefallen werden. Toll sind z. B. die kretischen Messer, die superweichen Saunahandtücher von Aria Inspirations und die Kerzenhalter aus Keramik von Manolis Chalkiadakis.

Kerazoza KUNST & KUNSTHANDWERK
(☎28410 22562; www.facebook.com/kerazoza; Metaxaki 4; ⏲9.30–14 & 17.30–21 Uhr) Ein echtes Schmuckstück von einem Geschäft. Die Ketten, Armbänder und Ringe sind echte Hingucker, außerdem werden Masken und Marionetten, die von alten griechischen Theaterstücken inspiriert sind, sowie hochwertige Skulpturen und Keramikwaren verkauft. Sämtliche Waren stammen aus der Hand griechischer Kunsthandwerker und Künstler.

Aroma Coffee Shop ESSEN & TRINKEN
(☎28410 21220; Plateia Venizelou 24; ⏲8–14.30 & 17.30–21.30 Uhr) Wer beim Kaffee auf Qualität pocht, kann sich in diesem winzigen Geschäft mit frisch gerösteten Bohnen eindecken. Darüber hinaus umfasst das Sortiment Kekse, Süßigkeiten und Nüsse sowie wunderschöne handgemachte Kupfer-*briki* (griechische Kaffeekannen).

Jane's Fish Market ESSEN
(☎28410 22859; Plateia Venizelou 2; ⏲Mo–Sa 7–14.30 Uhr) Der „Fischmarkt" ist seit 1925 im Geschäft und eine praktische Anlaufstelle für Selbstversorger, die sich hier einpacken lassen können, was in der Nacht zuvor in die Netze gegangen ist, ob Krabbe, Oktopus, Schnapper oder Seebrasse.

Marieli KLEIDUNG
(28 Oktovriou 33; ⏲10–23 Uhr) Ausgefallene kleine Boutique mit stilvollen T-Shirts, Kleidern, Schuhen und Badebekleidung für Frauen.

Praktische Informationen

GELD

Es gibt zahlreiche Bankfilialen mit Geldautomaten im Geschäftszentrum südlich des Sees und des Hafens.

Alpha Bank ATM (28 Oktovriou)

Eurobank ATM (Akti Koundourou)

Griechische Nationalbank (Nikolaou Plastira 2)

INTERNETZUGANG

Am und rund um den Hafen gibt's kostenlosen WLAN-Empfang.

MEDIZINISCHE VERSORGUNG

Krankenhaus (☎28413 43000; Ecke Knosou & Paleologou; ⏲24 Std.) In Ordnung, wenn es um Knochenbrüche oder Röntgenaufnahmen geht, ernstere Erkrankungen sollten jedoch in Iraklion behandelt werden.

NOTFALL

Touristenpolizei (☎28410 91409, Notruf 171; Erythrou Stavrou 49)

POST

Postfiliale (Karamanli Konstantinou 22; ⏲Mo–Fr 7.30–14.45 Uhr)

REISEBÜROS

Mehrere Reisebüros unterhalten Büros auf der Akti Koundourou, z. B. **Byron Travel** (☎28410 24452; www.byrontravel.com; Akti Koundourou 4; ⏲8–21 Uhr). Viele von ihnen vermieten Autos.

TOURISTENINFORMATION

Städtische Touristeninformation (☎28410 22357; www.agiosnikolaoscrete.com; Akti Koundourou 21; ⏲April–Nov. Mo–Sa 9–17 Uhr, Juli & Aug. längere Öffnungszeiten; 📶) Eine der letzten verbleibenden Touristeninformationen auf Kreta. Das kleine Büro mit hilfsbereiten

BUSSE AB AGIOS NIKOLAOS

ZIEL	PREIS (€)	DAUER	FREQUENZ
Elounda	1,90	20 Min.	bis zu 14-mal tgl.
Ierapetra	4,10	45 Min.–1 Std.	bis zu 9-mal tgl.
Iraklion	7,70	1½ Std	bis zu 22-mal tgl.
Kritsa	1,80	30 Min.	bis zu 6-mal tgl.
Sitia	8,30	1½–2 Std	bis zu 6-mal tgl.

Mitarbeitern gibt einen Stadtplan aus, hat ein paar Broschüren vorrätig und verleiht Fahrräder (kostenlos!).

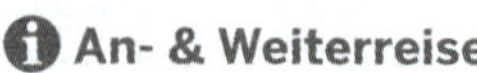

An- & Weiterreise

AUTO

Nördlich vom Hafen entlang der Akti Koundorou haben sich Autovermietungen niedergelassen, darunter **Club Cars** (☎ 28410 25868; www.clubcars.net; Straße Agios Nikolaos–Vrouchas; ab 50/220 € pro Tag/Woche; ⌚ 8–21 Uhr).

BUS

Der **Busbahnhof** (☎ 28410 22234; Epimenidou 59) liegt ca. 1,5 km nördlich des Zentrums. Mehrmals täglich bestehen Verbindungen nach Elounda, Kritsa, Iraklion und zu weiteren Orten auf der Insel. Manche Busse halten auch in der Stadt, z. B. gegenüber der Touristeninformation auf der Akti Koundourou.

Den aktuellen Fahrplan findet man unter www.ktelherlas.gr. Dort können auch Fahrkarten gekauft werden.

TAXI

Der zentralste **Taxistand** (Paleologou) ist hinter der Touristeninformation am See. Bis Elounda zahlt man um die 14 €, bis Plaka ca. 21 €, nach Kritsa 14 € und 20 € bis zur antiken Stadt Lato. Weitere Taxistände gibt's an der Plateia Venizelou und am Busbahnhof.

Unterwegs vor Ort

Agios Nikolaos lässt sich am besten zu Fuß erkunden. Am Jachthafen und der Touristeninformation können Fahrräder kostenlos gemietet werden. Der Haupttaxistand befindet sich nahe dem Voulismeni-See.

Elounda Ελούντα

2200 EW.

Obwohl sich rund um Elounda einige der luxuriösesten Hotelanlagen Kretas befinden, hat sich das Städtchen seinen bodenständigen Charme bewahrt. Salzverkrustete Fischkutter schaukeln in dem kleinen Hafen auf dem Wasser. Von dort aus setzen Boote zur größten Touristenattraktion in der Gegend über, der Insel Spinalonga, einer ehemaligen Leprakolonie. Eloundas Hafen wird von hübschen Geschäften, Bars und Tavernen gesäumt. Noch mehr davon findet man entlang dem sandigen Stadtstrand im Norden und an der asphaltierten Strandpromenade im Süden. Die raue Halbinsel Spinalonga erstreckt sich vor der Küste und ist über einen schmalen Damm mit dem Festland verbunden. Sie wartet mit alten Ruinen, Stränden und Wanderwegen auf.

Aktivitäten

Amazing Sailing in Crete BOOTSTOUREN
(☎ 6944586475; www.amazingsailingincrete.com; 3-stündige Bootstouren bei Sonnenuntergang/Halbtagestour (4 Std.)/ganztägige Tour 650/750/1100 €) Der freundliche Kapitän Yiannis navigiert das Segelboot, das man privat chartern kann, in einsame Buchten, die nicht an das Straßennetz angebunden sind. Man schwimmt an versteckten Stränden und isst in einem traditionellen Fischerdorf zu Mittag. Im Preis inbegriffen sind Getränke, Obst und Stopps zum Baden im Meer. Bei der Buchung erhält man Infos zur Anfahrt.

Blue Dolphin Diving Centre TAUCHEN
(☎ 6955897711, 28410 41802; www.dive-bluedolphin.com; Ellinika; Tauchgang inkl. Ausrüstung 55 €, Open-Water-Tauchkurs 390 €) Das kristallklare Wasser rund um Elounda bietet hervorragende Tauchmöglichkeiten; es gibt rund 20 Tauchspots in der Nähe. Auf den Exkursionen dieses professionellen, erfahrenen PADI-Zentrums im Hotel Aquila Elounda Village in Ellinika, etwa 3,5 km südlich von Elounda, trifft man viele andere Tauchbegeisterte.

Schlafen

Abseits der Küstenstraße zwischen Elounda und Agios Nikolaos stehen Luxushotels und Resorts, familiengeführte Pensionen und Apartmenthäuser findet man in der Stadt und in den Hügeln ringsum.

Corali Studios & Portobello Apartments APARTMENTS €
(☎28410 41712; www.coralistudios.com; Akti Poseidonos; Apt. 45–75 €; P ❄ 📶 🏊) Die tadellos gepflegten Unterkünfte Corali und Portobello liegen gleich nebeneinander in einem Blumengarten, von dem aus man auf den Stadtstrand blickt. Die 35 Studios und Apartments mit verputzten Wänden warten mit Balkonen, Küchenzeilen und in fröhlichen Blautönen gestrichenen Holzmöbeln auf. Mit Ausnahme der Economy-Kategorie ist der Blick aufs Meer Standard. Der ausreichend große Pool mit Snackbar lädt zum Sonnenbaden ein.

Dolphins Apartments APARTMENTS €
(☎28410 41641; http://dolphins.elounda-crete.hotel-crete.net; Papandreou 51; Apt. 50 €; P ❄ 📶) Die sechs 1-Zimmer-Apartments mit hübschem rustikalem Mobiliar und Fliesenböden bieten eine Menge Extras auf kompaktem Raum, z. B. eine Küchenzeile mit Mikrowelle und Balkon samt nettem Delfin-Motiv und Meerblick. Entlang der Uferpromenade sind es fünf Gehminuten in die Stadt.

Kalypso Hotel HOTEL €
(☎28410 41197; www.kalypsoelounda.gr; Akti Vritomartidos 3; EZ/DZ 30/60 €; ❄ 📶) Die 16 hellen, tadellos sauberen Zimmer über dem Elo Café verströmen Retro-Charme direkt im Stadtzentrum – der Weg zum Strand, zu Restaurants und zur Fähre nach Spinalonga ist nicht weit. Viel Gepäck passt nicht in die meisten Zimmer, doch für einen kurzen Aufenthalt reichen sie allemal. Balkone sind Standard, z. T. liegen sie zum Hafen, andere gewähren einen Blick auf den Berg oder die Kirchkuppel.

Marin APARTMENTS €
(☎6972314067; Akti Poseidonos 49; Zi. 40–55 €; P ❄ 📶) Ein Stück abseits der Straße, die parallel zum Stadtstrand nach Plaka führt, stehen 18 weiß getünchte Zimmer und Apartments für Gäste bereit. Dass sie irgendwann demnächst in *Schöner Wohnen* besprochen werden, ist unwahrscheinlich, doch Extras wie Klimaanlage, Küchenzeilen und Veranden machen das Marin zu einer preisgünstigen Option im Zentrum von Elounda.

Hotel Aristea HOTEL €
(☎28410 41300; www.aristeahotel.gr; Papandreou 3; EZ/DZ inkl. Frühstück 35/45 €; ❄ 📶) Das älteste Hotel in der Stadt ist ziemlich in die Jahre gekommen, das Preis-Leistungs-Verhältnis stimmt aber immer noch. Die Zimmer sind mit Kühlschränken ausgestattet, die nettesten verfügen über Balkone zum Meer oberhalb mehrere Tavernen. Wer einen leichten Schlaf hat, sollte die Zimmer an der stark befahrenen Hauptstraße meiden.

★ Elounda Heights HOTEL €€
(☎6932385337; www.eloundaheights.com; Emmanouil Pouli; Apt. 85–115 €; ⏲ Ende April–Okt.; P ❄ 📶 🏊) Das Refugium auf einem Hügel wird von einer reizenden Familie betrieben und ist rundherum gelungen. In den sonnendurchfluteten Studios oder Apartments mit Terrasse, clever konzipierten Küchenzeilen und schickem Dekor in Meeresfarben eröffnet sich ein Ausblick über die Bucht, der zum Dahinschmelzen ist. Rund um die Unterkünfte und den Pool erstreckt sich ein Garten voller Rosen und Oleander, in dem der Tag mit einem opulenten Frühstück eingeläutet wird.

Im Haupthaus wird abends auf Wunsch Hausmannskost serviert. Keine Kinder.

Elounda Island Villas APARTMENTS €€
(☎28410 41274; www.eloundaisland.gr; Halbinsel Spinalonga; Apt. mit 1/2 Schlafzi. 95/160 €; ⏲ Mitte Mai–Mitte Okt.; P ❄ 📶) Die einzige Übernachtungsmöglichkeit auf der Halbinsel Spinalonga ist das nette Elounda Island Villas samt Café, zu erreichen über einen schmalen Damm. Die neun Apartments mit Zwischengeschossen, gut ausgestatteten Küchen und traditioneller Einrichtung sind über einen weitläufigen Garten verteilt. Sie bieten Platz für zwei bis fünf Personen. Den Tag kann man auf der eigenen Terrasse bei einem Cocktail mit Blick auf die Stadt und die Berge beschließen.

Essen

In Elounda gibt es eine Handvoll touristischer Tavernen am Hauptplatz neben dem kleinen Fischereihafen, die meisten davon haben einen guten Standard. In den Seitenstraßen und am südlichen Ende der Küstenpromenade haben sich zudem einige gediegenere Restaurants niedergelassen. Lust auf traditionelle Kost mit lokalem Ambiente? Dann lohnt sich ein Ausflug in die Hügel oberhalb der Stadt.

Fresco Eatery MEDITERRAN €
(Eparchiaki Odos Agios Nikolaos-Vrouchas 30; Gyros 5,50–8,50 €, Pizza 9–12 €; ⏲ 6 Uhr–open end) Das Lokal am Hauptplatz hat einen gut be-

suchten Bereich unter freiem Himmel neben dem Uhrenturm und versorgt seine Gäste mit großen Salaten, Pizza, Gyros, Souflaki und Burgern.

★ Hope KRETISCH €€

(The Hope To Rakadiko Tou Kamari; ☎ 6972295150; Mavrikiano; Hauptgerichte 6–18 €; ⏲ 12–23.30 Uhr) An einem steilen Hang in dem alten Dörfchen Mavrikiano oberhalb von Elounda stellt das Hope seit 1938 eine lokale Institution dar. Einst tauschten sich Fischer abends auf der Terrasse über die Wettervorhersage für den nächsten Tag aus, heute laben sich dort Gäste an Wein, Raki, hausgemachten *mezedhes*, saftigen Lammkeulen und dem genialen Blick auf die Bucht.

Die Betreiber Dimitris und Amalia sind ein charismatisches Paar, das sowohl traditionelle Speisen als auch moderne Ernährungsbedürfnisse auf dem Zettel hat. Wer mit dem Auto kommt, findet die Abzweigung etwa 600 m nördlich vom Hauptplatz in Elounda.

★ Okeanis MEDITERRAN €€

(☎ 28410 44404; Akti Poseidonos 7; Hauptgerichte 8,50–14 €; ⏲ April–Okt. 11.30–16 & 18–23 Uhr) Einrichtung, Karte und Service des Okeanis sind wunderbar stimmig. Eine ebenfalls harmonische Komposition stellt der leckere Lammbraten mit Knoblauch und lieblichem Wein dar, eines der Vorzeigegerichte, genauso wie die von Chefkoch Adonis höchstpersönlich gemachten und gefüllten Ravioli und Tortellini. Das Essen wird in einem eleganten und dabei legeren Ambiente im Loft-Stil unter freiem Himmel serviert, zwischen weißen Möbeln und ausladenden Pflanzen.

Despina Taverna FISCH & MEERESFRÜCHTE €€

(☎ 28410 41350; www.facebook.com/despinataverna; Akti Poseidonos, Mavrikiano; Hauptgerichte 8–21 €; ⏲ Mai–Okt. 13–23.30 Uhr; ❄) Einen Tisch mit Logenplatz über dem Golf von Mirabello sollte man besser vorab reservieren, um dort fangfrischen Schnapper, Hummer, Seebrasse oder andere Meeresbewohner zu vertilgen, die den lokalen Fischern ins Netz gegangen sind. Das Küchenpersonal dieser Taverne mit Wohlfühlfaktor ist geschult darin, den klassischen Gerichten das gewisse Etwas zu verleihen. Meeresfrüchtepasta würzen sie z. B. mit Zitronengras, Oktopus wird neben schwarzen Linsen gebettet.

Marilena GRIECHISCH €€

(☎ 28410 41322; Akti Poseidonos; Hauptgerichte 10–21 €; ⏲ 12–23 Uhr; ❄ 🖉 👪) Eine der ältesten und traditionellsten Tavernen von Elounda verzaubert ihre Gäste mit karierten Tischtüchern und dekorativem Kunsthandwerk. Außerdem herrscht eine lebendige Atmosphäre, die Kellner sind aufgeschlossen und das Essen ist top. Der *mezedhes*-Platte (12,50 €), einer bunten Mischung aus acht köstlichen Gerichten, eilt ihr Ruf voraus; daran können sich problemlos zwei Leute sattessen. Ebenfalls sensationell ist das Lamm-*kleftiko*, so zart, dass sich das Fleisch ohne weiteres Zutun vom Knochen löst.

★ Ergospasio GRIECHISCH €€€

(☎ 28410 42082; www.facebook.com/pg/ergospasio; Akti Olountos 5; Hauptgerichte 15–23 €; ⏲ April–Okt. 12–24 Uhr) Ein Fest fürs (Designer-)Auge stellt dieses Restaurant in einer umfunktionierten Fabrik dar. Über das Essen gerät man ebenfalls ins Schwärmen. An den Tischen am – und überm – Meeresufer kann man glatt die Fische im Wasser zählen und sich dabei marktfrische und gekonnt zubereitete griechische Klassiker zu Gemüte führen. Zum Abendessen empfehlen wir das Lamm oder Huhn, das auf dem eigens dafür konzipierten *antikristo*-Grill langsam gegart wird. Davon abgesehen lohnt sich ein Besuch hier auch zu anderen Tageszeiten zum Kaffeetrinken oder Cocktailsschlürfen.

Ausgehen & Nachtleben

Der Hafen wird von einigen quirligen Bars und Clubs gesäumt. Manche bleiben in der Saison und an Wochenenden bis in die frühen Morgenstunden geöffnet.

★ Beeraki PUB

(☎ 28410 42785; Mavrikiano; ⏲ Mai–Okt. 11–24 Uhr oder länger) Der Weg bergauf in das alte Dorf Mavrikiano lohnt sich, denn in dieser niedlichen Kneipe gibt's Craft-Biere in der Flasche, sehr gute lokale Weine und fachmännisch zubereitete Cocktails nebst einer kleinen Auswahl an gehobenen Pub-Gerichten, um eine gute Basis zu schaffen – nicht, dass man zu schnell zu angeheitert ist, um den Panoramablick aufs Meer genießen zu können!

Alyggos Bar BAR

(☎ 28410 41365; Plateia Elountas; ⏲ 9 Uhr–open end) Seit fast 30 Jahren fallen Touristen, Expats und Einheimische in dieser ganztägig geöffneten Bar ein – zu Recht. Die Getränke sind kalt und haben ordentlich Umdrehungen, die Stimmung ist nett und die Preise sind fair. An den Wochenenden legen ab 22 Uhr DJs auf. Außerdem: eine gute Adresse zum Fußballgucken.

Babel Bar BAR
(☎28410 42336; Akti Vritomartidos; ⏲9–3 Uhr; 📶) In der geselligen Bar an der Westseite des Platzes mit Blick auf den kleinen Hafen geht es von morgens bis tief in die Nacht zu wie in einem Taubenschlag. Hier werden Sportübertragungen gezeigt, man kann aber auch bei einem Kaffee seine Social-Media-Kontakte pflegen.

Shoppen

Eklektos Bookshop BÜCHER
(☎28415 01270; www.bookshopincrete.com; Papandreou 40; ⏲April–Okt. Mo–Sa 10.30–19 Uhr) Dieser nette kleine Buchladen versorgt Traveller in der Saison mit Lesestoff, auch auf Deutsch und Englisch, und verkauft darüber hinaus hübsche Souvenirs und allerlei Krimskrams. Die liebenswerte Besitzerin, eine Engländerin, ist oft vor Ort und hat jede Menge Insidertipps zur Stadt und der Umgebung auf Lager.

Praktische Informationen

Auf dem Hauptplatz hat man kostenlosen, aber sehr langsamen WLAN-Empfang. Alternativ geht man in eines der Cafés oder in eine Taverne mit WLAN-Netzwerk.

Olous Travel (☎28410 41324; www.olous-travel.gr; Plateia Elountas; ⏲9–23 Uhr) Das Reisebüro organisiert Flug- und Boottickets sowie Leihwagen, hilft bei der Unterkunftssuche und bucht Ausflüge.

An- & Weiterreise

Bis zu 14 Busse pro Tag pendeln zwischen Agios Nikolaos und Elounda (1,90 €, 20 Min.). Die **Bushaltestelle** (Plateia Elountas) befindet sich am Hauptplatz, Fahrkarten sind in dem Kiosk neben Nikos Taverna erhältlich.

Ebenfalls an der Plateia befindet sich der **Taxistand** (☎28410 41151; Plateia Elounda). Bis Agios Nikolaos zahlt man 14 €, bis Plaka 8 €.

Autos, Motorräder und -roller vermieten Olous Travel und **Elounda Travel** (☎28410 41800; www.eloundatravel.gr; Sfakianaki 3; Auto ab 45/160 € pro Tag/Woche; ⏲8–21 Uhr), beide am – Überraschung! – Hauptplatz vertreten, der übrigens obendrein als (kostenpflichtiger) Parkplatz dient.

NICHT VERSÄUMEN

BERÜHMTE LEPRAKOLONIE

Die winzige Insel **Spinalonga** (Νήσος Σπιναλόγκα; ☎28410 22462; Erw./erm. 8/4 €; ⏲9–18 Uhr) diente ab 1903 als Leprakolonie und erlangte durch Victoria Hislops Bestseller *Insel der Vergessenen* (2005) und die darauf aufbauende griechische TV-Serie *To Nisi* Bekanntheit. Boote ab Elounda, Plaka und Agios Nikolaos legen an Dantes Tor an, dem 20 m langen Tunnel, den die Patienten bei ihrer Ankunft durchquerten. Ein 1 km langer Weg führt an verschiedenen (größtenteils verfallenen) Sehenswürdigkeiten vorbei, darunter eine Kirche, ein Desinfektionsraum, das Krankenhaus und der Friedhof.

Bevor Spinalonga eine Leprakolonie wurde, war die Insel ein Bollwerk der Venezianer, die 1579 eine massive Festung erbauten, um die Buchten von Elounda und Mirabello zu schützen. 1715 wurde sie von den Osmanen erobert. Die isolierte Lage vor der Nordspitze der Halbinsel gleichen Namens prädestinierte Spinalonga als Quarantänezone für Leprakranke. Lepra ist auch unter dem Namen Morbus Hansen bekannt und verursacht Hautläsionen, Nervenschädigungen und Muskelschwäche. Das Krankheitsbild gibt es bereits seit der Antike. Insgesamt 1000 Griechen wurden nach Spinalonga in Quarantäne geschickt. Anfangs waren die Lebensbedingungen dort elend. Das änderte sich 1936 mit der Ankunft eines Jurastudenten, Epaminondas Remoundakis, der sich im Alter von 21 Jahren angesteckt hatte. Er kämpfte verbissen für eine bessere medizinische Versorgung und den Ausbau der Infrastruktur auf der Insel. 1948 wurde endlich ein Heilmittel entdeckt; der letzte Kranke verließ Spinalonga 1957.

Victoria Hislops Roman über die Verbindung ihrer Familie zu der Insel hat Spinalonga berühmt gemacht; es ist eher unwahrscheinlich, dass man sie für sich allein haben wird.

Lokale Kooperativen betreiben Fähren, die halbstündlich von Elounda (12 €) und Plaka (8 €) aus nach Spinalonga übersetzen. Für seinen Besuch kann man sich so viel Zeit nehmen, wie man möchte. Nostos Cruises (S. 235) in Agios Nikolaos schickt täglich ein Ausflugsboot zur Insel.

Fähren (☎ 6974385854; www.eloundaboat.gr; Hafen von Elounda; hin & zurück 12 €; ⏲ 9–17 Uhr) machen sich alle halbe Stunde am Hafen von Elounda auf den Weg nach Spinalonga.

Halbinsel Spinalonga

Die Halbinsel Spinalonga wird zur besseren Unterscheidung von der winzigen Insel gleichen Namens mit der ehemaligen Leprakolonie weiter nördlich manchmal Big Spinalonga genannt. Sie ist über einen schmalen Damm mit Elounda verbunden, der über den Isthmus von Poros führt. Um dorthin zu gelangen, muss man am Restaurant Ergospasio (S. 244) von der Hauptstraße abbiegen und bergab laufen.

Einst erstreckte sich an und in der Landenge die alte griechische Siedlung **Olous**, das Wenige, was von ihr übrig ist, befindet sich zu beiden Seiten des Damms unter Wasser. Schnorchler lieben dieses Areal, auch wenn es außer ein paar Fundamenten und den Überresten der Hafenmauer kaum etwas zu sehen gibt.

Rechts des Damms kann man noch die seichten **Salzpfannen** ausmachen, die im 15. Jh. von den Venezianern angelegt und bis 1972 genutzt wurden. Gleich dahinter erheben sich drei verfallene **Windmühlen** und die Ruinen einer frühchristlichen **Basilika**. Interessant ist vor allem das Mosaik mit Fischen, Vögeln und mehr hinter den Windmühlen rechter Hand.

Ein 7 km langer **Wanderrundweg** folgt alten Pfaden auf der Halbinsel. Autofahrer können einen ungeteerten Weg über die Landenge bis zu einem Parkplatz unterhalb der Kapelle Agios Loukas nehmen. Von dort aus läuft man etwa 500 m bis zum schönen **Strand Kolokytha**, an dem es allerdings gegen 12.30 Uhr voll wird, wenn Ausflugsboote ihre Passagiere hier zum Baden und Grillen absetzen. In der Bucht gleich nördlich des Strands stehen die Ruinen einer weiteren frühchristlichen Basilika.

Plaka Πλάκα

100 EW.

Das windgepeitschte Plaka 5 km nördlich von Elounda ist ein hübsches Dörfchen mit attraktiven Boutiquen, einem schmalen Kieselstrand und mehreren gemütlichen Tavernen direkt am Ufer. Plaka ist zudem ein praktischer Ausgangspunkt für Ausflüge zur berühmten Leprakolonie auf der Insel Spinalonga.

Sehenswertes & Aktivitäten

Stadtstrand von Plaka STRAND

Man kommt nicht extra wegen des Strands nach Plaka, doch wer nicht auf sein tägliches Sonnenbad verzichten möchte, kann sich zum nördlichen Ende des Strands aufmachen. Neben dem großen Parkplatz und nur wenige Schritte von Cafés und Tavernen entfernt erstreckt sich der lange, schmale Kieselstrand mit wunderbarem Blick auf Spinalonga.

Boote nach Spinalonga BOOTSFAHRTEN

(☎ 6977446229; https://plakaboat.gr; hin & zurück 10 €) Eine lokale Kooperative betreibt 19 Boote, die alle 30 bis 45 Minuten Kurs auf Spinalonga nehmen. Sie legen hier, am Jachthafen von Plaka, sowie von einem weiteren **Steg** 350 m weiter nördlich ab. Man kann beliebig lang auf der Insel bleiben und mit irgendeinem der Boote wieder zurück nach Plaka fahren. Die Überfahrt dauert zehn Minuten.

Petros Watersports & Bootsverleih WASSERSPORT

(☎ 6945891487; www.spinalonga-windsurf.com; Agia-Paraskevi-Strand, Straße Elounda–Plaka; ⏲ April–Okt. 10–19.30 Uhr) Wer die Freiheit genießen möchte, im eigenen Boot auf dem Wasser herumzuschippern, der kann sich hier – auch ohne Bootsführerschein – ab 70 € pro Stunde (bzw. 360 € für 2 Std. mit dem Schnellboot) eines leihen. Das angeschlossene Wassersportzentrum bietet u. a. Kajaks (15/20 € für 1/2 Std.), Wasserski und Wakeboarden (beides 40 €) an. Ausschau halten nach dem Royal Marmim Bay Boutique & Art Hotel.

Schlafen & Essen

Die Übernachtungsmöglichkeiten sind auf Luxusferienhäuser und eine ultraedle Hotelanlage gleich südlich beschränkt. Elounda und Agios Nikolaos bieten mehr Auswahl und ein besseres Preis-Leistungs-Verhältnis. Plaka wartet mit einer Vielzahl exzellenter, ziemlich teurer Fischrestaurants entlang der Fußgängerpromenade am Meer auf. Der Ausblick auf Spinalonga ist immerhin kostenlos!

Stella Mare Studios APARTMENTS €

(☎ 28410 41814; Studios/Apt. 45/55 €; ❄ 📶) Das Stella Mare steht etwas zurückversetzt von der Hauptstraße, bis zum kieselbedeckten Stadtstrand sind es 300 m. Die charmanten Besitzer wachen sorgfältig über die Unterkunft und haben jede Menge Tipps parat.

ABSEITS DER ÜBLICHEN PFADE

MILATOS ΜΥΛΑΤΟΣ

Milatos ist ein bescheidener Flecken Erde 13 km östlich von Malia und dem sehr touristischen Küstenstreifen im Westen. Das Dorf selbst liegt 2 km landeinwärts vom schmalen Milatos-Strand, bedeckt mit Kieseln, und wartet mit tollen Fischtavernen samt Gästezimmern auf.

Die meisten Leute unternehmen den kurzen Abstecher von der E75 hierher, um die gut ausgeschilderte **Milatos-Höhle** 3 km östlich des Dorfs zu besichtigen. An der Straße parken, dann einer rauen Piste über der malerischen Schlucht mit den steilen Wänden 200 m bis zum Höhleneingang folgen. Für die Erkundung der verwinkelten Räume empfiehlt sich eine Taschenlampe. Zu sehen sind z. B. eine kleine Kapelle und ein „Beinhaus" mit den Knochen von Inselbewohnern, die den Osmanen zum Opfer fielen: Um die 2500 Einheimische hatten 1823 Zuflucht in der Höhle gesucht, wurden jedoch entdeckt, belagert und umgebracht. Der Eintritt ist frei.

Panorama (28410 81213; Paralia Milatos; Hauptgerichte 8–18 €; April–Nov. 9–24 Uhr;) Liebhaber fangfrischer Leckerbissen aus dem Meer zieht es in diese ansprechende Taverne mit Blick über den kleinen Hafen. Auch die große Auswahl an *mezedhes*, Grillgerichten und anderen griechischen Klassikern lässt einem das Wasser im Munde zusammenlaufen.

Taverna Meltemi (28410 81286; Paralia Milatos; Hauptgerichte 6–12 €; 9–24 Uhr;) Die Fischtaverne am Strand wird von der wunderbaren Anastasia und ihrem Ehemann, einem Fischer, betrieben. Hier gibt's griechische Leibspeisen und tolle Sonnenuntergänge. Mit dem Tagesfang vom Kohlengrill kann man nichts falsch machen.

Das Grundstück ist mit Blumenbeeten übersät, in den komfortablen Apartments mit Balkon finden bis zu vier Personen Platz. Die Ausstattung ist traditionell und geschmackvoll, farbenfrohe Kunst setzt Akzente.

★ **Taverna Giorgos** FISCH & MEERESFRÜCHTE €€
(28410 41353; www.giorgos-plaka.gr; Hauptgerichte 8–20 €; 11–24 Uhr;) Das Ensemble der beliebten Fernsehserie *To Nisi* (drinnen hängen verblassende Fotos) liebt diese „Hobbithöhle" mit Holzbalken und einladender Terrasse an der Küstenpromenade. Weitere Sitzgelegenheiten befinden sich unterhalb auf einem Kliff mit romantischem Blick auf Spinalonga. Eine super Adresse für leckeren Fisch, der täglich von den Mitarbeitern höchstpersönlich gefangen wird. Ebenfalls top ist die Weinauswahl.

Captain Nikolas FISCH & MEERESFRÜCHTE €€
(28410 41838; Hauptgerichte 8–20 €; 12–24 Uhr;) Die hübsche Taverne aus Stein verströmt ein einladend familiäres Flair direkt an der Küste und ist für die formvollendete Zubereitung von Fisch und Meeresfrüchten bekannt, die auf den restauranteigenen Booten eingefahren werden. Einige Tische stehen auf dem felsigen Kliff, auf dem sich ein umwerfender Blick aufs Meer und die Insel eröffnet.

Ostria GRIECHISCH €€
(28410 41530; www.facebook.com/ostria.plaka; Hauptgerichte 9–23 €; 12–23 Uhr;) Das Ostria (griechisch für „Südwind") an der Hauptstraße steht direkt am Meer, wird von der gleichnamigen Brise geküsst und ist zudem mit einem unverstellten Ausblick auf Spinalonga gesegnet. Die Speisekarte hält nur wenige Überraschungen bereit, doch die verlässlich gute Qualität hat das Restaurant mit zeitgemäßem Flair an die Spitze vieler Hitlisten Einheimischer wie Touristen befördert.

Ausgehen & Nachtleben

Plaka hat kein nennenswertes Nachtleben, wenn man mal von den Tavernen und ein paar Café-Bars absieht. Wer einen draufmachen möchte, sollte nach Elounda oder, noch besser, nach Agios Nikolaos fahren.

Isla Bistrot & Cocktail Bar BAR
(6974335904; 9 Uhr–open end;) An der Hauptstraße auf der Strandseite der Stadt sorgt das Isla mit seinem Lounge-Flair und einem smarten, kultivierten Angebot an Craft-Bieren, Cocktails, frischen Säften und allem, was das Hipster-Herz begehrt, für einen Hauch von großer weiter Welt in Plaka. Wer mag, kann sogar eine Schischa rauchen.

To Pefko CAFÉ

(☎28410 44032; ⏲9–24 Uhr oder länger) In einem hübschen Steinhaus in der Fußgängerzone nahe dem Ortseingang wartete diese gemütliche Café gleich neben der Hauptstraße mit Tischen auf dem Gehsteig auf. Zu jeder Tageszeit eine gute Anlaufstelle.

An- & Weiterreise

Bis zu sechsmal täglich pendeln Busse zwischen Plaka und Elounda (10 Min.). Eine Taxifahrt kostet 8 €.

Kritsa Κριτσά

2000 EW.

Kritsa liegt in den Ausläufern des Dikti-Gebirges und ist eines der ältesten und hübschesten Bergdörfer im Osten Kretas. Das Oberdorf ist mit seinem Geflecht aus engen, autofreien Gassen besonders malerisch. An der Hauptstraße Kritsotopoulas reihen sich nette Cafés, Geschäfte mit lokalen Produkten und mehrere unerwartet schicke Boutiquen aneinander. In der näheren Umgebung locken Sehenswürdigkeiten wie die zerklüftete Schlucht von Kritsa, die Ruinen von Lato und die Kirche Panagia Kera mit ihren umwerfenden byzantinischen Fresken.

In der Hauptsaison ist Kritsa oft hoffnungslos überlaufen von Reisebusse und Tagesausflüglern, weshalb man seinen Besuch entweder auf den frühen Morgen oder späten Nachmittag legen sollte.

Sehenswertes & Aktivitäten

★ **Panagia Kera** KIRCHE

(☎28410 51806; Eparchiotiki Odos Agios Nikolaos-Prinas; Erw./erm. 2/1 €; ⏲Mi–Mo 8.30–16 Uhr; P) Die winzige Kirche mit drei Gängen erhebt sich an der Hauptstraße und birgt die am besten erhaltenen byzantinischen Fresken Kretas. Das Älteste im Hauptschiff (13. Jh.) zeigt Szenen aus dem Leben Jesu Christi. In der Kuppel sind z. B. die Darbringung des Herrn, Jesu Taufe, die Auferstehung des Lazarus und der Einzug nach Jerusalem zu sehen, in der Apsis Christi Himmelfahrt. Außerdem gibt es eine tolle Darstellung des Letzten Abendmahls. Der südliche Gang ist der heiligen Anna, der Mutter Marias, gewidmet, im nördlichen Gang steht der heilige Antonius im Mittelpunkt.

Die Panagia Kera liegt 1 km südlich von Krista. Gegenüber dem Restaurant Paradise befindet sich ein Parkplatz. Nach der Besichtigung kann man im Gartencafé ein Päuschen einlegen.

★ **Kritsa-Schlucht** WANDERN

Dies ist eine der magischsten Schluchten Ostkretas; sie folgt einem Flussbett, das von Eichen und Olivenbäumen gesäumt wird und in dem im Frühling Wildblumen blühen. Links und rechts ragen steile Felswände auf. Wer die Schlucht erkunden will, braucht festes Schuhwerk und muss einigermaßen fit sein, da das Terrain steinig ist und man über Felsen kraxeln und sich an Metallgeländern und einem Seil festhalten muss.

Es gibt zwei Routen. Die Kürzere (5 km) führt 2 km durch den Canyon und dann bergauf; rechts abbiegen und dem Weg parallel zur Schlucht zurück bis zum Parkplatz folgen. Der Längere (11 km) führt weiter bis ins Dorf Tapes. Die Zäune, die man unterwegs sieht, haben Hirten aufgestellt, um die Ziegen zusammenzuhalten; die Tore immer gut schließen!

Die Wanderung ist ganzjährig möglich, nur nicht nach starken Regenfällen – vor der Abfahrt in Kritsa nach den aktuellen Bedingungen fragen. Der Weg zur Schlucht ist an der Straße nach Lato ausgeschildert.

Schlafen

Die meisten Traveller unternehmen eine Tagestour nach Kritsa, doch für alle, die über Nacht bleiben wollen, steht eine Handvoll kleiner Hotels und Apartments zur Verfügung.

Rooms Argyro PENSION €

(☎28410 51174; www.argyrorooms.com; DZ 38–45 €; ❄📶) Diese wunderbare Pension hat kompakte, moderne Zimmer mit weißen Möbeln und Fliesenböden die mit den farbigen Wänden, Vorhängen und Bettdecken kontrastieren. Vielfach ist auch ein Balkon dabei. Den schönsten Bergblick bietet das Dreibettzimmer.

Das Argyro befindet sich linker Hand, wenn man aus Agios Nikolaos anreist.

Essen & Ausgehen

Taverna Platanos KRETISCH €

(☎28410 51230; Kritsotopoulas; Hauptgerichte 6,50–9,50 €; ⏲10–21 Uhr) Das Platanos, eine Mischung aus Taverne und *kafeneio* (Kaffeehaus), erstreckt sich unter einer ausladenden 200 Jahre alten Platane und einem Dach aus Weinranken. Auf der Karte stehen leckere Grillgerichte, Moussakas und *stifadho*.

KRITSOTOPOULA, DIE KRETISCHE HELDIN

Die mitreißende Geschichte der schönen und mutigen Kreterin Kritsotopoula (wörtlich: Kind von Kritsa) handelt von Rhodanthe, wie Kritsotopoula eigentlich hieß. Sie lebte Anfang des 19. Jhs. während der osmanischen Besatzung in Kritsa auf Kreta. Der Erzählung nach hatte sie eine wunderschöne Singstimme, die ihr allerdings eines Tages zum Verhängnis wurde, als ein betrunkener türkischer Offizier sie hörte und versuchte, in ihr Haus einzudringen. Rhodanthes Mutter wehrte sich dagegen und wurde von ihm erstochen. Anschließend entführte er Rhodanthe, die ihm aber noch in derselben Nacht im Schlaf die Kehle durchtrennte. Darauf stutzte sie ihr langes Haar und floh als Mann verkleidet in die Berge, wo sie sich den kretischen Freiheitskämpfern anschloss.

1823 tat sie sich nahe der antiken Stadt Lato in einem erbitterten Kampf gegen die Türken hervor, kassierte dann allerdings leider einen Treffer in die Brust und starb. Beim Versuch, die Blutung zu stillen, kam ihr eigentliches Geschlecht ans Tageslicht; fortan wurde sie als Kritsotopoula verehrt und zum klassischen Symbol des kretischen Widerstands.

Die Hauptstraße von Kritsa ist nach Kritsotopoula benannt und im Sommer ist das ihr gewidmete kleine **Museum** ganz am Ende der Hauptstraße geöffnet. Sehenswert ist auch Nigel Ratcliffe-Springalls großes **Steinrelief** auf einem umfriedeten Gelände auf dem Weg nach Lato. Es zeigt die sterbende Heldin in den Armen ihres Vaters, der hier in der Gegend Priester war.

Cafe Bar Massaros CAFÉ €

(☎28410 51146; Olof Palme; Snacks 3–6,50 €; ⏲7–1 Uhr oder länger; 📶) Tagsüber machen sich vor allem Touristen über die Toasties, Crêpes, Salate und Pizza her, abends, wenn die Reisebusse wieder weg sind, kommen dann die Einheimischen zum Erzählen und Trinken in die einfache, gesellige Café-Bar.

Saridakis Kafeneio CAFÉ

(Kritsotopoulas; Saft 3 €; ⏲8–24 Uhr) Ein exzellentes kleines Café, das zu einer Portion hausgemachtem Honig und Joghurt oder einem frisch gepressten Orangensaft im kühlen Schatten einlädt.

Shoppen

Nostimon GESCHENKE & SOUVENIRS

(☎28410 52092; www.physisofcrete.gr; Kritsotopoulas; ⏲9–19 Uhr) Dies ist das ältere von zwei Fabrikoutlets der lokalen Marke „Physis of Crete". Das Familienunternehmen stellt preisgekröntes Olivenöl sowie Honig, Kräuter, Pasten, Dips, Kosmetik und andere traditionelle kretische Produkte her.

Latia Hora GEWÜRZE

(☎28410 51805; Ethnikis Antistaseos 5; ⏲Mo–Sa 9–21 Uhr) Wer auf Bio-Gewürze, -Kräuter, -Tees, -Öle, -Trockenfrüchte und andere Lebensmittel fürs Vorratsregal steht, wird sich in diesem winzigen Geschäft fühlen wie ein kleines Kind in einem Süßwarenladen. Man kann hier prima auf Souvenirjagd gehen und wenn man Hilfe braucht, gibt der charmante Besitzer gern Auskunft und Kochtipps auf Englisch.

Anna's Heart MODE & ACCESSOIRES

(☎6945245528; Kritsotopoulas; ⏲10–20 Uhr) In der edlen Boutique, die sich problemlos in einer Großstadt wie Athen behaupten könnte, werden ausschließlich von griechischen Designern entworfene Kleidung, Schmuck, Taschen, Hüte und andere Accessoires verkauft, das Sortiment ist handverlesen. Toll sind z. B. die Korkhandtaschen, hölzernen Sonnenbrillen und die Kleidung von Ioanna Kourbela.

An- & Weiterreise

An Wochentagen machen sich bis zu vier Busse auf den Weg von Agios Nikolaos nach Kritsa (1,80 €), an Wochenendtagen drei. Die **Bushaltestelle** (Olof Palme) ist im Stadtzentrum. Ein Taxi kostet 14 €.

Rund um Kritsa

★ Antike Stadt Lato ARCHÄOLOGISCHE STÄTTE

(Λατώ; ☎28410 22462; http://odysseus.culture.gr; Erw./erm. 2/1 €; ⏲Mi–Mo 8.30–16 Uhr) Das antike Lato liegt auf einem Hügel und ist eine der am besten erhaltenen nicht-minoischen Stätten auf Kreta. Die Fahrt dorthin lohnt sich schon allein wegen der bukolischen Landschaft und des tollen Blicks auf den Golf von Mirabello. Die Dorer gründeten Lato im 7. Jh. v. Chr., die Blütezeit des

Stadtstaats war im 3. Jh. Danach ging es stetig bergab, Lato wurde nach und nach verlassen. Im 2. Jh. war das administrative Zentrum an den Hafen verlegt worden (im heutigen Agios Nikolaos).

Etwa 100 m hinter dem Ticketverkauf betritt man die Stätte durch das **Stadttor**, von dem aus eine lange Straße über Stufen zur **Agora** (Marktplatz) hinaufführt. Unterwegs passiert man eine Mauer mit zwei Türmen, Wohnhäuser und Gebäude, die einst Geschäfte und Werkstätten beherbergten. Oben angekommen sind Überreste einer **Stoa** (Säulengang) zu sehen. Unmittelbar dahinter steht ein rechteckiger Tempel, in dem zahlreiche Figuren aus dem 6. Jh. v. Chr. geborgen wurden. Bei dem tiefen Loch links des Tempelgebäudes handelte es sich um Latos öffentliche **Zisterne**. Hinter dieser führt eine monumentale Treppe zum **Prytaneion** (Verwaltungszentrum) hinauf. In seiner Mitte brannte einst rund um die Uhr ein Feuer, umringt von Bänken. Hier hielten die Stadtobersten ihre Treffen ab.

Südlich der *agora* geht's einen Hang hinauf zu einer Terrasse mit einem weiteren **Heiligtum**, vor dem sich ein dreistufiger **Altar** befindet. Hier oben hat man einen gigantischen Ausblick über das Gelände. Unterhalb zur Rechten (Osten) erstreckte sich das **Theater**, das Platz für um die 350 Zuschauer bot. Sie saßen auf in den Fels gehauenen Steinbänken und auf der **Exedra** (offener Portikus mit Sitzplätzen).

Der Name der antiken Siedlung geht auf die Göttin Leto zurück. Der Sage zufolge gebar sie Zeus zwei Kinder (Artemis und Apollo).

Es bestehen keine Busverbindungen nach Lato, die nächstgelegene Haltestelle ist im 3 km südlich gelegenen Kritsa. Die Stätte ist über die Kritsa-Lakonion-Straße zu erreichen.

LASSITHI-HOCHEBENE
ΟΡΟΠΕΔΙΟ ΛΑΣΙΘΙΟΥ

Die ruhige Lassithi-Hochebene liegt 900 m überm Meer, selbst im Sommer benötigt man hier oben einen Pulli. Das Gelände ist windgepeitscht, zwischen grünen Feldern stehen Mandelbäume und Obstpflanzungen. Es liegt in einer großen Senke zwischen dem Dikti-Gebirge, weshalb der Begriff Ebene tatsächlich zutreffender ist als Plateau. Hier zeigt sich die Insel von ihrer abgeschiedenen, ländlichen Seite. Die Gegend ist dünn besiedelt, einzig an der Peripherie finden sich ein paar Dörfer. Die meisten Reisenden halten hier im Rahmen eines Tagesausflugs nach Psychro, dem Tor zur Dikti-Höhle, in der Zeus der Sage nach das Licht der Welt erblickte und als Kleinkind versteckt wurde, um nicht in die Fänge seines unersättlichen Vaters zu geraten.

Lassithi muss im 17. Jh. einen ganz erstaunlichen Anblick geboten haben, als hier um die 20 000 Windmühlen mit weißen Segeln standen. Die Venezianer hatten sie zu Bewässerungszwecken aufgestellt. Die verbleibenden Mühlen-„Skelette" sind ein (viel fotografiertes) Wahrzeichen.

Die zentrale Hochebene mit ihrem weit verzweigten Wegenetz steht bei Radfahrern hoch im Kurs.

Tzermiado Τζερμιάδο

Am nördlichen Ende der Senke liegt das größte der 20 Dörfer der Lassithi-Hochebene. Tzermiado hat sich etwas von seinem ländlichen Charme bewahren können und ist zudem das Tor zur Kronios-Höhle, die aber nur durchschnittlich spannend ist. Es gibt nur eine größere Straße im Ort und einen Geldautomaten sowie eine Postfiliale am Hauptplatz.

Wer sich Tzermiado von Süden her nähert, passiert ein Schild zur **Kronios-Höhle** (Trapeza-Höhle) GRATIS. Sie ist über einen Pfad zu erreichen, der zu mehreren Treppen führt. Bei Ausgrabungen wurden Gegenstände aus der Jungsteinzeit gefunden, wahrscheinlich diente die Höhle einst als Unterschlupf. Die Minoer nutzten sie als Begräbnisstätte. Eine Taschenlampe mitbringen und auf die Füße achten, wenn man die beiden Kammern voller Stalagmiten und Stalaktiten erkundet.

Schlafen & Essen

Argoulias APARTMENTS €€
(☎ 6972234275, 28440 22754; www.argoulias.gr; Apt. 50–80 €;) Die elf Selbstversorgerapartments für bis zu fünf Personen gewähren gigantische Ausblicke über die Hochebene bis zu den Bergen. Sie thronen am Hang oberhalb des Dorfs und bestehen aus unverputztem Stein aus der Gegend. Das traditionelle Dekor und das Mobiliar versprechen Komfort, der Kamin sorgt im Winter für Gemütlichkeit. Das optionale Frühstück kostet 6 € pro Person.

Die Besitzer betreiben auch das tolle Restaurant auf der anderen Straßenseite und

ABSEITS DER ÜBLICHEN PFADE

KATHARO-HOCHEBENE & KROUSTAS

Von Kritsa aus führt auf 16 km ein landschaftlich schöner Weg hinauf zur spektakulären **Katharo-Hochebene**, die von den Bewohnern Kritsas bewirtschaftet wird. Teilweise leben sie im Sommer auf der Hochebene. Auf dem wunderschönen, mit Wildblumen überzogenen Plateau in 1200 m Höhe liegt im Winter oft eine dicke Schneedecke und knapp 500 Menschen leben hier. In der Saison sind eine Handvoll Tavernen geöffnet.

Nur 4 km südlich von Kritsa liegt die Ortschaft **Kroustas**, die von einheimischen Kennern für ihre traditionelle lokale Küche geschätzt wird. Im beliebten **O Kroustas** (28410 51362; Kroustas; Hauptgerichte 5–10 €; 12–24 Uhr;) gibt's (na was wohl) kretische Küche, z. B. die ausgezeichneten *lazania* (handgemachte, gedrehte Nudeln, manchmal auch *stroufikta* genannt), die mit dem trockenen, weißen *anthotiro*-Käse in Brühe gekocht werden, oder Zwieback aus dem Holzofen.

Bis auf sonntags machen sich zweimal täglich Busse auf den Weg von Kritsa nach Kroustas. Wer läuft, benötigt etwa eine Stunde.

stellen Räder für ihre Gäste zur Verfügung. Am östlichen Ortseingang Tzermiado weisen Schilder den Weg.

Taverna Kourites GRIECHISCH €
(28440 22054; Hauptgerichte 6,50–11 €; April–Okt. 9–23 Uhr) Die geräumige Taverne am Rande von Tzermiado verköstigt mittags Tagestouristen, und zwar mehrere Reisebusse voll davon. Zu anderen Tageszeiten kann man sich ganz in Ruhe an Lamm und Spanferkel aus dem Holzfeuerofen laben.

Die Betreiberfamilie vermietet auch ein paar einfache **Zimmer** über der Taverne und in einem nahen Hotel für 40 € pro Doppelzimmer inklusive Frühstück.

Agios Georgios
Άγιος Γεώργιος

Agios Georgios ist ein winziges Dorf am südöstlichen Rand der Lassithi-Hochebene und einer der netteren Orte in der Gegend (der Rest ist insgesamt eher dröge). Wer mit dem Rad unterwegs ist, könnte hier sein Basislager aufschlagen und Tagestouren in die Umgebung unternehmen.

Das reizende **kretische Volkskundemuseum** (6948501457; www.elsolas.gr; Erw./erm. 3/2 €; Mai–Mitte Okt. Mo–Sa 10.30–17 Uhr) gewährt einen Einblick die Geschichte der Landwirtschaft auf Kreta. Die Ausstellung erstreckt sich über ein steinernes Bauernhaus aus dem 19. Jh. und ein etwas jüngeres klassizistisches Gebäude. Abgesehen von landwirtschaftlichen Geräten, Holzmöbeln, Textilien, verblassenden Schwarz-Weiß-Aufnahmen und Relikten aus dem Zweiten Weltkrieg ist auch eine Traubenpresse zu sehen, die clever zu einem Bett umfunktioniert wurde. Ein nahe gelegenes Gebäude gewährt einen schönen Ausblick aufs Tal und birgt eine Ausstellung zu dem bekannten Politiker Eleftherios Venizelos.

Schlafen & Essen

Hotel Maria HOTEL €
(28440 31774; http://mariahotelagiosgeorgios.blogspot.de; DZ inkl. Frühstück 40 €; Mai–Okt.;) Vor dem Hotel mit den 15 ausgefallenen Zimmern erstreckt sich ein Garten. Die traditionellen Bergbetten sind ziemlich schmal und haben Rahmen aus Stein, die lokaltypische Einrichtung und die gewebten Wandbehänge tragen weiterhin zur authentischen Atmosphäre bei. Im Norden des Dorfs gelegen.

★ **Taverna Rea** KRETISCH €
(28440 31209; Hauptgerichte 6–8 €; 10–21 Uhr) Die Steinwände der netten kleinen Taverne an der Hauptstraße sind mit kretischen Artefakten geschmückt. In der Küche schwingt Maria Spanaki das Zepter, ihr Souflaki ist legendär. Auch das Lamm ist genial. Treppauf befinden sich vier **Zimmer** (DZ 30 €) mit je zwei Betten und Bad.

Psychro Ψυχρό

Psychro liegt etwa 1 km unterhalb der Dikti-Höhle, die als Geburtsort des Göttervaters Zeus gilt. Häufig reiht sich hier ein Reisebus an den anderen. Es gibt eine Hauptstraße durch den Ort, eine Statue, die ein Schwert schwingt, ein paar Tavernen für Touristen und jede Menge kitschige Souvenirläden.

GVL/GETTY IMAGES ©

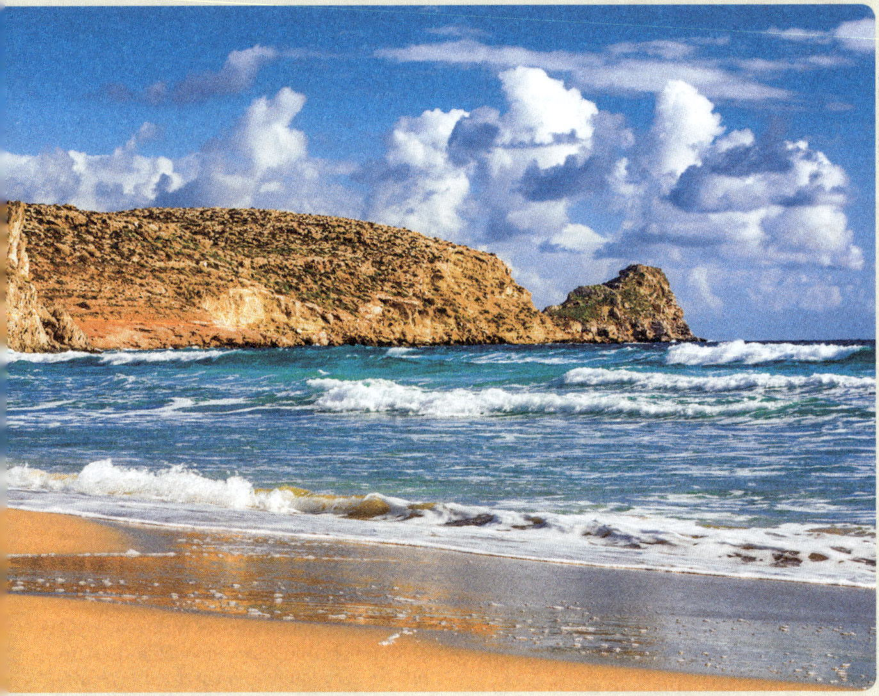

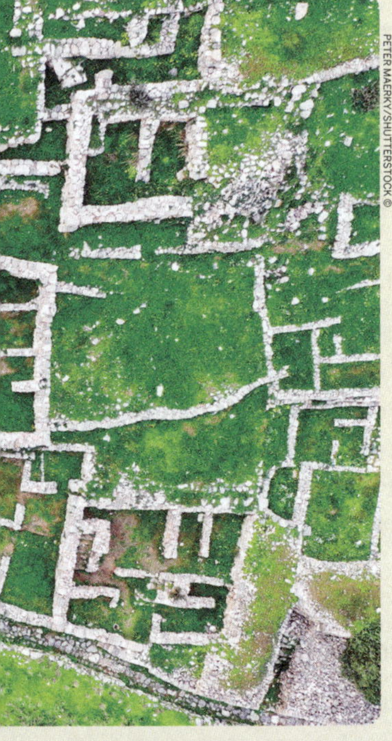

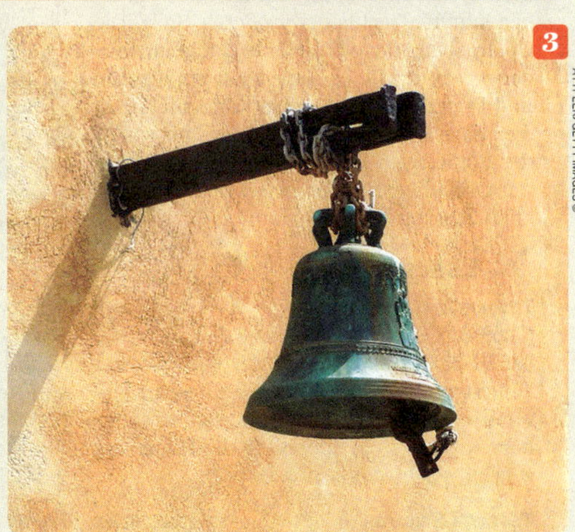

ANKARB/GETTY IMAGES ©

PETER MAERKY/SHUTTERSTOCK ©

3

ATYPEEK/GETTY IMAGES ©

1. Windmühle, Lassithi-Hochebene (S. 250)
Die von Bergen umringte Lassithi-Hochebene ist eine windgepeitschte Weite, in deren grüne Felder hier und da Haine eingestreut sind.

2. Xerokambos (S. 267)
Hier gibt's nicht viel zu tun außer am Strand zu entspannen, in den Tavernen zu schlemmen und die örtlichen Höhlen und Schluchten zu erkunden.

3. Spinalonga (S. 245)
Der romantische Bestseller *Insel der Vergessenen* machte die einstige Leprakolonie über Nacht berühmt.

4. Gournia (S. 254)
Die spätminoische Siedlung war zuletzt um 1200 v. Chr. bewohnt.

NICHT VERSÄUMEN

DIE BESTEN ANTIKEN STÄTTEN OSTKRETAS

- Palast von Zakros (S. 263)
- Antikes Lato (S. 249)
- Gournia (S. 254)

Sehenswertes

Dikti-Höhle HÖHLE

(Höhle von Psychro; ☎28410 22462; http://odysseus.culture.gr; Erw./erm. 6/3 €; ⌚April–Okt. 8–20 Uhr, Nov.–März bis 15 Uhr) Es heißt, dass sich Rhea in dieser Höhle versteckt hielt, um Zeus zur Welt zu bringen – weit weg von seinem Vater Kronos, der einen Spross nach dem anderen verschlungen hatte. Eine rutschige Treppe windet sich in die feuchte Dunkelheit hinein und führt an Stalaktiten, Gesteinsformationen wie von einem anderen Stern und einem See vorbei. Bis zum Höhleneingang sind es ab Psychro steile 800 m. Man kann entweder den felsigen, aber schattigen Naturpfad nehmen oder die sonnige, asphaltierte Route, die nahe dem Parkplatz beginnt.

Besonders bekannt ist ein Stalaktit mit dem Spitznamen „Umhang des Zeus“ in einer Kammer rechts der größeren Halle. Die Opfergaben, die in der Höhle gefunden wurden, umfassen Dolche, Speerspitzen, Figuren und Doppeläxte, was darauf hindeutet, dass dies eine Kultstätte der Minoer und später der Römer war. Die wichtigsten Funde sind im Archäologischen Museum (S. 173) in Iraklion ausgestellt.

Essen

Tavern Taksiarhos KRETISCH €

(☎6978368992; Hauptgerichte 5–10 €; ⌚April–Okt. 10–23 Uhr; ❄📶) Eines der netteren von Touristen förmlich überrannten Restaurants unterhalb der Dikti-Höhle. Hier gibt's sämtliche Klassiker, die Spezialität des Hauses ist gegrilltes Schwein (schön saftig!).

Taverna Stavros KRETISCH €

(☎28440 31453; Grillgerichte 7–9 €; ⌚Mai–Okt. 10–22 Uhr) Die Töpfe voller Geranien sind echte Hingucker in diesem alteingesessenen Restaurant. Es hat Tische im Freien und bietet Salate, Pasta, *souvlaki* sowie Gemüse aus der Region.

Petros Taverna GRIECHISCH €

(☎6947022216; Hauptgerichte 6–8,50 €; ⌚9–17 Uhr) Durchschnittliche griechische Küche in einer weiteren etablierten Touristentaverne am Fuß der Höhle.

An- & Weiterreise

Die Lassithi-Hochebene wird nicht von Bussen des öffentlichen Nahverkehrs angefahren. Ein Taxi von Iraklion nach Tzermiado oder Psychro kostet um die 60 €, ab Agios Nikolaos zahlt man 50 €. Wer etwas Geld sparen will, könnte das erste Stück bis Malia mit dem Bus zurücklegen und dort in ein Taxi steigen (25 €).

DIE NORDOSTKÜSTE

Istron & Umgebung

Der Voulisma-Strand (Golden Beach; Istron; 👪) erstreckt sich 12 km östlich von Agios Nikolaos in einer halbmondförmigen Bucht. Der goldene Sandstreifen wird von seichtem und außergewöhnlich ruhigem Wasser umspült, das klar ist wie in der Karibik und in Myriaden unterschiedlicher Blautöne schimmert. Neben den Stufen, die vom Parkbereich hinabführen, befindet sich ein kleines Restaurant. In der Hauptsaison werden verschiedene Wassersportarten angeboten.

★Karavostassi Apartments APARTMENTS €€

(☎28410 24581; www.karavostassi.gr; Apt. ab 120 €; P⊖❄📶🐾) In den drei stilvoll-rustikalen zweigeschossigen Apartments in einem abgeschiedenen Steinhaus wiegt einen das Wellenrauschen in den Schlaf. Irgendwie fühlt sich das Ganze so heimelig an wie eine Übernachtung in der Villa eines wohlhabenden Verwandten. Die Unterkunft ist am nördlichen Ende des Kavarostasi-Strands nahe Istron zu finden, etwa 10 km südlich von Agios Nikolaos, und wartet mit privaten Veranden auf, von denen man direkt ins Wasser hüpfen kann.

Mindestaufenthalt: drei Nächte.

Gournia Γουρνιά

Die spätminoische Siedlung **Gournia** (☎28420 93028; Erw./erm. 2/1 €; ⌚Mi–Mo 8.30–16 Uhr; P) liegt 19 km südöstlich von Agios Nikolaos und umfasst einen kleinen Palast und Wohngebiete. Sie entstand zwischen 1600 und 1500 v. Chr., wurde 1450 v. Chr. zerstört und von 1375 bis 1200 v. Chr. erneut besiedelt. Nach wie vor sind Straßen,

Treppen und Häuser mit bis zu 2 m hohen Wänden zu sehen. Haushaltsgegenstände, landwirtschaftliches Gerät und mehr lassen darauf schließen, dass Gournia recht wohlhabend war. Busse, die von Agios Nikolaos nach Sitia und Ierapetra fahren, halten auf Wunsch an der Stätte.

Am besten fotografiert man die Übersichtskarte hinterm Eingang ab und folgt der schmalen, antiken Straße, die sich zu den Palastruinen hinaufwindet und unterwegs an **Werkstätten und Lagerräumen** vorbeiführt. In einem Raum wurde sogar eine Traubenpresse aus Lehm gefunden. Der Weg endet am **zentralen Hof** des Palasts; Stufen rechter Hand lassen vermuten, dass sich dort der Haupteingang befand. Auf der anderen (westlichen) Seite des Hofs führt eine kleinere Treppe zu einer aufrecht stehenden Steinplatte hinab, bei der es sich um einen „heiligen Stein" handeln mag. Ein paar einfache Infotafeln sind über das Gelände verteilt.

Mochlos Μόχλος

100 EW.

Am Ende einer schmalen Straße, die an riesigen Steinbrüchen vorbeiführt, stößt man auf diesen ruhigen Ort, ein wahres Schmuckstück an Kretas Nordküste. In dem kleinen Fischerdorf mahlen die Mühlen langsamer als anderswo; selbst die Wellen rollen in gemächlichem Tempo an den Strand aus grauem Sand und Kieseln. Zu tun gibt es wenig. Man relaxt, genießt die Ruhe und lässt es sich in einem der exzellenten Cafés oder einer Taverne am Meer gut gehen.

In der Antike war Mochlos eine florierende frühminoische Gemeinde. Beweise dafür wurden auf der kleinen Insel 200 m vor der Küste gefunden. Wer sich das genauer ansehen möchte, sollte im Dorf herumfragen, ob es jemanden gibt, der einen mit dem Boot hinausfährt. Achtung beim Baden im Meer: Die Strömung ist stark.

Schlafen

2 km östlich des Dorfs gibt es eine voll ausgestattete Hotelanlage, davon abgesehen handelt es sich bei den Unterkünften in Mochlos um Gästezimmer, Apartments und Ferienhäuser. Die Anzahl an Betten ist aber überschaubar und sie sind in der Hauptsaison oft komplett ausgebucht.

To Kyma APARTMENTS €

(28430 94177; soik@in.gr; Studios 30–50 €; April–Okt.;) Die gepflegten, modernen Studios sind eine brauchbare Wahl, wenn man auch mit wenig Platz zurechtkommt. Balkone mit Meerblick sind Standard, genauso wie eine einfache Küchenzeile, die ausreicht, um Frühstück oder Snacks zuzubereiten. Der Check-in ist im Minimarkt Anna. Manchmal gibt es einen Mindestaufenthalt von drei Nächten.

Hotel Sofia PENSION €

(28430 94554; sofia-mochlos@hotmail.com; DZ/3BZ 35/45 €;) Die liebenswert altmodische Pension direkt am Meer birgt kleine, schnörkellose Zimmer im Obergeschoss mit weinfarbenen Tagesdecken, traditionellen Möbeln, modernen Bädern und einem Kühlschrank. Für einen Meerblick zahlt man etwas mehr. Die Hotelbesitzer vermieten überdies geräumige **Apartments** (40–55 €) 200 m östlich vom Hafen, wo längere Aufenthalte bevorzugt gesehen werden.

Petra Nova Villas FERIENHÄUSER €€

(6984365277, 28430 94080; www.petranovavillas.gr; Ferienhaus mit 1/2 Schlafzi. 110/140 €;) Die fünf zweistöckigen Steinhäuser verschmelzen gewissermaßen mit dem Hang und liegen nur wenige Gehminuten oberhalb der Küste. Sie gewähren sehr viel Privatsphäre, haben eine schicke Inneneinrichtung und eine Terrasse mit traumhaftem Blick aufs Meer – sämtliche Zutaten für einen entspannenden Urlaub zum Seelenstreicheln. Während der Hauptsaison gibt es einen Mindestaufenthalt.

Mochlos Mare APARTMENTS €€

(28430 94005; www.mochlos-mare.com; Apt. mit 1/2 Schlafzi. ab 50/60 €;) In einem weißen Gebäude mit zahllosen korallenfarbenen Bougainvilleen sind vier Apartments mit einfachen Küchenzeilen untergebracht. Die großzügig geschnittenen Balkone liegen zum Meer hin, das absolute Highlight aber sind die Inhaber, die ihre Gäste häufig mit Obst und Gemüse aus dem Garten verwöhnen. Bis ins Dorf sind es nur wenige Schritte.

Essen

Da man sonst nicht viel zu tun hat, ist gutes Essen hier ein besonders wichtiger Programmpunkt und die Tavernen am Meer und in den Seitenstraßen tischen einige der besten Speisen im Osten Kretas auf.

★ **Ta Kochilia** KRETISCH €€

(28430 94432; Hauptgerichte 5,50–17 €; 10.30–24 Uhr;) Die älteste von mehreren Tavernen an der Küste ist schon seit beinahe

100 Jahren im Geschäft und unverändert eine gute Anlaufstelle für Liebhaber von Fisch und traditionell kretischer Küche à la Spinatpasteten, Lamm mit Artischocken oder Feta aus dem Ofen. Tolle Weinkarte.

Tavernaki Dimitris MEDITERRAN €€
(☎ 6945367035; Hauptgerichte 8,50–15 €; ⏲ 12–16 & 18 Uhr–open end; ❄ 📶) Kein direkter Meerblick, aber dafür griechische Küche mit dem gewissen französischen Etwas erwartet die Besucher dieser kleinen Taverne, in der man seine Geschmacksknospen den ganzen Tag über verwöhnen kann. Neben den Klassikern gibt's Fischsuppe (nur am Wochenende), mit Metaxa flambierte Krabben und eine Auswahl an Carpaccio und Tatar.

To Bogazi KRETISCH €€
(☎ 28430 94200; mezedhes 3–7 €, Hauptgerichte 7–15 €; ⏲ April–Okt. 10 Uhr–open end; ❄ 📶 🖊) Ein liebenswertes griechisch-schweizerisches Paar betreibt die Taverne am Meer. Auf der großen Terrasse stehen lila-weiße Möbel, die Karte strotzt nur so von Gerichten mit lokalen Zutaten aus dem Meer und von den hiesigen Feldern. Die Qualität ist herausragend. Im Sommer wird an manchen Abenden Livemusik geboten.

ℹ An- & Weiterreise

Es bestehen keine öffentlichen Verkehrsverbindungen nach Mochlos. Busse auf der Route Sitia-Agios Nikolaos halten auf Wunsch am Abzweig nach Mochlos, von wo aus es noch 6 km zum Dorf sind.

ℹ Unterwegs vor Ort

Mochlos Boat Service (5 € pro Pers.) Erspäht man ein kleines Boot mit der Aufschrift „Mochlos Boat Service" in dem winzigen Hafen, heißt das, dass ein Skipper Dienst hat und Urlauber zu den minoischen Ruinen auf dem Inselchen vor Mochlos hinüberschippern kann. Einfach in der Taverne nachfragen, die Mitarbeiter wissen, wo sie ihn finden können.

Sitia Σητεία

9900 EW.

Sitia ist keine konventionelle Schönheit, hat jedoch eine angenehme, freundliche Atmosphäre - wahrscheinlich, weil das Städtchen seine Seele nicht an den Massentourismus verkauft hat. Das Tempo ist gemütlich, die Landwirtschaft ist das wichtigste Standbein der lokalen Wirtschaft.

In der ruhigen Altstadt oberhalb des Hafens ergießen sich weiß getünchte Gebäude und steile Treppen über einen Hang, an dem eine venezianische Burgruine ein Blickfang ist. Unten am Wasser geht es lebendig zu, Tavernen und Cafés säumen die Straßen und eine breite Promenade folgt der Karamanli. Im Osten schmiegt sich ein langer Sandstrand an die Bucht.

Viele Touristen nutzen Sitia als Ausgangspunkt für Ausflüge nach Vai, zum Moni Toplou, nach Zakros und zu weiteren abgeschiedenen Zielen im Osten, die Stadt selbst lohnt aber ebenfalls ein oder zwei Übernachtungen.

Geschichte

Ausgrabungen deuten darauf hin, dass die Gegend um Sitia bereits in der Jungsteinzeit bewohnt war und sich im nahen Petras eine minoische Siedlung befand. Während der griechisch-römischen Periode gab es eine Stadt namens Iteia. Sie muss in etwa dort gelegen haben, wo sich das heutige Sitia erhebt, aber der exakte Standort wurde bis jetzt nicht festgestellt. In der byzantinischen Ära wurde Sitia zum Bistum, das durch die Sarazenen im 9. Jh. wieder aufgelöst wurde. Unter den Venezianern entwickelte sich die Stadt zum wichtigsten Hafen Ostkretas, genannt La Sitia; angeblich geht die Bezeichnung der Region Lassithi auf diesen Namen zurück.

1508 wurde Sitia durch ein schweres Erdbeben in Schutt und Asche gelegt und hat sich davon nie mehr erholt. Der Todesstoß kam dann 1648 durch die Blockade der Osmanen, die letzten Einwohner flohen. Die Stadt dümpelte vor sich hin, bis die Osmanen im ausgehenden 19. Jh. beschlossen, sie in ein Verwaltungszentrum zu verwandeln.

Kretas berühmtester Dichter, Vitsentzos Kornaros, Verfasser des epischen Gedichts *Erotokritos*, wurde 1614 in Sitia geboren.

◉ Sehenswertes

Archäologisches Museum Sitia MUSEUM
(☎ 28430 23917; Piskokefalou; Erw./erm. 2/1 €; ⏲ Mi–Mo 8.30–16 Uhr) Hier wurden archäologische Funde aus Ostkreta zusammengetragen, die einen Bogen zwischen der Jungsteinzeit und der Ära der Römer spannen. Der Schwerpunkt liegt auf minoischen Artefakten, wobei der Ehrenplatz der Sammlung einer Statue aus Nilpferdstoßzähnen gebührt: *Palekastro Kouros* war einst vollständig mit Blattgold überzogen. Zu den schönsten

Sitia

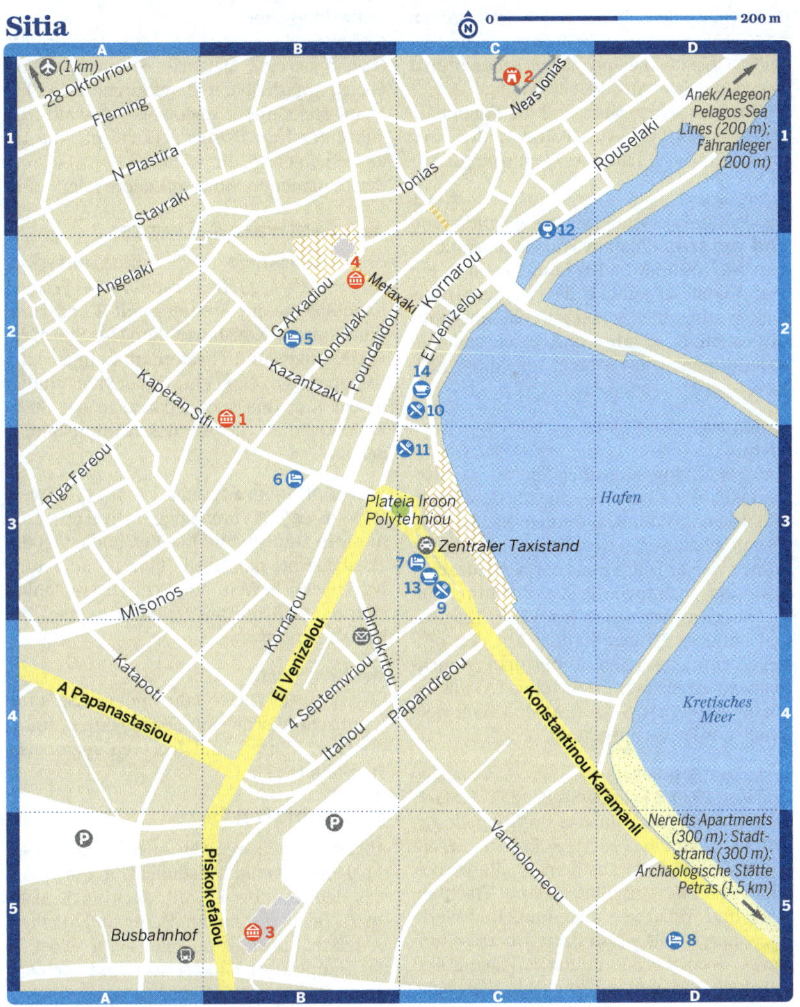

Sitia

Sehenswertes

1 Volkskundemuseum B2
2 Kazarma C1
3 Archäologisches Museum Sitia B5
4 Venezianisches Gebäude B2

Schlafen

5 Hotel El Greco B2
6 Hotel Krystal B3
7 Itanos Hotel C3
8 Sitia Bay Hotel D5

Essen

9 Mitsakakis C3
10 Rakadiko Oinodeion C2
11 Zorbas Taverna C3

Ausgehen & Nachtleben

12 Black Hole C1
13 Kafe C3
14 Nouvelle Boutique C2

Funden aus dem Palast von Zakros zählen eine Traubenpresse, eine Bronzesäge und religiöse Objekte, die Spuren der Feuersbrunst tragen, die das Bauwerk verschlang.

Ebenfalls sehenswert sind die Fragmente von Linear-A-Tafeln aus Petras und Zakros sowie minoische Larnakes (Lehmsärge).

Stadtstrand STRAND
(Straße Sitia–Palekastro) Der graue Sandstrand wird von kristallklarem Wasser umspült, in dem auch Kinder baden können. Da er ein paar Kilometer südlich des Stadtzentrums liegt, wird es hier selten zu voll, allerdings gibt es kaum Schatten und gleich nebenan verläuft eine Straße – nicht unbedingt idyllisch.

Archäologische Stätte Petras HISTORISCHE STÄTTE
(2 €) Etwa 2 km südöstlich von Sitia erstrecken sich die Überreste einer bedeutenden minoischen Siedlung auf einem kleinen Hügel mit Blick aufs Meer. Zu sehen sind die Ruinen zweier Häuser aus der Neupalastzeit sowie der eigentliche Palast, der um einen Hof angelegt war – ähnlich wie in Knossos und anderen Minoer-Stätten. Mit den offiziellen Öffnungszeiten nimmt man es nicht so genau. Aktuelle Infos bietet das Archäologische Museum in Sitia. Dort sind auch viele Funde aus Petras ausgestellt.

Volkskundemuseum MUSEUM
(☎ 28430 28300; Kapetan Sifi 28; 2 €; ⏲ Mo–Fr 10–14 Uhr) Wer sich für das traditionelle Leben in Sitia interessiert, sollte in diesem hübschen Gebäude aus dem 19. Jh. vorbeischauen. Auf zwei Etagen sind Trachten, Stick- und Webarbeiten, Keramik und Werkzeuge ausgestellt – also keine Überraschungen –, doch die Sammlung ist thematisch geordnet und nett aufgemacht. Wer mag, kann sie sich in Begleitung eines netten Museumsführers ansehen.

Kazarma FESTUNG
(☎ 28430 27140; Neas Ionias; ⏲ April–Okt. Di–So 8.30–19.30 Uhr, Nov.–März bis 15 Uhr) GRATIS Hoch über dem Hafen thront die Kazarma (abgeleitet vom italienischen Casa di Arma), die Festung von Sitia, die im 13. Jh. von den Venezianern errichtet und diverse Male durch Erdbeben, Piraten oder Plünderer zerstört und wieder aufgebaut wurde. Inzwischen ist sie fast vollständig ausgeweidet und hat ihre neue Berufung als stimmungsvolle Kulisse für Kulturveranstaltungen im Sommer gefunden. Der Ausblick von hier oben ist das ganze Jahr über top.

Venezianisches Gebäude HISTORISCHES GEBÄUDE
(Ecke Arkadiou & Metaxaki; ⏲ nicht öffentlich) Gleich unterhalb der Hauptkirche Agia Ekaterini steht dieser ehemalige Verwaltungssitz einer französischen Garnison, die im ausgehenden 19. Jh. während der Ablösung der Osmanen in Sitia stationiert war.

Festivals & Events

Kornaria-Festival DARSTELLENDE KÜNSTE
(⏲ Juli–Mitte Aug.) Das traditionelle Festival haucht Sitia im Sommer mit Konzerten, Volkstänzen, Kunstausstellungen, Sportveranstaltungen und Theaterdarbietungen eine Extraportion Leben ein. Viele Events finden in der Kazarma statt. Plakate in der Stadt kündigen die z. T. kostenlosen Veranstaltungen an.

Sitia-Sultanina-Festival KULTUR
(⏲ Mitte Aug.) Das dreitägige Festival feiert die hiesigen Trauben und Rosinen und läutet die Traubenernte mit Musik, Tänzen und, natürlich, reichlich Wein ein. Sehr zu empfehlen sind die Gerichte mit Sultaninen, einer beliebten Exportware.

Nautical Week SPORT
(⏲ Juni) Jedes zweite Jahr findet in Sitia die „nautische Woche“ mit Segelregatten, traditionellen Tänzen und leckeren regionalen Spezialitäten statt.

Schlafen

Abgesehen von wenigen Ausnahmen haben die Hotels wenig Persönlichkeit und sind, was den Komfort betrifft, auch noch nicht im 21. Jh. angekommen. Dafür sind die Preise relativ günstig und man kann selbst in der Hauptsaison Glück haben und noch ein freies Zimmer erwischen.

Hotel El Greco HOTEL €
(☎ 28430 23133; www.elgreco-sitia.gr; Arkadiou 13; DZ 50 €; ❄📶🐾) Das altmodische El Greco bietet smarte, blitzsaubere Zimmer mit Fliesenböden, nettem, wenn auch in die Jahren gekommenem Mobiliar, Plasma-TVs, Kühlschränken und Balkonen (meist mit Meerblick). Ein gutes Stadthotel und eine praktische Basis für kurze Aufenthalte. Das leckere Frühstück kostet 5 € pro Person.

Hotel Krystal HOTEL €
(☎ 28430 22284; www.ekaterinidis-hotels.com; Kapetan Sifi 17; DZ inkl. Frühstück 55 €; ❄@📶) Ein günstig gelegenes, preiswertes Stadthotel mit sauberen, zweckdienlichen Zimmern in

unterschiedlicher Größe. Fliesenböden, Möbel aus dunklem Holz und ein netter Frühstücksbereich.

★ **Nereids Apartments** APARTMENTS €€

(6944909834, 28430 26027; https://nereids.gr; Straße Sitia–Palekastro; Studios 70–90 €; Mai–Okt.;) Dieser Bungalowkomplex mit Studios und Familienapartments direkt gegenüber vom Strand ist eine der nettesten Unterkünfte in Sitia. Ringsum erstreckt sich ein farbenfroher Garten voller Jasmin und Geranien. Die schönsten Zimmer trumpfen mit Veranden zum Meer auf, dafür ist es in denen auf der Rückseite ruhiger. In der stylischen Lounge-Bar gibt's Frühstück, tolle Burger, knackige Salate und gute Cocktails.

Sitia Bay Hotel HOTEL €€

(28430 24800; www.sitiabay.com; Vartholomeou 27; DZ ab 100 €; Rezeption 8–20 Uhr;) Modernes Hotel am Strand mit freundlichen Mitarbeitern und komfortablen, geschmackvoll aufgemachten Studios und Apartments für Familien. Küchen und Meerblick sind Standard. Wer keine Lust auf Strandaction mit Sand und Sonnenliegen hat, mag vielleicht alternativ eine Runde in den Pool hüpfen. Es gibt einen Spielbereich für Kinder. Bei Sonnenuntergang kann man sich ein Getränk an der Bar bestellen und auf der Dachterrasse chillen.

Itanos Hotel HOTEL €€

(28430 22900; www.itanoshotel.com; Konstantinou Karamanli 4; DZ inkl. Frühstück 46–65 €;) Das zentral gelegene Businesshotel am Meer ist sauber und gepflegt, allerdings auch nicht mehr das Jüngste. In den kompakten Zimmern stehen ein Kühlschrank, ein Schreibtisch und ein kleiner Fernseher, auf dem Balkon hat man das Meer teilweise oder komplett im Blick. Zum Frühstück wird ein Buffet aufgefahren. An der Promenade lockt ein Café-Restaurant, im Sommer eine Dachbar.

Essen

Die Cafés und Tavernen an der Karamanli und der breiten Promenade sowie entlang der verkehrsberuhigten El Venizelou sind nach wie vor fest in der Hand der Einheimischen. Die Innenräume sind klimatisiert, draußen stehen Tische am Meer.

★ **Mitsakakis** CAFÉ €

(28430 20200; Karamanli 6; galaktoboureko 2,70 €; 8–24 Uhr;) Diese Café-Konditorei ist eine echte Institution (eröffnet 1965) und berühmt für ihre Zuckerkoma-verursachenden *galaktoboureko* (Filo-Teig mit Puddingfüllung), *loukoumadhes* (in Fett ausgebackene Hefeteigbällchen) und *kataïfi* (Gebäck mit „Engelshaar"-Teigfäden).

Sitzplätze auf der Terrasse zum Meer oder im altmodischen Innenraum.

★ **Rakadiko Oinodeion** KRETISCH €

(28430 26166; El Venizelou 157; mezedhes 3,50–8 €, Hauptgerichte 7,50–13 €; 18–1 Uhr;) Eine der besten Tavernen am Wasser ist dieser rustikale Familienbetrieb, in dem typisch griechische Küche serviert wird. Das eigentliche Highlight sind aber die lokaltypischen saisonalen Spezialitäten, darunter Gerichte mit Kaninchen oder Ziegenfleisch, zu denen man am besten einen regionalen Wein trinkt. Viele Zutaten, etwa das Öl, das Brot oder der Raki, werden von der Familie Garefalakis selbst hergestellt.

Zorbas Taverna GRIECHISCH €€

(Kazantzaki 3; Hauptgerichte 7–15 €; 12 Uhr–open end;) Der gesellige Besitzer Zorba bedient mit seiner Kapitänsmütze und dem buschigen Schnurrbart augenzwinkernd diverse Klischees. Seine Taverne am Wasser hat er mit blauen Tischen und Stühlen ausgestattet und der leckere Duft seiner Hausmannskost liegt in der Luft. Die Gäste laben sich an Grillgerichten, im Hintergrund läuft Bouzoukimusik. Super für Reisende mit Kindern.

Ausgehen & Nachtleben

El Venizelou, die verkehrsberuhigte Straße parallel zur Küste, wartet mit zahllosen quirligen Tavernen, Cafés und Bars auf, in denen Leute aller Altersgruppen bis in die frühen Morgenstunden zusammensitzen.

Black Hole BAR

(28430 20422; El Venizelou; 10 Uhr–open end;) In dieser alternativen, coolen Bar wird Rockmusik gespielt. Im Loungebereich im Freien hat man die Promenade im Blick.

Kafe CAFÉ

(28430 25131; Karamanli 6; 6–24 Uhr;) Sofas, altmodische Lampen und ausgefallene Kunst an den Steinwänden – das Kafe versorgt Sitia mit einer willkommenen Prise Boho-Charme. Es gibt Obstsalat, Clubsandwiches, frische Säfte und Kaffee. Hier kann man frühstücken, einen Snack am Nachmittag bestellen (5 €) oder nach dem Abendessen auf ein paar Drinks vorbeischauen.

Nouvelle Boutique CAFÉ
(☎ 6972825942; El Venizelou 161; ⊙ 9 Uhr–open end; 📶) Komfortabel und dabei schick ist dieses Lokal mit großer, schön beleuchteter Bar und Steinwänden. Hier tummeln sich immer viele Einheimische, vor allem zu später Stunde – dann fällt junges Volk ein, genießt die coole Musik, bestellt süße und starke Getränke und tanzt. Manchmal treten auch Bands auf. Ein Besuch lohnt sich aber auch nachmittags, denn hier gibt's mit den leckersten Cappuccino der Stadt.

Praktische Informationen

GELD

In den Seitenstraßen abseits der Promenade findet man zahlreiche Geldautomaten.

Griechische Nationalbank (Plateia Ethnikis Antistaseos; ⊙ Mo–Fr 8–14 Uhr)

INTERNETZUGANG

Viele Cafés und Restaurants bieten WLAN, genauso wie so ziemlich alle Hotels, der Empfang ist allerdings nicht immer zuverlässig.

NOTFALL

Polizei (☎ 28430 22259, Touristenpolizei 171; Therisou 31) In den Sommermonaten ist eine spezielle Einheit für Touristen im Einsatz.

POST

Post (☎ 28430 22283; Dimokritou 10; ⊙ Mo–Fr 7.30–14.45 Uhr)

REISEBÜROS

Tzortzakis Travel (☎ 28430 29211; www.tzortzakistravel.com; Papanastasiou 7; ⊙ Mo–Fr 8.30–21, Sa 9–15, So 10–14 Uhr)

An- & Weiterreise

BUS

Am **Busbahnhof** (☎ 28430 22272, 28102 46530; http://ktelherlas.gr; Sitia-Palekastro Rd; 📶) machen sich täglich vier Busse auf den Weg nach Ierapetra (6,90 €, 1¾ Std.), fünf fahren nach Iraklion (16 €, 3 Std.) und sechs nach Agios Nikolaos (8,30 €, 1¾ Std.). Montags, dienstags und freitags fahren zwei Busse nach Zakros (4,50 €, 1 Std.), sonntags ruht der Busbetrieb.

FÄHRE

Fähren legen 1 km nördlich von Sitia an. **Anek/Aegeon Pelagos Sea Lines** (☎ Hania 28210 24000; www.anek.gr) bietet Verbindungen nach Anafi (20 €, 8 Std.), Chalki (20 €, 8½ Std.), Diafani (18 €, 6 Std.), Iraklion (16 €, 3 Std.), Karpathos (19 €, 4½ Std.), Kasos (12 €, 2¾ Std.), Milos (26 €, 14¼ Std.), Piräus (44 €, 21½ Std.), Rhodos (28 €, 10½ Std.) und Santorin (28 €, 10 Std.); es gibt wechselnde Saisonfahrpläne. Bei den genannten Preisen handelt es sich um die Kosten für einen Sitzplatz an Deck.

FLUGZEUG

Der kleine Flughafen von Sitia (S. 318) befindet sich 1 km nördlich des Stadtzentrums und bedient nationale Ziele wie Athen, Alexandroupoli, Iraklion, Kasos und Rhodos. Darüber hinaus gehen in der Hauptsaison Charterflüge nach Deutschland. Ein Taxi in die Stadt schlägt mit 6 bis 8 € zu Buche.

TAXI

Vom **Haupttaxistand** (☎ 28430 20420, 28430 22700) zahlt man 22 € zum Moni Toplou, 35 € bis Vai, 50 € bis Zakros, 57 € nach Kato Zakros und 170 € bis Iraklion.

Wer von Sitia aus eine Tagestour zur **Zakros-Schlucht** unternehmen möchte, kann **Yiannis** (☎ 6995900900; www.sitiataxi.com) kontaktieren. Für 60 € holt er seine Gäste in Sitia ab, fährt sie zum Startpunkt des Wanderwegs durch die Schlucht, sammelt sie im Anschluss in Kato Zakros wieder ein und bringt sie zurück nach Sitia.

Moni Toplou Μονή Τοπλού

Herrlich abgeschieden erhebt sich auf einem windgepeitschten Plateau das befestigte **Moni Toplou** (☎ 28430 61226; Toplou; 3 €; ⊙ April–Okt. 8–18 Uhr) aus dem 15. Jh., eines der historisch bedeutendsten Klöster Kretas. Seine Mauern überdauerten die Angriffe von Piraten, Kreuzrittern und Osmanen. In der Kirche finden sich fantastische Ikonen; der Besuchermagnet von dem gefeierten kretischen Künstler Ioannis Kornaros trägt den Titel *Groß bist du, unser Herr*. Dargestellt sind Szenen aus dem Alten und Neuen Testaments: die Arche Noah, Jona und der Wal, Moses beim Teilen des Roten Meeres.

Der Name Toplou ist von dem türkischen Wort für Kanone abgeleitet, denn damit verteidigten sich die Mönche in der venezianischen Ära gegen Piraten. Das Kloster spielte wiederholt eine wichtige Rolle im Kampf um die kretische Unabhängigkeit. Während der osmanischen Besatzung unterhielt man auf dem Gelände eine geheime Schule, im Zweiten Weltkrieg betrieben Widerstandsführer hier einen Radiosender. Eine kleine Sammlung im Museum widmet sich dieser Zeit, zu sehen sind Gewehre, Helme und ein Feldtelefon. Der angrenzende Raum beherbergt Stiche und Ikonen.

Heute zieht das Kloster Besucher mit einem Interesse für Geschichte, Religion, Kunst und Architektur an und besitzt den Großteil der Ländereien in der Gegend. Die Öle und Weine, die hier produziert werden, sind preisgekrönt und können in einer Probierstube gekostet werden (Mo–Sa 10.30–17 Uhr).

Moni Toplou liegt 15 km östlich von Sitia. Busse halten auf Wunsch an der Abzweigung auf der Straße Sitia–Palekastro, von wo aus es noch 3,5 km bis zum Kloster sind.

OSTKÜSTE

Vai Βάϊ

Der **Strand** (Parken 2,50 €) von Vai, 24 km nordöstlich von Sitia, ist berühmt für seinen riesigen Bestand an kretischen Dattelpalmen (*Phoenix theophrasti*). Das Meer ist wunderbar ruhig und klar, weshalb Vai einer der beliebtesten Strände auf der Insel ist: Im Juli und August sind die Reihen aus Sonnenliegen und -schirmen um 10 Uhr meist schon komplett belegt! Kurz danach drehen auch bereits die ersten Jetskis ihre Runden. Wer keine Lust auf Menschenmassen hat, sollte früh morgens oder spät am Nachmittag hier aufschlagen.

Alternativ überquert man die felsige Landzunge im Süden (1 km), um zu einem leereren Strand zu gelangen (dort stehen allerdings auch keine Palmen). Der Weg beginnt kurz hinter dem Pavillon mit Aussichtspunkt, zu erreichen über eine Steintreppe, die an einer günstigen Taverne am südlichen Ende des Strands von Vai beginnt. Ein anderer Pfad im Norden führt nach ca. 30 Minuten zu drei kleineren Stränden im Schatten hellenistischer und römischer Ruinen bei Itanos.

Von Mai bis Oktober fahren täglich zwei Busse von Sitia aus nach Vai (3,30 €, 1 Std.).

Vai Restaurant & Cafe KRETISCH €€

(☎ 28430 61129; www.vai-restaurant.gr; Vai-Strand; Hauptgerichte 9–25 €; ⌚ April–Okt. 9Uhr–open end; 📶) Auf der überdachten Terrasse dieses Restaurants genießt man einen wunderschönen Blick auf die Palmen, den Strand und das kobaltblaue Meer. Zu essen gibt's klassische griechische Küche: Fisch und gegrilltes Fleisch sowie lokale Spezialitäten wie kretischen *chondros*-Couscous (mit Schnecken). Im Café unterhalb gibt's kalte Getränke, Kaffee, Snacks und Eiscreme.

Itanos Ίτανος

3 km nördlich von Vai erstrecken sich drei Strände im Schatten der Überreste des hellenistisch-römischen Hafens von Itanos. Das antike Itanos war einst eine wichtige Stadt im Osten Kretas und im 7. Jh. v. Chr. ein bedeutender Posten für den Handel mit dem Vorderen Orient. Ein paar Jahrhunderte später lag die Stadt im ständigen Streit mit lokalen Konkurrenten wie Praisos oder später auch Ierapetra, bevor sie von den Römern besetzt wurde. Aufmerksame Besucher können die Überreste zweier frühchristlicher Basiliken sowie einen Wachturm und Mauerfundamente aus hellenistischer Zeit entdecken.

Eine Basilikaruine auf einem Hügel mit Ausrichtung zum Meer ist mit umgestürzten Säulen übersät. Besonders interessant ist ein mit kreisförmigen Motiven verzierter Steinsockel. Der Straße vom Vai-Strand folgen, an der ersten Kreuzung nach rechts (Norden) abbiegen und dann noch etwa 2,5 km weiterfahren.

Itanos-Strände STRÄNDE

(Ermoupoli) Diese drei kleinen, hübschen Strände erstrecken sich nördlich von Vai und sind zu Fuß oder mit dem Auto zu erreichen. Oberhalb erheben sich die Ruinen der antiken hellenistisch-römischen Stadt Itanos. Das Strände-Trio verfügt über keinerlei Infrastruktur, wenn man von einer Taverne ein Stück landeinwärts absieht, und ist höchst selten überlaufen.

Palekastro Παλαίκαστρο

1100 EW.

Palekastro ist ein unprätentiöses Bauerndorf, das zwischen vereinzelten Feldern in einer steinigen Landschaft liegt und sein Einkommen mit unaufdringlichem Tourismus aufbessert. Die Strände von Kouremenos (mit den besten Bedingungen zum Windsurfen auf Kreta), Chiona und Vai sind ganz in der Nähe. Im Dorf gibt's einen Geldautomaten, eine Tankstelle und kleine Läden.

1 km östlich von Palekastro und etwa 150 m südlich des Chiona-Strands befindet sich die Ausgrabungsstätte Roussolakkos, wo die Figur *Palekastro Kouros* gefunden

wurde; sie ist im archäologischen Museum (S. 256) in Sitia zu sehen. Archäologen sind derzeit damit beschäftigt, eine minoische Stadt freizulegen. Sie vermuten dort auch einen großen Palast.

Sehenswertes & Aktivitäten

Kouremenos-Strand STRAND
Etwa 7 km südlich von Vai und 3 km nordöstlich von Palekastro erstreckt sich ein langer Strand aus grauem Sand und Kieselsteinen. Das seichte Wasser eignet sich prima zum Baden. Bekannt ist Kouremenos aber vor allem bei Kite- und Windsurfern. Vor Ort gibt's keine Hotels, aber jede Menge Apartments, eine Taverne und eine Windsurfschule.

Chiona-Strand STRAND
Dieser Strand 2,5 km östlich von Palekastro besteht aus grobem Sand und Kieseln, an seinem Rand wachsen einige Tamarisken. Das dazu gehörende Feuchtgebiet wird im Winter und Frühling von Zugvögeln angesteuert. Man kann in zwei exzellenten Fischtavernen einkehren. Ein Stück weiter arbeiten Archäologen an einer minoischen Ausgrabungsstätte.

Volkskundemuseum MUSEUM
(☎69743 50180; Evropis 52; 2 €; ⌚Mai–Mitte Okt. Di–So 10–13 & 17–20 Uhr) Recht versteckt in einer kleinen Straße, aber auf der Hauptstraße ausgeschildert, steht ein traditionell kretisches Herrenhaus, in dem das kompakte und gut präsentierte Volkskundemuseum von Palekastro untergebracht ist. Teile der Ausstellung sind im ehemaligen Stall und der Bäckerei. Die Sammlung umfasst Kunsthandwerk, Werkzeuge, Trachten und Alltagsgegenstände aus der Zeit von der osmanischen Besatzung bis etwa 1960.

Freak Surf Crete WINDSURFEN
(☎6979253861; www.freak-surf.com; Kouremenos-Strand; ⌚Mai–Nov. 10–19 Uhr) Ein alteingesessenes Windsurfzentrum am Kouremenos-Strand verleiht neue Boards und Segel (265 € pro Woche) und bietet Unterricht an (2 Std. für 60 €) und organisiert überdies Yogastunden (10 €) und Mountainbiken.

Freak Mountain Bike Centre MOUNTAINBIKEN
(☎6979253861; www.freak-mountainbike.com; ⌚Juni–Okt. 10–18 Uhr) Das Unternehmen in niederländischer Hand hat viertägige geführte Mountainbiketouren im Osten Kretas im Angebot (850 €) und stellt maßgeschneiderte Privattouren auf die Beine.

Schlafen

In der Stadt gibt es ein paar einfache Hotels, schönere und neuere Unterkünfte – vielfach für Selbstversorger – findet man Richtung Chiona-Strand und am Kouremenos-Strand.

Hiona Holiday Hotel HOTEL €
(☎28430 29623; www.hionaholiday.gr; Elias; EZ/DZ inkl. Frühstück 50/65 €; ⌚Mai–Sept.; P ❄ 📶) Von der schmucklosen Fassade darf man nicht auf die Inneneinrichtung schließen, denn die Zimmer mit Balkonen sind komfortabel und es gibt Extras wie eine gut bestückte Bar und nette Gemeinschaftsbereiche. Vom Zentrum aus läuft man ein paar Minuten den Hügel hinunter; bis zum Chiona-Strand sind es 2 km.

Esperides Stone Houses APARTMENTS €€
(☎6945255243, 28430 61433; www.palaikastro.com/esperides; Apt. 75–120 €; P ❄ 🏊 🐾) Die neue Anlage aus Stein schafft es mithilfe von Architektur und Einrichtung, traditionell kretisches Flair zu erzeugen. Die Lage ist lauschig: Ringsum stehen Olivenbäume, der Kouremenos-Strand ist 300 m entfernt, bis ins Dorf sind es 2 km. In den fünf Unterkünften finden jeweils bis zu vier Gäste Platz, auf den Terrassen hat man einen hübschen Blick aufs Meer.

Grandes Apartments APARTMENTS €€
(☎6946503909, 6972835843; www.grandes.gr; Kouremenos-Strand; Apt. 70–100 €; P ❄ 📶) Zwischen Olivenbäumen und einem Blumengarten stehen fünf Selbstversorgerapartments mit Blick auf den Kouremenos-Strand (s. o.). Sie bieten Platz für bis zu fünf Personen, sind geräumig und komfortabel, haben gut ausgestattete Küchen und ein rustikales, etwas in die Jahre gekommenes Mobiliar. Den Besitzern gehört auch die Taverne nebenan.

Essen

Der Stadtplatz ist von mehreren bodenständigen Tavernen umgeben und am Chiona-Strand stehen zwei exzellente Fischrestaurants.

Mythos KRETISCH €
(☎28430 61243; www.mythos-restaurant.gr; Hauptgerichte 5–11 €; ⌚April–Okt. 10–1 Uhr; 📶 🌿) In der familienfreundlichen Taverne am Hauptplatz wird ausschließlich mit Olivenöl gekocht. Es gibt Hühnchen mit Zitronensauce und leckere *mezedhes* mit vielen vegetarischen Optionen. Die Deko ist hübsch:

Die Wände sind mit bunten Bildern bemalt. Abends ist es hier regelrecht romantisch.

To Finistrini MEZEDHES €
(☎28430 61117; mezedhes 5–6 €; ⏲10 Uhr–open end) In dem entspannten *rakadhiko* (kretische *ouzerie* – ein Lokal, in dem es Ouzo und kleine Mahlzeiten gibt), ebenfalls am Platz, werden leckere *mezedhes* und schlichte Fast-Food-Gerichte à la Gyros, Souflaki und Pasta aufgetischt, die sich sehr gut mit einem oder mehreren Rakis herunterspülen lassen.

★**Hiona Taverna** FISCH & MEERESFRÜCHTE €€
(☎28430 61228; Chiona-Strand; Hauptgerichte 15–25 €; ⏲April–Okt. 12–23 Uhr; 📶) Dies ist eine von zwei sehr gut bewerteten Tavernen in einem Steinhaus am nördlichen Ende des Chiona-Strands (S. 262). Sie hat ein gediegenes Ambiente. Die Stammgäste kommen zum Fisch- und Meeresfrüchteessen her. Auf der Karte steht u. a. eine Suppe im Bouillabaisse-Stil namens *kakavia*. Einen Tisch auf dem Kliff reservieren – sehr romantisch.

An- & Weiterreise

Täglich fahren vier Busse von Sitia nach Palekastro (2,80 €, 1 Std.). Busse halten am zentralen Platz.

Zakros & Kato Zakros
Ζάκρος & Κάτω Ζάκρος

800 EW.

In Zakros, 45 km südöstlich von Sitia, beginnt der Wanderweg durch die **Zakros-Schlucht** (Schlucht der Toten), auch bekannt als Tal der Toten wegen der minoischen Begräbnishöhlen in den Wänden der Schlucht.

Die kleine Stadt verfügt über Schlafgelegenheiten, kleine Supermärkte, einen Geldautomaten und eine Tankstelle, ist aber davon abgesehen nur so etwas wie die Ouvertüre zu dem Küstenort Kato Zakros. Die 7 km lange Fahrt auf einer gewundenen Straße ist spektakulär – an jeder Biegung eröffnet sich ein zauberhafter Ausblick.

Kurz bevor man das Dorf erreicht, sieht man den gewaltigen „Kiefer“ der Zakros-Schlucht, die sich in der Ferne in den Felsen hineinfrisst. Wer genau hinschaut, erspäht vielleicht auch die Ruinen des minoischen Palasts oberhalb von Kato Zakros' schmalem Kieselstrand und mehreren Tavernen. Wenn man die allgemeine Ruhe der Umgebung hinzuaddiert, ist dies wohl der ideale Ort für Zivilisationsflüchtlinge.

Sehenswertes & Aktivitäten

★**Palast von Zakros** ARCHÄOLOGISCHE STÄTTE
(☎28410 22462; Kato Zakros; Erw./erm. 6/3 €; ⏲Mai–Sept. 8–20 Uhr, Okt.–April bis 15 Uhr) Der Palast von Zakros ist der kleinste der vier minoischen Palastkomplexe auf Kreta. Er lag neben einem Hafen und trieb wahrscheinlich Handel mit dem Vorderen Orient, darauf deuten hier gefundene Elefantenstoßzähne und Ochsenhautbarren hin. Wie in Knossos, Festos und Malia reihen sich auch in Zakros die königlichen Gemächer, Schreine, Zeremonienhallen, Lagerräume und Werkstätten um einen zentralen Hof. Die Ruinen sind dürftig; es ist die Abgeschiedenheit der Stätte, die sie zu einem spannenden Ort für Erkundungsstreifzüge macht. Infotafeln vermitteln eine genauere Vorstellung von dem Gelände.

Palast von Zakros

NICHT VERSÄUMEN

WANDERN DURCH DIE ZAKROS-SCHLUCHT

Eine der schönsten Wanderungen im Osten der Insel führt durch die **Zakros-Schlucht**, auch bekannt als Schlucht der Toten (oder Tal der Toten), weil die Minoer Verstorbene in Höhlen in den rauen Felswänden beisetzten. Der Schwierigkeitsgrad des Treks ist einfach bis moderat.

An der Straße von Zakros nach Kato Zakros starten zwei Wege. Zum **Eingang A** muss man an dem Schild links abbiegen und der asphaltierten Route etwa 500 m zu einem Parkplatz folgen, um zu dem Pfad in die Schlucht zu gelangen. Bis Kato Zakros sind es 1½ bis zwei Stunden.

Etwas kürzer ist die Strecke vom **Eingang B**, etwa 1 km weiter unterhalb. Geparkt wird an der Straße. Achtung: Der Weg startet links vom Busverschlag und dem Springbrunnen, der Wegweiser zu der unbefestigten Piste ist *falsch*! Die einfache Route verläuft oberhalb der Schlucht (schönerer Ausblick) und in nur einer Stunde nach Kato Zakros.

Die eigentliche Schluchtwanderung folgt dem Flussbett, das im Sommer ausgetrocknet ist, aber z. T. bis Ende Mai noch Wasser führt – eventuell muss man mehrmals hindurchwaten und über rutschige Steine balancieren.

Am Ende der Schlucht (links halten) lockt nur zehn Gehminuten entfernt ein kaltes Bier in einer der Strandtavernen von Kato Zakros; unterwegs passiert man die minoischen Palastruinen. Die Taxifahrt zurück kostet 12 €.

In minoischer Zeit befand sich der Haupteingang zum Palast im Nordosten mit Blick aufs Meer, heute betritt man die Stätte im Süden. Zunächst geht's an einigen **Werkstätten** vorbei, in denen vielleicht Keramik und Parfum hergestellt wurden. Dieser Pfad führt zum **zentralen Hof**, dem Dreh- und Angelpunkt des Palasts. Er misst 30 mal 12 m.

An der Westseite des Hofs befanden sich zwei elegante Hallen, der **Bankettsaal** und die **Zeremonienhalle**; in Letzterer wurde das Bullenkopf-Rhyton, ein zeremonielles Trinkgefäß, gefunden, das inzwischen die Attraktion im archäologischen Museum in Iraklion (S. 173) ist. Unter den kleinen Räumen westlich der Hallen ist ein **Archiv**, in dem Registraturtafeln mit Linear-A-Schrift gefunden wurden, sowie ein **Schrein**, ein **Lustralbad** und eine **Schatzkammer**, so genannt, weil sie Dutzende Krüge, Rhyta und andere Objekte barg.

Im Nordflügel befand sich die **Küche**, im Obergeschoss gab es einen **Speisesaal**; man sieht noch immer die Säulensockel, die das zweistöckige Bauwerk trugen. Man vermutet, dass sich die königlichen Gemächer wie in anderen Palästen auch hier im Ostflügel befanden. Dort stand ein Portikus. Ein überdachter Bereich ist Standort des **Lustralbads**, das einst mit Fresken verziert war und an das Schlafgemach der Königin angrenzte. Solche Bäder dienten wahrscheinlich der rituellen Reinigung vor dem Besuch des Schreins. Interessant sind der Sims und die Nische, wo vermutlich Kultfiguren standen.

Im Ostflügel ist die **Zisternenhalle** mit einem runden Becken zu finden, das von einer Säulenbalustrade umgeben war. Sieben Stufen führten zum Grund der Zisterne hinab – das vielleicht einst ein Pool, ein Bad oder aber ein Aquarium war. Die beiden **Brunnen** gleich südlich der Zisterne versorgten möglicherweise die Werkstätten mit Wasser.

Naturkundemuseum MUSEUM

(☎28433 40540; Zakros; ⏱Mitte Juni–Mitte Okt. Mo–Sa 10–13 & 17–20 Uhr) GRATIS Kurz hinter dem Dorfplatz Richtung Kato Zakros befindet sich dieses entzückende kleine Museum, in dem die lokale Flora und Fauna anhand von Vitrinen mit Fossilien, Mineralien und ausgestopften Tierer beleuchtet wird.

Pelekita-Höhle WANDERN

(www.sitia-geopark.gr/en/activities/geotourism/hiking-trails/georoute-12.aspx) Ein 3,5 km langer Weg entlang der Felsküste führt zu dieser außergewöhnlichen 310 m langen Höhle mit toller Aussicht auf das Meer unterhalb. Sie birgt jede Menge Stalaktiten und Stalagmiten und weist Spuren neolithischer Besiedlung auf. Eine Taschenlampe mitbringen und festes Schuhwerk anziehen!

In einem Steinbruch nahe der Höhle wurden Baumaterialien für den minoischen Palast in Kato Zakros abgebaut. Etwa 2 km hinter der Höhle erstreckt sich der einsame

Karoumes-Strand, ein Strand aus kleinen Kieselsteinen, der auch über einen 3,5 km langen Weg an der Chochlakies-Schlucht vorbei erreicht werden kann.

Schlafen

Zakros ist eigentlich nur ein Anhängsel von Kato Zakros, wo sich auch die Unterkünfte befinden, von ganz schlichten bis zu ganz bezaubernden mit Panoramablick. Da in der Hauptsaison die Gästebetten in Kato Zakros schnell ausgebucht sind, ist es sinnvoll, ein Zimmer zu reservieren.

Katerina Apartments APARTMENTS €
(6974656617, 28430 26893; www.kato-zakros.gr/_en/katerina.php; Kato Zakros; Apt. 50–70 €; April–Sept.; P) Die vier Steinhäuser mit Studios und zweigeschossigen Apartments für bis zu vier Gäste liegen malerisch in einem Garten an einem Hang. Auf dem 800 m langen Weg zum Strand kommt man an dem Abzweig zur Schlucht von Zakros und den minoischen Palastruinen vorbei. In den anheimelnden Unterkünften liegt hie und da ein Häkeldeckchen. Außerdem steht ein kleiner Krug mit selbst gemachtem Raki bereit.

Athena & Coral Rooms PENSION €
(6974656617, 28431 10710; www.kato-zakros.gr; Kato Zakros; Zi. 60 €; April–Okt.;) Oberhalb vom Strand und in unmittelbarer Nähe der Akrogiali Taverna (s. u.) - der Inhaber ist derselbe - erwarten einen genügend große Zimmer mit hübschen Balkendecken. Zur Einrichtung gehören ein Kühlschrank und ein TV. Schlicht, aber romantisch und nur wenige Schritte vom Meer entfernt.

Kato Zakros Palace Apartments APARTMENTS €
(28430 29550, 6974888269; www.katozakros-apts.gr; Kato Zakros; Zi./Studios 60/70 €; P) Oberhalb des Strands von Kato Zakros neben der Zufahrtsstraße bietet diese Unterkunft tadellose Studios mit weißer Inneneinrichtung. Sie sind voll ausgestattet (Sicherheitsfächer, blitzsaubere Bäder, Küchenzeilen, Satelliten-TVs, Mückengitter, Haartrockner). Die Nutzung der Waschmaschinen ist kostenlos.

★ **Stella's Traditional Apartments** APARTMENTS €€
(6976719461, 28430 23739; www.stelapts.com; Kato Zakros; Studios 80–90 €; Mitte März–Mitte Nov.; P) Nahe dem Eingang zur Zakros-Schlucht (S. 263) stehen diese ansprechenden Selbstversorger-Studios in einem bildschönen Garten. Sie sind mit Holzmöbeln und weiteren Gegenständen eingerichtet, die der Miteigentümer Elias Pagianidis gestaltet hat. Tolle Extras sind die Hängematten unter den Bäumen, Grills und eine mit Zutaten bestückte Außenküche (Zahlung erfolgt auf Vertrauensbasis). Das Frühstück ist im Preis inbegriffen.

Elias und seine Frau Stella wissen alles über die Wandermöglichkeiten in der Gegend.

Terra Minoika Villas APARTMENT €€
(28430 23739; www.terraminoika.com; Kato Zakros; Häuser 100–150 €; Mitte Jan.–20. Dez.; P) Dieser Komplex aus kubusförmigen Steinhäusern an den Hängen weit über dem Meer ist ein architektonischer Leckerbissen: Holzbalken an der Decke, weiter Ausblick von den Balkonen, schickes rustikales Mobiliar und Steinböden. Jedes Häuschen besitzt eine individuelle Einrichtung und hat eine voll ausgestattete Kochnische.

Zur Anlage gehört ein erstklassiger Fitnessraum. Der Besitzer Elias Pagianidis, ein ehemaliger Mr.-Greece-Bodybuilder, hat für die Markierung der Wanderwege in der Umgebung gesorgt; er und seine Frau Stella sind Experten in Sachen Trekking und lokale Ökologie.

Essen

Mehrere Tavernen am Strand buhlen um die Aufmerksamkeit der Touristen.

Kato Zakros Bay KRETISCH €
(28430 26687; Kato Zakros; Hauptgerichte 7–10 €; 8–24 Uhr;) Mit seinen Steinböden, offenen Räumlichkeiten und den mit kretischen Läufern bedeckten Tischen ist dieses Lokal eine gute Wahl für ein romantisches Abendessen. Das Gemüse stammt aus dem Garten nebenan und der Besitzer sorgt manchmal für Livemusik. Zum Speisenangebot zählen Muscheln, *dolmadhes* und andere griechische Favoriten, darunter Kaninchen-*stifadho*

Akrogiali Taverna KRETISCH €€
(28430 26893; Kato Zakros; Hauptgerichte 6–19 €; 8–24 Uhr;) Die älteste Taverne in Kato Zakros steht unter einem guten Feinschmeckerstern. Der fangfrische Fisch und kretische Klassiker aus lokalen Zutaten, zubereitet mit Öl von den eigenen Olivenbäumen, gehen weg wie warme Semmeln. Weitere Pluspunkte sind das hübsche blau-weiße Mobiliar und die Strandlage.

An- & Weiterreise

Montags, dienstags und freitags pendeln zweimal pro Tag Busse zwischen Zakros und Sitia (4,50 €, 1 Std.); sie nutzen eine zentrale **Haltestelle** (☎ 28102 45020; http://ktelherlas.gr; Eleftherias). Im Somme (Juni–Sept.) fahren sie weiter bis Kato Zakros. Für ein Taxi von Sitia nach Zakros muss man etwa 50 € einplanen, der Preis von Zakros nach Kato Zakros liegt bei 12 €. Im Sommer macht sich gewöhnlich montag- bis freitagnachmittags in Kato Zakros ein Bus auf den Weg nach Sitia. Die aktuellen Fahrpläne stehen hier: www.ktelherlas.gr.

SÜDKÜSTE

Ierapetra — Ιεράπετρα

16 150 EW.

Das entspannte Ierapetra liegt am Meer und ist das Herz der auf Treibhäusern basierenden Agrarindustrie im südöstlichen Teil der Insel. Im Sommer ist es hier heiß und staubig. Die Stadt ist ein authentisches Stück Kreta und dient als Sprungbrett zur subtropischen Insel Chrysi (S. 270), auch bekannt unter den Namen Gaidouronisi oder Chrissis.

An den grauen Sandstränden von Ierapetra reihen sich Tavernen und Cafés aneinander, in denen im Sommer abends viel los ist. Die Stadt hat eine beeindruckende Geschichte, auch wenn nur wenige sichtbare Zeugnisse erhalten sind. Die Römer nutzten Ierapetra als Hafen, die Festung am Hafen geht auf das Konto der Venezianer, die schmalen Gassen in der Altstadt (Kato Mera) stammen derweil aus der osmanischen Zeit.

Sehenswertes & Aktivitäten

Es gibt zweifellos bessere Strände auf Kreta, doch wer nicht aufs Sonnenbaden verzichten will, kann sich an den Hauptstrand begeben, der mit grobem grauem Sand bedeckt ist. In vielen Cafés an der Küste können Sonnenliegen und -schirme gemietet werden bzw. für Gäste ist die Nutzung kostenlos.

Altstadt — VIERTEL

(Kato Mera) Landeinwärts hinter der Festung erstrecken sich die labyrinthartig verwinkelten Straßen der Altstadt. Zu besichtigen sind ein osmanischer Brunnen, eine restaurierte Moschee mit Minarett und Kirchen wie **Agios Ioannis** (Katsanevaki) und **Agios Georgios** (Agiou Georgiou).

Moschee & türkischer Brunnen — MOSCHEE

(Plateia Tzami) Die Moschee aus gelbem Sandstein mit gut erhaltenem Minarett dominiert den dreieckigen Platz am nördlichen Rand der Altstadt. Die Türken errichteten sie im späten 19. Jh. Gemeinsam mit dem Brunnen unter einer achteckigen Kuppel auf dem Platz erinnert sie an die Herrschaft der Osmanen.

Festung Kales — FESTUNG

(Stratigou Samouil 10; ⏲ Di–So 8–15 Uhr) GRATIS Das zinnenbewehrte venezianische Fort mit Blick auf den Hafen stammt aus dem 17. Jh. und wurde auf einer noch älteren Festung genuesischer Piraten aus dem 13. Jh. errichtet. Das ursprüngliche Bauwerk zerstörten ein Erdbeben und die Türken. Drinnen ist nicht viel zu sehen, doch es macht Spaß, auf die Festungswälle zu klettern und vom Turm aus den Blick über die Bucht und die Berge schweifen zu lassen.

Napoleon-Haus — BEMERKENSWERTES GEBÄUDE

In diesem Gebäude in der Altstadt (Kato Mera) soll der berühmte Franzose angeblich inkognito bei einer einheimischen Familie übernachtet haben, als er auf seinem Weg nach Ägypten 1798 einen Tag lang auf Kreta vor Anker ging. Es heißt, er habe eine Notiz hinterlassen, die seine wahre Identität preisgab. Das nicht weiter gekennzeichnete zweistöckige Eckhaus mit der Nummer 9 an der Eingangstür war bei unserem Besuch wegen Renovierung geschlossen.

Ierapetra Diving Centre — TAUCHEN

(☎ 6944534212, 28420 26703; www.ierapetradivingcentre.com; Ecke Kothri 23 & Giannakou 5; Tauchgänge ab 55 €, Open-Water-Tauchkurs 550 €; ⏲ 8–14 & 17–22 Uhr) Der von Lefteris geleitete, PADI-zertifizierte Ausrüster bietet Höhlen- und Wracktauchgänge sowie Open-Water-Kurse an. Getaucht wird z. B. am Koutsounari-Strand, am Peristeras-Riff und rund um Agia Fotia.

Festivals & Events

Kyrvia-Festival — KULTUR

(⏲ Mitte Juli–Aug.) Dieses Fest wartet mit verschiedenen kulturellen Veranstaltungen wie Gesangs- und Tanzaufführungen mit regionalen Volksgruppen und populären Kombos, Konzerten berühmter Künstler, Film- und Theatervorführungen sowie Gesang und Tanz an allen Ecken der Altstadt auf.

Schlafen

In vielen Unterkünften in Ierapetra zeigt sich ein Gespür dafür, wie man einem Stadthotel das entspannte Flair eines Ferienresorts verpasst. Traveller haben die Wahl zwischen günstigen Pensionen, stylischen Boutiquehotels, charmanten Apartments für Selbstversorger und allem dazwischen.

★ Cretan Villa Hotel HOTEL €

(☎ 28420 28522, 6973037671; www.cretan-villa.com; Lakerda 16; DZ 45–56 €; ❄ 📶) Hinter der schweren Holztür liegen ein von Weinranken beschatteter Hof und ein ruhiges, nettes Hotel, das historisches Ambiente mit modernen Einrichtungen vereint: Die wunderschönen Zimmer trumpfen mit Steinwänden, Holzbalkendecken und elegant-rustikalem Mobiliar auf, in den Duschen wurden Steinfliesen verlegt. Außerdem gibt's kleine Kühlschränke und Satelliten-TVs. Ein zentrales Stadthotel mit ländlichem Charme.

Akrolithos Apartments APARTMENTS €€

(☎ 6973037671, 28420 28522; www.ierapetra-apartments.net; Lakerda 16; Apt. 56–70 €; ❄ 📶) Die gemütlichen Apartments reihen sich um einen zentralen Hof und strotzen nur so von Komfort und Persönlichkeit. Zu den schönen traditionellen Highlights gehören unverputzte Steinwände und schmiedeeiserne Betten, die Küchen sind gut ausgestattet, die Kunst ist mit Sinn für Stil ausgesucht. Außerdem hat man jede Menge Platz. Auch die zentrale Lage ist top. Meist gibt's einen Mindestaufenthalt von drei Nächten. Die Schlüssel holt man im angrenzenden Cretan Villa Hotel ab.

Astron Hotel HOTEL €€

(☎ 28420 25114; www.hotelastron.com; Papaioannou 1; Zi. inkl. Frühstück 70–120 €; ❄ 📶) In erstklassiger Lage am östlichen Ende der Uferpromenade steht diese Unterkunft, die eine Verjüngungskur hinter sich hat. Das Management hat die perfekte Balance zwischen Stadt- und Ferienhotel gefunden. In den schön zurechtgemachten Zimmern kann man gemütlich ins Land der Träume hinübergleiten, insbesondere in denen mit einem Balkon zum Meer. Der Tag beginnt mit einem überdurchschnittlich guten Frühstücksbuffet in der Art-déco-Lobby.

El Greco Hotel BOUTIQUEHOTEL €€

(☎ 28420 28471; www.elgreco-ierapetra.gr; Kothri 42; inkl. Frühstück Zi. 73–102 €, Suite 140–180 €; ❄ @ 📶) Die natürlichen Farbtöne in den 21 Zimmern dieses Familienbetriebs bilden einen stimmigen Kontrast zu dem leuchtenden Blau des Meeres gleich vor der Tür. Die Liebe zum Detail zeigt sich an jeder Ecke: Auf dem Zimmer gibt's als Ankunftsgeschenk z. B. Wein und Wasser, das Frühstücksbuffet ist riesig. Romantiker sollten sich in der Jacuzzi-Suite einmieten.

Coral Boutique Hotel HOTEL €€

(☎ 28420 20444, 6977232766; www.coralhotelcrete.gr; Plateia Eleftherias 19; DZ 57–86 €) Eine kürzliche Generalüberholung hat dieses

ABSEITS DER ÜBLICHEN PFADE

XEROKAMBOS ΞΕΡΟΚΑΜΠΟΣ

Ganz im Südosten von Kreta liegt Xerokambos, ein Traum für Individualreisende. Es gibt nicht viel mehr zu tun, als am Strand zu relaxen, in Tavernen einzukehren, Höhlen und Schluchten zu erkunden und den Himmel nach den Falken abzusuchen, die auf den Kavalli-Inseln vor der Küste nisten.

Das Dorf hat kein richtiges Zentrum, Wohnhäuser, Apartments und ein paar Minimärkte und Restaurants verteilen sich über ein weitläufiges Areal. Die Hauptattraktion sind die insgesamt 14 Strände, die sich wie Perlen an einer 4,5 km langen Kette aneinanderreihen. Man hat die Wahl zwischen Sandstreifen und lauschigen Buchten, manche begrenzt von hohen Felswänden, Sanddünen oder Feuchtgebieten. Außerhalb der Hauptsaison (Juli & Aug.) sind sie vielfach menschenleer.

Neben dem „zentralen Strand" befinden sich einige Tavernen mit Sonnenliegen (kostenlos für Gäste) – und das war's auch schon in Sachen Infrastruktur.

Bereits die Anfahrt nach Xerokambos ist wunderschön: Von Zakros kommend, windet sich die Straße auf 9 km durch die Berge. Hin und wieder passiert man zerklüftete Schluchten, bis schließlich das Lybische Meer ins Blickfeld rückt. Eine andere Straße führt in Serpentinen von Ziros zur Küste (18 km). An jeder Spitzkehre eröffnet sich ein neues atemberaubendes Panorama.

Ierapetra

Stadthotel in einen Hafen entspannter Kultiviertheit verwandelt. Die Matratzen sind ultrabequem, die Zimmer sind in Weiß- und Aquatönen gehalten, das Personal ist sehr zuvorkommend. Das Frühstück ist die zusätzlichen 7,50 € wert.

Essen

Special FAST FOOD €
(☎ 28420 27835; Ecke Metaxaki 1 & Kothri; Gerichte 3,50–8 €; ⏲ 10.30–0.30 Uhr; ❄ 👪) Das Special sorgt mit hochwertigem Fast Food und einem freundlichen, zeitgenössischen Ambiente für frischen Wind in Ierapetras Restaurantszene. Die Speisekarte erinnert daran, wie gut schlichte Gerichte à la Souflaki vom Kohlengrill oder Gyros (Hühnchen oder Schwein) sein können. Auch die Burger, Salate und Würste schmecken köstlich. Die Portionen sind groß genug zum Teilen. Außerdem gibt's eine Kinderkarte.

Ariston Cafe CAFÉ €
(☎ 28420 26120; www.facebook.com/aristonsnackandcoffee; Stratigou Samouil 14; Snacks 4 €; ⏲ So–Do 5–22.30, Fr & Sa 4.30–22.30 Uhr; ❄ 📶) Das moderne Café ist für guten Kaffee und *loukoumadhes* (frittierte Hefeteigbällchen) sowie großzügig belegte Sandwiches, Kuchen

Ierapetra

Sehenswertes
1 Agios-Georgios-Kirche ... B3
2 Agios-Ioannis-Kirche ... B4
3 Festung Kales ... B5
4 Moschee & türkischer Brunnen ... A4
5 Napoleon-Haus ... B4
6 Altstadt ... B4

Aktivitäten, Kurse & Touren
7 Ierapetra Diving Centre ... D2

Schlafen
8 Akrolithos Apartments ... C1
9 Astron Hotel ... D2
10 Coral Boutique Hotel ... C2
11 Cretan Villa Hotel ... C1
12 El Greco Hotel ... D2

Essen
13 Ariston Cafe ... C3
14 Napoleon ... B4
15 Pizzeria Ristorante Siciliana ... D2
16 Special ... D1
17 Taverna Gorgona ... B4
18 Vira Potzi ... B5

Ausgehen & Nachtleben
19 Chocolicious ... B4
20 Island Cafe ... C3
21 Ntoukiani ... B3
22 Saxo Bar ... C3

und Käsepasteten bekannt. Zudem ist das Ariston eine gute Adresse, um Picknickzutaten für einen Tagesausflug zur Insel Chrysi zu kaufen.

Napoleon GRIECHISCH €
(☎28420 22410; Stratigou Samouil 26; Hauptgerichte 6–12 €; ⌚12–24 Uhr; ❄📶🍴) Das große, traditionelle Restaurant sieht aus wie die anderen touristischen Tavernen am Meer, tut sich jedoch durch die Qualität der Hausmannskost und den Service hervor. Die Gäste sitzen auf einer überdachten Terrasse, flankiert von Palmen, und lassen sich frischen Fisch und kretische Spezialitäten schmecken.

★ **Vira Potzi** KRETISCH €€
(☎28420 28254; www.facebook.com/virapotzi; Stratigou Samouil 82; Hauptgerichte 7–14 €; ⌚Di–So 12–24 Uhr; ❄📶🐾) Neben der Festung von Kales (S. 266) am Ufer wartet diese kretische Taverne der nächsten Generation mit einer genialen Speisekarte voller kulinarischer Finessen auf. Es gibt z. B. gegrillte Calamares mit Zucchinistiften und *fava* (Bohnendip) oder, ein Dauerbrenner, Orzo-Nudel-Pilaw mit Krabben. Ein klassisches Restaurant mit keiner einzigen bebilderten und laminierten Speisekarte weit und breit.

Pizzeria Ristorante Siciliana ITALIENISCH €€
(☎28420 24185; www.facebook.com/ristorante.siciliana; Promenade Markopoulou 1; Pizza & Pasta 5,50–10 €, Hauptgerichte 7–19 €; ⌚13–24 Uhr; ❄🍴) Das italienische *ristorante* hat einen pfirsichfarbenen Innenraum mit Stofftischdecken und Blick aufs Meer und bietet eine Auswahl typisch griechischer Vorspeisen, als Hauptgang gibt's Pizzas aus dem Holzofen, Pastagerichte und gegrilltes Fleisch. Außerdem werden Crêpes und lokaler Wein kredenzt.

Taverna Gorgona GRIECHISCH €€
(☎28420 26619; Stratigou Samouil 12; Hauptgerichte 7–18 €; ⌚12 Uhr–open end; ❄) Eine klassische Taverne mit Meerblick von der Terrasse und Holztischen unter einem Reetdach. Auf der bebilderten Speisekarte in mehreren Sprachen findet man alle üblichen Verdächtigen.

Ausgehen & Nachtleben

Saxo Bar BAR
(☎6944790652; Kyrva 14; ⌚22.30 Uhr–open end) Generationen von Einheimischen haben hier seit der Eröffnung 1990 mit den Köpfen zu Rockmusik gewippt. Seit der Renovierung 2015 verfügt das Saxo über eine schicke Bar und eine schummerige Beleuchtung. Die Cocktails sind exzellent.

Chocolicious CAFÉ
(Stratigou Samouil 18; ⌚7.30 Uhr–open end) Naschkatzen werden diesen Kalorienbombenhimmel lieben. Hier werden Kakao, Milch, Nüsse, Früchte und andere Leckereien zu Schokoladen, Kuchen, Eiscreme, Kuchen und Crêpes verarbeitet. Ein netter Ort für eine Kaffeepause am Meer.

Ntoukiani BAR
(☎6939072810; Ethnikis Antistaseos 19; ⌚21 Uhr–open end; 📶) In der winzigen Bar mit petrolfarbenen Wänden, Korblampen und allerlei Schätzen vom Flohmarkt verliert man über einem leckeren Cocktail schon mal die Zeit aus den Augen. Alternatives Flair, einheimische Klientel, top an kalten Abenden.

Island Cafe CAFÉ
(☎28420 23615; www.facebook.com/islandcafebar; Stratigou Samouil 6; ⏲8 Uhr–open end) Die Innenräume der Café-Bar sind in Mint, Blau und Weiß gehalten, es läuft moderne Musik und die Klientel setzt sich aus jungen Studenten und älteren Semestern zusammen. Eine gute Anlaufstelle zu jeder Tageszeit. In der Hauptsaison ist das Island Cafe praktisch durchgehend geöffnet.

ℹ Praktische Informationen

GELD

Im Stadtzentrum findet man mehrere Geldautomaten, z. B. an der Plateia Kanoupaki und entlang der Koraka und Kothri.

POST

Post (Koraka 25; ⏲Mo–Fr 8–14 Uhr)

REISEBÜROS

In den Reisebüros nahe dem Hafen bekommt man Tickets für Tagestrips nach Chrysi und kann weitere Exkursionen buchen.

ℹ An- & Weiterreise

Acht KTEL-Busse pro Tag machen sich am **Busbahnhof von Ierapetra** (☎28420 28237; www.ktelherlas.gr; Lasthenous 28) auf den Weg nach Iraklion (12 €, 2½ Std.) via Agios Nikolaos (4,10 €, 1 Std.), vier Busse fahren nach Sitia (6,90 €, 1½ Std.), fünf nach Myrtos (2,40 €, 30 Min.).

Der **zentrale Taxistand** (☎28420 26600; Ecke Kothri & Plateia Kanoupaki) befindet sich vor dem Rathaus; die fixen Fahrpreise sind angeschlagen. Hier ein paar Beispiele: Iraklion 128 €, Agios Nikolaos 50 €, Sitia 83 €, Myrtos 20 €.

Östlich von Ierapetra

Einen Großteil der Küste östlich und westlich von Ierapetra dominieren Plastiktreibhäuser und planlos hingebaute Hotels, ein paar Orte sind jedoch nett anzusehen: Nur 7 km östlich von Ierapetra erstreckt sich z. B. der **Koutsounari-Strand**, einer der längsten Kretas (4,5 km), an dem man wunderbare Spaziergänge unternehmen und den Menschenmassen entkommen kann. 8 km weiter lädt der hübsche **Agia-Fotia-Strand** zu einem Bad im Meer ein. Noch mal 10 km weiter führt eine neue Straße um **Koutsouras** herum, wir empfehlen aber, von der Hauptstraße abzubiegen und in der **Taverna Robinson** (☎28430 51026; www.robinsontaverna.gr; Koutsouras; Gerichte 5–10 €; ⏲12–24 Uhr; ❄ 🍷) einzukehren, die ein ansprechend renoviertes venezianisches Haus einnimmt. Im pinkfarbenen Innenraum hängt eine Glühbirneninstallation und auf der Speisekarte stehen innovative Gerichte und der vom Besitzer selbst angebaute Bio-Wein.

Ein Stück weiter erstreckt sich ein weißer Sandstrand am östlichen Ende von **Makrygialos**; er ist einer der schönsten an der Südostküste, deshalb ist im Sommer sehr viel los. Die Strandpromenade ist nett und bietet reichlich Cafés und Restaurants.

Nahe Makrygialos, gleich oberhalb von Analipsi an der Straße nach Pefki, wartet das **Aspros Potamos** (☎28430 51694; www.aspros potamos.com; Apt. 50–100 €) 🍃 mit 300 Jahre alten Steinhäusern auf, die von Besitzerin Aleka Halkia liebevoll restauriert und zu Gästezimmern umgestaltet wurden. Der Strom

ABSTECHER

DIE INSEL CHRYSI

Ierapetra ist Ausgangspunkt für Bootstouren zur unbewohnten Insel **Chrysi** (☎28420 20008; Bootstour Erw./Kind 25/12 €; ⏲Mitte Mai–Okt.) – auch Gaidouronisi oder Chrissis genannt –, die bekannt ist für goldene Strände, klares Meerwasser in unterschiedlichsten Blautönen, Zedernwälder, minoische Ruinen und den von Muscheln bedeckten Strand Belegrina. Gewöhnlich setzen morgens mehrere Boote über, sodass man 4½ Stunden auf der Insel hat. Die Tickets können online und bei Tourveranstaltern im Ort besorgt werden. Verpflegung mitbringen oder an Bord kaufen. Ein Unternehmen, das Chrysi ansteuert, ist z. B. **Cretan Daily Cruises** (☎28420 20008, www.cretandaily cruises.com; Bootstour Erw./Kind 25/12 €, Mitte Mai–Okt.); die Boote bieten Platz für 200 bis 400 Passagiere.

Exklusiver ist die Motorjacht von **Nautilos Cruises** (☎6972894279; www.nautilos cruises.com; Fahrten ab 27,50 €; ⏲Mai–Okt.). Sie kommt vor den großen Booten an und transportiert weniger als 20 Personen in etwa 30 Minuten zur Insel. Nautilos organisiert auch halbprivate Touren inklusive Mittagessen und zusätzlichem Halt in einer abgeschiedenen Bucht (65 € pro Pers.) sowie maßgeschneiderte Privatcharter (950 €).

für Licht und Warmwasser wird aus Sonnenenergie gewonnen. In den Räumlichkeiten gibt's keine Steckdosen, aber man kann seine Geräte an der Rezeption aufladen (wo man auch WLAN-Empfang hat). Die Steinböden, traditionellen Möbel und Kamine tragen zum lauschigen Ambiente der Unterkunft bei. Der perfekte Ort für Naturliebhaber und Wanderer – die **Pefki-Schlucht** ist ganz in der Nähe, der zweistündige Weg dorthin ist wunderschön.

Schlafen & Essen

Koutsounari Camping CAMPINGPLATZ €
(28420 61213; www.camping-koutsounari.gr; Koutsounari; Stellplätze Erw./Kind/Zelt ab 6,50/3/4,50 €, Hütten/Studios ab 22/32 €; Mai–Okt.; P) Etwa 8 km östlich von Ierapetra in Koutsounari liegt dieser Campingplatz am Strand, zu erreichen mit Bussen auf der Route Ierapetra–Sitia. Zur Anlage gehören ein Pool mit Snackbar, ein Restaurant und ein kleiner Supermarkt. Abgesehen von Stellplätzen für Zelte gibt's schlichte Holzhütten (Bettzeug oder Schlafsack selbst mitbringen) und Studios.

Myrtos Μύρτος

600 EW.

Das winzige Myrtos, 14 km westlich von Ierapetra, ist eine auf angenehme Weise alteingesessene Gemeinde: fröhlich, gepflegt und gesäumt von einem grauen Kiesel-und-Sand-Strand und kräftig blauem Wasser. Der Ort ist eine prima Basis für Wanderungen in den Bergen und Schluchten. Es können sogar ein paar minoische Stätten besucht werden. All diese Vorzüge haben Myrtos eine treue Fangemeinde eingebracht, die auch das entspannte, alternative Flair, die mit Blumen geschmückten Pensionen und netten Tavernen im Dorf und entlang dem ruhigen Küstenstreifen schätzen. Kurz gesagt, das Dorf ist ein echtes Juwel und das Gegenstück zu Lärm, Hektik und Massentourismus.

Sehenswertes & Aktivitäten

Museum MUSEUM
(28420 51065) GRATIS Das kleine Museum neben der Kirche birgt die Privatsammlung eines Lehrers, der bei Schulausflügen auf minoische Artefakte stieß und daraufhin archäologische Ausgrabungen in der Umgebung anregte. Zu sehen sind Vasiliki-Tonwaren aus **Fournou-Korifi** und **Pyrgos** und ein beeindruckendes maßstabsgetreues Modell der Ausgrabungsstätte Fournou-Korifi, in mühevoller Kleinstarbeit von Museumsdirektor John Atkinson zusammengestellt.

Paradise Scuba Diving Centre TAUCHEN
(28420 51554; https://scuba.paradisemirtos.com; Tauchen ab 75 €, Open-Water-Tauchkurs 500 €; 10–20 Uhr) Die von Nikos betriebene Tauchschule steht direkt am Wasser und hat Höhlen- und Wracktauchen im Angebot. Außerdem können PADI-Kurse gebucht werden. Ebenfalls Teil des Portfolios sind der Verleih von (Schnell)Booten und das Chartern privater Boote samt Crew.

Schlafen

In Myrtos zu übernachten heißt, den Koffer in kleinen Hotels, Studios oder Apartments auszupacken, die größtenteils von einheimischen Familien betrieben werden.

★ **Big Blue** APARTMENTS €€
(28420 51094; www.big-blue.gr; Studios 56–98 €;) Hier treffen moderne Annehmlichkeiten auf traditionell griechischen Stil. Die Selbstversorgerstudios zum Meer sind mit Geschmack und viel Fantasie eingerichtet. Jedes Zimmer ist individuell gestaltet; das Apartment „Blue Eye" z. B. wartet mit diversen Evil Eyes (als Glücksbringer) auf. Die privaten Terrassen gewähren weite Ausblicke und in dem duftenden Garten vorn kann man schön einen Drink bei Sonnenuntergang zu sich nehmen.

An der Westseite des Dorfs, hinter der Kirche.

Villa Mertiza APARTMENTS €€
(28420 51208, 6932735224; www.mertiza.com; Studios/Apt. ab 53/74 €; April–Okt.;) Die alternativ-schicken Studios und Apartments in niederländischem Besitz haben eine gute Größe und sind mit Küchenzeilen und Sprungfedermatratzen ausgestattet. Eine tolle Basis für Strandtage und Exkursionen in die Berge. In dem üppigen Garten kann man Reisegeschichten mit anderen Travellern austauschen oder sich an der Bücherbörse bedienen.

An der Hauptstraße etwa 250 m landeinwärts.

Essen

In Myrtos gibt es ein paar exzellente Tavernen, sowohl am Strand als auch im Dorf.

Taverna Myrtos KRETISCH €
(Hauptgerichte 7–12 €; 6.30–24 Uhr;) Dieses Lokal mit den hohen Decken und einer

fröhlich dekorierten Terrasse grenzt an das Myrtos Hotel an der Hauptstraße. Die Hausmannskost - Souflaki, Moussaka, Rotbarbe und Schweinekoteletts - ist köstlich. Die Atmosphäre ist schnörkellos und altmodisch, Einheimische kommen sehr gern her.

La Sera MEDITERRAN €€
(☎28420 51261; Hauptgerichte 8–16 €; ⏲April–Okt. 17–24 Uhr; 📶) Weiches Licht, guter Wein und köstliches Essen sind Garanten für ein romantisches Abendessen und die Markenzeichen dieses Freiluftrestaurants in einer Seitengasse, die von der Hauptstraße abgeht. Auf der übersichtlichen Karten stehen Salate aus frischen Zutaten, gegrillte Meeresfrüchte und zarte Lammkoteletts vom hiesigen Metzger, der Wein stammt von dem bekannten Weingut Lyrarakis (S. 199) in Alagni.

Thalassa Taverna FISCH & MEERESFRÜCHTE €€
(☎28420 51301; www.facebook.com/tavernathalassa; Hauptgerichte 8–16 €; ⏲April–Okt. 9–24 Uhr; ❄📶) Die Deko dieses pudrig blauen, kleinen Restaurants am Ufer besteht aus Korallen und Muscheln. Draußen gibt's auch ein paar Tische. Die Gäste laben sich an Muscheln, Calamares, Tintenfisch, Shrimps und Oktopus - mit den ganzen Meeresfrüchten bekäme man locker eine Kompanie Meerjungfrauen satt.

O Platanos KRETISCH €€
(Hauptgerichte 7–13,50 €; ⏲April–Okt. 11 Uhr–open end ; 📶✎) Im Schatten einer riesigen Platane liegt das O Platanos an der Hauptstraße. Es ist ein Zentrum des gesellschaftlichen Lebens im Dorf; im Sommer wird an vielen Abenden Livemusik geboten. Auf den Tellern landen kretische Leibgerichte wie Kaninchen-*stifadho*, gut sind aber auch die „Pita-Pizza" oder „Omas Fleischbällchen" mit Joghurtsauce.

ℹ Praktische Informationen

GELD

Neben dem Myrtos Hotel gibt es einen Geldautomaten, der aber nur von April bis Oktober in Betrieb ist. Der nächstgelegene befindet sich in Ierapetra.

REISEBÜRO

Prima Tours (☎28420 51530, 28420 51035; www.sunbudget.net) Die lokale Agentur hilft bei der Zimmersuche und Automiete und bietet weitere Services für Traveller. Sie liegt abseits der Hauptstraße, nahe dem Myrtos Hotel.

ℹ An- & Weiterreise

Es bestehen täglich fünf Busverbindungen ab Ierapetra (2,40 €, 30 Min.). Eine Fahrt mit dem Taxi kostet ca. 20 €.

Kreta verstehen

Geschichte

Kretas bewegte Geschichte reicht 5000 Jahre zurück und hat überall auf der Insel ihre Spuren hinterlassen – von uralten minoischen Palästen und römischen Städten bis zu spektakulären byzantinischen Kirchen, venezianischen Festungen und osmanischen Bauten. Kretas prominente Rolle in der Weltgeschichte geht bis auf die Zeit der illustren Minoer zurück, die luxuriöse Paläste bewohnten, als andere Europäer noch in primitiven Hütten saßen. Seit dieser Zeit stand Kreta durch seine strategische Lage mitten im Mittelmeer immer wieder im Brennpunkt weltbewegender Ereignisse.

Mythos & Minoer

Kretas Frühgeschichte liegt größtenteils im Nebel der Geschichte verborgen, was sie umso faszinierender macht. Legenden und physische Hinterlassenschaften sprechen jedoch eine deutliche Sprache: Hier war Europas erste moderne Zivilisation zuhause – die Minoer.

Die geheimnisvolle Kultur entwickelte sich während der Bronzezeit, noch bevor die große mykenische Kultur auf dem griechischen Festland entstand. Beeinflusst wurden die Minoer von zwei großen Kulturen im orientalischen Raum, den Mesopotamiern und den Ägyptern, mit denen sie auch in Verbindung standen. Um 3000 v. Chr. brachten Einwanderer aus Anatolien die Kunst der Bronzeherstellung mit. Dieser technologische Quantensprung ermöglichte es der aufstrebenden minoischen Zivilisation, sich mehr als anderthalb Jahrtausende fast ungestört zu entwickeln.

Die frühe minoische Periode hat in vielen Aspekten noch Ähnlichkeit mit der weniger gut dokumentierten Jungsteinzeit. Doch die Verarbeitung von Bronze versetzte die Minoer in die Lage, bessere Schiffe zu bauen und dadurch ihre Handelsbeziehungen im Vorderen Orient auszubauen. Davon profitierten auch Töpferei und Goldschmiedekunst, die sich später zu herausragenden minoischen Kunstformen entwickeln sollten.

Die Chronologie des minoischen Zeitalters ist ein umstrittenes Thema. Die meisten Archäologen unterteilen die minoische Periode in drei Phasen: Vorpalastzeit (3400–2100 v. Chr.), Neue Palastzeit (2100–1450 v. Chr.)

ZEITLEISTE

6500 v. Chr.

Kretas erste Bewohner sind Jäger und Sammler. Die Menschen der Jungsteinzeit leben in Höhlen oder Holzhäusern, verehren Fruchtbarkeitsgöttinnen, betreiben Ackerbau und Viehzucht und fertigen primitive Töpferwaren.

3000 v. Chr.

Mit nordafrikanischen oder levantinischen Einwanderern kommt die Bronzeverarbeitung nach Kreta; das Bronzezeitalter beginnt und mit ihm der Handel. Töpferei und Schmuckherstellung entwickeln sich.

2000 v. Chr.

Die minoische Kultur erreicht ihren Höhepunkt. Architektonische Fortschritte ermöglichen den Bau der Paläste in Knossos, Festos, Malia und Zakros, das erste Schriftdokument entsteht.

und Nachpalastzeit (1450–1200 v. Chr.). Diese Zeitabschnitte entsprechen ungefähr der älteren Unterteilung in Frühminoikum (abschnittsweise auch schon als Vorpalastzeit bezeichnet), Mittelminoikum und Spätminoikum, wobei sie sich teilweise auch überlappen. Die Begriffe werden in diesem Reiseführer synonym verwendet.

Ihren Höhepunkt erreichte die Kultur während der Vorpalastzeit (auch Altpalastzeit oder Mittelminoikum) um 2000 v. Chr. mit dem Bau der großen Paläste von Knossos, Festos, Malia und Zakros. Sie markiert einen deutlichen Bruch mit dem dörflichen Leben der Jungsteinzeit.

Während dieser Zeit wurde Kreta wahrscheinlich von lokalen Herrschern regiert, wobei sich Macht und Reichtum in Knossos konzentrierten. Die Gesellschaft war hierarchisch strukturiert (mit einem großen Anteil an Sklaven), und es kam zu herausragenden Fortschritten in der Architektur. Nun entstand auch die erste kretische Schrift. Zunächst extrem bildhaft, entwickelte sie sich schrittweise von Darstellungen natürlicher Objekte zu abstrakteren Zeichen ähnlich den ägyptischen Hieroglyphen.

1700 v. Chr. wurden die Paläste urplötzlich zerstört, nach Meinung der meisten Archäologen durch ein Erdbeben. Bald darauf folgte jedoch das sogenannte „Goldene Zeitalter" der Minoer, und die Paläste in Knossos, Festos, Malia und Zakros wurden mit einer wesentlich komplexeren, erstaunlich modernen Architektur wieder aufgebaut. Die Prachtbauten hatten mehrere Stockwerke, verschwenderisch gestaltete königliche Quartiere, prunkvolle Empfangshallen, Lagerräume, Werkstätten, Wohnräume für das Personal und ein komplexes Abwassersystem. Aus dieser Art der Architektur entwickelte sich später der Mythos des kretischen Labyrinths und des Minotaurus.

Die minoische Zivilisation wurde vielleicht durch einen Tsunami zerstört. Minoische Gegenstände, die vermischt mit Kieseln, Muscheln und Meereslebewesen an Fundstellen in 7 m Höhe über dem Meeresspiegel entdeckt wurden, ließen sich auf 1450 v. Chr. datieren. Damals brach der Vulkan von Santorin aus und löste eine 23 m hohe Welle aus, die an Kretas Nordküste 15 km weit ins Landesinnere schwappte.

KRETAS ERSTE SEEFAHRER

Als Ausgrabungen bei Plakias und Preveli in den Jahren 2008 und 2009 gemeißelte Steinwerkzeuge zutage förderten, stellten Archäologen erstaunt fest, dass diese mindestens 130 000 Jahre alt waren – der erste Hinweis überhaupt, dass die Menschheit bereits zu dieser Zeit zur See fuhr. Bis dahin ließ sich die älteste bekannte Seereise lediglich 60 000 Jahre zurückdatieren.

Die Vorstellung, dass die ersten Kreter bereits viel früher als gedacht übers Meer auf die Insel kamen, hat die ganze konventionelle Anthropologie auf den Kopf gestellt. Diese hatte bis dahin angenommen, dass die ersten Menschen ausschließlich über Land nach Europa eingewandert waren. Da Wissenschaftler vermuten, dass die kretischen Werkzeuge in Wirklichkeit bis zu 700 000 Jahre alt sein könnten, ist schon jetzt klar, dass weitere Überraschungen bevorstehen. Die Ausgrabungen dauern noch an.

1700 v. Chr.

Die minoischen Paläste werden zerstört, wahrscheinlich durch ein Erdbeben. Sie werden aber durch größere Paläste mit mehreren Stockwerken und einem hoch entwickelten Abwassersystem ersetzt.

1450 v. Chr.

Die minoische Kultur kommt auf abrupte und mysteriöse Weise zum Stillstand. Manche Archäologen glauben, ein Tsunami nach einem Vulkanausbruch auf Santorin habe alle Paläste außer Knossos zerstört.

1400 v. Chr.

Die Mykener kolonisieren Kreta. Die Waffenproduktion floriert; die Kunst liegt darnieder. Griechische Götter ersetzen die Verehrung der Muttergöttin.

1100 v. Chr.

Die Dorer überrennen die mykenischen Städte und werden die neuen Herrscher auf Kreta. Sie reformieren das politische System. Eine rudimentäre Demokratie ersetzt die Monarchie.

Fresko *Damen in Blau*, Palast von Knossos (S. 191)

Während der Neuen Palastzeit stieg der minoische Staat zu einer großen Thalassokratie (Seehandelsmacht) auf, die König Minos von seiner Hauptstadt Knossos aus regiert haben soll. Der Handel mit dem östlichen Mittelmeerraum, Kleinasien und Ägypten florierte, unterstützt von mehreren minoischen Kolonien in der Ägäis. Minoische Keramik, Textilien, Vieh, Olivenöl und landwirtschaftliche Erzeugnisse waren im gesamten ägäischen Raum sowie in Ägypten, Syrien und möglicherweise auch Sizilien sehr gefragt.

Um 1450 v. Chr. kam die minoische Kultur auf abrupte und geheimnisvolle Weise zum völligen Stillstand. Alle Paläste (außer Knossos) und zahlreiche kleinere Siedlungen versanken in Schutt und Asche. Wissenschaftliche Erkenntnisse deuten darauf hin, dass eine gewaltige Flutwelle und eine riesige Aschewolke als Folge eines verheerenden Vulkanausbruchs auf der nahe gelegenen Inselgruppe Santorin die minoische

800 v. Chr.

Ackerbau und Viehzucht werden so produktiv, dass der Seehandel wieder auflebt.

431–386 v. Chr.

Während Griechenland in den Peloponnesischen Krieg verstrickt ist, werden auf Kreta interne Kämpfe ausgetragen: Knossos gegen Lyttos, Festos gegen Gortys, Kydonia gegen Apollonia, Itanos gegen Ierapitna.

67 v. Chr.

Die Römer erobern Kreta, nachdem sie zwei Jahre zuvor in Kydonia eingefallen waren. Gortys wird neue Hauptstadt und mächtigstes Zentrum der Insel. Mit der *Pax Romana* enden die internen Konflikte.

27 v. Chr.

Kreta wird mit Ostlibyen zur römischen Provinz Creta et Cyrenaica zusammengefasst; Ballungsräume werden umstrukturiert, eine neue Ära des Wohlstands bricht an.

Zivilisation schwächten. Doch Zeitpunkt und Ursache des endgültigen Niedergangs der Minoer werden unter den Archäologen äußerst kontrovers diskutiert. Einige behaupten, dass ein zweites mächtiges Erdbeben ein Jahrhundert später der Auslöser war, andere machen die Invasion der Mykener dafür verantwortlich. Ob die Mykener nun den Untergang herbeiführten oder sich die Katastrophe lediglich zunutze machten – klar ist, dass ihre Präsenz auf der Insel zeitlich in engem Zusammenhang mit der Zerstörung der Paläste und der minoischen Kultur steht.

Aufstieg und Niedergang der Mykener

Die mykenische Zivilisation war die erste Hochkultur auf dem griechischen Festland. Ihren Höhepunkt erreichte sie zwischen 1500 und 1200 v. Chr. Sie hat ihren Namen von der Stadt Mykene, man nennt sie aber auch die achäische Kultur (nach dem indoeuropäischen Einwandererstamm, der sich auf dem griechischen Festland niederließ).

Bei den Minoern deutet das Fehlen von Stadtmauern auf ein relativ friedliches Zusammenleben unter irgendeiner Art von Zentralautorität hin. Die mykenische Kultur bestand dagegen aus unabhängigen Stadtstaaten wie dem übermächtigen Mykene, deren Könige in ihren Palästen hinter mächtigen Mauern auf strategisch günstigen Anhöhen residierten.

Die Mykener verwendeten die Linearschrift B. Lehmtafeln mit Inschriften aus dem Palast von Knossos zeugen von der mykenischen Besetzung Kretas. Ihre Kolonialherrschaft dauerte von 1400 bis 1100 v. Chr. Knossos blieb vermutlich Hauptstadt von Kreta, doch die Inselherrscher waren fortan den Festlandmykenern untertan. Die minoischen Kreter verließen die Insel oder zogen sich ins Inselinnere zurück, während die Mykener neue Städte wie Lappa (Argyroupolis) gründeten.

Die Wirtschaft der Insel blieb davon relativ unberührt. Der Export der lokalen Produkte lief weiter, aber die Kunst verfiel. Nur die Waffenherstellung florierte – passend zum neuen militaristischen Geist, den die Mykener nach Kreta brachten. Anstelle der Muttergöttin führten die Mykener neue griechische Götter wie Zeus, Hera und Athena ein.

Die Macht der Mykener reichte weit, wurde aber durch interne Fehden untergraben. So waren sie den kriegerischen Dorern nicht gewachsen.

In der antiken griechischen Mythologie spielt Kreta eine bedeutende Rolle: Hier gebar Rhea ihren Sohn Zeus und versteckte ihn vor seinem kinderverschlingenden Vater; hier war es auch, dass Zeus' Sohn Minos seine legendäre Herrschaft antrat. Von der Insel starteten Ikarus und Dädalus zu ihrem verhängnisvollen Flug, und Theseus erlegte im berühmten Labyrinth den Minotaurus.

Das klassische Kreta

Gegen heftigen Widerstand eroberten die Dorer um 1100 v. Chr. auch Kreta, worauf viele der Inselbewohner nach Kleinasien flohen. Andere, die sogenannten Eteokreter oder „echten" Kreter, verschanzten sich in den Bergen und bewahrten so ihre Kultur.

Durch die Dorer kam es zu einem traumatischen Bruch mit der Vergangenheit. Die nächsten 400 Jahre werden oft als Kretas „finsteres

63 n. Chr.

Paulus führt bei seinem Besuch auf Kreta das Christentum ein und überlässt seinem Schüler Titus die Konvertierung der Insel. Der hl. Titus wird der erste Bischof Kretas.

250

Rom beginnt, die Christen auf Kreta in großem Stil zu verfolgen. Die ersten christlichen Märtyrer, die sogenannten *Agii Deka* („heilige Zehn"), werden im gleichnamigen Dorf ermordet.

395

Das Römische Reich spaltet sich: Kreta fällt unter byzantinische Herrschaft und wird selbstverwaltete Provinz. Religiöses und Verwaltungszentrum ist Gortys. Der Handel floriert, viele Kirchen entstehen.

727

Kretische Anhänger der Ikonenverehrung lehnen sich gegen das Ikonenverbot von Kaiser Leo III. auf. Der Aufstand wird niedergeschlagen; es folgt eine brutale Vergeltungswelle.

Mittelalter“ bezeichnet, obwohl die Dorer das Eisen mitbrachten und einen neuen Keramikstil mit auffallenden geometrischen Mustern entwickelten. Sie verehrten männliche Götter statt der früheren Fruchtbarkeitsgöttinnen und übernahmen die mykenischen Götter Poseidon, Zeus und Apollo, womit sie den Weg für die spätere griechische Götterwelt ebneten.

Die Dorer reorganisierten Kretas politisches System und unterteilten die Gesellschaft in drei Klassen: freie Bürger, die Eigentum und politische Rechte hatten (dazu gehörten auch Bauern mit Grundbesitz), Händler und Seeleute und zuletzt die Sklaven. Eine Art rudimentäre Demokratie löste das monarchische Herrschaftssystem ab. Die freien Bürger wählten einen Regierungsausschuss, dem wiederum ein Ältestenrat zur Seite stand und der sich vor der Versammlung der freien Bürger verantworten musste. Im Unterschied zur minoischen Zivilisation waren Frauen den Männern untergeordnet.

Das *Stadtrecht von Gortys* aus dem 6. Jh. v. Chr., das Ende des 19. Jhs. bei Ausgrabungen in Gortys entdeckt wurde, vermittelt Einblicke in die Gesellschaftsordnung des dorischen Kreta. Die zwölf Steintafeln behandeln zivil- und strafrechtliche Fragen, wobei zwischen freien Bürgern sowie sonstigen Bürgern und Sklaven klar unterschieden wird.

Um 800 v. Chr. waren lokale Landwirtschaft und Viehhaltung so produktiv geworden, dass der Seehandel wieder auflebte. Rund um das Mittelmeer entstanden neue griechische Kolonien, und Kreta übernahm eine wichtige Rolle im regionalen Handel.

Die Entwicklung eines griechischen Alphabets, die Verse von Homer und die Einführung der Olympischen Spiele trugen dazu bei, die verschiedenen Stadtstaaten Griechenlands allmählich zu einen. Mit dem Bau zentraler Heiligtümer wie Delphi begannen auch die Kreter nach und nach, sich als Griechen zu fühlen.

Rethymnon, Polyrrinia, Falasarna, Gortys und Lato wurden im neuen Befestigungsstil dorischer Stadtstaaten erbaut: eine befestigte Akropolis auf dem höchsten Punkt, darunter eine *agora* (Markt), das geschäftige Handelsviertel und dahinter die Wohnquartiere.

Während das übrige Griechenland vom 6. bis 4. Jh. v. Chr. sein Goldenes Zeitalter erlebte, blieb Kreta tiefste Provinz. Durch ständige Kleinkriege zwischen den großen Handelszentren und kleineren, alteingesessenen Gemeinwesen verarmte die Insel immer mehr. Obwohl sich Kreta weder an den Perserkriegen noch am Peloponnesischen Krieg beteiligte, waren viele Kreter aus wirtschaftlichen Gründen gezwungen, als Söldner bei fremden Armeen anzuheuern oder sich aufs Piratentum zu verlegen.

Gleichzeitig zog Kreta als Geburtsort der griechischen Kultur die Aufmerksamkeit von Philosophen wie Plato und Aristoteles auf sich, die ausführlich über seine politischen Institutionen schrieben. Knossos, Gortys, Lyttos und Kydonia (Chania) rangelten weiterhin um die Vorherrschaft und sorgten für ständige Unruhe. Auch Ägypten, Rhodos und Sparta mischten sich in Kretas Streitigkeiten ein, und die Piraterie florierte.

824

Arabische Sarazenen erobern Kreta und errichten zum Horten ihrer Piratenschätze die Festung Khandaq in Iraklion. Die nächsten 150 Jahre sind finster; das kulturelle Leben kommt zum Stillstand.

960

Der byzantinische General Nikiforos Fokas führt die „Expedition nach Kreta“ und befreit die Insel. Die Küstenabwehr wird verstärkt, Khandaq wird Hauptstadt und Sitz der Erzdiözese.

1204

Nach der Einnahme Konstantinopels durch Kreuzritter fällt Kreta an Venedig. Die Venezianer bringen Siedler auf die Insel und bauen Städte und Verteidigungsanlagen, u. a. in Rethymnon, Chania und Iraklion.

1363

Venedig schlägt beim Aufstand des hl. Titus eine gemeinsame Revolte der venezianischen Führung auf Kreta und der Griechen nieder, wobei die Kämpfe gegen einige adlige Clans noch jahrelang andauern.

Das Römische Reich

Um das Mittelmeer zu seinem „Hausmeer" zu machen, musste das Römische Reich die Piraterie in den Griff bekommen und die Schifffahrtsrouten kontrollieren. Als strategisch wichtigste Insel des zentralen Mittelmeers stand Kreta schon seit dem 3. Jh. v. Chr. auf Roms Einkaufsliste. Aber erst während des dritten Mithridatischen Kriegs (73–63 v. Chr.) kam Roms Stunde, indem es die Piratenkarte ausspielte. Nach einem erfolglosen Angriff des Marcus Antonius (Vater von Mark Anton) schickten die Kreter Gesandte nach Rom, die jedoch abgewiesen wurden. Anschließend stellte man in Windeseile eine 26 000 Mann starke Armee zur Verteidigung der Insel auf. 69 v. Chr. führte der römische Konsul Metellus den entscheidenden Eroberungsfeldzug bei Kydonia (Chania) und hatte trotz tapferen Widerstands der einheimischen Bevölkerung innerhalb von zwei Jahren Kreta eingenommen.

Die römische Herrschaft und die damit verbundene Umstrukturierung brachten für Kreta wieder friedliche Zeiten mit sich. Dabei wurden Ländereien und Städte als Gefälligkeit an verschiedene Verbündete Roms verschenkt. 27 v. Chr. wurde Kreta mit Libyen zur römischen Provinz Creta et Cyrenaica zusammengefasst. In der Zwischenzeit hatten die Römer mehrere Jahrzehnte an ihrer neuen Errungenschaft herumgebaut und Gortys (gegründet ca. 67 v. Chr.) zur Hauptstadt und mächtigsten Stadt der Insel gemacht. Römische Amphitheater, Tempel und öffentliche Bäder brachten das Inselleben in Schwung, und die Bevölkerung wuchs. Knossos wurde aufgegeben und verfiel, während Kydonia (Chania) im Westen zu einem bedeutenden Zentrum aufstieg. Die römischen Städte waren durch Straßen, Brücken und Aquädukte verbunden, die stellenweise heute noch zu sehen sind. Unter den Römern fuhren die Kreter fort, Zeus in Dikti- und Ida-Höhle anzubeten, bezogen aber auch römische und ägyptische Gottheiten in ihre religiösen Rituale ein.

In Gortys stehen die Überreste der Basilika Agios Titus aus dem 6. Jh. n. Chr. als stumme Zeugen des Jüngers von Apostel Paulus. Die Reliquien des hl. Titus wurden während der Osmanenbesetzung zur sicheren Verwahrung nach Venedig gebracht und 1966 wieder an Kreta zurückgegeben. Heute befinden sie sich in Iraklion in der Kathedrale, die dem Heiligen geweiht ist.

Das Christentum erreicht Kreta

63 n. Chr. brachte der Apostel Paulus höchstpersönlich das Christentum nach Kreta. Als er die Insel wieder verließ, blieb sein Jünger, der hl. Titus, der Kreta nach und nach konvertierte, erster Bischof der Insel wurde und schließlich 107 n. Chr. im biblischen Alter von 94 Jahren starb. In den ersten Jahren blieb alles ruhig um die kretische Christenheit. Mit dem 3. Jh. n. Chr. begann jedoch wie überall im Römischen Reich die groß angelegte Christenverfolgung. Im Jahr 250 starben mit den *Agii Deka* („Zehn Heiligen") im gleichnamigen Dorf die ersten christlichen Märtyrer auf Kreta.

324 verlegte der römische Kaiser Konstantin I. (der Große), der selbst zum Christentum konvertiert war, die Reichshauptstadt von Rom nach

1453

Konstantinopel fällt an die Türken. Byzantinische Gelehrte und Intellektuelle fliehen nach Kreta und sorgen für eine Renaissance der byzantinischen Kunst. Es entsteht die neue Kretische Schule der Ikonenmalerei.

1541

Domnikos Theotokopoulos, der spätere „El Greco", wird in Candia geboren. Seine in Italien und Spanien entstandenen Werke zeigen sowohl den Einfluss der „Kretischen Schule" als auch kühne Innovation.

1587

Vitsentzos Kornaros aus Sitia schreibt den *Erotokritos*, ein voluminöses Versepos, das als Kretas größte literarische Leistung gilt und bis heute zu den wichtigsten Werken der griechischen Literatur gehört.

1645

Eine gewaltige türkische Streitmacht landet in Chania; die Türken fassen erstmals Fuß auf der Insel. Nach der Eroberung Rethymnons sichern sie sich auch den westlichen Teil der Insel.

Byzanz und taufte die Stadt in Konstantinopel um (heute Istanbul). Ende des 4. Jhs. war das Römische Reich schließlich offiziell in eine West- und eine Osthälfte geteilt. Kreta gehörte mit dem übrigen Griechenland zur Osthälfte, dem sogenannten Byzantinischen Reich.

Die Differenzen in der Doktrin, die später zur Abspaltung der Orthodoxen von der Katholischen Kirche führen sollten, lagen noch Jahrhunderte in der Zukunft. Dennoch führte die geografische Teilung des Römischen Reichs auch zu den abweichenden Praktiken, Gebräuchen und Loyalitäten, die die Orthodoxe Kirche unter der Führung des Patriarchs von Konstantinopel später kennzeichnen sollten.

Das 1994 erschienene Buch *Klöster und byzantinische Kirchen auf Kreta* des kretischen Autors Nikos Psilakis ist ein sehr nützlicher, handlicher und schön illustrierter Führer für Hunderte von Kretas Gotteshäusern.

In der Frühzeit des Byzantinischen Reichs war Kreta eine selbstverwaltete Provinz. Administratives und religiöses Zentrum war Gortys. Die Seeräuberei flaute ab, der Handel blühte auf, und die Insel wurde reich genug, um jede Menge Kirchen zu bauen.

Kretas Hang zur Ikonenverehrung löste 727 eine Revolte aus, als Kaiser Leon III. den Ikonenkult im Rahmen des byzantinischen „Bilderstreits" verbot. Der Bilderstreit brach im 8. und 9. Jh. in mehreren Phasen immer mal wieder aus. Er hatte komplexe theologische, wirtschaftliche und politische Wurzeln, war aber teils auch durch den Islam beeinflusst, der zu dieser Zeit immer weiter erstarkte. Der Aufstand wurde gnadenlos niedergeschlagen, und erbarmungslose Repressalien des byzantinischen Kaisers zwangen Kretas Ikonenliebhaber in die Knie. Dieses Vorgehen wurde jedoch 843 ein für alle Mal durch einen Erlass der Kaiserin Theodora beendet – ein Ereignis, das am ersten Sonntag der Fastenzeit noch heute als „Triumph der Orthodoxie" gefeiert wird.

Zwischen Piraten und Papst

Die friedliche Zeit der byzantinischen Herrschaft endete um 824 mit der Ankunft der Araber aus Spanien, die nach und nach ganz Kreta eroberten und als Basis für Raubzüge quer durch die Ägäis nutzten. Sie errichteten am Standort des heutigen Iraklion eine Festung namens Khandaq, um dort die Schätze zu horten, die sie durch Piraterie anhäuften. So geriet die Insel in Verruf, ihre Wirtschaft verkümmerte, und das kulturelle Leben kam zum Erliegen. Diese Zeit gilt als Kretas düsterstes Kapitel – entsprechend spärlich ist die Geschichtsschreibung dazu. Zwar wurde ein Teil der Bevölkerung wohl zum Islam zwangskonvertiert, jedoch hielt sich die Religion nicht über die Besatzungszeit hinaus auf der Insel.

In den Jahren 842, 911 und 949 startete Byzanz fruchtlose Rückeroberungsversuche. Erfolg hatte erst 960 Nikiforos Fokas mit seiner legendären „Expedition nach Kreta". Nach der erbitterten Belagerung von Khandaq wurde Kreta 961 befreit, worauf sich Byzanz beeilte, die kretische Küste möglichst gut zu befestigen und seine Macht zu konsolidie-

1669

Iraklion (Candia) fällt 24 Jahre nach der Eroberung der restlichen Insel schließlich an die Türken. Die Osmanen bauen Moscheen und belegen Christen mit hohen Steuern.

1770

Unter Ioannis Daskalogiannis rebellieren 2000 Kreter in der Sfakia, werden jedoch besiegt. Daskalogiannis wird in Iraklion bei lebendigem Leibe die Haut abgezogen.

1821

Der Griechische Unabhängigkeitskrieg greift auf Kreta über, doch die türkisch-ägyptischen Truppen sind den Rebellen zahlenmäßig überlegen. Der zähe Widerstand führt zu grausamen Massakern an Kretern.

1828

In einer der blutigsten Schlachten des Unabhängigkeitskriegs bäumen sich 385 tapfere Rebellen unter ihrem Anführer Chatzimichali Dalianis ein letztes Mal auf. Neben den Rebellen sterben auch etwa 800 Türken.

ren. Khandaq wurde zur neuen Hauptstadt des Themas (byzantinische Bezeichnung für „Provinz") Kreta und zum Sitz der wiederhergestellten Erzdiözese erklärt. Die Kirche war bemüht, irregeleitete Schäfchen wieder in die christliche Herde zurückzuholen.

Die nächsten 250 Jahre waren relativ friedlich – bis auf einen kurzlebigen Aufstand des Gouverneurs Kerykes im Jahr 1092. Einige Jahre später kam Kreta zusammen mit Südgriechenland und dem Peleponnes unter die Herrschaft des Oberbefehlshabers der byzantinischen Flotte.

Das glückliche Dasein endete 1204 ziemlich jäh mit dem berüchtigten Vierten Kreuzzug, als von Venedig finanzierte westliche Kreuzfahrer es vorzogen, anstelle der Abtrünnigen in Ägypten das christliche Konstantinopel anzugreifen. Kreta wurde danach Bonifazius von Montferrat, dem Anführer des Kreuzzugs, zugesprochen, der die Insel jedoch an die Venezianer verkaufte. Doch deren Erzrivalen aus Genua kamen ihnen zuvor, und es gelang den Venezianern erst 1212, ihnen die Insel endgültig zu entreißen. Ihre Kolonialherrschaft sollte bis 1669 dauern. Heute ist der Einfluss Venedigs noch in allen größeren Städten Kretas zu sehen, wo sowohl Herrschaftshäuser als auch riesige Festungen stehen, die Hafenstädte und Häfen bewachten.

Venedig siedelte Adels- und Militärfamilien auf Kreta an, von denen sich viele in Iraklion (Candia) niederließen. Allein im 13. Jh. kamen rund 10 000 Siedler, die mit den besten, fruchtbarsten Ländereien der Insel belohnt wurden. Die Kreter, die zuvor Landbesitzer waren, arbeiteten nun als Leibeigene für die neuen venezianischen Herren. Kretische Bauern wurden erbarmungslos ausgebeutet, und die Steuerlast war immens. Außerdem versuchten die Venezianer unter dem Einfluss des allmächtigen Papsttums, Kreta den Katholizismus anstelle der Orthodoxen Kirche aufzudrücken. Entsprechend häufig gab es Aufstände.

Kulturelle Blüte

Die venezianische Herrschaft brachte Kreta Wohlstand und Stabilität; mit der Zeit sollte sich das kulturell für die Insel auszahlen. Es entwickelte sich ein Umfeld, in dem sich die weltoffenen Ideen und die Güter der seefahrenden Handelsmacht mit den kreativen Talenten und Traditionen der Insel vereinten. Während in Europa, auf dem Balkan und im Byzantinischen Reich Bürgerkriege, Thronfolgerangeleien und islamische Invasionen wüteten, war Kreta (bis auf gelegentliche Revolten) die meiste Zeit eine friedliche Sonneninsel und Refugium der Dichter und Denker mit erstklassigem, meist kirchlich finanziertem Bildungsangebot. Das venezianische Kreta war auch bekannt für seine intellektuellen Zentren wie die *Accademia degli Stravaganti* in Candia (Iraklion), wo Rhetoriker Wortgefechte austrugen und Philosophen über antike Texte nachsannen.

Venezianische Juwele

- Hafenfestungen, Iraklion, Rethymnon und Chania
- Morosini-Brunnen, Iraklion
- Spinalonga
- Moni Arkadiou

1830–1840
Kreta geht an Ägypten. Die Türken besiegen die Ägypter in Syrien und nehmen Kreta wieder in Besitz. Die Verletzung zugesicherter Privilegien führt zu erneuten Aufständen und dem Ruf nach Kretas Vereinigung mit Griechenland.

1866
Etwa 2000 türkische Soldaten greifen Moni Arkadiou an, wo sich über 900 Rebellen mit ihren Familien verschanzt haben. Die Kreter setzen ein Pulvermagazin in Brand; es gibt nur eine Überlebende.

1877–1878
Der Russisch-Türkische Krieg löst einen weiteren kretischen Aufstand aus, doch der Berliner Kongress lehnt die Einheit mit Griechenland ab. Kreta wird zur halbautonomen, unzufriedenen Osmanenprovinz.

1883
Nikos Kazantzakis, Griechenlands berühmtester Dichter, wird in Iraklion geboren. Mitte des 20. Jhs. wird er durch Werke wie *Alexis Sorbas* und *Die letzte Versuchung* bekannt.

REBELLION & EINE KURZLEBIGE REPUBLIK

Einige interessante Wendungen in Kretas zahlreichen Aufständen gegen die venezianischen Unterdrücker zeugen von der komplexen und spannenden Realität des damaligen Lebens. Ein Beispiel ist der Aufstand des hl. Titus im August 1363, bei dem sich die unterdrückten Kreter gemeinsam mit venezianischen Siedlern gegen eine neue Steuer auflehnten. Alle Versuche einer friedlichen Einigung stießen bei den Herrschenden auf taube Ohren, sodass die Aufständischen zu den Waffen riefen. Die wirtschaftlich motivierte Rebellion zeigt, dass sich die Siedler nach nur ein paar Generationen auf der Insel ihren griechischen Nachbarn näher fühlten als ihren einstigen Landsleuten im fernen Venedig.

Die Rebellion führte rasch zum Sturz der Inselregierung; gleiches Recht für Griechen und Orthodoxe wurde ausgerufen. Der hl. Titus, Schutzpatron der Insel, wurde zum offiziellen Symbol dieser neuen „Kommune von Kreta". Doch venezianische Diplomaten überzeugten die übrigen Großmächte (vor allem Genua), die Rebellen nicht zu unterstützen, sodass das venezianische Militär im Frühjahr 1364 Candia wieder einnehmen konnte. Nach der Hinrichtung der Rebellenanführer feierten die venezianischen Herrscher ihren Sieg. Aber die Unruhen waren damit noch lange nicht vorbei.

Die meisten Kämpfer hatte sich nämlich längst in die zerklüfteten Berge abgesetzt, wo griechische Adelsfamilien wie der Kallergis-Clan im Westen der Insel Pläne schmiedeten, die Italiener endgültig von der Insel zu jagen und sich wieder mit Byzanz zusammenzuschließen. Das war dem venezianischen Dogen endgültig zu viel. Er überzeugte den Papst, einen Kreuzzug gegen die Kallergis zu führen. Nun schloss sich jedoch ganz Westkreta zur Rettung der Orthodoxen Kirche der Rebellion an und die Venezianer brauchten fast fünf Jahre, um die Ordnung wiederherzustellen.

Obwohl Venedig letztlich am Ruder blieb, waren diese Aufstände nicht ganz umsonst, denn sie zwangen die Kolonialmacht, Zugeständnisse zu machen. So kam es, dass Kreter griechischer und italienischer Abstammung im 15. Jh. eine Art Waffenstillstand erreichten. Dieser ermöglichte überhaupt erst die bemerkenswerte und einmalige kulturelle Blüte, die eine so wichtige Rolle in der italienischen Renaissance spielte.

Diese kulturelle Blüte wurde von zwei Faktoren erheblich begünstigt: dem Wiederaufleben westlichen Interesses an altgriechischen und lateinischem Gedankengut sowie dem Fall Konstantinopels im Jahr 1453. Nachdem ein paar Jahre später Trebizond und Mystras am Peleponnes eingenommen wurden, war Kreta die letzte verbliebene Bastion des Hellenismus und wurde damit zum Anziehungspunkt für byzantinische Gelehrte und Intellektuelle. Mit ihnen kamen Manuskripte, Ikonen, Erfahrung, etablierte Denkschulen, Bibliotheken und Druckerpressen auf die Insel.

Die gegenseitige Befruchtung byzantinischer Traditionen und der aufblühenden italienischen Renaissance ist vor allem dafür bekannt,

1898

Türken töten in Iraklion Hunderte christliche Zivilisten, 17 britische Soldaten und den britischen Konsul. Großbritannien verweist die Türken der Insel und stellt Kreta unter internationale Verwaltung.

1900

Arthur Evans beginnt seine Ausgrabungen in Knossos, legt den Palast frei und verblüfft die archäologische Forschung mit der Entdeckung einer hoch entwickelten minoischen Kultur.

1905

Eine revolutionäre Versammlung in Theriso erklärt die Einheit mit Griechenland. Eleftherios Venizelos stellt eine Gegenregierung auf, die Kreta verwalten soll. Die Großmächte ernennen einen neuen Gouverneur.

1908

Die kretische Versammlung proklamiert erneut die Einheit mit Griechenland; bis zur endgültigen Vereinigung wird es aber weitere fünf Jahre dauern.

dass sie die „Kretische Schule“ der Ikonenmalerei hervorbrachte. Diese vereinte byzantinische und venezianische Elemente und erreichte ihren Höhepunkt im 16. und 17. Jh. Schon vom 13. bis Anfang des 16. Jhs. waren kretische Kirchen mit Fresken verziert worden, die vielfach bis heute erhalten sind. Der großartigste Ikonenmaler des 14. Jhs. war Ioannis Pagomenos. Weltberühmt wurde Dominikos Theotokopoulos (1541–1614), der in Italien Malerei studierte, bevor er nach Spanien übersiedelte, wo er sich als El Greco („Der Grieche“) einen Namen machte.

Gleichzeitig erlebte Kreta eine ungeheure literarische Blüte. Dabei beeinflussten sich der Stil der traditionellen kretischen Volksdichtung und die poetischen und musikalischen Strömungen aus Frankreich, Italien und Kontantinopel. Als Paradebeispiel hierfür dient das epische Meisterwerk der Insel, *Erotokritos*, das Vitsentzos Kornaros aus Sitia, ein Nachfahre der Venezianer, im späten 16. Jh. auf Griechisch verfasste. Die Versstruktur des über 10 000 Zeilen langen Mundartepos basiert auf *mantinadhes* (traditionellen kretischen Paarreimen), vom Thema her (höfische Liebe und Tapferkeit) ähnelt es aber eher französischen Vorgängern aus dem 15. Jh., die ihrerseits von älteren Epen aus dem byzantinischen Griechenland beeinflusst waren.

Das Museum für christliche Kunst in Iraklion hat eine bedeutende Ikonensammlung von Künstlern wie dem großartigen Michael Damaskinos, der im 16. Jh. einen unverwechselbaren Stil in der kretischen Kunst prägte.

Widerstand & die Tourkokratia

Im 17. Jh. war das wachsende Osmanische Reich schließlich in der Lage, auf hoher See gegen Venedig zu bestehen und die beiden strategisch wichtigsten venezianischen Inseln Zypern und Kreta für den Sultan einzunehmen. 1645 fiel Chania nach zweimonatiger Belagerung durch die Türken, kurz darauf auch Rethymnon. Candias massive Mauern hielten den Eroberern jedoch bis 1669 stand. Nur die Festungen Gramvousa, Spinalonga und Souda blieben in venezianischer Hand, die beiden letzteren sogar bis 1715. So begann die *Tourkokratia* (Türkenherrschaft).

Die Kreter, die den Türken entkamen, setzten sich in die Bergregionen ab (vor allem in die abweisende Sfakia im Südwesten), um in Freiheit zu leben und Angriffe auf die Türken zu starten. Im Jahr 1700 versprach Russland den Aufständischen seine Unterstützung, worauf der sfakiotische Rebellenführer Ioannis Daskalogiannis 2000 Kämpfer in die Schlacht führte. Die russische Hilfe kam jedoch nie, und die Türken zogen Daskalogiannis auf dem Hauptplatz in Iraklion bei lebendigem Leibe die Haut ab.

Im Jahr 1821 legte der Griechische Unabhängigkeitskrieg die Lunte an einen weiteren fruchtlosen Aufstand. Die Folgen waren bitter: Die Osmanen massakrierten kretische Zivilisten und Priester, die sie als ideologische Aufwiegler hinter dem griechischen Nationalismus vermuteten. Aufgrund der Widerstandsbewegungen auf Kreta, dem Peleponnes und dem griechischen Festland sah sich der Sultan jedoch gezwungen, in

1913

Die Türkei sucht Vergeltung, wird aber in den Balkankriegen von Griechenland, Bulgarien, Serbien und Montenegro besiegt. Nach dem Krieg wird Kreta im Bukarester Vertrag offiziell mit Griechenland vereint.

1923

Im Frieden von Lausanne wird ein griechisch-türkischer Bevölkerungsaustausch vereinbart; 30 000 kretische Muslime werden gegen anatolische Griechen ausgetauscht.

1939

Das erste Flugzeug, eine Junkers 52 mit 14 Passagieren an Bord, landet in Iraklion, dort, wo heute der Nikos Kazantzakis Heraklion International Airport ist. Der kommerzielle Flugverkehr wird 1948 aufgenommen.

1941

Die Nazis besetzen Griechenland; zur Verteidigung Kretas treffen alliierte Truppen ein. Deutschland startet eine Luftlandeoperation zur Eroberung des Flugplatzes Maleme westlich von Chania.

Ägypten Hilfe zu suchen. Er bat die dortigen Herrscher um einen Angriff auf die Christen, eine Bitte, der sie nur zu gerne nachkamen: Rund um die Ägäis wurden Tausende massakriert. Kretas Rebellen setzten sich zwar energisch zur Wehr, hatten aber rein zahlenmäßig gegen die türkisch-ägyptischen Truppen keine Chance.

1830 wurde Griechenland unabhängig, doch Kreta wurde Ägypten zugesprochen. Dann bekriegten sich die Türken und die Ägypter in Syrien, Ägypten unterlag und Kreta geriet 1840 wieder unter die Herrschaft der Osmanen. *Enosis i Thanatos* (Einheit oder Tod) wurde zum Schlachtruf der fortgesetzten Aufstände im Westen der Insel. Türken und Ägypter brachten weitere Massaker nach Kreta, die 1866 ihren international berüchtigten Höhepunkt fanden, als sich 900 entschlossene Rebellen zusammen mit ihren Familien in Moni Arkadiou mit ihrem gesamten Pulvervorrat in die Luft sprengten und 2000 türkische Belagerer mit in den Tod rissen. Das Ereignis schockierte die ganze Welt und schürte Sympathien für die heldenhaften Kreter. Großbritannien und Frankreich unterstützten jedoch weiterhin die Türkei und hinderten die Griechen daran, die kretischen Rebellen zu unterstützen.

Wer die Augen aufhält, findet hin und wieder bis heute (vor allem in Dorfläden) Fahnen aus dem späten 19. Jh. mit der berühmten Parole der kretischen Rebellen im Kampf gegen die Türken: *Enosis i Thanatos* (Einheit oder Tod).

Freiheit & Einheit

Selbst die Großmächte (Frankreich, Großbritannien, Italien, Österreich-Ungarn und Russland) konnten nicht verhindern, dass die Welle des revolutionären Nationalismus schließlich über ganz Südosteuropa schwappte. 1877 führte der Russisch-Türkische Krieg zur Befreiung Bulgariens und fast zum Sturz der osmanischen Regierung. Sowohl die kretischen Rebellen als auch die griechische Regierung schöpften Mut. Trotz der nicht unerheblichen Erfolge der kretischen Rebellen wurde 1878 beim Berliner Kongress die Idee der *enosis* (Vereinigung) abgelehnt. Stattdessen erhielt Kreta einen halbautonomen Status mit Griechisch als Amtssprache, die Insel blieb jedoch unter türkischer Herrschaft.

Nach internen Machtkämpfen im Parlament kam es 1889 zu einem erneuten Aufstand gegen die Türkenherrschaft, gefolgt von neuen Repressalien. In der Sfakia belagerte Manousos Koundouros' Geheimbund (der Autonomie und die spätere Vereinigung mit Griechenland zum Ziel hatte) die türkische Garnison in Vamos. Die Aktion zog brutale Vergeltungsmaßnahmen nach sich, was schließlich zur Intervention der Großmächte führte, die den Osmanen eine neue Verfassung aufzwangen.

Beim nächsten Ausbruch der Unruhen im Jahr 1896 entsandte die griechische Regierung Truppen nach Kreta und erklärte die Einheit mit der Insel. Die Großmächte errichteten jedoch eine Blockade der Küste, sodass weder Türken noch Griechen ihre Truppen verstärken konnten. Schließlich zog Griechenland seine Truppen ab. Anschließend ernannten

1944

Kretische Widerstandskämpfer entführen den deutschen General Kreipe und bringen ihn mit Unterstützung der Alliierten nach Ägypten. Die Deutschen reagieren mit brutaler Vergeltung.

1946–1949

In Griechenland entbrennt ein Bürgerkrieg zwischen Kommunisten und konservativen Royalisten. Kreta bleibt von seinem Blutvergießen weitgehend verschont.

1951

Griechenland wird gemeinsam mit der Türkei Nato-Mitglied. Beide werden im Kalten Krieg zu wichtigen Verbündeten des Westens. Die bis heute aktiven Militärbasen an der Bucht von Souda werden eingerichtet.

1955

Georgios Psychoundakis veröffentlicht *The Cretan Runner* über seine Zeit als Bote der Widerstandsbewegung während der deutschen Besatzung.

In Kavousi in Nordostkreta steht der wahrscheinlich älteste Olivenbaum der Welt.

die Großmächte den unbeliebten Prinzen Georg, Sohn des Königs Georg von Griechenland, zum Hochkommissar von Kreta.

Wenig später bewirkten gewalttätige Ausschreitungen das, woran die internationale Diplomatie jahrzehntelang gescheitert war: die Vertreibung der Türken. 1898 stürmte eine Gruppe von Türken durch Iraklion und massakrierte Hunderte von christlichen Zivilisten sowie 17 britische Soldaten und den britischen Konsul. Die Rädelsführer wurden aufgespürt und gehängt, die Briten entsandten ein ganzes Schiffsgeschwader nach Kreta, und die osmanische Herrschaft über die Insel war endgültig vorbei.

Der charismatische junge Politiker Eleftherios Venizelos aus Chania, ursprünglich Prinz Georgs Justizminister, brach mit seinem Regenten, nachdem dieser sich weigerte, die *enosis* in Betracht zu ziehen. Venizelos berief 1905 in Theriso bei Chania eine revolutionäre Versammlung

1967–1974

Armeeoffiziere inszenieren einen Staatsstreich und verhängen das Kriegsrecht über Griechenland. Die Junta stürzt sieben Jahre später nach der türkischen Invasion in Nordzypern.

1970er Jahre

Der Tourismus wird ein wichtiger Wirtschaftszweig, an der Nordküste entstehen große Hotels und Resorts. Von 1971 bis 2000 steigen die Touristenankünfte von 150 000 auf 2,5 Mio. im Jahr.

1981

Griechenland wird als 10. Mitglied in die EG (heute EU) aufgenommen; kretische Bauern erhalten erstmals EU-Subventionen. Viele Kreter unterstützen die erste sozialistische Regierung unter Andreas Papandreou.

2002

Griechenland wird Vollmitglied der Europäischen Währungsunion; der Euro ersetzt die Drachme. Im ganzen Land kommt es zu starken Preisanstiegen.

ein, wo er die griechische Flagge hisste und die Einheit mit Griechenland ausrief.

Richtigen Biss erhielt seine Revolutionsregierung durch die bewaffnete Unterstützung der Kreter aus seinem Umfeld. Die Großmächte baten König Georg, einen neuen Gouverneur zu ernennen. 1908 erklärte die kretische Nationalversammlung die Einheit mit Griechenland und wählte Venizelos zum Premierminister. Trotzdem verwehrte die griechische Regierung kretischen Abgesandten den Zutritt zum Parlament, aus Angst, die Türkei und die Großmächte gegen sich aufzubringen. Erst im Ersten Balkankrieg (1912) wurden Kreter endlich zum Athener Parlament zugelassen. 1913 erkannte der Bukarester Vertrag Kreta formell als Teil des griechischen Staates an.

2004 erhielten die Athleten der Olympischen Spiele in Athen Zweige von einem 3250 Jahre alten Olivenbaum (einem der ältesten weltweit), der in Nordostkreta bei Kavousi steht.

Nach der verheerenden griechischen Invasion von Smyrna schrieb der Vertrag von Lausanne 1923 einen Bevölkerungsaustausch zwischen Griechenland und der Türkei vor. Daraufhin wurden Kretas 30 000 Muslime gegen griechische Flüchtlinge aus Anatolien ausgetauscht

Zweiter Weltkrieg & die Schlacht um Kreta

Wie bei unzähligen Konflikten seit uralter Zeit war Kreta wegen seiner strategischen Lage für Invasoren im Zweiten Weltkrieg eine begehrte Beute. Hitler wollte das Mittelmeer beherrschen und von Kreta aus das britische Ägypten und die Streitkräfte im östlichen Mittelmeerraum herausfordern. Am 6. April 1941 wurde das griechische Festland von Norden her in Windeseile überrannt, nachdem die jugoslawische Royalistenregierung besiegt war. Daraufhin richtete der griechische Regierungschef Emmanouil Tsouderos (1882–1956) eine Exilregierung auf seiner Heimatinsel Kreta ein.

Da alle verfügbaren griechischen Truppen in Albanien gegen die Italiener kämpften, baten die Griechen Großbritannien um Unterstützung bei der Verteidigung Kretas. Churchill willigte ein, da er die strategische Bedeutung der Insel erkannte und entschlossen war, Deutschlands Vorstoß durch Südosteuropa zu stoppen. Über 30 000 britische, australische und neuseeländische Soldaten strömten auf das letzte Stückchen freien Griechenlands; zwei Drittel von ihnen waren gerade erst vom griechischen Festland evakuiert worden.

Die Verteidiger hatten von Anfang an einen schweren Stand. Die militärischen Ressourcen der Alliierten waren durch ihr Engagement im Nahen Osten bereits überstrapaziert. Es gab kaum Kampfflugzeuge, und die militärische Vorbereitung litt darunter, dass das Kommando allein im ersten Halbjahr 1941 sechs Mal wechselte. Auch das Terrain war ein Problem: Die einzigen brauchbaren Häfen lagen an Kretas ex-

2004
Athen trägt die Olympischen Sommerspiele aus und die *Minoa*, der originalgetreue Nachbau eines minoischen Schiffs schippert von Kreta nach Athen.

2008
Ausgrabungen bei Plakias und Preveli fördern behauene Steinwerkzeuge zutage, die mindestens 130 000 Jahre alt sind.

2009
Die Länder der Eurozone billigen ein 110 Mrd. € schweres Rettungspaket für die kriselnden griechischen Staatsfinanzen und fordern im Gegenzug eine strikte Sparpolitik. Es folgen weitere Rettungsaktionen.

2010
Der Fund der sterblichen Überreste einer Frau mit Goldschmuck in einem 2700 Jahre alten Doppelgrab in der antiken Stadt Eleftherna sorgt weltweit für Schlagzeilen.

DIE SCHLACHT UM KRETA

Die Schlacht um Kreta hatte enormen Einfluss auf den Ausgang des Zweiten Weltkriegs, und die hohen Verluste aller Seiten machten die Insel zu einer bedeutenden Gedenkstätte. Jedes Jahr im Mai versammeln sich Kriegsveteranen aus Großbritannien, Australien, Neuseeland und Griechenland zu Gedenkfeiern überall auf Kreta. Zu besonderen Anlässen wird sogar die Luftlandeoperation bei Maleme nachgestellt.

Über 1500 alliierte Soldaten liegen auf dem Soldatenfriedhof an der Bucht von Souda in der Nähe von Chania bestattet. Außerdem erinnern verschiedene Denkmäler an den Krieg – auf der Steilküste beim Moni Preveli, bei Stavromenos an der Nordküste und in Chora Sfakion, dem Südküstenhafen, von dem die alliierten Truppen evakuiert wurden.

Übrigens war einer der Friedhofswärter des deutschen Soldatenfriedhofs bei Maleme, auf dem 4500 Soldaten begraben sind, jener George Psychoundakis (1920–2006), der einstige Hirtenjunge, der seine Geschichte als Kurier während der deutschen Besatzung in dem Buch *The Cretan Runner* (1955) erzählt.

ponierter Nordküste; die besser geschützten Häfen der Südküste waren wegen der schlechten Straßenverbindungen für den Nachschub nicht geeignet.

Nach einwöchigem Fliegerbombardement startete Hitler am 20. Mai 1941 die erste reine Fallschirmjäger-Invasion der Geschichte. Sie war der Beginn der sogenannten Schlacht um Kreta, einer der heftigsten Schlachten des Zweiten Weltkriegs. Tausende deutsche Fallschirmjäger schwebten auf Chania, Rethymnon und Iraklion herab – Hauptziel war die Besetzung des Flugplatzes von Maleme, 17 km westlich von Chania.

Kretische Zivilisten jeden Alters griffen nach Flinten, Sicheln und was immer ihnen in die Hände fiel, um die Insel gemeinsam mit den Soldaten zu verteidigen. Die Verluste der Deutschen waren horrend, aber es gelang ihnen, sich zu sammeln und am nächsten Tag den Flugplatz Maleme einzunehmen. Trotz erbitterter Gegenwehr mussten Alliierte und Kreter die Schlacht nach rund zehn Tagen verloren geben.

Nach der Schlacht um Kreta riskierten viele Inselbewohner ihr Leben, indem sie Tausende alliierte Soldaten vor den Nazis versteckten und ihnen bei der Flucht über das Libysche Meer halfen. Geheimagenten der Alliierten koordinierten den Guerillakrieg der kretischen Widerstandskämpfer, der sogenannten *andartes*. Alliierte Soldaten und Kreter mussten ständig vor den Nazis auf der Hut sein, während sie in Höhlen hausten, sich in Klöstern wie Preveli versteckten, durch die Berge marschierten oder an der Südküste Schiffe mit Nachschub entluden. Einer von ihnen war der gefeierte Reiseschriftsteller Sir Patrick Leigh Fermor (1915–2011), der zwei Jahre lang mit kretischen Widerstandskämpfern

2011–2012

Zehntausende demonstrieren vor dem Parlament in Athen gegen die Sparpolitik. Trotzdem wird ein zweites Rettungspaket über 130 Mrd. € vereinbart.

2012

Das Parlament billigt einen 13,5-Mrd.-€-Sparplan, um das zweite Rettungspaket von EU und IMF zu sichern. Der Mindestlohn wird um 22 %, die Renten um 15 % gekürzt, 15.000 Jobs im öffentlichen Dienst gestrichen.

2013

Die Arbeitslosenquote steigt auf 26,8 % – die höchste in der gesamten EU. Die Jugendarbeitslosigkeit erreicht beinahe 60 %.

2015

Die Unzufriedenheit mit den Regierungsparteien Nea Dimokratia und PASOK wächst. 2015 kommt die linksgerichtete Syriza an die Macht; auch radikale Parteien wie die neonazistische Goldene Morgenröte erstarken.

in den Bergen lebte. 1944 war er an der waghalsigen Entführung des deutschen Generals Kreipe beteiligt.

Die Nazis übten grausame Vergeltung an der Zivilbevölkerung: Sie bombardierten Städte, legten ganze Dörfer in Schutt und Asche; Männer, Frauen und Kinder wurden in Reihe aufgestellt und erschossen. Als die Deutschen 1945 kapitulierten, bestanden sie darauf, sich in britische Hände zu begeben – zu sehr fürchteten sie die Rache der Kreter für die Gräueltaten, die sie über einen Zeitraum von vier Jahren verübt hatten.

Griechischer Bürgerkrieg & Wiederaufbau

Mit dem Ende der deutschen Besetzung Griechenlands waren die harten Zeiten jedoch lange noch nicht vorbei. Das Nachkriegsszenario eines kapitalistischen Westens, der versuchte, den kommunistischen Osten in Schach zu halten, hatte in Griechenland blutige Auswirkungen, denn der Widerstand auf dem Festland war stets von Kommunisten dominiert. 1946 boykottierten sie die Wahlen, die König Georg II. mit Unterstützung von Winston Churchill und anderen westlichen Staatsoberhäuptern den Thron zurückgaben. Kreta hatte Glück und blieb vom Blutvergießen des Griechischen Bürgerkriegs (1946–1949) weitgehend verschont. Letztlich schlug sich Griechenland auf die Seite des Westens und trat 1951 der Nato bei. Die Luftwaffen- und Marinebasis an der Bucht von Souda ist der wichtigste Nato-Stützpunkt auf Kreta und spielte 2011 bei den Luftangriffen auf das Gaddafi-Regime in Libyen eine wichtige Rolle.

Nach dem Krieg standen Kreta und ganz Griechenland vor der Mammutaufgabe, das Land und die zerrüttete Wirtschaft wiederaufzubauen und sich gleichzeitig an die rapide Modernisierung der Welt anzupassen. Ländliche Traditionen spielen auf Kreta eine wichtige gesellschaftliche Rolle, doch in den 1960er- und 1970er-Jahren begann mit der Ankunft der ersten ausländischen Touristen ein tiefgreifender Wandel. Der Tourismus wurde zu einem der wichtigsten Wirtschaftszweige der Insel.

Die Junta & das moderne Kreta

1967 putschten vier griechische Obristen gegen die griechische Regierung, etablierten eine Militärjunta und führten das Kriegsrecht ein. Alle politischen Parteien wurden ebenso wie die Gewerkschaften abgeschafft, die Presse wurde zensiert und Tausende griechischer Bürger wurden inhaftiert, gefoltert und ins Exil gezwungen. Auf Kreta wuchs der Unmut, als die Militärs große Tourismusprojekte durchdrückten, für die ihre Günstlinge verantwortlich zeichneten. Nach dem Sturz der Junta erstarkte die Unterstützung für Anliegen der politischen Linken und eine neue demokratische Verfassung. 1975 wurde König Konstantinos II. aufgrund eines Referendums schließlich abgesetzt und damit der letzte Rest des griechischen Royalismus hinweggefegt. Der zuvor

2015

Griechenland kommt seinen Rückzahlungsverpflichtungen aus dem Rettungsschirm nicht nach und ist von einem „Grexit" bedroht, dem Ausschluss aus der Eurozone.

2016

Nach dem Pakt zwischen der EU und der Turkei stranden viele Flüchtlinge wegen der geschlossenen Balkanroute in Griechenland, wenn sie nicht direkt in die Türkei abgeschoben werden.

2018

Kreta nimmt gut 50.000 Flüchtlinge und Migranten vor allem aus Afghanistan, Syrien und dem Irak auf. Viele profitieren von einem EU-finanzierten UNHCR-Programm zur Unterbringung von Flüchtlingen.

2019

Nach den Verlusten der Syriza bei Europa- und Kommunalwahl kündigt Premierminister Alexis Tsipras vorgezogene Neuwahlen an. Die konservative Nea Dimokratia kommt mit Kyriakos Mitsotakis wieder an die Macht.

ins Ausland verbannte Politiker Andreas Papandreou kehrte nach Griechenland zurück. Papandreou, ein Riese der neueren griechischen Geschichte, gründete die sozialistische Partei PASOK, mit der er 1981 den Wahlkampf gewann.

Seit dem griechischen Beitritt zur EU (damals noch EG) im Jahr 1981 profitieren die kretischen Bauern von EU-Agrarsubventionen und die Insel konnte ihre Infrastruktur mit EU-Unterstützung modernisieren. Mit der Einrichtung direkter Charterflüge nach Kreta stiegen die Touristenzahlen zwischen 1981 und 1991 sprunghaft auf das fast Dreifache. Im Laufe der nächsten zehn Jahre führten Pauschaltourismus und Billigflüge zur erneuten Verdopplung dieser Zahl.

Die größte Herausforderung für ganz Griechenland sind jedoch die Auswirkungen der Finanzkrise und der umstrittenen Sparpolitik der Regierung. Kretas Reichtum an natürlichen Ressourcen und seine räumliche Entfernung vom stärker verstädterten Festland schirmen es ein Stück weit von Problemen wie etwa den gewalttätigen Protesten ab. Aber die Rentenkürzungen, die Destabilisierung der Banken und die hohe Arbeitslosigkeit gehen auch an der Insel nicht spurlos vorüber.

21. Jahrhundert & die Finanzkrise

Kreta hatte wie das übrige Griechenland unter der schweren Schuldenkrise des Landes zu leiden. Zwischen 2010 und 2012 billigte die Troika (Europäische Komission, Europäische Zentralbank und Internationaler Währungsfond) zwei Rettungspakete in Höhe von 240 Mrd. € (die nicht vollständig ausgezahlt wurden), um Griechenlands Zahlungsunfähigkeit abzuwenden (die Staatsverschuldung betrug 150 %). Die Vereinbarung verlangte von der Regierung strikte Sparmaßnahmen wie Einschnitte bei öffentlichen Ausgaben und Pensionen, Bürokratieabbau, Bekämpfung von Steuervermeidung und allgemeine Steuererhöhungen, ebenso wie die Einnahme von Milliarden durch die Privatisierung von Staatsbesitz. Als Resultat brach in ganz Griechenland die Konjunktur ein: Das BIP schrumpfte um 20 % und die Arbeitslosigkeit stieg bis 2014 auf 28 %, die Jugendarbeitslosigkeit sogar auf 60 %.

Die Maßnahmen hatten turbulente soziale und politische Konsequenzen in Griechenland, darunter Massenproteste und großflächige Streiks. Die Unzufriedenheit über die seit langem regierenden Parteien PASOK und Nea Dimokratia mündete im Januar 2015 schließlich in Parlamentswahlen, aus denen Alexis Tsipras von der linken Partei Syriza, die sich gegen die Sparmaßnahmen aussprach, als Premierminister hervorging – der erste derartige Sieg der radikalen Linken. Um eine Mehrheit zu erreichen, ging die Syriza eine Koalition mit der rechtspopulistischen Partei Unabhängige Griechen (ANEL) ein, ein seltsames Gespann, vereint durch die gemeinsame Ablehnung des Rettungsprogramms.

Kretische Lebensart

Die Kreter sind selbst unter den Griechen ein ganz eigener Menschenschlag – mit eigenem Musik- und Tanzstil, bemerkenswerter Küche und besonderen Traditionen. Sie sind stolz, patriotisch, heißblütig und berühmt für ihre Gastfreundschaft. Sie fühlen sich ihrer Kultur zutiefst verbunden und sehen sich oft zuerst als Kreter und erst in zweiter Linie als Griechen. Darüber hinaus pflegen die Bewohner der verschiedenen Gegenden Kretas auch ausgeprägte regionale Identitäten. Außerhalb der großen Touristenzentren trifft man viele Kreter, die lokale Dialekte sprechen, köstliche regionale Spezialitäten zubereiten und die Tradition gekonnt mit der Moderne verschmelzen.

Lebensstil & Mentalität

Jahrhundertelange Kämpfe gegen fremde Besatzer haben den Kretern einen hartnäckigen Unabhängigkeitsdrang, Misstrauen gegenüber der Obrigkeit und einen gewissen Mangel an Respekt vor der staatlichen Autorität eingeimpft. Persönliche Freiheit, Regionalstolz und demokratische Rechte gehen ihnen über alles; die Big-Brother-Mentalität überregulierter westlicher Nationen ist ihnen ein Gräuel. Nationale Gesetze werden gewohnheitsmäßig ignoriert. Trotz der strengen griechischen Waffengesetze z. B. horten die Kreter wohl ein erstaunliches Arsenal an Schusswaffen. Diverse Rauchverbote (das letzte datiert von 2010) wurden rundheraus missachtet. Und was die Straßenverkehrsordnung betrifft, möchte man eher meinen, es gäbe gar keine. Trotz saftiger Bußgelder wird die Gurtpflicht als lästige, aber unverbindliche Empfehlung betrachtet, kreatives und vollkommen rücksichtsloses Parken ist ganz normal, gefährliche Überholmanöver sind weit verbreitet und Motorradfahrer ohne Helm, dafür aber mit Handy am Ohr kein seltener Anblick.

In dem Roman *Schattenhochzeit* (2003) von Ioanna Karystiani kehrt ein angesehener Genforscher aus den USA in seine Heimat Kreta zurück und sieht sich plötzlich mit dem archaischen Ritual der Blutrache konfrontiert: Er muss den Tod seines Vaters rächen.

Doch die Unverwüstlichkeit der kretischen Kultur und Tradition wird heute durch Globalisierung, Marktkräfte und den gesellschaftlichen Wandel hart auf die Probe gestellt. Der kretische Lebensstil hat sich in den letzten 40 Jahren drastisch verändert. Die Verstädterung nimmt zu, der Lebensstandard ist gestiegen, und die Kreter sind heute deutlich wohlhabender als früher. In den größeren Orten gibt es immer mehr schicke Restaurants, Bars und Clubs. In kultureller und religiöser Hinsicht ist der Übergang von einer größtenteils ärmlichen, bäuerlichen Existenz zu einer zunehmend verstädterten Gesellschaft für die Kreter manchmal ein schwieriger Balanceakt zwischen altem Sittenkodex und neuer Freizügigkeit. Die junge Generation ist gut ausgebildet; die meisten sprechen zumindest etwas Englisch.

Wie die meisten Griechen haben auch die Kreter seit der Einführung des Euro einen starken Anstieg der Lebenshaltungskosten hinnehmen müssen und die Sparmaßnahmen zur Überwindung der Schuldenkrise des Landes haben etwas an der berühmten enspannten Lebenseinstellung gekratzt. Trotz allem haben sich die Kreter die Einstellung bewahrt, dass man arbeitet, um zu leben, und sie sind stolz auf ihre Lebensfreude. Soziale Kontakte und Gemeinschaft werden großgeschrieben, und man sieht sie oft schick herausgeputzt im Pulk zur *volta* (Abendspaziergang) schreiten und hinterher die Tavernen und Cafés füllen, ob mit der Familie oder ihrer *parea* (Clique). Die Griechisch-Orthodoxe Kirche, ihre Rituale und Feste haben noch immer großen Einfluss auf die kretische Gesellschaft, auch auf die junge, städtische Bevölkerung.

Im Gegensatz zu vielen westlichen Kulturen, wo Augenkontakt mit Fremden eher gemieden wird, genieren sich Kreter keinesfalls, andere offen anzustarren und das Kommen und Gehen in ihrer Umgebung unverblümt zu kommentieren. Dabei gibt es kaum ein Tabuthema: vom Privatleben der Gesprächspartner über die Frage, warum sie keine Kinder haben, bis zum Verdienst und dem Preis, den sie für ihr Haus oder ihre Schuhe gezahlt haben. Außerdem halten sie wenig von höflichem Small Talk, sondern gehen mit ihren Problemen und Wehwehchen lieber gleich in die Vollen.

Wenn Kreter mit dem Kopf nach unten nicken, bedeutet das „ja" *(nai)*. „Nein" *(ochi)* signalisieren sie hingegen durch Heben des Kopfes; oft werden dabei auch die Augen nach oben gerollt und mit der Zunge geschnalzt.

Familienleben

Die kretische Gesellschaft ist immer noch recht konservativ. Die wenigsten Griechen ziehen vor der Heirat aus dem Elternhaus aus, höchstens vorübergehend zum Studieren oder Arbeiten. Während sich das unter Berufstätigen allmählich ändert, bleiben viele junge Menschen auch wegen mangelnder Jobchancen und niedriger Löhne weiterhin bei den Eltern wohnen.

Wenn die Kinder heiraten, bauen die Eltern ihnen nach Möglichkeit ein eigenes Haus oder eine Wohnung über ihrer eigenen. Oft gehen die Bauarbeiten aber ziemlich stockend voran, je nach aktueller Finanzlage der Familie. Das ist ein Grund für die vielen halbfertigen Rohbauten, die auf der Insel herumstehen.

Die Großfamilie spielt im täglichen Leben eine große Rolle, denn Eltern lassen ihre Kinder lieber bei den Großeltern als bei einem Babysitter.

Kreter, die in einen anderen Teil Griechenlands oder ins Ausland ausgewandert sind, bewahren sich starke kulturelle und familiäre Bindungen an die Heimat und kommen regelmäßig nach Hause. Selbst in den abgelegensten Dörfern herrscht an staatlichen und kirchlichen Feiertagen reges Treiben durch Familientreffen und heimkehrende Auswanderer, und kretische Hochzeiten und Taufen sind riesige Feste.

In Griechenland gilt für alle Männer zwischen 19 und 45 Jahren eine Wehrpflicht von neun Monaten in der Armee oder einem Jahr in Marine oder Luftwaffe. Frauen sind im griechischen Heer zwar zugelassen, nutzen das Angebot aber selten. Sie unterliegen keiner Wehrpflicht.

Stadt oder Land?

Ein wichtiges Merkmal des modernen Kreta ist die Kluft zwischen den Generationen bzw. zwischen Stadt und Land. In ländlichen Gebieten sieht man noch Schäfer mit ihrer Herde, alte Frauen, die auf Eseln un-

KOMBOLOI

Man kann noch immer Männer sehen – in der Regel ältere in den Dörfern – die sie in der Hand halten und kunstvoll mit ihnen herumspielen. Die Rede ist natürlich von der handschmeichelnden Perlenschnur mit dem schönen Namen *komboloi*, der sich aus den Worten *kombos* (Knoten) und *leo* (sagen) zusammensetzt. *Komboloia* (Plural) sehen zwar aus wie Rosenkränze, haben aber keine religiöse Bedeutung, sondern dienen einfach nur dem Spaß und der Entspannung: Irgendwie scheint es eine beruhigende Wirkung zu haben, an den Perlen herumzufummeln. Manche verwenden sie auch, um mit dem Rauchen aufzuhören.

Traditionell wurden *komboloia* aus Bernstein hergestellt, aber auch Koralle, handgefertigte Perlen, Halbedelsteine und Kunstharz sind sehr gebräuchlich. Eine genaue Perlenzahl ist nicht vorgeschrieben; die meisten *komboloia* bestehen jedoch aus einer Schlaufe mit 19 bis 23 Perlen. Sie endet in einer festgeknüpften Perle mit Quaste, die die beiden Seiten der Schlaufe trennt und die zwischen den Fingern gehalten wird.

Fast alles, was man in den Souvenirläden sieht, ist aus Plastik. Es gibt jedoch auch wertvolle seltene und alte *komboloia*, die teilweise Tausende von Euro wert sind und gefragte Liebhaberstücke sind.

terwegs sind, und Männer, die sich nach der nachmittäglichen Siesta im *kafenion* (Kaffeehaus) versammeln. Die Bergdörfer sind Bollwerke der Tradition; hier sieht man noch immer ab und zu ältere Leute in schwarze *vraka* (weite Hosen) und Lederstiefel gekleidet.

Unternehmen, Industrie und Universitäten prägen die großen Bevölkerungszentren im Norden, während im weniger bevölkerten Landesinneren und Süden die Landwirtschaft dominiert. Im gebirgigen Südwesten liegen einige der traditionellsten Dörfer der Insel. Doch auch das Leben auf dem Lande verändert sich. Zwar ernähren viele Kreter sich – und ihre Familien in den Städten – nach wie vor von der Landwirtschaft, doch wird heute weniger für den Eigenbedarf als für den kommerziellen Absatz produziert. Wohlhabende Bauern fahren mit Pickups herum, und Schäfer haben heute oft ein Handy am Ohr. Auch auf Kreta wird ein Großteil der strapaziösen Feldarbeit inzwischen von Gastarbeitern erledigt.

Doch wo man auch hinkommt, wird man feststellen, dass die stolze Verbundenheit mit der heimischen Küche und den regionalen Produkten aus dem kretischen Alltag nicht wegzudenken ist – von Bergkräutern und -honig bis zu regionalen Spezialitäten und Käsesorten, die nur in diesem einen Dorf hergestellt werden.

Gastfreundschaft & Tourismus

Die Kreter sind zu Recht für ihre Gastfreundschaft bekannt und dafür, dass sie Fremde wie hoch geschätzte Gäste behandeln. Sie sind stolz auf ihr *filotimo* (Würde und Ehrgefühl) und ihre *filoxenia* (Gastfreundlichkeit, Empfang, Zuflucht). Wer Bergdörfer abseits der ausgetrampelten Pfade besucht, wird nicht selten von Einheimischen auf einen Kaffee oder sogar zum Essen ins eigene Haus eingeladen. In Cafés und Tavernen ist es durchaus üblich, einer Gruppe von Freunden oder auch Fremden eine Runde Getränke auszugeben. (Achtung: Es gehört sich nicht, sich umgehend zu revanchieren – das macht man dann lieber ein anderes Mal.).

Das Wort *xenos* bedeutet sowohl „Fremder" als auch „Gast" und für Griechen ist *filoxenia* (Gastfreundschaft) quasi Pflicht und Ehrensache zugleich.

Erstaunlicherweise ist diese Gastfreundlichkeit und Großzügigkeit im öffentlichen Leben weniger ausgeprägt; der Dienst am Kunden hat sich hier noch nicht so recht durchgesetzt. Überhaupt muss das Gemeinwohl oft hinter persönlichen Interessen zurückstehen, und es mangelt an gemeinschaftlichem Verantwortungsbewusstsein, etwa in Dingen wie dem Umweltschutz, auch wenn sich das bei der jüngeren Generation allmählich ändert.

Kreta empfängt über 3,5 Mio. Besucher im Jahr. Dieser Andrang hat Auswirkungen sowohl auf die Umwelt als auch auf die Wirtschaft. Die

SCHIESSWÜTIG

Die Kreter sind berühmt-berüchtigt für ihre Kämpfernatur (schließlich mussten sie sich jahrhundertelang mit Invasoren herumschlagen) und für ihre besondere Beziehung zu Schusswaffen. Schätzungen zufolge besitzt jeder zweite Kreter eine Schusswaffe. Andere Beobachter gehen davon aus, dass es über eine Million Waffen auf der Insel geben könnte, also mehr als Einwohner.

Bei kretischen Hochzeiten und Feierlichkeiten werden gerne mal ganze Salven von Schüssen abgefeuert. Manche Musiker weigern sich, in bestimmten Gegenden zu spielen, sofern ihnen nicht zugesichert wird, dass die Gäste keine Waffen tragen. Der bekannte Komponist Mikis Theodorakis initiierte einst eine Kampagne gegen den Schusswaffenkult auf Kreta. Aber noch heute sind von Kugeln durchsiebte Straßenschilder das erste Anzeichen, dass man die Gebirgsregionen erreicht hat, die von jeher Hochburgen des kretischen Widerstands waren. Das gilt vor allem für die Sfakia (Chania) und die Provinz Mylopotamos (Rethymnon). Die Sfakioten pflegen ihren Ruf durchaus bewusst und verkaufen in ihren Souvenirshops sogar T-Shirts mit Bildern der von Kugeln durchlöcherten Verkehrsschilder.

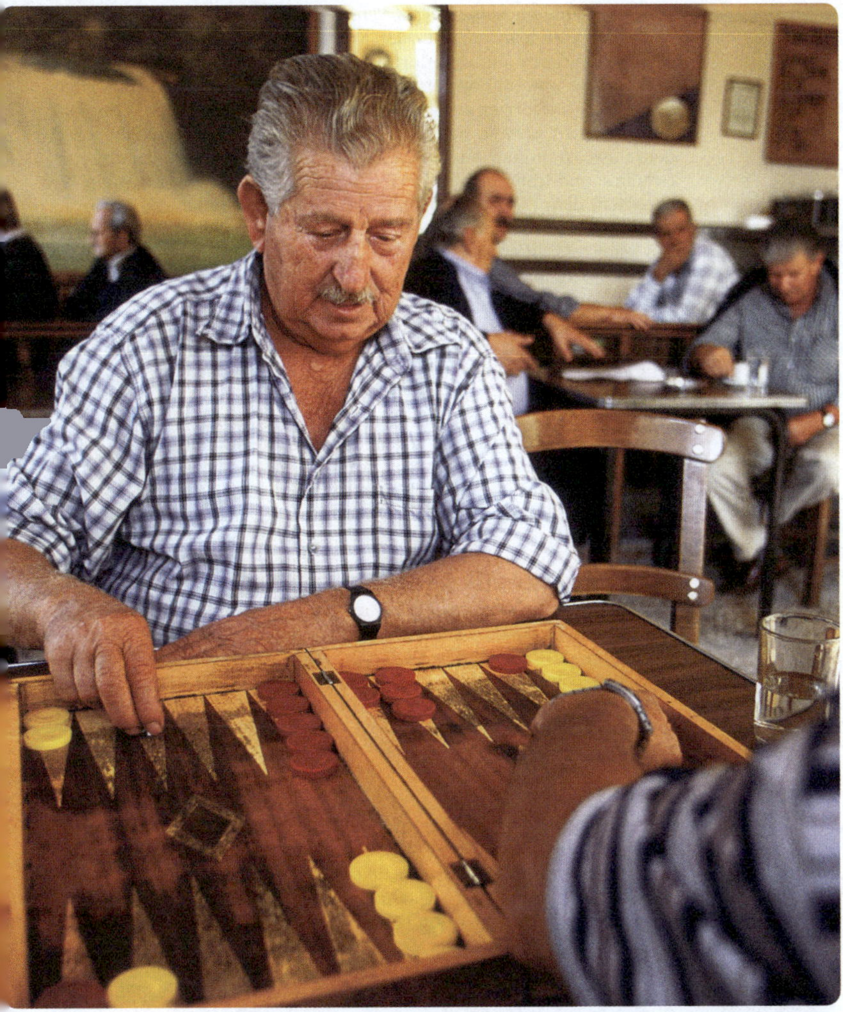

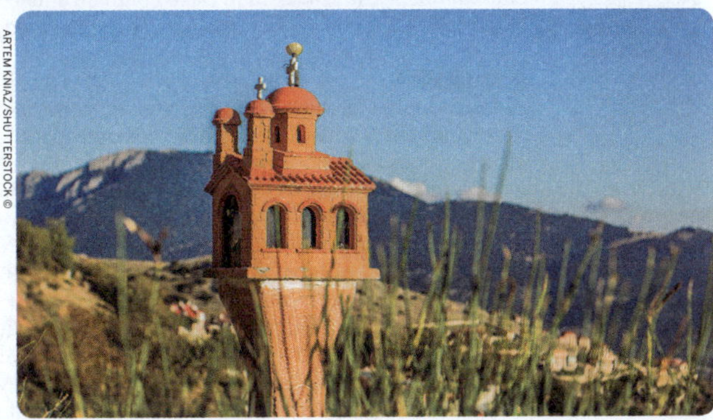

Oben Im *kafenion* (Kaffeehaus)

Unten *Kandylakia* (Bildstöcke am Straßenrand)

ARTEM KNIAZ/SHUTTERSTOCK ©

meisten Touristen kommen als Pauschalurlauber und wohnen in den All-inclusive-Hotelanlagen an der Nordküste. Infolge der touristischen Übererschließung sind die dortigen Hotelbetreiber sehr von der Konjunktur des internationalen Reisemarkts abhängig. Kleinere Unterkünfte auf der übrigen Insel bekommen das Auf und Ab der Wirtschaft dagegen nicht ganz so heftig zu spüren. Neue EU-Subventionen sollen den umweltfreundlichen Tourismus und die Restaurierung historischer Gebäude und traditioneller Dörfer fördern. Allmählich entsteht ein Bewusstsein dafür, dass sich nachhaltiger, umweltfreundlicher Tourismus auszahlen kann, da sich die Ansprüche der Besucher zunehmend ändern.

Eine interessante Auswahl an kretischer Literatur bietet die Website www.kreta-buch.de des Verlags Dr. Thomas Balistier.

Viele Kreter bewältigen die alljährliche Touristeninvasion, indem sie sich in einem anderen Raum-Zeit-Kontinuum bewegen als ihre Gäste. Man bekommt von ihnen oft zu hören, dass bestimmte Orte „nur für Touristen" seien, und das ist normalerweise ein Tipp, solche Orte zu meiden. Viele leben von April bis Oktober im Trubel der Touristen- und Strandorte an der Küste, wo sie Läden, Pensionen oder Tavernen betreiben. Mit dem Saisonende kehren sie dann zur herbstlichen Oliven- und Traubenernte in die Berge oder zu ihrem Alltag in den Städten zurück.

Während viele Touristen frühabends (jedenfalls nach griechischen Maßstäben) in den Restaurants am Hafen oder Strand speisen, fahren die Kreter zu Dorftavernen hinaus oder treffen sich in ihren Lieblingslokalen, wo das Abendessen oft erst um 22 Uhr beginnt. Entsprechend spät spielt sich auch das Nachtleben ab.

Multikulturelles Miteinander

Nach dem Exodus der türkischen Gemeinde im Bevölkerungsaustausch von 1923 blieb praktisch nur noch eine homogene, griechisch-orthodoxe Gemeinschaft übrig. In den letzten Jahren sind jedoch viele Gastarbeiter aus den Balkanländern und Osteuropa nach Kreta gekommen, die meisten davon aus Albanien, Bulgarien und Russland. Sie arbeiten vor allem als Hilfskräfte in den Bereichen Landwirtschaft, Baugewerbe und Tourismus. Insgesamt stammen inzwischen etwa 10 % der Inselbewohner aus dem Ausland.

Seit 2015 hat Kreta gut 50.000 Flüchtlinge vor allem aus Afghanistan, Syrien und dem Irak aufgenommen. Wirtschaftsmigranten sind ein relativ neues Phänomen für die Insel. Wie das übrige Griechenland muss auch Kreta noch lernen, mit der neuen multikulturellen Realität umzugehen. Die Stimmung ist nicht frei von Spannungen und Misstrauen, doch insgesamt scheint Kreta besser mit den Zuwanderern klarzukommen als viele andere Regionen Griechenlands.

Mit der Niederschrift des Neuen Testaments in Koine-Griechisch (der damals im östlichen Römischen Reich gebräuchlichen Alltagssprache) wurde um 50 n. Chr. begonnen.

Einige Auswanderer aus Deutschland, England und Nordeuropa haben sich auf Kreta niedergelassen und Häuser gekauft, bilden aber eher eine wohlhabende Minderheit. Dazu kommen einige Ausländer und Ausländerinnen, die mit Einheimischen verheiratet sind.

Religion

Der orthodoxe Glaube ist die offizielle und vorherrschende Religion auf Kreta und ein Schlüsselelement der lokalen Identität und Kultur. Jüngere Generationen sind zwar nicht zwangsläufig so fromm wie die Älteren und gehen auch nicht regelmäßig in die Kirche, doch die meisten halten sich weiterhin an deren Rituale und betrachten den Glauben als integralen Bestandteil ihrer Identität. Zwischen 94 % und 97 % der griechischen Bevölkerung gehören zumindest nominell der Griechisch-Orthodoxen Kirche an.

Die orthodoxe Religion hat die kretische Kultur, Sprache und die Traditionen während der vielen Jahrhunderte ausländischer Besatzung zusammengehalten – trotz zahlreicher Versuche der Venezianer und Türken, die Kreter zum römischen Katholizismus bzw. zum Islam zu bekeh-

BILDSTÖCKE

Überall an Kretas kurvigen Straßen sieht man sie stehen, die Kapellen im Puppenhausformat auf einem Metallsockel. Diese sogenannten *kandylakia* gibt es in allen Größen und Formen, schlicht oder kunstvoll, verwittert oder brandneu. Hinter winzigen verstaubten Fenstern flackert mitunter eine Votivkerze vor einem kleinen Heiligenbild. Besonders oft stehen sie an Haarnadelkurven, schlecht einsehbaren Biegungen und am Rand steiler Berghänge. Viele wurden nach tödlichen Unfällen an diesen Stellen von den Hinterbliebenen gestiftet, andere von denen, die einen solchen Unfall wie durch ein Wunder überlebt haben und dem zuständigen Heiligen danken wollen. Diese Symbole tragischer Verluste und glücklicher Rettungen erinnern Vorbeifahrende immer wieder an die Dinge, die den Kretern wichtig sind: Familie, Glaube und Tradition.

ren. Zur Zeit der Ottomanen war die Religion das wichtigste Definitionsmerkmal eines Griechen.

Trotz der zunehmenden Verweltlichtung übt die Kirche noch immer einen erheblichen Einfluss auf Gesellschaft, Politik und Wirtschaft aus. Das Jahr dreht sich um die Gedenktage der Heiligen und die Feste des Kirchenkalenders, Ostern spielt eine größere Rolle als Weihnachten. Die meisten Menschen tragen den Namen eines Heiligen, ebenso Schiffe, Vororte und Bahnhöfe. Der Namenstag hat mehr Bedeutung als der Geburtstag, und die Taufe ist ein ausnehmend wichtiges Ritual. Wer zu einer Namenstagsfeier eingeladen wird, sollte ein Geschenk mitbringen, sich aber nicht wundern, wenn es erst nach der Feier geöffnet wird; die gesamte Bewirtung wird normalerweise vom Feiernden bezahlt.

Hunderte privat errichtete, kleine Kapellen schmücken die Insel, während die Miniatur-*kandylakia* am Straßenrand entweder zum Gedenken an Unfallopfer oder als Schrein für einzelne Heilige errichtet wurden.

Das griechische Jahr dreht sich um die Gedenktage der Heiligen und die Feste des orthodoxen Kirchenkalenders. Ostern wird größer gefeiert als Weihnachten und Namenstage sind wichtiger als Geburtstage. Die meisten Leute werden nach Heiligen benannt, ebenso wie Boote, Vororte und Bahnhöfe.

Frauen in der Gesellschaft

Seit die griechischen Frauen 1952 das Wahlrecht erhielten, ist die Rolle der Frau in der kretischen Gesellschaft komplex und ständigem Wandel unterworfen. Während auf dem Land und in der älteren Generation traditionelle Geschlechterrollen vorherrschen, sieht das für junge Frauen in den Städten viel entspannter aus. Das festgefahrene Bild einer „anständigen" Frau ändert sich rapide mit steigendem Bildungsniveau und der Zahl der berufstätigen Frauen. Obwohl etwa 40 % aller Griechinnen heute berufstätig sind, haben sie immer noch Schwierigkeiten, die Karriereleiter überhaupt erst zu finden – von gleichberechtigter Entlohnung ganz zu schweigen. Es gibt wenig öffentliche Unterstützung für Frauen, die versuchen, Berufstätigkeit und Mutterschaft unter einen Hut zu bringen.

Dabei ist die kretische Gesellschaft trotz dieses „Machismo" im Wesentlichen matriarchalisch strukturiert. Männer vermitteln gern den Eindruck, dass sie die Hosen anhaben, und spielen sich im öffentlichen Leben in den Vordergrund. Doch in Wirklichkeit sind es oft die Frauen, die den Laden zusammenhalten, ob zu Hause oder in den Familienbetrieben.

Auf dem Lande bewegen sich Männer und Frauen immer noch in verschiedenen Sphären. Wenn sie sich nicht um Vieh oder Olivenbäume kümmern, trifft man die Männer meist plaudernd im *kafenion* (Kaffeehaus) beim *tavli* (griechisches Backgammon), Kaffee oder Raki an. Für Ausländerinnen werden zwar Ausnahmen gemacht, aber das *kafenion* ist immer noch die Hochburg des Chauvinismus und für kretische Frauen im Allgemeinen tabu.

Die ältere Generation der Kreterinnen ist stolz auf ihr hausfrauliches Können; vor allem die Frauen in den Dörfern wenden viel Zeit für die Perfektionierung ihrer Kochkünste auf. Die meisten Männer tun kaum einen Handschlag im Haushalt (oder würden es zumindest nie zugeben).

Minoische Kunst & Kultur

Die Paläste der Minoer waren äußerst kunstvoll ausgeschmückt: Die erhaltenen Gemälde, Skulpturen, Mosaike, Keramiken und Schmuckstücke an archäologischen Stätten und in Museen überall auf Kreta belegen die außergewöhnliche Kunstfertigkeit der Minoer. Die minoische Malerei ist praktisch die einzige Form der griechischen Malerei, die im Wandel der Zeiten überdauert hat. Großformatige Skulpturen fielen dagegen Naturkatastrophen zum Opfer, wie dem großen Tsunami, der 1450 v. Chr. von Thira (Santorin) bis nach Kreta schwappte. Die minoische Kunst inspirierte die mykenischen Eroberer, und ihr Einfluss verbreitete sich bis nach Santorin und darüber hinaus.

Die minoische Gesellschaft

Die Minoer sind ein geheimnisumwittertes Kapitel der Geschichte. Selbst der Name „Minoer" ist ein Kunstprodukt, zu Ehren des mythologischen Königs Minos vom Archäologen Arthur Evans erfunden. Wie sie sich selbst nannten, ist hingegen nicht bekannt. Man vermutet, dass sie mit den prähellenischen Pelasgern aus Westanatolien und vom griechischen Festland verwandt waren und eine ganz eigene Sprache besaßen, die nicht mit den indoeuropäischen Sprachen verwandt war.

Sir Arthur Evans: Auf den Spuren des Königs Minos von Silvia L. Horwitz ist ein faszinierendes Portrait des britischen Archäologen, der den Palast von Knossos ausgrub.

Funde aus den großen Palästen der Insel weisen darauf hin, dass sie ein friedliches, kultiviertes und wohlhabendes Volk mit internationalen Handelsbeziehungen und großartiger Architektur und Kunst waren. Es gibt Anhaltspunkte dafür, dass Männer und Frauen gleiche Rechte genossen. Auch die minoische Landwirtschaft war hoch entwickelt, mit weitverzweigten Bewässerungssystemen sowie moderner hydraulischer Abwasserentsorgung. Buchhaltungsdokumente und Aufzeichnungen belegen, dass diese Gesellschaft so durchorganisiert war wie ein bürokratisch strukturiertes Unternehmen.

Obwohl nur wenig auf eine matriarchale Gesellschaft hindeutet, genossen Frauen offensichtlich ein hohes Maß an Freiheit und Autonomie. In der minoischen Kunst sieht man sie etwa beim Sport, bei der Jagd sowie bei allen öffentlichen und religiösen Festen. Darüber hinaus dienten sie als Priesterinnen, Verwalterinnen und beteiligten sich am Handel.

Keramik

In der frühminoischen Zeit machte die Keramik Fortschritte. Dunkle Vasen wurden mit weißen Spiralmustern und Motiven aus geschwungenen Linien verziert. Es bildeten sich verschiedene Stilrichtungen heraus. Für die Pirgos-Keramik waren die Farben Schwarz, Grau und Braun typisch. Bei der späteren Vassiliki-Keramik (bei Ierapetra hergestellt) war das Dekor vielfarbig. Im Mittel- bis Spätminoikum entwickelte sich dann eine Dunkel-auf-Hell-Farbtechnik.

Ein sehr hohes Niveau an Kunstfertigkeit herrschte in den Werkstätten der ersten Paläste in Knossos und Festos. Die Kamares-Keramik, benannt nach der Höhle, in der die ersten dieser Töpferwaren gefunden wurden, war farbenfroh, elegant und wunderschön. Dekoriert waren sie mit geometrischen Formen sowie Blumen-, Pflanzen- und Tiermotiven; menschliche Formen wurden dagegen nur selten abgebildet. Während der gesamten Neuen Palastzeit wurden Kamares-Vasen für den Tauschhandel genutzt und nach Zypern, Ägypten und in die Levante exportiert.

Seit der Erfindung der Töpferscheibe ließen sich Kelche, Schnabelkannen und *pithoi* (große minoische Vorratsbehälter) schnell herstellen, und die Muster wurden lebhafter. Am eindrucksvollsten sind die extrem dünnwandigen „Eierschalenvasen".

In der Neuen Palastzeit herrschten Meeres- und Blumenmotive in dunkleren Farben vor. Nach 1500 v. Chr. hatten die Vasen drei Henkel

KÖNIG MINOS & DÄDALUS

Minos, der legendäre Herrscher Kretas, war das Kind von Zeus und Europa und bestieg den kretischen Thron mithilfe des Meeresgottes Poseidon. Homer beschreibt ihn und sein Land in der *Odyssee*: „Kreta ist ein Land im dunkelwogenden Meere, fruchtbar und anmutsvoll und rings umflossen. Es wohnen dort unzählige Menschen, und ihrer Städte sind neunzig ... Ihrer Könige Stadt ist Knossos, wo Minos geherrscht hat, der neunjährig mit Zeus, dem großen Gotte, geredet."

Minos' Schicksal war eng verwoben mit dem des genialen Erfinders Dädalus. Als dieser aus Athen fliehen musste, nachdem er seinen Neffen ermordet hatte (weil der noch erfinderischer war als er selbst), suchte er auf Kreta Asyl. Minos machte sich seine Talente zunutze und beauftragte ihn mit dem Bau des legendären Palastes von Knossos. Es heißt, Dädalus' Statuen seien so lebensecht gewesen, dass man sie anketten musste, damit sie nicht davonliefen. Allerdings wurden seine Künste auch zu zweifelhaften Zwecken missbraucht: Als sich Minos' Königin Pasiphae in den weißen Stier des Poseidon verliebte, überredete sie Dädalus, ihr eine hohle hölzerne Kuh zu konstruieren, damit sie sich mit dem Stier vergnügen könnte. Derweil eroberte Minos von Knossos aus den gesamten ägäischen Raum, kolonisierte viele Inseln und vertrieb die Piraten. Auch seine Erfolge zur See werden oft dem Erfindungsreichtum des Dädalus zugeschrieben, der u. a. den modernen Schiffsbug entwarf.

Doch die erfolgreiche Arbeitsbeziehung der beiden trübte sich ab dem Moment, in dem Königin Pasiphae als Strafe der Götter den berüchtigten Minotaurus gebar, ein Zwitterwesen aus Mensch und Stier. Dädalus sollte ein sicheres Gefängnis für das Ungeheuer bauen, das so stark war wie eine ganze Armee. Er konstruierte ein Labyrinth, einen endlosen Irrgarten aus Tunneln, in dem die Kreatur jedes Jahr mit sieben Knaben und sieben Jungfrauen aus Athen gefüttert wurde.

Als Dädalus und Ikarus Kreta ohne seine Erlaubnis verließen, geriet Minos in Wut. Auf der Flucht verlor der Erfinder seinen Sohn Ikarus, der bekanntlich zu nah an die Sonne heranflog, wodurch die Wachsbefestigung seiner Flügel schmolz. Minos verfolgte Dädalus' Spur bis zur Stadt Kamikos und stellte ihm eine Falle, indem er einen Preis für denjenigen aussetzte, der einen Faden durch ein gewundenes Schneckenhaus ziehen könnte. Dädalus in seiner Überheblichkeit sprang darauf an und löste die Aufgabe. Aber letztlich war es Minos, der ein unschönes Ende fand, und nicht der gewiefte Erfinder, der nun unter dem Schutz von König Kokalos stand. Als Minos mit Krieg drohte, falls ihm der legendäre Flugpionier nicht ausgeliefert würde, lud der sizilianische König den Kreter listreich zum Bad mit seinen Töchtern ein – die ihn dann abmurksten, indem sie ihm mittels einer von Dädalus ersonnenen Rohrkonstruktion kochendes Wasser über den Kopf schütteten. Nach seinem Tod wurde der kretische König zum gefürchteten Richter in der von Hades beherrschten Unterwelt.

Ob König Minos tatsächlich existierte, bleibt ungeklärt. Das Wort *enneaoros*, das Homer zu seiner Beschreibung benutzte, könnte „neun Jahre lang" oder auch „ab dem Alter von neun" bedeuten. Konnte Minos tatsächlich in der kurzen Spanne von nur neun Jahren ein ganzes Imperium aufbauen oder begann seine lange Regentschaft schon im zarten Kindesalter?

Diskos von Festos, Archäologische Museum Heraklion (S. 173)

und waren häufig wie Tierköpfe geformt. Nach dem Niedergang der minoischen Kultur erstarrten die lebhaften Keramikmuster der vorangegangenen Jahrhunderte zu stumpfer Monotonie.

Schmuck & Skulpturen

Die Kunstfertigkeit in der Schmuckherstellung und Bildhauerei erreichte in der Vorpalastzeit ein sehr hohes Niveau. Die außerordentliche Feinheit und den Fantasiereichtum demonstriert der exquisite Bienenanhänger aus Malia. Ein weiteres minoisches Meisterwerk ist ein goldener Siegelring aus dem 15. Jh. v. Chr., der in einem Grab in Isopata bei Knossos gefunden wurde; er zeigt Frauen in einem ekstatischen Tanzritual auf einer Lilienwiese, während eine Göttin vom Himmel hinabsteigt.

DEN STIER BEI DEN HÖRNERN GEPACKT

In minoischen Zeiten hatte der Stier als Machtsymbol einen Stammplatz in der Kunst. Eine seltsame Sportart der Minoer war der sogenannte Stiersprung, bei dem akrobatisch veranlagte Draufgänger den Stier von vorn bei den Hörnern packten und einen Salto über seinen Rücken schlugen. Solche Darstellungen erscheinen auf Fresken, Keramiken und in Form von Skulpturen. Der Sport wurde von spärlich bekleideten Männern und Frauen ausgeübt und hatte vielleicht eine religiöse Bedeutung. Eines der faszinierendsten Beispiele ist das Stiersprungfresko aus der Neuen Palastzeit, das im Palast von Knossos entdeckt wurde: Es zeigt einen Mann, der längs über den Rücken eines Stiers springt, mit weiblichen Figuren zu jeder Seite. Ein weiterer berühmter Stier ist das steinerne *rhyton* (Trankopfergefäß) in Form eines Stierkopfes, mit Augen aus Bergkristall und Hörnern aus vergoldetem Holz.

DIE ENTZIFFERUNG DER LINEARSCHRIFT B

Die systematische Entzifferung der Linearschrift B durch den englischen Architekten und Hobbylinguisten Michael Ventris im Jahr 1952 lieferte den ersten greifbaren Beweis dafür, dass Griechisch als Schriftsprache schon viel länger existierte als bis dahin von der Wissenschaft angenommen. Linear B ist eine archaische Form des Griechischen und 500 Jahre älter als Homers ionischer Dialekt.

Die Schrift wurde auf Tontafeln geritzt, die jahrhundertelang unberührt blieben, bis sie in Knossos auf Kreta wieder ans Licht kamen. Weitere Tafeln wurden später auf dem Festland in Mykene, Tiryns und Pylos auf dem Peleponnes sowie im böotischen Theben in Zentralgriechenland gefunden.

Dabei handelt es sich hauptsächlich um Inventarlisten und Aufzeichnungen von Handelstransaktionen, zusammengesetzt aus rund 90 verschiedenen Zeichen. Sie stammen aus der Zeit vom 14. bis 13 Jh. v. Chr. Die Tafeln verraten wenig über das gesellschaftliche und politische Leben jener Zeit, auch wenn sie Hinweise auf eine recht komplexe und gut organisierte Handelsstruktur geben.

Wichtig war vor allem die Feststellung, dass es sich eindeutig um die griechische Sprache handelt, womit das moderne Griechisch nach dem Chinesischen die zweitlängste schriftlich dokumentierte Geschichte vorweisen kann. Andrew Robinsons Biografie, *The Man Who Deciphered Linear B*, gibt Einblick in das faszinierende Leben von Michael Ventris.

Minoische Bildhauer schufen kunstvolle Miniaturen, darunter Votivfiguren aus Fayence (Tonware mit Quarzglasur), Gold, Elfenbein, Bronze und Stein. Zu den herausragenden Beispielen zählt die barbusige Schlangengöttin, die zwei Schlangen in den erhobenen Armen hält und ein kunstvoll gearbeitetes Kleid trägt. Unglaublich beeindruckend ist auch das kleine Bergkristall-*rhyton* aus dem Palast von Zakros. Alle beschriebenen Stücke sind im Archäologischen Museum von Heraklion ausgestellt.

Auch die Siegelschneidekunst entwickelte sich in den Palastwerkstätten weiter fort. Aus Halbedelsteinen und Ton schufen die minoischen Kunsthandwerker wahre Meisterwerke im Miniaturformat, die manchmal auch Hieroglyphen enthielten. Ziegen, Löwen, Greife und Tanzszenen wurden in minutiöser Detailarbeit dargestellt. Der berühmte Archäologe Arthur Evans verbrachte einen Großteil seiner ersten Kreta-Reise mit dem Sammeln solcher Siegel.

In der Nachpalastzeit wurden unter dem Einfluss der kriegerischen Mykener vor allem Waffen hergestellt, während Schmuck und Siegelsteine an Bedeutung verloren.

Die Minoer wussten sich schon gut zu amüsieren – mit Brettspielen, Boxen, Ringen und gewagter Akrobatik wie beim Stiersprung. Auch die minoischen Tänze waren in der Antike in ganz Griechenland berühmt.

Die berühmten Fresken

Die minoischen Fresken sind berühmt für ihre leuchtenden Farben und einen lebhaften Naturalismus bei der Darstellung von Landschaften voller Tiere und Vögel, Meereswelten, in denen es von Fischen und Kraken wimmelt, Festmählern, Spielen und Ritualen. Wahrscheinlich wurden auch vor 1700 v. Chr. schon Fresken gemalt, doch die Katastrophe, in der die minoischen Paläste damals untergingen, löschte alle Spuren davon aus. Knossos erwies sich als reichste Fundgrube für Fresken aus der Neuen Palastzeit; die meisten erhaltenen Stücke sind im Archäologischen Museum von Heraklion zu besichtigen.

Von den Fresken blieben nur Fragmente übrig, die sehr sorgfältig (aber auf umstrittene Weise) restauriert wurden. Die verwendeten Pflanzen- und Mineralfarben sind relativ frisch geblieben. Die minoischen Freskenmaler waren stark von bestimmten ägyptischen Bildkonventionen beeinflusst, doch die Figuren sind längst nicht so steif wie auf den meisten ägyptischen Wandgemälden.

WEITERE KRETISCHE MYTHEN

Einige der Schlüsselgeschichten der griechischen Mythologie spielen auf Kreta.

Zeus & Kronos Bevor Zeus den Götterhimmel schuf, herrschten auf der Erde sein Vater Kronos und dessen Ungeheuer, die Titanen. Nachdem Kronos vorhergesagt worden war, dass einer seiner Söhne ihm die Macht entreißen würde, fraß er alle seine Kinder gleich bei der Geburt auf, darunter auch Hades und Poseidon. Doch als Zeus in der Dikti-Höhle auf der kretischen Lassithi-Hochebene zur Welt kam, wickelte seine schlaue Mutter Rhea einen Stein in Säuglingskleidung und reichte ihn Kronos, der das Bündel auf der Stelle verschlang. Zeus wuchs heran, stürzte Kronos, befreite seine Brüder und Schwestern aus dem Bauch des Vaters und verbannte die Titanen in die Unterwelt.

Theseus & der Minotaurus Sieben Söhne und sieben Töchter Athens wurden jedes Jahr dem Monster, halb Mensch, halb Stier, das im Labyrinth von König Minos' Palast in Knossos eingesperrt war, zum Fraß vorgeworfen. Prinz Theseus meldete sich freiwillig als Opfer und erhielt durch Aphrodites Vermittlung die Unterstützung von Minos' Tochter Ariadne. Sie gab ihm ein Garnknäuel zum Abwickeln, das ihm half, wieder aus dem Labyrinth herauszufinden. Theseus tötete die Bestie und flüchtete zusammen mit Ariadne aus Kreta. Allerdings vergaß er, als Zeichen seiner sicheren Rückkehr an König Ägeus von Athen die Segel von Schwarz auf Weiß zu setzen. Mit gebrochenem Herzen warf sich Ägeus von den Klippen in die Brandung – und die Ägäis war geboren.

Fresken aus Knossos zeigen weißhäutige Frauen mit kunstvoll aufgetürmten, schwarz glänzenden Lockenfrisuren. Die stolzen, anmutigen und ungenierten Frauen hatten kurvenreiche Körper und trugen schicke Gewänder, die ihre schönen Brüste freiließen. Die bronzehäutigen Männer waren groß, mit Wespentaille, schmalen Hüften, breiten Schultern, muskelstrotzenden Oberschenkeln und -armen. Die Kinder waren schlank und geschmeidig.

Auf vielen Fresken sind dynamische Szenen abgebildet, von Boxern und Ringern bis zu feierlichen Prozessionen, von der Safranernte bis zum Stiersprung.

Religiöse Symbole

Die Minoer hielten nicht viel von protzigen Tempeln oder religiösen Skulpturen. Für Kulthandlungen nutzten sie wohl Heiligtümer in Höhlen und auf Berggipfeln, die wahrscheinlich nur einmal im Jahr zu einem bestimmten Ritual aufgesucht wurden (ähnlich wie die vielen winzigen Kapellen, die überall in Griechenland verstreut stehen). An diesen Stätten gefundene Tische und Gefäße deuten darauf hin, dass Agrarprodukte als Opfergaben dargebracht wurden. Im Mittelpunkt des spirituellen Lebens stand die Verehrung einer Muttergöttin. Diese oft mit Schlangen oder Löwen dargestellte Muttergöttin war Heilgöttin und Hauptgottheit zugleich, der die männlichen Götter offenbar untergeordnet waren.

Fotos und Beschreibungen von über 50 minoischen Ausgrabungsstätten auf Kreta hat der Archäologiecrack Ian Swindale auf der umfassenden englischsprachigen Website www.minoancrete.com gesammelt.

Das Doppelaxtsymbol auf Fresken und den Palastwänden von Knossos war ein heiliges Symbol der Minoer. Häufige religiöse Symbole in der minoischen Kunst waren auch der mythische Greif und Gestalten mit Menschenkörper und Tierkopf. Man geht davon aus, dass die Minoer die Toten verehrten und an irgendeine Form von Leben nach dem Tod glaubten. Funde aus Anemospilia lieferten auch Hinweise auf mögliche Menschenopfer.

Schrift & Sprache

Das rätselhafte minoische Hieroglyphensystem der Linearschrift A deutet auf eine sehr hoch entwickelte Kultur hin. Aus den kretischen Hieroglyphen der Vorpalastzeit entwickelten sich später die Linearschriften A und B. Das bedeutendste Beispiel der alten minoischen Schrift findet sich auf dem 3600 Jahre alten Diskos von Festos, der 1908 in Festos gefunden wurde und Altertumsforschern seitdem viele Rätsel aufgibt. Die Scheibe mit einem Durchmesser von etwa 16 cm ist mit 242 Piktogrammen bzw. „Wörtern" beschriftet, die in einer Spirale von außen nach innen (oder von innen nach außen?) verlaufen. Wiederholungen bestimmter Wörter oder Sätze nähren die Spekulation, dass es sich um ein Gebet handeln könnte. Die Schrift wurde bislang nicht entziffert.

Die gesprochene Sprache der Minoer ist ebenfalls ein Buch mit sieben Siegeln. Die mykenische Linearschrift B ist zwar eindeutig eine archaische Form der griechischen Sprache, aber Linear A könnte durchaus die Schriftform einer vollkommen anderen Sprache sein. Sprachwissenschaftler haben schon spekuliert, ob es Verbindungen zu den prähellenischen mesopotamischen Sprachen gab – solange aber nicht weitere Schriftproben auftauchen, wird es ein Rätsel bleiben.

Musik, Kunst & Literatur

Schon seit Jahrtausenden ist Kreta ein Epizentrum der Musik, des Tanzes und der bildenden Kunst. Von unschätzbaren minoischen Skulpturen bis zu einheimischen Musikern aus den Bergregionen, die in Tavernen *lyra* spielen, verarbeitet die Insel ihr Leben, Lieben und Leiden in ganz eigenen künstlerischen Ausdrucksformen. Durch Museen stöbern, beim Sonnenbad heimische Literatur schmökern, freskengeschmückte Kapellen bestaunen oder auf der Straße tanzen – das alles ist Kreta!

Musik

Die kretische Musik ist die dynamischste und beständigste Form traditioneller Musik im modernen Griechenland. Auf der Insel selbst ist sie die beliebteste Musikrichtung und stellt griechische und westliche Popmusik locker in den Schatten. Sie begleitet Hochzeiten, Feiertage, Ernten und alle anderen festlichen Anlässe. Kretas florierende Musikszene bringt immer wieder neue Generationen von Volksmusikern hervor. Sie produzieren neue Aufnahmen traditionellen Liedguts ebenso wie zeitgenössische Musikstile, die der kretischen Tradition verpflichtet sind. Selbst in der Weltmusikszene bildet die kretische Musik ein eigenes Genre.

Musik hat in Griechenland schon seit Tausenden von Jahren Tradition. Archäologen haben sogar antike Vasen gefunden, auf denen das abgebildete Instrument einer *lyra* sehr ähnlich sieht.

Instrumente & Stilrichtungen

Im Laufe der Jahrhunderte beeinflussten viele Musiktraditionen die kretische Musik, die an orientalische Modalmusik erinnert. Hauptinstrument ist die *lyra*, ein dreisaitiges, lautenähnliches Streichinstrument, das man aufs Knie stützt, oft begleitet durch die achtsaitige *lautros* (Laute) als Rhythmusinstrument. Zu den traditionellen Instrumenten gehören außerdem *mandolino* (Mandoline), *askomantoura* (Dudelsack), *chabioli* (Holzflöte) und *daoulaki* (Trommel). Die *bouzouki*, die jeder sofort mit Griechenland in Verbindung bringt, gehört nicht zur traditionellen kretischen Musik.

Zu den beliebtesten musikalischen Ausdrucksformen der Kreter gehört der *mantinadha* (traditioneller kretischer Paarreim), der uralte Themen wie Liebe, Tod und die Launen des Schicksals behandelt. Tausende von *mantinadhes* halfen während der jahrhundertelangen Besatzungsperioden, ein kretisches Nationalgefühl zu schmieden. Sie stützen sich auf die 15-silbige Versstruktur der byzantinischen Mundartliteratur, die mindestens auf das 12. Jh. zurückgeht. Bei kretischen Festen improvisierten die besten Verseschmiede Reime auf und für die Gäste und versuchten sich dabei in Witz und Komposition gegenseitig zu übertrumpfen. Diese Tradition setzen auch die jungen Kreter fort: *Mantinadhes* gehören heute noch zum Flirtritual, wenn auch inzwischen häufig per SMS. Das bekannteste Beispiel kretischer Renaissanceliteratur, der *Erotokritos* (17. Jh.) von Vitsentzos Kornaros, besteht aus Sprache und Reimen, die den *mantinadhes* entsprechen, und inspiriert Kretas Musiker bis heute.

Eine weitere populäre Musikform heißt *rizitika*. Dabei handelt es sich um jahrhundertealte patriotische Lieder aus Westkreta, insbeson-

T PHOTOGRAPHY/SHUTTERSTOCK ©

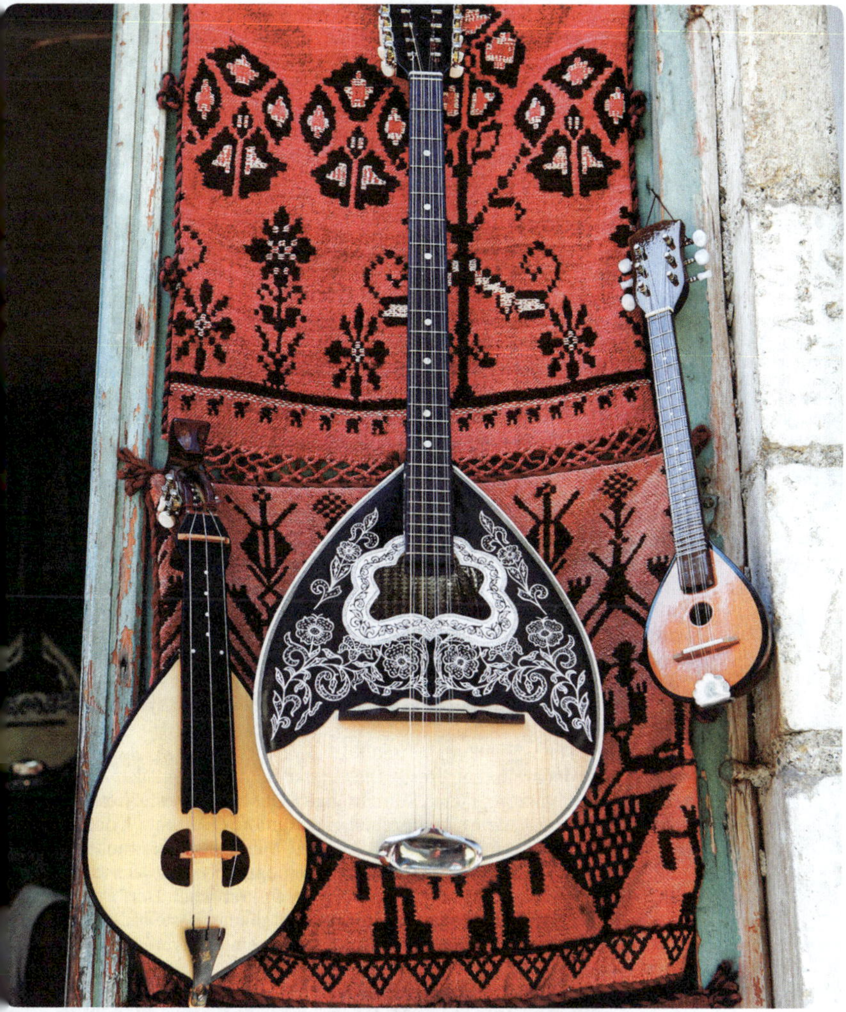

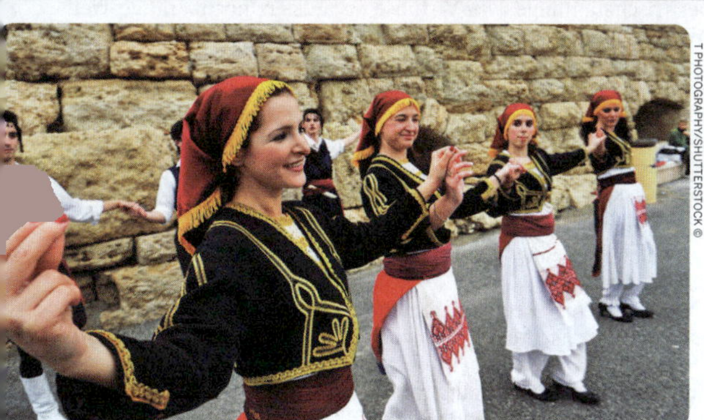

Oben Traditionelle Instrumente, darunter die kretische *lyra* (links)

Unten Kretischer Volkstanz

dere aus den Lefka Ori, die vielleicht vom Liedgut der Grenzposten im Byzantinischen Reich abgeleitet sind, vielleicht aber auch in noch ältere Zeiten zurückreichen. Viele *rizitika*-Lieder handeln von historischen Themen oder Heldengeschichten. Zu den beliebtesten gehört das 1034-versige Lied über den sfakiotischen Helden Daskalogiannis, der 1770 die Rebellion gegen die Türken anführte. Die deutsche Besatzungszeit während des Zweiten Weltkriegs hat ebenfalls eine Fülle von *rizitika* hervorgebracht.

Bekannte Musiker

Nach der Unabhängigkeit wurde die traditionelle Volksmusik von der griechischen Bourgeoisie verschmäht. Alle Augen waren auf das europäische Festland mit seiner klassischen Musik und Opernkultur gerichtet, während die eigenen östlichen und „bäuerlichen" Wurzeln verpönt waren. Doch in den 1960er-Jahren entwickelte sich in Athen eine neue Welle der *entechni mousiki* (Kunstmusik). Mit urbanen Instrumenten wie der Bouzouki im Mittelpunkt entstanden populäre Hits, die auf den Werken griechischer Dichter beruhen.

Das älteste bekannte Musikstück in Schriftform stammt aus dem Jahr 408 v. Chr. und wurde in Aufführungen der antiken griechischen Tragödie *Orestes* von Euripides vom Chor gesungen.

Der gefeierte Komponist Yiannis Markopoulos aus Ierapetra legte dann nach, indem er ländliche Volksmusik für den Massengeschmack aufarbeitete. International ist er vor allem als Komponist der Musik zur BBC-Fernsehserie *Who Pays the Ferryman?* bekannt. Markopoulos war es auch, der Nikos Xylouris, die absolute Kultfigur der kretischen Musik, ins Rampenlicht brachte. Dessen Karriere endete abrupt und tragisch im Jahr 1980, als er mit 43 an einem Hirntumor starb. Seine einmalige Stimme und sein überragendes Talent für die *lyra* machen ihn bis heute zum meistverkauften und auch meistverehrten Musiker Kretas. In den Jahren der Militärjunta wurde Xylouris zu einer führenden Stimme des Widerstands. Er entstammte einer Musikerfamilie aus dem Dorf Anogia, das viele Musiktalente hervorgebracht hat und heute ein Xylouris-Museum besitzt.

Xylouris, Thanasis Skordalos und Kostas Mountakis gelten als die großen Meister der kretischen Musik. Die meisten modernen Musiker folgen einer der von ihnen geprägten Stilrichtungen. Der berühmteste kretische Musiker unserer Tage ist der legendäre Psarantonis (Antonis Xylouris, Bruder von Nikos), für seinen einzigartigen Musizierstil bekannt und durch seine wilde Bart- und Haartracht auch optisch unverwechselbar. Er tritt immer noch überall auf – im winzigsten kretischen Dorf ebenso wie in den Clubs von Athen und auf internationalen Festivals. Neben der Familie Xylouris ist Loudovikos Ton Anogion ein weiterer berühmter Musiker aus Anogia.

Noch eine faszinierende Gestalt der kretischen Musikszene ist Ross Daly. Der irischstämmige *lyra*-Virtuose organisiert hochkarätige Weltmusik-Workshops in Choudetsi.

Das exzellente Sextett Haïnides gehört mit seiner eigenständigen und unverwechselbaren Musik zu den populärsten Bands, die Kreta in den letzten Jahren hervorgebracht hat. Die Gruppe gibt unvergessliche Livekonzerte in ganz Griechenland. Weitere prominente Figuren sind Mitsos und Vasilis Stavrakakis sowie zeitgenössische Musiker wie die Band Palaïna, Nikos Zoidakis, Stelios Petrakis aus Sitia, Papa Stefanis Nikas und Yiannis Haroulis. Vielversprechende Talente sind auch der gebürtige Australier Sifis Tsourdalakis sowie der in Belgien geborene Michalis Tzouganakis.

Ein populärer, aus Kreta stammender Vertreter der griechischen Mainstream-Musik ist Manos Pirovolakis mit seinem rockigen *lyra*-Sound. Auch Nana Mouskouri, eine der international bekanntesten Sängerinnen Griechenlands, kam in Chania zur Welt; allerdings zog ihre Familie nach Athen um, als sie drei Jahre alt war.

Tanz

Seit den allerersten Anfängen des Hellenismus ist der Tanz Bestandteil des Gesellschaftslebens auf Kreta. Einige Volkstänze sind aus den rituellen Tänzen der antiken griechischen Tempel entstanden. Tänzer schmücken antike griechische Vasen, und schon Homer pries das kretische Tanztalent.

Kretische Tänze sind dynamisch, schnell und kriegerisch. Viele von ihnen werden von Männern in Gruppen getanzt. Tänze für Frauen stehen traditionell mit Hochzeit oder Werbung in Zusammenhang und sind graziöser und anmutiger. Wie bei den meisten griechischen Tänzen tanzt man normalerweise im Kreis - im Altertum bildeten die Tänzer einen Kreis, um sich gegen böse Einflüsse abzuschotten. Während der Besatzungszeiten wurde der Tanz zum Akt der Rebellion, mit der man sich gleichzeitig vor der Nase des Feindes fit halten konnte.

Die beliebtesten kretischen Tänze sind der langsame und graziöse *sirtos* und der *pentosalis*, der einst von bewaffneten Kämpfern getanzt wurde. Von ihm gibt es eine langsame und eine schnellere Version, die sich bis zur Raserei steigert, wobei der führende Tänzer Sprünge, Variationen und Fantasiebewegungen vollführt, denen die anderen mit gemäßigteren Schritten folgen. Ebenfalls populär ist der *sousta*, ein hüpfender Paartanz mit kleinen, exakten Schritten. Der *maleviziotikos* (auch *kastrino* oder *pidikto* genannt) ist ein schneller, triumphierender Tanz.

Gut zu tanzen ist Ehrensache, und die Tänzer übernehmen abwechselnd die Führung, um ihr Können zur Schau zu stellen. Achtung: Jemandes Tanz zu unterbrechen gehört sich absolut nicht, da die Familien normalerweise für den Tanz bezahlt haben (viele kretische Musiker verdienen so ihren Lebensunterhalt).

Die beste Gelegenheit, kretische Tänze zu sehen, sind Festivals, Hochzeiten und Taufen. Außerdem gibt es in vielen Gegenden Folkloreveranstaltungen für Touristen, trotz des etwas künstlichen Rahmens eine nette Show.

Bildende Künste

Die Kunst der Minoer gehört zum Besten, was die Menschheitsgeschichte hervorgebracht hat. Vom 8. bis 7. Jh. v. Chr. erlebte Kreta eine kurze Phase der künstlerischen Wiedergeburt. Eine Gruppe von Bildhauern,

EL GRECO DER KRETER

Der geniale Renaissancemaler El Greco („Der Grieche" auf Spanisch) war Kreter und hieß mit bürgerlichem Namen Domenikos Theotokopoulos. Er kam 1541 in der kretischen Hauptstadt Candia (dem heutigen Iraklion) zur Welt. Es war die Phase reger künstlerischer Aktivität nach der Ankunft zahlreicher Maler, die aus dem türkisch besetzten Konstantinopel geflohen waren. Diese Maler übten einen prägenden Einfluss auf den jungen El Greco aus und führten ihn in die Traditionen der spätbyzantinischen Wandmalerei ein.

Mit Anfang zwanzig ging El Greco nach Venedig und lernte dort im Atelier von Tizian. Doch erst nachdem er 1577 nach Spanien weitergezogen war, konnte er sich als Maler richtig entfalten. Sein äußerst emotionaler Stil kam bei den Spaniern gut an. Er lebte bis zu seinem Tod 1614 in Toledo. Dort hängen auch viele seiner berühmten Werke, wie *Das Begräbnis des Grafen Orgaz* (1586). Weitere Gemälde sind auf Museen in aller Welt verteilt. *Blick auf den Berg Sinai und das Katharinenkloster* (1570), das El Greco in Venedig schuf, hängt im Historischen Museum von Kreta (S. 177) neben dem winzigen Bild *Die Taufe Christi*. *Engelskonzert* (1608) ist in der Nationalgalerie in Athen zu bewundern.

Auf Iraklions Platia El Greco steht eine Marmorbüste des Malers, und überall auf der Insel sind Straßen, Tavernen und Hotels nach ihm benannt. Ein kleines El-Greco-Museum (S. 196) wurde im Dorf Fodele eingerichtet – in dem Haus, wo er angeblich einen Teil seiner Kindheit verbrachte. Die Filmbiographie *El Greco* wurde 2007 teils in Iraklion gedreht.

die man Dädaliden nennt, perfektionierte eine neue Technik zur Herstellung von Skulpturen aus gehämmerter Bronze. Ihr Stil verschmolz die orientalische mit der griechischen Ästhetik, und ihr Einfluss reichte bis aufs griechische Festland. Ab Ende des 7. Jhs. v. Chr. verfiel die kretische Kultur. Unter den Römern kam es zu einer kurzen Wiederbelebung: Die bemerkenswertesten Zeugnisse dieser Zeit sind ihre prachtvollen Mosaikböden und Marmorskulpturen. Dann kamen die Gemälde und Fresken, die in der berühmten Kretischen Schule der sakralen Malerei gipfelten.

Byzantinische Kunst

Die griechische Malerei erlebte unter den Byzantinern ihre Blütezeit – d. h. etwa vom 4. Jh. v. Chr. bis zum Fall von Konstantinopel im Jahr 1453. Ein Großteil der byzantinischen Kunst wurde bei Volksaufständen im 13. und 14. Jh. zerstört. Im 11. Jh. brachten Emigranten aus Konstantinopel Ikonen mit nach Kreta, doch das einzig erhaltene Exemplar aus dieser Zeit ist die Ikone der Jungfrau Maria in Mesopantitissa (heute in Venedig).

Von Anfang des 13. bis zum frühen 16. Jh. wurden Kirchen überall auf Kreta mit Fresken dekoriert, die vor dunkelblauem Hintergrund in der Kuppel Christus, in den Ecken die vier Evangelisten und in der Apsis die Jungfrau Maria mit Jesuskind zeigten. Ebenfalls verbreitet waren Szenen aus dem Leben Christi sowie Heiligenstatuen. Auch heute sind noch viele schöne Fresken erhalten, wenn auch mit verblassten Farben. Der größte Ikonenmaler des 14. Jhs. war Ioannis Pagomenos, der im Westen der Insel Kreta lebte und arbeitete. Einige seiner Fresken sind in den Kirchen von Agios Georgios in der Sfakia sowie in Agios Nikolaos in Maza zu sehen, wo er auch begraben liegt. Die besterhaltenen byzantinischen Fresken Kretas sind in der Panagia-Kera-Kirche (S. 248) in Kritsa in der Provinz Lassithi zu besichtigen.

Die Kretische Schule

Nach dem Untergang Konstantinopels (1453) flohen viele byzantinische Künstler nach Kreta, und die Insel wurde zum Zentrum griechischer Kunst. Zugleich stand die italienische Renaissance in voller Blüte, und viele kretische Künstler studierten in Italien. Das Resultat war die „Kretische Schule“ der sakralen Malerei, die technische Brillanz mit einer besonderen Üppigkeit kombinierte. Künstler ließen sich sowohl vom westlichen als auch vom byzantinischen Stil inspirieren. Allein in Iraklion arbeiteten von Mitte des 16. bis Mitte des 17. Jhs. über 200 Maler.

Den größten internationalen Ruhm erlangte El Greco, der stark vom großartigen, in Iraklion geborenen Michael Damaskinos (1530–1591) beeinflusst war. Dieser hatte von einem langen Aufenthalt in Venedig neue Techniken zur perspektivischen Darstellung mitgebracht. Herzstück der Sammlung im Museum für christliche Kunst in Iraklion sind sechs Ikonen von Damaskinos. Der Dritte im Bunde der kretischen Top-Künstler ist Theophanes Strelitsa (alias Theophanes der Kreter). Er gehörte seinerzeit zu den besten Freskenkünstlern, wobei sich seine Werke alle auf dem Festland befinden.

Zeitgenössische Kunst

Heute spielt die bildende Kunst auf Kreta eine eher bescheidene Rolle. Eine Reihe zeitgenössischer Künstler und Kunsthandwerker arbeitet auf der Insel und stellt auch hier aus, doch sehr viele leben und arbeiten in Athen und im Ausland. Das Museum für zeitgenössische Kunst in Rethymnon (S. 127) und die kommunalen Galerien überall auf Kreta sind die wichtigsten Ausstellungsorte für heimische Künstler. In Chania und Iraklion gibt es auch einige privat betriebene Galerien.

Literatur

Kreta verfügt über eine reiche literarische Tradition, die von der kretischen Vorliebe für Lieder, Verse und Wortspiele herrührt. Gegen Ende des 16. und Anfang des 17. Jhs. erlebte die Insel unter der venezianischen Herrschaft eine enorme literarische Blüte. Das größte Meisterwerk dieser Ära war zweifellos der epische *Erotokritos,* geschrieben von Vitsentzos Kornaros aus Sitia in kretischem Dialekt. Über 10.000 Zeilen lang, ist das Versepos über höfische Liebe voller Nostalgie für die im Schwinden begriffene venezianische Herrschaft, die vom Aufstieg der Türken bedroht war. Die komplizierte Geschichte über Liebe, Ehre, Freundschaft und Tapferkeit dreht sich um die problematische Liebesgeschichte zwischen Erotokritos, einem Berater des Königs Herakles, und dessen Tochter Aretousa. Das Gedicht wurde jahrhundertelang von ungebildeten Bauern ebenso wie von professionellen Sängern rezitiert, da es den Traum von Freiheit verkörperte, der den Kretern half, die vielen Entbehrungen zu ertragen. Zahlreiche Verse wurden als auf der Insel heißgeliebte *mantinadhes* (traditionelle kretische Paarreime) ausgekoppelt. *Erotokritos* gilt als das bedeutendste Werk griechischer Literatur der Frühen Neuzeit.

Berühmte Autoren

Griechenlands bekanntester und meistgelesener Schriftsteller seit Homer ist Nikos Kazantzakis, der 1883 inmitten der letzten Phase des kretischen Freiheitskampfs gegen die Türken auf der Insel zur Welt kam. Seine Romane liegen alle in deutscher Übersetzung vor und sind voller Dramatik und kraftvoll gezeichneter Charaktere. Zu diesen gehören *Alexis Sorbas* (1946) und der innerlich zerrissene Kapitän Michalis in *Freiheit oder Tod* (1950), zwei seiner Meisterwerke. Neben Alexis Sorbas hat es auch *Die letzte Versuchung* (1953) auf die Kinoleinwand geschafft. Die Geschichte des Alexis Sorbas, die auf Kreta spielt, bietet faszinierende Einblicke in

NIKOS KAZANTZAKIS

Kretas berühmtester Schriftsteller der jüngeren Vergangenheit ist Nikos Kazantzakis. Er wurde 1883 unter der Türkenherrschaft in der damaligen Hauptstadt Iraklion geboren. Seine frühe Kindheit war von der gärenden Revolution und dem sich anbahnenden Umbruch geprägt. 1897 zwang ihn die Revolution gegen die türkische Herrschaft, Kreta zu verlassen. Er studierte auf Naxos, in Athen und später Paris. Erst mit 31 Jahren wandte er sich dem Schreiben zu, indem er philosophische Werke ins Griechische übersetzte. Er bereiste Europa und legte so den Grundstein für die Reiseschilderungen seiner späteren literarischen Laufbahn.

Kazantzakis war ein komplexer Schriftsteller. Sein frühes Werk war stark von philosophischem und spirituellem Gedankengut beeinflusst, u. a. von der Philosophie Nietzsches. Auch sein Verhältnis zur Religion war kompliziert: Offiziell gab er sich als Atheist; andererseits befasste er sich intensiv mit Religion und religiösen Figuren und schrieb auch über sie.

Kazantzakis selbst hielt seine *Odyssee* für sein größtes Werk, ein modernes Epos aus 33 333 jambischen Versen, das sich an die Abenteuer und Reisen des antiken Odysseus anlehnt. Doch erst als er sich viel später der Romanschriftstellerei zuwandte, stieg sein Stern schließlich auf. Werke wie *Griechische Passion* (1948), *Kapetan Mihalis* (1950; heute als *Freiheit oder Tod* bekannt) und *Leben und Lebensart des Alexis Sorbas* (1946; später umbenannt in *Alexis Sorbas*) machten ihn international berühmt. Mit Sorbas schuf er das Bild des ultimativen, freigeistigen griechischen Mannes, das Anthony Quinn in dem Film von 1964 unsterblich machte.

Kazantzakis starb am 26. Oktober 1957 während einer Reise in Freiburg im Breisgau an Leukämie. Gegen den Widerstand der orthodoxen Kirche erhielt er ein religiöses Begräbnis; sein Grab befindet sich auf der südlichen Martinengo-Bastion, Teil der alten Stadtmauer von Iraklion. In Myrtia gibt es ein ihm gewidmetes Museum (S. 204).

die raueren Seiten der kretischen Kultur. Kazantzakis' bewegte literarische Laufbahn verlief nicht immer reibungslos. Als bekennender Atheist geriet er häufig mit der orthodoxen Kirche aneinander.

Kazantzakis mag der berühmteste aller kretischen Schriftsteller sein, doch es war Odysseus Elytis (1911–1996), der 1979 den Nobelpreis für Literatur erhielt. Eines seiner Hauptwerke ist *Axion Esti – Gepriesen sei* (1959), ein komplexes Gedicht über existenzialistische Fragen und die Identität von Land und Volk des Protagonisten. Es wurde von Mikis Theodorakis vertont und ist bis heute eines der bekanntesten Gedichte und Lieder in Griechenland.

Ein angesehener Zeitgenosse von Elytis war der in Rethymnon geborene Pandelis Prevelakis (1909–1986). Er ist hauptsächlich als Dichter bekannt, obwohl er auch Theaterstücke und Romane geschrieben hat. Sein bekanntestes Werk, *Chronik einer Stadt*, ist eine nostalgische Betrachtung seiner Heimatstadt am Anfang des 20. Jhs.

Zeitgenössische Literatur

Zu Kretas zeitgenössischer Literaturszene gehört Rhea Galanaki (*1947), deren preisgekrönter Roman *Das Leben von Ismail Ferik Pascha* (1989) in sechs Sprachen übersetzt wurde. Die Erzählung spielt auf Kreta und beschreibt den Zusammenstoß zwischen Christentum und osmanischem Islam.

Ioanna Karystiani (geb. 1952) schrieb das Drehbuch zum griechischen Film *Nytes* („Bräute“, 2004) und erhielt für ihren ersten Roman *Mikra Anglia* (dt.: *Die Frauen von Andros*) den griechischen Staatspreis für Literatur. Der Roman, der auch verfilmt wurde, beschreibt das Leben einer Seefahrerfamilie auf der Insel Andros. Weitere kretische Schriftsteller sind Minas Dimakis, Manolis Pratikakis, Yiorgis Manoussakis und Victoria Theodorou.

Unter den Romanen nichtgriechischer Autoren mit Schauplatz Kreta ist der berühmteste *Insel der Vergessenen* von Victoria Hislop. Der historische Roman, der in der Leprakolonie auf der Insel Spinalonga angesiedelt ist, war 2007 Newcomer of the Year bei den British Book Awards. Zu den jüngeren Titeln gehört *The Girl Under The Olive Tree* (2013) von einer weiteren Britin, Leah Fleming, der während des Zweiten Weltkriegs auf Kreta spielt.

Natur & Tierwelt

Kreta ist eine Insel voller landschaftlicher Kontraste. Hier könnte man am selben Tag am Palmenstrand von Vai schwimmen und durch den Schnee der Lefka Ori (Weißen Bergen) wandern. Mit unzähligen Höhlen, Schluchten und Plateaus, schroffen Bergen und endlosen Küsten bietet Kreta reichlich Abwechslung für Naturfreunde. Kein Wunder, dass die Insel auch eine umwerfende Vielfalt an Pflanzen- und Tierarten beherbergt, von Mönchsrobben bis zu Steinadlern.

Tiere

Kreta ist bekannt für seine riesige Population an Schafen und Ziegen, doch es gibt auch einige endemische Arten, darunter Hasen und Kaninchen, Wiesel und sogar eine eigene Unterart des Dachses. Die Kretische Stachelmaus mit ihren großen Ohren wird man wohl nicht zu Gesicht bekommen, aber wer weiß. Auch Scharen von Fledermäusen, Insekten, Schnecken und Wirbellosen sind auf der Insel zuhause. Weitere heimische Tierarten sind der winzige Kretische Laubfrosch und der Kretische Wasserfrosch.

Von Mai bis September kommen Weibchen der Unechten Karettschildkröte zur Eiablage an die Sandstrände vor allem im Norden. Nähere Informationen gibt's bei der Archelon Sea Turtle Protection Society of Greece (www.archelon.gr).

Vor der steil ins Meer abfallenden Südküste Kretas lebt die bedeutendste Pottwalpopulation des Mittelmeers. Das ganze Jahr über versammeln sie sich in dieser Gegend, gehen auf Nahrungssuche, und vielleicht paaren sie sich auch hier. Diese Meeresregion wimmelt nämlich von Tintenfischen, der Hauptnahrung der Riesen. Mit Glück lässt sich auf Bootsfahrten der eine oder andere Wal erspähen. Außerdem durchstreifen Gruppen von Blau-Weißen Delfinen, Rundkopfdelfinen und Cuvier-Schnabelwalen die Gewässer vor der südlichen Küste. Vor Paleochora werden im seichten Wasser zwischen Gavdos und der winzigen Nachbarinsel Gavdopoula häufig Große Tümmler gesichtet.

Das kretische Pottwalprojekt des Pelagos Cetacean Research Institute (www.pelagosinstitute.gr) überwacht die Walpopulation.

Eingefleischte Vogelbeobachter rüsten sich vor der Kretareise mit *Die Vögel am Mittelmeer* (2004) von Paul Sterry aus, das mit rund 1000 Farbfotos alle Arten rund ums Mittelmeer (Europa, Nordafrika und Vorderasien) abdeckt.

Vögel

Kreta ist ein lohnendes Ziel für Vogelfreunde, denn die Insel liegt an den Hauptrouten der Zugvögel zwischen Afrika und Europa. Weit über

UNGEWÖHNLICHE TIERE AUF KRETA

Auch wenn Besucher sie nicht unbedingt zu Gesicht bekommen, beherbergt Kreta eine Reihe ungewöhnlicher Tierarten, darunter die Leopardnatter, die Würfelnatter, die Europäische Katzennatter und die Zornnatter. Außerdem gibt es hier drei Skorpionarten. Arachnophobiker lesen besser nicht weiter, denn auf Kreta sind die Schwarze Witwe und verschiedene Kreuzspinnen zuhause, aber Menschen werden nur äußerst selten gebissen. Zudem tummeln sich im Mittelmeer rund 30 verschiedene Haiarten, von denen einige auch in den Gewässern rund um die Insel zu beobachten sind.

GEFÄHRDETE ARTEN

Kretas berühmtestes Tier ist die *kri-kri* oder *agrimi*, eine auffällige Wildziege mit großen Hörnern, die schon in der minoischen Kunst häufig dargestellt wurde. Von ihr sind nur in der Samaria-Schlucht und Umgebung sowie auf den Inseln Agioi Theodoroi vor Chania und Dia vor Iraklion ein paar Exemplare übrig geblieben.

Mit viel Glück erspäht man in der Samaria-Schlucht oder über der Lassithi-Hochebene einen Lämmergeier, der zu den seltensten Raubvögeln Europas gehört und eine Flügelspannweite von fast 3 m hat. Auch ein paar Steinadler und Habichtsadler wurden in dieser Gegend, aber auch andernorts auf der Insel gesichtet, etwa in der Umgebung von Kato Zakros. Gute Arbeit leisten verschiedene Organisationen bei der Auswilderung von Raubvögeln wie Bartgeiern und Adlern in abgeschiedene Regionen der Lefka Ori und anderer Berggegenden.

Die Kreter kämpfen hart um den Schutz ihrer Population an Unechten Karettschildkröten, die seit den Tagen der Dinosaurier auf der Insel brüten. Außerdem hat die Insel eine kleine Population der seltenen und gefährdeten Mittelmeer-Mönchsrobben, die ihre Jungen in Höhlen an der Südküste großziehen.

400 Arten wurden auf Kreta gezählt, sowohl standorttreue als auch wandernde. Während des Vogelzugs im Frühjahr und Herbst machen u. a. verschiedene Reiherarten an den Küsten Zwischenstation.

Eine Fülle interessanter Vögel ist in den Bergen heimisch. Dort leben Blaumerlen, Bussarde, der gewaltige Gänsegeier, Alpensegler, Schwarzkehlchen, Amseln und Samtkopfgrasmücken. Auf den Wiesen und Feldern rund um Malia tummeln sich Brach- und Rotkehlpieper, Triele, Cistensänger und Kurzzehenlerchen. An den Hängen unterhalb des Moni Preveli zwitschern Weißbart- und Maskengrasmücken. Viel für Vogelfreunde bietet die Halbinsel Akrotiri: Rund um die Klöster Agias Triadas und Gouverneto leben Halsband- und Trauerschnäpper, Wendehälse, Brachpieper, Blaumerlen, Schwarzkehlchen, Chukarhühner und Steinschmätzer. Säbelschnäbler und Teichwasserläufer zählen zu den Zugvögeln, die sich in Feuchtgebieten wie Elafonisi beobachten lassen. Die Kavalli-Inseln vor Xerokambos im Südosten sind ein wichtiger Brutplatz für den Eleonorenfalken.

Auf Kreta wachsen über 200 Arten wilder Orchideen, darunter 14 endemische Varianten und die berühmte *Ophrys cretica*, die mit ihrem insektenähnlichen Erscheinungsbild männliche Insekten anlockt.

Pflanzen

Kreta blüht im wahrsten Sinne des Wortes, schätzungsweise rund 1750 Pflanzenarten gibt es auf der Insel, von denen etwa 170 nur hier vorkommen. Die Schluchten der Insel sind botanische Gärten im Miniformat, deren Abgeschiedenheit das Überleben vieler Arten begünstigt.

An der Küste blühen im August und September die Pankrazlilien. Im April und Mai stehen an der westlichen Küste die Flockenblumen in Blüte und ihre purpurnen und violetten Blüten leuchten als hübsche Farbtupfer an den Sandstränden. Die Strände im Osten Kretas sind zur selben Zeit von knallroten Mohnblumen gesäumt, vor allem rund um Sitia. Am Rand von Sandstränden wachsen zarte rosa Winden und Jujube-Bäume, die von Mai bis Juni Blüten und im September und Oktober Früchte tragen. In derselben Umgebung blühen im Frühjahr die Tamarisken.

Kreta ist mit einer Fläche von 8335 km² die größte griechische Insel. Sie ist 250 km lang, an ihrer breitesten Stelle gut 60 km und an der schmalsten 12 km breit.

Auch wer im Sommer kommt, hat noch etwas von der bunten Blütenpracht: Von Juni bis August blühen die milchweißen und purpurroten Oleander.

An den Berghängen sieht man im Frühsommer Zistrosen und Besenginster, auf den Wiesen von März bis Mai gelbe Chrysanthemen. Die seltene endemische blaue Ochenzunge *(Anchusa cespitosa)* aus der Familie der Raublattgewächse wächst nur in den Hochlagen der Lefka Ori.

Praktische Informationen

Allgemeine Informationen

Barrierefreies Reisen

Menschen mit eingeschränkter Mobilität haben es auf Kreta nicht ganz leicht. Die meisten Hotels, Fähren, Museen und historischen Stätten sind für Rollstuhlfahrer nicht geeignet; auch sonst ist die Insel mit ihren engen Straßen, hohen Bordsteinen und zugeparkten Gehsteigen nicht gerade behindertenfreundlich. Die neueren Hotels haben entsprechende behindertengerechte Auflagen (Aufzüge und Zimmer mit extrabreiten Türen sowie geräumige Badezimmer). Auf Menschen mit Seh- oder Hörbehinderungen ist man kaum eingestellt – erwarten darf man also erst einmal nichts.

Von den größeren Städten ist Rethymnon für mobilitätseingeschränkte Reisende am einfachsten zugänglich. Rollstuhlfahrer können Strände erreichen und auch die Altstadt, der venezianische Hafen und die Uferpromenade sind größtenteils barrierefrei.

Wer einen Urlaub plant, kann sich an **Eria Travel** (www.eria-travel.gr) wenden, ein Reisebüro, das Reisen für Menschen mit Behinderung organisiert. Die Mitarbeiter helfen bei der Unterkunftssuche, buchen geeignete Transportmittel, bieten medizinische Unterstützung und arrangieren Ausflüge und Aktivitäten. Das Unternehmen betreibt das **Eria Resort** (☎28210 62790; www.eria-resort.gr; Maleme; DZ inkl. HP ab 164 €; P❄📶🏊) in Maleme in Westkreta, eine der wenigen griechischen Hotelanlagen, deren Einrichtungen auf mobilitätseingeschränkte Reisende zugeschnitten sind.

Zusätzlich empfehlen wir den Download von Lonely Planets kostenlosen Accessible Travel Guides unter http://lptravel.to/AccessibleTravel.

Ermäßigungen

Camping Card International (www.campingcardinternational.com) Hier gibt's bis zu 25 % Ermäßigung für Stellplätze auf dem Campingplatz sowie eine Haftpflichtversicherung für die Dauer des Aufenthalts dort.

European Youth Card (www.europeanyouthcard.org) Für Personen bis 26 oder 31 Jahre (je nach Land) gibt's bei Sehenswürdigkeiten, in Geschäften und bei einigen Verkehrsmitteln bis zu 20 % Rabatt. Man muss weder Student noch Europäer sein. Über die App oder auf der Website für 14 € kaufen.

International Student Identity Card (www.isic.org) Schüler und Vollzeitstudenten zwischen 12 und 30 Jahren erhalten Ermäßigungen auf Museumseintritte, in Hostels, Geschäften, Restaurants und mehr (online oder mittels der App informieren). Die ISIC-Karte ist online und an verschiedenen Verkaufsstellen erhältlich. Man muss den Studentenstatus belegen, ein Passbild mitbringen und eine Gebühr bezahlen.

Essen

Kretisches Essen unterscheidet sich von typisch griechischer Küche und ist

BOTSCHAFTEN & KONSULATE

Alle deutschsprachigen Länder sind in Athen durch Botschaften vertreten; Deutschland und Österreich unterhalten auf Kreta auch Honorarkonsulate (in Iraklion). Näheres dazu auf der jeweiligen Website oder unter der zugehörigen Telefonnummer.

LAND	TELEFON	WEBSITE
Deutschland	☎210 728 5111	www.athen.diplo.de
Österreich	☎210 725 7270	www.bmeia.gv.at/oeb-athen
Schweiz	☎210 723 0364	www.eda.admin.ch/countries/greece/de/home/vertretungen/botschaft.html

so ziemlich das Beste, was es im Mittelmeerraum gibt. Es ist rustikal, lecker und verbindet saisonale Zutaten mit ausgewogenen Aromen, in denen sich die Vielfalt des fruchtbaren, sonnenverwöhnten Inselbodens widerspiegelt. Siehe hierzu auch Essen & Trinken (S. 47).

Feiertage

Alle Banken, Postfilialen, öffentlichen Einrichtungen, Museen und Ausgrabungsstätten sind an gesetzlichen Feiertagen geschlossen. Kleine Geschäfte, insbesondere in touristischen Badeorten, sind möglicherweise geöffnet. Folgende Feiertage gelten auf Kreta:

Neujahr 1. Januar

Heilige Drei Könige 6. Januar

Erster Sonntag der Fastenzeit Februar

Griechischer Unabhängigkeitstag 25. März

Karfreitag März/April

(Orthodoxer) Ostersonntag 19. April 2020, 2. Mai 2021, 24. April 2022

Tag der Arbeit (Protomagia) 1. Mai

Pfingstmontag (Agiou Pnevmatos) 50 Tage nach Ostersonntag

Mariä Himmelfahrt 15. August

Ochi-Tag 28. Oktober

Weihnachten 25. Dezember

Stephanstag 26. Dezember

Fotografieren

➡ Kreta ist der Traum aller Fotografen. Der Lonely Planet Band *Guide to Travel Photography* ist vollgestopft mit hilfreichen Tipps.

➡ Militärische Einrichtungen sind tabu!

➡ In Kirchen sind keine Blitzlichtaufnahmen erlaubt. Auch darf der Hauptaltar nicht fotografiert werden.

➡ Kreter lassen sich im Rahmen einer Szenenfotografie gerne mit ablichten; wer allerdings ein Porträt schießen will, sollte erst um Erlaubnis bitten. Das gilt natürlich auch fürs Filmen.

➡ Schilder, auf denen „Fotografieren verboten" steht, bitte beachten!

➡ Das Aufsichtspersonal von Ausgrabungsstätten mag einen davon abhalten, das Stativ aufzustellen – das sieht nämlich nach Profi aus und verlangt nach einer Sondergenehmigung.

Frauen unterwegs

➡ Kreta ist für Frauen (auch für alleinreisende) erstaunlich sicher. Allein in Cafés und Restaurants zu gehen ist absolut kein Problem. Das ist aber keine Freikarte für bodenlosen Leichtsinn – Handtaschenklau und sexuelle Belästigung kommen schon hin und wieder vor.

➡ Frauen, die allein an Stränden sowie in Bars und Clubs auftauchen, müssen damit rechnen, ins Visier der Männer zu geraten. In Griechenland gibt es sogar einen Ausdruck für Männer auf der Pirsch nach Touristinnen: *kamaki* – der dreizackige Fischspeer.

➡ Im Allgemeinen genügt aber ein deutliches „nein danke" und frau hat ihre Ruhe. Wer sich bedroht fühlt, sollte möglichst laut protestieren. Oft zieht sich das lästige Subjekt dann zurück oder andere springen einem bei.

Freiwilligenarbeit

Lonely Planet gibt keine Empfehlungen für Organisationen ab, mit denen keine direkte Kooperation besteht. Traveller sollten sich umfassend informieren, bevor sie sich für ein Freiwilligenprojekt entscheiden. Experten aus dem Kinder- und Jugendschutz raten von spontanen Engagements und Kurzaufenthalten ab.

ESSEN

Die folgenden Kategorien beziehen sich auf die durchschnittlichen Preise für ein Hauptgericht inklusive Steuern und Bedienung.

€	bis 10 €
€€	10–20 €
€€€	über 20 €

Crete for Life (www.creteforlife.com) Urlaubscamp zum Aufpäppeln benachteiligter Kinder in der Nähe von Ierapetra.

Global Volunteers (www.globalvolunteers.org) Hier wird Kindern in Malevizi (westlich von Iraklion) englischer Konversationsunterricht erteilt.

Sea Turtle Protection Society of Greece (www.archelon.gr) Bietet die Teilnahme an Überwachungsprogrammen für Meeresschildkröten in Chania, Rethymnon und der Bucht von Messara an.

Geld

Die nationale Währung ist der Euro.

Geldautomaten

➡ Geldautomaten sind die schnellste und meist auch billigste Art, an Bargeld zu kommen. Dazu genügen eine Bankkarte und ein Automat, der mit dem internationalen Cirrus-, Plus-, Star- oder Maestro-Netzwerk verbunden ist.

➡ In den Touristenzentren und in fast allen Orten, wo es eine Bank gibt, sind Geldautomaten zu finden. Auf dem Land haben nur die größeren Orte Geldautomaten, es lohnt sich also, vorausschauend etwas mehr abzuheben, besonders im Südwesten und Südosten. Immer etwas Bargeld dabeihaben.

Kreditkarten

➡ Große Hotels und manche Häuser der Mittelklasse akzeptieren Zahlungen per

Kreditkarte, kleinere Unterkünfte in Familienbesitz hingegen oft nur ungern oder gar nicht. Am besten gleich beim Check-in fragen. Ähnlich sieht es in Geschäften und Restaurants aus – in den Luxusschuppen geht's auch bargeldlos, aber die kleine Taverne um die Ecke und der Tante-Emma-Laden bestehen auf Cash.

➡ Die Marktführer MasterCard und Visa werden fast überall auf Kreta akzeptiert. American Express und Diner's Club sind nur in den Touristenzentren gängig.

Gesundheit

Vor der Reise

AUSLANDSKRANKENVERSICHERUNG

Staatsbürger der EU, der Schweiz, Islands, Norwegens und Liechtensteins haben während ihres Kreta-Aufenthalts mit der Europäischen Krankenversicherungskarte (EHIC) Anspruch auf kostenlose oder vergünstigte staatliche (nicht private!) Krankenversorgung für alle anfallenden medizinischen Behandlungen. Jedes Familienmitglied benötigt dazu eine eigene Karte.

Patienten müssen direkt bezahlen und ein Behandlungsformular ausfüllen, das bei der Rückerstattung mit eingereicht werden muss. Im Allgemeinen werden etwa 70 % der Standardbehandlungskosten erstattet.

EMPFOHLENE IMPFUNGEN

Für die Einreise nach Kreta sind keine Impfungen vorgeschrieben. Die Weltgesundheitsorganisation (WHO) empfiehlt jedoch allen Kreta-Reisenden, sich gegen Diphtherie, Tetanus, Masern, Mumps, Röteln und Polio impfen zu lassen.

MEDIZINISCHE CHECKLISTE

➡ Alle, die auf bestimmte Medikamente angewiesen sind, sollten diese in der Originalverpackung mit deutlich erkennbarer Bezeichnung einführen.

➡ Ein Arztbrief mit Datum und Unterschrift des behandelnden Arztes, der Krankheiten und Medikamente (Wirkstoff angeben!) beschreibt, ist auch kein Fehler. Codeinhaltige Mittel dürfen ohne ärztliche Bescheinigung bzw. ein Rezept gar nicht eingeführt werden.

Vor Ort

MEDIZINISCHE VERSORGUNG & KOSTEN

➡ Einen Krankenwagen kann man unter der Telefonnummer ☎166 rufen.

➡ Bei kleineren Erkrankungen haben Apotheker guten Rat und Medikamente auf Lager; meist können Sie auch sagen, ob ein Arztbesuch ratsam ist.

➡ Die medizinische Ausbildung in Griechenland ist hervorragend – das Gesundheitswesen jedoch chronisch unterfinanziert. Öffentliche Krankenhäuser sind oft überfüllt, teilweise lässt die Hygiene zu wünschen übrig und Essen gibt's auch keins – dafür sollen die Angehörigen sorgen. Trotzdem gibt's in Iraklion, Chania und Rethymnon moderne öffentliche Krankenhäuser.

➡ Die Zustände und die Versorgung in privaten Kliniken ist sehr viel besser, aber auch teurer.

➡ Kondome sind überall erhältlich, die „Pille danach" aber nicht unbedingt.

UMWELTGEFAHREN

➡ Mücken können zwar nerven, aber es besteht keine Gefahr, sich mit Malaria zu infizieren.

➡ Die Asiatische Tigermücke *(Aedes albopictus)* kommt in Berggegenden vor, kann tagsüber kräftig zustechen und überträgt mehrere Erreger, wie das West-Nil-Virus und die Östliche Pferdeenzephalomyelitis, die das zentrale Nervensystem des Menschen angreifen und u. U. zum Tod führen kann.

➡ Elektrische Mückenschutzgeräte genügen gewöhnlich, um Insekten abends in ihre Schranken zu weisen. Wenn möglich, sollte man Unterkünfte mit Fliegennetzen an den Fenstern wählen.

WASSER

➡ Auf fast ganz Kreta ist das Leitungswasser gechlort und daher zum Trinken geeignet.

➡ Trinkwasser in Plastikflaschen ist überall zu bekommen, man sollte beim Kauf aber an die Umwelt denken.

Internetzugang

➡ Die meisten Cafés, Bars, Restaurants und Hotels bieten kostenloses WLAN.

➡ In manchen Hotels ist der Empfang allerdings auf bestimmte Räumlichkeiten und/oder öffentliche Bereiche beschränkt.

➡ Einige Unterkünfte verfügen über ein Business Centre oder einen WLAN-Bereich mit Drucker für die Gäste, die meist kostenlos genutzt werden dürfen.

➡ Viele Gemeinden haben ein kostenloses WLAN-Netzwerk. Dazu gehören Teile von Chania, Paleochora, Rethymnon, Sitia, Iraklion und Agios Nikolaos.

Karten

Mit Google Maps finden sich Autofahrer gewöhnlich prima zurecht; die Karten können für den Offline-Gebrauch heruntergeladen werden. Wer vorhat, sehr viel herumzufahren oder auch zu wandern, wird eine gute gedruckte Karte dennoch zu schätzen wissen. Diese gibt's online und in den meisten Buch- und Souvenirläden für etwa 8 €. Autovermietungen und Hotels verteilen oft Karten, die nicht besonders genau sind.

Anavasi (www.anavasi.gr) Verlegt sehr gute (digitale und Print-)Straßen- und Wanderkarten, darunter drei verschiedene Straßenkarten für Chania,

Rethymnon und Iraklion sowie Lassithi im Maßstab 1:100 000. Wanderkarten gibt's für Lefka Ori (Sfakia und Pachnes), Samaria/Sougia, Mount Psiloritis und Zakros-Vai im Maßstab 1:25 000 oder 1:35 000.

Michelin (www.michelin.com) Von Michelin gibt's eine Einzelblattkarte der ganzen Insel im Maßstab 1:140 000.

Terrain (www.terrainmaps.gr) Bietet sehr gute wasser- und reißfeste Wanderkarten mit Entfernungsangaben für West-, Zentral- und Ostkreta im Maßstab 1:100 000. Einige Karten sind über die ViewRanger-Smartphone-Apps erhältlich.

LGBT+ unterwegs

Auf Kreta gibt es keine offene LGBT+-Szene. Die Kirche spielt eine wichtige Rolle bei der Meinungsbildung und viele Einheimische (insbesondere die ältere Generation) haben Vorbehalte gegenüber dem Thema Homosexualität, vor allem in ländlichen Gegenden. Insgesamt ist die Akzeptanz in den letzten Jahren jedoch gestiegen, vor allem in größeren Städten wie Iraklion und Chania. Trotzdem verhält sich die kretische LGBT+-Gemeinde sehr diskret und es sinnvoll, sich dem anzupassen.

- Pärchen gleichen Geschlechts sollten kein Problem haben, eine Unterkunft zu finden. Eine gute Infoquelle für LGBT+-freundliche Hotels ist www.travelbyinterest.com. Sehr beliebt ist z.B. das Home Hotel (www.home-hotel.gr) nahe Chersonisos.
- Auf der Website www.gaycrete.com kann man sich über Schwulenstrände sowie LGBT+-freundliche Bars und Unterkünfte erkundigen.
- Der Name lässt anderes vermuten, doch Villa Ralfa (www.villaralfa.com) ist eine Website für LGBT+-Traveller, wenn auch einiges nicht mehr aktuell zu sein scheint.
- *The Spartacus International Gay Guide* (www.spartacusworld.com/en), herausgegeben vom Bruno-Gmünder-Verlag in Berlin, ist anerkanntermaßen die „Bibel der schwulen Travellerszene".
- Außerdem können gängige internationale Smartphone-Apps genutzt werden.

PRAKTISCH & KONKRET

Rauchen Das Nichtrauchergesetz von 2008 verbietet das Rauchen in allen geschlossenen öffentlichen Räumen, u.a. also in Cafés, Restaurants, Clubs, Büros, Geschäftsräumen und Bahnhöfen. In der Praxis wurde es jedoch nie wirklich umgesetzt; sowohl Raucher als auch die Polizei ignorieren es weitestgehend.

Zeitungen Die täglich erscheinende englische Ausgabe der griechischen Zeitung *Kathimerini* (www.ekathimerini.com) wird als Teil der *International New York Times* veröffentlicht.

Öffnungszeiten

- Die Öffnungszeiten von Museen und Ausgrabungsstätten variieren, je nachdem, ob zusätzliches Personal für die Nachmittagsschicht zur Verfügung steht. Wer einen Besuch am Nachmittag plant, sollte sich vorab informieren. Die meisten haben am Montag oder Dienstag geschlossen.
- Am *periptera* (Kiosk) kann man von frühmorgens bis spät in die Nacht hinein einkaufen, und zwar alles von der Busfahrkarte über Zigaretten bis zu Kondomen.

Die Öffnungszeiten sind saisonal unterschiedlich. Im Folgenden haben wir die typischen Zeiten während der Hauptsaison aufgeführt (Juli & Aug.), in der Zwischensaison (April–Juni & Sept.–Okt.) sind sie kürzer. Manche Einrichtungen, Unternehmen und Unterkünfte bleiben während der Nebensaison (Nov.–März) geschlossen.

Banken Mo–Do 8–14.30, Fr 8–14 Uhr

Bars 20 Uhr–open end

Cafés 10–24 Uhr

Clubs 22 Uhr–open end

Geschäfte Mo–Sa 9–14 und 17.30–20.30 Uhr, Di, Do & Fr bis 21 Uhr; im Sommer in Ferienorten ganztägig

Postfilialen auf dem Land Mo–Fr 7.30–15 Uhr, in der Stadt Mo–Fr 7.30–20, Sa 7.30–14 Uhr

Restaurants 11–16 & 19–23 Uhr

Post

Der griechische Postdienstleister ist ELTA (Elliniki Tahydromia). *Tachydromia* (Postfilialen) sind am gelben Schild vor der Tür zu erkennen. Auch die Briefkästen für Normalpost sind gelb; die roten sind für Expresspost. Unter www.elta.gr (auch auf Englisch) kann man sich über die aktuellen Preise informieren und Postfilialen ausfindig machen.

- Post mit ausländischer Zieladresse muss in die gelben Briefkästen mit der Aufschrift *exoteriko* (Ausland) eingeworfen werden.
- Manche Souvenirläden verkaufen Briefmarken.
- Es ist wenig sinnvoll, ein Paket schon vor dem Versand einzupacken, da der Postangestellte möglicherweise den Inhalt sehen will.

Rechtsfragen

- Kreta-Reisende sollten stets den Personalausweis oder Reisepass mitführen für den Fall, dass sie von der Polizei angehalten und befragt werden. Für griechische Bürger ist das Pflicht – das Gleiche wird auch von Ausländern erwartet.

➡ Die zulässige Blutalkoholgrenze beim Fahren liegt bei 0,05 %.

➡ Griechenland hat mit die strengsten Drogengesetze Europas. Schon bei einem kleinen Krümelchen Haschisch droht eine Haftstrafe.

➡ Wer festgenommen wird, sollte auf einen Dolmetscher (διερμηνέας; *the*-lo dhi-ermi-*nea*) und/oder Rechtsanwalt (δικηγόρος; *the*-lo dhi-ki-*go*-ro) bestehen. Wer keinen Anwalt hat, wendet sich an seine Botschaft.

Strom

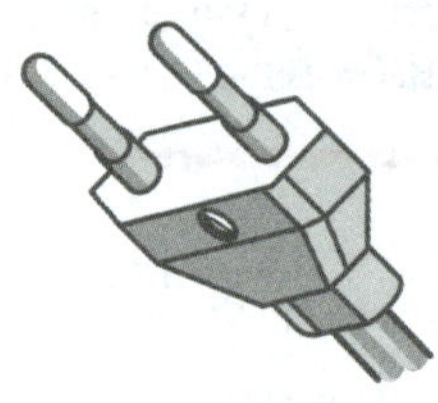

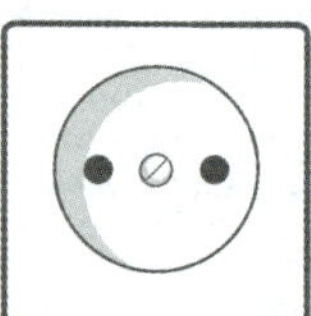

Typ C
220 V / 50 Hz

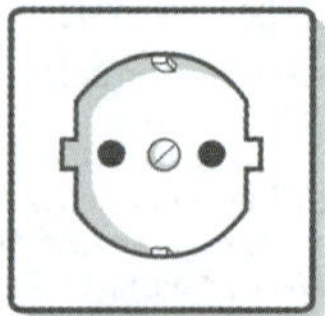

Typ F
230 V / 50 Hz

Telefon

Das griechische Telefonnetz wird von der staatlichen Gesellschaft OTE (sprich: o-teh; Organismos Tilepikoinonion Ellados) betrieben. Öffentliche Telefone sind immer noch recht verbreitet, werden jedoch als Folge des Siegeszugs der Mobiltelefonie kaum noch gebraucht. Die Telefone sind leicht zu benutzen (mit Telefonkarten, nicht mit Münzen), und zwar für Orts-, Fern- und Auslandsgespräche. Über die „i"-Taste oben links auf dem Tastenfeld ist eine englischsprachige Anleitung abrufbar.

Alle griechischen Telefonnummern haben zehn Ziffern. Festnetznummern beginnen mit einer 2, Handynummern mit einer 6.

Handys

➡ Handys funktionieren im Frequenzbereich GSM900/1800.

➡ Im Juni 2017 führte die Europäische Union neue Roaminggesetze ein. Ist das Handy in einem Mitgliedstaat der EU registriert, zahlt man in anderen EU-Ländern keine Roaminggebühren für Anrufe, SMS, die mobile Datennutzung oder eingehende Anrufe und SMS (sofern diese Services im jeweiligen Handytarif enthalten sind). Wenn die mobilen Dienste via Satellit bereitgestellt werden, etwa auf einem Kreuzfahrtschiff, gilt das Gesetz „Roam-like-at-Home" nicht.

➡ Wessen Handy nicht in der EU registriert ist, der kommt vielleicht mit dem Kauf einer lokalen SIM-Karte günstiger davon als mit der Nutzung des eigenen Netzanbieters.

➡ SIM-Karten werden in Griechenland von drei Mobilfunkanbietern verkauft: Vodafone, Cosmote und Wind. Karten zum Aufstocken des Guthabens erhält man in Supermärkten, an Kiosken und in Zeitschriftenläden.

➡ Cosmote hat tendenziell die beste Netzabdeckung, auch in abgeschiedenen Gegenden.

➡ Während des Autofahrens darf man nur mit Freisprechanlage telefonieren.

Telefonkarten

➡ Öffentliche Telefone funktionieren nicht mit Münzen, sondern mit OTE-Telefonkarten *(telekarta)*, die am Kiosk, im Tante-Emma-Laden und in Touristenläden erhältlich sind.

➡ Die Telefonkarte auf keinen Fall vor entsprechender Aufforderung entnehmen, sonst besteht die Gefahr, dass das Restguthaben gelöscht wird.

➡ Internationale Prepaid-Telefonkarten *(chronokarta)* mit günstigen Tarifen sowie griechischer und englischer Anleitung sind ebenfalls erhältlich. Zuerst muss ein Zugangscode und dann die Kartennummer eingegeben werden.

Vorwahlnummern

Anrufe vom Ausland nach Kreta Erst 00 wählen, dann 30 (die Vorwahl für Griechenland), gefolgt von der zehnstelligen Telefonnummer.

Anrufe von Kreta ins Ausland Erst ☎00, dann die Ländervorwahl und zum Schluss die Telefonnummer wählen (dabei die „0" der Orts- oder Netzvorwahl weglassen).

R-Gespräche Erst die Vermittlung (Inland ☎129; Ausland ☎139) anrufen, dann die Nummer im gewünschten Land angeben.

Toiletten

➡ Eine Besonderheit des griechischen Abwassersystems ist die augenscheinlich allergische Reaktion auf Toilettenpapier – die Abflussrohre sind einfach zu eng, was allzu schnell eine überlaufende Schüssel zur Folge haben kann. Papier, Tampons usw. sollten daher in die bereitgestellten Abfalleimer entsorgt werden.

➡ Ganz selten trifft man außerhalb der größeren Städte in älteren Häusern, *kafenia* und öffentlichen Toiletten auf Hockklos.

➡ Außer an Flughäfen, Zug- und Busbahnhöfen sind öffentliche Toiletten selten. Wer ein dringendes Bedürfnis hat, geht am besten in ein Café. Manchmal wird erwartet, dass man für den Service eine Kleinigkeit kauft.

Touristeninformation

Außerhalb der Städte sind kommunale Touristeninformationen spärlich gesät, und die, die es gibt, haben meist nur am Wochenende bis zum frühen Nachmittag geöffnet und allenfalls ein paar kostenlose Karten und Broschüren auf Lager. Diese Lücke schließen häufig Reisebüros. Die Website der **Nationalen Touristenorganisation** (EOT; www.visitgreece.gr) umfasst einige Infos zu Kreta.

Trinkgeld

Bar Ein Euro pro Runde oder man rundet auf den nächsten Euro auf.

Hotelportier oder Schiffskellner Zwischen 1 € (pro Gepäckstück) und 3 €.

Restaurants Trinkgeld ist normalerweise im Rechnungsbetrag inbegriffen und daher nicht notwendig, doch gewöhnlich wird der Betrag aufgerundet oder es werden etwa 10 % Trinkgeld gegeben, wenn der Service gut war.

Taxi Fahrpreis aufrunden.

Versicherung

➡ Eine Reiseversicherung gegen Diebstahl, Verlust und Krankheit ist sinnvoll.

➡ Manche Verträge klammern riskante Aktivitäten aus, dazu können Sporttauchen, Motorradfahren oder sogar Bergwandern gehören; unbedingt das Kleingedruckte lesen!

➡ Die Versicherung sollte auch für Krankentransport und evt. Rückflug aufkommen.

➡ Am besten informiert man sich schon vor der Reise, ob die Versicherung Arzt- und Krankenhausrechnungen direkt bezahlt oder ob Vorkasse geleistet werden muss.

➡ Manche Kreditkarten bieten auch eine begrenzte Reiseunfallversicherung, falls das Flugticket mit dieser Karte gezahlt wird. Einfach beim Kreditkartenanbieter nachfragen, welche Deckung geleistet wird.

➡ Eventuell eine Gepäckversicherung bei Diebstahl oder Verlust abschließen. Manchmal ist dieser Reiseschutz in der Hausratsversicherung abgedeckt – nachfragen!

➡ Weltweite Reiseversicherungen sind auf www.lonelyplanet.com/travel-insurance erhältlich. Sie können dort auch verlängert werden (auch wenn man schon unterwegs ist) und es können Kostenerstattungen beantragt werden.

Visa

Griechenland hat das Schengener Abkommen unterzeichnet und es gelten die entsprechenden Bestimmungen: Bürger der Unterzeichnerstaaten benötigen für die Einreise lediglich einen Personalausweis oder Reisepass. Die Visumspflicht entfällt und der Aufenthalt ist zeitlich nicht begrenzt.

Schweizer Staatsbürger können ohne Visum bis zu drei Monate in Griechenland bleiben. Wer länger bleiben will, sollte sich möglichst weit im Voraus schon mit der nächsten griechischen Botschaft oder dem Konsulat in Verbindung setzen, um ein entsprechendes Visum zu beantragen.

Zeit

In Griechenland gehen die Uhren nach osteuropäischer Zeit (MEZ plus 1 Std.). Wie in Mitteleuropa beginnt die Sommerzeit am letzten Sonntag im März und endet am letzten Sonntag im Oktober.

Zoll

Innerhalb der EU gibt es keinerlei Zollbeschränkungen mehr. Wer das Land von außerhalb der EU betritt, wird gewöhnlich nur oberflächlich kontrolliert und muss nur mündlich erklären, ob er etwas zu verzollen hat. Gelegentlich wird noch nach Drogen gefahndet. Wichtig: Codein ist illegal in Griechenland. Wer Codein-haltige Medikamente einnimmt, sollte sich vom Arzt zu Hause eine Bescheinigung ausstellen lassen oder das Rezept mitführen.

Es ist streng verboten, ohne Sondergenehmigungen des griechischen Kulturministeriums/Generaldirektion für Antiquitäten und Kulturelles Erbe (gda@culture.gr) Antiquitäten in Griechenland zu erwerben und zu exportieren. Bei Zuwiderhandlungen werden bisweilen drakonische Strafen verhängt – schon die Mitnahme eines winzigen Kieselsteins von einer Ausgrabungsstätte gilt als Straftat.

Wer mehr als 10 000 € in bar mit sich herumträgt, muss das beim Zoll angeben.

Für die zollfreie Einfuhr gelten bei Reisenden ab 17 Jahren aus *Nicht-EU-Ländern*:

➡ 200 Zigaretten oder 50 Zigarren oder 250 g Tabak

➡ 1 l Spirituosen mit mehr als 22 Vol.-% Alkohol oder 2 l unter 22 Vol.-%

➡ 4 l Wein

➡ 16 l Bier

➡ andere Waren bis zu einem Wert von 430 € (bei unter 15-Jähigen 150 €)

Verkehrsmittel & -wege

AN- & WEITER-REISE

Kreta ist problemlos auf dem Seeweg oder per Flugzeug zu erreichen. Insbesondere im Sommer bestehen zahllose Verbindungen. In der Nebensaison heißt es bei Flügen oft: Zwischenstopp in Athen. Flüge, Mietwagen und Touren können unter lonelyplanet.com/bookings gebucht werden.

Einreise

Die Einreise nach Kreta ist meist eine sehr einfache Sache. Reisende aus einem der Länder des Schengener Abkommens (d.h. die Mitgliedsstaaten der EU plus Island, Norwegen und die Schweiz) müssen normalerweise noch nicht einmal den Pass vorzeigen. Es kann aber schon sein, dass der Zoll am Inhalt des Gepäcks interessiert ist. EU-Bürger können mit einem Personalausweis einreisen.

Flugzeug

Die meisten Traveller fliegen nach Kreta. Häufig ist ein Zwischenstopp in Athen vonnöten. Das gilt auch, wenn man von einer anderen griechischen Insel aus nach Kreta gelangen möchte. Ausnahmen sind einige Strecken mit der auf Kreta ansässigen Airline **Sky Express** (☎21521 56510; www.skyexpress.gr).

Flughäfen & Fluggesellschaften

Der Nikos Kazantzakis Heraklion International Airport in Iraklion ist der größte Flughafen auf Kreta, aber auch Chania ist praktisch gelegen für Traveller, die in den Westen der Insel wollen. Der kleine Flughafen von Sitia bedient nur eine Handvoll nationaler Routen und – im Sommer – Charterflüge aus Nordeuropa.

Zwischen Mai und Oktober bieten Billigflieger wie easyJet und Ryanair Direktflüge nach Kreta an, meist von Großbritannien, Deutschland, Polen, Schweden und Italien. Ryanair hat außerdem preisgünstige Inlandsflüge von Athen nach Iraklion und von Chania nach Thessaloniki.

Nikos Kazantzakis Heraklion International Airport (HER; ☎2810 397800; www.ypa.gr/en/our-airports/kratikos-aerolimenas-hrakleioy-n-kazantzakhs) Etwa 5 km östlich von Iraklion. Mit Bank, Geldautomaten, Duty-free-Shops und Café-Bars.

Chania International Airport (☎28210 83800; www.chania-airport.com) Chanias Flughafen liegt 14 km östlich der Stadt auf der Akrotiri-Halbinsel und wird ganzjährig von Athen und in der Urlaubssaison von ganz Europa aus angeflogen.

Sitia Municipal Airport (JSH; ☎28430 24424) Dieser kleine Flughafen 1 km nördlich von Sitias Stadtzentrum wickelt nationale Flüge nach Athen, Alexandroupolis, Iraklion, Kassos und Rhodos sowie saisonale Charterflüge aus Deutschland und Skandinavien ab.

GRIECHISCHE FLUGGESELLSCHAFTEN

Aegean Airlines (☎210 626 1000; www.aegeanair.com) Die größte nationale Fluggesellschaft bedient die Strecke zwischen Athen und den Städten Iraklion, Chania und Sitia. Von Iraklion aus geht's zudem in verschiedene Städte Europas wie Berlin, Paris und Moskau (jedoch z.T. nur in der Hauptsaison). 2013 hat sich Aegean mit Olympic Air (www.olympicair.com) zusammengetan, die Flüge gehen aber immer noch unter beiden Namen.

Sky Express (☎21521 56510; www.skyexpress.gr) Diese Fluggesellschaft mit Sitz in Iraklion fliegt 32 Ziele an, die meisten in Griechenland. Darunter sind Athen, Korfu, Mytilini (Lesbos), Rhodos, Kos, Samos, Chios, Karpathos und Volos. Von Sitia aus werden zehn Reiseziele angesteuert, darunter Alexandroupolis, Rhodos und Preveza.

Astra Airlines (☎23104 89391; www.astra-airlines.gr) Die winzige Airline mit Sitz in Thessaloniki fliegt von Thessaloniki nach Iraklion und Sitia, in der Hauptsaison auch nach München, Tel Aviv und Stockholm.

Auf dem Landweg

Auto & Motorrad

Eine Autofahrt nach Kreta dauert von den meisten europäischen Ländern aus mehrere Tage, ist also nur bei längeren Aufenthalten sinnvoll. Am schnellsten ist die Anreise, wenn man in Italien an Bord einer Fähre geht. Eine Hochgeschwindigkeitsfähre von Venedig nach Patras braucht 31 Stunden, ab Bari sind es 16 Stunden. Von Patras aus sind es weitere 200 km bis Piräus (bei Athen), wo Fähren nach Iraklion, Sitia und Chania ablegen.

Man kann auch über Slowenien, Kroatien, Bulgarien und Nordmazedonien nach Athen fahren, das ist aber nur unwesentlich preiswerter und über die Distanz darf man gar nicht nachdenken.

Bus

Wer gern Bus fährt und reichlich Zeit hat, kann eine entsprechende Tour nach Athen zusammenbasteln. Gewöhnlich muss man in wenigstens einer osteuropäischen Stadt umsteigen, z. B. in Bratislava, Budapest oder Belgrad. Von dort geht's mit der Fähre weiter nach Kreta. Die Reise dauert mindestens zwei Tage und ist meist teurer als ein Flug. Eine praktische Website ist www.rome2rio.com.

Zug

Mit dem Zug ist Athen von München aus über Zagreb, Belgrad und Thessaloniki oder über Budapest, Sofia und Thessaloniki zu erreichen. Oder man steuert mit dem Zug die Ostküste Italiens an (Bari, Brindisi, Ancona oder Venedig), nimmt von dort eine Fähre nach Patras auf dem Peloponnes, dann einen Bus zum Hafen Piräus und von dort eine Fähre nach Kreta.

Umfassende Infos findet man unter www.seat61.com.

Übers Meer

Kreta ist bestens mit Fähren versorgt: Mindestens eine fährt das ganze Jahr über täglich von Piräus nach Iraklion und Chania, im Sommer sind es sogar mehrere. Weitere Häfen mit langsamen Fährverbindungen gibt's in Sitia im Osten und Kissamos im Westen. Die Fahrpläne ändern sich je nach Saison, von November bis April ist der Betrieb eingeschränkt. Die neuen Pläne werden erst kurz vor Beginn der jeweiligen Saison angekündigt; Grund ist die Konkurrenz um Streckenlizenzen. Fähren können bei schlechtem Wetter und aufgrund von Streiks oder technischen Problemen verspätet sein oder Verbindungen komplett gestrichen werden.

Fährrouten nach/ab Kreta

An vier Häfen – alle an der Nordküste – machen sich Fähren auf den Weg quer durchs Mittelmeer. Am geschäftigsten ist der Hafen von Iraklion. Dort bestehen tägliche Verbindungen nach Piräus mit Fähren von **Anek Lines** (www.anek.gr), außerdem werden Santorin, die kykladischen Inseln Milos und Anafi sowie Kassos, Karpathos, Chalki und Rhodos im Dodekanes angesteuert. **Golden Star** (www.goldenstarferries.gr) bedient Santorin und Mykonos, **Sea Jets** (www.seajets.gr) nimmt Kurs auf Mykonos, Paros, Naxos, Ios und Santorin. **Minoan Lines** (www.minoan.gr) betreibt eine tägliche Fähre von Iraklion nach Piräus. In Piräus kommt aber auch täglich eine Anek-Fähre aus Chania an, aus Sitia einmal wöchentlich. Von Sitia aus bedient die Anek-Tochter **Aegeon Pelagos** (☎Chania 28210 24000; www.anek.gr) verschiedene Kykladen-Inseln und den Dodekanes. In Kissamos ganz im Westen gibt's direkte Verbindungen nach Kythira und Gythio mit **Triton Ferries** (☎28210 75444; www.tritonferries.gr).

Die Fährunternehmen passen ihre Routen und Dienstleistungen dem saisonalen Bedarf an. Aktuelle Strecken, Fahrpläne und Preise findet man auf den Websites der Anbieter oder unter www.gtp.gr, www.openseas.gr, www.ferries.gr und www.greekferries.gr. Auch Tickets sind online erhältlich.

Fährunternehmen

Anek Lines (www.anek.gr) Die Hauptfähre nach/ab Piräus; die

ABFLUGSTEUER

Die Abflugsteuer ist im Flugticketpreis bereits enthalten.

REISEN & KLIMAWANDEL

Jede Form des Reisens, die auf Brennstoff auf Kohlenstoffbasis beruht, erzeugt CO_2, die Hauptursache des von Menschen verursachten Klimawandels. Modernes Reisen ist von Flugzeugen abhängig, die zwar pro Kilometer und Person weniger Kraftstoff als die meisten Autos verbrauchen, aber sehr viel weitere Strecken zurücklegen. Auch die hohen Luftschichten, in die Flugzeuge Treibhausgase (auch CO_2) und Schadstoffe ausstoßen, verstärken ihren Einfluss auf den Klimawandel. Viele Websites bieten „Emissionsrechner", mit denen Reisende die CO_2-Emissionen ihrer Reise ausrechnen und die Auswirkung dieser Treibhausgase mit einem Beitrag für klimafreundliche Projekte in der ganzen Welt ausgleichen können. Lonely Planet gleicht die CO_2-Bilanz aller Reisen der Mitarbeiter und Autoren aus.

Fährverbindungen nach Kreta

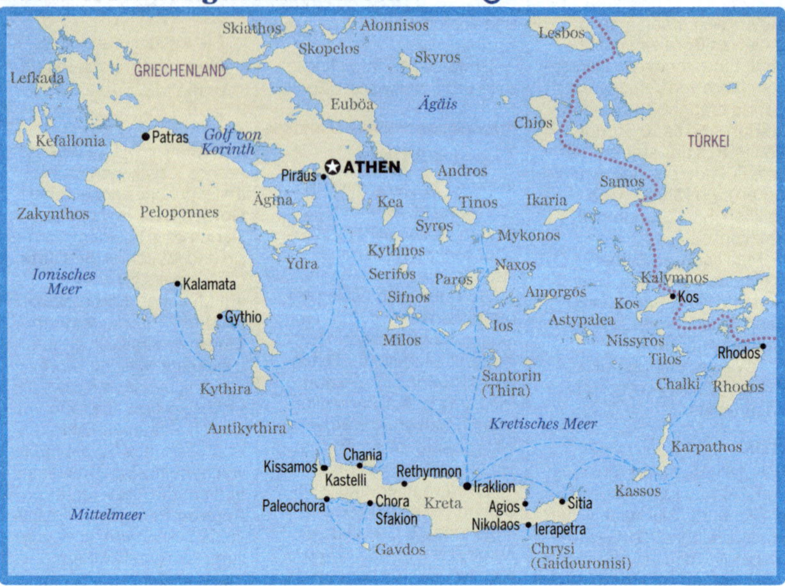

Fähren ab Sitia werden von dem Schwesterunternehmen Aegeon Pelagos Sea Lines betrieben.

Golden Star (http://goldenstarferries.gr) Fährverbindungen zu den Kykladen.

Minoan Lines (www.minoan.gr) Luxus-Hochgeschwindigkeitsfähren nach/ab Piräus.

Sea Jets (www.seajets.gr) Hochgeschwindigkeitskatamarane zu den Kykladen.

Triton Ferries (www.tritonferries.gr) Fährverbindungen zwischen Kissamos und Gythio sowie Kythira.

Segeln

Segeln ist zwar durchaus eine beliebte Art, durch die griechische Inselwelt zu tingeln. Da Kreta aber keine nahegelegenen Nachbarinseln hat, gibt es hier auch keinen großartigen Jachtbetrieb. Die Segelsaison beginnt im April und endet im Oktober; zwischen Juli und September legen die *meltemi*-Winde (trockene Nordwinde) jedoch oft jegliche Segelaktivität lahm.

Tickets

- Autofahrer sollten in der Hauptsaison allerdings trotzdem weit im Voraus buchen, vor allem bei Nachtfahrten oder Katamaran-Schnellbooten.
- Tickets kauft man am besten online, entweder direkt bei der entsprechenden Fährgesellschaft oder über eine Buchungsmaschine wie www.greekferries.gr bzw. www.ferries.gr.
- Bei Ausfall einer Fähre ist das Ticket dann auf die nächste verfügbare Fahrt mit der gleichen Fährgesellschaft übertragbar.
- Die Preise richten sich nach Entfernung und Reiseklasse (hier ist alles zwischen Deck und Zweibett-Außenkabine geboten).
- Kinder, Studenten und Senioren bekommen normalerweise eine Ermäßigung von 10 % bis 50 %, während die Kleinen unter fünf Jahren oft umsonst mitfahren dürfen.

UNTERWEGS VOR ORT

Auto & Motorrad

Mit dem eigenen fahrbaren Untersatz zu reisen ist praktisch – und notwendig, wenn man auch die Gegenden abseits der Ferienorte an der Küste erkunden möchte. Obwohl die Distanzen oft nicht groß sind, sorgen die schmalen, gewundenen Höhenstraßen für ein sehr gemäßigtes Tempo, was man unbedingt bei der Reiseplanung berücksichtigen sollte. In entlegenen Regionen, insbesondere im Süden, stößt man nach wie vor auf unbefestigte Straßen, die vielleicht nur mit einem geländegängigen Fahrzeug zu bewältigen sind.

Führerschein

Der EU-Führerschein gilt auch auf Kreta. Fahrer aus Nicht-EU-Ländern müssen vor der Einreise einen internationalen Führerschein beantragen – Verleihfirmen werden diesen sehen wollen, wenn man einen Wagen mieten möchte. Der internationale Führerschein gilt nur in Verbindung mit dem regulären; immer beide mitführen. Weitere Infos gibt's beim Automobilclub des jeweiligen Heimatlandes.

Leihwagen & -motorrad

AUTOS

➡ Die großen internationalen Verleihfirmen unterhalten Niederlassungen an den Flughäfen und in größeren Städten.

➡ Oft zahlt es sich aus, Mietautos vorab durch Vermittlerunternehmen wie Auto Europe (www.autoeurope.com) und Holiday Autos (www.holidayautos.com) zu buchen. Die Tarife lokaler Anbieter sind auch sehr oft preiswert und in der Nebensaison kann man versuchen, ein wenig zu handeln.

➡ Das Mindestalter für den Führerscheinerwerb liegt in Griechenland bei 18 Jahren, die meisten Autovermietungen verleihen ihre Fahrzeuge jedoch erst an Personen ab 21 oder bei größeren Fahrzeugen ab 23 Jahren. Manchmal dürfen auch jüngere Leute ein Auto mieten, dafür muss jedoch gewöhnlich draufgezahlt werden.

➡ Die meisten Autos haben Gangschaltung. Wer ein Fahrzeug mit Automatikgetriebe wünscht, sollte im Voraus reservieren, denn sie sind selten und meistens teurer.

➡ Man sollte sich immer vergewissern, was durch die Versicherung abgedeckt ist; unbefestigte oder gefährliche Strecken sind oft nur mit einem Allradfahrzeug zu bewältigen.

MOTORRAD

➡ Mopeds, Motorräder und Motorroller gibt's in allen touristischen Gegenden zu mieten. Die meisten Zweiräder sind recht neu und in gutem Zustand. Trotzdem sollte man die Bremsen prüfen, bevor man den Mietvertrag unterzeichnet.

➡ Für alle Motorräder ab 50 ccm muss ein entsprechender Führerschein vorgelegt werden.

➡ Ein Moped oder 50-ccm-Motorrad kostet ab etwa 20 € pro Tag, ein 250-ccm-Motorrad ca. 35 €. Außerhalb der Hauptsaison sinken die Preise beträchtlich.

➡ Bei den meisten Motorradverleihern ist im Preis eine Haftpflichtversicherung inbegriffen, doch sollte man das auf jeden Fall prüfen. Für Arzt- und Krankenhauskosten kommt die Versicherung jedoch normalerweise nicht auf.

➡ Es besteht Helmpflicht – den Helm muss der Vermieter als Teil des Vertrags stellen.

Treibstoff

In bewohnten Gegenden ist es kein Problem, eine Tankstelle zu finden, in den bergigen Regionen sind diese aber spärlich gesät, deshalb: immer volltanken, wenn man eine längere Tour plant. Manchmal sind Tankstellen am Wochenende und an Feiertagen geschlossen. Selbstbedienung an Tankstellen ist in Griechenland nicht die Regel, auch Zapfstellen mit Kreditkarte sind selten. Manchmal werden überhaupt keine Karten akzeptiert – immer ausreichend Bargeld dabeihaben.

Verkehrsregeln

➡ Auf Schnellstraßen wird erwartet, dass langsame Fahrer den Seitenstreifen nutzen, um den schnelleren Verkehr überholen zu lassen.

➡ Außerhalb von bebauten Gebieten hat man – sofern es keine andere Beschilderung gibt – auf Hauptstraßen Vorfahrt. In geschlossenen Ortschaften gilt rechts vor links. Das ist auch an Kreisverkehren der Fall – wer im Kreisverkehr fährt, muss von rechts kommenden Fahrzeugen Vorfahrt gewähren.

➡ Sicherheitsgurte sind auf Vorder- und Rücksitzen Pflicht.

➡ Kinder unter zwölf Jahren dürfen nur auf dem Rücksitz mitfahren.

➡ Es sind eine Erste-Hilfe-Ausrüstung, ein Feuerlöscher und ein Warndreieck mitzuführen. Benzinkanister im Kofferraum sind dagegen verboten.

➡ Für Motorräder besteht Helmpflicht, ansonsten droht eine Geldbuße.

➡ Als zulässige Höchstgeschwindigkeit für Pkw und Motorräder gilt 120 km/h auf Autobahnen, 90 km/h auf Landstraßen und 50 km/h in Ortschaften. Wer zu schnell ist, zahlt ein Bußgeld. Verkehrssünder bekommen mitgeteilt, wo sie bezahlen sollen.

➡ Wer mit mehr als 0,5 Promille erwischt wird, muss ein Bußgeld zahlen. Werte über 0,8 Promille gelten als Straftat.

➡ Wer in einen Unfall verwickelt wird, bei dem keine Personen zu Schaden kamen, muss nicht unbedingt ein Polizeiprotokoll aufnehmen lassen. Trotzdem ist es besser, die nächste Polizeistation aufzusuchen und den Unfallhergang zu schildern. Muss die Versicherung eingeschaltet werden, ist nämlich ein Polizeiprotokoll erforderlich. Wer in einen Unfall mit Personenschaden verwickelt ist und Fahrerflucht begeht, riskiert eine Gefängnisstrafe.

➡ In den Städten ist Autofahren ein einziger Albtraum aus Einbahnstraßen, Halten in zweiter Reihe und willkürlich angewandten Parkregeln. Das Fahrzeug wird zwar nicht abgeschleppt, aber die Strafzettel für Falschparken sind saftig.

➡ Behindertenparkplätze sind selten.

GEFAHREN IM STRASSENVERKEHR

Die größte Gefahr auf Kreta geht nicht von schlechten Straßen, sondern von der einheimischen Fahrweise aus. Verkehrsregeln werden regelmäßig ignoriert und es fehlt an Polizeipräsenz. Der Fahrstil der Kreter ist ziemlich wild. Wer zu langsam fährt, muss mit dichtem Auffahren, Gehupe und riskanten Überholmanövern rechnen. Überholen in Kurven und unter Nichtbeachtung von Verboten ist an der Tagesordnung.

Noch ein paar Tipps:

➡ Es empfiehlt sich, das Fahrzeug bei Dunkelheit stehen zu lassen. Fahren unter Alkoholeinfluss wird auf Kreta kaum von der Polizei verfolgt, sodass es auf den Straßen gefährlich werden kann.

➡ Man muss mit schmalen Spuren, ungesicherten Böschungen und schlecht einzusehenden Kehren auf Höhenstraßen rechnen.

➡ Der Zustand des Straßenbelags kann sich plötzlich ändern, wenn ein Straßenabschnitt abgesunken oder verwittert ist.

➡ In den Bergen muss man auf freilaufende Schaf- oder Ziegenherden eingestellt sein.

➡ Steinschlaggefahr ist oft nicht beschildert und entsprechende Stellen sind auch nicht gesichert, sodass lose Steine auf der Straße herumliegen können – also Augen auf!

➡ Beim Fahren mit dem Handy zu telefonieren ist illegal.

Versicherung

Eine Haftpflichtversicherung ist in Griechenland für alle Fahrzeuge Pflicht – auch für solche, die aus dem Ausland ins Land kommen. Daher sollte jeder darauf achten, dass der bei der Autovermietung abgeschlossene Vertrag eine ausreichende Haftpflichtdeckung umschließt. Schäden am Auto selbst (Teil- oder Vollkasko) sind fast bei keinem Anbieter vom Vertrag abgedeckt, sondern eine Zusatzoption. Es empfiehlt sich jedoch auf jeden Fall, eine solche abzuschließen. Manche Kreditkarten bieten für einen bestimmten Zeitraum eine Teil- oder Vollkaskoversicherung an, wenn die gesamte Vermietung über die Kreditkarte läuft (häufig muss aber ein Selbstbehalt gezahlt werden). Es lohnt sich daher immer, vor der Reise beim Kreditkartenanbieter nachzufragen, welche Deckung für Griechenland angeboten wird.

Bus

Busse sind Kretas einzige öffentliche Verkehrsmittel, aber Dank des gut ausgebauten Netzes in den meisten Regionen ist die Fortbewegung zwischen größeren Städten und Dörfern weitestgehend gewährleistet. Busreisen sind sicher, die Fahrzeuge ziemlich komfortabel. Die Fahrpreise unterliegen staatlicher Kontrolle und sind für europäische Verhältnisse recht günstig. Die aktuellen Fahrpläne für Westkreta stehen auf der Website http://e-ktel.com, für Zentral- und Ostkreta auf www.ktelherlas.gr.

Fähre

Kleinere Fähren verkehren zwischen den Orten an Kretas Südwestküste in der Region Sfakia des Bezirks Chania. Von Mai bis Oktober bietet **Anendyk** (☎Mo–Fr 8–16 Uhr, 28250 91221; www.anendyk.gr; Neuer Hafen) tägliche Verbindungen zwischen Paleochora, Sougia, Agia Roumeli, Loutro und Chora Sfakion. Fähren zur Insel Gavdos legen von Chora Sfakion und Paleochora ab und halten unterwegs in Sougia, Agia Roumeli oder Loutro. Die Fahrpläne ändern sich von Jahreszeit zu Jahreszeit – immer vorher nachschauen! Bei schlechtem Wetter werden Fährverbindungen gestrichen.

In mehreren Hafenstädten im Süden, darunter Agia Galini, Plakias, Sougia und Chora Sfakion, gibt es Wassertaxis. Die kleinen Schnellboote bringen Passagiere an Orte, die auf dem Landweg schwer zu erreichen sind, z. B. an abgeschiedene Strände. Manche Taxiskipper berechnen den Tarif pro Person, andere nehmen einen Pauschalpreis fürs Boot.

Mit Ausflugsbooten lokaler Anbieter lassen sich Touren zu diversen Inseln vor der Küste und nahen Stränden unternehmen, z. B. von Ierapetra nach Chrysi (Gaidouronisi oder Chrissi), von Agios Nikolaos nach Spinalonga, von Kissamos zur Halbinsel Gramvousa (Balos-Strand) oder von Paleochora nach Elafonisi.

Fahrrad

Auch auf Kreta wird Radfahren immer populärer, aber für die vielen bergigen Abschnitte braucht man Muckis und Ausdauer. Ausgewiesene Fahrradwege gibt's leider nicht.

In den meisten Touristenorten gibt's mindestens einen Fahrradverleih, der Kostenpunkt liegt, abhängig vom Radtyp, zwischen 10 €

und 30 € pro Tag. Wochenmieten sind etwas günstiger. Auf Fähren reisen Fahrräder umsonst mit.

Weitere Details, Musterrouten und Infos zu geführten Radtouren findet man unter www.cyclingcreta.gr. Eine andere gute Quelle ist www.bikemap.net.

Flugzeug

Innerhalb Kretas besteht kein kommerzieller Flugverkehr.

Nahverkehr

Bus

Die Stadtbusse in größeren Städten wie Iraklion, Rethymnon, Chania, Agios Nikolaos und Ierapetra bedienen vor allem die Wohnvorstädte und sind für Urlauber meist nicht besonders praktisch. Fahrscheine gibt's normalerweise an den *periptera* (Kiosken) oder beim Fahrer – der Kauf an Bord ist manchmal teurer.

Taxi

Abgesehen von einsamen Dörfern sind Taxis überall verbreitet. In größeren Städten und an den Flughäfen gibt es Taxistände, an denen Listen mit entlegeneren Fahrzielen und entsprechenden Preisen ausgehängt sind; so besteht keine Gefahr, übers Ohr gehauen zu werden. Ansonsten sollte man sich in den Städten vergewissern, dass das Taxameter angeschaltet wird. Auf dem Land haben Taxis oft keinen Zähler, deswegen vor der Abfahrt immer den Preis vereinbaren.

Trampen

Trampen ist nirgends völlig sicher, egal in welchem Land man sich aufhält, und daher nicht wirklich zu empfehlen. Wer per Daumen reist, sollte möglichst zu zweit an der Straße stehen und jemanden über das geplante Reiseziel informieren. Übrigens hält man hier nicht wie in Nordeuropa den Daumen hoch, sondern winkt mit ausgestrecktem Arm, wobei die Handfläche nach unten zeigt.

Aus größeren Städten herauszukommen ist meist Knochenarbeit, in abgelegeneren Gebieten ist Trampen viel einfacher. Auf Landstraßen kommt es oft vor, dass Fahrer unaufgefordert anhalten und fragen, ob man mitfahren möchte.

Sprache

Griechisch wird seit 4000 Jahren gesprochen und existiert seit rund 3000 Jahren in Schriftform – damit ist es eine der ältesten Sprachen Europas. Das Griechische hat die europäische Kultur über Jahrhunderte hinweg beeinflusst. Ein Großteil des heutigen Vokabulars der indogermanischen Sprachen hat daher griechische Wurzeln, und wer wissenschaftlich arbeitet, hat ohnehin ständig mit griechischen Vokabeln zu tun.

Neugriechisch ist die offizielle Landessprache Griechenlands und eine der zwei offiziellen Landessprachen Zyperns. Daneben wird es auch in vielen griechischen Migrantengemeinden weltweit gesprochen.

Das griechische Alphabet wird auf der nächsten Seite näher erläutert, aber um sich zu verständigen, genügt es schon, sich an die roten Aussprachehinweise für deutschsprachige Leser zu halten. Ein paar Tipps vorab: Das Konsonantenpaar dh wird wie das weiche englische „th" ausgesprochen, gh ist die weichere, etwas kehlige Version eines normalen „g", und ch wird vor e- und i-Lauten wie in „ich" und ansonsten wie in „ach" ausgesprochen. Alle griechischen Wörter, die aus mindestens zwei Silben bestehen, sind mit einem Accent aigu (´) versehen, der die Betonung angibt. In unseren Aussprachehinweisen steht die betonte Silbe in Kursivschrift.

Das Griechische kennt wie das Deutsche drei Geschlechter – Maskulinum, Femininum und Neutrum. Wo erforderlich, wird das Geschlecht in diesem Kapitel angegeben (in Klammern und mit den bekannten Abkürzungen „m/f/n").

Das griechische Fragezeichen entspricht dem deutschen Semikolon (;).

NOCH MEHR GRIECHISCH?

Zusätzliche Informationen zur Sprache und nützliche Wendungen für diejenigen, die fit in Englisch sind, gibt es im Sprachführer *Greek Phrasebook*. Er ist im Buchhandel sowie online auf **shop.lonelyplanet.com** erhältlich.

BEGRÜSSUNG

Hallo.	Γειά σας.	*ya*·sas (Sie-Form)
	Γειά σου.	*ya*·su (Du-Form)
Guten Morgen.	Καλημέρα.	ka·li *me*·ra
Guten Abend.	Καλησπέρα.	ka·li *spe*·ra
Gute Nacht.	Καλη νύχτα.	ka·li *ni*·chta
Auf Wiedersehen.	Αντίο.	an·*di*·o
Ja./Nein.	Ναι./Οχι.	nä/*o*·chi
Bitte.	Παρακαλώ.	pa·ra·ka·*lo*
Danke.	Ευχαριστώ.	ef·cha·ri·*sto*
Gern geschehen/ keine Ursache.	Τίποτα.	*ti*·po·ta
Entschuldigung.	Συγγνώμη.	sigh·*no*·mi
Wie heißen Sie?/ Wie heißt Du?	Πώς σας λένε;/ Πώς σου λένε;	pos sas *le*·ne?/ pos su *le*·ne?
Ich heiße ...	Με λένε ...	me *le*·ne ...
Sprechen Sie Englisch/ Deutsch?	Μιλάτε αγγλικά/ γερμανικά;	mi·*la*·te an·gli·*ka*/ yer·ma·ni·*ka*?
Ich verstehe (nicht).	(Δεν) καταλαβαίνω.	(dhen) ka·ta·la·*ve*·no

EINKAUFEN & DIENSTLEISTUNGEN

Ich möchte ... kaufen.
Θέλω ν'αγοράσω ... *the*·lo na·gho·*ra*·so ...

Ich gucke nur.
Απλώς κοιτάζω. ap·*los* ki·*ta*·zo

Kann ich es anschauen?
Μπορώ να το δω; — bo·*ro* na to dho

Das gefällt mir nicht.
Δεν μου αρέσει. — dhen mu a·*re*·si

Wie viel kostet das?
Πόσο κάνει; — *po*·so *ka*·ni

Das ist zu teuer.
Είναι πολύ ακριβό. — *i*·nä po·*li* a·kri·*vo*

Würden Sie mit dem Preis heruntergehen?
Μπορείτε να κατεβάσετε την τιμή; — bo·*ri*·te na ka·te·*va*·se·te tin ti·*mi*

Bank	τράπεζα	*tra*·pe·za
Geldautomat	αυτόματη μηχανή χρήματων	af·*to*·ma·ti mi·cha·*ni* *chri*·ma·ton
Handy	κινητό	ki·ni·*to*
Kreditkarte	πιστωτική κάρτα	pi·sto·ti·*ki* *kar*·ta
Postfiliale	ταχυδρομείο	ta·chi·dhro·*mi*·o
Toilette	τουαλέτα	tu·a·*le*·ta
Touristen-information	τουριστικό γραφείο	tu·ri·sti·*ko* ghra·*fi*·o
WLAN-Password	wi-fi κωδικό	wi-fi ko·dhi·*ko*

ESSEN & TRINKEN

Einen Tisch für ...	Ενα τραπέζι για ...	e·na tra·*pe*·zi ya ...
(zwei) Personen	(δύο) άτομα	(*dhi*·o) *a*·to·ma
(acht) Uhr	στις (οχτώ)	stis (och·*to*)
Ich esse kein/e/n ...	Δεν τρώγω ...	dhen *tro*·gho ...
Fisch	ψάρι	*psa*·ri
(rotes) Fleisch	(κόκκινο) κρέας	(*ko*·kki·no) *kre*·as
Erdnüsse	φυστίκια	fi·*sti*·kia
Geflügel	πουλερικά	pu·le·ri·*ka*

Was empfehlen Sie mir?
Τι θα συνιστούσες; — ti tha si·ni·*stu*·ses

Woraus besteht dieses Gericht?
Τι περιέχει αυτό το φαγητό; — ti pe·ri·e·chi af·*to* to fa·ghi·*to*

Das war köstlich!
Ήταν νοστιμότατο! — *i*·tan no·sti·*mo*·ta·to

Prost!
Εις υγείαν! — is i·*yi*·an

GRIECHISCHES ALPHABET

Das griechische Alphabet hat 24 Buchstaben, die wir nachfolgend in Groß- und Kleinschreibung zeigen. Vorsicht, manche Buchstaben sehen aus wie deutsche, klingen aber ganz anders: Das **B** wird beispielsweise wie v und das **P** wie r ausgesprochen. Wie im Deutschen beeinflusst auch die Kombination von Buchstaben deren Aussprache. So wird etwa die Buchstabenkombination **ου** wie u ausgesprochen, während **οι** zu i wird.

Α α	a	wie in „Asien"
Β β	v	wie in „Vase"
Γ γ	gh	ein weiches, kehliges „g" oder
	y	vor e- und i-Lauten wie j in „ja"
Δ δ	dh	wie in engl. „this"
Ε ε	e	wie in „Elle"
Ζ ζ	z	wie s in „Hirse"
Η η	i	wie in „Biene"
Θ θ	th	wie in engl. „think"
Ι ι	i	wie in „Biene"
Κ κ	k	wie in „kalt"
Λ λ	l	wie in „Land"
Μ μ	m	wie in „Mann"
Ν ν	n	wie in „Netz"
Ξ ξ	x	wie in „Xaver"
Ο ο	o	wie in „Koffer"
Π π	p	wie in „Puder"
Ρ ρ	r	wie in „Ring", leicht gerolltes r
Σ σ, ς	s	wie ß in „Muße"
Τ τ	t	wie in „Tüte"
Υ υ	i	wie in „Biene"
Φ φ	f	wie in „frisch"
Χ χ	ch	wie in „ach" oder vor e- und i-Lauten wie in „ich"
Ψ ψ	ps	wie in „Psalm"
Ω ω	o	wie in „Koffer"

Achtung, der Buchstabe **Σ** nimmt in der Kleinschreibung zwei Formen an – **σ** and **ς**. Die zweite steht am Ende eines Wortes. Das **Fragezeichen** im Griechischen gleicht unserem Semikolon (;).

Die Rechnung, bitte.
Το λογαριασμό, παρακαλώ. — to lo·ghar·yas·mo, pa·ra·ka·lo

Mini-Sprachführer

Abendessen	δείπνο	dhip·no
Bar	μπαρ	bar
Bier	μπύρα	bi·ra
Brot	ψωμί	pso·mi
Café	καφετέρια	ka·fe·te·ri·a
Delikatessen	ντελικατέσεν	de·li·ka·te·sen
Desserts	επιδόρπια	e·pi·dhor·pi·a
Ei	αυγό	av·gho
Eiscreme	κρέμα	kre·ma
Essig	ξύδι	ksi·dhi
Fisch	ψάρι	psa·ri
Flasche	μπουκάλι	bu·ka·li
Frühstück	πρόγευμα	pro·yev·ma
Gabel	πιρούνι	pi·ru·ni
Gemüse	λαχανικά	la·cha·ni·ka
Gericht	φαγητό	fa·yi·to
Glas	ποτήρι	po·ti·ri
Hauptgerichte	κύρια φαγητά	ki·ri·a fa·yi·ta
heiß	ζεστός	ze·stos
Hochstuhl	καρέκλα για μωρά	ka·re·kla yia mo·ra
Huhn	κοτόπουλο	ko·to·pu·lo
Kaffee	καφές	ka·fes
kalt	κρύος	kri·os
Käse	τυρί	ti·ri
Kräuter	βότανα	vo·ta·na
Lamm	αρνί	ar·ni
Lebensmittelgeschäft	οπωροπωλείο	o·po·ro·po·li·o
Limonade	αναψυκτικό	a·na·psik·ti·ko
Löffel	κουτάλι	ku·ta·li
Markt	αγορά	a·gho·ra
Menü	μενού	me·nu
Messer	μαχαίρι	ma·che·ri
Milch	γάλα	gha·la
mit/ohne	με/χωρίς	me/cho·ris
Mittagessen	μεσημεριανό φαγητό	me·si·me·ria·no fa·yi·to
Nuss	καρύδι	ka·ri·dhi
Obst	φρούτα	fru·ta
Öl	λάδι	la·dhi
Pfeffer	πιπέρι	pi·pe·ri
Restaurant	εστιατόριο	e·sti·a·to·ri·o
Rindfleisch	βοδινό	vo·dhi·no
Rotwein	κόκκινο κρασί	ko·kki·no kra·ßi
Saft	χυμός	chi·mos
Salz	αλάτι	a·la·ti
Schüssel	μπωλ	bol
Schweinefleisch	χοιρινό	chi·ri·no
Tee	τσάι	tsa·i
Teller	πιάτο	pia·to
Vegetarier	χορτοφάγος	chor·to·fa·ghos
Vorspeisen	ορεκτικά	o·rek·ti·ka
Wasser	νερό	ne·ro
Weißwein	άσπρο κρασί	a·spro kra·ßi
Zucker	ζάχαρη	sa·cha·ri

PRAKTISCHE WENDUNGEN

Wer sich auf Griechisch durchschlagen will, kann diese einfachen Redewendungen durch die jeweils passenden Vokabeln ergänzen.

Wann ist/fährt (der nächste Bus)?
Πότε είναι (το επόμενο λεωφορείο); — po·te i·nä (to e·po·me·no le·o·fo·ri·o)

Wo ist (der Bahnhof)?
Πού είναι (ο σταθμός); — pu i·nä (o stath·mos)

Ich suche (Amphilochos).
Ψάχνω για (τον Αμφίλοχος). — psach·no yia (ton am·fi·lo·chos)

Haben Sie (eine Ortskarte)?
Έχετε (οδικό τοπικό χάρτη); — e·che·te (o·dhi·ko to·pi·ko char·ti)

Gibt es ein/e/n (Fahrstuhl)?
Υπάρχει (ασανσέρ); — i·par·chi (a·san·ßer)

Darf ich (es anprobieren)?
Μπορώ να (το προβάρω); — bo·ro na (to pro·va·ro)

Ich habe (ein Zimmer reserviert).
Έχω (κλείσει δωμάτιο). — e·cho (kli·si dho·ma·ti·o)

Ich möchte gerne (ein Auto mieten).
Θα ήθελα (να ενοικιάσω ένα αυτοκίνητο). — tha i·the·la (na e·ni·ki·a·so e·na af·to·ki·ni·to)

IM NOTFALL

Hilfe!	Βοήθεια!	vo·i·thia
Gehen Sie weg!/ Geh weg!	Φύγετε!/Φύγε!	fi·ye·te/fi·ye

Ich habe mich verlaufen.	Εχω χαθεί.	e·cho cha·thi
Es hat einen Unfall gegeben.	Εγινε ατύχημα.	ey·i·ne a·ti·chi·ma
Rufen Sie ...!	Φωνάξτε ...!	fo·nak·ste ...
einen Arzt	ένα γιατρό	e·na yi·a·tro
die Polizei	την αστυνομία	tin a·sti·no·mi·a

Ich bin krank.
Είμαι άρρωστος. i·mä a·ro·stos (m)
Είμαι άρρωστη. i·mä a·rost (f)

Hier tut es weh.
Πονάει εδώ. po·na·i e·dho

Ich bin allergisch gegen (Antibiotika).
Είμαι αλλεργικός/αλλεργική στα (αντιβιωτικά) i·mä a·ler·yi·kos/a·ler·yi·ki sta (m/f) (an·di·vi·o·ti·ka)

RICHTUNGSANGABEN

Wo ist ...?
Πού είναι ...; pu i·nä ...

Wie ist die Adresse?
Ποια είναι η διεύθυνση; pi·a i·nä i dhi·ef·thin·si

Können Sie es mir (auf der Karte) zeigen?
Μπορείτε να μου δείξεις (στο χάρτη); bo·ri·te na mu dhik·sis (sto char·ti)

Links abbiegen.
Στρίψτε αριστερά. strips·te a·ri·ste·ra

Rechts abbiegen.
Στρίψτε δεξιά. strips·te dhe·ksia

an der nächsten Ecke
στην επόμενη γωνία stin e·po·me·ni gho·ni·a

an der Ampel
στα φώτα sta fo·ta

gegenüber	απέναντι	a·pe·nan·di
geradeaus	ολο ευθεία	o·lo ef·thi·a
hinter	πίσω	pi·so
nahe	κοντά	kon·da
neben	δίπλα	dhi·pla
vor	μπροστά	bro·sta
weit	μακριά	ma·kri·a

Fragewörter

Wann?	Πότε;	po·te
Warum?	Γιατί;	yi·a·ti
Was?	Τι;	ti
Wer?	Ποιος; Ποια; Ποιο;	pi·os (m) pi·a (f) pi·o (n)
Wie?	Πώς;	pos
Wo?	Πού;	pu

UNTERKUNFT

Campingplatz	χώρος για κάμπινγκ	cho·ros ya kam·ping
Hotel	ξενοδοχείο	kse·no·dho·chi·o
Jugendherberge	γιουθ χόστελ	yuth cho·stel

ein ... Zimmer	ένα ... δωμάτιο	e·na ... dho·ma·ti·o
Einzel-	μονόκλινο	mo·no·kli·no
Doppel-	δίκλινο	dhi·kli·no

Wie viel kostet es ...?	Πόσο κάνει ...;	po·so ka·ni ...
pro Nacht	τη βραδυά	ti vra·dhy·a
pro Person	το άτομο	to a·to·mo
AC	έρκοντίσιον	er·kon·di·si·on
Bad	μπάνιο	ba·nio
Fenster	παράθυρο	pa·ra·thi·ro
TV	τηλεόραση	ti·le·o·ra·si
Ventilator	ανεμιστήρας	a·ne·mi·sti·ras

VERKEHRSMITTEL & -WEGE

Öffentliche Verkehrsmittel

Schiff/Fähre	πλοίο	pli·o
Stadtbus	αστικό	a·sti·ko
Fernbus	λεωφορείο	le·o·fo·ri·o
Flugzeug	αεροπλάνο	ae·ro·pla·no
Zug	τραίνο	tre·no

Wo kann ich eine Fahrkarte kaufen?
Πού αγοράζω εισιτήριο; pu a·gho·ra·zo i·si·ti·ri·o

Ich möchte nach ... fahren.
Θέλω να πάω στο/στη ... the·lo na pao sto/sti...

Um wie viel Uhr fährt er ab?
Τι ώρα φεύγει; ti o·ra fev·yi

Hält er in (Iraklion)?
Σταματάει στο (Ηράκλειο); sta·ma·ta·i sto (i·ra·kli·o)

Ich möchte in (Iraklion) aussteigen.
Θα ήθελα να κατεβώ στο (Ηράκλειο). tha i·the·la na ka·te·vo (sto i·ra·kli·o)

Ich hätte gerne ein(e) ...	Θα ήθελα (ένα) ...	tha i·the·la (e·na) ...
einfache Fahrkarte	απλό εισιτήριο	a·plo i·si·ti·ri·o
Rückfahrkarte	εισιτήριο με επιστροφή	i·si·ti·ri·o me e·pi·stro·fi

1. Klasse	πρώτη θέση	pro·ti the·si
2. Klasse	δεύτερη θέση	def·te·ri the·si
storniert	ακυρώθηκε	a·ki·ro·thi·ke
verspätet	καθυστέρησε	ka·thi·ste·ri·se
Bahnsteig	πλατφόρμα	plat·for·ma
Fahrkarten-schalter	εκδοτήριο εισιτηρίων	ek·dho·ti·ri·o i·si·ti·ri·on
Fahrplan	δρομολόγιο	dhro·mo·lo·gio
Bahnhof	σταθμός τρένου	stath·mos tre·nu

Auto & Fahrrad

Ich möchte ein ... mieten	Θα ήθελα να νοικιάσω …	tha i·the·la na ni·ki·a·so ...
Auto	ένα αυτοκίνητο	e·na af·to·ki·ni·to
Allradauto	ένα τέσσερα επί τέσσερα	e·na tes·se·ra e·pi tes·se·ra
Jeep	ένα τζιπ	e·na tzip
Motorrad	μια μοτοσυκλέττα	mia mo·to·si·klet·ta
Fahrrad	ένα ποδήλατο	e·na po·dhi·la·to

Brauche ich einen Helm?
Χρειάζομαι κράνος; — chri·a·zo·mä kra·nos

Ist das die Straße nach ...?
Αυτός είναι ο δρόμος για … — af·tos i·nä o dhro·mos ya ...

Kann ich hier parken?
Μπορώ να παρκάρω εδώ; — bo·ro na par·ka·ro e·dho

Das Auto/Motorrad hatte eine Panne (in ...).
Το αυτοκίνητο/ η μοτοσυκλέττα χάλασε στο … — to af·to·ki·ni·to/ i mo·to·si·klet·ta cha·la·se sto ...

Ich habe einen platten Reifen.
Επαθα λάστιχο. — e·pa·tha la·sti·cho

Mir ist das Benzin ausgegangen.
Εμεινα από βενζίνη. — e·mi·na a·po ven·si·ni

ZAHLEN

1	ένας / μία ένα	e·nas / mi·a (m/f) e·na (n)
2	δύο	dhi·o
3	τρεις / τρία	tris (m&f) / tri·a (n)
4	τέσσερεις	te·se·ris (m&f)
	τέσσερα	te·se·ra (n)
5	πέντε	pen·de
6	έξη	ek·si
7	επτά	ep·ta
8	οχτώ	och·to
9	εννέα	e·ne·a
10	δέκα	dhe·ka
20	είκοσι	ik·o·si
30	τριάντα	tri·an·da
40	σαράντα	sa·ran·da
50	πενήντα	pe·nin·da
60	εξήντα	ek·sin·da
70	εβδομήντα	ev·dho·min·da
80	ογδόντα	ogh·dhon·da
90	ενενήντα	e·ne·nin·da
100	εκατό	e·ka·to
1000	χίλιοι / χίλιες χίλια	chi·li·i / chi·li·es (m/f) chi·li·a (n)

Schilder

ΕΙΣΟΔΟΣ	**Eingang/Einfahrt**
ΕΞΟΔΟΣ	**Ausgang/Ausfahrt**
ΠΛΗΡΟΦΟΡΙΕΣ	**Information**
ΑΝΟΙΧΤΟ	**Geöffnet**
ΚΛΕΙΣΤΟ	**Geschlossen**
ΑΠΑΓΟΡΕΥΕΤΑΙ	**Verboten**
ΑΣΤΥΝΟΜΙΑ	**Polizei**
ΑΣΤΥΝΟΜΙΚΟΣ ΣΤΑΘΜΟΣ	**Polizeiwache**
ΓΥΝΑΙΚΩΝ	**Toilette (Damen)**
ΑΝΔΡΩΝ	**Toilette (Herren)**

ZEIT & DATUM

Wie spät ist es?	Τι ώρα είναι;	ti o·ra i·nä
Es ist (2 Uhr).	είναι (δύο η ώρα).	i·nä (dhi·o i o·ra)
Es ist (10 Uhr) dreißig.	είναι (δέκα) και μισή.	i·nä (dhe·ka) kä mi·ßi
heute	σήμερα	ßi·me·ra
morgen	αύριο	av·ri·o
gestern	χθες	ch·thes
(heute)	(αυτό το)	(af·to to)
Morgen	πρωί	pro·i
Nachmittag	απόγευμα	a·po·yev·ma
Abend	βράδυ	vra·dhi
Montag	Δευτέρα	dhef·te·ra
Dienstag	Τρίτη	tri·ti
Mittwoch	Τετάρτη	te·tar·ti
Donnerstag	Πέμπτη	pemp·ti
Freitag	Παρασκευή	pa·ras·ke·vi
Samstag	Σάββατο	ßa·va·to
Sonntag	Κυριακή	ky·ri·a·ki

Januar	Ιανουάριος	ia·nu·*ar*·i·os	**Juli**	Ιούλιος	i·*u*·li·os
Februar	Φεβρουάριος	fev·ru·*ar*·i·os	**August**	Αύγουστος	*av*·ghus·tos
März	Μάρτιος	*mar*·ti·os	**September**	Σεπτέμβριος	sep·*tem*·vri·os
April	Απρίλιος	a·*bri*·li·os	**Oktober**	Οκτώβριος	ok·*to*·vri·os
Mai	Μάιος	*mai*·os	**November**	Νοέμβριος	no·*em*·vri·os
Juni	Ιούνιος	i·*u*·ni·os	**Dezember**	Δεκέμβριος	dhe·*kem*·vri·os

GLOSSAR

Kulinarische Begriffe siehe Kap. Essen & Trinken (S. 47)

Achäische Zivilisation – s. *Mykenische Zivilisation*

Agia (f), Agios (m), Agii (pl) – Sankt, Heilige(r)

Agora – Geschäftsbezirk einer antiken Stadt; im modernen Griechenland: Einkaufszentrum

agrimi – auf Kreta heimische Tierart mit langen Hörnern, ähnlich der Wildziege; auch als *kri-kri* bekannt

Akropolis – der höchste Punkt einer antiken Stadt

Amphore – hohe Vase mit zwei Henkeln, in der Wein oder Öl aufbewahrt wurden

Basilika – frühchristliche Kirche

bouzouki – lautenartiges Saiteninstrument, wird in der *rembetiko*-Musik eingesetzt

Byzantinische Epoche – Periode, die sich durch die Verschmelzung der griechischen Kultur mit dem Christentum auszeichnet. Sie verdankt ihrem Namen Byzanz, der Stadt am Bosporus, die 324 n. Chr. zur Hauptstadt des Römischen Reichs ernannt wurde. Die Teilung des Römischen Reichs 395 n. Chr. leitete den Niedergang Roms ein, wohingegen die östliche Hauptstadt, nun nach Kaiser Konstantin I. in Konstantinopel umbenannt, einen Aufschwung erlebte. Nachdem Konstantinopel 1453 von den Türken bezwungen wurde, zerfiel das Byzantinische Reich.

chora – Hauptstadt, meist einer Insel

Domatio (s), Domatia (pl) – Zimmer, oft in Privathäusern; billige Übernachtungsmöglichkeit in den meisten Touristengegenden

Dorer – hellenistische Krieger, die um 1200 v. Chr. in Griechenland einfielen. Sie brandschatzten die Stadtstaaten, zerstörten die mykenische Kultur und läuteten Griechenlands Dunkles Zeitalter ein, während dem das künstlerisch und kulturell hohe Niveau der Mykener und Minoer verloren ging. Später entwickelten sich die Dorer zu aristokratischen Landbesitzern; sie förderten das Wiederaufleben der unabhängigen Stadtstaaten, die von den reichen Adligen regiert wurden.

Dorische Ordnung – griechische Architekturform, gekennzeichnet durch Säulen mit kanneliertem, geschwollenem Schaft, aber ohne Basis und einem – im Vergleich zu den schön verzierten *ionischen* und *korinthischen* Kapitellen – relativ schmucklosen Kapitell

Dunkles Zeitalter (1200–800 v. Chr.) – Periode, in der Griechenland von den Dorern beherrscht wurde

Ellada, Ellas – s. *Hellas*

ELPA – Elliniki Leschi Aftokinitou kai Periigiseon; griechischer Automobilclub

ELTA – Ellinika Tahydromia; griechische Postfiliale

EOS – Ellinikos Orivatikos Syllogos; Verband der griechischen Wander- und Bergsteigervereine

EOT – Ellinikos Organismos Tourismou; nationaler griechischer Tourismusverband (mit Zweigstellen in den meisten größeren Städten), im Ausland als *GNTO* (Greek National Tourist Organisation) bekannt

estiatorio – Restaurant, das sowohl vorbereitete Speisen als auch Gerichte à la carte anbietet

Geometrische Zeit (1200–800 v. Chr.) – Zeit, in der Keramiken charakteristische geometrische Muster aufwiesen; manchmal auch Griechenlands *dunkles Zeitalter* genannt

GNTO – Greek National Tourist Organisation; s. auch *EOT*

Griechische Klassik – Periode, in der die griechischen Stadtstaaten nach der Niederlage der Perser im 5. Jh. v. Chr. den Gipfel ihres Reichtums und ihrer Macht erreichten. Infolge der Peloponnesischen Kriege und der expansionistischen Bestrebungen von Philipp II., dem König von Mazedonien (regierte 359–336 v. Chr.), und seinem Sohn, Alexander dem Großen (regierte 336–323 v. Chr.), verloren die Stadtstaaten ihre Bedeutung.

Hellas – griechischer Name für Griechenland (weitere Namen: Ellas, Ellada)

Hellenistische Periode (323–146 v. Chr.) – Blütezeit, in der die griechische Zivilisation Macht und Einfluss erlangte, eingeleitet von Alexander dem Großen und beendet durch die Römer, als sie 146 v. Chr. Korinth überfielen

Ionische Ordnung – griechische Architekturform, deren Säulen durch Stege getrennte Kanneluren und Kapitelle mit sprialförmigen Verzierungen aufweisen; s. auch *Dorische Ordnung* und *Korinthische Ordnung*

Kapitell – Kopfstück einer Säule

kastro – Kastell, Befestigungsanlage, Bastion

Koine – in der vorbyzantinischen Zeit gebräuchliche griechische Sprache, in der die Kirchenliturgien verfasst sind

Korinthische Ordnung – griechische Architekturform, bei der die Säulen glockenförmige Kapitelle mit kunstvoll gemeißelten Ornamenten in Form von Akanthusblättern haben; s. auch *Dorische Ordnung* und *Ionische Ordnung*

Kouros – Männerstatue aus der archaischen Periode, meist mit steifer Körperhaltung und rätselhaftem Lächeln

kri-kri – auf Kreta heimische Tierart mit langen Hörnern, ähnlich der Wildziege; auch als *agrimi* bekannt

KTEL – Kino Tamio Eispraxeon Leoforion; nationale Busgesellschaft, die alle Überlandlinien betreibt

leoforos – breite Straße

libation – altgriechisch für Wein oder Lebensmittel, die den Göttern geopfert wurden

Linear A – minoische Schrift, die bis heute nicht entziffert wurde

Linear B – mykenische Schrift, die entziffert werden konnte

lyra – kleines, lautenähnliches Instrument, das zum Spielen aufs Knie gestützt wird, weit verbreitet in der kretischen und pontischen Musik

mantinadha (s), mandinadhes (pl) – traditionelle kretische Lieder, deren Texte sich reimen

Megaron – zentraler Raum oder zentrale Gemächer eines mykenischen Palastes

Meltemi – trockener Nordwind, der im Sommer fast in ganz Griechenland bläst

mezedhopoleio – Restaurant, in dem *mezedhes* serviert werden

Minoische Zivilisation (3000–1200 v. Chr.) – kretische Kultur im Bronzezeitalter, benannt nach dem mythischen König Minos. Typisch dafür sind wunderschöne Keramik- und Metallarbeiten. Die Epoche wird unterteilt in die Vorpalastzeit (3400–2100 v. Chr.), die Neue Palastzeit (2100–1580 v. Chr.) und die Nachpalastzeit (1580–1200 v. Chr.)

mitata – runde Steinhütten der Schäfer

Moni – Kloster oder Konvent

Mykenische Zivilisation (1900–1100 v. Chr.) – erste große Kultur auf dem griechischen Festland. Typisch dafür sind die mächtigen, unabhängigen Stadtstaaten, die von Königen regiert wurden; diese Periode wird auch die *Achäische Zivilisation* genannt

Nea Dimokratia – Neue Demokratie; konservative politische Partei

Nekropolis – wörtlich übersetzt „Stadt der Toten"; antiker Friedhof

nisi – Insel

Nymphaion – Gebäude mit Brunnen im antiken Griechenland, oft den Nymphen geweiht

odeion – antikes überdachtes griechisches Theater

odos – Straße

OTE – Organismos Tilepikoinonion Ellados; nationale Telefongesellschaft

ouzeri – Lokal, in dem Ouzo und kleine Snacks serviert werden

Panagia – Gottesmutter, oft der Name von Kirchen

paralia – Uferpromenade

Pediment – dreieckige, oft mit Skulpturen ausgefüllte Fläche über den Säulen an der Front- und Rückseite eines klassischen griechischen Tempels

periptero (s), periptera (pl) – Straßenkiosk

Peristyl – Säulen, die ein Bauwerk umgeben, meist einen Tempel oder einen Innenhof

Pithos (s), Pithoi (pl) – großes minoisches Vorratsgefäß

platia, plateia – Platz

Propylon (s), Propylaia (pl) – aufwendig konstruierter Haupteingang zu einer antiken Stadt oder Kultstätte. Ein Propylon hatte einen Torbogen, die Propylaia mehrere.

Prytaneion – Verwaltungszentrum eines Stadtstaats

Rembetiko – Bluesmusik, die allgemein mit der Halbwelt der 1920er-Jahre in Verbindung gebracht wird

Rhyton – anderer Name für ein Opfergefäß (s. auch *libation*)

rizitika – traditionelle, patriotische Lieder aus Westkreta

Stoa – langes Gebäude mit Säulen, meist Teil einer *Agora*; diente im antiken Griechenland als Versammlungs- und Zufluchtsort

Taverne – traditionelles Restaurant, in dem Wein und Essen serviert werden

Tholos – mykenisches Grab in der Form eines Bienenstocks

Hinter den Kulissen

WIR FREUEN UNS ÜBER EIN FEEDBACK

Post von Travellern zu bekommen ist für uns ungemein hilfreich – Kritik und Anregungen halten uns auf dem Laufenden und helfen, unsere Bücher zu verbessern. Unser reiseerfahrenes Team liest alle Zuschriften genau durch, um zu erfahren, was an unseren Reiseführern gut und was schlecht ist. Wir können solche Post zwar nicht individuell beantworten, aber jedes Feedback wird garantiert schnurstracks an die jeweiligen Autoren weitergeleitet, rechtzeitig vor der nächsten Auflage.

Wer Ideen, Erfahrungen und Korrekturhinweise zum Reiseführer mitteilen möchte, hat die Möglichkeit dazu auf www.lonelyplanet.com/contact/guidebook_feedback/new. Anmerkungen speziell zur deutschen Ausgabe erreichen uns über www.lonelyplanet.de/kontakt.

Hinweis: Da wir Beiträge möglicherweise in Lonely Planet Produkten (Reiseführer, Websites, digitale Medien) veröffentlichen, ggf. auch in gekürzter Form, bitten wir um Mitteilung, falls ein Kommentar nicht veröffentlicht oder ein Name nicht genannt werden soll. Wer Näheres über unsere Datenschutzpolitik wissen will, erfährt das unter www.lonelyplanet.com/privacy.

DANK VON LONELY PLANET

Vielen Dank an die folgenden Leser, die mit der letzten Ausgabe unterwegs waren und uns wertvolle Hinweise, Tipps und interessante Anekdoten geschickt haben: Charilaos Akasiadis, Jack Bairner, Simon Berwick, Jan Bretschneider, Natasha Cole, Nicolas Combremont, Martin Dolheguy, Mark Healey, Chris Hudson, David Hyams, Kevin Johnson, Imke Lerner, Michael Linnard, Veronica Lopes van Balen, Andrew Payne, Thomas Pellier, Michael Poesen, Dan Rigby, Rob Ryder, Robert Schindler, Katja Schmahl, Sandra Steinhause, Ian Webber, Selena Whitehead, John Wickkiser, Rolf Wrelf, Cathy Wright

DANK DER AUTOREN

Andrea Schulte-Peevers

Herzlichen Dank an Kerstin Göllrich für ihre Geduld, Neugier, ihr Durchhaltevermögen und ihre fabelhaften Fahrkünste, an Johannes Bolz dafür, dass er in der Kritsa-Schlucht für mich buchstäblich noch einen Schritt weiter ging, an Konstantinos und Natalie Zivas für wunderbare Insidertipps zu Elounda und der Nordküste und an Vater Vaggelis für seine Küchenzauberei, an Alaska Klaus für seine Einblicke ins Wandern auf dem E4, an Margarita Kurowska und Jutta Berger dafür, dass sie an der Heimatfront die Dinge unter Kontrolle hielten, und an David dafür, dass er im Geiste bei mir war.

Trent Holden

Zu allererst, Riesendank an die Titelredakteurin Brana Vladisavljevic, nicht nur für den Auftrag zu diesem Titel, sondern für ihre gesamte Arbeit bei Lonely Planet in den letzten 15 Jahren. Wir werden dich vermissen! Außerdem bin ich den Kretern dankbar, die diese Insel mit ihrer beschämenden Gastfreundschaft, ihrer Gutmütigkeit und ihrer Bereitschaft jederzeit zu helfen so besonders machen. Und schließlich alles Liebe an meine Verlobte Kate Morgan und meine Familie und Freunde.

Kate Morgan

Riesendank an die unglaubliche Titelredakteurin Brana Vladisavljevic für den Auftrag auf Kreta zu arbeiten – ohne sie wird Lonely Planet nicht dasselbe sein. Dank an Despina in Chania für all ihre Unterstützung, an die Mitarbeiter der Touristeninformation Chania für die Hilfe und an all die fabelhaften Kreter, die ich unterwegs getroffen habe – ihre Großzügigkeit ist unvergesslich. Und, wie immer, dank an meinen Verlobten Trent dafür, das er der beste Reisegefährte ist und mich überall in Chania herumkutschiert hat.

Kevin Raub

Dank an Brana Vladisavljevic und all meine Komplizen bei Lonely Planet. Danke auch an all jene, die ich unterwegs getroffen habe: Kjetil Jikiun, Giorges Kteniadakis, Andria Mitsakis, Iossif Serafimidis, Dr. Emmanuel Prokopkis und die Schwestern in Pagni, Lydia und Nikos und an die Gebräue von Kykao und Solo.

QUELLENNACHWEIS

Die Angaben auf der Klimakarte stammen von Peel MC, Finlayson BL & McMahon TA (2007) „Updated World Map of the Köppen-Geiger Climate Classification", *Hydrology and Earth System Sciences*, 11, 163344.

Illustriertes Highlight S. 194–195 Javier Martinez Zarracina

Titelfoto: Agios Nikolaos, Vladimir Sklyarov/Getty Images©

ÜBER DIESES BUCH

Dies ist die 5. deutsche Auflage von *Kreta*. Sie basiert auf der 7. englischen Auflage, koordiniert von Andrea Schulte-Peevers und recherchiert und geschrieben von Andrea, Trent Holden, Kate Morgan und Kevin Raub. Die beiden vorigen Auflagen schrieben Alexis Averbuck, Kate Armstrong, Korina Miller, Richard Waters, Andrea Schulte-Peevers, Chris Deliso und Des Hannigan. Dieser Reiseführer wurde produziert von:

Titelredaktion Brana Vladisavljevic

Leitung Produktredaktion Elizabeth Jones

Regionale Leitung Kartografie Anthony Phelan

Produktredaktion Ross Taylor

Layout Ania Bartoszek

Kartografie David Connolly

Redaktionsassistenz Sarah Bailey, James Bainbridge, Judith Bamber, Janice Bird, Samantha Cook, Melanie Dankel, Victoria Harrison, Jennifer Hattam, Rosie Nicholson, Charlotte Orr, Monique Perrin, Christopher Pitts, Tamara Sheward

Titelbildrecherche Naomi Parker

Dank an Jessica Rose, Georgia Tsarouhas

Register

N

O

P

R

S

Map Pages **000**
Photo Pages **000**

T

U

V

W

X

Y

Z

Kartenverweise **000**
Fotoverweise **000**

Kartenlegende

Sehenswertes
- Strand
- Vogelschutzgebiet
- buddhistisch
- Burg/Schloss/Palast
- christlich
- konfuzianisch
- hinduistisch
- islamisch
- jainistisch
- jüdisch
- Denkmal
- Museum/Galerie/histor. Gebäude
- Ruine
- shintoistisch
- Sikh
- taoistisch
- Weingut/Weinberg
- Zoo/Wildschutzgebiet
- sonstige Sehenswürdigkeit

Aktivitäten, Kurse & Touren
- bodysurfen
- tauchen
- Kanu/Kajak fahren
- Kurs/Tour
- Sento Hot Baths/Onsen
- Ski fahren
- schnorcheln
- surfen
- Swimmingpool
- wandern
- windsurfen
- sonstige Aktivität

Schlafen
- Hotel/Pension/Hostel
- Camping
- Hütte/Unterstand

Essen
- Restaurant

Ausgehen & Nachtleben
- Bar/Kneipe/Club
- Café

Unterhaltung
- Unterhaltung

Shoppen
- Shoppen

Praktisches
- Bank
- Botschaft/Konsulat
- Krankenhaus/Arzt
- Internet
- Polizei
- Post
- Telefon
- Toilette
- Touristeninformation
- sonstige Informationen

Geografie
- Strand
- Tor
- Hütte/Unterstand
- Leuchtturm
- Aussichtspunkt
- Berg/Vulkan
- Oase
- Park
- Pass
- Rastplatz
- Wasserfall

Städte
- Hauptstadt (Staat)
- Hauptstadt (Provinz)
- Großstadt
- Stadt/Ort

Transport
- Flughafen
- Grenzübergang
- Bus
- Seilbahn/Standseilbahn
- Radweg
- Fähre
- Metrostation
- Schwebebahn
- Parkplatz
- Tankstelle
- S-Bahnstation
- Taxi
- T-bane/Tunnelbana-Station
- Bahnhof/Bahnlinie
- Straßenbahn
- U-Bahnstation
- sonstiger Transport

Hinweis: Nicht alle in der Legende aufgeführten Symbole sind Bestandteil der Karten dieses Buches

Verkehrswege
- Mautstraße
- Autobahn
- Hauptstraße
- Landstraße
- Verbindungsstraße
- sonstige Straße
- unbefestigte Straße
- Straße im Bau
- Platz, Promenade
- Treppe
- Tunnel
- Fußgängerbrücke
- Spaziergang
- Abstecher vom Spaziergang
- Weg/Pfad

Grenzen
- Staatsgrenze
- Provinzgrenze
- umstrittene Grenze
- Regional-/Bezirksgrenze
- Meeresschutzgebiet
- Kliff
- Mauer

Gewässer
- Fluss, Bach
- periodischer Fluss
- Kanal
- Gewässer
- Salzsee/trockener/periodischer See
- Riff

Gebietsform
- Flughafen/Flugplatz
- Strand/Wüste
- christlicher Friedhof
- sonstiger Friedhof
- Gletscher
- Watt
- Park/Wald
- Sehenswertes (Gebäude)
- Sportplatz
- Sumpf/Mangroven

DIE AUTOREN

Andrea Schulte-Peevers

Lassithi Andrea ist in Deutschland geboren und aufgewachsen und hat in London und Los Angeles studiert. Bei ihren Reisen in gut 75 Länder hat sie die zweifache Entfernung zum Mond zurückgelegt. Sie verdient ihre Brötchen seit über 20 Jahren als Autorin und hat zu knapp 100 Lonely Planet-Titeln beigetragen sowie für Zeitungen, Magazine und Onlinepublikationen in aller Welt geschrieben. Besonders gut kennt sie sich in Deutschland, in Dubai und den Vereinigten Arabischen Emiraten, auf Kreta und auf den Karibikinseln aus. Sie lebt in Berlin. Andrea schrieb auch die Abschnitte Reiseplanung, Kreta verstehen und Praktische Informationen.

Trent Holden

Rethymnon Trent, der als Autor in Australien lebt, arbeitet seit 2005 für Lonely Planet. Er hat an über 30 Reiseführern zu Zielen in Asien, Afrika und Australien mitgearbeitet. Mit seiner Vorliebe für Megastädte ist Trent in seinem Element, wenn er beauftragt wird, eine Hauptstadt zu recherchieren – je chaotischer, desto besser – und coole Bars, Kunst, Streetfood und Underground-Kultur auszugraben. Auf der anderen Seite schreibt er auch Bücher über idyllische Tropeninseln in Asien oder geht in afrikanischen oder indischen Nationalparks auf Safari. Wenn er gerade nicht unterwegs ist, arbeitet Trent als freiberuflicher Lektor und Rezensent und gibt all sein Geld für Livemusik-Gigs aus. Er twittert unter @hombreholden.

Kate Morgan

Chania Kate arbeitet seit über zehn Jahren für Lonely Planet und hatte das Glück, als Autorin Reiseziele wie Shanghai, Japan, Indien, Russland, Simbabwe, die Philippinen und Phuket vor Ort zu recherchieren. Sie hat schon eine Zeit lang in London, Paris und Osaka gewohnt, lebt aber inzwischen in einer ihrer Lieblingsregionen der Welt – in Victoria, Australien. Wenn sie gerade nicht reist und darüber schreibt, verbringt Kate gerne Zeit zuhause und arbeitet dort als freiberufliche Lektorin.

Kevin Raub

Iraklion In Atlanta geboren, begann Kevin Raub seine Karriere als Musikjournalist in New York, u.a. für das *Men's Journal* und den *Rolling Stone*. Irgendwann gab er den Rock 'n' Roll-Lifestyle für den Reisejournalismus auf und hat inzwischen an über 95 Lonely Planet-Reiseführern mitgeschrieben. Dabei konzentrierte er sich vorwiegend auf Brasilien, Chile, Kolumbien, die USA, Indien, die Karibik und Portugal. Raub schreibt zudem Beiträge für diverse Reisemagazine in den USA und Großbritannien. Unterwegs ist der selbstbekennende Hopfen-Junkie stets auf der Suche nach irrsinnig hohen Bittereinheitswerten in lokalen Bieren. Auf Twitter und Instagram ist er unter @RaubOnTheRoad zu finden.

DIE LONELY PLANET STORY

Ein ziemlich mitgenommenes, altes Auto, ein paar Dollar in der Tasche und Abenteuerlust – 1972 war das alles, was Tony und Maureen Wheeler für die Reise ihres Lebens brauchten, die sie durch Europa und Asien bis nach Australien führte. Die Tour dauerte einige Monate, und am Ende saßen die beiden – erschöpft, aber voller Inspiration – an ihrem Küchentisch und schrieben ihren ersten Reiseführer *Across Asia on the Cheap*. Innerhalb einer Woche hatten sie 1500 Exemplare verkauft. Lonely Planet war geboren. Heute hat der Verlag Büros in Melbourne, London, Oakland, Franklin, Delhi und Beijing mit mehr als 600 Mitarbeitern und Autoren. Und alle teilen Tonys Überzeugung, dass ein guter Reiseführer drei Dinge erfüllen sollte: informieren, bilden und unterhalten.

Lonely Planet Global Limited
Digital Depot
The Digital Hub
Dublin D08 TCV4
Ireland

Verlag der deutschen Ausgabe:
MAIRDUMONT, Marco-Polo-Str. 1, 73760 Ostfildern,
www.lonelyplanet.de, www.mairdumont.com, lonelyplanet-online@mairdumont.com

Chefredakteurin deutsche Ausgabe: Birgit Borowski

Redaktion: Bintang Buchservice GmbH, www.bintang-berlin.de (Kirsten Gleinig, Katharina Grimm, Andrea Päch)
Übersetzung: Petra Dubilski, Gunter Mühl, Inga-Brita Thiele, Katja Weber

Kreta
5. deutsche Auflage Mai 2020, übersetzt von *Crete, 7th edition*,
Februar 2020, Lonely Planet Global Limited

MIX
Papier aus verantwortungsvollen Quellen
FSC® C018236
FSC www.fsc.org

Printed in Poland

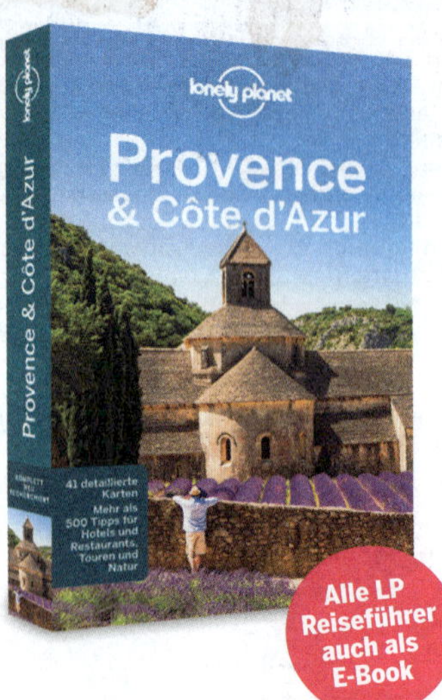

Alle LP Reiseführer auch als E-Book

Lonely Planet Reiseführer

berichten ehrlich über Land und Leute, erklären Hintergründe und geben ausführliche praktische Informationen für alle, die selbstständig unterwegs sein wollen. Sie führen zu spannenden Adressen für jedes Budget.

www.lonelyplanet.de
Mit vielen Infos zu Reisezielen in aller Welt, aktuellen Reportagen und zum Austausch mit Gleichgesinnten rund ums Thema Reisen.

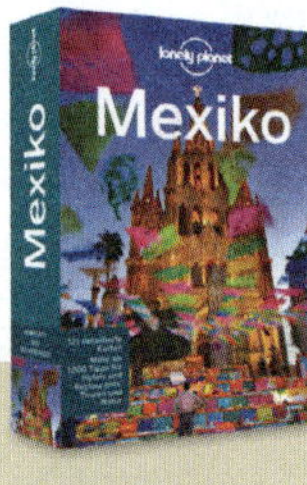

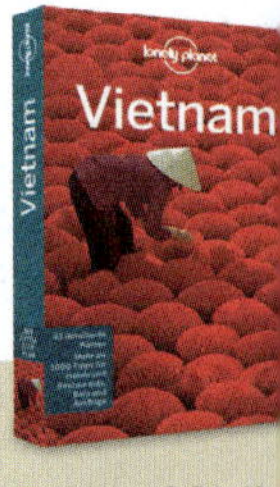

Länder

» Arabische Halbinsel, Oman
» Argentinien
» Australien
» Brasilien
» Chile & Osterinsel
» China
» Costa Rica
» Dänemark
» Deutschland (Best of)
» Dominikanische Republik
» Dubai & Abu Dhabi
» Ecuador
» Estland, Lettland, Litauen
» Europa (Top-Ziele)
» Frankreich
» Indien
» Iran
» Irland
» Island
» Israel, Palästina
» Italien
» Japan
» Kambodscha
» Kanada
» Kolumbien
» Kroatien
» Kuba
» Laos
» Malta & Gozo
» Marokko
» Mauritius, Réunion & Seychellen
» Mexiko
» Myanmar
» Namibia & Botsuana
» Nepal
» Neuseeland
» Niederlande
» Norwegen
» Peru
» Philippinen
» Portugal
» Schweden
» Schweiz
» Skandinavien
» Spanien
» Sri Lanka
» Südafrika
» Südamerika
» Südostasien
» Taiwan
» Tansania
» Thailand
» USA
» Vietnam
» Welt
» Zentralamerika
» Zypern

Regionen

» Andalusien
» Australien Ostküste
» Bali & Lombok
» Cornwall & Devon
» Dolomiten
» England
» Florida
» Hawaii
» Indien Süden & Kerala
» Kalifornien
» Kanarische Inseln
» Kreta
» Mallorca
» Neapel & Amalfiküste
» Provence & Côte d'Azur
» Sardinien
» Schottland
» Sizilien
» Thailand, Inseln und Strände
» Toskana
» USA Osten
» USA Südwesten
» USA Westen
» Wales

Städte

» Amsterdam
» Bangkok
» Barcelona
» Beijing
» Berlin
» Budapest & Ungarn
» Chicago
» Dublin
» Hongkong
» Istanbul
» Kapstadt & Garden Route
» London
» Madrid
» Miami & Die Ke
» New York
» Paris
» Prag & Tschech Republik
» Rio de Janeiro
» Rom
» San Francisco
» Shanghai
» Singapur
» St. Petersburg
» Vancouver
» Venedig & Venetien
» Wien

Reise-Sprachführ

» Englisch
» Französisch
» Italienisch
» Japanisch
» Mandarin
» Portugiesisch
» Spanisch
» Thai